경제편
재정·금융정책(3)
일제강점기 재정·금융 동향과 전시기

경제편

일제침탈사
자료총서 42

재정·금융정책(3)

− 일제강점기 재정·금융
　동향과 전시기

동북아역사재단 일제침탈사 편찬위원회 기획

김명수·조명근 편역

| 발간사

　일본이 한국을 침탈한 지 100년이 지나고 한국이 일본의 지배로부터 벗어난 지 70년이 넘었건만, 식민 지배에 대한 청산은 이루어지지 못하고 있다. 일본의 독도영유권 주장은 도를 넘어섰다. 일본은 일본군'위안부', 강제동원 등 인적 수탈의 강제성도 인정하지 않고 있다. 일본군'위안부'와 강제동원의 피해를 해결하는 방안을 놓고 한·일 간의 갈등은 최고조에 이르고 있다. 역사문제를 벗어나 무역분쟁, 안보위기 등 현실문제가 위기국면을 맞고 있다.

　한·일 간의 갈등은 식민 지배의 역사를 어떻게 볼 것인가 하는 역사인식에서 기인한다. 역사는 현재와 과거의 대화이며 이를 기반으로 미래로 나아갈 수 있다. 과거 침략의 역사를 미화하면서 평화로운 미래를 말하는 것은 불가능하다. 식민 지배와 전쟁발발의 책임을 인정하지 않고 반성하지 않으면 다시 군국주의가 부활할 수 있고 전쟁이 일어날 위험성도 배제할 수 없다. 미래지향적 한일관계를 형성하고 나아가 동아시아의 평화와 번영의 기틀을 조성하기 위해 일본은 식민 지배의 책임을 인정하고 그 청산을 위해 노력해야 할 것이다.

　식민 지배의 역사를 청산하기 위해서는 식민 지배는 어떻게 이루어졌는지 그 실상을 명확하게 규명하는 일이 긴요하다. 그동안 일본제국주의에 맞서 조국의 독립을 위해 헌신한 독립운동가들의 활동을 찾아내고 역사적으로 평가하는 일에는 상당한 성과를 거두었다. 반면 일제 식민침탈의 구체적인 실상을 규명하는 일에는 충분한 노력을 기울이지 못했다. 제국주의가 식민지를 침탈했다는 것은 너무나 당연한 사실로 여겨졌기 때문에, 굳이 식민 지배에서 비롯된 수탈과 억압, 인권유린을 낱낱이 확인할 필요가 없었는지도 모른다. 그러는 사이 일본은 식민 지배가 오히려 한국에 은혜를 베푼 것이라고 미화하고, 참혹한 인권유린을 부인하는 역사부정의 인식을 보이는 데까지 이르고 있다. 일제의 통치와 침탈, 그리고 그 피해를 종합적으로 조사하고 편찬할 필요성이 여기에 있다.

　일제침탈사를 체계적으로 정리하는 일은 개인이 감당하기 어렵다. 이에 우리 재단은 한국학계의 힘을 모아 일제침탈사 편찬위원회를 꾸렸다. 편찬위원회가 중심이 되어 일제의 식민지 침탈사를 정치·경제·사회·문화 모든 방면에 걸쳐 체계적으로 집대성하기로 했다. 일제 식민침탈의 실체를 파악하기 위해 2020년부터 세 가지 방면으로 사업을 추진하고 있다. 하나는 일제침탈의 실상을 구체적이고 생생한 자료를 통해서 제공하는 일로서 〈일제침탈사 자료총서〉로 편찬한다. 다른 하나는 이들 자료들을 바탕으로 연구한 결과물을 〈일제침탈사 연구총서〉로 간행한다. 그리고 연구의 결과를 대중들이 이해하기 쉽게 〈일제침탈사 교양총서〉를 바로알기 시리즈로 간행한다. 자료총서 100권, 연구총서 50권, 교양총서 70권을 기본목표로 삼아 진행하고 있다.

〈일제침탈사 자료총서〉에서는 정치·경제·사회·문화 모든 방면에 걸쳐 침탈의 역사를 자료적 차원에서 종합했다. 침략과 수탈의 역사를 또렷하게 직시할 수 있도록 생생한 자료를 제공하는데 목표를 두었다. 그동안 관련 자료집도 여러 방면에서 편찬되었지만 원자료를 그대로 간행한 경우가 많았다. 이번에 발간되는 자료총서는 해당 주제에 대한 침탈의 실상을 체계적으로 이해할 수 있는 구성방식을 취했으며, 지배자의 언어로 기록되어 있는 자료들을 독자들이 쉽게 읽을 수 있도록 모두 번역했다. 자료총서를 통해 일제 식민 지배의 실체와 침탈의 실상을 있는 그대로 이해할 수 있게 되기를 기대한다.

2024년
동북아역사재단 이사장

| 편찬사

　1945년 한국이 일제 지배로부터 해방된 지 79년의 세월이 지났다. 그럼에도 불구하고 일본 사회 일각에서는 여전히 일제의 한국 지배를 합리화하고 미화하는 주장이 나오고 있으며, 최근에는 한국 사회 일각에서도 일제 지배를 왜곡하고 옹호하는 주장이 나오고 있다. 이는 한국과 일본 사회, 한일 관계와 동아시아 국제관계의 미래를 위해서도 결코 바람직하지 않은 일이다.

　이에 동북아역사재단은 일제의 한국 침략과 식민 지배에 대한 학계의 연구 성과를 총정리한 〈일제침탈사 연구총서〉를 발간하기로 하였다. 이에 따라 2019년 9월 학계의 전문가를 중심으로 편찬위원회를 구성하였으며, 편찬위원회는 학계의 연구 성과를 토대로 정치·경제·사회·문화 부문에서 일제의 침탈이 어떻게 이루어졌는지 정리하여 연구총서 50권을 발간하기로 하였다.

　주지하듯이 1905년 일제는 러일전쟁에서 승리한 뒤, 한국에 군대를 주둔시키면서 한국의 외교권을 빼앗고 통감부를 두어 내정에 간섭하였다. 1910년 일제는 군사력으로 한국 정부를 강압하여 마침내 한국을 강제 병합하였다. 이후 35년간 한국은 일제의 식민 통치를 받았다.

　일제는 한국의 영토와 주권을 침탈하였을 뿐만 아니라, 군사력과 경찰력으로 한국을 지배하면서, 정치·경제·사회·문화의 모든 부문에서 한국인의 권리와 자유, 기회와 이익을 박탈하거나 제한하였다. 정치적으로는 군사력과 경찰력, 각종 악법을 동원하여 독립운동을 탄압하고, 한국인의 정치활동을 억압하고 참정권을 박탈하였으며, 집회와 결사의 자유를 억압하였다. 경제적으로는 일본자본이 경제의 주도권을 장악하고, 일본인 위주의 경제정책을 수행했으며, 식량과 공업원료, 지하자원 등을 헐값으로 빼앗아 갔고, 농민과 노동자 등 대다수 한국인의 경제생활을 어렵게 하였다. 사회적으로는 한국인들을 차별적으로 대우하고, 한국인의 교육의 기회를 제한하고, 한국인으로서의 정체성을 박탈하여 결국은 일본의 2등 국민으로 만들고자 하였다. 문화적으로는 표현과 창작의 자유, 종교와 사상의 자유를 억압하고, 한

글 대신 일본어를 주로 가르치고, 언론과 대중문화를 통제하였다. 중일전쟁, 아시아태평양전쟁을 도발한 뒤에는 인적·물적 자원을 전쟁에 강제동원하고, 많은 이들을 전장에 징집하여 생명까지 희생시켰다.

〈일제침탈사 연구총서〉는 침탈, 억압, 차별, 동화, 수탈, 통제, 동원 등의 단어로 요약되는 일제의 침략과 식민 지배의 실상과 그 기제를 명확히 밝히고자 하였다. 이를 통해 일제의 강제 병합을 정당화하거나 식민 지배를 미화하는 논리들을 비판 극복하고, 더 나아가 일제 식민 지배의 특성이 무엇이었는지, 식민 통치의 부정적 유산이 해방 이후에 어떤 영향을 미쳤는지를 밝히고자 하였다.

편찬위원회는 연구총서와 함께 침탈사와 관련된 중요한 주제들에 관하여 각종 법령과 신문·잡지 기사 등 자료들을 정리하여 〈일제침탈사 자료총서〉도 발간하기로 하였다. 아울러 일반인과 학생들이 보다 쉽게 읽을 수 있는 〈일제침탈사 교양총서〉를 바로알기 시리즈로 발간하기로 하였다.

일제의 한국 침략과 식민 지배의 역사는 광복 후 서둘러 정리해 냈어야 했지만, 학계의 연구가 미흡하여 엄두를 내기 어려웠다. 이제 학계의 연구가 어느 정도 축적되어 광복 80주년을 맞기 전에 이와 같은 작업을 할 수 있게 된 것을 다행으로 생각한다. 한일 양국 국민이 과거사에 대한 올바른 역사인식을 갖고 성찰을 통해 미래를 향해 함께 나아갈 수 있기를 기대하면서 삼가 이 책들을 펴낸다.

2024년
동북아역사재단 일제침탈사 편찬위원회

| 차례

    발간사 ·················· 4
    편찬사 ·················· 6
    편역자 서문 ·················· 11

전체 해제 ·················· 15

I   일제강점기 재정·금융 동향

    해제 ·················· 26

1   『재정·금융정책에서 본 조선통치와 그 종국』(1962) ·················· 31

II   전시기 금융과 재정

    해제 ·················· 258

1   조선금융단 발회식 기사 ·················· 265

2   『조선경제통제문답』(1941) 중 물가 관련 부분 ·················· 340

Ⅲ 전시기 자금 동원 관련 문서

	해제	 374
1	국민저축조성운동 통첩류	 378
2	강제저축 관련 신문 기사	 425

Ⅳ 전시금융정책

	해제	 530
1	일제의 전시금융정책의 전개	 538
2	1941년 조선은행권 발행제도 관련 자료	 611
3	대륙 인플레이션의 조선 인플레이션 영향 관련 자료	 676

자료목록	 739
참고문헌	 747
찾아보기	 749

일러두기

1. 국한문 혼용 자료는 현대어로 바꾸되 최대한 원문을 훼손하지 않는 방향으로 정리하였다. 내용 이해에 큰 문제가 없을 경우 한자어를 그대로 두었고, 현재 사용하지 않는 용어의 경우 현대어로 바꾼 후 괄호 안에 한자를 써 주거나 내용이 길면 주석으로 설명했다. 한문 번역에 가까운 경우, 한문 부분의 해석을 해 주고 괄호로 해당 한문 문구를 넣었다. 어려운 한자어는 각주로 설명했다.
2. 모든 사료는 현대어로 번역하거나 풀어쓰는 것을 원칙으로 했다. 단 인명, 지명 등의 고유명사나 특정 한자어 등 원상태로만 의미가 분명하게 전달되는 단어는 한자나 원어를 괄호 안에 병기하였다. 풀어 쓴 단어, 외국인명의 원음 표기 등의 경우에도 괄호 안에 병기하였다.
3. 각 장과 절의 서두에 배치된 해제에서는 시대적 배경과 사료의 역사적 의미를 서술하였다.
4. 원자료에 각주가 있는 경우 각주에 '**'로 표기하였다. 편자의 각주는 일반 각주 처리를 하였다. 원자료에 있는 '중략'은 '중략-원문', 편자가 중략한 경우 '중략-편자' 등으로 기재하여 구분하였다.
5. 원문이 보이지 않는 경우에 '■■'로 입력했다. '…' 등으로 입력한 것은 원문 그대로 입력한 것이다.

편역자 서문

본 자료집은 동북아역사재단에서 기획한 일제침탈사 자료총서 〈경제편〉 중 재정·금융정책을 다룬 3년 기획의 마지막 편이다. 제1차년도는 『대한제국기 일제의 재정 및 금융 침탈』, 제2차년도는 『일제강점기 특수은행과 각종 금융기관의 동향』이었다. 이 기획의 마지막 편인 제3차년도의 서명은 『일제강점기 재정·금융 동향과 전시기』로 정했다. 영남대학교의 조명근 교수와 공동작업으로 2020년 3월부터 시작된 작업이 바야흐로 그 종지부를 찍게 되었다. 제1차년도와 제2차년도 자료집의 분량이 평균 826쪽으로 방대한 분량이었고, 제3차년도 자료집 역시 만만찮은 분량이 될 것이다. 소위 코로나바이러스 감염 확산으로 인한 팬데믹 선언과 함께 작업이 시작되었고, 엔데믹과 함께 우리들의 작업 또한 마무리되었다. 따라서 이 세 권의 자료집은 팬데믹 기간에 이루어진 시대적 산물이고 그래서 또 하나의 역사적 작업으로 자리매김하게 될 것이다.

이번 제3차년도 작업에서는 일제강점기 재정·금융의 전반적 동향과 조선은행을 중심으로 한 전시기 금융정책에 관한 자료를 수록했다. 이를 위해 4부로 구성하였다.

제1부 '일제강점기 재정·금융 동향'에서는 조선총독부 재무국장 출신 미즈타 나오마사(水田直昌)의 구술 회고담을 실었다. 미즈타가 1953년 10월부터 1954년 12월까지 총 9회에 걸쳐 구술한 내용을 우방협회에서 『재정·금융정책에서 본 조선통치와 그 종국(財政金融政策から見た朝鮮統治とその終局)』이라는 제명으로 출간한 것이다. 그가 1925년 조선총독부 사무관으로 부임한 이래 총 20년 동안 조선의 금융과 재정 실무를 담당했고, 조선시대와 대한제국기 그리고 일제강점기 조선총독부의 금융과 재정을 검토한 적이 있음을 고려할 때, 그의 구술 회고담은 일제강점기 재정·금융 동향을 개관할 수 있는 좋은 자료가 될 것이다. 이 구술 회고담에서 미즈타는 식민지 통치의 실무 담당자로서 비교적 솔직하게 조선총독부를 비롯한 통치자들의 생각을 밝히고 있어 일제강점기 연구에 참고되는 바가 많을 것으로 기대한다.

제2부 '전시기 금융과 재정'에서는 두 가지 자료를 담았다. 먼저 조선금융단 발회식 기사이다. 이 자료는 1942년 6월 19일 조선저축은행 본점 강당에서 개최된 발회식과 당일 이루어진 구시다(櫛田) 대장성 특별은행과장, 아라키(新木) 일본은행 이사, 소노베(園部) 야스다은행 취체역사장의 강연과 미즈타 재무국장에 의한 예산 설명을 담고 있다. 이를 통해 일본이 조선의 금융을 어떻게 통제하고 자금을 동원하고자 했는지 알 수 있을 것이다. 제2부의 두 번째 자료는 상설전시경제간화회가 펴낸 『조선경제통제문답』(東洋經濟新報社京城支局, 1941) 중 물가 관련 부분만 발췌해 번역했다. 동 자료의 서문을 쓴 오노 정무총감에 의하면 동 간화회의 창설 목적은 두 가지였다. 첫째, 정시 또는 수시로 관계관들이 직접 거리로 나가 경제통제 관계 법령이나 기타 전시경제정책 운용에 관한 민간 측의 질의에 응답하는 것이었다. 둘째, 전시기 일본 정부의 방침을 설명하여 민간의 협력을 얻고자 했다. 『조선경제통제문답』은 20회가 넘는 질의응답의 기록을 책으로 묶어 민간에 보급함으로써 직접 동 간화회에 참석하지 못한 일반 경제인의 전시경제에 대한 인식을 제고하고, 국책 운영에 기여한다는 의도를 가지고 간행되었다.

제3부 '전시기 자금 동원 관련 문서'에서는 전시 자금 동원을 위한 강제저축과 공채소화에 대한 자료를 수록하였다. 일제에 의한 자금 동원은 다음 세 가지 경로를 통해 행해졌다. 첫째는 일본은행의 국채 매각 방식이다. 둘째는 대장성 예금부를 중심으로 한 정부관계 자금의 동원이다. 셋째는 우편국 창구를 통한 일반인의 공채소화 방식이다. 이와 같은 일제의 강제저축이 조선인에게 어떻게 강제되고 있었는가를 확인하기 위해서는 당대의 신문 기사를 활용할 필요가 있다. 특히 조선총독부의 선전매체인 《매일신보》의 기사는 일제의 강제성이 어떻게 현장에서 관철되고 있었는지 확인할 수 있는 자료이다. 특히 전쟁이 막바지로 치다를 때 눈덩이처럼 불어나는 막대한 전비를 감당하기 어려웠던 일제가 조선인을 대상으로 드러낸 강제성과 조급성을 확인할 수 있을 것이다.

제4부 '전시금융정책'에서는 일제의 전시금융정책을 알 수 있는 세 개의 자료를 수록하였다. 먼저 일본은행 조사국에서 편찬한 『전시금융통제의 전개(戰時金融統制の展開)』(1943. 4) 중 일부를 부분 번역하여 수록하였다. 이 글은 일본은행 내부 자료로 작성된 것으로 1970년 『일본금융사 자료(日本金融史資料)』 27권에 수록됨으로써 처음 알려졌다. 이 글에서는 금융에 대한 국가의 적극적인 통제는 만주사변 이후에 그 맹아가 싹텄고, 2·26사건 이후 진전

되다가 중일전쟁 후에 정비되었다고 규정하였다. 이에 따라 만주사변 이후를 비상시기, 2·26사건 이후를 준전시기로 보고 본격적인 전시금융통제에 앞선 전 단계로 규정하고 있음을 알 수 있다. 두 번째로 1941년 조선은행권 발행제도 관련 자료로서 도쿄대학 경제학부 도서관 소장 자료인 『조선은행권·대만은행권 발행제도 개정의 건(朝鮮銀行券臺灣銀行券發行制度改正ノ件)』(『中央儲備朝鮮台湾銀行關係資料』 제5권) 중 일부를 번역하여 수록하였다. 이 문건은 대장성 은행국에서 작성한 것으로 1941년 조선은행권 발행제도 개정과 관련된 중요한 내용을 담고 있다. 특히 54개 항목에 달하는 「상정질문응답」은 당시 발권제도 개정과 관련되어 제기될 수 있는 의문을 모두 망라하여 여기에 답변을 했기 때문에 이 개정의 목적과 의도, 그 내용을 이해하는 데 핵심적인 자료라 할 수 있다. 세 번째로 대륙 인플레이션의 조선 인플레이션 영향 관련 자료로서 1944년 7월 18일부터 8월 11일까지 25일간 본점의 감사와 조사부원, 그리고 청진지점 행원 총 3인의 실제 답사에 근거해 작성한 보고서인 『선만 국경지대의 국폐 문제와 만주국 내에서의 선은권 퇴장 사정(鮮滿國境地帶の國幣問題と滿洲國內に於ける鮮銀券退藏事情)』(1944.9)을 번역하였다.

일본어로 된 자료를 번역해 수록하는 것은 정말 힘든 작업이었다. 어느 하나 평이한 문장이 없었다. 더구나 이번에는 구술 회고담이 상당한 분량에 달했고, 구어체 자료가 있어서 더욱 어려움을 많이 느꼈다. 그래서인지 3년 동안 자료집에 쏟은 시간도 예상보다 훨씬 많아졌다. 번역의 어려움은 외국어의 문제가 아니었다. 그냥 국어 실력이 부족했을 뿐이다. 따라서 이로 인한 오류는 전부 편역자에게 있다. 독자의 질정을 겸허히 기다린다.

3년에 걸친 방대한 자료집 편찬 작업이 무사히 마무리될 수 있었던 데는 동북아역사재단 일제침탈사 편찬위원회는 물론 감수자로 이 많은 분량을 읽고 귀중한 토론을 해 주신 선생님들의 노고가 있었다. 지면을 빌려 감사드린다. 아울러 실무를 담당하시면서 무한한 인내심으로 원고를 기다려 주신 조건, 서종진 두 분의 선생님께도 감사드리지 않을 수 없다. 마지막 3차년도에 공교롭게도 편역자 두 사람이 모두 연구년을 다녀왔다. 편역자 김명수는 미국 오하이오로, 조명근 교수는 캐나다 밴쿠버로 다녀왔다. 연구년이라 가족과 함께하는 남편과 아빠의 모습을 기대했을 텐데 자료집 작업 때문에 외국에서도 많은 시간을 같이하지 못하게 한 것 같아 조명근 교수의 가족들에게 미안한 마음이 크다. 역시 기록해 미안함과 감사를 전한다.

2024년 현재 소위 '역사전쟁'이 전개되고 있다. 기존의 역사전쟁이 한국과 일본 양국 사이에서 전개되었다면 지금의 역사전쟁은 한국 안에서 오히려 더 첨예하게 대립되고 갈등을 양산하고 있다. 조선총독부 재무국장이었던 미즈타에 의하면, 당시 식민통치의 담당자들에게는 '조선인을 일본인으로 만들려는 선의(善意)'가 있었고, 그들이 조선인들의 심리를 헤아리지 않고 그 '선의'를 강요했기 때문에 반일감정이 생긴 것이다. 그들이 이야기하는 '선의의 악정(惡政)'이라는 표현이 그것이다. 단지 조선인들이 선의를 오해했을 뿐인 것이다. 과연 그럴까? 이번 작업이 일본제국주의의 침략성을 세상에 알리는 자료로서, 또한 대한제국기 및 일제강점기 연구자들의 기초자료로서 기능하기를 희망한다.

편역자를 대표하여

김명수

전체 해제

이번 제3차년도 자료집『일제강점기 재정·금융 동향과 전시기』역시 이미 출간된 두 권의 자료집과 마찬가지로 총 4장으로 구성했다. 제1장에서는 조선총독부 재무국장 출신 미즈타 나오마사의 구술 회고담『재정·금융정책에서 본 조선통치와 그 종국(財政金融政策から見た朝鮮統治とその終局)』을 완역해 수록했다. 총 20년 동안 조선총독부의 재정과 금융을 담당했던 실무 책임자인 미즈타의 9회에 걸친 구술 회고담이다. 제2장에서는 두 가지 자료를 수록했다. 하나는 전시기 금융통제와 재정을 다루었는데 조선에 대한 금융통제를 목적으로 설치된 조선금융단 발회식 기사, 다른 하나는 전시 경제정책의 운용에 대한 일반 경제인의 이해와 협력을 이끌어 내기 위해 설치한 상설전시경제간화회(常設戰時經濟懇話會)의『조선경제통제문답(朝鮮經濟統制問答)』을 발췌해 번역했다. 제3장에서는 전시기 자금동원 관련 문서를 대상으로 했는데 주로 강제저축 관련 통첩류와 신문 기사를 실었다. 제4장에서는 전시 금융정책의 전개와 조선은행권 발권제도의 변화를 알 수 있는 자료를 실었다. 이들 자료를 통해 복잡한 조선은행권 발권제도의 변화와 대륙 인플레이션의 일본 전파를 막기 위해 조선을 방파제로 삼았던 사실을 이해할 수 있게 될 것이다. 이하에서는 각 장의 내용을 중심으로 정리한다.

Ⅰ. 일제강점기 재정·금융 동향

1.『재정·금융정책에서 본 조선통치와 그 종국』(1962)

　이 자료는 전 조선총독부 재무국장 미즈타 나오마사(水田直昌)의 구술과 쓰치야 다카오(土屋喬雄) 도쿄대 교수 등과의 질의응답을 정리한『재정·금융정책에서 본 조선통치와 그 종국』을 완역한 것이다.

　미즈타 나오마사는 1921년 도쿄제국대학 법학부를 졸업하고 동년 문관 고등시험에 합격, 졸업과 동시에 대장성(大藏省)에 입사하여 이재과 근무를 시작했다. 1922년 후쿠오카시 세무서장, 1923년 오사카시 남세무서장을 거쳐 1925년 조선총독부 재무국 사무관으로 부임했다. 이후 3년 동안 이재(理財), 사계(司計), 세무(稅務), 관세(關稅)와 조선의 재무행정 전반을 경험한 뒤, 1927년부터 1937년까지 약 10년 동안은 재무국 사계과장으로서 조선의 예산과 결산 사무를 전담했다. 직업의 성격상 1년의 대부분을 도쿄에 체재하며 대장성과의 절충이나 재무국장을 보좌하여 의회 곳곳을 뛰어다녔다. 1937년 10월부터 1945년 8월 일본이 패전해 물러갈 때까지 미즈타는 조선총독부 재무국장으로 근무했다.

미즈타의 회고에 의하면, 그는 1928년부터 조선시대와 통감부 시기의 재정에 대해 정리할 생각을 가지고 사계과장 재직 중 니시무라 슌이치(西村駿一), 구로베 도라이치(黒部寅一) 두 사람의 조력을 얻어 폭넓게 자료를 수집했다. 조선왕조실록 등의 자료를 중심으로 사계과장으로 근무 중에 우선 『(稿本) 이조시대의 재정-조선재정사 일절(李朝時代の財政-朝鮮財政史の一節)』(朝鮮總督府, 1937)을 발간했는데, 1968년에 우방협회에서 『이조시대의 재정-조선 근대화의 과정(李朝時代の財政-朝鮮近代化の過程)』으로 정식 출간했다. 이후 미즈타는 통감부 시대 재정에 대한 정리에 착수하려고 하던 1937년 재무국장에 취임하게 되면서 그의 조선 재정 연구를 중단할 수밖에 없었다. 조선총독부 청사 내 재무국장실 옆방에 모아 놓았던 자료는 뒷날 1951년 서울 수복 때 총독부 청사가 불타면서 소실되었다고 전해진다.

미즈타의 구술은 1953년 10월부터 1954년 12월까지 총 9회에 걸쳐 이루어졌다. 구술 원고는 400자 원고지 388매의 분량인데 미즈타의 사망으로 충분한 퇴고가 이루어지지 못한 미정고(未定稿)이다. 그것을 우방협회가 미즈타와 쓰치야 두 사람의 허락을 얻어 조선 근대사 연구자를 위해 적은 부수만을 공간 반포했다. 편자는 곤도 겐이치(近藤釼一)가 맡았다. 우방협회에서 발간할 때 제명(題名)을 『재정금융정책에서 본 조선통치와 그 종국(財政金融政策から見た朝鮮統治とその終局)』으로 한 것은, 그 내용이 단순한 조선 재정·금융사에 그치지 않고 미즈타의 체험을 통해 본 조선통치관이 전편의 핵심을 이루고 있기 때문이다. 이 문헌에서는 조선통치에 대한 단순한 나열적 서술이 아니라 통치 과정에 드러난 통치자의 의사가 중요하게 언급되고 있다. 이를 통해 일제의 조선에 대한 식민지 통치의 실상을 잘 이해할 수 있을 것이다.

제1화에서는 조선총독부 재정·금융 관련 행정기구와 직제, 그리고 공채정책, 조세제도, 전매제도 등을 다루었다. 전체적인 이야기를 풀기 위한 사전 작업이라고 하겠다. 여기서 미즈타는 조선총독부의 식민통치를 '선의의 악정'이라고 하면서 독선과 압박을 키워드로 비판적인 입장을 취한다. 제2화에서는 일본 전체 재정에서 차지하는 조선의 지위나 조세체계와 세입에 대한 분석, 그리고 금융 근대화의 연혁과 객주, 여각, 시변, 외획 등 조선 재래의 금융기관에 대해 설명하고 있다. 제3화에서는 개항 이후 화폐제도의 혼란을 '제도적' 혼란으로, 메가타 다네타로(目賀田種太郞) 재정고문에 의한 화폐정리사업을 '폐제개혁'으로 인식하고 그로 인한 혼란을 해결하기 위한 농공은행, 동척, 식은, 금융조합 등 각종 금융기관의 설립을 근대적 금융기구 및 제도의 창설로 인식했다. 제4화에서는 농촌진흥운동과 금융조합의 관계에 초점을 맞추고 있으며, 보통은행의 소장과 전시하 은행 대합동에 대한 개관 및 뒷이야기를 풀어놓고 있다. 제5화에서는 제일은행, 한국은행, 조선은행으로 이어지는 중앙은행 제도의 연혁, 식은, 무진업, 조선저축은행, 신탁업, 그리고 보험, 우편저금, 간이보험 등 기타 금융기관에 대해 개관하고 있다. 제6화에서는 '조선 산업개발'을 위한 자금 조달을 조선 내 조선은행권 증발이나 일본 자본의 유입에 대해 설명하고, 일본 '내지' 의존을 탈각하기 위한 저축장려운동을 다루고 있다. 이를 '자금독립론'으로 명명하고 있으나 전시기에 그것이 여의치 않아 자금 도입 방침에 변함이 없었다는 사실과 금리 조작에 의한 개발자금 획득이나 전시하 인플레이션 발생과 그 대책에 대해서도 이야기한다. 제7화에서는 일본의 패전 당시 금융 비상조치와 실제 발생한 상황, 제8화에서는 패전 당시 재정 비상조치와 생생한 상황 등에 대해 자신의 경험을 충분히 살려 가면서 구술하고 있다. 특히 미즈타가 전 총독부 재무국장으로서 찰스 고든 재무국장의 어드바이저로 활동하면서 고든의 신임을 얻기 위해 적극 협력하는 모습이 잘 그려져 있다. 해방 이후 국가 재건을 위한 조선인들의 활동을 대부분 공산주의자의 활동으로 인식하고 불신을 드러내고 있고, 스스로 살아남기 위한 몸부림, 그리고 일본인의 이익을 지켜 내기 위해 분투하는 모습을 생생하게 묘사하고 있다. 이는 소련의 진주에 대한 거부감과 미국 진주에 대한 안도감으로 이어진다. 마지막 제9화에서는 종정십유(終政拾遺)라는 큰 타이틀하에 아편소동, 외곽단체에 대한 수당이나 퇴직수당에 대한 미군의 불신, 조선인에 의한 투서, 이왕직 송금 문제, 총독 및 정무총감의 기밀비, 미군의 일본인에 대한 호의 및 보호, 그리고 아베 총독 도망설 등을 자신의 경험과 함께 회고하고 있다. 제9화의 마지막에는 가족의 병을 핑계로 2주간 휴가를 받아 귀국한 미즈타가 이러저러한 핑계를 대며 조선으로 돌아가지 않는 과정이 그려진다.

II. 전시기 금융과 재정

1. 조선금융단 발회식 기사

　　조선금융단은 1942년 6월 19일 조선저축은행 본점 강당에서 발회식을 갖고 정식 법적 단체로 출범했다. 그때까지 임의단체였던 조선금융단이 새롭게 「금융통제단체령」에 의한 지방금융협의회로서 개조된 것이다. 6월 8일 조선총독의 설립 명령을 따른 것으로 같은 달 19일에 창립총회를 개최했으니 상당히 신속하게 이루어진 설립 절차였다.

　　조선금융단이 처음 결성된 것은 1938년 말이었다. 여기에는 보통은행을 비롯해 저축은행, 신탁회사, 금융조합, 동척(東拓)까지 조선의 금융기관이 총망라되었다. 당초에는 금리조정단(金利調整團)이라는 이름으로 주로 금리 협정 문제를 다루는 단체로 설치될 예정이었다. 조선금융단의 실제 결성은 1938년 12월 27일이었다. 총독부에 모여 협의한 뒤 '예금 금리의 협정 및 금융의 개선을 도모할 목적'을 표방하며 조선금융단을 결성했다. 결성 당일 제1회 총회를 개최하여 가맹자 예금 금리 협정을 체결하고 1939년 1월 1일부터 실행하기로 했다. 이 금리 조정의 목적은 전시기 공채소화를 위한 자금 확보에 있었다. 당시 조선금융단 가맹 기관은 총 15개였고, 간사장은 조선은행, 간사는 식산은행, 제일은행, 상업은행, 호남은행, 신탁회사였다.

　　일제는 전시기 자금 공급의 부족 문제를 해결하기 위해 1941년 7월 금융신체제를 구상하였고, 동년 12월 태평양전쟁의 발발과 함께 금융기관 사이의 긴밀한 연락과 협조가 더욱 요구되었다. 그 결과 1942년 4월 「금융통제단체령」이 공포되었다. 「금융통제단체령」에 기초하여 업태별 금융통제회 및 각 지구별 지방금융협의회가 결성되었다. 기존의 전국금융협의회와 업종별 금융단체는 모두 신기구하에 발전적으로 해소하고 동년 7월 전국금융통제회가 설립되었다. 전국금융통제회의 설립과 함께 조선총독부는 조선에서도 조선금융단을 법적으로 개조하여 강력한 금융단체의 지도통제기관을 설립하고자 했다. 6월 1일에 「금융통제단체령」이 공포되면서 동시에 각종 규칙이 발표되었는데, 종래의 조선금융단은 그 명칭은 그대로 두고 「금융통제단체령」에 기초한 조선지방금융협의회로 개조되었다. 그 발회식이 6월 19일 조선저축은행에서 개최되었다. 이로써 자발적 협력이 아닌 법적 단체로서 한 단계 더 강화된 지도 통제가 가능해졌다. 요컨대 지방금융협의회로서의 조선금융단은 조선총독의 지도와 감독을 받으면서, 또 다른 한편으로 전국금융통제회의 지도를 받으며 금융통제에 적극 협력할 것을 요구받았다.

여기에 수록된 1942년 6월 19일의 조선금융단 발회식 기사는 발회식 당시의 모습과 창립총회 직후에 개최된 금융대회, 그리고 거기에 참석한 구시다(櫛田) 대장성 특별은행과장, 아라키(新木) 일본은행 이사, 소노베(園部) 야스다은행 취체역사장, 미즈타(水田) 조선총독부 재무국장 등 일본 대장성과 주요 금융기관의 경영진, 조선총독부 관료의 연설 내용 등인데, 연설 내용을 통해 지방금융협의회로서의 조선금융단을 통해 어떻게 조선의 금융을 통제해 갈 것인지, 조선금융단에 무엇을 요구하고 있는지를 엿볼 수 있다. 특히 마지막에 수록된 미즈타 재무국장의 〈1942년도 조선총독부 예산에 대해서〉는 예산 내용을 토대로 조선의 재정을 상세하게 서술하고 있어서 조선총독부가 조선을 어떻게 지배했는지 그 실상을 이해하는 데 많은 참고가 된다.

2. 『조선경제통제문답』(1941) 중 물가 관련 부분

이 자료는 상설전시경제간화회(이하 '간화회')가 펴낸 『조선경제통제문답(朝鮮經濟統制問答)』(東洋經濟新報社京城支局, 1941) 중 물가통제와 관련된 부분만 발췌해 번역한 것이다. 간화회는 전시경제정책의 운용에 대해 일반 경제인의 이해와 협력을 얻기 위해 총독부 경제관계 과장의 기획으로 1941년 1월 하순에 창설되었다. 간화회는 6월까지는 경성에서 매주 1회 금요일 오후 6시부터 9시까지 개최하였고, 지방에서는 수시 개최를 원칙으로 했다. 7월부터는 매월 1회 제1 금요일에 개최되었다. 간화회 구성 멤버는 비교적 총독부의 전시경제 행정에 밀접한 관계를 갖는 과장들이었다. 이들은 매회 출석했다. 만약 과장이 출석하지 못할 때는 과장을 대리할 수 있는 자를 출석시켰다.

야마지 재무국 이재과장이 간사를 맡아 간화회 운영을 위한 실무를 맡았고, 여기에 경성제국대학 스즈키 다케오(鈴木武雄)와 조선은행원 가와이 아키타케(川合彰武)가 협력했다. 간화회 장소는 경성의 경우 5월까지는 경성상공회의소였고, 6월부터는 메이지제과(明治製菓) 경성매점으로 옮겼다. 제1회 간화회는 1941년 1월 24일 경성에서 개최되었고, 7월까지 평양, 부산, 신의주 등지에서 총 20회가 넘게 개최되었다. 간화회에서 교환된 질의응답은 그때마다 신문지상을 통해 발표되었고, 7월에는 『조선경제통제문답』으로 간행되었다.

서문을 쓴 오노 정무총감에 의하면 동 간화회의 창설 목적은 크게 두 가지였던 것으로 보인다. 첫째, 정시 또는 수시로 관계관들이 직접 거리로 나가 경제통제 관계 법령이나 기타 전시경제정책 운용에 관한 민간 측의 질의에 응답하는 것이었다. 둘째, 전시기 일본 정부의 방침을 설명하여 민간의 협력을 얻고자 했다. 『조선경제통제문답』은 20회가 넘는 질의응답의 기록을 책으로 묶어 민간에 보급함으로써 직접 동 간화회에 참석하지 못한 일반 경제인의 전시경제에 대한 인식을 제고하고, 국책 운영에 기여한다는 의도를 가지고 간행되었다.

『조선경제통제문답』은 자금조정 관계 29개, 경리통제 관계 8개, 물가조정 관계 103개, 배급통제 관계 95개, 경제경찰 관계 29개, 양정(糧政) 관계 27개, 지대·가임(家賃) 관계 21개, 사치품 관계 11개에 대한 질문과 그에 대한 당국자의 답변이 정리되어 있다. 부록에는 '1. 조선 자금·자재·노력(노동력)의 통제 대요, 2. 조선 물가통제의 요강, 3. 조선 공정가격 고시 일람, 4. 조선 시국경제 관계 법령 일람'이 실려 있다. 자료집에는 이 중 물가조정 관계 103개만을 대상으로 정리했다.

III. 전시기 자금 동원 관련 문서

1937년 중일전쟁 발발 이후, 일제는 전쟁 비용을 충당하고 인플레이션을 억제하기 위해 조세뿐만 아니라 국채 및 유가증권 판매, 금융기관을 통한 저축 등을 동원하여 민간 자금을 강제적으로 흡수했다. 이를 위해 조선총독부는 1938년부터 '국민저축조성운동'을 추진하여 저축조합을 조직하고, 개인별 저축액을 할당하는 방식으로 강제저축을 시행했다. 관변단체 및 금융기관을 동원한 이 운동은 조선인들에게 조직적이고 강압적으로 시행되었으며, 조세보다도 더 광범위하게 민간 자금을 흡수하여 일본 국채 매입과 전쟁 관련 기업 대출에 활용되었다.

1939년부터는 저축 확대를 위한 정책이 본격적으로 시행되었다. 각 지역에 저축 목표액을 설정하고 '국민정신총동원운동' 및 '농촌진흥운동'과 연계하여 강제적으로 추진했다. 또한, 임금 지급 전에 일정액을 공제하는 강제공제저축[天引貯蓄] 제도를 확대하였으며, 1940년부터는 봉급, 급료, 수당, 배당, 이자뿐만 아니라 농촌 공출 대금까지 포함되었다. 1941년에는「조선국민저축조합령」이 공포되어 전국적으로 9만여 개의 저축조합이 조직되었으며, 조선인들은 의무적으로 가입해야 했다.

전쟁이 확대되면서 저축운동의 강제성은 더욱 심화되었다. 1943년에는 '저축 돌격전'이 선포되었고, 각 행정기관은 저축 목표를 설정하는 한편, 암거래 단속과 개인 자산의 강제 흡수 등을 강화했다. 이러한 강압적인 저축운동으로 인해 조선의 연간 저축 증가액은 1937년 1억 2,000만 원에서 1944년 56억 2,000만 원으로 불과 7년 만에 44.5배나 증가하였다. 이는 조선 경제가 감당할 수 없는 수준의 강제저축이었다.

전시공채 또한 조선인들에게 강제로 할당되었다. 국채는 일본 정부가 발행하여 일본은행 및 대장성 예금부가 인수한 뒤 일부를 민간에 판매하는 방식이었으며, 전시채권은 일본권업은행이 발행하고 조선식산은행 및 우편국을 통해 판매되었다. 조선총독부는 1939년부터 각 가호(家戶)별로 전시공채를 할당하였으며, 소득 수준에 따라 군·읍·면 단위로 목표액을 배정했다. 특히 전시 특수 경제를 누리는 직업군에는 더 높은 공채 할당이 요구되었으며, 불이행 시 우편국 및 관공서 직원들이 직접 방문하여 강제 매수를 유도하는 등 압박을 가했다.

Ⅳ. 전시금융정책

1. 일제의 전시금융정책의 전개

일본은행 조사국은 1970~1973년 사이『전시금융관계자료(戰時金融關係資料)』(1~8권)를 출판하였으며, 이는 일본의 전시 금융정책을 이해하는 데 중요한 자료로 활용된다. 여기서는 일본은행이 1943년 4월에 작성한『전시금융통제의 전개(戰時金融統制の展開)』를 수록하였다.

이 자료는 1931년 금해금(金解禁) 이후부터 1943년까지의 일본 금융 정책의 전개 과정을 '통제'의 관점에서 설명하고 있다. 이에 따르면, 금융에 대한 국가의 적극적인 개입은 만주사변 이후의 비상시기에 시작되었으며, 2·26 사건 이후 준전시기를 거쳐 중일전쟁 발발 이후 본격적인 체계화 단계에 이르렀다고 분석하고 있다. 전시 금융통제의 핵심 목표는 전비 조달과 생산력 확충이었으며, 금융통제는 전시 경제의 안정을 목표로 한 양적 통제와 전쟁 수행에 직접 기여하는 생산 부문에 신용을 집중시키는 질적 통제라는 두 가지 측면에서 진행되었다.

또한, 금융통제는 물자통제와 밀접하게 연결되었으며, 단순한 수급 조절 차원을 넘어 필수 물자의 공급을 계획적으로 조정하는 방식으로 발전하였다. 이는 전비 지출 증가와 인플레이션 위험을 억제하기 위한 필수 조치로 여겨졌다. 이 자료는 총 10장으로 구성되며, 그중 전시기 조선과 관련된 부분을 중심으로 번역 수록하였다.

이 자료는 전쟁이 한창 진행 중이던 1943년에 작성된 것으로, 전시 금융통제와 관련된 핵심 사항을 상세히 다루고 있다. 또한, 주요 통계 자료를 포함하고 있어 전시 금융 연구에 있어서도 매우 중요한 사료로 평가된다.

2. 1941년 조선은행권 발행제도 관련 자료

일본은 1897년 청일전쟁 배상금을 기반으로 금본위제를 도입했으나, 1917년 제1차 세계대전 중 이를 정지했다. 이후 1930년 금본위제로 복귀했으나, 1931년 다시 금 수출을 금지하며 국제금본위제에서 이탈했으며, 1932년 일본은행권 보증준비 발행한도를 확대하면서 관리통화제를 본격적으로 도입하였다. 1937년 중일전쟁 이후 통화량이 급증하자, 일본은행과 조선은행은 두 차례에 걸쳐 발행한도를 확장했다. 그러나 일본 정부는 급증하는 통화 수요에 기존 법령 개정 방식으로는 대응이 어렵다고 판단하여 1941년 발권제도 개정을 추진하였다. 개정의 결과, 종래의 정화준비 및 보증준비의 구분은 폐지되었고, 은행권의 최고발행한도는 매년 일본 대장대신이 결정하도록 되었다. 여기서는 개정안을 입안한 대장성 은행국이 1941년 조선은행권 발행제도 개정과 관련하여 작성한 『조선은행권·대만은행권 발행제도 개정의 건(朝鮮銀行券臺灣銀行券發行制度改正ノ件)』 중 「상정질문응답」을 수록하였다. 「상정질문응답」은 발권제도 개정과 관련하여 제기될 수 있는 다양한 쟁점을 폭넓게 다루고 있으며, 이에 대한 답변을 포함하고 있어 개정의 목적과 배경을 파악하는 데 필수적인 사료로 평가된다.

3. 대륙 인플레이션의 조선 인플레이션 영향 관련 자료

일제의 대외 금융정책은 각 식민지 및 점령지에 독립적인 발권은행을 설립하여 일본은행권이 아닌 해당 지역 통화를 발행하도록 하는 것이 핵심 원칙이었다. 이러한 통화들은 일본은행권과 등가(等價)로 연계되어 거대한 엔(円)계 통화권이 형성되었다. 일본의 제국 확장과 함께 엔계 통화권도 확대되었으나, 일본 본토로의 경제적 위험 확산을 방지하는 것이 중요한 과제였다. 특히 중일전쟁 이후 중국 점령지의 인플레이션이 엔계 통화권을 통해 확산되자, 조선과 만주 국경은 일본을 보호하는 통화 방어선 역할을 하였다. 그러나 전쟁이 장기화 되면서 엔계 통화권 내 통화 가치의 괴리는 매우 심각했으며, 고물가 지역에서 발생한 인플레이션이 저물가 지역으로 전이되고 있었다. 이에 일본 본토 보호를 위해서는 점령지와 식민지를 본토와 단절하는 것 외에는 다른 방법이 없었다. 이러한 실태를 가장 잘 보여 주는 것이 만주국폐(滿洲國幣)의 조선 유입 현상으로, 국경지대를 중심으로 만주국폐는 조선은행권과 동일한 가치로 통용되었다. 조선총독부는 1940년부터 만주국폐의 조선 내 유통을 금지하고, 환전 시 2%의 수수료를 부과하는 등 통제 조치를 강화했다. 그러나 만주와 조선 간 물가 차이로 인해 국경 밀무역이 성행하면서 이러한 조치는 실효성을 거두지 못했다. 1942년에는 신규 발행된 조선은행권의 80%가 만주국폐와 교환되었을 정도로 조선의 인플레이션 심화는 만주국폐에 기인한 점이 매우 컸다. 이에 1944년 조선은행은 만주국폐의 조선 유입 실태를 조사했는데, 유입 증가 요인으로 아편 밀수, 물자난에 따른 유출, 대일본 송금 제한 회피를 지적하였다.

a
일제강점기 재정·금융 동향

해제

이 자료는 전 조선총독부 재무국장 미즈타 나오마사(水田直昌)의 구술과 쓰치야 다카오(土屋喬雄) 도쿄대 교수 등과의 질의응답을 정리한 『재정·금융정책에서 본 조선통치와 그 종국』을 완역한 것이다. 〈해제〉에서는 이 문헌이 나오게 된 배경과 구술의 주인공인 미즈타에 대해서 정리한 뒤 이 문헌이 갖는 경제사적 의의를 일제강점기 침탈사의 입장에서 음미하기로 한다.[1]

1948년 설립된 일본금융사자료편찬소는, 1942년 도쿄대학 경제학부에 설치된 메이지(明治)·다이쇼(大正) 금융사자료편찬실의 후신이었다. 동 편찬실은 1942년 7월 제일은행이 창립(1873년) 70주년을 기념하기 위해 메이지·다이쇼 2대에 걸친 금융사 자료를 수집·편찬한다는 목적 수행을 조건으로 25만 엔을 도쿄대학 경제학부에 기부한 것에서 시작되었다. 쓰치야 교수는 사업의 주임을 맡았다. 하지만 전후 인플레이션으로 예정했던 사업을 1/3 정도밖에 달성하지 못하자 쓰치야 교수는 다시 1948년부터 일본은행으로부터 매년 백 수십만 엔의 기부를 받아 사업을 다시 시작할 수 있었고 이때 사업의 계속 추진을 위해 설립된 것이 재단법인 일본금융사자료편찬소였다. 쓰치야 교수는 다시 동 편찬소의 상무이사로 수집·편찬 사업을 담당했다. 1948년부터 1954년까지 만 6년으로 일단 사업을 마무리하고 자료 일체를 일본은행에 기증했다. 이를 토대로 1954년 가을부터 1960년까지 『일본금융사자료-메이지·다이쇼편』 25권을 간행했다. 1961년부터는 쇼와편을 편집·간행했다.

상기 일본금융사자료편찬소 사업의 일환으로 메이지·다이쇼·쇼와의 3대 혹은 다이쇼·쇼와의 2대에 걸쳐 일본 금융사에서 활약했던 중요 인물들의 경력담을 정리했다. 당시 인물들은 이케다 시게아키(池田成彬), 유키 도요타로(結城豊太郎), 고다마 겐지(兒玉謙次), 야쓰시로 노리히코(八代則彦), 오쿠보 도시카타(大久保利賢), 아카시 데루오(明石照男), 시부사와 게

---

[1] 이하 〈해제〉는 특별한 언급이 없는 한 본문의 내용을 참고하여 작성했다.

이조(澁澤敬三), 나카야마 히토시(中山均), 미즈타 나오마사(水田直昌) 등이었다. 특히 미즈타는 조선총독부의 재무국장으로서 오랫동안 근무했기 때문에 그의 이야기는 조선총독부의 금융과 재정을 이해하는 데 많은 도움을 준다. 이 자료에 등장하는 미즈타는 재무국장 재임 시절 모은 자료에 입각해 2시간씩 9회에 걸쳐 상당히 상세하게 구술했다. 구술 당시 미즈타의 이야기를 듣고 질문하며 자료를 보완한 것은 쓰치야 교수 이외에 가지니시 미쓰하야(楫西光速) 교수, 가토 도시히코(加藤俊彦) 교수였다. 이 문헌의 원래 명칭은 『조선금융정책사담』이었지만, 발간 당시 이미 『조선재정금융사담』으로 소개되어 후자를 제명(題名)으로 했다. 『재정·금융정책에서 본 조선통치와 그 종국』은 뒷날 우방협회에 의해 출간될 때 새로 붙여진 이름이다.

　미즈타 나오마사는 1921년 도쿄제국대학 법학부를 졸업하고 동년 문관고등시험에 합격, 졸업과 동시에 대장성에 입사하여 이재과 근무를 시작했다. 1922년 후쿠오카시 세무서장, 1923년 오사카시 남세무서장을 거쳐 1925년 조선총독부 재무국 사무관으로 부임했다. 이후 3년 동안 이재(理財), 사계(司計), 세무(稅務), 관세(關稅)와 조선의 재무행정 전반을 경험한 뒤, 1927년부터 1937년까지 약 10년 동안은 재무국 사계과장으로서 조선의 예산과 결산 사무를 전담했다. 직업의 성격상 1년의 대부분을 도쿄에 체재하며 대장성과의 절충이나 재무국장을 보좌하여 의회 곳곳을 뛰어다녔다. 1937년 10월부터 1945년 8월 일본이 패전해 물러갈 때까지 미즈타는 조선총독부 재무국장으로 근무했다.

　미즈타의 회고에 의하면, 그는 1928년부터 조선시대와 통감부 시기의 재정에 대해 정리할 생각을 가지고 사계과장 재직 중 니시무라 슌이치(西村駿一), 구로베 도라이치(黑部寅一) 두 사람의 조력을 얻어 폭넓게 자료를 수집했다. 미즈타는 오백 년의 역사를 가진 조선의 물물교환 경제를 혼합한 재정의 운영에 특히 흥미를 느꼈다고 한다. 조선왕조실록 등의 자료를 중심으로 사계과장으로 근무 중에 우선 『(稿本) 이조시대의 재정-조선재정사 일절(李朝

時代の財政-朝鮮財政史の一節)』(朝鮮總督府, 1937, 총 509쪽)을 발간했는데, 1968년에 우방협회에서 『이조시대의 재정-조선근대화 과정(李朝時代の財政-朝鮮近代化の過程)』으로 발간했다. 이후 미즈타는 통감부 시대 재정에 대한 정리에 착수하려고 하던 1937년 재무국장에 취임하게 되면서 그의 조선 재정 연구를 중단할 수밖에 없었다고 한다. 연구를 위해 조선총독부 청사 내 재무국장실 옆방에 모아 놓았던 자료는 뒷날 1951년 서울 수복 때 총독부 청사가 불타면서 소실되었다고 한다.

미즈타는 1925년 조선총독부 사무관으로 부임한 이래 총 20년 동안 사무관, 사계과장, 그리고 재무국장으로 조선의 금융과 재정 실무를 담당했고, 또 연구를 통해 조선시대와 일제강점기 조선총독부 금융 및 재정을 검토한 적이 있기 때문에, 미즈타의 구술을 모은 『조선통치와 그 종국』의 자료적 가치가 상당히 높다고 하겠다.

미즈타의 구술은 1953년 10월부터 1954년 12월까지 총 9회에 걸쳐 이루어졌다. 구술 원고는 400자 원고지 388매의 분량으로 그간 충분한 퇴고가 이루어지지 못한 채 미정고(未定稿)로 남아 있었다. 그것을 우방협회가 미스타와 쓰지야 두 사람의 허락을 얻어 조선 근대사 연구자를 위해 적은 부수만을 공간 반포했다. 편자는 곤도 겐이치(近藤釼一)가 맡았다. 우방협회에서 발간할 때 제명(題名)을 『재정·금융정책에서 본 조선통치와 그 종국(財政金融政策から見た朝鮮統治とその終局)』으로 한 것은, 그 내용이 단순한 조선 재정금융사에 그치지 않고 미즈타의 체험을 통해 본 조선통치관이 전편의 핵심을 이루고 있기 때문이다. 이 문헌에서는 조선통치에 대한 단순한 나열적 서술이 아니라 통치 과정에 드러난 통치자의 의사가 중요하게 언급되고 있다. 구체적인 내용을 개관하면 다음과 같다.

제1화에서는 조선총독부 재정·금융 관련 행정기구와 직제, 그리고 공채정책, 조세제도, 전매제도 등을 다루었다. 전체적인 이야기를 풀기 위한 사전 작업이라고 하겠다. 여기서 미즈타는 조선총독부의 식민통치를 '선의의 악정'이라고 하면서 독선과 압박을 키워드로 비판적인 입장을 취한다. 제2화에서는 일본 전체 재정에서 차지하는 조선의 지위나 조세체계와 세입에 대한 분석, 그리고 금융 근대화의 연혁과 객주, 여각, 시변, 외획 등 조선 재래의 금융 기관에 대해 설명하고 있다. 제3화에서는 개항 이후의 화폐제도의 혼란을 '제도적' 혼란으로, 메가타 재정고문에 의한 화폐정리사업을 '폐제개혁'으로, 그로 인한 혼란을 해결하기 위한 농공은행, 동척, 식은, 금융조합 등 각종 금융기관의 설립을 근대적 금융기구 및 제도의 창설로 인식했다. 제4화에서는 농촌진흥운동과 금융조합의 관계에 초점을 맞추고 있으며, 보통은행의 소장과 전시하 은행 대합동에 대한 개관 및 뒷이야기를 풀어놓고 있다. 제5화에서는 제일은행, 한국은행, 조선은행으로 이어지는 중앙은행 제도의 연혁, 식은, 무진업, 조선저축은행, 신탁업, 그리고 보험, 우편저금, 간이보험 등 기타 금융기관에 대해 개관하고 있다. 제6화에서는 '조선 산업개발'을 위한 자금 조달을 조선 내 조선은행권 증발이나 일본 자본의 유입에 대해 설명하고, 일본 '내지' 의존을 탈각하기 위한 저축장려운동을 다루고 있다. 이를 '자금독립론'으로 명명하고 있으나 전시기에 그것이 여의치 않아 자금 도입 방침에 변함이 없었다는 사실과 금리 조작에 의한 개발자금 획득이나 전시하 인플레이션 발생과 그 대책에 대해서도 이야기한다. 제7화에서는 일본의 패전 당시 금융 비상조치와 실제 발생한 상황, 제8화에서는 패전 당시 재정 비상조치와 생생한 상황 등에 대해 자신의 경험을 충분히 살려 가면서 구술하고 있다. 특히 미즈타가 전 총독부 재무국장으로서 찰스 고든 재무국장의 어드바이저로 활동하면서 신임을 얻기 위해 적극 협력하는 모습이 잘 그려져 있다. 해방 이후 국가 재건을 위한 조선인들의 활동을 대부분 공산주의자의 활동으로 인식하고 불신을 드러내고 있고, 스스로 살아남기 위한 몸부림, 그리고 일본인의 이익을 지켜 내기 위해 분투하는 모습을 생생하게 묘사하고 있다. 이는 소련의 진주에 대한 거부감과 미국 진주에 대한 안도감으로 이어진다. 마지막 제9화에서는 종정십유(終政拾遺)라는 큰 타이틀하에 아편소동, 외곽단체에 대한 수당이나 퇴직수당에 대한 미군의 불신, 조선인에 의한 투서, 이왕직 송금 문제, 총독 및 정무총감의 기밀비, 미군의 일본인에 대한 호의 및 보호, 그리고 아베 총독 도망설 등을 자신의 경험과 함께 회고하고 있다. 제9화의 마지막에는 가족의 병을 핑계로 2주간 휴가를 받아 귀국한 미즈타가 이러저러한 핑계를 대며 조선으로 돌아가지 않는 과정이 그려진다.

　이상의 내용을 통해 일제의 조선에 대한 식민지 통치의 실상에 보다 더 다가갈 수 있을 것으로 기대한다.

1. 『재정·금융정책에서 본 조선통치와 그 종국』(1962)

〈자료 01〉 『재정·금융정책에서 본 조선통치와 그 종국』(1962)

> 편술: 미즈타 나오마사(水田直昌) / 쓰치야 다카오(土屋喬雄)
> 저본: 朝鮮近代史料　朝鮮總督府關係重要文書選集(3)
> 　　　朝鮮財政金融史談·第一話―九話(全)
> 　　　財政·金融政策から見た朝鮮統治とその終局
> 　　　財團法人友邦協會朝鮮史料編纂

이 문헌은 재단법인 우방협회에서 기획 간행 중인 '조선통치 관계 중요문서 집성-재정·금융편'의 일환으로, 조선 근대사를 연구하고 있는 사람들을 위해 적은 부수를 간행, 반포한 것이다.

재단법인 우방협회 이사장 호즈미 신로쿠로(穗積眞六郞)

미즈타 나오마사 씨의 『조선금융정책사담』에 대해

쓰치야 다카오(土屋喬雄)

1948년(昭和 23) 설립된 일본금융사자료편찬소는, 1942년(昭和 17) 도쿄대학 경제학부에 설치된 메이지(明治)·다이쇼(大正) 금융사자료편찬실의 후신이었다. 편찬실은 1942년 7월 제일은행이, 1873년(明治 6) 창립 후 70년을 맞이했기 때문에, 그것을 기념하기 위해 메이지·다이쇼 2대에 걸친 금융사 자료를 수집·편찬한다는 목적 수행을 조건으로 25만 엔을 도쿄대학 경제학부에 기부한 것에서 시작된다. 당시 제일은행 두취(은행장)는 고(故) 아카시 데루오(明石照男) 씨, 부두취는 시부사와 게이조(澁澤敬三) 씨였다. 나는 그 사업의 주임을 맡게 되었다. 때마침 전국(戰局)이 더 어려워져 사업 수행에 여러 지장이 있었지만, 협력자분들의 노력으로 상당한 성과를 거두었다. 하지만 종전 후 인플레이션이 악성화하면서 그때의 기금 25만 엔은 금방 소진되어 버렸고, 인플레이션의 무서움을 체험을 통해 알게 되었다.

당시까지 사업의 성과는 내가 예정했던 것의 1/3 정도밖에 달성하지 못했다. 나는 이 정도에서 그만두는 것은 우리나라(일본)의 귀중한 문화재의 일부를 멸망에 맡기는 것과 다르지 않다고 생각했다. 이에 아카시 씨나 시부사와 씨에게 부탁하여 당시 기부를 요청할 수 있는 유일한 기관이었던 일본은행에 부탁해 1948년(昭和 23)부터 매년 백 수십만 엔의 기부를 받을 수 있었다. 그래서 재단법인 일본금융사자료편찬소가 설립되었고, 나는 상무이사로서 수집·편찬 사업을 담당하게 되었다. 1948년부터 1954년(昭和 29)까지 만 6년으로 일단 사업을 마무리하고 자료 일체를 일본은행에 기증했다. 이후 1954년 가을부터 1960년(昭和 35)까지『일본금융사자료-메이지·다이쇼편』25권을 간행할 수 있었다. 편집자는 일본은행 조사국, 인쇄·간행자는 대장성 인쇄국, 감수자는 쓰치야 다카오였다. 그리고 1961년(昭和 36)부터 쇼와편을 편집·간행하고 있는 중이다.

상기 일본금융사자료편찬소의 사업 중 하나로 메이지·다이쇼·쇼와의 3대 혹은 다이쇼·쇼와의 2대에 걸쳐 우리나라 금융발달사에 있어서 중요한 역할을 담당한 인물들의 경력담을 배청한 뒤 속기록으로 작성했다. 배청한 분들은 고 이케다 시게아키(池田成彬),[2] 고 유키

---

2 이케다 시게아키(池田成彬, 1867~1950). 아버지가 요네자와(米澤) 번사였다. 게이오대학에서 공부했고 1895년 하버드대학을 졸업했다. 귀국 후에 시사신보사(時事新報社)를 거쳐 미쓰이은행(三井銀行)에 들어갔다. 1919년 이후에는 필두상무로서 동행을 금융업계의 수위로 격상시켰다. 1932년 단 다쿠마(團琢磨) 암살 후, 미쓰이합명 상무이사가 되어 지주(持株) 공개와 정년제 등의 미쓰이재벌의 개혁을 실시했다. 1937년 일본은행 총재, 1938년 제1차 고노에내각(近衛內閣)의 장상(藏相) 겸 상공상(商工相), 1941년에 추밀원 고문관이 된다. 일본국회도서관 '近代 日本人の肖像', 〈池田成彬〉 https://www.ndl.go.jp/portrait/datas/229/.

도요타로(結城豊太郎),³ 고 고다마 겐지(兒玉謙次),⁴ 고 야쓰시로 노리히코(八代則彦), 오쿠보 도시카타(大久保利賢),⁵ 고 아카시 데루오(明石照男),⁶ 시부사와 게이조(澁澤敬三),⁷ 나카야마 히토시(中山均),⁸ 미즈타 나오마사(水田直昌) 등의 여러분이었다. 미즈타 씨로부터 배청한 것은, 말할 것도 없이, 그가 조선총독부의 재무국장으로서 오랫동안 재임하여 조선의 금

---

3   유키 도요타로(結城豊太郎, 1877~1951). 1877년 야마가타현(山形縣)에서 태어났다. 도쿄제국대학 법과를 졸업한 뒤 곧바로 일본은행에 입행했다. 1919년 오사카지점장 겸 이사에 취임한 뒤 어음 결제 불능에 빠진 금융기관에 특별융통을 실시하는 등, 공황이 간사이(關西) 일대에 만연하게 되는 것을 방지했다. 1921년에는 일전(一轉)하여 야스다 젠지로(安田善次郎) 사망 후의 야스다재벌을 이끄는 통수자로서 초빙되었고, 뒤에 일본흥업은행 총재를 거쳐 일본은행 총재에 취임했다. 중일전쟁 발발 후 국가통제색이 강한 사회정세 중에 직접 금융협의회 설치를 발의하는 등 금융계에 자주적인 힘을 남기고자 노력했다. 그밖에 1942년 구 「일본은행법」을 제정하면서 정치의 압력에 저항해 금융의 중립성 확보를 위해 크게 노력한 것은 널리 알려져 있다. 일본은행 홈페이지, 역대 총재, 〈結城豊太郎〉 https://www.boj.or.jp/about/outline/history/pre_gov/sousai15.htm.

4   고다마 겐지(兒玉謙次, 1871~1954). 1892년 히토쓰바시대학(一橋大學)의 전신인 고등상업학교를 졸업한 뒤 회계검사원에서 근무했다. 1893년 요코하마정금은행에 입행, 봄베이지점, 상하이지점의 지배인 등을 지냈다. 1922년 두취(頭取)가 되어 이후 환율 안정에 진력했다. 1937년 대장성 고문, 1938년 중지진흥(中支振興) 총재, 1939년 귀족원 의원에 취임했다. 1945년 종전연락중앙사무국 총재에 취임하지만 1946년 공직에서 추방된다. 공직추방이 해제된 뒤에는 일화경제협력촉진회장, 남양협회 상담역 등을 지냈다. 일본국회도서관 '近代 日本人の肖像', 〈兒玉謙次〉 https://www.ndl.go.jp/portrait/datas/367/.

5   오쿠보 도시카타(大久保利賢, 1878~1958). 오쿠보 도시미치(大久保利通)의 4남이다. 요코하마정금은행에 들어가 런던지점 지배인, 취체역, 부두취를 거쳐 두취가 되었다. 일본은행 참여이사, 상공성 무역국 고문, 전국금융통제회 감사, 학습원 평의원, 남양협회 상담역 등을 지냈다. 아내 와키코(和喜子)는 다카하시 고레키요(高橋是清)의 여동생이다. https://kotobank.jp/word/大久保利賢.

6   아카시 데루오(明石照男, 1881~1956). 시부사와 에이이치(澁澤榮一)의 사위가 되어 제일은행에 입행했다. 1932년 부두취, 1935년 두취가 되었다. 1943년 미쓰이은행과의 합병으로 제국은행 회장에 취임했다. 시부사와창고 사장, 사부사와동족 취체역 등을 겸임했다. 귀족원 의원. 전후에 공직에서 추방되었다가 해제된 뒤 게단렌(經團連), 닛케렌(日經連) 등의 고문을 지냈다. '近代 日本人の肖像', 〈明石照男〉 https://www.ndl.go.jp/portrait/datas/6429/.

7   시부사와 게이조(澁澤敬三, 1896~1963). 실업가이자 민속학 연구자이다. 시부사와 에이이치의 손자로 태어났다. 1921년 도쿄제국대학을 졸업하고 요코하마정금은행에서 근무했다. 1925년 조부가 설립한 제일은행의 취체역이 되었고, 1941년에는 두취에 취임했다. 1942년 일본은행 부총재, 1944년 총재를 지냈고, 1945년 시데하라(幣原) 내각의 대장대신으로서 전후 인플레이션 대책에 힘썼다. 공직추방을 받았으나 해제 후에 국제전신전화(뒤의 KDDI) 사장, 문화방송 회장 등을 역임하여 재계의 후견인으로서 활약했다. '近代 日本人の肖像', 〈澁澤敬三〉 https://www.ndl.go.jp/portrait/datas/6431/.

8   나카야마 히토시(中山均, 1886~1966). 1886년 시즈오카현에서 태어났다. 1917년 가독을 상속하고 1908년 와세다대학 정치경제과를 졸업했다. 졸업 후 실업계에 들어가 1928년 현재 엔슈은행(遠州銀行) 상무취체역이었다. 그밖에 여러 은행 회사의 중역을 지냈다. 나고야대학 『인사흥신록』 데이터베이스, 〈中山均〉. https://jahis.law.nagoya-u.ac.jp/who/docs/who8-16191.

융정책에 큰 족적을 남긴 분이었기 때문에, 그 경력을 배청했던 것이다. 미즈타 씨는 단순한 행정관이 아니라 뛰어난 학구적 행정관이자 상당한 기억력의 소지자이기도 하다. 자료도 많이 모으셨고, 2시간씩 9회에 걸쳐 상당히 상세하게 이야기해 주셨다. 이야기의 상대는 나 이외에 가지니시 미쓰하야(楫西光速) 교수(도쿄교육대학), 가토 도시히코(加藤俊彦) 교수(도쿄대학)였다.

당시, 우리는 미즈타 씨의 경력담을 배청하고 다른 분들과 마찬가지로 상당히 많은 것을 배웠다. 장래 이분들의 경력담을 일괄 인쇄했으면 하고 희망하고 있었는데, 이번에 재단법인 우방협회에서 미즈타 씨의 경력담을 인쇄한다고 하니 나도 다행스럽고 기쁘게 생각하는 바이다. 미즈타 씨의 이 경력담은, 귀중한 금융사 문헌으로서 금융 연구자에게도, 금융 업무 관계자에게도 크게 도움이 될 것으로 믿는다.

(1962년[昭和 37] 6월 28일)

쓰치야 교수는, 이 서문에서 본고의 서명(書名)을 『조선금융정책사담』이라고 부르고 계시지만, 당 협회에서는 이미 각 방면에 『조선재정·금융사담』으로 소개되고 있는 터라 본서에서도 그 제명(題名)을 쓰기로 한다. 또한 원고에는 『조선금융사담』 또는 『조선금융사』라는 이름이 붙어 있다. 이해를 바란다. (곤도[近藤])

조선 재정 금융의 장리(掌理)와 연구의 반생
- 수집한 편찬 자료의 산실(散失)을 안타까워하며 -

미즈타 나오마사

나는, 1925년(大正 14) 대장성으로부터 조선총독부 재무국의 사무관으로 부임했다. 3년 동안 이재(理財), 사계(司計), 세무(稅務), 관세(關稅)와 조선의 재무행정 전반에 걸쳐 공부할 수 있는 기회를 얻었다. 1927년(昭和 2)부터 1937년(昭和 12)까지 약 10년 동안은 재무국 사계과장으로서 반도의 예산과 결산 사무를 전담했다. 직업의 성격상 1년의 대부분은 도쿄에 있으며 대장성과의 절충이나 정부 요원인 재무국장을 보좌하여 의회 곳곳을 뛰어다녔다.

한편 조선의 예산을 담당하고 나니, 아무래도 그 연혁—어디서부터 손을 대야 좋을지 망연자실할 정도로, 문란할 대로 문란해져 있던 구한국의 재정이나 폐제(幣制)의 개혁이, 우리 일본의 보호정치하에서 어떤 순서로 추진되어 있던가, 또 1910년(明治 43) 병합 이후 이것들이 어떤 경로를 거쳐 착착 정비되어 왔던가, 보충금 등 모국 회계와의 관계는 어떠한가, 자본축적을 거의 찾아볼 수 없는 후진국의 개발과 그 자금의 관계는 어떠한가, 가렴주구 그 자체였던 구한국시대의 조세부담과 국리민복의 관계 등 반도의 재정금융, 세제에 걸쳐—그 연혁을 물어 이를 공부해 하나로 정리했으면 좋겠다고 의욕을 불태우기 시작한 것이 1928년(昭和 3) 무렵이었던 것으로 기억한다.

그래서 사계과장 재직 중, 일정한 계획하에 니시무라 슌이치(西村駿一), 구로베 도라이치(黑部寅一) 두 사람의 조력을 얻어 널리 자료를 수집했다. 오백 년의 역사를 가진 이조시대의 물물교환 경제를 혼합한 재정의 운영에 특히 흥미를 느끼고 이조실록 등의 전거(典據)에 기대어 본 업무를 보는 와중에 우선 (이조 재정의 전편)『이조시대의 재정』(500쪽)으로 정리하여 변변치 않지만 미정고(未定稿)로서 일단 상재했다.[9] 계속해서 통감부 시대에 대한 정리에

---

9 水田直昌, 『李朝時代の財政-朝鮮財政史の一節』(稿本), 朝鮮總督府, 1937(총 509쪽). 이 책은 우방협회에서 1968년에 『李朝時代の財政-朝鮮近代化の過程』으로 발간되었다.

착수하려고 하던 찰나에(1937년이었다) 여러 사정으로 하는 수 없이 본의 아니게 이전부터의 염원을 잠시 접어야 했다. 재무국장의 직에 취임해야 했기 때문이다.

그렇지 않아도 자질이 부족한데, 반도의 재무행정에 대한 모든 책임을 져야 하는 입장이 되면서 붓을 들 만한 여유는 도저히 기대할 수 없었지만, 자료의 수집만은 재무국장 재임 중에도 게을리하지 않고 퇴임 후 정리 편찬의 즐거움을 남몰래 꿈꾸어 왔다. 과연 패전 직후의 혼란에 직면했지만, 오랜 기간 모은 자료는 다행히 흩어지지 않고 총독부 청사 내 재무국장실 옆방에 격납했다. 후일 한일 국교가 정상화되면 그때 조선에 건너가 내 여생을 조선 재정 금융사의 편찬에 바치겠다는 염원을 뇌리에 깊게 새기고, 초라한 귀환자[引揚者]의 외견에도 불구하고 마음속에는 솟아나는 야심과 희망을 감추면서 1945년(昭和 20) 11월 말에 배낭 하나를 등에 지고 고국으로 돌아왔다.

귀국 당시 조선 재류군의 명령으로 서류의 휴대와 반출이 모두 금지되었다. 도쿄의 조선 총독부 사무소에 있던 광범한 각종 자료, 수백 가지의 서류, 공문서 등도 소각되었기 때문에, 내가 목표로 하고 있던 자료는 거의 산실(散失)해 버리고 말았다. 따라서 자료로서는 혹은 국회도서관에, 혹은 대장성 문고에, 혹은 개인이 우연히 사택에 보유하고 있던 인쇄물 등에 의지해 약간 재료를 여기저기 구하러 다닐 수밖에 없었다. 경성에 남겨 둔 풍부한 수적(蒐積)이 유일한 희망이었다.

그런데 남선(南鮮)에 침입한 공산군이 1951년(昭和 26) 여름 경성에서 패퇴할 때, 총독부 청사는 불태워졌고, 그 때문에 모아 둔 귀중한 자료도 전부 하얀 재가 되고 말았다고 들었다. 이 흉보(凶報)를 들은 나는 모두 물거품이 되었다고 하늘을 보며 혼자 울었다. 하늘 아래 의지할 자료는 이제 완전히 없어져 버렸다. 이제부터 나는 무엇에 의지하며 여생의 보람을 찾아야 할 것인가, 망연자실이라는 것이 딱 이런 경우를 말하는 것이리라.

수년 전, 쓰치야 다가오 교수로부터 일과 관련하여 조선 금융 발달의 연혁에 대해 이야기해 달라는 요망이 있었을 때도, 과연 조선통치 36년 중 재무국장 시대 10년 동안은 반도의 금융에 대해 모든 책임을 지고 처리했고, 사무관 및 사계과장 시대를 통틀어 13년 동안은 조선 특유의 금융기관인 금융조합 및 계(契)의 메커니즘(일본의 무진에 해당한다) 등에 대해 약간 공부하기는 했지만, 이들 체험이나 기억을 뒷받침할 만한 자료나 문헌은 전술한 사정으로 말할 수 있을 정도의 것은 없고, 권위를 가지고 세상에 내보일 금융사 문헌 같은 것도 없어 도저히 쓰치야 교수의 요망에 응할 자신은 없었다. 그래서 일단 어렵다고 사양했다. 하지만 강권하기도 했고, 송구스럽게도 쓰치야 교수가 1921년(大正 10) 도쿄대학 경제학부 졸업이라는 대학 동창의 인연 때문에도 하는 수 없이 부족한 자료를 여기저기 보철(補綴)하면서 생각나는 대로를 질서도 없이 기억에 남아 있는 뒷이야기 같은 것도 섞어서 잡담적(雜談的)으로 말씀드리기로 한 것이다. 이야기가 회를 거듭하면서 9회나 되고 말았다. 어수선한 담화의 누적일 뿐이다. 속기에 가필 보정할 틈도 없어 도저히 권위를 가지고 세상에 내보일 금융사 문헌이라 할 만한 것이 아님을 미리 서두에 말해 두고자 한다.

그러나 나라는 영양실조에 걸린 누에의 입에서, 도저히 직물이 될 수 없을 정도의 마디 투성이라도, 어쨌든 얼마간의 실을 토해 낼 수 있었던 것은 오로지 쓰치야 교수를 중심으로 가토 도시히코, 가지니시 미쓰하야 두 분이 열심히 독려해 주신 덕분이다. 이분들의 편달(鞭撻)과 유액(誘掖)에 대해 깊이 감사드리는 동시에, 우방협회 이사장인 호즈미 신로쿠로 씨가 귀중한 편찬의 한구석에 이 보잘것없는 기록을 게재할 수 있도록 자리를 내어 주신 호의에 깊이 감사드리고자 한다.

이것은 앞에서 이야기했듯이 자료도 부족해서 내 기억을 위주로 기술했다. 당연히 비슷한 글자에 대한 착오[魯魚亥豕之誤]는 물론 사실에 대한 착오도 있지 않을까 걱정된다. 단지 현재의 나로서는 이것이 최선이고, 이제는 일반 여러분께 보여 드리고 질정을 받아 오류를 시정하는 수밖에 없으니, 바르게 이끌어 주시길 바랄 뿐이다.

또한 이 담화를 하면서 현재 도쿄대학 교수(당시의 경성대학 교수) 스즈키 다케오(鈴木武雄) 씨가 쓰신 논책이나 자료, 또 재무국에서 같이 일해 주셨던 과장, 사무관 여러분의 조력에 힘입은 바가 작지 않았다. 또한 부기(付記)하여 사의(謝意)를 표하고자 한다.

(1962년[昭和 37] 7월 4일)

조선 근대사의 살아 있는 자료로서

호즈미 신로쿠로

쓰치야 다카오 선생님의 알선으로 미즈타 씨가 조선 재류 시대를 회고하여 『조선재정·금융사담(朝鮮財政·金融史談)』으로 묶은 것은 꽤 오래전의 일이었습니다. 나는 그것이 상재되는 날을 오늘일까 내일일까 하며 기다리고 있었는데, 이번에 우리의 우방협회에서 편찬하게 된 것을 영광으로 생각합니다.

우방협회의 사업 중 하나로서 일본의 조선통치 시대에 실제로 현지에서 활약하신 분들의 이야기를 들어 조선 근대사에 살아 있는 자료로 남겨 두겠다는 계획으로 이미 수많은 강화(講話)가 '테이프'에 녹음되어 있습니다. 햇수도 지나고 자료도 흩어지고 있는 오늘날, 상당히 무리한 부탁이었음에도, 협회의 뜻이 있는 바를 헤아려 교시(敎示)해 주신 선배님들의 후정(厚情)에 어떻게 감사해야 할지 모르겠습니다.

미즈타 씨의 경우도 총독부 재직 중 사무관, 과장, 국장으로 재무통으로만 일관하신 분이고, 그 긴 관계(官界) 생활 중에 공사(公私)를 통해 수집하신 재정·금융 관계 자료는, 양으로도 질로도 정말이지 귀중한 것이었다고 생각합니다. 그 상세한 자료를 모두 조선에 두고 오셔서 기억만으로 '회고담'을 하신 일은, 일에 대해 매우 면밀한 미즈타 씨로서는 유감 천만한 일로 반드시 마음에 걸리는 것이 많이 있으리라고 동정을 금할 수 없습니다.

하지만, 자료는 부족하더라도, 탁월한 기억력의 소유자인 미즈타 씨가, 오랜 세월 중요하게 생각하며 담당해 온 재정 금융에 대해 말씀하시는 것이기 때문에, 당시를 이해하기 위한 살아 있는 자료로서는 정말이지 귀중한 가치가 있을 것이라고 믿습니다.

우방협회는 거듭 각 은행과 은행협회의 지원을 받아 종래 조선의 재정금융사 관계의 중요한 문헌 자료의 수집에 힘써 왔습니다만, 이번에 마침내 그 상재에 본격적으로 착수할 수 있게 되었습니다. 그 제일보를 미즈타 씨의 회구담(懷舊談)부터 시작하기로 했습니다. 미즈타 씨는 통치 기간 대부분 재무를 관장한 분인 만큼 조선 재정·금융사의 총론적인 것으로서 이에 비할 만한 옥고는 없을 것입니다.

이를 편찬함에 있어서 미즈타와 쓰치야 두 선생님의 후정에 깊이 감사드립니다.

(1962년[昭和 37] 7월 1일)

이 원고에 대해

이 문헌은 쓰치야 다카오 교수가, 앞의 서문에서 이야기한 경위로, 전 조선총독부 재무국장 미즈타 나오마사 씨로부터 총독부 시대 조선의 재정·금융 사정에 대해 대담 형식으로 구술을 받은 것으로 원고의 제명은 『조선금융사담(朝鮮金融史談)』으로 되어 있다.

미즈타 씨는 조선총독부 재무국에 재관한 것이 20년, 그 사이 사계과장, 재무국장으로서 쇼와(昭和) 전 기간에 걸쳐 총독부의 예산 편성을 해 온 사람이다. 또 그는 학구적으로 뛰어난 사람이다. 재관 중 『조선재정사』의 편찬을 발의하여 조선의 고금에 걸친 방대한 재정·금융 관계 문헌 자료의 수집을 주도하셨다. 그중 일부는 『이조시대의 재정(李朝時代の財政)』(조선총독부 고본[稿本])으로서 간행되었다. 이 책은 현재 얼마 되지 않는 조선 재정 연구서의 백미로서 학문상 높은 평가를 받고 있다. 종전 귀국 후에는 학습원대학의 교수가 되어 재정학을 담당, 현재는 전국은행협회 전무이사로서 우리나라 금융계의 중진이지만, 그 사이 대장성의 의뢰를 받아 『쇼와재정사(昭和財政史)』 중 「조선편」을 집필하여 그 이름은 이미 널리 알려져 있다.

쓰치야 교수는 새삼스럽게 말할 필요도 없는 우리나라 경제사학의 태두이다. 특히 그 금융사론(金融史論)은 당대 동 분야의 지보(至寶)로 추앙받고 있다.

이 문헌은 이 두 권위자의 학식과 체험으로 편찬된 조선의 재정·금융에 관한 적나라한 백서이다. 쓰치야 교수의 질문은 정말이지 급소를 찔렀고, 미즈타 씨의 구술 또한 솔직하고 자유분방해서 단지 재정·금융에 관한 것에 그치지 않고 시정 전반에 걸쳐 총독부 시대의 통치이념을 유감없이 모두 드러냈다. 특히 후편은 종전 전후의 혼란한 상황에서 재정·금융의 비상조치가 어떻게 이루어졌는지 재정 당사자로서 책임 있는 입장에서 구술하고 계시는데, 이는 정말로 귀중한 기록이다. 더구나 그것은 단순한 혼란의 기록이 아니라 본서의 전편을 통해 볼 수 있는 그의 신념에 입각한 통치의식과 관련해 구술되고 있다. 조선의 종정(終政)에 관한 총독부 수뇌의 사고, 조치가 이렇게 솔직, 대담, 그리고 체계적으로 설명된 것은 그 유례를 찾을 수 없다.

제명(題名)을 『재정·금융정책에서 본 조선통치와 그 종국(財政金融政策から見た朝鮮統治と

その終局)』으로 한 것은, 그 내용이 단순한 조선 재정·금융사에 그치지 않고 오히려 미즈타 씨의 직책과 체험을 통해 본 조선통치관이 전편의 핵심을 이루고 있기 때문이다. 즉, 이 내용은 조선통치의 업적에 대한 단순한 나열을 피하고, 오히려 그 업적에 발현된 통치자의 의사가 보다 중시되고 있다. 따라서 종래 많이 나와 있는 이런 종류의 통치 문헌과는 전혀 다르고, 그들 자료나 문헌 깊이 숨어 있던 의사나 고려 같은 것이 직명(直明)하게 서술되어 있다.

일본의 조선통치 시대, 조선총독부와 일본 중앙(정부)과는 상당히 기질이 맞지 않아 총독부 관료의 독선성(獨善性)이라는 것이 종종 비판받았다. 당시 조선의 복잡한 사정 같은 것에는 전혀 관심이 없었던 중앙의 관료들에게는 총독부가 마음먹고 추진하던 조선 번영 정책이라든가, 민족 대책 같은 것은 이단의 독선 정책으로밖에 보이지 않았던 것 같다. 그것은, 후진적 이민족권(異民族圈)에 대한 통치라는, 총독부에 부과된 일종의 사명이 빚어낸 당연한 딜레마였지만, 이렇게 극히 당연한 사실조차 공부가 부족한 중앙은 이해할 수 없었다.

나는, 이러한 일본인의 조선에 대한 전통적인 무관심과 무이해가 오늘날의 착잡한 조선 문제의 원인(遠因)이라고 생각하고, 그러한 의미에서 이 문헌 연구에 각별한 의의를 느끼고 있다.

이상에서 살펴본 바와 같이 이 원고는 매우 희귀하고 귀중한 것일 뿐 아니라 기실 400자 원고지 388매의 대작이고, 미즈타 씨가 다망(多忙)하여 아직 충분한 퇴고가 이루어지지 않은 미정고(未定稿)이다. 그것을 관계 학구(學究)의 요망을 받아 재단법인 우방협회가 특히 미즈타, 쓰치야 두 분의 호의로 연구자를 위해 적은 부수만을 공간해 반포하게 되었다. 따라서 문장이나 내용 등에 관한 모든 책임은 편자(곤도 겐이치)가 지게 된다. 두 분의 시간적 여유를 기다려 보다 증보, 완성된 형태로 재간되는 날을 여러분과 함께 기대한다.

이 원고는 1953년(昭和 28) 10월부터 이듬해 1954년(昭和 29) 12월까지 9회에 걸쳐 구술된 것으로, 질문에는 쓰치야 교수 외 가지니시, 가토, 다케사와(竹澤) 등 여러분이 참가하셨다. 또한 이 책을 공간할 수 있었던 것은 호즈미 신로쿠로 씨의 각별한 알선 때문이다. 특별히 기록하여 관계자 여러분의 후의에 감사드린다.

1962년(昭和 37) 7월

곤도 겐이치(近藤釼一)

정고(整稿)에 대해

이 원고는 미즈타 씨가 바쁘셔서 구술 그대로를 문장으로 한 것이어서 문사적(文辭的)인 수식 같은 것은 일절 없다. 따라서 그 술문(述文)에는 구술자의 의사 그 자체가 나타나 있다. 그런 의미에서도 이 문헌은 매우 귀중한 것이다. 왜냐하면 전술한 대로 미즈타 씨는 조선 통치 36년 중, 쇼와 전 기간인 20년에 걸쳐 총독부 예산의 편성자였고, 따라서 이 사람의 사고나 인격 등에 대해 아는 것은 총독 통치의 의사(意思)나 본연의 자세를 아는 데 있어 중요한 요소가 되기 때문이다. 특히 이 술문에는 미즈타 씨의 사람됨이나 사고방식 등이 잘 나와 있고, 또 사실 그 발언에는 구 총독부 수뇌의 의사가 잘 대변되어 있다.

본고를 수식하지 않고 또 말 그 자체를 문장화했기 때문에, 다소 지루하기도 하고 중복된 부분도 더러 있지만, 그런 것도 전부 삭제하지 않았다. 하지만 역시 두 권위자의 대질인 만큼 거의 그런 부분도 찾아볼 수 없고, 이 긴 구술이 그대로 문장화되어 있다. 단지 조사나 조동사 등 문법상 다소 읽기 어려운 오류나, 말이 중복되는 군말은 정정하거나 삭제했다.

원고는 대체로 장별로 하여 9책으로 정리되어 있고, 건제(件題)는 전혀 붙어 있지 않다. 본서에 붙어 있는 각 장이나 항별 제목은 편의상 내가 붙인 것이다. 이를 위해 내용 분석에 상당히 힘들었는데, 전편을 통해 자유로운 발언이 많아 내용에 부합하는 제목을 선정하는 것은 무리였다. 특히 내용이 평상이(平常語)의 구술제시 실세직으로는 내용 표세어 식의 부드러운 것으로 해야 했지만, 나는 독자의 편의를 생각해 장절의 내용을 이해할 수 있도록 장절의 의의와 사항을 집약해 제목을 뽑는 방법을 취했다. 또한 그것을 보완하기 위해 그리고 독자가 쉽게 찾아볼 수 있도록 권두에 내용에 관한 세목(細目)을 붙여 두었다. 다만 이 세목은 전기 건제의 불비를 보완한다기보다도, 그 내용이 전편에 걸쳐 매우 광대한 문제점을 제시하고 있어 각 장절 모두에 중요한 발언 사항이 많고, 이러한 세목을 붙이는 것이 연구자에게 상당한 편의를 제공해 주리라 생각했기 때문이다. 또 이런 종류의 중요 사항을 색인식(索引式)으로 정리하는 것이 나의 중요한 일 중 하나이기도 하다.

당초 본서 간행 계획에서는, 이 문헌에 관계된 중요 자료나 연표 등을 부편(付編)으로 붙여 보다 완벽한 상태로 만든 뒤 본 인쇄로 많은 부수를 출판할 예정이었지만, 도중에 내가 양쪽 눈 수술을 위해 오랫동안 입원해야 해서 결국 실현하지 못했다. 따라서 이 원고의 정리는 동료 기시 겐(岸謙) 씨에게 부탁하는 일이 많았다. 이상, 양지하시기를 바라며 부기해 둔다.

(1962년[昭和 37] 7월 곤도 겐이치)

『조선재정·금융사담』 제1~9화(완결)

재정·금융정책의 측면에서 본

조선통치와 그 종국

목차

서 제	조선 예산 편성 20년 - 미즈타 씨 자력(自歷)-
	『이조시대의 재정』 편찬과 조선 재정 관계 자료의 수집
제1화	총독부 재정·금융의 기초 개념
제2화	총독부의 재정제도와 금융의 연혁
제3화	통화제도의 개혁과 금융정책의 기조
제4화	농촌갱생과 금융조합
제5화	금융기관의 근대적 개편과 그 발달
제6화	조선 산업의 자금 형성
제7화	종전 당시의 금융 비상조치와 그 상황
제8화	종전 당시의 재정 비상조치와 그 상황
제9화	총독부 종정십유(終政拾遺)

서제＝미즈타 씨 자력 - 예산 편성 20년 - 『이조시대의 재정』 편간 - 조선 재정·금융 관계 자료 수집

제1화 총독부 재정·금융의 기초 개념

1. 총독부 관제 및 재정 행정의 기구와 직제

    총독부 관제 개요 – 재무국의 직제·대장성과의 상이점 – 예산의 편성과 의회의 정부위원 – 금융 관계의 소관

2. 총독부 재정 행정의 개요

    (1) 총독부 재정의 통치적 의의

    외지 특별회계 – 조선 재정의 특색 – 경비보충금 – 재정독립 계획과 만세사건 – 문치를 위한 신보충금 – 전쟁 협력의 한계 – 대장성과의 불화 – 총독부 간부의 통치의식 – 통치의 본지와 보충금 (조선은 식민지가 아니다)

    (2) 총독부의 공채정책

    개발의 근본방침과 건설공채 – 공채 발행 한도 (자본시장은 일본＝공채소화력 제로＝공채자금의 경합) – 공채의 사용처 (적자공채는 없고 건설공채 하나만) – 적자공채 거부의 이유 – 내지자본[10] 도입에 전념 (공채 이자의 내선 대비) – 대장성의 센스와 막걸리정책 – 공채와 예산의 비율 – 공채의 발행·처리 (내지 국채정리기금특별회계와의 관계) – 예산 운영의 방법 – 전시공채 강제소화 – 예금부 자금과 식산채권

    (3) 조세제도의 기본 방침

    조선 단독 세제 – 민도에 부합한 세제 (저율주의·직접세는 낮고 간접세는 높고) – 지세중심주의 – 토지제도의 완비

    (4) 전매제도와 일본의 통치

    전매의 목적물 – 수입(收入) 전매와 사회정책 전매 – 조선인의 기호 – 아편 전매의 의의 (마약 중독 환자의 강제 절멸) – 일본 관리의 지나친 정직

    (5) 금융정책의 윤곽

    금융정책의 근본의(根本義) (내지자본의 도입과 민족자본의 축적) – 은행의 창시 – 재래

---

10 일본 내에서 동원된 자본이다. 일본제국주 강점 당시 일본은 내지로 조선, 만주, 대만 등은 외지로 불렸다.

금융기관 – 일본 고유의 발전 과정
　(6) 반일 감정의 원인
　　　일기조(一旗組) – 동척 – 사상 탄압 – 재일 학생에 대한 경찰관의 태도 – 선의의 악정(독선·압박) – 전쟁 희생의 강제 – 쌀과 인간의 공출

제2화　총독부의 재정제도와 금융의 연혁

1. 중앙재정에서 차지하는 조선의 지위
　※ 조선총독의 회계법상 지위
　※ 총독부 재정에 나타난 통치적 성격
　　　총독부는 하나의 지출관(支出官) (조선재정은 중앙의 연장·국고대신=대장대신의 명령을 받는다) – 영국의 인도 통치와의 상이점
2. 조세체계와 세입(歲入)의 분석
　※ 세수 적고 관업 수입과 공채가 주 재원
　　　조세체계 내지에 점근(漸近) – 세입의 비율·많은 관업관유 재산 수입 (철도·체신은 총독부 일반회계·특별회계는 간이보험회계만) – 공채 발행한도 29억 9,520만 엔 (철도 위주의 생산적 공채) – 비생산적 공채 겨우 1,000만 엔 – 만세사건 긴급 지출 – 관유재산은 주로 산림 – 체신·철도·전매·영림업 – 내지 민간자본, 정부자본의 도입이 개발의 최대 안목 – 공채 사용처 (철도 2/3·수익 30억) – 철도 직원 패스는 주지 않는다
3. 금융 근대화의 연혁과 재래 기관
　(1) 근대적 금융기관의 발생
　　　일본의 은행 진출 – 외국 은행의 진출 – 조선의 토착 은행
　(2) 이조의 주구와 축재 관념의 상실
　　　축재 관념 제로 – 이조의 악정 – 위축, 피폐한 민심

(3) 초기의 토착 은행

　　부자 계급의 고리대 은행 - 고리와 민중 - 일본의 부강정책 - 고리채의 정리 = 농촌 진흥운동

(4) 조선 재래의 서민 금융기관 = (상업금융)

　　서민금융 = 대금업자 - 전당포 - 5일 5할의 시장대(市場貸) - 상업금융기관 = 객주·여각·시변·외획·계 - 토지겸병 - 상호금융 (시변 브로커) - 곤란해진 시변의 인의(仁義)

(5) 외획제도 (일종의 환[爲替] 기관)

　　외획 = (일종의 환 기관이고 정부의 징세제도) - 매관제도의 소인(素因) - 무세(無稅)로 생긴 총독부 청사

제3화 통화제도의 개혁과 금융정책의 기조
- 통화·금융제도·기관의 개선·개발자금의 도입·금융조합의 농촌지도 -

1. 통화제도의 연혁

　(1) 혼란기·이조 말기의 제도적, 유통적 혼란

　　이조 말기의 통화 - 물품화폐 - 악화의 주조 - 멕시코은의 유통 = (청국인 거류지) - 일은권의 유통 = (일본인 거류지) - 신식화폐발행장정 = 불성립의 원인 - 일본엔본위화의 이유 - 제일은행의 중앙은행화 - 물품화폐에서 통화시대로 - 청일전쟁의 군사용화(軍使用貨) - 엽전 운반의 불편

　(2) 개혁기·일본인 재정고문에 의한 폐제개혁과 한일 공통 폐제의 확립

　　메가타(目賀田) 고문의 부임 - 한일 공통의 제도화 - (금본위 화폐조례) - 백동화, 엽전의 회수 = 정리자금 대부 - 폐제의 정리 완료 - 화폐의 사주 금지 - 사주 특권료 - 1918년(大正 7) 「일본화폐법」 완전 시행·1920년(大正 9) 엽전 사용 금지(실제

유통 금지는 1925년[大正 14]) – 폐제 (엽전·백동화) 정리의 총결산

(3) 일본 폐제기의 특이성

중앙은행의 스타트 – 금본위제의 상이점 = (일본은행권을 금화로 인정하다) – 관리통화도 일본을 본받다 – 유통 화폐의 종류 – 개혁·변천의 과정

2. 금융기관의 근대적 발달과 그 특이성

– 후진국토·산업개발을 기본방침으로 하는 금융기구·제도의 창설 –

(1) 농공은행 설립의 의의와 임무

근대적 금융기관 창시 지도 –「농공은행조례」– 정부의 무이자 대하금 = (한국정부의 캐피털라이즈·1906년[明治 39]) – 일본흥업은행의 한국 농공채권 인수 – 자금원 –「농공은행령」= (당분간 보통은행 업무 겸영) = 환업무 겸영 = 동척 업무 대리 – 농공은행 설립의 의의 – 조선식산은행의 설립 – 동척·농공은행의 병립

(2) 동양척식주식회사의 업무

동척의 업무 = 일본 우량 농민의 이식·저리 개발자금·수산자금의 공급 – 동척의 자금원 = 자금은 일본 민간·한국은 토지 현물 출자 – 일본정부 보급금 – 동척채권 – 동척의 토지겸병

(3) 금융조합제도의 창안과 그 획기적 역할

메가타 구상 = 라이파이젠식 농민은행·슐체식 서민은행·신용조합·계·무진의 장점을 반영한 지방금융조합 제도 창안 「지방금융조합규칙」 공포 – 신정의 심벌 – 금융조합 업무와 특색 = (농촌 다각지도) – 짚신 신은 금조 이사 – 농업의 발달을 목적으로 한 특수 제도 기관 – 농회·산업조합과의 마찰 – 조합원 – 조합 수 – 국고 보조 – 이사는 총독 임명 = (정실금융을 배제하기 위해) –「지방금융조합령」의 발포 = 유한책임의 사단법인 조직으로 – 일본인의 가입, 예금을 인정하다 – 1918년(大正 7) 지방금융조합을 금융조합으로 개칭 – 도시에 금융조합의 설치를 승인하고, 도시조합, 촌락조합이라 칭하다 – 조합 가입 제한 철폐 – 도 단위 금융조합연합회의 발족 = 자금의 조달·융통·조작의 합리화

(4) 조선식산은행의 성격과 금융조합연합회

조선식산은행과 금융조합연합회 – 조선식산은행의 성격 – 전선금융조합연합회 –

금융조합채권 - 식은자금 98%는 일본 내지 - 내지자금 도입과 그 동맥 - 내지 기업의 진출 - 불모 개발의 신념 - 생산공채로 시종일관 - 자금 공급의 구분 - 이사자는 일본인 = 조선인 불신

(5) 농촌 지도를 중심으로 하는 금융조합의 다각적 운영

개척자의 의기와 재선[11] 일본인의 소질 - 중앙과의 갭(gap) - 통치의식에 대한 반성 - 인정받고 있던[12] 금융조합 - 대부금 회수 불능 = 농촌의 궁상과 농촌진흥운동 - 낮은 민도 - 변소 만들기에 보조금 - 지도정치를 납득시키다

제4화 농촌갱생과 금융조합

1. 농촌진흥운동과 금융조합

(1) 자력갱생운동의 일익(一翼)·선정(善政)의 심벌로 여겨진 금융조합

조선통치상의 한 획기 자력갱생운동 = 전선의 기구 동원 = 식량 충실·고리채 정리·농가수지의 균형 - 금융조합의 담당 = 고리채 정리 - 조합원 부채 2억 6,000만 엔 - 예금부 저리자금으로 차환 - 고리채 정리 1,200만 엔 - 자작농지 매입·영농자금·남선대수해 구제에 예금부 자금 획득 - 춘궁 해소 - 「조선금융조합연합회령」(1933년[昭和] 8월) - 자력갱생운동의 기간 - 농촌진흥 예산액 - 야마자키 노부요시(山崎延吉) 옹 입안 - 독자의 갱생운동 - 공황과 조선

(2) 실정에 대한 반성 = 창씨개명의 의의·실태에 나타난 형식 행정의 폐해

통치의 공죄(공적=농촌진흥·실정=창씨개명) - 창씨개명의 의의와 실태 = 형식 행정의 해악 = 두 개의 악 전제 - 일본인 측의 창씨 반대

11　한자로는 '在鮮'이다. 즉 조선에 재류, 체류 또는 거주하고 있다는 의미이다.
12　원문에는 '理解되어있다'로 '이해되고 있다'로 직역될 수 있으나 여기서는 사회적으로 그 설립과 역할을 인정받고 있다는 의미에서 '인정받고 있다'로 번역했다.

(3) 자력갱생 지도의 실태와 그 성적

자상하게 가르치기까지 하는 갱생 지도 - 고리채 정리의 성적 - 기술지도는 농회·산업조합에서 - 절차·방법 - 농촌진흥부락의 지정 - 금융조합 융자 이자 - 맘음[숨흄]의 폐해 - 무담보 대부 - 회수 지도와 생활 간섭 - 고리대의 저항·독재의 이점

(4) 금융조합연합회의 조직과 업무·감독기구

금융조합연합회의 조직과 업무 - 산업조합·수산조합도 멤버에 - 지방 이사에 조선인 채용 - 신경질적인 총독부 간부 - 하급직원은 조선인 - 부정 손실은 총독부가 부담 - 감독기구 자력갱생의 지도 방법과 부업 장려 - 농가에 대한 가계부 지도 - 지도 농가 300만 호 계획 - 운동의 효과 좋아지다 - 부업 장려비의 보조

(5) 금융조합의 기능적 한계와 모순

① 농촌진흥운동의 종결

정책의 추이 = 총독의 경질과 함께 - 1942, 1943년(昭和 17, 18)을 전기로 - 예금 증가·대출 저하

② 내선 자본관계의 전기

전쟁은 무리 - 태평양전쟁 이래 조선의 양상 일변 - 전선의 59%가 금융조합원·농민은 80% - 금융조합으로서의 한계와 모순 - 정책 보편화를 위한 하강운동

③ 개선·선정(善政)을 위한 권력 남용[13]

보스의 말보다 총독의 말을 앙날의 검 = 독재와 중앙집권

④ 타 금융기관과의 마찰 조정의 시대로

미나미(南) 총독 시대의 금융조합 - 금융조합과 보통은행 - 보통은행의 발달이 늦은 이유 - 보은·금조의 마찰 조정에 고심 - 예금의 쟁탈 - 금리의 점(點) - 금리협정의 필요 - 자금량에 따라 이자 결정

2. 은행 행정의 특이성

(1) 보통은행의 소장(消長)과 변혁

금융조합과의 대립 관계 - 민간 로컬은행의 발생 - 보통은행 수 = 최다 1922년(大正

---

13 원문은 '천용(擅用)'으로 상부의 지시 없이 제멋대로 쓴다는 의미로, 비슷한 단어 '남용'으로 바꿨다.

11) = 20 - 보통은행 합동 = 1934년(昭和 9)·8행 - 내지의 합동을 모방하다 - 금융제도조사회 설립 = (1927년[昭和 2])

(2) 은행 경영체의 제도적 기초 강화

「은행령」 대개정 = (1928년[昭和 3]) = 개인 설립을 중지시키고 주식회사·자본금 200만 엔 이상·적립금 자본 총액까지·예금 준비금의 1/10 이상 강제·배당 = 총독부령 제한 - 은행 정리 - 단독 정리는 인정하지 않을 심산 - 16행이 8행으로 (1934년[昭和 9]) = 일본인 경영 3행·조선인 경영 5행

(3) 전시하의 은행 대합동

1943년(昭和 18) = 로컬은행 일본인·조선인 각 1행 한성은행 정리 - 정실 융자의 폐 - 압력을 가해 합동 - 일, 선 은행의 합동에 애먹다 - 두취의 겸업을 허용하지 않을 방침 - 대구상업·경상합동 양행 합동의 뒷이야기 - 조선 금융계의 일대 결함 = 일본은행과의 연계가 없는 점 - 합동 신설 은행 두취를 일은에서 - 취인소를 하나로 - 선은·식은의 대립 조정에 고심 - 합동 후의 인사 문제

제5화 금융기관의 근대적 개편과 그 발달

1. 중앙은행 제도의 연혁

– 제일은행에서 - 한국은행 - 조선은행으로 -

중앙은행 제도의 발족 - 제일은행의 대행 - 제일은행권 발행(한일 양 정부 허가) - 동 국고금 취급 - 화폐정리 사무 위탁 - 중앙은행의 지위 확립(1905년[明治 38]) - 「한국은행 조례」(1909년[明治 42]) = 자본금 1,000만 엔·주주 일한인으로 제한하다 - 「조선은행법」 공포(1911년[明治 44]) = 일본은행과의 상이 = 영업 구역이 일은보다 넓다 - 재외지점 업무 - 선은권의 만주·중국 유통 - 일은공채 60억 소유 - 중역 임면권·업무감독권은 대장대신 - 조직은 순전한 민간 주식회사·총독부 출자 150만 엔 = 주주권 행사 - 발행준비의 상이 = 정화준비(「굴신제한법」·단 1/3은 금 및 일은권 보유) - 관리통화(1931년[昭

和 6])-일은권을 기금으로 하는 제한부-전쟁 중 준비 정화(금)는 일은으로-산금은 모두 선은 매상-산금업자는 일본인·외국인이 대부분-일본 산금자본의 진출-산금 75톤 계획-금·아편의 밀수출-경제를 무시한 조선 측의 '물리적' 비난-국고금 취급과 금융통제-보통은행(=보은) 업무 겸영-발권부·영업부·외국환부-금융기관의 분야 획정으로 고민하다-종전 시 업적(예금 10억·대출 10억·발권 43억)-「금리조정법」-선은 업무 개혁에 관한 논의=순발권은행분화론-총독부와 식은-식은의 대두-선은과의 업무 조정

2. 조선식산은행의 업무와 성격

   -개발·권업자금 도입의 아성-

   식산은행의 연혁-식은의 임무=조선 자원의 개발=일본의 흥은과 권은을 하나로 합친 것-선은 일본 진출의 이유-선은 대실패의 원인=경제 이외의 정치성-일은·선은의 인적 관계-

   식은의 자본과 채권 발행권-식은의 업무-권은과의 인사 교류·업무 제휴-총독부 지주 6,600주-총독부의 식은 보호=15년간 배당 면제·5년간 7푼 배당 총독부 보증-금융조합(=금조)의 중추기관-조선의 금융 장악

3. 무진업의 발전

   -전시하 통제의 전형-

   무진업-최초는「회사령」으로-계-「무진업령」공포(1922년[大正 11])-무진협회(1923년[大正 12])-일도일사(一道一社, 1933·1934년[昭和 8·9])-지나친 전선일사통제(全鮮一社統制, 1939년[昭和 14])-품(品)이 좋은 무진회사로-일도일사(一道一社)의 폐해=대출에 정치색-전선 통제의 진의-지방 보스의 이용 봉쇄-가입자 비율(일본인 7·조선인 3)-금융조합원 비율(일본인 도시 5·농촌 1·조선인 도시 5·농촌 9)

4. 조선저축은행의 설립

   -식은 저축부의 독립·전선일사의 비영리법인-

   「저축은행령」(1928년[昭和 3])-식은의 기능 분별 경리=비영리법인 대부·총독부 인정 유가증권 매입·흥업채권 매입에 명령으로 한정-식은 저축부의 독립 -전선일사-간부는 식은에서-내선 금리의 차이로 대장성과 알력-고금리로 내지 자본을 부르다-

5. 신탁업의 연혁과 업태

최초의 신탁업 - 후지모토(藤本)합자회사(병합 전) = 토지를 위탁관리 경영하는 빌딩 브로커 - 「담보부사채신탁법」(1920년[大正 9]) - 「신탁업령」(1931년[昭和 6]) - 내지보다 자본 강화 - 토지의 관리 경영주 주·금전신탁은 종 - 창업 5년 동압 10만 엔 보조 - 조선신탁 창립(1932년[昭和 7]) - 마름[舍音]의 폐해를 제거

6. 기타 금융기관과 이자의 내선 대비

- 보험·우편저금·간이보험 -

종전 당시 존재한 금융기관 - 조선생명보험과 조선화재해상 - 우편저금과 예금부 자금 - 예금부 자금의 획득 - 일본과 같은 우편저금제도(=우저제도) = 단 조금 높은 금리 - 내선 이자 대비 = 은행 5·6리 높음 - 우저 3·4리 높음 - 간이생보제도 (1929년[昭和 4])

제6화 조선 산업의 자금 형성

1. 조선 개발의 재원

현지 자본 저조 - 오버론(1942·1943년[昭和 17·18]까지) - 대출초과의 보족 = 식산채권·동척채권·금련채권[14] - 선은권의 보증 발행 - 1940년(昭和 15) 예금·대출 상황: 예금 17억 4,800만 엔·대출 25억 4,600만 엔 - 대출초과 약 16억 - 내지 대회사 진출로 인한 자본 유입 - 전쟁 말기의 역전 = 예금 58억 5,900만 엔·대출 45억 5,000만 엔 - 전시하 금융 정상화의 이유 = 선은권 증발·전시금융금고에서 장기차입·고정자금에 대한 경계 - 내지 의존 탈각 - 저축장려 - 예금·대출 균형(1942·1943년) - 자금독립론 - 장기성 예금에 부족 = 자금적 독립 불가 = 내지 자금 도입 방침 불변

2. 전시하 저축의 장려와 타동성 인플레이션 분석

(1) 저축장려는 강제적

---

14 금련은 금융조합연합회의 약자이다.

금석지감 … 이익으로 유인한 저축장려 = 할증부 정기예금 – 채표식 저축장려로 귀족원에서 한때 분규 – 저축장려위원회(1928년[昭和 13]) – 발의는 재무국 – 복권식 돈 모으기는 금융기관의 추락 – 사람의 덕성을 갉아먹는 인플레이션의 해 – 견실성의 상실

(2) 금리 조작에 의한 개발자금 획득책

개발자금 획득을 위한 금리 2리 고(1932년[昭和 7]) – 대장성의 눈에 띄지 않는 내지로부터의 고액 예금 – 예금 초과의 이유 – 내지자본의 도입은 압박·착취의 역이다 – 내·선 금리 비교 – 금리통제 = 1936년(昭和 11) 이래 – 금리 협정을 위한 금융단 설립 조선 개발 자금 – 설비 확장에 다른 산업자금 15억 6,700만 엔·중국, 조선 내 조달 7억 6,000만 엔(1943년[昭和 18]) – 자기자본에 의한 일본 대회사의 진출

(3) 전시하 인플레이션과 그 대책

인플레이션 – 태평양전쟁하의 인플레이션 진행 상황 = 개전·종전 시 대비 565배 – 1943년(昭和 18) 이래 일·선·대 인플레이션 비교 – 물가지수 고진(高進) 상황 내선 비교 – 암시장 가격[闇值] 6배 – 물가 억제에 부심 – 인플레이션 요소의 계수 분석 = 선외로부터의 수취 초과 – 선은권의 회수·발행 총액·환끝[爲替尻][15](1943년) – 선내 발행 초과 5억 5,000만 엔·관동주·만주 발행 초과 1억 3,000만 엔 – 대출의 예금 상황 – 환율 측면의 분석 – 만은권 교환자금의 문제 = (만주) 외국환[16]으로 조선의 물자 매입 만은권 평양까지 유통 – 고고 송금 (주로 군사비) 분식 – 공(公)의 밀수출 (對만수) 2억 6,800만 엔(1944·45년[昭和 19·20]) – 조선은 대륙 인플레이션의 방파제 – 전시의 도를 넘음 = 자각과 인식의 문제 – 전시통제에 행정의 재량 – 사정을 모르는 일본의 문화인·인텔리 통치 관계자의 진의 모독

---

15 환끝이란 은행에서 환거래의 결과 생긴 채권 또는 채무의 잔액이다.
16 외국환이란 외국과의 거래를 결제할 때 쓰는 환어음으로 발행지와 지급지가 서로 다른 나라일 경우 사용된다. 국제어음, 국제환, 외환이라는 말로도 쓰인다.

제7화 종전 당시 금융 비상조치와 그 상황

1. 소련 참전과 재선 일본인

    - 중앙의 외지 방치·하루 만에 일본인 무력화하다

    (1) 소련군의 폭상(暴狀)과 미군의 태도

    소련의 선전(宣戰) - 북선 3항 = 나진·청진·웅기 습격 - 일본군 퇴각 - 두건, 죽창의 일본 시민 - 함경북도 도청의 대책 = 도청을 무산으로 - 양민 보호 교섭하던 경찰부장 체포 - 쓰쓰이(筒井) 황해도지사

    소련의 병력 - 일본군 영격(迎擊)하지 않고 - 8월 12일 재무국원 강제 소개 - 8월 14일 밤 패전을 알다 - 소련군의 폭상 - 세무서장 구살(毆殺) - 지사·도 간부 등 체포 - 초단파의 이승만 방송 - 모르는 것은 일본인뿐 - 이루 말할 수 없는 일본인의 수난 - 재무국원 300여 명 염전, 담배 창고 등으로 소개 - 운명의 기로 북과 남 - 어진영과 교육칙어 - 평양신사 방화 - 사상의 혼란 - 지시하지 않는 중앙 - 외지 죽도록 방치 - 조선인 측과 총독부의 견해 차이 - 2천 수백의 탈옥 사상범 각 경찰서 점거 - 하루 만에 일본인 무력화하다 - 치안 완전히 혼란 - 울래야 울 수 없는 일본인 - 9월 9일 미군 상륙 - 관아·학교 등 접수 - 상상할 수 없는 능욕 - 미군 선착(先着) 장교 출영 - 예상치 못한 미군의 태도 - 진주하자마자 비즈니스

    (2) 댄스홀 사건과 일본인세화회의 발족

    댄스홀 사건 - 교묘한 투서 - 폭학무정(暴虐無情)의 소련 - 고난한 삼판선을 넘어 - 일본인세화회 설립 - 일제히 예금 지급 - 정기예금도 3만 엔까지

    1944년(昭和 19) 말부터 폭동의 예감 - 금융 인금인출소동을 경계 - 선은권의 인쇄 시기를 맞추지 못하고 - 소각 지폐의 축적 명령 = 35억 축적 - 비상금융의 비밀 조치 - 비상금융자금 70억 전선 배포 - 경성의 지폐 스톡 10억 - 16일 각 회사 인출액 2억

2. 종전 후의 예금 지급 대책

    힘들었던 종전 직후의 예금 지급 대책 - 조선 전역을 폭격지로 인식하는 일본 내지의 지급 조치 - 예금통장 그대로 귀환을 촉구하다 - 귀환자가 분하게 여기는 GHQ 명령 = 외지 예금의 지급 정지 - GHQ에 탄원 일부 완화 = (귀환자에 대한 예금 지급)

제8화 종전 당시의 재정 비상조치와 그 상황

1. 1944년(昭和 19)도 이래의 결산(불능)

    - 군 우선 때문에 결제 지연

    1944년도 총독부 결산=(대장대신에게 보고·회계검사원 제출)-철도·통신은 군 우선-결산 지연-1944년 세출 결산 불능-1945년(昭和 20)도 결산도 제대로 이루어지지 못하고

2. 종전 당시의 재정 비상 처리

    (1) 정부 채무의 처리

    정부 채무의 처리=철도·항만 등 공사비의 청산·공가계약 파기-공사 총액 청산의 방침

    (2) 인플레이션의 억제와 관민 뒤처리 자금에 대한 조치

    인플레이션의 억지-내지를 모방하다-관리 봉급 9월분 미리 지급-퇴직금=관리 수 7만여 명=필요 금액 2억=진주군에 절충-관리 귀향 여비-총독부 관계 영단 회사 급여 조치

    (3) 조선인의 보복 행위와 가혹한 진주군의 지령

    벌벌 떤 각 회사 중역-각 회사 종업원의 귀향 여비 등 융자에 결단=융자 명령-총독부의 뒤처리 자금 6억여(9월 말)-군의 지불분·임시군사비특별회계 약 6억-관계회사 요구 금액 4억 5,000만 엔=내사(內査) 정액 2억 8,000만 엔=그중 실제 융자분 1억 9,000만 엔=(명령에 의한 특별융자금)-선은권 발행고 8월 15일 49억 7,000만 엔-9월 28일 86억 5,000만 엔=초과 37억 약=그중 관동주의 유통 증가 3억 2,000만 엔-선은권 발행초과금 내역-9월 28일 현재 조선 관계 종전 관계 자금 33억여만 엔-예금 인출액 25억 엔·그중 내지 송금 수표 6~7억 엔-GHQ 인플레이션 억제를 인정하다-재정교란죄 해소-종전 후의 일본인 재판-진주군의 감독(oversee)-하부의 판사·검사는 조선인의 공산당원-GHQ는 납득-재판의 의도가 다른 GHQ와 조선인 측-체신국장·철도국장은 횡령죄=(일본 송금) 은급·퇴직사금(退職賜金)에 무이해-9월 12일 미군 포고 =8월 9일 이후의 거래(transaction) 무효-진주군의 대일(對日) 센스-터무니없는 포고-진주군과의 쟁점=8월 9일

소급의 불합리 – 일본정부의 항복 결정 8월 9일 – 조선인의 진정으로 퇴직금 문제 해결 – 본질을 모르는 투서 밀고

(4) 내지 송금 문제

일본 송금 2억 엔=퇴직사금 – 고든 재무국장에게 신임을 받다 – 송금 책임자 회계과장·사계과장 석방 – 퇴직사금 송금의 설명 – 체신·철도 양 국장 징역 – 금융기관의 결함과 한일 관계의 채권 채무 – 재선 중 인플레이션 100억을 내지 않고 – 미군의 어드바이저로서

3. 전후 미해결 재외재산

(1) 한일회담의 화근

– 준비되지 못한 '각외지특별회계폐지법률안'과 재선 일본인 재산

군의 지불도 총독부 예산 – 1945년도의 세금 – 8월 이후 사실상 무세(無稅) – 일본 시설의 무임 사용과 약탈 – 종전 후의 처리비는 차입[17] 형식 – 사후의 국고계정=각외지특별회계폐지법률안 – 모두 미해결·강화조약으로 – 한일회담의 화근 – 12월 6일 포고=일본인 재산은 모두 진주군 접수가 베스트 – 일본인의 고경(苦境) 인식 – 일본인 구원은 매국노 – 일본인 재산 관계의 포고는 일본인 재산 보호를 위해 – 8월 9일 현재 일본인 법인 재산 5억 엔 – 550억 엔·개인 250억 엔(당시의 화폐 가치) – 진주군 일본인 개인 견적 90억 엔 – 재외재산조사회 – 재선 일본 법인 재산액 CPC와 의견 일치 – 탈세가 빌미가 된 개인 재산액의 불일치 – 법인·개인 합계 700억이 타당 –

국회 재외재산을 문제시 – 전후 미해결 재외재산 – 재외재산조사회 – 재외재산 보상 문제 – 조선·일본의 정부 관계 미해결 문제=보조금·예금부 대부금·임시특별회계·임시군사비 편입금·조선인 관리 은급·조선인 간이생명보험료[掛金]·국방에 대한 쌍방의 견해 – 무역 관계·민간 수지 몫 96~97억 엔 – 금융기관 대차 관계 – 강약 관계의 문제

---

17 원문은 '借上'이라고 하여 정부가 민간으로부터 물건이나 자금을 빌린다는 의미를 담았으나, 번역에서는 그냥 빌린다는 의미로 '차입'이라 했다.

(2) 일본인세화회 귀환 처리비 차입 문제와 환율[爲替相場] 환산 문제

재외공관 차입 문제 - 진주군의 차입금 지불 부인 - 조선의 일본인세화회 귀환 처리비 차입 문제 - 행정비로서 채권 채무 확인 - 재외공관 차입금 조사회 - 재외공관 차입금 지불 예산=5만 엔 버림(절사)의 법률 - 환율 문제=연은권(連銀券)·저비권(儲備券) - 환심의회 - 환율 환산 8억 4,000만 엔 - 차입금 5만 엔 버림의 행정 소송=헌법 위반 - 정당성을 얻지 못한 환율 환산=조선 내 일은권에 환율 적용 - 세관 유보의 송금수표·은행통장·채권 지불 문제

제9화 총독부 종정십유(終政拾遺)

1. 아편 소동

-뒤처리를 제대로 못한 헌병의 졸렬한 책략-

아편 오피엄(opium) 문제 - 일본의 아편은 세계가 문제 - 조선은 아편 산지 - 많은 아편 환자 - 조선통치와 아편 환자 절멸 - 일본 국내용·육해군의 치료용 전부 공급 - 조선에서는 전매품 - 양귀비 재배 엄중한 감리 - 소관 일시 전매국에서 경무국으로 옮기다 - 산지 함남북·강원도 - 이조는 빙임 - 흡음자 수 불명 - 밀수출에 고생하나 - 1945년(昭和 20) 봄 후생성에 8,000킬로그램 매도 약속=(당시 전매국은 행정 정리로 폐지·소관 재무국)=운수·교통·통신·군 우선 때문에 화차 없어 불이행 - 총독 파면·법무국장 투옥 - 전매국 간부 일망타진 - 국장 관사를 나와 아사히초(旭町)에 몸을 숨기다 - 아편 소동의 경위=격분한 군의 소행 - 미군이 보는 책임 소재 - 총독도 오해를 받다 - 헌병사령관 등 관계 헌병 체포되다 - 공모 혐의 풀리다

2. 위원회 수당 외곽단체 자금 등 배분의 유용 사건

경기도 간부 외 총 검거=위원회·외곽단체 등 수당·퇴직수당 문제 - 수당 문제에 대한 나의 견해 - 많은 위원회·외곽단체 - 북선 판검사 구제로 법무국장 투옥 - 수당 등 관습의 차이로 고심 - 금융조합연합회장·부장 이사 등도 수감되다=저축 달성 기념 예산

지출 사건

3. 조선인 직원의 보복적 투서

재무국장 고든과 간담＝재무국의 예방 조치＝분여(分與) 수당을 반환 미군에 인계 - 재무국은 결백[無疵] - 투옥자 구출에 분명(奔命)[18] - 관리 퇴직금은 지급하지 않고 - 은행의 퇴직금 문제 불문

4. 이왕직 송금 문제

이왕직 송금 문제 - (연액 800만 엔·그중 총독부 지출 180만 엔) - 이왕가에 재목 대금 550만 엔 송금 - 고지마(兒島) 차관의 수난＝다시 수감되다 - 많았던 혼잡 중의 밀수 -

5. 미군에게 이해되지 않는 기밀비

미군에게 이해되지 않는 기밀비 - 미군 기밀비에 신경질 - 총독부 기밀 공작비 500만 엔(보통 300만 엔)＝총독·총감·경무국장이 사용 - 기밀비의 용도 - 공산독립주의자 회유책 - 경무국장 규명 거부 - 경무국장 헌병대에 구류되다 - 후지와라(藤原) 비서 피난 귀환 - 경무·법무 양 국장 석방 귀국 - 기밀비＝사상공작비가 주 - 교제비는 총독·총감만

6. 미군 일본인을 호의적으로 보호

금융조합연합회장 석방 - 여섯 개의 죄명을 받아 위험했던 나 - 재무국의 적산 관리 - 미국인의 신용을 얻기 위해 고심 - 코뮤니스트 등으로부터 보호 부적[守り札] - 고든 재무국장의 각별한 보호를 받다 - 선은·식은의 수뇌를 미군에 간청 - 선은 100만 엔 분실 사건 불문 - 미군의 조선인 불신 - 은행 관계 수뇌 검거를 면하다 - 취인소[19] 이사장 승차 직전에 체포되다 - 미군 일본인을 호의적 보호 - 부하를 한 발 앞서 나의 귀국 ＝11개월 휴가·발차 20분 전에 굿바이 - 배낭 하나의 일개 시민으로 - 경성-부산 26시간 - 밤중 기차를 멈추고 주민이 습격 약탈 - MP에 신신당부하다 - 딸은 엔도(遠藤) 총감의 비행기로＝비행장에서 도난 무일물(無一物)

18　명령을 받아 바쁘게 뛰어다님.
19　취인소는 거래소의 일본말이다.

7. 아베(阿部) 총독 비방의 진상

총독 파면의 지령, 하지 중장으로부터(9월 12일) = 아베 총독 항의 - 관저에 연금 - 아베 총독 도망설의 진상 = 부인의 귀국·승선 난파·신문 오보 - 총독은 비행기로 = 짐 150킬로그램으로 제한·편지 몰수·돈도 허용되지 않고 - 엔도 총감도 관저에 연금 = 스파이 용의로 귀국 지연

8. 귀국 후의 나

귀국 후의 나 - 경성의 신문 떠들썩하다 - 오뇌번민(懊惱煩悶)·귀선(歸鮮)을 결의 - 불편한 기분의 2개월간 - 마음 놓인 고든의 전언 - 1946년(昭和 21) 7월 진주군 재무국 고문 파면 - 파란 하늘을 보는 감사한 마음.

(제1~제9화 끝)

대담자 약력

미즈타 나오마사(水田直昌) 씨

도쿄대학 경제학부 졸업(1921년[大正 10]), 대장성 근무(동년), 조선총독부 재무국 사계과장(1924년[大正 13]), 동 재무국장(1927년[昭和 12]), 조선으로부터 귀환, 조선 관계 잔무 정리 사무를 담당하다(1945년[昭和 20]), 가쿠슈인대학＝가쿠슈인 상무이사(1947년[昭和 22]), 도쿄은행협회 상무이사 취임(1952년[昭和 27]), 도쿄은행협회 전무이사가 되어(1958년[昭和 33]) 현재에 이르다.

쓰치야 다카오(土屋喬雄) 씨

도쿄대학 경제학부 졸업(1922년[大正 11]), 경제사 전공, 경제학 박사, 『일본금융사자료(日本金融史資料)』전 25권 편찬·감수 외 저서 다수. 현재 메이지대학 교수, 도쿄대학 명예교수.

가지니시 미쓰하야(楫西光速) 씨

도쿄교육대학 교수. 도쿄대학 경제학부 졸업(1929년[昭和 4]), 일본경제사 전공. 저술로 『일본자본주의발달사(日本資本主義發達史)』·『일본자본주의발달사』속편·『일본경제사(日本經濟史)』·『산업사의 인물(産業史の人々)』 등.

가토 도시히코(加藤俊彦) 씨

도쿄대학 교수＝사회과학연구소. 도쿄대학 경제학부 졸업(1939년[昭和 14]), 금융론 전공. 저술로 『본방은행사론(本邦銀行史論)』·『일본금융론의 사적 연구(日本金融論の史的硏究)』 등.

다케사와 마사타케(竹澤正武) 씨

전 일본은행 조사국＝도쿄은행협회 촉탁. 금융경제통계에 관해 오우치상(大內賞) 수상

종전 전 일본의 조선 인식은, 이민족 지배라는 하나의 국가권력을 규구(規矩)[20]로 하여 권위화되어 있었다. 따라서 그 권력이 실추된 오늘, 조선 인식이 혼란에 빠지는 것은 당연한 일이다.

오늘날 조선 연구에 있어서 요무(要務)는 이 혼란을 타파할 수 있는 조선 인식의 새로운 권위를 어디에서 구할 것인가에 있다. 그리고, 역시 그것은 일본 치하의 많은 경험과, 높은 학식에 의지해야 하고, 그것을 기조로 하는 올바른 조선관의 수립이 바람직하다.

재단법인 우방협회는, 이상의 견지에서, 이런 종류의 양서 보급에 노력하고 있는데, 본서의 경우가 그 전형적인 사례이다.

— 곤도(近藤) —

---

20 원래 목수가 쓰는 걸음쇠, 곱자, 수준기, 다림줄을 통틀어 이르는 말로 전하여 일상생활에서 지켜야 할 법도의 의미를 갖는다.

제1화(1953년[昭和 28] 10월 2일 구술)

총독부 재정·금융의 기초 개념
(付, 序題)

목차

서제(序題): 본제에 들어가기 전에
　_ 예산 편성 20년
　_ 조선총독부 『고본(稿本) 이조시대의 재정』의 편찬 간행과 조선 재정·금융 관계 자료의 수입·편찬

1. 총독부 관제 및 재무행정 기구와 직무
2. 재무행정의 개요
　(1) 총독부 재정의 통치적 의의
　(2) 총독부의 공채정책과 그 특이성
　(3) 조세제도의 기본방침
　(4) 전매제도와 일본의 통치
　(5) 금융정책의 윤곽
　(6) 반일감정의 원인

서제: 본제에 들어가기 전에

| 구술: 미즈타 나오마사(水田直昌)
| 질문: 쓰치야 다카오(土屋喬雄)

쓰치야: 일본의 역사학으로서는, 조선의 다양한 연혁까지 아는 것은 중요한 일입니다. 그래서 저는 우리 역사, 특히 경제 방면의 역사를 연구하는 사람은 조선의 실제 사무를 당당하셨던 분의 이야기를 들어야 한다고 생각했는데, 호즈미 신로쿠로(穗積眞六郞)[21] 씨의 이야기를 통해 상당히 재미있게 조선의 상공정책에 관한 연혁을 들었습니다. 생각해 보면, 호즈미 씨의 상공에 있어서 업무는, 미즈타 씨는 조금 나중에 오셨습니다만, 미즈타 씨는 재정이었고, 조선에서 금융정책 쪽을 오랫동안 담당하셨기 때문에, 그쪽 방면의 일을 꼭 들었으면 했습니다. 바쁘신데도 불구하고 이렇게 부탁드린 이유입니다.

미즈타: 무엇이든 물어보세요. 제 이야기는 결국 재정을 통해 본 것이겠지만요…. 저는 재무국에서만 근무했었기 때문에….

쓰치야: 매우 죄송합니다만, 처음 조선에 오셨을 때부터의 관력(官歷)을 조금 이야기해 주시고 (그것을-역자) 저희가 질문을 하기 위한 재료로 삼았으면 합니다. 다소 이력을

---

21 호즈미 신로쿠로(穗積眞六郞, 1889~1970). 호즈미는 1889년 일본 최초의 법학박사이자 도쿄제국대학 법학부장을 지낸 호즈미 노부시게(穗積陳重)의 4남으로서 태어났다. 1932년 9월 오가키(宇垣) 총독 당시 식산국장에 취임한다. 9년 동안의 총독부 식산국장 재임은 역대 식산국장 중 최장이다. 식산국장 퇴직 후, 1942년 11월 조선상공회의소 회두, 1942년 12월 경성전기주식회사 사장에 취임했다. 1945년 패전 후, 혼란 중에 경성일본인세화회를 조직하고, 1946년 3월 일시 서대문형무소에 수감되었다. 1946년 4월 일본으로 귀환해 조선인양동포세화회 제2대 회장에 취임했다. 1947년 참의원 의원에 당선해 1950년 5월까지 근무했다. 1952년 6월 사단법인 중앙일한협회가 설립되자 부회장에 취임, 동년 10월에 재단법인 우방협회를 설립해 이사장에 취임했다. 1958년 5월 젊은 학생들과 조선근대사연구회를 조직하고 전 총독부 일본인 관료 129명에게 청취하여 418개의 녹음 테이프를 남겼다. 1970년 5월 향년 81세로 사망했다. 조선총독부 재임 기간은 28년에 이른다.

조사하는 것 같지만 ….

미즈타: 호즈미 선생은 대학을 나오자마자 곧 저쪽(조선)으로 가셨기 때문에, 조선 총독 정치 36년의 통치에 관해 거의 전부를 경험하셨습니다. 우리의 대선배로서 무엇이든 알고 계십니다. 공식적이든 비공식적이든, 옛날 일도 최근의 일도 알고 계십니다. 저는 딱 10년 후배로, 쓰치야 선생과 마찬가지로 1921년(大正 10) 도쿄대학을 졸업했고, 졸업 후 대장성 쪽에서 이재(理財)에 관한 일을 하기도 했고 세무서장으로 근무하기도 했습니다. 이후 1925년(大正 14)에 저쪽(조선)으로 건너갔습니다. 처음에는 재무에 관한 일 중에서 세무—뭐 이재[22]입니다. 그 뒤에 예산, 2~3년 이들 세무나 이재, 예산 등을 사무관으로서 담당했습니다. 1927년(昭和 2)에 사계과장(司計課長), 일본의 주계과장(主計課長)이 담당할 규모가 작은 일입니다. 그래서 오로지 예산과 결산을 담당했습니다. 아마 같은 과장으로서 10년 이상이나 근무한다는 것은 관리로서는 조금 드문 일이라고 생각합니다. 이렇게 말하면 좋은 의미가 아니어서 제가 융통성이 없다는 말이 되지만, 어쨌든 10년 이상 했습니다. 1937년(昭和 12)에 재무국장이 되어 종전까지 쭉 같은 직책에 있었습니다. 따라서 과장 시대는 예산과 결산 이외의 일에는 관여하지 않았습니다. 재무국장이 되고 나서는, 물론, 예산 그리고 세제, 금융, 이재를 총괄해 왔습니다. 따라서 금융 면의 일에 관해서는, 사무관 시절에 관여했던 것과, 재무국장 시대에 전체를 종합하는 일을 했습니다. 하지만 저는 재무국장이 되어서도 거의 스스로 편성할 정도로 예산 쪽 일을 해 왔기 때문에, 36년의 조선통치 중 20년 동안, 딱 쇼와(昭和)가 된 이후의 예산은 전부 제가 만들었습니다. 따라서 조선의 재정사(財政史)라는 것을 생각할 때, 과장으로 재직할 때부터의 소위 예산 쪽은 제 책임이 아닐까 합니다.

---

22 조선총독부 재무국 이재과(理財課)는 1919년 8월의 「조선총독부사무분장규정」 개정에 의해 그때까지 존재하던 탁지부 이재과를 승계하는 형태로 설치되었다. 이재과는 그때까지와 마찬가지로 국채 및 차입금, 화폐 및 태환권, 일반금융, 은행, 기타 금융기관, 지방단체와 공공조합의 기채(起債)에 관한 사항을 소관했다. 1943년 12월의 「조선총독부사무분장규정」 개정에서는 그때까지의 소관 업무에 추가하여 국내 자금의 운용조제(運用調製), 기타 국내 자금의 통제, 사채의 등록, 유가증권업 및 취인소에 관한 사항을 소관했다. テーマ別歴史史料検索ナビ 〉アジ歴グロッサリー (https://www.jacar.go.jp/glossary/term2/0050-0020-0020-0010-0010-0080-0040.html).

실은 외지의 국장이라는 것은, 상당한 정치성이 없으면 근무하기 어렵지만, 저에게는 거의 정치성이라는 것이 없습니다. 따라서 저는 10년 이상 예산을 담당해 예산에 흥미를 갖게 되었고, 사실은 빨리 과장을 그만두고 촉탁이라도 되어 조선 재정사는 제 손으로 연구하는 것이 좋겠다, 이런 생각들을 하기도 했습니다. 그리고 그 자료를 상당히 열심히 모았습니다. 하지만 일이 바빴기 때문에 아무래도 생각처럼 되지 않았습니다. 그런 와중에 국장을 맡으라는 이야기를 들었기 때문에 그때부터는 자료 수집 같은 것은 거의 불가능했습니다만, 때마침 다케사와(竹澤) 씨 같은 노대가(老大家)에 비견될 만한 사람을 한 사람 부탁해서, 제가 수집한 것 중 부족한 부분을 모았습니다. 재무국장 시대에는 조선의 재정을 보기 위해서는 그 이전의 일을 알 필요가 있다고 생각했기 때문에, 이조시대의 재정에 관한 많은 문헌을 번역해 달라고 해서, 상당히 불완전한 것이기는 해도 일단 정리해 그 일부를 『이조시대의 재정』이라는 고본(稿本)으로 해서 한정판을 냈습니다. 가까운 장래에 완전한 것으로 만들어 여러분의 질정을 받고 싶어서, 사실 자료를 90% 정도 모아 놓고 있었습니다. 물론 총독부가 생긴 뒤의 자료도 전부 모으고 있었습니다.

하지만 귀환[引揚]할 때는, 돈과 서류는 일절 가져갈 수 없다고 해서 전부 남겨 두고 왔습니다. 조선과의 관계가 이렇게 될 것이라고는 생각도 못했고, 언젠가 직접 건너가 제 손으로 자료를 정리하고 싶다는 대단한 희망을 가지고 있었습니다만, 1950년(昭和 25) 6월 25일에 일어난 남북 대동란(한국전쟁)으로 인해 거의 소실된 것이 아닐까 생각됩니다. 특히 세상에서는 구 총독부 도서관이나 성대(城大)[23] 도서관 등에 있던 서류나 문헌은 전부 북한군이 가지고 가 버렸다고 합니다. 아마 무사하지는 않을 듯합니다. 하지만 북한에라도 있어 주면 고맙겠지만, 어떨까요. 그 자료는 방대한 것이지만, 어딘가에 쌓아 놓았으면 좋겠지만, 별로 기대하지는 않습니다. 다른 것은 차치하고, 상당히 낙심했었습니다. 따라서 향후 조선통치 당시의 상세한 재정사 같은 것은 어렵지 않을까 싶습니다. 그런 관계로 금융 쪽도 충분한 자료나 지식을 가지고 있지 않습니다.

---

23 경성제국대학을 줄여서 부르는 말로, 해방 이후에는 경성대학을 거쳐 서울대학이 된다.

쓰치야: 아깝네요. 그렇게 모으신 자료는 어느 정도였습니까?

미즈타: 이 정도의 방으로, 3, 4평 분량은 되었습니다. 의회의 속기록 같은 것도 전부 모았습니다. 매년 예산 편성 때에는, 쓰치야 선생이 잘 아시듯, 주계국으로 각 성(省)이 요구합니다. 그렇게 요구할 때는 과거에는 이런 일을 했다든가, 지금 어떻다든가, 또 이런 일을 할 필요가 있다든가 하는 그런 자료를 만들어 각 성이 주계국[24]에 요구합니다. 그것을 주계국이 공부하고 연구해서, 그중 무엇이든 괜찮으니 구실을 붙여 삭감하는 것이 보통입니다. 그런 식의 자료는 전부 재무국으로 모이게 됩니다. 교육, 산업, 행정, 경찰행정, 전부 모입니다. 그것을 계통을 세워 정리하게 되면, 단순한 예산만이 아니라 각 국(局)의 일이라는 일은 모두 일단 계통적으로 정리됩니다. 매년의 요구를 제가 직접 극명하게 사정(査定)하기 때문에, 스스로 공부해서 했던 것입니다. 각 국에서 미농지(美濃紙)에 쓴 것이 제 키 정도 모입니다. 그것을 3, 4개월 동안 공부해서 예산을 사정하게 되므로 방대한 자료입니다. 그것이 소실되어 버린다면 상당히 유감스러운 일입니다. 또 하나 유감스러운 일은, 이쪽(일본)에도 조선총독부의 사무소가 있었는데, 8월 16일부터 이쪽에서도 그런 자료는 불태웠습니다. 제가 이쪽에 복사된 것을 가지고 있었습니다만 …. 겨우 의회의 속기록만은 불태우지 않고 지하실에 있어서 그것을 제가 지금 한 부 가지고 있습니다.

쓰치야: 여기서도 불태웠군요.

미즈타: 네. 특히 미국이 소위 조선을(일본이 - 역자) 압박 착취했다는 인상하에 해 왔기 때문에, 조선과 관계된 이러이러한 서류가 있으면 안 좋을 것이라는 생각에 전부 소각했습니다. 저는 12월에 돌아오면서 한 가닥 희망을 가지고 있었는데, 정말 유감이라고 생각했습니다.

---

24 한자로 '主計局'이라 쓴다. 1886년 1월, 조사국을 개칭해 창설되었다. 국가의 예산 편성, 예산의 시행 상황에 대한 감사, 결산의 조제(調製), 회계제도의 입안 등 주로 국가의 운영에 필요한 경비의 지출을 관장하는 부국이다. 예산을 조제하게 되면, 우선 각 성이 주계국에 세출개산서(歲出槪算書)를 제출하여 예산을 요구하고, 이에 대해 주계국은 이 세출개산서와 주계국이 제출하는 세입개산서를 대조하며 각 성의 요구를 사정하는 것이 통상의 예산 편성 방식이었다.

(곤도 주) (1)

1. 전문에 언급된 『이조시대의 재정(李朝時代の財政)』은, 이조시대 조선의 치정(治政)을 아는 데 있어 가장 정리된 귀중한 문헌으로서, 미즈타 씨를 중심으로 한 이 편찬 업적은 상당히 높게 평가받고 있다.

2. 구 총독부 도서관, 성대 도서관 등에 수집되어 있던 문헌자료들은, 그 후 무사히 한국정부에서 보관하고 있다고 알려져 있는데, 해방 후의 혼란 때문에 관리가 잘 이루어지지 않아 많은 자료가 외부로 유출되고 있는 모양이다. 서울 시내의 서점이나 간다(神田)의 고서점 등에서 '조선총독부도서관장서'라는 각인(角印)이 들어간 귀중본을 자주 발견하는 것은 이런 실정을 잘 말해 준다.

3. 조선총독부 예산 문서의 중요한 것 중 일부는 재단법인 우방협회에 그 일부가 보관되어 있는데, 그중 연구상 필요한 것을 복각, 보급하는 것이 본 편찬회의 주요한 사업이 되어 있다.

4. 전기, 조선총독부 『고본 이조시대의 재정』은 전편 10장으로 되어 있는데, 편찬을 위해 사용된 문헌 중 주된 서목(書目)을 다음에 기록하여 연구자의 편의에 제공하고자 한다.

△ 『이조시대의 재정』 내용

제1장 총설　　　제6장 화폐제도
제2장 재무기관　제7장 금융기관
제3장 토지제도　제8장 금고의 설치
제4장 조세제도　제9장 국채
제5장 환곡(還穀)　제10장 세계(歲計)

△ 상기 참고문헌 서목

▲『이조실록(李朝實錄)』▲『고려사(高麗史)』▲『동국통감(東國通鑑)』▲『국조보감(國朝寶鑑)』▲『삼국사기(三國史記)』▲『동사보유(東史補遺)』▲『동사강목(東史綱目)』▲『삼봉집(三峰集)』▲『승정원일기(承政院日記)』▲『일성록(日省錄)』▲『동국사략(東國史略)』▲『해동역사(海東繹史)』▲『동국문헌비고(東國文獻備考)』▲『증보문헌비고(增補文獻備考)』

▲『반계수록(磻溪隨錄)』 ▲『목민심서(牧民心書)』 ▲『만기요람(萬機要覽)』 ▲『경국대전(經國大典)』 ▲『대전속록(大典續錄)』 ▲『대전후속록(大典後續錄)』 ▲『속대전(續大典)』 ▲『대전통편(大典通編)』 ▲『대전회통(大典會通)』 ▲『전제상정소준수조획(田制詳定所遵守條劃)』 ▲『탁지전부고(度支田賦考)』 ▲『육전조례(六典條例)』 ▲『균역사목(均役事目)』 ▲『한국재정시설강요(韓國財政施設綱要)』 ▲『조선부동산용어약해(朝鮮不動産用語略解)』 ▲『한국세제고(韓國稅制考)』 ▲『한국화폐정리보고서(韓國貨幣整理報告書)』 ▲『토지제도조세제도조사보고서(土地制度租稅制度調査報告書)』 ▲『한반도(韓半島)』

1. 총독부 재정금융의 기초 개념[25]

1. 재무행정의 기구와 직무

쓰치야: 처음 시작하는 의미에서 좀 여쭙겠습니다만, 조선총독부의 관제와 재정 당국 및 금융행정 당국에 관한 것입니다. 어떤 식으로 되어 있었습니까?

미즈타: 총독 밑에 정무총감이 부총독으로 있었고, 그 밑에 내지의 각 성(省)에 상응하는 각 국(局)이 있습니다. 그러니까 내무성에 해당하는 것에 내무국(司政局)이 있었는데, 당시 유독 경찰행정이 상당히 중요해서 이들 내무성의 일 중 경찰 관계 업무는 경무국(警務局)으로 독립되어 있었습니다. 그리고[26] 사법성에 해당하는 법무국, 문부성에 해당하는 학무국, 내지의 농림성에 해당하는 농림국, 상공에 해당하는 것으로서 식산국, 전쟁이 끝난 뒤에 생긴 광무국, 그리고 우리의 재무국, 교통기관의 교통국, 통신의 체신국, 그리고 전매행정은 재무와 분리되어 하나의 독립된 전매국, 그리고 관방(官房)[27]이라는 것이 있어서 그 밑에 문서과, 회계과, 조사과 등이 있었습니다. 그리고 조선에서 특색 있었던 것은 재외 조선인이라는 것이 당시 하나의 통치 아이템으로 자리 잡고 있었습니다. 만주에 150만 명의 조선인이 있었는데, 이 재외 조선인을 어떻게 지도할 것인가가 조선통치에 있어 하나의 중요한 아이템이었습니다. 그래서 이 재외 조선인에 관한 업무를 담당할 외사과(外事課)라는 것이 관방 안에 설치되어 있었습니다.

---

[25] 이하 내용은 퇴고를 거치지 못한 구술 자료로 앞서 곤도 겐이치가 밝힌 것처럼 문장이 아직 다듬어지지 못한 점들이 있다. 구술 과정에서 평서체와 존칭이 혼용되어 다소 혼란스러운 점이 있으나 원문 그대로인 점을 밝혀 둔다.

[26] '그리고'라는 말이 반복되어 다소 신경 쓰일 수 있는데, 구술하면서 자주 반복되고 있어서 뉘앙스를 살리는 의미에서 그냥 두었다.

[27] 관방은 관청 부국(部局)의 하나로 장관에 직속하여 기밀 사항, 인사, 관인 보관, 문서, 회계, 통계 따위의 총괄적 사무를 분담하는 기관이다.

지금 이야기한 재무국과의 관계입니다만, 재무국은 세무와 금융, 예산, 결산이라는 것을 취급하고 있었습니다. 대장성과 재무국의 다른 점은, 재무국에서 대장성과 회계검사원(會計檢査院) 양쪽의 일을 담당한다는 것입니다. 저는 그런 점이 장점이라고 생각합니다. 왜냐하면, 여담입니다만, 제가 대장성에서 말하는 주계과장(主計課長)과 주계국장(主計局長)의 일을 담당하고 있었는데, 제가 직접 회계검사 같은 일도 하고 있어서 각 관서의 돈의 사용처를 전부＝물론 중앙의 검사원(檢査院)도 합니다다만＝전부 우리 쪽에서 담당합니다. 즉 회계감사(會計監査)라는 독립된 하나의 부서가 있어서 거기서 조사한 결과가 전부 사계과장(司計課長)의 머리에 있습니다. 따라서 예산을 사정할 때, 헛된 돈의 지출이 있으면, 즉각 자신의 체험에서 예산 사정이 가능합니다. 지금의 대장(大藏) 당국은 방대해서 거기까지는 불가능합니다. 이것은, 일본의 제도상 방대해서 불가능하지만, 제 경험상 단출한 세대라면 괜찮지 않을까 싶습니다. 국가의 돈을 졸라매는 일이기 때문에…. 어찌 되었건 재무국에서 대장성과 회계검사원의 일을 겸하고 있었습니다.

쓰치야: 회계검사원의 일을 담당하는 부국(部局)은….

미즈타: 사계과입니다. 재무국 안에 주요한 과(課)로서 이재과(理財課), 사계과(司計課)[28], 세무과(稅務課)의 세 개가 있었습니다. 그리고 사계과에 예산계(豫算係)와 감사계(監査係)가 있었습니다.

여담이었습니다. 질문으로 돌아가서, 예산 편성의 시기가 되면, 각 국 모든 곳의 적어도 돈이 필요한 업무는 가능하면 많은 돈을 확보하고 싶어 하기 때문에, 방대한 자료를 준비해 재무국에 요구해 오게 됩니다. 그렇게 되면 대체로 7, 8, 9월 3개월 동안 이곳의 주계국이 하듯이 소위 사정(査定)을 수행하여 총독부 회의에서 수지의 균형을 맞춥니다. 그리고 10월이 되면 재무국장과 사계과장이 그것을, 대장성-중앙으로 가지고 가서 주계국장에게 설명하여 내지 정부의 사정을 받습니다. 그것이 10, 11,

---

28 사계과는 예산 결산, 정액 이월 및 연도 개시 전 지출, 지불 예산 예비금 지출 및 예산 유용, 과목 설치, 주계부(主計簿) 등기, 세입 세출의 보고에 관한 사항을 소관했다. 1943년 「조선총독부사무분장규정」 개정에서는 예산 및 결산, 수입 및 지출, 국비 및 도비(道費), 기타 특별경제의 회계 감사, 이왕직 경비의 회계 심사, 공제조합에 관한 사항을 소관하기로 되어 있었다.

12월 3개월이 걸립니다. 그렇게 해서 1월 21일 의회에 늦지 않도록 인쇄해서 총독부 예산으로서 제출하게 됩니다.

의회에서는, 3월까지의 기간 중, 정무총감과 재무국장이 정부위원이 되어 답변합니다. 내지는 각 대신, 국장이 각자 답변에 나서지만, 조선총독부는 정무총감과 재무국장 두 사람이 온갖 부면(部面)의 답변을 전부 담당하기 때문에 그로기 상태가 됩니다. 공부도 많이 해야 했습니다. 당시 재무국이라는 곳이 조선총독부 전체를 대상으로 답변해야 할 책임이 있었기 때문에 상당히 피곤한 곳이었습니다.

쓰치야: 대장성의 은행국에 해당하는 곳은….

미즈타: 재무국의 이재과입니다. 재무국장이라는 자리는 금융 관계에서는 은행국장과 이재국장의 업무를 맡고 있었습니다. 이재과장은 어떻든 은행을 감독하는 입장에 있었기 때문에, 이재과장에는 가장 상석(上席)의, 국장의 대리를 맡아 볼 수 있는 사람을 두는 것이 보통이었습니다.

2. 재무행정의 개요

(1) 총독부 재정의 통치적 의의

쓰치야: 관제와 관련하여 조선의 재정 및 금융에 관한 개략(槪略)입니다. 그것을 여쭙고 나서 조금씩 연혁(沿革)으로 들어가 질문했으면 합니다.

미즈타: 개략이라고 하면 어떻게… 제가 거기까지 자세하게는….

쓰치야: 내지 쪽 재정금융과의 다른 점이나 특징 같은 것입니다.

미즈타: 재정이라고 하면, 예산에 관한 것이 되겠네요. 조선은 특별회계라고 해서 내지와는 분리해서 독립된 재정을— 독립했다는 의미는 자급자족이라는 의미와는 다릅니다. 내지와는 분리해서 소위 외지특별회계(外地特別會計)라는 것으로 되어 있습니다. 그래서 원칙적으로 자기의 재원으로 자기가 필요로 하는 경비를 지불해야 하는 것입니다. 하지만 조선이 1910년(明治 43)에 병합된 이유는 여러 가지가 있지만, 그중 큰

이유 하나는 역시 재정과 폐제(幣制)가 문란해서 손을 댈 수 없게 된 점도 병합의 유력한 이유라고 생각합니다. 왜냐하면, 1906년(明治 39)부터 병합까지 소위 보호시대—메가타(目賀田) 씨가 재정고문으로 부임해 온 보호시대라는 것이 있었습니다. 그 시대에 일본으로부터 무이자, 무기한으로 천 몇백만 엔인가를 빌리고(재정을 꾸리고-역자) 있었습니다. 그것을 갚을 전망 같은 것이 없었습니다.

그래서 1910년에 병합되었을 때, 역시 일본 정부로부터 경비보충금이라는 것이 천 몇백만 엔 있었습니다. 이것은 총독부의 예산이 4천 몇백만 엔 정도여서, 그중에서 1,000만 엔, 대충 20~30% 정도는 모국의 보충금으로 충당하고 있었습니다. 하지만 소위 자립경제—홀로 서야 한다, 언제까지나 폐가 되어서는 안 된다고 해서 재정의 독립이라는 것을 초대 데라우치(寺內) 총독 때 계획해서 1910년이었던가요, 1919년(大正 8)을 기점으로 내지로부터 받는 보충금을 없애자 해서 1년에 200만 엔씩 점감(漸減)시켜 가겠다는 재정독립계획이라는 것이 수립되었습니다.

그래서 1919년의 재정은 조세의 증징이나 전매의 창설 같은 것이라고 해서 계획대로 추진해 갔습니다. 하지만 재정의 독립과 조선의 독립이 복잡한 관계에 있어서, 소위 독립사상이 팽배해 있을 무렵의 일이었기 때문에, 재정 독립이 확립된 1919년에 예의 만세소동이 일어났다는 것은 주지의 사실입니다. 이러한 경향에서 종래 소위 무단정치라고 불렸던 통치 방식이 사이토(齋藤) 총독이 부임하신 뒤부터 문치정치(文治政治)가 되어 헌병제도를 폐지하고 경찰제도로 한다, 또 소위 문교제도(文敎制度)를 쇄신하여 학교를 많이 세운다는 등등. 혹은 지금까지 형무소가 별로 충실하지 않아 조선에는 종래 태형(笞刑)이라고 해서 엉덩이를 자색(紫色)이 될 때까지 세게 내리치는 형벌이 있었습니다. 이는 죄인을 형무소에 투옥시키고 밥을 먹이게 되면 돈이 들기 때문에 오히려 태형이 효과적이었다는 뜻이 되지만, 인권을 존중한다는 의미로 형무소를 만들어 투옥시켰습니다. 요컨대 문치(文治)가 되면 돈이 든다는 의미가 되는 것입니다.

재정이 독립되자마자 일대 요란(擾亂)의 만세운동이라는 것이 일어나고, 조선에 대한 통치 방침이 무단정치에서 문치정치로 변해도 도저히 문치정치를 행할 재원이 없었기 때문에, 1919년부터 보충금이 제로가 되자마자 다시 1920년(大正 9)부터 상당한 보충금을 지출한다는 방침으로 바뀌었습니다. 이후 내지로부터의 경비보충금이라는 것은 쭉 계속되고 있었습니다. 가장 많을 때는 1,500만 엔, 적은 해에도 800만 엔 정도였습니다.

그리고 1939년(昭和 14), 1940년(昭和 15) 특히 태평양전쟁이 일어났을 때는 내지의 임시군사비특별회계라는 것이 있었습니다. 내지의 증세(增稅)는 모두 그쪽으로 돌리고, 외지(外地)도 거기에 협력해야 하는 상황이어서 그때 마음고생을 많이 했습니다. 내지를 따라 조선도 증세한다. 이는 일본 국민으로서 어쩔 수 없는 일이지만, 그것을 전부 군사비에 써 버린다고 하니 도대체 이 전쟁은 조선인을 아랑곳하지 않는다. 일본이 일으킨 전쟁이기 때문에―. 우리가 조선 민족을 통치하고 있으니까 모국에 협력하는 것은 그렇다 하더라도 한도가 있다. 야마토민족(大和民族)은 증세한 돈을 전부 군사비로 바치는 것은 괜찮지만, 조선이 거기까지 하는 것은 지나치다. 이 문제에 관해서는 내지 당국과 상당히 싸웠습니다. 그리고 증세하는 것 역시 조선의 민도(民度)에 따라서 항상 내지보다 낮은 세율로 증세하는 것으로 실현했습니다. 동시에 증세로 얻은 돈의 1/3 정도를 군사비로 편입한다. 그리고 총독부 예산에는 육해군에 관한 것이 없어서 소위 문치에 쓴다. 이런 명분을 내세웠다. 이 때문에 나는 대장성과도 많이 싸웠습니다. "미즈타 씨, 당신 정말 조선인이 되어 버렸네요"라며 많이 얻어맞았습니다만.

쓰치야: 당시 대장대신은….

미즈타: 가야 오키노리(賀屋興宣) 씨도 있었고, 이시와타 소타로(石渡莊太郎) 씨도 있었고, 히로세 도요사쿠(廣瀨豊作) 씨도 있었습니다. 우리 선배들입니다.

쓰치야: 당신이 대장성과 싸웠을 때의 대장대신은 어떤 분이었습니까?

미즈타: 매년 늘 벌어지던 일입니다. 싸웠다고 하면 좀 어폐가 있습니다만, 대장성은 전통적으로 예금부의 저리자금을 조선으로 가지고 가는 일에 대해, 그리고 조세제도를 내지와 같은 정도로 해야 한다고 이야기합니다. 게다가 예산 관계에서는, 보충금은 주지 않을 것이다, 걷을 수 있는 것은 가능한 걷어야 한다, 이건 역시 각자의 직분이니까, 대장성이 주장하는 것에 대해 일단은 수긍할 수 있습니다. 하지만 우리 입장에서는 이번 예금부의 저리자금을 가능하면 조선에 많이 가지고 와서 후진국 자본을

개발하려는 것, 그리고 조세제도에서 적어도 세율을 내지보다 낮춰야 한다는 것, 즉 후진국으로서 거기에 어울리는 조세제도로 한다, 내지와 같이 할 필요는 없다는 것입니다. 내가 재무국장이 된 뒤 어떤 해도 조용히 지난간 적이 없습니다.

지금 생각해 보면, 바보 같았다고 해도 할 수 없습니다. 하지만 마음에서부터 우리는 조선의 개발! 그것이 일본의 본래 의도에 맞는지는 별도로 하더라도, 조선통치를 담당하고 있는 이상 총독 이하 각 국장은 마음껏 조선이라는 것을 개발해서, 그렇게 해서 일본과 비슷한 경제 상태와 재정 상태로 만들어 주려는 것을, 모두 마음으로 생각하고 있었습니다. 아마도 호즈미 씨 같은 경우도 내지의 상공성(商工省)과 하는 일마다 싸운다고 하면 좀 어폐가 있지만, 서로 구타하는 일은 없지만, 입에 거품을 무는 그런 식이었습니다.

쓰치야: 그런 이야기는 호즈미 씨로부터 많이 들었습니다. 요시노 신지(吉野信次)[29] 씨를 상대로 맹렬하게 싸웠다는 그런 이야기였습니다.

가지니시: 관제(官制)라고 할까요, 제도(制度)라고 할까요, 그런 주장도 했었죠.

미즈타: 주장했었습니다. 문제는 힘의 문제입니다. 이야기가 되돌아갑니다만, 그런 식으로 임시군사비로서 증세를 단행해서, 이쪽도 부분적이나마 기여하게 되는 그런 시대에는, 보충금 같은 것은 문제가 되지 않습니다. 1941년(昭和 16), 1942년(昭和 17)이 되면 총독부 예산도 20억에서 22, 23억 정도가 됩니다. 비중의 측면에서 보자면 1,250만 엔 정도는 문제가 되지 않습니다. 따라서 대장성이 보충금을 거둬들인다(더 이상 지원하지 않는다-역자)는 것은, 미나미(南) 총독 시대부터 항상 그런 이야기가 있었습니다만, 나는 거기에 그때마다 반대했었습니다.

보충금의 본질은, 당초에는 그것으로 조선의 재정을 원조하는 것이 본래 취지였습니다만, 1938년(昭和 13), 1939년(昭和 14) 무렵의 총독부 예산이 3억 6,000이라면 1,000만 엔 정도 없다고 해서 (재정을) 감당할 수 없는 것은 아니다. 하지만 조선통치의 본지(本旨)라는 것을 대장성은 생각해야 한다. 왜냐하면 영국과 인도의 관계는, 영

---

29 요시노 신지(吉野信次, 1888~1971). 다이쇼, 쇼와 시대 일본의 상공관료이자 정치가이다. 상공대신, 운수대신, 귀족원 의원, 참의원 의원. 다이쇼데모크라시를 주도한 정치학자 요시노 사쿠조(吉野作造)의 동생이다.

국이 인도의 국방을 담당해 주기 때문에 세입의 몇 분의 1인가를 모국(영국-역자)에 분담금으로 낸다. 이것을 식민지에 대한 착취라고 해도 할 수 없지만, 일본과 조선의 관계는 결코 식민지가 아니다. 조선 민중을 일본의 형제로, 장래에는 시코쿠(四國)나 규슈(九州)와 같이 만들려고 하는 것이 통치의 본지이고, 조선을 모국의 이익을 위해 착취하는 것이 병합의 취지가 아니다.

따라서 보충금이라는 것은, 우리 내지인이 관리(役人)로서 조선에 가면 가봉(加俸)이라는 것을 받게 되는데, 일본에서 고등관 5등 200엔이라고 하면 4할의 가봉을 더해 280엔을 받게 된다. 물론 가봉은 그 존재하는 이유가 있다. 역시 인재를 조선으로 데려가야 하는 점도 있을 것이고, 내가 부임해 갔을 때도 장티푸스가 경성에서 유행했다. 부임 후 한 달 정도 지났을 때 장티푸스가 만연하여 문서과장인 구라하시(倉橋)라는 사람이 그것 때문에 사망했다. 장티푸스나 성홍열(猩紅熱) 같은 것은 대단했다. 병은 주의해야 한다. 아이를 위한 교육기관도 곤란하다. 내지에 가족을 남겨 둘 것인가 어떻게 할 것인가, 여러 가지 병이라든가 교육기관 때문에 불편이 있다, 그래서 가봉이라는 것을 붙여서 지출을 줄이려고 했다. 그에 대해서는, 우리 내지의 관리는, 조선인들에게, 여러분의 세금으로 하고 있는 게 아니다. 만약 이것이 착취를 본지로 하는 것이라면, 전부 조선의 돈으로 우리의 봉급을 받는 것이다. 하지만 우리는 보수 없이 일을 해 오고 있는 것이다. 즉 처음으로 본국에서 경비(經費)에 관한 보충금을 받는다는 그런 명분으로 있을 당시는 내지인 관리의 월급 정도가 아니다, 훨씬 방대한 범위에 걸쳐 있다. 하지만 그 당시의 1,000만 엔이라는 것은 관리 봉급의 극히 일부이다. 완전히 가봉에 상응하는 정도의 것을 우리는 모국에서 가져오고 있는 것에 불과하다. 따라서 조선의 재정에서 그 정도를 삭제하더라도 본질은 다른 것이다. 우리는 도시락을 지참하고 (무보수로-역자) 일한다는 의미에서 보충금이라는 것이 의미가 있는 것이기에 사무적으로 취급해서는 안 된다. 정치적 의미에서 존치해야 한다.' 이런 것들을 주장해서 마침내 대장성이 손을 들었고, 이후 1940년(昭和 15), 1941년(昭和 16) 무렵부터 늘어나지 않게 되었습니다. 나는 재무국장 당시, 보충금에 대해서는 매년 상당히 성가시게 이야기를 들었지만, 통치의 근본이라는 측면에서 이야기해서 타협했습니다.

(2) 총독부의 공채정책과 그 특이성

미즈타: 그 밖에 제 생각으로는, 소위 건설공채(建設公債)[30]입니다. 소비적인 일로 돈을 빌리는 일은 잘 없습니다만, 조선과 같은 미개발된 곳에서는, '사업을 일으키고, 철도를 부설하고, 전차를 달리게 하고, 다리를 놓고, 항만을 수축하는, 소위 건설적인 사업은 가능한 빈약한 세금 등으로 할 수 없다. 가능한 공채의 재원, 소위 선진국 자본주의국가의 자본을 가지고 개발하는 것이 조선을 위하는 것이다. 그에 대해서는 원금과 이자 모두 이런 식으로 해 나가면 수지가 맞는다. 정확히 지불할 수단은 있다. 가급적 공채를 가지고 해야 한다. 하지만 적자공채는 1리(厘)도 발행해서는 안 된다. 공채는 가능한 많으면 좋겠지만, 적자공채는 발행하지 않는다.' 이는 전부터 일관되게 지켜온 방침입니다.

하지만 공채는 내지에서도 되도록 많이 필요로 할 것입니다. 발행된 공채의 98%는 모두 내지의 자본시장에 의지해야 합니다. 조선은 공채의 소화력이 제로입니다. 따라서 공채라고 하면, 내지에서 자금을 가지고 온다. 그러면 이쪽과 경합하는 것이 된다.

그러므로 공채 발행은, 종전 당시 허용된 한도가 31억이었는데, 현실에서 사용한 것이 25, 26억 정도라고 기억합니다. 그건 사실 건설적 사업에만 쓰이고 있습니다. 단지 예외로서는, 1919년(大正 8)에 형무소 일부와 학교 일부를 공채에 의지했다고 하던데, 그 이외에는 모두 건설적 사업, 예컨대 금산(金山, 금광)을 판다든가, 다리를 놓는다든가, 소위 기술적 의미에서 건설을 목적으로 한, 소위 목적공채(目的公債)입니다. 그것으로 일관해 왔습니다. 내지와 같이 수지(收支) 계산을 맞추는 적자공채[31]는 한 번도 발행하고 있지 않습니다.

---

30 일본「재정법」제4조 제1항에는 '정부의 세출은 원칙적으로 국채 또는 차입금 이외의 세입으로 조달할 것'으로 규정하고 있다. 하지만 단서 조항으로 공공사업비, 출자금 및 대부금의 재원에 대해서는 예외적으로 국채 발행 또는 차입금으로 조달하는 것을 인정하고 있다. 이「재정법」제4조 제1항의 단서 조항에 근거를 두고 발행하는 국채를 '건설국채'라고 한다.

31 일본에서 재정 적자를 보전하기 위해 발행하는 특례국채를 가리킨다.

쓰치야: 그 점은 상당히 흥미로운 방법이네요. 건설공채는 호즈미 씨의 이야기에서도 조금 나왔었는데, 언제부터 그런 원칙의 건설공채가 있었습니까?

미즈타: 건설적 공채라는 것은, 한일병합 초기부터 그렇게 되어 있었습니다. 소위 항만을 수축하기 위해 350만 엔, 공채 발행을 법률로 국회 협찬을 거칠 때는 공채의 발행액과 그 목적을 내걸고 하고 있었습니다. 처음부터 그랬던 것이 지나사변(중일전쟁) 이후에는 내지에서도 (그 원칙이-역자) 무너졌었죠. 소위 적자공채인데, '일단 (재정의-역자) 균형을 맞추고, 맞지 않으면 공채를 발행한다.' 그때 나는 자주 생각했습니다, 그렇게 되면 안 된다, 적어도 건전재정은 어떻게 해서든 견지해야 한다는 생각이었습니다.

왜냐하면, 조선에서 적자공채를 발행하게 되면, 그건 아마도 임시군사비특별회계(臨時軍事費特別會計)에 모두 빼앗길 것이기 때문입니다. 내지는 어떻게 해서든 돈이 필요할 것이고, 그 때문에 조선에서 계산이 맞지 않는 것은 적자공채를 발행하지 뭐, 나는 이런 식으로 되어서는 안 된다 생각했습니다. 적자공채를 발행해 줄 테니 세금 중 일부는 보내 달라는 식입니다. 적자공채는 내지에서 발행해라, 조선이 휩쓸리는 것은 싫다, 그런 식입니다. 역시 나는 전쟁에서 질 것이라고는 생각하지 않았습니다. 따라서 전쟁에는 이기고, 그때 조선 재정의 뒷수습 같은 것은, 공채 발행을 통해 계속해 가면 그 원리(元利) 상환은 가능하겠지만, 적자공채 발행에 대한 뒷수습은 꼭 조선이 증세로 이어져 힘든 상황이 됩니다. 조선의 일반 민중을 위해서는 일괸된 긴진재정을 통해, 종전 후에도 크게 벗어나지 않도록 하는 것이 본지(本旨)가 아닐까 하는 생각입니다.

쓰치야: 건설공채가 조선의 세계(歲計)에서 차지하는 퍼센트나, 무언가 한도 같은 것이 있었습니까?

미즈타: 총예산의 몇 퍼센트까지는 공채를 발행해도 좋다는 그런 기계적인 한도는 없습니다. 내 입장에서는, 가능한 많은 돈을 내지 자본시장에서 끌어온다. 이런 방침으로 시종일관하고 있었다. 대장성에서는 어떻게든 삭감하려고 합니다. 이는 힘의 문제입니다만, 유감스럽게도 내가 생각한 만큼은 끌어오지 못했습니다.

가토: 조선 안에서 소화한다는 것은 어느 정도입니까?

미즈타: (조선) 안에서 소화한 것은 1%나 2%입니다. 왜냐하면 금리가 높았습니다. 소위 자본의 축적이 적었습니다. 내지는 공채 이자가 6%였고, 조선의 경우는 8%나 9%였기 때문에, 공채를 소화하라는 요구 자체가 무리였습니다. 여담입니다만, 종전으로 미국이 점령 정책을 실시하고, 샤우프세제[32]로 일본의 예산이 이렇다 저렇다 이야기하지만, 조세제도에서 조선 민중이 어떤 처지에 있는지, 경제의 실정이 어느 정도인지에 대한 정확하고 몸으로 직접 체험한 적이 없는 대장성이 결정권을 가지고 계십니다.

대장성의 여러분이 오실 때는, 부산이나 경성(서울)이나 평양을 1등이나 2등 기차로 돌아보고, 연회를 가지고, 우리 같은 사람과 접촉해 여러 이야기를 듣습니다, 조선인과 이야기해도, 소위 조선의 양반, 상류계급의 이야기만 듣고 귀국해 조선은 이러이러하다고 해서는 안 됩니다. 하지만 그것은 요구하는 쪽이 무리입니다. 그런 센스로 조선의 세제는 내지에서 배운다, 술에 대한 세금(주세)을 이 정도 거두니 조선도 이 정도면 되지 않을까, 이런 식입니다. 구체적으로 말하면, 예컨대 탁주— 막걸리라고 합니다만, 이런 것은 조선인에게는 식량입니다. 일주일 정도면 만들 수 있습니다. 밥을 먹는 대신 사발로 한 잔 마시면 점심은 먹지 않습니다. 그것을 술이라는 관념으로 규율합니다. 술에 대한 세금은 그 당시 1되(升) 60엔이나 70엔 하던 시절에 막걸리에 대한 세금은 60전이나 70전이었습니다. 내지의 세금을 올릴 때 한쪽은 150엔이니까 조선의 탁주는 10엔 정도로 하는 것이 당연하다고 생각했던 것입니다. 그건 안 된다, 그런 일은 하면 밀조(密造)가 늘어나 어쩔 수 없다, 일주일 정도면 산속에서 만들 수 있으니까…. 그렇게 해서 민중으로부터 원망을 산다, 그런 것보다도 2, 3엔 정도로 묶어 둬서 밀조하지 않도록 하고, 그들의 식량 대용이 되는 것을 계속 만들게 한다, 그렇게 성가시게 이야기하지 않는 것이 좋다 등등. 이런 식으로 이야기해도 좀처럼 그것을 납득할 수 없다고 합니다. 다행히 말이 통하고, 점령군과 대장성 같은 관계에도

---

32 정식 이름은 '샤우프사절단일본세제보고서'이며 간단히 '샤우프 권고'라고도 한다. 1949년 GHQ의 요청으로 결성된 일본세제사절단이 일본의 조세에 관해 작성한 보고서이다. 1949년 8월 27일 자 보고서와 1950년 9월 21일 자 보고서 두 종류가 있는데, 일본의 전후 세제에 큰 영향을 미쳤다고 평가된다. 샤우프는 당시 사절단의 단장 이름이다. 주된 권고 내용으로는 세 부담의 공평성과 자본가치의 보전, 직접세 중심주의, 간접세의 정리, 지방자치의 독립성 강화, 세무행정의 개선 등이다.

없습니다. 따라서 재무국장인 미즈타가 시끄럽게 구니까 지쳐 버려서 이쪽에서 이야기하는 것을 통과시키게 됩니다.

쓰치야: 호즈미 씨 같은 경우도 상당히 노력했다고 하셨습니다. 요시노 신지(吉野信次) 씨도 호즈미 군이 애쓰니까 그가 거북하고 만나기 싫은 상대라고 하셨습니다.

미즈타: 참의원인 오야 한지로(大矢半次郎) 씨가 주계국장을 하고 있을 때는, 목소리를 날카롭게 하고는, 미즈타 군 어쩔 수 없지 않은가, 라고 합니다. 샤우프세제의 경우도 이론적으로는 맞지만, 그런 직접세 중심주의로, 독일계의 조세제도를 영미계로 완전히 바꾸어 버렸습니다. 이론적으로는 좋지만 지나치다, 일본에는 안 맞다, 통절(痛切)하게 그렇게 생각합니다. 1937년(昭和 12), 1938년(昭和 13), 1939년(昭和 14), 1940년(昭和 15) 무렵의 대장성에 절충했던 것을 돌아보고, 같은 일이 벌어지고 있구나 하고 절실하게 느낍니다. 따라서 대장 당국의 고심이 어떠했는가도 알 수 있습니다.

가지니시: 완전히 같은 관계네요. 단 미즈타 씨처럼 열심히 싸우지 않지만요.

미즈타: 그건 안 된다, 말이 충분하지 않고…. 따라서 나는 한편으로 비난하지만, 관계 당국을 맡고 계신 관리 여러분들의 고충을 잘 알고 있습니다. 따라서 점령군 당국이 짓누르지 않고, 일본 관료가 말하는 것을 허심탄회하게 들어 주고, 일본의 실정에 맞는 정책을 채택해 주기만 하면, 좀 더 마찰을 일으키지 않고 했지 않았을까? 예컨대 은행증자 같은 경우도, 일본인의 은행에 대한 신용이라는 것은, 자본금이 예금의 몇 퍼센트 있으니까 제일은행에 예금을 가시고 가야시 하는 그런 식이 아니다, 제일은행이라는 것은 대은행이니까 좋은 것이다, 무조건적 좋은 것이지만, 미국에서는 그렇지 않다. 파이낸스 섹션의 로빈슨이라는 자가 전에 조선에 왔었는데, 제가 일을 하는 데 있어 왠지 친근하게 해 주었습니다. 1949년(昭和 24), 1950년(昭和 25) 무렵이었던가, 은행증자를 하나 발표했다가 그것을 취소하여, 또 쓸데없는 일을 했다고 하는, 꼴사나운 일이 있었습니다. 이는 점령군 당국이, 은행에 대한 일본인의 신뢰성이 무엇에 기초하는가 하는 심리해부(心理解剖)를 충분히 하지 않고, 자기의 머리만 가지고 증자를 강요한 좋은 예입니다. 일단 3억이라고 발표하고, 다시 10억으로 했습니다. 나는 로빈슨에게 일본의 그건 그런 것이 아니라고 말했습니다만.

쓰치야: 방금 전의 건설공채입니다만, 실제로 예산의 대체로 어느 정도의 퍼센티지(비중)

입니까?

미즈타: 이건 숫자에 걸치니까 무엇인가 조사해 봅시다. 그러면 이렇게 합시다. 건설공채는, 「조선사업공채법(朝鮮事業公債法)」이라는 것이 있습니다. 그렇게 해서 공채는 매년 의회의 협찬을 거치게 됩니다. 「사업공채법」으로 어떤 일에 얼마나 사용할 것인가라는 것과 5년 간격의 예산 숫자를 조사해 보고서, 그 전체에 대해 공채가 몇 퍼센트나 되어 있는지를 보여 주는 하나의 표를 만들어 봅시다. 건설공채의 목적별 숫자와 총예산에 대한 공채의 퍼센티지라는 것이죠.

쓰치야: 일본에서도, 잘 아시는 것처럼, 메이지 초기에 기업공채(起業公債)라는 것이 있었는데, 공채정책으로서 조금 특징이 있고 흥미로운 방법입니다.

가토: 제가 조선에 관해 전혀 몰라서 이상한 질문이겠지만, 그 경우 조선이 발행하는 공채는, 지나사변 전후 일은(日銀) 인수로 계속 발행하고 있었죠. 그런 것이 전부 포함되는 것입니까?

미즈타: 포함됩니다. 국채정리기금특별회계[33]라는 것이 내지에 있었죠. 그 국채정리기금특별회계에서 공채를 발행해 모집하는 것입니다. 그렇게 얻는 돈은 국채정리기금에 집어넣습니다. 조선의 경우, 3억이면 3억이라는 사업공채가 승인되면, 그 (모집한-역자) 공채 중에서 3억을 조선총독부로 이관하는 것입니다.

가토: 국내라면, 정부의 일은 예금으로 바뀌는 것이죠. 조선의 경우라면 조선은행에 있는 총독부 예금이라는 형태로 되는 건가요? 이관한 뒤에는….

미즈타: 이건 상당히 기술적인 문제가 되는데, 조선총독부 특별회계라는 하나의 회계에서, 예컨대 12억의 예산, 세입 12억, 세출 12억, 그 세입 12억 중 조세 수입이 6억, 전매 수입 2억, 공채가 4억입니다. 그러면 월별수지실행예산(月別收支實行豫算)이라는 것을 만듭니다. 4월에는 세금이 얼마나 들어온다, 5월에는 전매 수입이 얼마나 들어온다. 지출 쪽에서도 매월 지출 내역을 만듭니다. 그러면 연말에는 수지가 맞지만, 소위 지금 대장성의 살포초과(撒布超過)나 환수초과[引揚超過]와 같은 것으로, 매월 살

---

33 일반회계 또는 특별회계에서 끌어 온 자금 등을 재원으로 해서 공채, 차입금 등의 상환 및 이자 등에 대한 지불을 행하는 경리를 일반회계와 구분하기 위해 설치한 특별회계이다.

퍼보면, 수입초과라면 문제가 없다, 그건 조선은행에 대한 총독부의 예금이 된다. 하지만 적자를 기록하는 달이 있습니다. 적자가 나오는 달에는 대장성 이재국에, 11월은 자금계획으로 보면 5,000만 엔 적자이니까 11월 초에 일단 이재국에서 우리 쪽에 대신 빌려준다[立替], 즉 내지는 대장성증권을 발행한다, 거기는 부모[親]입니다. 조선총독부는 대장성증권을 발행하지 않는다. 일시적으로 당신 쪽의 주머니를 빌려줘라, 11월에 세금이 들어오면 갚겠다, 이런 식입니다. 그래서 지금의 공채인데, 우리로서는 가능한 공채를 늦게 받는 편이 좋습니다. 이자 부담은 늦은 편이 좋습니다. 그러므로 공채의 재원 편입[繰入]은 되도록 하지 않고, 마지막으로 돌리는 정책을 취했습니다. 따라서 연도 초에는 가능한 전매 수입이나 자기자금으로 조달하도록 했습니다. 결국 부족해지면 국채정리기금에서 편입해 달라고 했습니다. 공채금을 이쪽으로 편입해 주더라도 그것을 선은(鮮銀, 조선은행)의 창고로 넣는 일은 하루도 하지 않았습니다. 이자가 손해이니까.

공채의 재원에 대해서는, 조선에서는 공채 같은 것을 거의 소화할 수 없습니다. 하지만 1941년(昭和 16) 이후에는, 강제 공채, 강제적 저축, 이는 이자가 어떻다 하는 것은 아니고, 명령으로 가지고 있으라고 하는 것입니다. 따라서 1941년 이후는, 조선에서도 공채의 소화가 어느 정도 이루어졌습니다. 이는 경제의 이념에 반한 압박으로 가지고 있게 했습니다. 이건 다른 문제입니다.

가토: 예금부 자금[34]은 어떤 형태로 들어왔습니까?

미즈타: 예금부 자금은, 조선식산은행의 식산채권을 인수하는 형태입니다. 저리자금의 식산채권 인수, 또는 금융조합,—이건 조선의 금융기관으로서 상당히 큰 역할을 했다. 이 금융조합의 연합회에 대한 예금부의 대부라는 형태로, 예금부 자금이 들어오고 있었습니다.

---

34 예금부 자금, 즉 우편저금 및 관공청의 적립금의 운용에 대해서는, 예금규칙에 일본은행이 운용금을 취급하는 기관이라고 규정되어 있을 뿐으로 운용 규정은 없었다. 운용 방법은 대장대신의 재량에 따르고 의회 또는 위원회의 감독을 받지 않는다는 특징이 있었다. 그 때문에 1925년 「예금부예금법」과 「예금부특별회계법」이 공포되면서 예금부는 대장성 내의 한 부국으로 독립하였고, 예금부 자금 운용을 심의하기 위해 예금부자금 운용위원회가 상설기관으로 설치되었다.

가토: 들어오는 자금의 양은 총독부에서 교섭하는 건가요?

미즈타: 그렇습니다. 여기에 저 같은 사람이 나서게 되는 거죠. 예금부의 저리자금을 얼마나 받아오느냐 하는 것은—이건 호즈미 씨가 전쟁 중에 얼마나 물자를 획득할 수 있느냐 하는 것 때문에 고생하신 것과 같은데, 지금 장기신용은행의 두취(은행장)로 있는 하라(原)[35] 씨가 예금부의 운용과장을 오래 하고 있어서 하라 씨에게 가서 예금부의 돈을 이쪽으로 보내라고 이야기했었습니다. 이런 것을 많이 했었습니다.

(3) 조세제도의 기본방침

쓰치야: 조선의 조세제도는 일본과 비교해 특징이 많죠?

미즈타: 그 질문에 대해서는 나중에 조사해서 조금 계통적으로 대답하기로 합시다. 총괄해서 말씀드리면, 모두 내지와 독립되어 있습니다. 형식으로는 조선만의 독립된 조세제도를 실시하고 있습니다. 내지를 추종한다는 방침이 있지만, 그건 어디까지나 조선의 실정에 맞춰 그런 범위에서 추종한다. 따라서 내지가 신세(新稅)를 창설해도 조선은 창설하지 않습니다. 예컨대 1940년(昭和 15), 제3종 소득세 등에 대해 내지에서는 중대한 개정을 했습니다만, 나는 오야(大矢)[36] 씨 등과 싸워 가면서도 그에 대한 개정을 조선에서는 하지 않았습니다.

세율 같은 경우는 예외 없이 같던가 예외 없이 낮게 했습니다. 그리고 소위 직접세 계통은, 후진국이 늘 그렇듯이 내지보다 적었고, 소위 간접세 쪽의 비중이 내지보다 많

---

35 1952년 일본장기신용은행의 초대 두취에 취임한 하라 구니미치(原邦道, 1890~1976)를 가리킨다. 하라는 시마네현(島根縣) 출신으로 1916년 도쿄제국대학 법과대학 경제과를 졸업했다. 졸업 후 대장성에 들어가 예금부 감리과장, 운용과장, 오사카·도쿄의 세무감독국장, 육군 주도하에 만들어진 대만사무국(對滿事務局)의 차장 등으로 근무한 뒤 1939년 퇴관했다. 이후 일본제철 부사장, 일본증권취인소 부총재를 거쳐 1944년 노무라합명 총무이사가 되었다. 계속해서 노무라은행(현재의 다이와은행) 사장, 노무라증권·노무라생명 회장도 겸임했다. 패전 후에는 공직에서 추방되어 잠시 물러났다가 해제 후 1952년 일본장기신용은행의 초대 두취에 취임, 1957년 회장이 되었고 1959년 사임했다. 뒤에 다이와부동산 회장, 다이와은행 상담역을 지냈다.
36 오야 한지로(大矢半次郎, 1892~1977)를 가리킨다. 오야는 이와테현(岩手縣) 출신으로 1918년 도쿄제국대학 법학부를 졸업하고 대장성에 들어가 주세국장, 주조시험소장을 역임했다. 퇴관 후에는 농림중금 부이사장을 거쳐 참의원 의원을 지내기도 했다.

았습니다. 상속세 같은 경우는, 조선의 상속제도가 반드시 내지와 같지 않아서 상당히 다른 방법으로 실시했습니다. 내선(內鮮)의 차별대우는 조세정책에서 자주 등장합니다. 조선인들이 자주 차별대우에 대해 말도 안 된다고 하지만, 나는 조세정책에 대해서는 반대 의미에서 차별대우를 취하고 있는 것이라고 자주 이야기했습니다.

쓰치야: 직접세 중에는 지세(地稅)가 역시 상당히 무겁습니까?

미즈타: 비율[割合]이 무겁습니다. 이에 대해서는 우리 선배들에게 상당히 감사해야 합니다. 나중에 일본이 아직 개간되지 않은 토지에 손을 대는 경우 모범으로 삼아야 하지 않을까 싶습니다. 그건 세금에 대한 방침에 그치지 않고, 모든 일을 하는 데 있어서, 토지에 대한 오류가 없는 기록이라는 것이 모든 것을 말해 줍니다.

즉 토지제도의 확립이 만반의 정책 기준이 된다는 것을, 병합 당시 조선의 당국자가 깨닫고 잘 인식하셨습니다. 병합 후 얼마 지나지 않아 5개년 계획 정도로 「조선토지조사령(朝鮮土地調査令)」이라는, 법률을 대신할 것을 내고, 당시 돈으로 3,000만 엔이라는 거액을 들여, 조선의 토지를 전부 측량했습니다.[37] 메이지부터 다이쇼 초기입니다.[38] 따라서 지적도, 토지대장, 이는 내지보다도 조선에서 더 완비되어 있습니다. 후일, 미작(米作)의 경우, 개간·간척이라든가, 산미증식계획이라든가, 산을 어떻게 할 것인가, 금을 캔다든가 할 때, 이 기초적 조사가 완비되어 있었던 것이 상당한 도움이 되었습니다. 그건 한편으로 또 거의 조선의 생산물이나 조세의 원천이 원시산업인 토지와 농작물, 재목(材木) 같은 것에 의존하고 있었기 때문이기도 하겠지요. 따라서 질문하신 지세 ―조선에서는 지세(地稅)라고 했습니다― 지세라는 것은, 처

---

37 일제는 조선총독부가 토지와 지세를 효율적으로 장악할 수 있도록 하기 위해 1910년부터 1918년까지 2,456만 원이라는 거액을 투입하여 이른바 토지조사사업을 전면적으로 실시했다. 토지조사사업은 크게 보아 소유권 조사, 지형지모(地形地貌) 조사, 지가(地價) 산정, 토지대장 작성 등으로 구성되었다. 이를 위해 일제는 1910년 3월에 토지조사국 창설, 같은 해 9월 「임시조사국관제」(칙령 20호) 공포, 1912년 8월 「고등토지조사위원회관제」와 「토지조사령」 공포 등을 잇따라 단행했다. 일제는 이미 본토와 오키나와·대만에서 토지조사사업을 실시한 경험을 가지고 있었다. 그리고 영국이 이집트와 인도, 프랑스가 알제리 등에서 이와 비슷한 사업을 추진한 사례에 대해서도 파악하고 있었다. 그리하여 이러한 노하우가 총동원된 한국의 토지조사사업은 그만큼 철저할 수밖에 없었다. 宮嶋博史, 1991年, 『朝鮮土地調査事業史の研究』, 東京大學 東洋文化研究所.

38 일본에서 다이쇼(大正)라는 연호는 1912년 7월 30일부터 1926년 12월 25일까지 쓰였다. 따라서 다이쇼 초기라고 하면 1910년대 중후반 정도로 생각하면 되겠다.

음에는 조세 수입의 5할 이상을 점하고 있었을 것입니다.

미즈타: 다이쇼 초기입니다. 1927년(昭和 2)에 처음으로 영업세라든가 자본이자세라는 것을 마련했습니다. 그때까지는 지세라는 것이 거의 중심, 지세중심주의(地稅中心主義)라고들 했습니다. 쇼와 초기부터[39] 마침내 자본에 대한 약간의 가벼운 과세가 이루어졌습니다. 이런 것이 홋카이도(北海道)에도 있을 것으로 생각하지만, 토지에 대한 확실한 측량이나 지적(地籍) 등에 대한 정비는 절대 필요하다고 생각합니다. 정치를 하는 데 있어서는…. 그런 것도 이제 한국이 독립해서 엉망진창이 되어 있겠죠. 하지만 이것만 확실히 하면 토지에 대한 분쟁 같은 것은 딱 없어져 버리게 됩니다.

쓰치야: 상당히 완비되어 있었군요.

미즈타: 완비되어 있었습니다. 이를 유지하는 데 상당히 힘들었습니다.

(4) 전매제도와 일본의 통치

쓰치야: 전매의 목적물은 무엇이었습니까?

미즈타: 전매의 목적물은 담배가 중심입니다. 담배와 아편과 소금, 그리고 조선의 인삼-홍삼입니다. 찐 것입니다. 캔 채로의 것은 백삼(白蔘)이라고 합니다. 지나인이 귀중하게 여깁니다.

담배는 물론 수입전매(收入專賣)입니다. 소금은 처음에는 수입전매였지만, 도중에는 사회정책적 전매가 되어 손해가 납니다. 나는 굳이 손해를 봐도 괜찮다는 정책을 취했습니다. 조선인에게는 일본인 이상으로 필수품입니다.

쓰치야: 조선인은 매운 것을 좋아하죠.

미즈타: 짠 것을 좋아합니다. 그리고 고추인데 10월에 초가지붕에다 말립니다.

쓰치야: 단것은 별로 좋아하지 않죠.

---

39 쇼와(昭和)는 1926년 12월 25일부터 1989년 1월 7일까지이다. 따라서 현재 일본에서는 쇼와 초기를 1945년 패전까지로 이해하나, 이 녹음이 이루어지던 때를 생각하면 여기서 말하는 쇼와 초기는 1920년대 후반부터 1930년대 전반 정도로 이해하면 되겠다.

미즈타: 설탕에 대한 기호라는 것은, 문화가 발달하지 않으면, 별로 없으니까….

가지니시: 추위 탓도 있겠죠.

미즈타: 그런 점도 있습니다. 몸이 따뜻해지죠.

가지니시: 그렇게나 소비하나요?

미즈타: 소비합니다. 하지만 놀란 것은 그렇게 많이 소비하는 것을 대부분 지나로부터 수입하고 있었습니다. 장려해서 경작시키고 있었지만, 아무래도 지나의 것이 맛있다고 합니다. 아편 전매는 오로지 단속하기 위함입니다. 조선은 양귀비의 재배가 상당히 활발합니다. 홍삼 전매는 수입전매이니까 가능한 많은 이익을 올렸습니다.

이건 호즈미 씨께서 말씀해 주시겠습니까? 조선통치에서 도대체 착취나 압박이라고 들 합니다만, 예컨대 아편─모르핀의 문제입니다. 지금 일본에서도 히로뽕 같은 것이 있습니다만, 이 위생시설에 대해 당국이 가장 처음으로 한 것은 장티푸스 등의 전염병 퇴치입니다. 이건 풍토병입니다. 그다음으로 착수한 것은 모르핀 환자의 절멸입니다. 조선에서는 양귀비의 재배가 활발하고, 그 때문에 아편을 생산할 수 있습니다. 모르핀은, 소위 향락의 수단이 됩니다. 성생활을 상당히 자극합니다. 그래서 중독되어 버립니다. 그것이 활발해지면 민족이 멸망합니다. 조선에서는 모르핀 주사와 아편 흡입이 상당히 활발했습니다. 그래서 조선 민족을 그런 추락에서 구해야 한다고 하여 모르핀 환자를 전부 등록시켰습니다. 이건 경찰력을 가지고 했습니다. 그렇게 해서 가장 심각한 사람은 강제력을 동원해 수용했습니다. 강제력을 동원하지 않으면 안 됩니다. 수용소의 예산을 짜고, 모르핀 환자의 주사량을 파악해 둔다. 예컨대 미즈타라는 사람이 있어 그가 매일 몇 입방센티미터(cm^3)의 모르핀을 맞아야 하는지 파악해 두면, 파악해 둔 주사량에서부터 조금씩 그 양을 줄여 나갈 수 있게 된다. 이것을 방치해 두면, 모르핀을 맞지 못하게 될 때 나른해지던지, 견딜 수 없게 된다. 따라서 도둑질해서라도 이걸 한다. 이것이 그런 마약류의 특징입니다. 따라서 어떻게 해서든 감방에 집어넣어 그것을 입수하지 못하도록 해야 합니다. 그렇게 해서 점멸(漸滅)하게 됩니다. 대체로 6개월에서 1년 정도면 꽤 회복됩니다.

쓰치야: 그런 일을 총독부에서 했습니까?

미즈타: 경찰력으로 했습니다. 법률로 정해 수용하는 것입니다.

쓰치야: 즉 아편을 전매로 할 필요가 있었던 것은, 양귀비를 많이 재배하고 있었기 때문에, 그 수입(收入)을 한꺼번에 없애서는 안 될 것 같아서였나요?

미즈타: 수입은 전혀 생각하지 않았어요. 단속을 위한 전매입니다.

쓰치야: 아니요, 재배하는 사람의⋯.

미즈타: 재배하는 사람 말입니까? 양귀비는 북선(北鮮)에서 잘되었습니다. 이건 하나의 생산입니다. 그리고 일본에서도 의약용으로 필요합니다. 만주에서도 필요합니다. 그 공급지가 조선입니다. 특히 전쟁 중에는 육해군에서 많이 필요했습니다. 많이 재배해서 전매로 전부 수납합니다. 전매로 하는 이유는, 생업(生業)을 빼앗는다는 이유보다도, 그것이 악용되는 것을 막는다는 위생상의 견지에서, 또 하나는 세계적으로 아편, 오피엄(opium)이라는 것이 국제적인 문제가 되기 때문입니다. 그래서 국제아편회의라는 것이 있어서 어디서 어느 정도 아편을 쓰는지, 또 어떻게 얻을 수 있는지 하는 것을 세계적으로 감시하고 있습니다. 그리고 그것을 보고할 의무가 있습니다. 총독부로서는 오로지 악용되는 것을 막기 위해 전매제도를 시행했습니다. 그런 상황이기 때문에, 싫다고 하는 조선인을 붙잡아서 건전하게 만들어 주었습니다, 만약 조선 민족을 일본의 노예로 만들어 언제까지나 그들을 일본 민족보다 밑에 두고 착취하려는 의지가 있었다면, 그런 바보 같은 일은 하지 않습니다. 아편전쟁까지 일으킨 영국같이 먹게 하는 편이 좋겠지요. 그렇게 해서 전매 수입도 많이 올릴 수 있습니다. 일본이 채택한 정책은, 이건 오로지 휴머니티(humanity)의 차원에서 나온 조치입니다. 그렇게 싫어하는 것을 해서 원망을 살 필요는 없습니다.

쓰치야: 아편 전매는 언제부터 하셨습니까?

미즈타: 이미 내가 왔을 때부터 하고 있었던 것으로 기억합니다.[40]

쓰치야: 합방 당시부터 있었습니까?

미즈타: 조선통치에 대해서는, 자주 착취라든가 압박이라든가, 조선인들이 일본의 통치에 대해서 상당히 악감정을 가지고 있습니다. 여기에는 이유가 있습니다. 그 원인(遠

---

40 1919년 6월 제령 제15호 공포된 「조선아편취체령(朝鮮阿片取締令)」을 개정해 전매제도로 전환한 것은 1926년 11월이다. 『朝鮮總督府施政年報』 1926년, 399쪽.

因)과 근인(近因)을 다른 기회에 말씀드리겠지만, 당시 통치를 담당하고 있던 사람은, 정말이지 지나치게 고지식하다고 할 정도로, 조선민족을 정치적으로도 경제적으로도 되도록 빨리 야마토민족(大和民族)처럼 만들려고 했습니다. 정말로 순일무잡(純一無雜)한 그런 마음으로 담당하고 있었습니다. 그 점에 대해서는 천지(天地)를 우러러 부끄럽지 않았습니다. 하지만 그와는 별도로 조선인의 원망을 살 수 있는 여러 정책이 행해졌습니다.

쓰치야: 또한 조선에 가 있던 일본인이 상당히 악랄한 짓을 했다….

미즈타: 그런 점은 있습니다. 조선인을 대상으로 돈을 벌기 위해 상당히 심한 짓을 했습니다. 그것에 대해 원망을 산다는 것도 부정할 수 없는 사실입니다.

(5) 금융정책의 윤곽

쓰치야: 금융정책의 대체적인 윤곽을 청해 듣고, 다음에는 또 금융정책에 관한 상세한 내용을 경청했으면 좋겠습니다.

미즈타: 금융정책을 한마디로 말하면, 어떻게 선진국인 내지의 자본을 가지고 와서 조선의 개발에 충당할 수 있을 것인가 하는 점, 또 조선인의 자본 축적을 어떻게 충실하게 만들 것인가, 근본은 이 두 가지에 있습니다. 그리고 제도에 관해서는, 역시 내지를 모방한다고 하는 식이므로 역시 내지에 있는 제도를 조선에 이식한다. 단지 특색 있는 것은, 금융조합이라는 서민금융기관이 조선에서는 상당히 발달했다. 이것은 조선 통치에 상당히 플러스가 되는 측면으로서, 이것은 내지에서 찾아볼 수 없는 특색일 것입니다.

하지만 금융에 대해서는 거의 전면적으로 내지에 종속되어 있었다. 단적으로 그렇게 말할 수 있을 것입니다.

쓰치야: 처음 1878년(明治 11)인가에 제일국립은행이 지점을 설치했었죠. 조금씩 몇 개의 지점을 설치한다. 그렇게 해서 제일국립은행이 뒤에 시부사와 씨의 초상이 그려진

지폐를 발행했습니다. 메이지 사십 몇 년인가에[41] 한국은행이 생겨 그곳으로 업무를 양도할 때까지 중앙은행의 역할을 하고 있었습니다.

미즈타: 1909년(明治 42)에 한국은행, 병합 후,「조선은행법」이 생겨 조선은행으로 개칭, 이것이 중앙은행이 되었다. 그때까지는 제일은행은 오로지 중앙은행의 역할을 담당했습니다.

쓰치야: 한국은행이 되고, 조선은행이 된 뒤부터 조선의 금융, 특히 금융정책에 관한 것을 되도록 상세하게 조금씩 말씀해 주셨으면 합니다.

미즈타: 1911년(明治 44) 이후이군요.

쓰치야: 금융조합이 생긴 것은 언제인가요?

미즈타: 그건 병합 이전입니다. 메가타 남작이 고문으로 가서서 곧입니다.

쓰치야: 그 이전에는 제일은행 지점은 별도로 하더라도 무진(無盡)[42]이라든가 다노모시(賴母子)라든가 하는 것은 일반적으로 이루어지고 있었겠죠.

미즈타: 잘 아시는 소위 계(契)라든가, 시변(時邊)이라든가, 여러 가지 금융기관이라고 할까요, 병합 전에는 있었습니다. 하지만 이건 모두 한마디로 말해 고리대적 대금업, 매우 원시적인(primitive) 것이었습니다.

쓰치야: 하지만 상당히 나중까지도 존재하지 않았나요?

미즈타: 계 같은 것은 상당히 나중까지도 성행했었지만, 조선 구래의 금융기관으로 나중까지 계속 남아 있던 것은 전당포, 이건 쇼와가 되어도 전당포라는 간판을 내걸고 있었습니다. 이건 (일본에서 말하는-역자) 시치야(質屋)입니다. 전당포라든가, 시변—이건 개성 같은 곳에서 많이 행해지던 금융입니다.

쓰치야: 이건(시변) 어떤 것입니까?

미즈타: 그리고 외획(外劃)이라든가, 그런 금융의 방법이 소위 한말에 이루어지고 있었습니다. 조선 고유(proper)의 것입니다.

---

41 한국은행이 설립된 것은 1909년 10월 29일이다.
42 일본 서민금융제도의 하나로 한국의 계와 비슷하다. 복수의 개인이나 법인 등이 코(講) 같은 조직에 가맹하여 일정한 금액을 (부)정기적으로 지불한 뒤 추첨 등의 방법으로 급부를 받는 것이다. 일본의 간토 지방에서는 무진코(無盡講)라 불렸고, 간사이 지방에서는 다노모시 또는 다노모시코(賴母子講)라 불렸다.

그리고 일본의 은행은 말씀처럼 1878년에 제일은행, 그리고 오사카의 18은행이었던 가. 나가사키의 58은행이라든가, 그런 것이 메이지시대에 지점을 설치했다. 외국의 은행으로서 상하이홍콩뱅크의 나가사키대리점을 인천에 설치했습니다.

쓰치야: 그게 언제입니까?

미즈타: 메이지 이십몇 년입니까? 상당히 이전입니다. 그리고 러일전쟁 전에는 한러은행,[43] 이건 잠깐 설립되었을 뿐 곧 문을 닫았습니다. 요컨대 금융에 대해서는 1905년(明治 38) 이후는 물론이려니와 그 이전에도 실정은 일본의 세력권이었습니다. 그리고 병합 이후에는 일본의 제도를 조금씩 모방하듯이 하는 한편 자본의 측면에서는 전면적으로 일본에 의지했었습니다.

(6) 반일감정의 원인

가지니시: 아까 말씀하신 대일 악감정의 원인(原因)에 대해서입니다.

미즈타: 원인(遠因)으로는, 병합 당시부터의 소위 일기조(一旗組)라고 하나요? 높은 이자를 받고, 토지를 제멋대로 빼앗거나 한다. 소위 개인적으로 착취하여 농민을 울리는 일이 있었다. 그 대표적인 것이 동척(東拓)이라고들 합니다만, 나는 그렇지도 않다고 생각합니다. 조선인은 동척에 대해 좋은 감정을 갖고 있지 않습니다.

그리고 또 하나, 공산주의와 동시에 민족독립운동을 철저하게 탄압했습니다. 좌우간 일본의 경찰력이 철저하게 탄압했습니다. 소위 사상범인은 상당히 끈질기게 쫓아다녔습니다. 그 가장 전형적인 것은, 와세다대학(早稻田大學)이라든가, 메이지대학(明治大學)이라든가, 일본에 와 있는 학생들에 대한 일본 경찰 당국의 태도입니다. 즉 일본에서 공부한 청년은 모두 원망하는 마음을 가지고 대학을 졸업한 뒤 조선으로 돌아

---

43 러시아 측은 절영도 조차의 요구와 함께 뒤이어 한국 재정권을 장악하기 위해 러시아 자본에 의해 한러은행을 설립하였다. 스페이에르 러시아공사는 탁지부고문 알렉세예프로 하여금 전국의 재정을 관할시켜 경제적 이권을 침탈하고자 자본금 50만 루불로 1898년 3월 1일 서울에 한러은행 서울지점을 개설하였다. 이 은행은 본점을 페테르부르그(St. Petersburg)에 두고 있었다. 한러은행에 대한 상세한 것은 최덕규, 2008, 『제정러시아의 한반도정책, 1891-1907』, 경인문화사, 제1장을 참조하기 바란다.

가게 됩니다. 일본에서 공부한 조선 사람은, ―은혜를 입은 사람은 다르겠지만― 우리의 부하는 별도입니다만, 대다수 사람은 매우 나쁜 감정을 가졌습니다. 시모노세키(下關)에 상륙하면 사복 경찰관이 하나하나 조사합니다. 조선인이라고 하면 수상한 눈으로 봅니다. 아니 이건 당해 보지 않으면 짐작할 수 없습니다. 그것이 제1의 원인입니다.

제2의 원인은, 이건 일본인이 이민족의 심리 상태를 몰라서, 자기가 좋다고 생각한 것은 이민족도 좋다고 생각한다, 즉 악녀의 심정(深情), 선의(善意)의 악정(惡政)이라는 것입니다. 구체적으로 말하면, 조선인을 일본인으로 만들려고 하는 이 선의입니다. 그래서 조선어를 사용하면 안 된다, 또 흰옷은 더러워지니까 흰옷을 입지 말고 더러워지지 않을 옷을 입어라, 이런 것을 장려하는 것은 좋지만 성급합니다. 그래서 흰옷 입던 오랜 습관을 무시하고 30년, 40년이나 "흰옷 입은 사람은 마을 관공서에 와서는 안 된다"는 식으로 이야기했던 것입니다. 민족의 풍습을 빨리 일본풍으로 만들려는 것에 대해 상당히 성급했습니다. 그리고 야마토민족으로 만들기 위해서라고 해서 "이세님(お伊勢樣)이라는 분은 우리의 선조이다. 이분을 불러라", "조선신궁은 아마데라스노오가미(天照大神), 메이지대제(明治大帝)의 무엇이니까 참배하라" 이런 것은 민족감정을 무시한 정치입니다. 우리는 좋은 기분입니다. 야마토민족으로 만들어 준다, 거기까지는 좋다. 참배하라, 어떤 신사를 만들어 몇천 명이 참배했다고 하게 되면, 정치가 형식으로 추락한다. 말단의 행정은 좋든 싫든 신사참배를 시킨다. 몇천 명 참배했다고 보고하면, 아 잘됐다 잘됐다는 식입니다. 요컨대 제2의 원인이라는 것은 민족감정에 깊은 통찰[透徹] 없이 빨리 우리의 수준에 도달하게 만들려는 것인데, 그들의 입장에서 보면 자유에 대한 상당한 구속과 압박을 느낀다는 것입니다. 부지불식간에 압박을 느끼게 되는 것입니다.

제3의 근인(近因)이라는 것은, 이것은 오로지 전쟁입니다.

조선인으로서 도대체 전쟁해서 좋을 것인가, 어떤가, 전쟁 같은 것은 하고 싶지 않다. 그래서 물자가 부족해진다. 공출(供出)이라는 문제가 있다. 내지는 철을 공출한다. 즉, 종 같은 것도 공출한다. 조선인은 모르겠습니다. 놋쇠[眞鍮]가 부족해졌다고 해서 조선인의 식기―놋쇠입니다―를 모두 거둬가는 것입니다. 그런 점은 안 된다고 해도 청동, 놋쇠가 부족하니까 어떻게든 내놔라, 역시 전쟁에 질 수 없으니 눈을 부라리며 가져간다. 표면적으로는 애국의 적성(赤誠)에 불타서 내놓았다고 하지만, 속으로는 순사가 와서 가져간다.

가장 철저하게 2,600만 명에게 악감정을 품게 한 것은, 쌀의 공출과 인간의 공출입니다. 여기서 마침표를 찍은 것입니다. 1939년(昭和 14) 조선에 큰 가뭄[大旱魃]이 있었습니다.

1937년(昭和 12) 지나사변에 돌입했을 때는 관민 모두 식량은 괜찮다고 보고 있었다. 왜냐하면 조선에서는 대체로 2,200만 석이나 2,300만 석의 쌀을 매년 수확한다. 일본 내지의 4개 섬에, 조선과 대만을 합쳐 가장 적었을 때 800만 석, 많을 때 1,500만 석을 반입했다. 이것을 조선권(朝鮮券), 대만권(臺灣券)이라는 종이를 가지고 샀다. 일단 골드(금)는 필요하지 않았다. 그래서 일본의 식량문제라는 것은 반석(磐石)이라고 생각했다. 하지만 1939년에 60년 만의 큰 가뭄이 발생해서 1,000만 석이 감수(減收)하여 1,400만 석밖에 수확하지 못했다. 내지로 전혀 반입할 수 없었다. 그런 이유로 1940년(昭和 15) 내지에 식량문제가 발생했다. 전쟁에 돌입하고 나서 공교롭게도 매년 흉작이었다.

이후 식량의 궁박(窮迫)이라는 것은, 1939년부터 시작됩니다. 그때부터 매년 쌀의 수확량이 평균이 된 적이 없습니다. 물론 배급이기 때문에 숨기기도 합니다. 현재 일본의 5,800만 석은 거짓말 같습니다.

일본에서 조선에 할당을 준다. 쌀을 이만큼 공출하지 않으면 전쟁에서 진다. 미나미(南) 총독, 고이소(小磯) 씨, 직을 걸고 하지 않겠다고 했지만, 그것을 내지 않으면 진다고 했다. 전쟁에 진다는 것은…, 지상명령이기 때문에 안됐지만 이만큼 내라, 강력하게 거둬 갔다. 그래서 만주로부터 조(粟)를 수입했다. 가장 나쁜 일은 인간을 데려간 것이다. 왜냐하면 일본에서는 장정이 모두 군대에 가기 때문에, 석탄을 캘 사람이 필요하다. 5,000만 톤의 석탄을 채굴하지 않으면 안 된다. 그 6할은 조선인, 남양군도에서 축항, 군항을 만든 것도 조선인이었다. 하지만 군의 기밀이라고 해서 어디에 있을까, 죽었을까, 살았을까, 연락하지 않아서 알 수 없다. 식량과 인간을 전쟁의 희생으로 거둬가고 데려갔다. 이해 같은 것은 기대할 수 없다. 그에 대해 소위 독립주의

자, 공산주의자라는 자가, 단파수신기를 가지고 있어서 미드웨이 해전에서 일본의 항공모함 4척이 공격받아 침몰했다는 것을 샌프란시스코 방송에서 듣고 있다. 따라서 일본이 지는 것은 1943년(昭和 18) 무렵부터 내면적으로 알고 있었다. 모르는 것은 우리뿐이었다. 그러므로 일본은 진다, 지는 쪽에 가담해서는 안 된다.

거기에 대고 인간과 식량을 무리하게 내라고 하는 것입니다. 총독부로서는 도조(東條) 씨 같은 사람과 고이소 씨가 격론하며 싸웠다. 하지만 이것을 내지 않으면 진다고 하니까 하는 수 없다. "탐내지 않습니다, 이길 때까지는" 조금만 더 참으면 이길 것이다, 이건 협력하지 않을 수 없다고 해서 내놓았다.

이것이 철저하게 2,600만 민중이, 총독부나 일본에 대해 반감을 갖게 된 근인(近因)입니다. 우리는 1945년(昭和 20) 8월 15일 이후 수많은 박해를 받았고, 벌거벗겨 쫓겨난 것도 이유가 있어서, 어쩔 수 없는 일이라고 생각합니다. 내가 보는 견지에서는, 조선인의 악감정이라는 것은, 제1의 원인(遠因)과 제2의 원인 악녀의 심정(深情) - 독선, 그리고 결과를 뻔히 알 수 있는 이 전쟁의 희생, 이 세 가지가 겹쳐서 생긴 것이라고 생각합니다. 세 번째는 어쩔 수 없습니다. 제1의 점에서도 일본의 입장에서 공산주의나 독립운동에 대한 배격은 어쩔 수 없습니다. 그렇다고 해도 너무 신경과민적으로 한 것에 대해서는 반성해야 합니다. 제2의 통치 방식이라는 것은 좋지 않습니다. 나중에 이민족을 만나게 될 때는 이 점을 반복해서는 안 된다고 생각합니다.

··· 제1화 끝 ···

제2화 (1953년[昭和 28] 10월 16일 구술)

총독부의 재정제도와 금융의 연혁

목차

1. 중앙재정에 있어서 조선의 지위
   _ 조선총독의 회계법상의 지위 / 총독부 재정에 나타나는 통치적 성격
2. 조세체계와 세입(歲入)의 분석
   _ 세수(稅收) 적고 관업 수입과 공채가 주 재원
3. 금융 근대화의 연혁과 재래기관
   (1) 근대적 금융기관의 발생
   (2) 이조의 주구(誅求)와 축재(蓄財) 관념의 상실
   (3) 초기 토착인의 은행
   (4) 조선 재래의 서민금융기관 = (상업금융)
   (5) 외획제도 = (일종의 환[爲替] 기관)

1. 중앙재정에 있어서 조선의 지위
  … 조선총독의 회계법상의 지위
  … 총독부 재정에 나타나는 통치적 성격

미즈타: 호즈미 씨의 이야기에 의하면, 데라우치(寺內) 총독은 나쁘게 이야기하면 비민주적, 좋게 이야기하면 히틀러, 따라서 내지의 관료가 조선이나 대만에 관심(interest)을 두지 않고 각자 (자기 역할을-역자) 해 간다, 그 사이에 마찰과 의견의 차이[扞格]가 많이 있었다고 하는데 그건 완전히 맞는 이야기이다. 비교적 그 점에 대해 이해가 있었던 것은 대장성이었습니다. 왜냐하면, 재정이나 금융에 대해서는 처음부터 이미 일본의 연장이다, 모국에서 보살펴 준다, 후원한다, 이런 생각이 상당히 강했습니다. 그것이 제도상에도 나타나서 지출관(支出官)이라는 제도가 있었습니다. 전전(戰前)[44]에 회계법상 국고의 세출(歲出)을 지출해서 수표를 발행할 권한이 있는 것은 각 성의 대신이었고 이들이 곧 지출관이었습니다. 그들의 위임을 받아 회계과장이 날인해 수표를 발행합니다. 그렇게 함으로써 지출관에게 각각 분임(分任)해 권한 위양을 합니다. 조선총독은 회계법상 하나의 지출관이었던 셈이다.

쓰치야: 총독이 지출관이라는 것은 어떤 의미입니까?

미즈타: 회계법에서 말하는 지출관은, 국고대신(國庫大臣)인 대장대신(大藏大臣)의 명령을 받는다는 의미입니다. 그런 점에 대해서 나는, 조선을 합병했을 때 실제로 깊은 우려를 했던 것 같습니다. 돈의 측면에서…. 원래 일본이라는 모국에서 돈을 지원받아 운영해 간다, 그쪽 편은 아무래도 이쪽이 걱정하지 않으면 안 됩니다. 걱정하는 이상 돈의 사용처는, 나쁘게 이야기하면 상당히 간섭한다, 좋게 말하면 지도할 필요가 있습니다.

쓰치야: 그런 점은 상당히 재미있네요.

---

44 일본에서 말하는 전전, 전간기, 전후는 두 개의 세계대전을 기준으로 해서 구분되고 있다. 제2차 세계대전을 기준으로 전전과 전후가 나뉘고, 제1차 세계대전이 끝나고 제2차 세계대전이 시작될 때까지의 시기를 특히 전간기라고 부른다.

미즈타: 조선이 합병된 이유 중 하나는, 그 당시 일본에서 빌린 4,500만 엔 정도의 빚이 있었다, 대체로 무이자이면서 무기한이었기 때문에 돈의 측면에서는 도저히 감당할 수 없었다, 따라서 돈은 어떻게든 대 줘야 한다, 이것은 인도에서 이루어지고 있는 영국의 식민지제도와 완전히 다르다, 일본은 조선을 식민지로 만들어 거기서 이익을 얻으려고 하는 그런 것은 전혀 당시에는 생각하고 있지 않았다. 역시 정치적 의미나 군사적인 의미가 커서 거기에 돈을 쏟아부어야 하는 점이 있었습니다. 나도 가서, 총독이 지출관이라니 말이 안 되지 않는가, 그 정도로 권한을 가지고 있는데…. 그런데 그런 게 아니라는 겁니다.

쓰치야: 그런 점이 대장대신의 감독하에 있다는 것이죠.

미즈타: 그렇습니다. 국고대신의 감독하에 있는 것입니다. 그러니까 회계검사원(會計檢査院)의 감독은 당연히 받습니다. 지출관의 규정을 모두 지켜서 하는 것이 되는 것입니다.

2. 조세체계와 세입의 분석
… 세수(稅收) 적고 관업 수입과 공채가 주 재원

쓰치야: 그럼 요전 말씀에 이어서….

미즈타: 요전에 질문하신 점을 조금 조사해 봤습니다. 조세제도는 어떤 식이었는가였습니다. 이건 내지와 조선의 비교입니다. 처음에는 상당히 달랐습니다만, 조금씩 내지에 근접하게 한다고 해서 1938년(昭和 13), 1939년(昭和 14) 무렵부터 거의 내지와 같은 체계가 되었습니다. 형식은 같은 듯해도 세율 같은 것은 대부분 달랐습니다. 또한 네다섯 가지 점에서 조선의 특수한 사정이 고려되고 있었습니다.

쓰치야: 대체로 체계는 내지의 그것에 가까워졌다는 것이네요.

미즈타: 그건 가장 나중인 1944년(昭和 19) 현재입니다. 연혁적으로는 스텝 바이 스텝입니다.

그리고 공채가 전체 수입에서 어느 정도의 비율을 차지했는지에 대한 질문이 있었습니다. 어느 시기의 자료를 보니, 1911년(明治 44)부터 1919년(大正 8)까지 9년 동안의 결산을 합계한 것인데, 6억 7,000만 엔, 백분비는 대체로 다음과 같았습니다. 조선에서 관업 및 관유 재산 수입이라는 것이 상당한 부분을 점하고 있습니다. 그리고 세금, 그 뒤로 공채 순입니다. 하지만 종전 직전인 1935년부터 1945년까지 10년 동안은 (공채의-역자) 퍼센티지가 15%, 16%, 23%, 12%, 19%, 26%와 같이 대체로 15%에서 20% 정도였습니다. 거기에 관업 및 관유 재산이 상당히 큰 퍼센티지입니다. 여기서 알 수 있는 것은, 관업은 거의 공채로 조달되었다는 사실입니다. 대부분 철도입니다. 조선에서는 철도나 체신의 경우, 조선의 일반회계로 운영하고 있다, 특별회계가 아니다. 재정의 측면에서 보면, 특별회계라는 것은 간이생명보험뿐입니다. 따라서 재정적 견지에서 보면 특별회계가 없고 얼핏 보면 하나로 보인다, 분리를 주장했지만, 이런 작은 회계에서 분리해서는 안 된다. 나는 특별회계를 만들어서는 안 된다는 의견으로 쭉 밀고 왔습니다. 수입은 3, 4할로 거의 절반 가까운 것이 관업 및 관유 재산 —관유재산이라고 해도 아주 적습니다. 철도, 체신, 전매입니다. —전체에서 세수입(稅收入)이 차지하는 퍼센티지는 다른 것과 비교해 매우 적습니다. 공채는 상당히 많은 편입니다. 공채는 모두 건설공채이지 적자공채가 아닙니다. 이런 상황은 종전까지 그랬습니다. 이것이 1910년(明治 43)부터 1945년(昭和 20)까지의 전체 투자, 30년 동안의 공채, 법률로 정해진 29억 9,520만 엔, 이것을 이런 곳에 충당하게 되어 있습니다. 이걸 보면, 소위 비생산적인 것은 1919년의 만세소동 때 경비전화, 경찰, 감옥, 기타의 4개 항목으로, 사이토(齋藤) 총독이 오셔서 돈이 절대로 부족하다고 해서 공채를 발행했습니다. 얼마 되지 않습니다. 1,000만 엔에도 미치지 않습니다. 29억 중에서 비생산적인 것은 거의 문제가 되지 않을 만큼 적습니다. 나머지는 전부 생산사업과 관련된 것입니다. 그 밖에 소위 철도 매수 같은 것은 별도의 단행법(單行法)에 의거한 공채로 조달하고 있습니다.

쓰치야: 이 관유재산이라는 것은 산림이 대부분입니까?

미즈타: 그렇습니다. 영림서(營林署)라는 것이 있고, 북선(北鮮) 쪽에 211만 정보 정도의 국유 재산이 있었습니다. 계획적으로 벌채하고 식림하는 것으로 되어 있습니다.

가지니시: 관업은 체신, 철도, 전매입니까?

미즈타: 거기에 영림을 포함해 네 개입니다.

가지니시: 그렇다고 해도 많네요. 무엇인가 특별한 이유, 예컨대 운임이 들었다든가, 그런 것은 없었습니까? 내지에 비해서….

미즈타: 그건 철도가 상당히 큽니다. 이것을 보더라도 알 수 있듯이, 철도가 21억, 29억 중 거의 2/3는 철도에 사용합니다. 그래서 우리는 방침으로서 가능한 민간자본의 도입을 최대 목표로 했습니다. 개발하면 할수록, 이것으로 확실히 채산이 맞게 됩니다. 철도 수익만으로 30억, 1억 5,000만 엔 정도가 이자입니다. 철도에서 나오는 수익만으로 1억 7,000~8,000만 엔, 미개발 때에는, 철도 같은 건 안 된다고 할 때, 광물 같은 것이 착착 나오는 것입니다. 재미있죠.

쓰치야: 철도는 완전히 채산성을 확보했나요?

미즈타: 완전히 수지가 맞았습니다.

쓰치야: 상당히 플러스가 되었군요.

미즈타: 플러스가 되었습니다. 즉 이 이자를 전부 지불할 수 있었습니다. 철도 외의 것에 대한 공채 이자도 채산이 맞는다, 철도 자체는 물론 수지가 맞았습니다. 그건 역시 세대(世帶)가 좁아서, 철도국장의 지출을 재무국이 누르고 있었습니다. 내지는 거기까지는 특별회계 때문에 할 수 없다. 나쁘게 이야기하면 철도 수입을 일반회계가 착취하고 있었음을 철도는 보여주는 것입니다. 나는 가난한 세대는 모두 힘을 합쳐야 한다고 말했습니다. 내지의 철도 직원은 일반 직원보다 대우가 좋습니다. 패스가 있었습니다.

나는 패스 같은 것이 있으면, 그건 확실히 지출로 해 두어야 한다, 철도국에서 누구에게 패스를 발행할 것인가 하는 것을 지출로 편성해야 한다. 직원 패스와 같은 대우를 부여하는 것은 국가 청구권의 포기입니다. 조세 청구권을 포기하는 것과 같습니다. 그런 것은 관행적으로 당연하다고 생각하는 것은, 법률적으로 봐서 상당히 이상하다. 세무서의 직원이 세금을 납부하지 않기 위해서는, 법률이 필요합니다. 철도 직원에게 마음대로 패스를 발행한다, 국회의원이라면 괜찮지만, 국가의 재산권을 철도국장이 보는 곳에서 포기하는 것은 안 된다. 수입감(收入減)으로서 편성하면 역시 이렇게 저렇게 상쇄되기 때문에, 접대비라든가 무언가의 세출(歲出)로 계상해야 한다. 나는 그런 점을 주장해서 가능하면 쓸데없는 지출을 하고도 모른 체하는 것은 안 된다며, 그런 점을 상당히 억제했습니다. 어찌 되었건 그 제도는 이상하다고 생각합니다. 국가의 청구권을 일개 행정관리의 재량으로 증여하고 포기하는 것입니다. 그런 것이 아무런 의문도 갖지 않고 이루어지고 있다, 1945년 이전의 제도라는 것은, 나는 상당히 불합리하다고 생각한다.

쓰치야: 그런 건 한도(限度)도 없습니까?

미즈타: 없습니다.

쓰치야: 이 정도의 한도는 발행해도 좋다는 식으로….

미즈타: 없습니다. 그래서 나는 『조선의 철도(朝鮮の鐵道)』에서 말했습니다. 이것을 실행해 보세요, 300만 엔이나 400만 엔 정도의 수입이 줄어듭니다. 그렇게 되면 발행하는 쪽에도 신중을 기합니다. 제한이 없습니다.

쓰치야: 당연하게 생각되고 있지만, 결코 당연한 것이 아닙니다.

미즈타: 그렇다면 월급을 그만큼 줄이는가 하면 그렇지도 않습니다. 출장할 때 기차 운임만은 받을 수 없다는 것입니다. 그렇다면 세무서의 관리는 세금을 면제한다, 체신 관리는 우편료를 면제한다, 그렇지 않으면 앞뒤가 안 맞는다, 어째서 철도 관리만 국가로부터 스페셜한 대접을 받는가라는 것입니다.

쓰치야: 완전히 불합리하죠.

미즈타: 철도를 공격하는 것은 아닙니다.

3. 금융 근대화의 연혁과 재래기관

(1) 근대적 금융기관의 발생

미즈타: 금융기관 문제와 관련해서 병합 전의 금융기관과 병합 후의 사정을 말씀드리면 어떨까 합니다. 조선의 근대적인 은행은 1878년(明治 11)에 시부사와 씨의 제일은행이 부산에 지점을 설치한 것이 최초입니다. 그것이 처음으로 금융을 목표로 한 조선의 은행이었습니다. 이후에도 계속 발전을 거듭해 1903년(明治 36) 무렵까지는 각 개

항장에 6개 정도 지점이 설치되었습니다. 그리고 러일전쟁 때 경성에 총지점을 두었죠. 제일 처음은 부산입니다. 그 밖에 내지 쪽 은행은 그 후 오사카의 18은행과 나가사키의 58은행이 당시 있었다고 합니다. 그리고 나가사키저축은행(長崎貯蓄銀行)도 진출했었습니다. 러일전쟁 전후를 즈음해…. 다만 오래전부터 있었던 것은 인천이나 원산 같은 개항장이 주였던 것 같습니다. 처음에는 일본인만을 상대로 했지만, 대체로 청일전쟁이 끝나고 나서 조선인 간 거래도 이들 금융기관이 상당 부분 담당했던 것 같습니다. 외국은행 역시 진출해 와서 홍콩상하이은행의 나가사키대리점의 부대리점(副代理店)이라는 것을 인천에 설치한 것이 가장 처음입니다.

쓰치야: 몇 년인가요?

미즈타: 1897년(明治 30)입니다. 청일전쟁이 끝나고 나서 곧이었습니다. 그리고 1898년(明治 31)에 러시아가 진출해 한러은행(韓露銀行)이라는 것을 만들었습니다. 50만 루블 정도였다고 합니다. 하지만 전쟁이 발발하자 곧 후퇴해 버렸다고 하니 대단한 활동은 없었던 듯합니다. 한국 자신의 은행이라고 해야 언급할 정도가 아니어서 결국 메이지 중엽 이후에는 금융계라고 해야 일본의 은행, 특히 제일은행이 주가 되어 리드했다고 합니다. 단지 청일전쟁이 일어난 1894년(明治 27)에 역시 조선인 사이에서 은행을 만들면 좋지 않을까 하는 논의가 일어났습니다. 1896년(明治 29)에 대한천일은행, 그리고 한성은행, 이것은 일본의 15은행에 해당하는 것입니다. 조선 귀족에게 주를 갖게 해서 1903년(明治 36)에 만들었습니다. 하지만 이 은행은 당시의 기록에 의하면 관리나 귀족이 자신의 재산을 관리할 목적으로 만들었습니다. 소위 근대적 은행이 아닙니다. 그 여력을 가지고 약간 고리대적 대금업을 하고 있었습니다.

(2) 이조의 주구(誅求)와 축재 관념의 상실

쓰치야: 조선의 토착은행은 예금은 별로 흡수하지 않나요?

미즈타: 예금한다는 관념이 없습니다. 조선인에게 재산을 축적한다는 관념이 제로입니다. 당시 조선통치의 근본 목표는 얼마나 그들에게 근검저축하는 미풍을 함양하는가에 있었습니다. 우리도 거기에 상당히 노력했습니다. 왜냐하면 착취가 민심을 얼마

나 변개(變改)하는가, 악정이 얼마나 변개하는가에 대해 곰곰이 생각합니다. 소위 한국의 문란한 시대에는 탁지부라는 (한국의-역자) 대장성에서 세금을 걷는다. 농림성에서도 세금을 걷는다고 하니 각 부에서 모두 세금을 징수한다. 그래서 통일된 국고 제도라는 것이 흐트러지고 만다. 제도의 측면에서 보면 현지사(縣知事)라는 것이 관찰사, 그 밑에 군장(郡長)이 군수, 그 밑의 정장(町長)이 읍장, 그리고 면이라는 것이 있어 면장, 이런 행정조직이었습니다. 중앙에서 우선 관찰사에게 세금을 할당한다, 관찰사는 군수에게 할당한다, 군수는 면장에게 할당한다, 그리고 면장과 읍장은 촌민에게 세금을 걷는다, 그러므로 면장이나 읍장은 10만 냥이라면 10만 냥을 거둬서 9만 냥을 납부한다, 군수도 적당히 한다. 따라서 군수를 3년 동안 하면 한 세대는 편하게 살 수 있습니다. 그리고 어떤 사업을 일으키면, 그 일으키는 사업을 위해 세금을 걷는다, 그러므로 부지런히 재산을 축적했다 한들 아무것도 이루어지지 않는다, 조금이라도 재산이 있으면 발각되어 독촉 끝에 빼앗기고 만다. 이전에는 근대적인 조세제도라는 것이 없으니까….

쓰치야: 예금 같은 것을 하는 사람이 없습니까?

미즈타: 예금 같은 건 생각하지 않습니다. 이건 지주가 상당히 힘을 가지고 있었기 때문입니다. 그리고 무역이 이루어지게 되면서부터 무역상이라는 자가 돈을 법니다. 또 저축이 가능한 사람은 거의 지주와 양반이라 불리는 귀족, 특권계급으로 상당히 빈부의 차가 심했습니다. 저축 같은 것을 일반 대중은 생각하고 있지 않습니다. 오늘 50전으로 생활할 수 있다고 하면, 하루 일해서 1엔 벌 수 있다고 해도, 오전에 일해서 50전을 받으면 점심부터는 담배 피면서 쉬어 버립니다. 점심부터 더 일해서 1엔을 받아 두려고 생각하지 않습니다. 게다가 천재(天災)가 일어나 산이 벗겨져 버린다, 악착같이 벼를 심는다고 해도 언제 물에 떠내려가 버릴지 모른다, 천재에 시달린다, 내 생각에는 지금 일본에 최근 천재가 많이 일어나는데, 이건 조선처럼 되어 가는 건 아닌가, 어쩌면 1940년(昭和 15)경부터 이미 10년 이상 산을 황폐시키고 있다. 나는 조선에서 이루어진 치산(治山)과 치수(治水)의 치적을 일본이라는 나라에 도입해야 하지 않을까 하는 생각이 듭니다. 나는 매년 이 재해라는 것이, 올해처럼 심할지 어떨지는 차치하고라도, 해마다 더 심해지는 데는 까닭이 없지 않으리라 생각합니다. 조선

의 상황에서 보면 일어날 일이 일어났다고 생각합니다. 조선인은 축적한다는 관념은 없습니다. 산에서도 벌목해 둔 채 그냥 둡니다. 그리고 민둥산이 되어 버린다. 홍수가 모두 휩쓸어 버립니다. 따라서 포기해 버리고 일한다고 해도 재미가 없습니다.

(3) 초기의 토착은행

미즈타: 그러므로 지금의 대한천일은행이나 한성은행 같은 경우도 이름은 은행이지만 요컨대 고리대적인 것입니다. 예금을 모아 운영하는 그런 시스템은 없었습니다.

쓰치야: 양반 같은 유산계급이 예금을 하지 않나요?

미즈타: 유산계급의 재산을 보전하거나 대부를 위해 만들었던 것입니다. 불특정 다수로부터 흡수한 예금을 펀드로 하는 것이 아니고 고리대금업자가 은행이라는 이름으로 바뀐 것입니다.

쓰치야: 유산계급의 재산 보전이라고 하면 그 형식은 예금의 형식인가요?

미즈타: 예금의 형식입니다.

쓰치야: 영업과목에 예금이 있었습니까?

미즈타: 있었습니다. 그건 일본의 은행을 모방해서 시스템은 그렇게 하고 있습니다. 하지만 실제 내용은 우리의 뱅킹과는 거리가 있습니다.

쓰치야: 그선 보호 예치가 아니고, 역시 예금이니 그에 상응하는 이자가 붙겠죠?

미즈타: 이자는 매우 고리대적인 것이었습니다. 이자는 병합 전에는 가장 싼 것이 월 1할(10%), 가장 높은 것이 월 12할(120%).

쓰치야: 상당했네요.

미즈타: 그러니까 역경에서 벗어나 행운을 잡을 기회가 없습니다. 월 2푼(2%)이나 3푼(3%)은 애당초 없습니다. 세제(稅制)도 금융제도도 엉망진창입니다. 그것을 메가타 다네타로(目賀田種太郞) 씨가 오셔서 정리하신 것입니다. 그래서 호즈미 씨의 이야기처럼 우가키 총독의 농촌진흥운동, 이건 1931년(昭和 6), 1932년(昭和 7)부터 이루어진 것인데, 그때의 목표는 식량 충실, 수지 균형, 고리채 차금의 정리, 이 3개의 목표로 농촌을 진흥시킨다는 것이었다. 또한 구체적인 것은 춘궁(春窮)—조선에서는 춘

궁이라는 것이 매년 겪는 일입니다. 농민은 대체로 10월에 수확한 쌀, 보리—보리는 여름이지만, 대체로 3월까지 모두 먹어 버립니다. 세금[年貢]으로 상당히 많이 착취 당하기 때문에 3월경까지 먹어 치웁니다. 그다음 보리를 수확할 때까지는 풀을 채취하고, 소나무 껍질을 벗깁니다. 도토리는 상식(常食)입니다. 문자 그대로의 초근목피로, 3월부터 5, 6월경의 보리를 수확할 때까지 생활합니다. 우가키 씨는 춘궁과 싸웠습니다. 그리고 지금의 고리대, 우리가 갔을 때는 월 1할(10%)은 없지만, 월 3푼(3%), 4푼(4%), 5푼(5%) 정도는 당연합니다. 그래서 예금부의 저리자금을 가져와 고리채를 빌려 갚도록 하는 것이 금융이 해야 할 큰 일 중 하나입니다.

(4) 조선 재래의 서민금융기관 = (상업금융)

쓰치야: 그밖에 서민금융을 담당하는 기관이나 제도도 여러 가지로 있었겠죠.

미즈타: 서민금융기관으로는, 아까 말씀드린 두 개의 은행은, 소위 양반이라 불리는 매우 부유한 계급과 귀족이 재산의 보전 및 이식(利殖)을 위해 운영했습니다. 기타 금융으로는 개인적인 화폐 퇴장자(退藏者)가 고리의 대부를 행하는 것이 대부분이었습니다. 그러니까 그건 대금업자입니다. 그리고 요전에 말씀드린 전당포, 이건 시치야(質屋)라고 합니다만, 시치야보다 조금 범위가 넓습니다, 이건 우리가 갔을 때도 영업하고 있었는데, 소위 담보를 취하고 돈을 빌려줍니다. 월 8%(8푼)나 10%(1할)였습니다. 그밖에 부동산이라면 부동산에는 재산권을 증명하는 기록이 있습니다. 문기(文記)라 부르고 있었는데 부동산을 표시한 것이 있습니다. 지금의 보존등기 같은 것입니다.

쓰치야: 이전의 지권(地券)[45] 같은 것이군요.

미즈타: 지권 같은 것입니다. 그것을 저당[質]으로 잡고 부동산 담보로 돈을 빌려줍니다. 지금 일본의 시치(質)의 관념은 동산 담보입니다. 조선의 전당포는 조금 (범위가-역자) 넓습니다. 이것이 매우 큰 역할을 했습니다. 전당포의 펀드는 어디까지나 전당포 개인의 것입니다. 이를 일반에게 널리 구하는 일은 없었습니다. 이조시대에는 전당대

---

45 메이지 초기에 토지 소유권을 증명하기 위해 메이지 정부가 발행한 증권으로 토지 소유 증명서에 해당한다.

(典當貸)나 개인대금업자[個人金貸]라고 씌여진 것을 보면, 심한 것은 월 100%(10할), 보통은 월 10%(1할) 내외입니다. 그리고 시장이 있었습니다. 우리가 야마자키 나오카타(山崎直方)[46] 선생의 경제사를 배웠을 때, 대구의 시장이라는 것을 배우고 꿈처럼 생각했는데, 그때 시장대(市場貸)라는 것은 5일에 50%(5할)입니다. 좀 상상하기 어렵죠.

쓰치야: 즉 시장 상인이 빌리는 것이겠죠.

미즈타: 상인이 빌립니다.

쓰치야: 대구의 시장이라고 하면 조선에서 제일 큰가요?

미즈타: 가장 큽니다. 전형적입니다. 남선(南鮮)의 분지, 38도선부터 공산군이 내려와 대구 점령을 놓고 거기서 상당히 대립하고 있었죠. 그쪽 지방의 큰 중심지입니다. 지금의 전당포와 대금업에 해당하는데, 기타 금융기관으로 객주(客主)나 여각(旅閣) 같은 이름의 금융기관이 있었습니다. 이건 통야[問屋]라 불리고 있는데 대금업에 가까운 것입니다. 그리고 시변(時邊), 외획(外劃), 계(契), 이건 마지막까지 계속 남아 있었습니다. 식산계(殖産契), 이건 일본의 무진(無盡)과 유사한 것입니다. 이런 것들이 이조시대에 있었던 소위 아주 원시적인(primitive) 상업금융 기관이었습니다.

쓰치야: 쇼와 때까지 남은 것은 계뿐이었나요?

미즈타: 계뿐이었습니다.

쓰치야: 그리고 객주라고 했나요? 이건 언제까지….

미즈타: 그건 메가타 씨가 부임해서 보호시대에 모든 폐제(幣制)나 재정의 방식을 바꿔 버렸을 때, 지금 말씀드린 여러 금융기관이 사라졌습니다. 나중까지 남은 것이 계와 전당포입니다. 왜냐하면 역시 계라고 하는 것은 일본의 무진에 해당하고, 전당포는 시치야에 해당하는 것이기 때문에, 일본 사람이 리드하는 상황이 된 뒤에도 그건 그

---

46 야마자키 나오카타(山崎直方, 1870~1929). 메이지 후기에서 쇼와 초기에 걸쳐 일본의 지리학계를 대표한 지리학자이다. 1912년부터 도쿄제국대학의 교수에 취임했고, 1913년에 지리학박사가 된다. 1915년부터 제1차 세계대전에 의해 정치지리학에 대한 관심을 높였다. 독일의 국경과 영토에 대해, 또 루마니아의 민족·국토·전황에 대해 논술했다. 1914년 일본군이 독일령 남양군도를 점령하자 그 이듬해에는 그곳을 순검했다. 또 청국(1910), 마샬군도 등 남양군도(1915), 중국(1918, 1925, 1926), 남만주(1919) 등의 해외조사도 행했다. 중국이나 남만주 해외조사 때 조선을 경유했을 것으로 보인다.

것대로 괜찮을 것으로 생각했던 것 같습니다. 지금의 객주나 여각이라는 것은….

쓰치야: 그 실체는 어떤 것이었습니까?

미즈타: 객주라는 것은, 마(麻)나 보리(麥) 같은 생산물, 오지의 상인이 밥공기 같은 일용품이나 혹은 목면(木棉) 등을 가지고 가면, 그런 것을 보관해 두고 살 사람을 찾아 팝니다. 창고업이라고 하면 큰 것을 생각하지만, 서너 칸 정도의 비 새는 것을 막을 수 있을 정도의 장소에 위탁해 두고 파는 것입니다. 그래서 시장에 그런 것이 있습니다. 그런 것이 본래 객주였지만, 거기서부터 조금씩 발달해 와서 위탁받은 화물을 담보로 생산자에게 돈을 빌려주거나 상인에게 돈을 빌려주는 일을 해 왔습니다. 자연스럽게 발달해 왔다고 알려져 있습니다.

쓰치야: 객주와 여각이 같은 것인가요?

미즈타: 객주 또는 여각, 지방에 따라 부르는 이름이 다른데 같은 것입니다. 그리고 처음에는 그런 물건을 파는 것이 목적이었지만, 그것을 담보로 해서 돈을 빌려주는 일도 합니다. 다음에는 판 대금을 일시적으로 다른 곳에 빌려줌으로써, 역시 금융기관과 같은 역할을 일부 시장을 중심으로 하고 있었습니다. 하지만 주된 업무가, 어디까지 생산물을 보관해서 살 사람이 있을 때 파는 것이고, 거기에 제약을 받기 때문에 그렇게 폭넓게 대금업자와 같은 일을 할 수 없었는데, 그런 제도도 있었습니다.

쓰치야: 농민으로부터 토지를 저당 잡고 돈을 빌려주는 것은….

미즈타: 그건 이미 지금의 전당포가 대부분의 역할을 감당했습니다. 문기, 지권을 담보로 합니다. 이것이 지금의 높은 이자로 운영되기 때문에, 대체로 (토지를-역자) 빼앗기고 맙니다.

쓰치야: 전당포는 도시에도 농촌에도 있겠네요.

미즈타: 전당포라는 간판은 어떤 농촌에도 있었습니다.

쓰치야: 점점 (돈을 갚지 못해-역자) 유질(流質)되어 토지를 겸병(兼倂)해 가게 되는 것이죠.

미즈타: 겸병하게 됩니다. 따라서 병합 당시에는 대부분이 소작이었습니다. 하지만 그것을 동척(東拓)이 가서 돈을 빌려줍니다. 돈을 갚지 못합니다. 일단 저당 잡히면 유질시킬 수밖에 없습니다.

쓰치야: 토지를 겸병한 지주 중 대지주가 양반입니까?

미즈타: 그렇습니다. 그런 사람이 경성이나 부산에 와서 지내고, 그래서 마름(舍音)이라는 소작료 거두는 사람을 지방에 둡니다. 이 사람이 또 중간 착취계급이 되는 것입니다. (시스템이-역자) 잘 만들어져 있습니다.

쓰치야: 체면이 서지 않게 되어 있네요.

미즈타: 체면이 서지 않죠.

쓰치야: 고리대의 횡행이네요.

미즈타: 그렇죠. 그리고 또 한 가지 시변(時邊), 이건 개인이 하는 것입니다만, 비교적 지금의 금융기관과 비슷합니다. 자금의 수요자와 공급자가 있습니다. 그러면, 시변이라 칭하는 브로커가 있어서 돈을 고리(高利)로 돌릴 능력이 없는 사람이 시변에 돈을 맡깁니다. 시변은 그것을 사업가에게 빌려줍니다. 요컨대 지금의 상호금융(相互金融)입니다.[47] 어디까지나 개인적인 영업입니다. 이건 개성 같은 곳에서 상당히 활발합니다. 상당히 재미있는 것은 신용이 절대적이라는 것입니다. 완전히 무담보입니다.

쓰치야: 그건 어떤 곳에 있습니까?

미즈타: 개성 같은 곳입니다. 개성에 늦게까지 남아 있었습니다.

쓰치야: 시변은 수지타산이 잘 맞는 사업이었나요?

미즈타: 타산이 맞았습니다. 상당히 늦게까지 남아 있었습니다. 우리가 자본이자세를 거둘 때 이것을 제대로 파악하지 못했습니다. 실질을 수반한 소위 브로커, 정상 거래에 있지 않은 자, 절대로 누구로부터 돈을 받았다고 말하지 않습니다. 누구에게 빌려주었다는 것도 말하지 않습니다. 증서를 물론 보여 주지 않습니다. 한 장의 증서입니다.

가토: 자금의 수요자는 상인입니까?

미즈타: 상인입니다.

---

[47] 각 조합원의 영세한 자금을 예탁 받아 이를 조합원에게 융자함으로써 조합원 상호 간의 원활한 자금 융통을 꾀하는 호혜 금융의 일종이다. 단위조합을 통한 거래는 모두 상호금융으로 보면 된다. 일반은행과 거의 비슷한 업무를 하고 있어 제1금융권으로 분류된다. 따라서 예전에는 은행감독원의 감사를 받았다. 조합마다 조합원을 둔다는 점에서는 신용협동조합·새마을금고와 성격이 비슷하지만, 신협과 새마을금고가 조합원만 거래할 수 있는 반면, 농·축·수협은 비조합원의 거래도 받아들인다.

가토: 농민은 안 되나요?

미즈타: 도회지의 상인입니다.

쓰치야: 단기겠죠?

미즈타: 단기입니다. 완전히 암거래로 이루어지는 금융인데 어떻게 신의를 굳게 지키는지, 그것을 마지막까지 알지 못했습니다.

쓰치야: 돈을 갚지 않는 자가 있으면 빌려준 쪽이 결국 손실을 보겠죠?

미즈타: 그렇습니다. 하지만 그런 그룹 중에서 갚지 않는 사람은 제재(制裁)라도 받는 것인지, 그에 대해서는 잘 몰랐습니다. 재무부가 조사하면 세금을 내야 하니까 모두 입을 다물고 가르쳐 주지 않습니다.

가지니시: 시변 브로커라는 자는 알고 있습니까?

미즈타: 알고 있습니다.

가지니시: 얼마나 거래하고 있었는지는 모르나요?

미즈타: 절대로 모릅니다.

쓰치야: 그 상인이 조합을 만든다든가, 시변업자가 조합을 만드는 일은 있습니까?

미즈타: 조합을 만들고 있는 것 같습니다. 그들 사이에는 서로 협의하는 것 같습니다. 그것도 비밀입니다.

쓰치야: 변제하지 않는 자가 있으면, 시변업자의 조합에서도 보이콧을 하는군요.

미즈타: 시변업자의 상호부조는 이루어지고 있습니다. 따라서 단기자금은 시변으로 많이 운용되었습니다.

쓰치야: 상당히 고리였겠죠?

미즈타: 모르겠습니다. 사실 약했습니다. 이렇게까지 확실하게 하고 있기 때문에, 무언가 거기에 정신적인, 이런 인의(仁義)를 지키는 소위 구니사다 주지(國定忠次)[48]와 같은 기분의 것인가, 그런 제도가 있다는 것을 알았지만, 철저하게 조사하라고 했음에도 소용없습니다. 다른 쪽에서 반감이 나와서요. 재무행정만으로는 체면이 서지 않습니

---

48 '國定忠治'라고도 쓴다. 본명은 나가오카 주지로(長岡忠次郎 1810~1851)이다. 에도시대 후기의 협객이다. 덴보(天保) 기근 당시 농민을 구제한 의협으로 그의 이야기는 영화나 연극 등의 소재가 되었다.

다. 감옥에 가둘 수도 없습니다. 그렇다고 해서 세금도 징벌적으로 부과할 수 없습니다. 예상해서 겨우 거두게 됩니다.

가토: 화폐 거래만 하나요?

미즈타: 화폐 거래뿐입니다. 게다가 무담보입니다. 어떤 것도 남지 않습니다. 현물을 담보로 하거나 토지를 담보로 하는 일은 없습니다.

쓰치야: 조선에는 환전상[兩替屋]은 없었습니까?

미즈타: 환전[兩替]이라면 큰 화폐를 소액 화폐로 바꾸어 주는 그런 의미의 환전입니까?

쓰치야: 그렇습니다.

미즈타: 그건 역시 전당포에서 하고 있었던 것 같습니다. 하지만, 이건 나중에 말씀드리겠지만, 한말(韓末)에는 화폐가 문란한 상태가 되어 엽전과 백동화 그리고 일본 엔이 같이 사용되고 있었습니다. 그래서 시시각각 시세가 변합니다. 그러나 전당포 등에서도 환전은 이루어지고 있었습니다.

(5) 외획제도 = (일종의 환 기관)

미즈타: 그리고 외획(外劃), 이건 환[爲替]을 담당한 기관으로 보입니다. 외획이라는 말은, 대장대신(大藏大臣) ― 탁지부대신 ― 이 군수에게 내리는 명령으로 외획이라고 했습니다.

징세기관인 군수에게 탁지부대신이 얼마 얼마의 물건을 제3자에게 급부해야 한다고 명령을 내립니다. 그 명령을 가리켜 외획이라고 했습니다. 그건 결국 경성이나 대구, 그런 중심지의 정부기관이 있는 곳에서 세금을 징수합니다. 쌀(米)이나 포(布)도 세금입니다. 현물도 있었습니다. 그것들을 운반하는 데 많은 시간이 들고 또 배로 운반해야 한다고 해서, 도회지에서 상인으로부터 (미리 - 역자) 받게 됩니다. 그에 대해 증서를 군수에게 주어 이 상인에게 이런 물건을 받았으니 이 상인에게 (군수가 - 역자) 징수한 세금을 넘겨주라고 합니다. 이 상인은 지방으로 가서 이 돈으로 물산을 사들이게 됩니다. 그런 제도가 있었습니다. 요컨대 환의 작용을 했던 것이죠.

쓰치야: 일종의 환입니다. 또 어떤 의미에서는 징세 청부 같은 것입니다.

미즈타: 그 내용 자체로는 하나의 금융의 길을 만든 것입니다만, 군수나 면장은 정부기관이기도 하고 청부자이기도 하죠.

가토: 군수라는 자는 꼭 관리가 아니어도 상인 출신도 있었습니까?

미즈타: 관에서 임명하는 관리의 하나입니다. 결국 정부자금의 대체(對替)[49] 지불이네요.

가토: 그 경우 세금이 현물인 경우도 있습니까?

미즈타: 한말에는 현물도 있었습니다. 우리가 갔을 때는 물론 없었지만, 메이지 초 제일은행이 생겼을 때의 농촌에는 물론 있었습니다.

가토: 현물을 가지고 간 상인에게 인도하는 것이군요.

미즈타: 그렇습니다. 엽전, 백동화, 둘 다 괜찮았습니다.

가토: 일본에서는 어떤가요?

쓰치야: 일본에도 환 어용달, 그런 것이 있나요?

가지니시: 하지만 세금 그 자체를 하는 것은 아니고, 보다 광범위하게 일반 자금을 운용한다고 할까요, 세금과 연동해(tie up) 추심하는 것에 환을 이용합니다.

쓰치야: 지금의 그것과 좀 다르네요.

미즈타: 그건 정부의 회계제도를 메가타 씨가 확립한 뒤부터, 그런 바보 같은 일은 없습니다. 그 사이 여러 조작이나 스캔들이 있었기 때문에….

쓰치야: 수수료가 상당했나요?

미즈타: 많았습니다. 엉터리입니다. 정부의 관리와 말을 맞추면 얼마든지 가능합니다. 그런 데서 군수 매관(賣官)도 이루어집니다. 군수라는 포스트는 3년 하면 한 세대 동안 밥걱정 안 한다고 하니까요. 1926년(大正 15)에 총독부 건물이 완성되었는데, 1916년(大正 5)에 계획해서 10년 계획으로 750만 엔으로 상당히 훌륭한 건물이 생겼습니다. 농촌에서 경성 구경을 오면 꼭 제일 먼저 (총독부 건물을-역자) 구경하게 되는데, 현재 일본에서 도쿄 구경을 가면 니주바시(二重橋)로 가는 것과 마찬가지입니다. 어떤 노

---

49 우편국에 개설한 대체(對替) 계좌를 통해 송금이나 채권 채무의 결제를 행하는 방법이다. 현금의 입출금을 수반하지 않는 거래를 대체거래라고 한다. 따라서 대체지불은 대체 계좌를 개설한 뒤 현금의 입출금 없이 계좌 간 이동만 이루어지는 것을 말한다. 일본에서는 이를 우편진체(郵便振替)라고 한다.

인이 말하길, 도대체 일본인은 이런 훌륭한 것을 언제 세웠지? 이런 것을 세우기 위해 우리는 아무래도 세금을 낸 기억이 없다, 세금을 거두지 않고 어떻게 이런 것을 세웠을까? 그건 요컨대 대원군의 경우 광화문을 세우는 데 70만 냥의 세금을 거두었습니다. 70만 냥이라는 돈은, 13 관찰사에게 할당하면 각 도(道)에 6만 냥, 관찰사는 군수에게 8만 냥을 할당합니다. 군수는 읍면장에게 10만 냥을 할당하고 읍면장은 13만 냥을 인민에게서 거둡니다. 결국 두 배 정도가 되어 버립니다. 폐풍(弊風)이 극에 달해 있었습니다. 일본에서도 관리가 뇌물을 받으면 나라가 망하는 근원이 됩니다.

쓰치야: 조금 비슷해졌네요.

- 제2화 끝 -

제3화 (1953년[昭和 28] 10월 30일 구술)

통화제도의 개혁과 금융정책의 기조
통화·금융제도 기관의 개선 … 개발자금의 도입·금융조합의 농촌 지도

목차

1. 통화제도의 연혁
   - (1) 이조 말기의 제도적, 유통적 혼란
   - (2) 일본인 재정고문에 의한 폐제 개혁과 일한 공동 폐제의 확립
   - (3) 일본 폐제기의 특이성
2. 금융기관의 근대적 발달과 그 특이성
   _ 후진 국토·산업의 개발을 기본방침으로 하는 금융기관·제도의 창설
   - (1) 농공은행 설립의 의의와 임무
   - (2) 동양척식주식회사의 사업
   - (3) 금융조합제도의 창안과 그 획기적 역할
   - (4) 조선식산은행의 성격과 금융조합연합회
   - (5) 농촌지도를 중심으로 한 금융조합의 다각적 운영

1. 통화제도의 연혁

(1) 이조 말기의 제도적·유통적 혼란

쓰치야: 그러면 요전에 들었던 이야기의 다음을 이야기해 주셨으면 합니다.

미즈타: 통화제도에 관한 것이죠. 병합 전의 통화제도, 그리고 병합 직후의 메가타 씨가 하신 그 후의 통화개혁 문제, 그리고 병합 전의 금융기관·병합 후의 금융기관의 개선 개폐와 같은 종전까지의 일을 말씀드리고, 그리고 예금부 저리자금 같은 자금 도입 등에 관한 사항입니다. 모을 수 있는 만큼의 자료를 모아 말씀드리면 어떨까 합니다.

쓰치야: 금융정책이라는 측면도 이야기 중에 들어 있겠죠?

미즈타: 정책 말씀이십니까? 그런 것도 이야기 중에 집어넣어 알고 있는 만큼 말씀드리고자 합니다.

통화제도입니다만, 이건 이조 말기, 이 시기는 메이지에 들어가기 전후의 시기를 가리키는데, 그때까지는 쌀(米)과 포(布)와 같은 물품화폐가 사용되고 있었지만, 이조 말기가 되면 엽전, 이건 한전(韓錢)이라고 당시 불리고 있었던 듯합니다. 이 엽전은 처음에는 물론 훌륭한 것이었습니다만, 1883년(明治 16)에 개주(改鑄)를 단행하여 동(銅) 5전(錢)당 5전(錢)으로 삼아서 상당히 악화시켰습니다.[50] 그때부터 조금씩 개주에 또 개수를 단행하여 악화가 상당히 만연하여 재정이 극도로 문란했습니다. 청일전쟁 전, 청국인 거류지나 국경지방에는 멕시코은이 유통되고 있었습니다. 즉 1882년(明治 15), 1883년부터 1890년(明治 23), 1891년(明治 24)에는 멕시코은, 마제은(馬蹄銀)이 청국 거류지나 국경지방에 유통했습니다. 일본인 거류지에는 일본은행권과 1엔 은화, 1엔 은화라는 것은 우리는 모르지만 존재했었죠. 은본위제 당시의 스탠다드겠죠. 일본 거류지에는 이 일은권(日銀券)과 1엔 은화라는 것이 유통되고 있었

---

50 '동(銅) 5전(錢)당 5전(錢)'이라는 표현이 어색할 수 있으나 앞의 5전은 무게를, 뒤의 5전은 액면가액을 의미한다. 앞의 5전의 '전'은 일본에서 1관(貫)의 1/1000에 해당하는 1문전(文錢)의 무게 즉 1몸메(文目)이다. 우리의 1돈(匁)과 같으며 3.75g이다. 따라서 동 5전당 5전이라는 것은 곧 동 18.75g이 5전이라는 뜻이 된다.

습니다. 요컨대 지나(支那, 중국)의 금, 일본의 금, 한국 고유의 금이 혼재되어 있었지만, 한국 고유의 금은 악화로 거의 가치가 하락하고 있었습니다. 하지만 1894년(明治 27)에 「신식화폐발행장정(新式貨幣發行章程)」이라는 성문(成文)이 생겼습니다. 이는 일본의 은본위제를 모방한 화폐법이라고 합니다. 5냥 은화를 본위화폐로 정했습니다. 5냥 은화는 일본의 1엔 은화에 해당하도록 정했다고 합니다.[51] 하지만 정해 놓고 보고 5냥 은화는 2만 냥밖에 발행하지 않습니다. 은이 그렇게 많지 않아 결국 명목만으로 존재하고 끝났던 것 같습니다. 그 「신식화폐발행장정」으로, 5냥 은화와 1냥 은화, 그리고 백동화, 적동화, 황동화의 5개를 정식 화폐로 삼아 1894년에 정했습니다. 이 5냥이라는 것은, 일본의 1엔 은화에 상당했고, 1냥은 25전 은화에 일치했습니다. 양도 순분(純分, 순도)도 일치했습니다만, 백동화의 경우는 엉망진창이었습니다. 한국에서 2전 5푼이라고 했지만, 일본의 5전 니켈에 해당합니다. 이건 상당히 악화였습니다. 따라서 5개 종류를 정했지만, 예컨대 5냥 은화는 2만 엔, 1냥 은화는 7만 엔밖에 발행하지 않았습니다. 백동화의 경우는 몇백만 엔을 발행했기 때문에, 가장 악화인 백동화가 가장 만연했습니다.

결국 새롭게 그런 장정을 만들었지만 실질이 없어서 역시 화폐는 문란했습니다. 하지만 청일전쟁 직후 일본에서 건너가 대체로 일본의 은본위제를 모방해서 만들었습니다.

쓰치야: 일단 형식은 은본위제이지만, 보조화폐가 상당히 많아 본위제도가 실질적으로 성립되지 못했죠.

미즈타: 그렇습니다. 그 본위화폐가 2만 엔이나 7만 엔밖에 발행되지 않았습니다. 그런 식이어서 일본의 1엔 은화의 유통이 상당히 활발했고, 일본의 1엔 은화가 한국의 5냥에 해당합니다. 그리고 문헌에서 보면, 이 1엔 은화가 본위화폐로서의 실질적 내용을 갖추게 되었다고 서술되어 있습니다. 왜냐하면 장정에서 동위(同位), 동질(同質), 동량(同量)의 통화는 역시 본위화폐와 같은 취급을 하도록 규정되어 있었습니다. 역시 일본의 1엔 은화를 유통시키려고자 일본이 지도했다고 생각됩니다. 동질, 동량

---

51 원문에는 '5냥 은화'가 '5엔 화폐'로 되어 있다. 문맥상 '5냥 은화'가 맞다.

의 통화는 법화로 간주한다는 내용이 기술되어 있었다고 합니다. 일본의 엔이 유통된 것은, 역시 일본과의 통상관계에서는 일본이 거의 8, 90퍼센트는 점하고 있었다, 엔화의 가치가 안정되어 있다, 일본군이 주재(駐在)하고 있어 상당히 많은 물자를 매입하거나, 또 상기 화폐장정에서 그런 규정을 하고 있어서, 사실상의 본위화폐다운 역할을 일본 엔이 하고 있었습니다. 하지만 메이지 30년이던가요, 1897년에 일본이 금본위제를 채용했기 때문에, 1엔 은화를 본국으로 회수하게 됩니다. 그리고 조선에서 보면, 엔화가 강제 통용력을 잃고, 새롭게 주조도 하지 않는다. 따라서 점점 사라져 간다. 한편, 청일전쟁의 영향으로 은의 가치가 많이 상승하여 지나(중국)로 조금씩 유통되었다고 합니다. 이는 조선의 기록으로 남아 있는데, 일본의 엔은이 점점 유출되어 상당히 고갈되었고, 소위 교환의 매개물이 부족한 현상이 1900년(明治 33)부터 일어났다고 합니다. 그래서 제일은행 지점이 일본은행과 상담하여 은화를 준비로 하여 제일은행의 태환권을 유통시키기로 했다고 써 있습니다. 이건 물론 한국정부와도 상담했을 것입니다. 그때부터 제일은행이 제일은행권이라는 것을 발행해 중앙은행으로서의 지위를 점하게 되었습니다. 또 그때를 전후하여 국고금의 취급도 제일은행에 지정했고, 그 당시부터 제일은행이 중앙은행으로서의 지위를 조금씩 갖추게 되었습니다. 그런 경위로 제일은행권이나 1엔 은화도 조금씩 유통되었지만, 무엇보다 일본인이 있는 개항지나 경성, 평양 같은 일본인 거류지가 중심이기 때문에, 오지는 여전히 백동화나 엽전, 소위 구래의 화폐가 범람하는 그런 상황이었습니다. 그 때문에 일본 엔이나 지나의 마제은 사이의 교환 비율이 자주 변했습니다. 따라서 일본의 수출입 상인이 오지에서 물건을 살 때는, 조선인은 일본의 태환권 – 종이 쪼가리를 이해하지 못했기 때문에, 역시 엽전으로 거래한다, 따라서 그것을 받으려고 했던 것입니다. 따라서 물건을 매입할 때는 엽전을 가지고 가야 합니다. 팔리면 엽전으로 회수하게 되어 있어서, 상당히 제일은행권이 유통되었지만, 조선 전체에서 보면 화폐의 교환가치(exchange value)는 시종 달랐습니다. 또 이렇게 농촌에서는 엽전이나 백동화가 여전히 교환을 매개하고 있었기 때문에 화폐제도가 상당히 혼란했던 것은 피할 수 없었습니다.

쓰치야: 그때 오지에서는 물물교환, 혹은 물품화폐라고 하나요, 그런 것도 어느 정도 아

직 남아 있었습니까, 아니면 이미 완전히 사라졌습니까?

미즈타: 이미 청일전쟁 시대는 원칙적으로 화폐를 사용하고 있었던 것 같습니다. 하지만 요전에 말씀드린 대로 외획제도라는 것이 있어서 중앙에서 상인에게 돈을 빌리고, 거기에 맞게 징세권을 지방의 면장이나 군수에게 주고, '이 사람에게 돈을 빌렸으니 그곳에서 (거둔-역자) 세금을 이 사람에게 지불하라', 이런 일이 이루어지고 있었습니다. 이건 세금 문제가 됩니다만, 그런 식으로, 역시 지방에서는, 예컨대 면장이나 군수가 세금을 거둘 때는 돈으로도 괜찮고 포(布)로 내도 괜찮다는 것이, 1894년, 1895년까지는 이루어지고 있었습니다.

가토: 청일전쟁 때 현지에서 군이 사용한 것은 무엇이었습니까?

미즈타: 그건 지금 이야기하는 일본의 엔은입니다.

가토: 그것을 역시 직접 사용했습니까?

미즈타: 그렇습니다. 만주는 군표[軍切手]겠죠?

가토: 조선인은 현물이죠?

미즈타: 그렇습니다. 제일은행권이 생긴 것은 메이지 삼십몇 년이었던 것 같습니다. 그때 기록된 것을 보면 엽전이나 백동화는 화폐가치가 변동해서 곤란하다, 또 예컨대 200원(元)을 지불하는 데 엽전 10만 매(枚)가 필요하고, 인부 6명이 짊어지고 가야 합니다. 이런 식으로 사실 불편합니다. 1899년(明治 32), 1900년(明治 33)경의 기록에 그런 것이 쓰여 있습니다.

쓰치야: 엽전이라고 해도 다소 물품화폐 같은 것이죠.

미즈타: 이 엽전 회수는 내가 갔을 당시에도 여전히 연장을 거듭하며 하고 있었습니다. 1921년(大正 10)까지인데, 연장을 거듭한 엽전이라는 것은 —우리가 어렸을 때 일본에도 비타전(びたせん)[52]이라는 것이 있었죠. 녹이 슨 더러운 것— 그것과 같은 것입

---

[52] 영락통보(永樂通寶)는 중국, 명조 제3대 황제인 영락제 시대에 만들어진 전화(錢貨)이다. 무로마치시대에 일본에 대량으로 수입되어 에도시대 초까지 유통되었다. 영락전이라고 불리고 있었다. 형태는 원형으로 중심부에 사각형의 구멍이 뚫려 있고, 표면에는 '영락통보'라는 문자가 상하좌우의 순으로 각인되어 있었다. 민간이 멋대로 주조한 전화를 사주전(私鑄錢)이라고 하는데, 중국 강남이나 일본에서 만들어진 사주전도 많이 유통되고 있었다. 하지만 이들 사주전은 조악하고 품질도 나빴기 때문에 아전(鐚錢, びたせん, びたぜに)이라 불리면서 관주인 영락전보다 낮은 가치로 유통되고 있었다. 표면이 마멸된 조악한 코인을 가리키는 말이기도 하다. 악전

니다. 그런 상태에서 화폐제도로서 형식은 일단 정돈되어 있었습니다만, 실정은 혼란시대였다고 할 수밖에 없습니다.

(2) 일본인 재정고문에 의한 폐제 개혁과 일한 공동 폐제의 확립

1904년(明治 37)에 「일한보호조약」[53]이 체결되고 메가타 남작이 고문으로 부임해 오셨습니다. 그리고 재정, 회계제도, 금융제도 이 세 가지에 대해 근본적으로 손을 대셨습니다. 통화제도의 개혁으로는 역시 일본과 공동의 통화제도를 수립하게 되어 1905년(明治 38) 6월 1일에 금본위 화폐조례가 메가타 씨의 종용으로 한국정부에서 나왔습니다. 이전의 「화폐장정」과 마찬가지로 형체(形體), 무게(量目), 동질(同質)의 화폐는 법화로서 무제한 통용시킨다는 명령이 한국정부로부터 나왔습니다. 이것은 일본의 5엔 금화, 10엔 금화를 무제한 통용시키기 위해 역시 일본 엔의 유통을 사실상 인정한 것입니다. 그래서 1905년 이후는 구 백동화와 엽전, 그리고 일본의 금본위 통화와 제일은행 은행권, 거기에 「화폐조례」에 의한바 법화라는 것이 유통하고 있었습니다. 이것이 병합까지의 상태였습니다.

이 「화폐조례」가 발포되는 동시에, 폐제 문란의 가장 근본적 원인인 구 백동화와 엽전을 회수해야 했습니다. 그래서 회수를 위한 자금 300만 엔을 정리자금으로 일본정부에서 한국정부에 무이자와 무기한으로 빌려주었습니다. 하지만 엽전만은 아무래도 전국의 농촌에까지 유통되고 있었기 때문에 전부 회수되지 못하고 보조화로서 필요한 정도까지는 일부의 통용력은 인정하지 않을 수 없었던 것 같습니다. 그리고 소위 폐제 정리는 비교적 잘 진척하여 1911년(明治 44), 병합 다음 해였는데, 일단 폐제 정리가 이루어졌습니다. 당시의 일을 혼란 상태가 해소되었다고 기록에는 나와 있습니다. 메가타 남작이 폐제 개혁을 하신 1905년 말의 백동화와 엽전은 806만 엔이었다

(惡錢)이라고도 불렸다. 극히 소량의 돈을 의미하는 '비타 한 푼(一文)'의 '비타'는 여기서 유래했다고 한다.

53 1904년 8월에 체결된 것은 제1차 한일협약이다. 이 제1차 한일협약, 즉 '한일 외국인 고문 용빙에 관한 협정서'에 의해 고문정치가 시작되었다. 아마 기억의 착오인 듯하다.

고 기록되어 있습니다. 그것이 1911년에는 유통이 147만 엔 정도로 감소하였습니다. 이 정도의 엽전 유통고라면, 그리고 이에 대한 사주(私鑄)를 금지했으니, 이 정도면 뭐 괜찮지 않을까 싶어 일단 1911년에 구 화폐에 대한 정리에 마침표를 찍었습니다.

쓰치야: 당시에 사주를 금지한 것은, 그 이전에는 사주를 인정하고 있었다는 것이겠군요.

미즈타: 인정한 것은 아니지만, 엉터리였습니다. 따라서 이 숫자의 경우 어디까지 신용해도 괜찮은지 모르겠습니다. 사주를 인정하는 대신 특권료(特權料)를 징수했다는 것이 기록에 남아 있습니다. 유력자가 제멋대로 사주(私鑄)합니다. 사주한 자를 끌고 가서 감옥에 투옥시키는 그런 제도는 있지도 않았습니다. 메가타 씨가 가서 화폐의 사주는 안 된다고 했습니다. 그런 일을 몰랐던 것은 아니네요.

그리고 마침내 병합이 이루어져 일본의 화폐법을 완전하게 시행한 것이 1918년(大正 7)입니다. 일본의 화폐를 점점 가지고 와서 그것을 유통시킨다, 일본의 영토이니까 유통시킨다. 물론 조선은행권이라는 것은, 이것은 나중에 따로 말씀드리겠습니다만, 일단 일본의 화폐를 가지고 와서 내지와 같이 유통시킨다, 따라서 조선은 조선 고유의 조선은행권이라는 것과, 일본의 페이퍼 및 코인이 둘 다 유통하고 있다, 일본의 페이퍼 및 코인은 무제한의 강제 통용력을 가진다, 보조화의 제한은 물론 있지만…. 따라서 조선에서는 일본의 돈과 조선 고유의 돈이 모두 병립하고 있게 됩니다. 1920년(大正 9)에 구 한국의 화폐는 전부 유통을 금지했습니다만, 그래도 엽전만은 당분간 그대로 유통되고 있었습니다. 이렇게 하고 있는 상황에서 내가 간 것은 1925년(大正 14) 초였습니다. 어떻게 할 것인가 생각하다, 이제 이것은 1925년을 기해 전부 금지해도 민심이 동요할 걱정이 없을 것이라고 해서, 1925년 말을 기해 정말로 명실공히 유통을 금지해서 금속 재료(material)로 만들어 버렸다고 합니다.

가토: 교환은 가능했나요?

미즈타: 교환은 가능했습니다. 저희가 가서, 대체로 1920년부터 유통을 금지하고 있던 것을 지금까지—1925년까지 무엇인가—계속하고 있다, 이제 교환 같은 건 하지 않아도 되지 않을까, 라고 젊은 사무관이 변명했지만, 뭐 조선을 한번 보고 오라는 식입니다. 보니까 법률은 어떻든, 상투 튼 사람들은 뭐가 뭔지 이해하지 못한다, 따라서 변명하지 말라고 한다, 교환해서 손해를 보게 하지 않도록 하는 것이 통치임을 알 수 있

었다. 그런 법률을 만들어 놓고서 어기게끔 해서, 버릇이 되지 않을까 했습니다만, 지금 와서 보니 미숙한 변명이어서, 역시 손해를 보게 하지 않도록 하는 상사의 처리 방식이 좋았습니다. 숫자가 조금 나와 있습니다. 1905년 메가타 씨의 「화폐조례」가 발포되어 구 한국의 화폐를 정리하였고, 구 백동화가 1911년까지 환수된 것이, 기록에 의하면 3억 9,535만 9,000엔, 이 전부가 정부에서 만든 것이 아닙니다. 사주가 있습니다. 그것을 당시의 소위 노미널 밸류(nominal value)로 보면, 964만 엔으로 나와 있습니다. 그리고 엽전이 당시의 노미널 밸류로 431만 엔, 양쪽을 합해 약 1,400만 엔의 교환이 됩니다. 따라서 일본에서 300만 엔의 돈을 빌려준 것이기 때문에 나중의 1,100만 엔이라는 것은 페이퍼로 교환한 셈이 되겠지요. 그래서 이것을 녹여서 지금(地金)으로 만들면 252만 관(貫)으로 383만 4,754엔의 지금으로 팔렸습니다. 따라서 1,400만 엔이 383만 엔이기 때문에, 그렇게 말도 안 되는 상황은 아닙니다. 약 1/4 정도가 되었습니다.

(3) 일본 폐제의 특이성

그 이후에는—뒤에 조선은행에 관한 것을 말씀드리겠지만, 제일은행이 제일은행권을 발행해서 중앙은행의 업무를 담당해 왔는데, 1909년(明治 42)에 한국은행이 설립되어 한국중앙은행이 되었고, 한국 지폐를 발행하고, 제일은행을 승계하여 제일은행권과 체인지한다, 그것이 종전까지 계속 이어져 온다. 따라서 조선은행권이라는 것은, 일본은행권, 일본의 화폐제도와 같습니다. 금본위제로 현물을 범위(範圍)로 한다. 단지 일본과 다른 것은 일본은행권을 가지고 금화로 인정했다. 금 현물과 은의 일정량과, 일은권(日銀券)은 금으로 인정한다. 나머지는 보증준비(保證準備)의 제한이기 때문에, 예의 신축제한제도(伸縮制限制度)를 조선은행이 시행하고 있습니다. 일본이 관리통화가 되고 나서 물론 그것을 모방하여 관리통화가 되었습니다.

조선은행이 생기고 나서는, 조선은행의 지폐와 보조화는 일본정부의 지폐와 일본의 코인입니다. 조선은행권은 1엔, 5엔, 10엔, 100엔, 보조화는 일본의 보조화입니다. 1918년(大正 7), 1919년(大正 8) 무렵 보조화가 부족한 적이 있어서 당시는 일시적으로 그곳(조선)에서 페이퍼를 인쇄한 적이 있습니다.

가토: 일본에서도 당시 인쇄했던 게 아닌가요?

쓰치야: 일본에서도 정부지폐[54]로 50전, 10전 같은 것을 인쇄했습니다.

미즈타: 보조화의 결핍으로 상당히 고생했던 적이 있었습니다. 화폐제도는 대체로 그런 식의 변천을 거쳐 오고 있는 것입니다.

그리고 금융기관에 관한 것은, 옛날 것에 대해서는 요전에 잠시 말씀드렸기 때문에 생략하고, 이상 폐제의 개혁·변천을 요약해 보면, 전에 말씀드렸듯이 제일은행권이 공인받아 무제한으로 유통하게 됩니다. 또한 화폐정리도, 제일은행이 정부로부터 위탁을 받아 화폐정리 사무를 담당하게 되었고, 국고금의 취급을 위탁받음으로써 명실 상부한 중앙은행의 임무를 1900년(明治 33)과 1901년(明治 34) 정도부터 담당하게 되었습니다. 그런 상황에서 1909년에 한국은행이 설립되고 제일은행으로부터 중앙은행의 사무를 승계했습니다. 그런 경위로 한국은행권이라는 것이 법화로서 통용하게 되었고, 1911년(明治 44)에 「조선은행법」이 공포되어 조선은행이라 칭하고 종전까지 계속되었습니다.

2. 금융기관의 근대적 발달과 그 특이성
— 후진 국토·산업의 개발을 기본방침으로 하는 금융기구 제도의 창설

(1) 농공은행 설립의 의의와 임무

미즈타: 다음으로 금융기관에 관한 것을 말씀드리고자 합니다. 금융기관으로서 제대로

---

54 정부지폐란, 통화 발행권을 갖는 정부가 직접 발행하는 지폐, 또는 통화 발행권을 갖지 못한 경우에 중앙은행이 발행하는 은행권과 같은 법화통화로서의 가치나 통용력이 부여된 지폐를 가리킨다. 국가지폐라고도 한다. 일본의 경우, 과거 중일전쟁 발발 후 보조화폐가 금속 물자의 전쟁 우선 사용 때문에 발행되지 못하자 이를 보완하기 위해 50전 정부지폐가 발행된 적이 있다. 종전 후 50전 경화가 부활했을 때도 전후 인플레이션으로 소재 가치가 액면가를 상회할 우려가 있어서 이타가키 다이스케(板垣退助)의 도안으로 정부지폐가 재차 발행되었다.

형체를 갖춘 첫 번째 사례는 1906년(明治 39), 이것은 일본의 지도(指導)입니다. 메가타 씨가 부임한 이후의 일입니다. 「농공은행조례」라는 것을 1906년에 제정했습니다. 주식은 전부 정부가 인수하고, 무이자 대하금(貸下金)도 정부가 담당한다. 따라서 은행이라고는 하나 정부기관입니다. 그래서 농업, 광업, 상업을 위해 돈을 빌려준다, 돈을 빌려준다기보다 자본을 투하한다는 말을 사용하고 있습니다. 캐피털라이즈하는 것이 1906년부터 시작됩니다.

쓰치야: 그때 정부는 일본정부입니까?

미즈타: 아뇨, 한국정부입니다. 메가타 씨의 보호시대였기 때문에. 하지만 그것을 보면, 13도(道)에서 10행(行)이 2년 동안 설립되었습니다. 정부가 인수한 주식 총액이 110만 엔, 불입이 49만 엔이기 때문에, 당시의 화폐이기는 하지만, 실제로 보잘것없어도 한국의 입장에서 보면 커다란 진보라고 생각합니다. 그래서 무이자 대하금이 76만여 엔이라고 기록에 있기 때문에, 전체 자본 120, 130만 엔으로 움직이고 있었던 것입니다. 하지만 이에 대해서는 역시 일본이, 한국정부만으로는 안 된다고 해서, 1907년(明治 40) 일본흥업은행이 한국에서 발행한 농공채권을 45만 엔에 인수했습니다. 제일은행을 제외하면 일본흥업은행이 한국과의 관계가 가장 빨랐습니다. 이 농공은행이라는 것은 뒤에 합병, 정리되어 6행이 되었습니다.

쓰치야: 그 농공은행의 대부 방법은 어떤 식이었습니까?

미즈타: 대부 방법은 부동산 담보와 장기 연부상환, 우리의 농공은행과 거의 같습니다. 이자를 어느 정도 받고 있었나에 대해서는 조금 확실하지 않습니다. 농공은행이라고 하지만, 농(農)입니다. 당시 공(工)이라고 할 만한 것은 없었습니다.

쓰치야: 자금원은 채권(債券)입니까?

미즈타: 자금원은 정부 출자, 무이자 대하금과 일본흥업은행 채권, 하지만 전부 그렇지는 않아서, 민간인도 그 돈의 일부를 인수했습니다. 1914년(大正 3)이 되어 농공은행의 업무를 정리하기 위해 새롭게 「농공은행령」이라는 것이 나와서 역시 부동산 담보 대출만이 아니라 소위 보통은행 업무도 겸영할 수 있게 했습니다. 하지만 당분간만 시행하고 머지않아 금지한다는 조건으로, 보통은행 업무를 할 수 있게 했습니다. 은행이라고 해 봐야 근대적인 것으로 앞에서 말한 빈약한 것밖에 없기 때문에, 이것을 실

시하도록 했던 것입니다. 그리고 환업무도 1914년부터 실시하게 됩니다. 그리고 동척은 아시다시피 합병 전에 생긴 것이어서 동척의 업무도 대리할 수 있도록 했습니다. 농공은행은 비교적 잘 활용되어 1917년(大正 6), 1918년(大正 7) 무렵까지 금융기관으로서 당당한 역할을 했습니다.

쓰치야: 그것을 잠정적으로 운영하도록 한 이유는 무엇입니까?

미즈타: 역시 보통은행을 충실하게 하려고 한 것이 본래 목적이었습니다. 요전에 말씀드렸듯이 대한천일은행이나 한성은행에 가서 보았습니다만, 근대적인 것과는 상당히 거리가 멀었습니다. 따라서 결국 이렇게 정부가 힘을 쓸 수 있는 은행에 시키지 않으면 아무것도 이루어지지 않는다, 즉 설립 당시에는 일본식으로 농공은행으로 출발하고, 업무 분야를 확실히 하는 편이 좋다고 해서 했던 것이지만, 막상 해 보니 다양한 업무를 겸영하도록 하는 편이 좋을 것 같았다. 그렇게 분업으로 시킬 가치가 없다는 것을 알게 되어, 어디까지나 당초의 이념은 관철시키지만, 당분간은 다양한 업무를 겸영하도록 하고 실정에 맞추도록 한 것입니다. 그렇게 해서 1918년에 조선식산은행이 이를 대신해 생겼습니다. 그때까지는 소위 장기신용과 농지 관련 업무는 오로지 이 농공은행이 담당해 왔습니다.

(2) 동양척식주식회사의 업무

쓰치야: 동척은 언제 생겼습니까?

미즈타: 동척은 1908년(明治 41) 12월, 「동양척식주식회사법」이 일본의 법률로 생겼습니다. 따라서 농공은행과 동척은 병립했습니다. 동척은 일본의 회사인 것이죠. 농공은행은 한국의 은행입니다.

쓰치야: 동척의 업무는 어떤 것이 있습니까?

미즈타: 동척은 1908년에 생겼습니다. 일본의 우량한 농민을 조선의 농업개량을 위해 이식하는 것이 하나의 목적이었습니다. 그리고 조선에 있는 소위 엔터프라이저(enterpriser), 기업자에게 비교적 저리의 자금을 공급합니다. 그리고 수산업에 대한 자금의 공급, 이런 것을 표방하고 있었습니다.

쓰치야: 자금원은 오로지 일본정부에 의존했습니까?

다케사와: 채권을 발행하지는 않았습니까?

가토: 분명히 그랬습니다.

미즈타: 동척은 당초 1,000만 엔이었던 것 같은데, 일본이 출자했습니다. 정부가 아니다, 민간도 낸다. 네 개의 섬(일본 전체-역자)에서 주식을 모집했습니다. 소위 재팬 프로퍼(Japan proper)로 주식을 모집한다, 그렇게 해서 1908년부터 8년 동안은 매년 30만 엔을 일본 정부가 보조한다는 내용의 법률이 만들어져 있습니다. 그리고 한국정부는 국유지를 현물 출자한다, 그런 명분이었던 것 같습니다. 돈은 일본에서 가지고 간다, 한국은 국유지를 현물 출자한다, 그 국유지에 일본에서 우량 농민을 데리고 가서, 일본 농업의 모범을 보여 준다. 한편, 기업하는 자에게 자금을 공급하고, 또 수산업에도 공급하고 있습니다. 그리고 1914년(大正 3)부터는 농공은행에 자금을 공급한다. 따라서 농공은행을 통해 일반 사업에도 동척의 자금이 공급된 것입니다.

쓰치야: 채권 발행은 어떻습니까?

미즈타: 동척채권이라는 것을 발행했습니다. 이건 물론 일본에서의 발행입니다. 조선에서는 그런 국채나 채권 같은 것은 거의 말이 되지 않습니다. 전쟁 때가 되어 강제저축이라는 것을 했습니다. 그래서 동척이나 식산은행에 국채를 갖도록 했습니다. 1년에 어느 정도 가지고 있으라는 식으로 다짜고짜로 보유하게 했습니다. 만약 자유에 맡겨 두면, 낮은 수익률의 채권이나 국채는 거의 말이 되지 않습니다. 그리고 한국 금융기관의 입장에서 농공은행이라는 것은 지금의 몸을 이룬, 은행이라는 하나의 오르간(organ)입니다만….

쓰치야: 잠시 여쭙겠습니다만, 동척의 성질은, 이건 은행이기도 한 것입니까?

미즈타: 이건 본래 목적으로서는 돈을 맡는 기능은 없습니다. 자금의 공급입니다. 단, 장기예금이나 정기예금이라는 것이 있어서 수중의 업무요람을 보면 1939년(昭和 14) 6월 말 현재 2,500여만 엔의 예금을 가지고 있습니다. 단기예금은 취급하지 않습니다.

쓰치야: 본래 목적은 공급이죠. 그러면 은행은 아니고.

미즈타: 즉 흥업은행과 같은 것이죠. 자금원은 사채 및 정부 출자, 공채 혹은 소위 기업에 대해 돈을 융통하는 그런 성질입니다. 그리고 농공은행에도 돈을 빌려준다. 일본의

흥업은행은 보통 은행에 돈을 빌려주는 일은 하지 않지만, 동척은 소위 엔터프라이저에게 돈을 빌려준다. 이건 직접 빌려주게 됩니다.

쓰치야: 금융기관이기도 한 것이죠.

미즈타: 금융기관이기도 합니다. 일본의 은행처럼은 예금하지 않는 금융기관입니다. 그래서 돈을 빌려줄 때는 저당을 잡습니다만, 토지 이외에는 없습니다. 메이지 말부터 다이쇼 초에는 저당 물건이라고 해야 토지 이외에는 없다, 재산이라고 할 만한 것이 없다, 그래서 저당이 유질되어 모두 동척으로 들어간다, 이것이 원망의 원인 중 하나가 됩니다. 토지를 담보로 돈을 빌려주고 빼앗아 버렸다. 빼앗은 토지라는 것은, 일본의 치산치수계획으로 점점 좋아집니다. 5, 6년 전과 비교하면 단위 면적당(한 마지기 당-역자) 수입이 증가하게 됩니다.

쓰치야: 동척은 이민을 지원하기도 합니까?

미즈타: 지원은, 이민에게 돈을 빌려준다. 동척이 경영하는 간척지라는 것이 있습니다. 동척 이민이라는 것이 있었습니다.

(3) 금융조합제도의 창안과 그 획기적 역할

농공은행은 1906년(明治 39)에 생겼습니다. 당시 메가타 남작은, 조선은 전 인구의 8할이 농민인데도 소농에 대한 금융이라는 것이 고리대나 전에 말씀드린 대로 매우 불완전한 소위 착취하는 것밖에 없다, 아무래도 농민에 대한 금융이라는 것을 어떻게든 생각해서 해야 한다, 하지만 일본의 시업조합(施業組合)이라는 것을 그대로 가지고 오면 민도(民度)에 맞지 않다. 그런데 독일의 농사금고(農事金庫)로 라이파이젠이라는 것이 있다고 합니다. 그리고 서민은행으로 슐체가 있습니다.[55] 즉 라이파이젠식의 농민은행, 슐체식의 서민은행, 또 내지의 신용조합, 또 종래의 계, 일본의 무진, 이 4개의 장점을 취해 하나의 독특한 조선지방금융조합이라는 제도를 생각하시고,

---

55 슐체 델리치(Hermann Shulze-Delitzsch)에 의해 도시신용조합이, 프리드리히 빌헬름 라이파이젠(F.W.Raiffeisen)에 의해 농촌신용조합이 각각 설립, 발전됐으며 특히 라이파이젠 조합은 농협의 원조가 됐다.

이토 통감에게 1906년에 헌책하셨습니다.

그래서 1907년(明治 40)에 「지방금융조합규칙」이라는 것이 생겼다, 이런 식이었습니다. 이 금융조합이라는 것은 조선에 존재하는 금융기관으로서는 상당히 특색이 있는 것으로 선정(善政)의 심벌 중 하나라고 알려져 있습니다. 1919년(大正 8)에 만세운동이 있었을 때, 일본의 경찰서는 물론 무라야쿠바(村役場), 즉 면사무소나 일본인의 농민은 모두 습격받았는데, 금융조합 사무소만은 습격을 당하지 않았다고 합니다. 그런 에피소드가 있습니다. 조선 사람들은 금융조합에 상당히 감사하고 있다고 한다.

쓰치야: 금융조합은 어떤 곳에 있었습니까? 각 면까지 모두….

미즈타: 금융조합, 당시 법률상의 성질은 사단법인으로, 일정한 지역에 제한되어 있습니다. 예컨대 어떤 군(郡), 어떤 정(町). 조선에서는 정(町)을 읍이라고 부른다. 이 정이 정과 이 정에서 하나의 조합을 만든다. 5개의 정촌(町村)(읍·면)에서 조합을 만드는 것입니다. 처음에는 조선인만을 멤버로 한다, 1년 이상 동일 지역에 거주하여 업을 영위하고 있는 자로 제한한다고 했습니다. 업무 내용은 일본의 신용조합보다도 산업조합과 유사합니다. 가장 처음은 농공은행이 장편마복(長鞭馬腹)[56]이라 불렸기 때문에, 농공은행의 보조기관이라는 명분으로, 농공자금의 대부를 주된 업무로 한다고 알려져 있었습니다. 하지만 그와 병립해서 '창고업도 한다. 창고업이라면 무엇인가 하면, 우리가 보러 가면 10평 정도의 바락(임시 벽 – 역자), 강풍에 날아가 버릴 것 같지만, 그래도 창고업을 영위한다. 물론 농산물의 위탁판매, 그리고 원단 같은 것의 위탁판매도 한다. 비료나 램프의 석유 같은, 그런 물건의 공동구입도 한다. 그리고 농지의 개량이나 우량품종을 판매하는 일도 한다. 또한 제일은행을 도와 화폐정리 업무도 취급한다. 그리고 신식 농기구를 파는 일도 하고, 임대료를 받고 빌려주는 일도 한다. 거기다 모범전(模範田)을 경영해 보여 주는 일도 한다. 단순하게 돈을 빌려주는 일만 하는 것이 아니다.' 모든 면에서 농촌을 지도합니다. 그 중심인물은 금융조합의

---

56 원문은 '雖鞭之長不及馬腹'이다. 채찍이 길다 하여도 타고 있는 말의 배 밑에는 닿지를 않는다는 뜻이다. 즉, 세력이 강대할지라도, 오히려 미치지 못하는 데가 있음을 비유적으로 나타낸 말이다. 일설에는, 세력이 넘쳐도 함부로 휘두르지 말라는 뜻으로 새기는 경우도 있다.

이사, 이는 조선총독이 임명합니다. 월급이 얼마인지도 총독이 정해 버립니다. 당시 나가타(永田) 선생이 하고 계시던 다쿠쇼쿠대학(拓殖大學)이라는 것이 있었습니다. 그곳 출신자를 데려와 상당한 대우를 해 주었는데, 소위 파이오니어다운 의기(意氣)를 가지고 모두 짚신 신고 했다고 합니다. 직접 농촌에 들어가 빈대[南京虫]에 물려 면역이 된 것, 김치(조선의 절임 음식)의 부추나 마늘 냄새를 개의치 않게 된 것, 파리가 끓는 음식을 먹는 것을 개의치 않는 것. 우리는 그렇게 들었다, 당신들이 오더라도 이 세 가지에 면역되지 않으면 조선통치는 불가능하다고— 그런 점에서 나 같은 사람은 낙제입니다. 금융조합의 이사는, 그 정도의 각오와 패기를 가지고 일을 감당하고 있었습니다. 그렇게 해서 조선 농민의 레벨을 어떻게 높일 것인가를 두고 혼신의 노력을 기울였습니다.

쓰치야: 이름은 금융조합이어도 그 이외의 것을 했던 것이죠.

미즈타: 요컨대 조선 농업의 발달을 목적으로 한 특수한 제도, 기관이었습니다. 그래서 조금씩 조선의 상태가 발전하게 되면, 지금의 돈을 빌려주는 이외의 일은 점점 정리되어 다른 기관으로 옮겨가게 되었다. 나는 재무국장을 맡고 있어서 여기에 상당히 고심했다. 마찰이 많아서요. 예컨대 농업 지도라는 것은, 농회(農會)에 맡겨야 합니다. 산업조합이라는 것은 1926년(大正 15)부터 생겼습니다. 그리고 조선농회라는 것도 1919년(大正 8), 1920년(大正 9)경부터 점점 생겨나고 있었습니다. 그렇다면 물품의 구입이나 판매는 산업조합의 일이 됩니다. 농사의 지도 개량은 농회의 일이 됩니다. 하지만 그때까지는 금융조합이라는 것은 돈을 중심에 두고 구매와 판매를 한다. 농업 지도도 담당합니다. 따라서 금융조합 사람들은 굳은 신념으로 살고 있는 것입니다. 조선의 농민을 발달시키기 위해서는 오직 대금업만으로는 안 된다, 대금업만 고집해서는 안 된다, 농사 개량에서, 구매와 판매에서, 가계부의 지도에서, 혼연일체로 해야 한다는 굳은 신념을 가지고 있는 것입니다. 하지만 디퍼렌시에이션(differentiation, 분화)이 되면, 좀처럼 손이 미치지 못하는 것이 아닌가, 대금업은 역시 대금업자가 하는 것이 좋지 않을까 합니다.

가토: 금융조합원은….

미즈타: 조합원은 대부분 조선인입니다.

가토: 임의로 들어가는 것이 아닌가요?

미즈타: 조선인으로 그 장소에 1년 이상 거주하고, 영업하는 자.

다케사와: 예금은 있었습니까?

미즈타: 예금이 아닙니다. 1구에 10엔씩 출자합니다.

쓰치야: 단위는 일본의 군(郡) 정도의 단위입니까?

미즈타: 대체로 군이 2백몇 개였는데, 300개 정도 생겼습니다. 따라서 1군에 하나에서 두 개인 셈입니다.

쓰치야: 연합회도 있었습니까?

미즈타: 그렇지요. 그리고 한 조합에 대해서는 조합의 기금으로 총독부로부터 예산을 받아 1만 엔을 주었습니다. 괜찮은 금액입니다. 이사를 임명하기 때문에, 이사급(理事給)의 반액은 국고보조입니다. 이런 점에 신경을 썼습니다. 금융기관의 실패는, 그 주된 원인이 정실(情實)에 있다고 합니다. 정실은 어디에 있는가 하면, 신분 관계에 있습니다. 특히 조선은 뇌물로 어떻게 한다든가 이렇게 한다는 인연 정실이 많습니다. 그래서 책임 있는 이사자는 총독이 임명하고 돈도 반액을 보조하는 것입니다. 따라서 정당하게 돈을 빌려준다고 지도하면, 총독을 비난하러 가자든가 어떻게 하자든가, 그것을 조사해 보고 이런 이유로 이렇다고 하면, 농촌의 양반이나 유력자, 보스에게 머리를 조아리거나 그 때문에 좌우되는 일은 없습니다. 이것이 가장 중요하기 때문에, 이것이 근본이었습니다. 민주직이시 않은 곳은 아무래노 신분에 쇠우되기 때문에, 바른 정치를 할 수 없습니다. 이런 이념은 나는 그 점에서 성공했다고 생각합니다. 중심인물이 의연하게 본래의 사명에 매진할 수 있었습니다.

쓰치야: 금융조합은 순조롭게 발전했나요?

미즈타: 상당히 순조로웠습니다.

쓰치야: 조금씩 분화해 갔습니다.

미즈타: 숫자는 조금씩 증가해 갔습니다. 처음에는 농촌만으로 하고 있었지만, 소위 농공은행 업무에 대한 반성이 더해지고, 1914년(大正 3)에 「농공은행령」이 생겨 보통은행 업무를 겸영했다고 말씀드렸는데, 점점 조선의 농촌에만 신경 쓸 수 없는 정세에 순응하기 위해, 1914년 「농공은행령」의 발포와 함께 새롭게 「지방금융조합령」—그때

까지는 「지방금융조합규칙」이라고 했지만— 령(令)이라는 것이 제정되어 사단법인으로 했습니다. 그때까지는 책임 관념이 확실히 규정되어 있지 않았지만, 유한책임으로 해서 일본과 같은 사단법인으로 했던 것입니다. 또 앞에서 말씀드린 1구(口)에 10엔이라는 것은, 그때까지는 농민이기 때문에 1엔이어도 얼마여도 괜찮았다, 그것을 1914년부터 1구 10엔으로 정하고, 1구 이상 어느 정도여도 괜찮다, 일본인 농민도 가입해도 괜찮다는 것이 1914년부터 비로소 가능해졌습니다. 또한 1914년부터 처음 조합원의 예금 업무를 실시한다. 하지만 리미트는 있다, 조합원의 예금은 괜찮지만, 다른 곳으로부터는 예금을 받아서는 안 된다, 하지만 총독부가 인정해 훨씬 우량하다고 하는 조합은 얼마간의 거래를 인가하기로 했다. 정말이지 극진하게 대접해서, 인연 정실 같은 것은 절대로 안 된다는 방침으로 했습니다. 그리고 그때부터 경비의 일부를 보조한다. 앞에서 말씀드렸듯이 이사급의 반액을 보조한다는 방침이 확립되었습니다. 아까 연합회에 대한 질문이 있었습니다만, 1918년(大正 7)에 「금융조합령」이 개정되어 지방이라는 것을 없애고 금융조합이라고 이름을 바꾸었습니다. 실질적으로는 지금까지의 금융조합 외에 부(府)—소위 시(市)에 해당하죠— 및 총독부가 지정한 시가지에 새롭게 설치할 수 있게 되었습니다. 그리고 1918년부터 도시조합과 촌락조합-부 및 지정 시가지에 있는 것을 도시조합이라고 하고, 그렇지 않은 것을 촌락조합이라고 합니다. 하나의 도시에 그런 형태를 가지고 왔다. 그때부터 거주 1년 이상이라든가, 농민이 아니면 안 된다는 제한을 철폐했습니다. 목수이든 무엇이든 가입하고 싶은 사람은 가입할 수 있다, 1구가 10엔부터 50엔까지여서 돈이 잘 도는 시가지 등은 1구 50엔으로 해도 괜찮다, 그건 정관에서 경제력에 따라 얼마든지 정해라, 그리고 도시조합에서는 어음할인을 인정한다. 다소 상업적이 된 것입니다. 그리고 그때 위탁판매나 공동구입 같은 것은 촌락조합 내에서도 장래는 점차 이것을 축소하여 결국 폐지한다는 방침을 1918년에 정하고, 도시조합에서는 처음부터 그것은 인정하지 않는다. 이미 이때 분화가 도시에서는 일어났던 것입니다.

쓰치야: 이상한 질문일지도 모르겠습니다만, 좀 여쭤 보고 싶습니다. 군에 1개소, 2개소밖에 없다고 하면, 마을마다 마을 사람들의 이용이 아무래도 충분하지 않다는 원망이 있지 않았나요?

미즈타: 그렇죠. 그것이 큰 고민거리여서 군 하나라고 해도, 예컨대 함경북도의 어떤 군 같은 경우는 시코쿠(四國) 정도입니다. 하지만 말씀대로 이용을 충분하게 하려면 몰래 해야 하는데, 몰래 하면 경영이 이루어지지 않는다. 자금력이 상당히 박약(薄弱)하기 때문에 역시 조합원은 아무래도 500, 600에서 1,000명 정도가 되지 않으면 상당히 저리로 빌려줄 수 없다. 말씀대로 조합을 몇 개 만들까 하는 것과 조합의 경영이라는 것을 항상 총독께서 서로 저울질하면서 검소하면서도 경영할 수 있는 가능성을 갖게 한다. 처음에는 출장소를 인정했습니다. 출장소에서 독립채산이 가능한가 하면, 나무에서 열매가 떨어지듯이 분리해 가는 것으로 해서, 대체로 1919년(大正 8) 당시까지 400 정도의 조합을 전국에 갖추어 놓았습니다. 아까 질문하신 도 단위의 연합회는, 1918년에 처음으로 설치되었습니다. 이 연합회는 무엇을 하냐면, 자금 조달, 그리고 이러저러한 멤버 조합의 자금 융통입니다. 그때까지 조합은 자신의 한 곳밖에 자금 조작을 할 수 없었습니다. 연합회가 생기면, 일정한 이자로, 남은 곳은 반드시 연합회에 예치하라고 법률로 정해져 있다. 연합회는 부족한 곳에 빌려준다.

(4) 조선식산은행의 성격과 금융조합연합회

그밖에 조선식산은행이라는 것이 1918년에 생겼습니다. 이 개정(改正)도 1918년에 이루어졌습니다. 연합회의 자금이 부속하면 식산은행에서 돈을 빌리게 되어 있다, 즉 13개 연합회의 모 은행이 조선식산은행이라고 할 수 있습니다. 각 도의 연합회는 자금의 공급과 조합들 사이의 조절을 멤버조합 중에서 한다, 동시에 금융조합 업무를 지도한다, 연합회에서 강습을 열어 서기급의 직원을 공부시킨다. 이건 작은 서민금융으로서의 업무 지도를 했던 것입니다. 이것으로 비로소 조금이나마 자금 소통의 범위가 넓어지고, 몸을 정비해 왔다고 할 수 있습니다.

가토: 농림중앙금고(農林中央金庫)에서 하는 그런 일을 결국 식산은행이 했다는 것인가요? 마지막까지 식산은행이 했던 것인가요?

미즈타: 그렇습니다. 이건 내가 주계과장(主計課長)으로 재직 중이던 1933년(昭和 8), 1934년(昭和 9)경에 전선금융조합연합회(全鮮金融組合連合會)라는 것이 생겼습니다.

13개 연합회를 아우르는 모단체가 생긴 것입니다. 그 모단체가 금융조합채권 발행의 권한을 부여받았습니다. 그 채권을 식산은행이 산다. 나중에는 일본 내지에 팔았습니다. 대체로 식산은행의 자금은 전적이라고 할 수 있을 정도, 98%는 일본 내지의 금융시장에서 조달하고 있었습니다.

다케사와: 채권을 발행했네요.

미즈타: 야마이치(山一)가 주로 담당했습니다. 식산은행 도쿄지점은 오로지 사채를 사들이는 브랜치였습니다. 식산은행도 보통은행 업무를 했기 때문에 예금은 받지만, 예금과 대부의 밸런스는 말이 안 된다. 금융조합 자금도 식은에서 조달한다. (금융조합이-역자) 발달해서 내지의 시장을 알게 되면, 내지의 금융시장에 팔아 내지의 자금을 가지고 갔다. 따라서 오늘날 일본이 외자도입, 외자도입이라고 외치고 있지만, 자본이 부족한 곳은 후진국을 개발하자, 그곳만을 위한 자본이라는 것이 없기 때문에, 어떻게 해서든 외부로부터 도입해야 했습니다. 조선의 개발은 전적으로라고 해도 좋을 정도로 일본의 자금과 기술의 도입을 통해 이루어졌다. 그 통로(管)는, 조선은행은 물론이지만, 식산은행이 상당히 큰 통로이고, 식산은행과 동척, 그리고 나중에는 금융조합연합회의 금융채(金融債)라는 것이 하나의 큰 동맥이었습니다. 그리고 호즈미(穗積) 씨의 말씀처럼 내지의 소위 자본가라는 사람이 진출해서 노구치(野口)의 무엇이 어떻다든가, 후지야마 라이타(藤山雷太)의 설탕회사라 어떻다든가, 마고시 교헤이(馬越恭平)의 조선방직이 어떻다든가, 혹은 대일본맥주, 기린맥주가 어떻다든가, 무엇이 어떠하든 각자의 자본을 가지고 개발한 것이 됩니다. '당초는 식산은행, 동척, 그리고 금융조합이라는 것으로, 내지에서 점점 간다. 그리고 농공병진(農工竝進)으로 마이닝 인더스트리(mining industry, 광산업) 등이 점점 발달했다. 그래서 각자의 작은 파이프로 자본 및 기술이 도입되었다. 그래서 종전 당시 상당히 금도 나오고 비철금속, 전력도 개발되었다. 비료가 어느 정도 생산할 수 있게 된 것은, 오로지 그런 내지 자금의 도입 때문이다.' 이건 조선을 정말로 물질적으로 불모의 토지를 개발하여 생산력을 늘려 가는 길이라고 믿고 일본의 우리가 했던 것입니다. 그러므로 공채 같은 것도 생산공채(生産公債)에 한해, 나는 주판알을 튕겨 보고, '100만 엔을 투자하면, 5%(5푼) 공채이니까, 5만 엔의 이자와 3, 4만 엔의 원금을 30년 정도 지불한다. 무언가 있으면

나는 공채를 발행해도 좋다'는 굳은 신념으로 시종일관해 왔습니다. 일단 개발하면 반드시 채산이 맞는다는 신념을 가지고 했기 때문에 대장성에 와서도 자금을 보내라 보내라 하면 싸웠습니다. 호즈미 씨도 마찬가지입니다.

쓰치야: 호즈미 씨의 말씀 외에, 예컨대 논(水田)을 개발한다든가, 면작의 증식을 도모한다든가….

미즈타: 오로지 식산은행과 동척의 대부로 이루어졌습니다.

쓰치야: 논 같은 농지의 개량에 대해서는 따로 금융조합은 (대부-역자) 하지 않았습니까?

미즈타: 금융조합은, 농지개량이나 논에 대해서는 상당히 큰 자금이기 때문에 하지 않았지만, 농민이 비료를 산다든가, 호미를 산다든가, 탈곡기를 산다든가, 이런 건 모두 금융조합이 빌려주었습니다. 조선의 농지개량에 대한 소소한 농민의 생활자금 같은 것은 전부 금융조합. 이건 식은에 미치지 못합니다. 큰 금액이기 때문에….

쓰치야: 면작(棉作)이나 다른 경우, 혹은 면양(緬羊)이죠. 면양을 많이 증식했다. 그런 것은 식산은행입니까?

미즈타: 그런 것도 농민이 면작을 위해 종자를 산다든가 하는 경우 금융조합만 자금을 공급했습니다. 하지만 면양을 5필이나 6필 사는 것은—양 1필에 30엔이어서 100엔 정도로 3필을 살 수 있었는데—이에 대한 자금은 금융조합이 공급했습니다.

쓰치야: 그리고 조선 전체의 연합회가 생겼을 경우나 도의 금융조합연합회가 생겼을 때는 이사자(理事者)에 내지인도 참여할 수 있게 되었나요?

미즈타: 금융조합의 이사자는, 가능한 내지인, 이건 지도방침으로 가능한 내지인을 이사자로 한다. 요컨대 조선인에 대한 불신입니다. 조선인은 인연 정실로 움직이기 때문에 안 된다. 즉 솔직히 말해 금융기관을 경영하는 자격 없음, 우리도 은행의 두취나 부두취 같은 경우는 종전 당시까지 이에 대해 정실에 흔들리지 않는다는 판단이 서지 않았기 때문에, 미군이 진주했을 때도 조선인으로 두취나 부두취가 될 만한 인물은 별로 없었다고 말했습니다.

쓰치야: 전선연합회(全鮮連合會)는 물론 도 연합회의 이사자도 군의 이사자도 그렇습니까?

미즈타: 그렇습니다. 금융조합의 이사도, 농촌 쪽의 이사는 조선인 이사를 상당히 우수하

다고 인정하지만, 주요 장소에는 전부 일본인 이사자입니다. 그만큼 정실로 움직이지 않는다. 조선인은 대체로 그렇지 않았습니다.

쓰치야: 그에 대해 조선인이 역시 비뚤어진 데가 있었나 보네요.

미즈타: 그런 것은 있습니다. 너희들은 금융을 경영할 자격이 없다고 하는 그런 말을 입으로는 말할 수 없었습니다. 속으로는 상당히 그런 기분을 가지고 있었습니다. 왜냐하면 확실히 한국 시대는 뇌물을 받거나 매관 같은 것이 이루어졌습니다. 당동벌이(黨同伐異)[57]라고, 뇌물을 받는 것을 나쁘다고 생각하지 않는다, 정실 인연이라는 것은, 금융기관에서는 있어서는 안 된다, 이건 일본인의 굳은 신념입니다. 그것이 총독부의 명령으로 문자 그대로 빈틈없이 할 수 있었다. 이것이 금융조합이 발달한 유력한 원인이라고 생각합니다.

(5) 농촌지도를 중심으로 하는 금융조합의 다각적 운영

가지니시: 금융조합에 척대(拓大, 척식대학) 졸업생이 갔다는 이야기입니다. 주로 농업 관계자가 갔었나요?

미즈타: 아뇨, 금융조합의 이사입니다. 척대라고 해도 그 전신인 동양협회(東洋協會)의 사람들이 많았는데, 그들은 모두 직접 호미를 들거나 했습니다. 이 점에서는 우리 선배는 조선 개발에 몸을 헌신한다는 의욕에 불타 있었습니다. 자긍심을 가지고 갔습니다. 하지만 일본 전체를 통해 보면, 조선이나 만주는 실업자나 망나니가 가는 것이다, 깃발 하나 달랑 들고 가는 일기조(一旗組)가 가는 것이다, 그것도 있었습니다. 여기에 갭이 있습니다. 조선에 가는 것은, 아무래도 일본에서도 대장성 같은 곳에 들어가지 못하는 쓰레기가 간다, 민간에도 망나니가 간다, 도쿄에 있는 정부는 그런 기분을 가지고 있었다. 우리는 그렇지 않다, 우리(조선에-역자) 간 인간은 일종의 프라이드를 가지고 갔다, 거기에 갭이 있었습니다. 따라서 항상 도쿄의 정부와 조선의 총독부는, 그런 하나의 무엇인가가 있었습니다. 한편은 상당한 긍지를 가지고 하고 있다, 무엇을

---

57 뜻이 맞는 사람끼리는 한 패가 되고, 그렇지 않은 사람은 배척한다는 뜻이다.

말하고자 해도 우리는 메이지대제의 조칙으로 일시동인(一視同仁), 조선민족을 야마토민족과 같은 레벨까지 끌어올리자, 여기는 식민지가 아니다. 혹은 조선인의 입장에서 보면 고마운 폐(有り難迷惑), 즉 달갑지 않은 친절, 악녀의 심정(深情)일지도 모른다, 여기에 갭이 있습니다.

쓰치야: 조선인은 나쁜 것만 보려는 버릇이 있었네요.

미즈타: 우리가 조선에 대해 은혜를 베푼 것만 강조하면 저쪽도 기분이 나쁘다, 당연히 조선통치에 대한 반성은 필요하다고 생각하지만, 적어도 통치를 담당한 인간의 기분은 상당히 굿윌(good will)이었다, 선의의 악정(惡政), 악녀의 심정(深情)이라는 것이 있었을 것입니다. 나중에 이민족을 접할 때에는 반성할 필요가 있습니다. 금융조합은 그런 것으로, 농민에게 있어서는 상당한 플러스였고, 이 제도나 방식에 대해서 조금은 감사해했을 것입니다. 우리가 말하는 것은 이상하지만, 비교적 이해를 얻은 제도가 아니었나 생각합니다.

다케사와: 금융조합이 빌려준 돈을 회수하는 일은 언제부터 생겼습니까?

미즈타: 그건 이미 처음부터 1만 엔의 기금을 다 써 버린다. 그것으로 어느 정도 버텼습니다만, 정말로 좋아지게 된 것은, 1931년(昭和 6), 1932년(昭和 7), 우가키(宇垣) 총독의 농촌진흥운동 이후입니다. 내가 어디선가 이야기했었는데, 조선에는 춘궁(春窮)이라는 숙어가 있습니다. 이건 즉 1930년(昭和 5), 1931년 전까지는, 가을의 쌀을 거두어 연공(年貢)[58]을 바치고, 남은 것은 대체로 3월까지 다 먹어치웁니다. 연공이 착취이기 때문에…. 그렇게 되면 6, 7월경의 보리, 조(粟)를 수확할 수 있을 때까지 어떻게 하느냐 하면, 도토리를 먹는다, 풀뿌리나 소나무 껍질, 새싹, 다시마, 톳, 즉 초근목피(草根木皮), 해초, 이건 정말로 문자 그래도 그렇습니다. 그런 것으로 3, 4, 5월의 약 100일 정도는 연명하는 것을 피할 수 없는 운명으로 알고 당연한 것으로 알고 있었습니다. 그래서 춘궁이라는 말이 나왔습니다.

쓰치야: 단경기(端境期)가 상당히 빨리 왔군요.

---

58 여기서는 세금을 말한다. 일본 에도시대에 연공미(年貢米)라고 해서 농민이 생산한 쌀 중 일부를 세금으로 현물의 형태로 영주에게 바친 데서 나온 표현이다.

미즈타: 보리, 조, 콩을 수확할 때 쌀을 수확할 수 있게 되어 곤경에서 헤어날 여지가 없다, 쌀을 수확하는 자는 이전에 빌린 돈이 있다, 쌀을 수확하면 연공을 바치거나 빚을 갚는 데 쓰고 만다, 그래서 우가키 총독의 농촌진흥운동은 고리채(高利債)의 정리, 수지의 균형, 식량의 충실에 중점을 두었다. 수지의 균형이라는 것은 가계수지의 균형입니다. 이 세 개를 목표로 해서 농촌진흥운동이 일어난 것입니다. 다행히 쌀이 풍작이기도 했고, 고리채 정리라고 하면 전체의 20%, 30%에 해당하는데, 금융조합만으로는 부족해서 예금부의 저리자금을 몇백만 엔인가 매년 금융조합에 (지원했는데-역자), 식산은행과 연합회를 통해 빌렸다. 고리채를 차환하더라도 금방 다시 빌리게 되면 안 되기 때문에, 3일이 멀다 하고 그 집을 찾았습니다. 그렇게 해서 변소(便所) 설치를 도와주는 것부터 했습니다. 왜냐하면 조선은 변소(厠)를 만드는 습관이 농촌에 없었습니다. 대충 아무 곳에나 가서 소변과 대변을 처리하고 온다. 마을에서는, 온돌 가운데 요강이 있어서 밤에 요강에 소변을 누고 아침에 창을 통해 확 버린다. 아침에 지나갈 때는 창에서 떨어지는 소변에 당하는 일이 있다. 그래서 변소를 만드는 비용을 예산에서 보조해 달라고 요구해 왔다. 농촌진흥운동…. 우리가 그런 바보 같은 일이 있을까 했지만, 들어 보면 역시 변소를 만들고 항아리를 묻어, 그것을 비료로 사용하도록 지도합니다. 그런 것부터 했습니다.

쓰치야: 민도(民度)가 낮네요.

미즈타: 낮습니다. 농촌진흥은 그런 곳부터 했습니다. 그리고 퇴비를 만드는 것을 떠들썩하게 했습니다.

쓰치야: 퇴비는 원래 안 만들었나요?

미즈타: 그런 건 잘 모르겠습니다. 비료를 준다는 관념이 원래 없습니다.

쓰치야: 상당히 유치하네요.

미즈타: 그런 것부터 교육시켰습니다. 쌀도 휙 뿌린다. 못자리[苗代] 같은 것은 만들지 않는다.

쓰치야: 직파(直播)했나요?

미즈타: 직파했습니다. 못자리를 만들어 할 것, 심는 것은 줄을 당겨 정조식(正條植)으로 한다, 그런 것부터 가르친다. 내가 놀란 것은 변소를 만드는 데 보조금을 내서 하는

것이었습니다. 그런 건 일본인에게 드문 일입니다. 그런 식으로 손을 잡고 이끌어 준다. 하지만 조선어를 사용해서는 안 된다든가, 흰옷을 입어서는 안 된다든가, 신을 참배하라든가, 그렇게 되면 – 정신생활이 되면, 효과가 나타나지 않습니다. 지금의 분뇨 구덩이를 만들어 하라고 하면, 거름을 100엔에 사 와야 했던 것이, 50엔의 금비(金肥)와 공짜로 얻을 수 있는 물건으로 같은 양의 쌀을 수확하는 효과가 나타난다. 그건 납득한다. 정신문화 쪽은 번잡한 것뿐으로 효과가 나타나지 않는다. 저축장려의 경우도, 옛날에는 돈을 모으더라도, 이렇게 저렇게 인연을 구실로 거둬가 버린다. 따라서 저축 같은 건 바보 같은 짓이다. 이걸 불식하는 데 상당히 시간이 걸린다. 돈을 모으면 모은 것만큼의 이득이 있음을 현장에서 알려 주어야 한다. 돈을 모아도 쓸데없이 세금 같은 건 거두지 않는다, 모으면 사유재산으로 자신의 것이 된다는 것을 실례를 가지고 가르치는 데 10년, 15년이 걸린다. 1931년, 1932년, 1933년(昭和 8)경의 농촌진흥 이후 겨우 그것이 가능해졌다. 금이나 여러 가지 조선의 자원이 개발된다. 일본의 자본이 들어온다. 산물이 많아진다. 급격한 부의 축적이 1932년, 1933년 이후 이루어졌습니다.

- 제3화 끝 -

× × × ×

(곤도 주(註))

47쪽＝구한국 화폐 회수의 항에서, 1911년(明治 44)까지 회수한 백동화 3억 9,535만 9,000(엔)이라고 되어 있는데 (매, 枚)의 오기라고 생각된다. 조선총독부『고본(稿本) 이조시대의 재정』394~395쪽 소재의「구 화폐의 회수와 정리」의 기술에 의하면, 1910년(明治 43) 회수액은 구 백동화·엽전·은화·동화 등의 회수 총액은 1,337만 7,877엔이다.

조사자료로서는 메가타 고문의『한국화폐정리보고서』등이 있는데, 조사가 미완인 채 원고 그대로 두었다.

제4화 (1953년[昭和 28] 11월 13일 구술)

농촌의 갱생과 금융조합
농촌 갱생, 산업자원의 종합개발을 근간으로 한 총독 통치의 금융정책 및 그 기구·시설의 특이성과 금융조합의 활동

목차

1. 농촌진흥운동과 금융조합
   (1) 자력갱생운동의 일익(一翼)·선정의 심벌로 여겨진 금융조합
   (2) 실정(失政)에 대한 반성=창씨개명의 의의·실태에 나타난 형식 행정의 폐해
   (3) 자력갱생 지도의 실태와 그 성적 … 고리대의 저항을 배제한 독재의 이점
   (4) 금융조합연합회의 조직·업무에 대한 감독기구 … 농가 가계 관리에 대한 현장 지도와 부업 장려
   (5) 금융조합의 기능적 한계와 모순
      ① 농촌진흥운동의 종결
      ② 내선 자본 관계의 전기(轉機)
      ③ 개선을 위한 권력 천용
      ④ 타 금융기관과의 마찰 조정의 시대로 … (보통은행의 발달이 늦은 이유)
2. 은행 행정의 특이성
   (1) 보통은행의 소장(消長)과 변혁
   (2) 은행경영체의 제도적 기초 강화 … 조선의 특수사정에 대응하는 과감한 「은행령」의 대개정
   (3) 전시하의 은행 대합동 … 은행합동 고심의 뒷이야기

1. 농촌진흥운동과 금융조합

(1) 자력갱생운동의 일익·선정의 심벌로 여겨진 금융조합

미즈타: 그럼 금융조합에 대해 전 시간에 이어 말씀드리겠습니다. 이것이 또 하나의 에퍼크(epoch, 신기원)를 만들었습니다. 때마침 1931년(昭和 6) 만주사변 발발 전후로 호즈미 씨의 이야기에도 나왔던 자력갱생운동(自力更生運動)이라는 것이 전 조선에 우가키 씨의 방침으로서 실시되었습니다. 즉 전 인민의 80%를 점하는 농민이 고리의 차금(借金) 때문에 골머리를 썩고 춘궁(春窮) 때문에 힘들어하고 있었습니다. 이런 조선 민중을 행복하게 하기 위해서는 농민의 삶을 향상시켜야 하고, 그 때문에 식량의 충실과 고리채(高利債)의 정리, 그리고 수지의 균형, 이렇게 상당히 비근한 일을 슬로건으로 전선에 걸쳐 자력갱생운동을 실시하셨습니다. 경찰은 경찰대로 그것을 담당한다, 재무국은 재무국의 관계로 한다, 농림은 농림. 일단 상기 세 가지 목표를 향해 조선 전체에서 모든 기구를 동원해 실시하기로 되었습니다. 그래서 금융조합으로서는 주로 고리채의 정리를 자력갱생운동의 일익으로 담당한다, 오로지 금융조합이 그것을 담당했습니다. 그 당시 금융조합원의 부채는 1932년(昭和 7) 당시, 대체로 총 2억 6,000만 엔 정도였습니다. 그중 15% 이상의 이자로 차입한 것이 약 5,000만 엔, 이 정도도 상당히 좋아지고 있는 것입니다. 물론 금융조합 이외에서 빌린 돈입니다. 그래서 당시 예금부에서 일단 300만 엔, 3%인가 얼마인가의 저리자금을 빌려서 동액의 연합회 자금을 더해 600만 엔으로 자금을 마련해 저리로 차환해 주었습니다. 1933년(昭和 8)에는 다시 예금부에서 250만 엔을 더 가져와 같은 액수를 더해 500만 엔을 마련했습니다. 1944년에는 320만 엔을 예금부에서 가져와 또 동액을 더해 자금을 마련했습니다. 대체적인 결과로 보면, 5,000만 엔이 15% 이상의 차금이었는데, 1,200만 엔 정도의 고리채가 정리되었습니다. 이런 것이 이상대로 이루어지지 않지만, 각 농가는 이것으로 상당히 도움을 받았습니다. 이는 금융조합이 3년 동안 걸려서 오로지 거기에 협력해 지금의 농촌진흥, 자력갱생운동의 일익으로 했습니다. 그 밖에 1932년, 1933년(昭和 8)에 걸쳐 자작농지의 매입과 면화의 공동작부, ―우가키

씨는 남면북양(南綿北羊)이라고 해서 남쪽은 면화를 만들고 북쪽은 면양(緬羊)을 기른다—면작의 공동작부와 자작농지의 구입, 그리고 기계농구의 공동구입, 그런 일을 하기 위해 예금부로부터 325만 엔을 빌려와 거기에 충당했습니다. 그리고 1934년(昭和 9)에 남선 지방에 대수해가 있었을 때에도 역시 예금부로부터 200만 엔의 저리자금과 정부로부터 —이건 대장성의 돈인데— 30만 엔을 이월해 주어서, 그 수해 때에는 조합원 1세대당 집집마다 3,000엔씩 남선의 수해 구조에 빌려주는 일을 금융조합의 손으로 했었습니다. 이때 금융조합이 상당히 많은 일을 했었습니다. 경기(景氣)도 1933년, 1934년과 만주사변 이후 계속 좋아진 점도 있었겠지만, 이 농촌진흥과 자력갱생운동으로 조선의 춘궁이라는 것이 어느 정도 해소되었습니다. 무엇보다 산속에 있던 사람은 도토리 같은 것을 먹고 있었는데, 대체로 춘궁이 해소되었습니다. 이게 금융조합의 공적이 아니겠습니까? 농촌진흥운동의 일익을 담당했던 것입니다. 따라서 금융조합의 사업량도 점점 많아져 1933년 8월에 전 조선의 「금융조합연합회령」이라는 규칙이 생겼습니다. 지금까지 도별로 있던 것을 전부 하나로 합쳐서 만든, 조선 전체를 대상으로 한 하나의 연합회가 1933년에 생겨서, 각 도의 연합회는 그 지부가 되는 것입니다. 이건 금융조합 활동에 있어서 하나의 신기원이라고 할까요, 이로써 상당히 강력한 조직이 되었습니다.

쓰치야: 그 운동이 끝난 것은 언제였습니까?

미즈타: 1936년(昭和 11)경. 하지만 우가키 씨가 귀국한 것이 1936년입니다. 뭐 1936년까지 우가키 씨가 귀국할 때까지 하고 있었습니다. 가장 활발했던 것은 1933년, 1934년, 1935년의 3개년입니다. 1932년부터 제창하기 시작했습니다. 모두 도시락 하나 들고 하자는 기세였기 때문에, 이런 기세라면 돈을 내서라도 낭비하지는 않겠지, 그래서 1932년, 1933년은 어느 정도 농촌진흥운동, 자력갱생운동에 예산을 썼습니다. 그렇게 밑바탕이 마련된 곳에 재무국이 돈을 냈기 때문에 성황을 보일 수 있었다고 합니다.

쓰치야: 1931년은 아주 적은 액수를 냈는데, 1932년에는 어느 정도 냈습니까?

미즈타: 30, 40만 엔 정도. 1933년부터 100만에서 120, 130만 엔 정도로 점차 증액했습니다.

스치야: 우가키 총독이 자력갱생, 농촌진흥이라는 것을 표방했을 당시, 일본 내지에서는 아시는 바와 같이 농촌갱생운동이라는 것이 있었습니다. 역시 그것을 많이 참고했었습니까?

미즈타: 전혀 참고하지 않았습니다. 야마자키 노부키치(山崎延吉) 씨가 오셔도 내지의 이미테이션은 그만두었으면 한다, 천천히 조선을 돌아보고 입안해 주십사 했습니다. 내지의 선진 농민을 따라한다고 해도 말이 안 된다, 아까 말씀드렸듯이 변소를 만드는 일부터 지도해야 한다. 상당히 사정이 다릅니다.

쓰치야: 단, 1931년이라는 공황이 심하던 때에 그런 방책을 총독이 목소리 크게 표방하신 것은 역시 조선에도 공황의 영향이 있었기 때문입니까?

미즈타: 조선이 아직 후진이어서 선진 자본주의와 같은 의미의 공황은 비교적 적다, 자본주의가 발달하지 않았기 때문에…. 하지만 총독으로 오셨던 어떤 총독도 목표라는 것이 있습니다. 우가키 씨가 오신 것은 1931년입니다. 사이토(齋藤) 씨는 1931년에 그만두셨습니다. 1931년에 마찬가지로 목표를 가지고 오셨을 겁니다. 지금 생각해 보면 당시의 공죄(功罪)가 여러 가지 있습니다만, 우가키 씨의 농촌진흥운동은 공적의 하나로 꼽힙니다.

(2) 실정에 대한 반성

창씨개명의 의의·실태에 나타난 형식행정의 폐해

실정(失政)의 하나는 미나미(南) 총독의 창씨개명(創氏改名)이겠죠. 이건 선의의 악정일 겁니다. 조선인에게 내지인과 같은 이름을 갖게 하는 것입니다. 우리도 모닝코트를 입으면 마음을 다잡아 언행을 함부로 하지 않지만, 유카타(浴衣)를 입으면 한 잔 마시고 춤추고 싶은 기분이 됩니다. 내지의 이름을 갖게 되면 빨리 나아질 것이라는 의도입니다. 조선은 박이나 김 같은 성(姓)이고 일본 민법에서 말하는 이에(家)의 관념이 없었습니다. 따라서 성이라는 것은 4백 몇십 종류밖에 없고, 그것도 거의 박이나 김, 이, 최가 대부분입니다. 그래서 근대적인 것이 되면 상당히 불편해지게 됩니다. 그리고 이성(異姓)은 양자로 들이지 않고, 동성(同姓)과 결혼하지 않는 관습이 있었습니다. 같은 성을 가진 사람은 며느리로 삼지 않습니다. 양자로 이성을 들이지 않기 때문에 김씨는 박씨의 양자가 될 수 없습니다. 박이나 이씨는 상당히 많습니다. 몇십만 호(戶)는 될 것입니다. 따라서 근대적인 교육을 받은 사람이 보면, 신구의 사상은 거기서 충돌해 버립니다. 또한 징세(徵稅)하려고 해도 박, 박, 박뿐이어서 어떤 박인지 알 수 없습니다. 실제로 행정상의 불편이 매우 큽니다. 그래서 대체로 메이지시대부터의 교육을 받아 온 자가 보면, 일본과 같이 호주(戶主)라는 제도로 호(戶)를 만들어 이성이나 동성 같은 것을 구별하지 말고 일본처럼 하면 좋지 않을까? 그것이 싫은 사람은 일본 이름으로 해도 좋을 것이라고 미나미 씨가 생각했던 것 같습니다. 주로 그런 견지에서 창씨개명이라는 것을 미나미 총독이 제창하셨습니다. 그 의미는 근대적인 일본식으로 이에를 만드는 것이 편리하다, 근대인다운 조선인은 그렇게 하라는 발의였던 것입니다. 하지만 통치의 형식주의라고 할까요, 그것이 말단까지 내려오면, 당시 특히 1937년(昭和 12) 지나사변 이후가 되면, 황국신민, 즉 천황(君)에게 충의를 다하고 황국을 지킨다고 떠들썩했습니다. 그래서 일본식 이름으로 바꾸는 사람은 총독정치를 구가예찬(謳歌禮讚)하는 자라는 것을 보여 주는 하나의 상징이라는 식으로 왜곡되어 갔습니다. 거기에 위정자의 기분과 다른 쪽으로 달려가는 또 하나의 단서가 있었습니다. 이름을 고치지 않는 사람은 (정부 시책에-역자) 불응하는 자라는 낙인이 찍히게 되는 분위기입니다. 그다음으로는 말단의 행정기관 ―경찰관이나 마을 관공서―의 공무원이, 내가 담당하는 마을에서는 이러이러한 사람이 성을 고쳤습니다, 전체에서 25%의 호가 이름을 고친 사례가 있다고 하면, 아 그런가, 자네가 담당하는 곳은 철저하게 실시했군, 하고 칭찬합니다. 이곳에 가면 형식 행정의 해악(害惡)이 되는 것입니다. 말단의 행정기관이 공을 자랑하는 것, 계수상(計數上)의 공을 자랑하는 것, 이건 정치를 하는 사람이 상당히 주의해야 하는 점이라고 생각합니다. 그렇게 성(姓)을 바꾸는 것이 일본의 총독정치를 구가하는 심벌이다, 그런 인민이 더 많이 나오는 곳의 행정관은 성적이 좋은 것이다, 라는 두 가지 전제가 나오면 상당히 폐해(弊害)입니다. 그렇게 되면 거기에 강제가 동반됩니다. 처음에는 심리적으로 강제하지만, 결국 순사가 직접 다니면서 자네는 왜 개성(改姓)하지 않느냐고 합니다. 그렇게 되면 이건 어쩔 수 없이 개성하게 됩니다. 그래서 선조 전래의 이름―그건 그렇죠. 상투를 틀고 있던 인간이, 우리도 (이름에-역자) 제임스 같은 것을 붙이라고 하면, 이건 그만 생각합시다. 그래서 우물 속에 뛰어들어 자살한 일도 있었습니다. 하지만 일본으로 돌아가면, 일본인 쪽에서 시끄럽게 비난합니다. 그 도둑놈 같은 조선인이, 예컨대 귀족원 의원인 다치바나(立花) 씨라든가 도쿠가와(德川), 고노에(近衛)라는 이름을 붙이면, 어떻게 거절할 수 있습니까? 화족(華族)의 이름을 붙이면 안 된다는 것이 규칙에 있었지만, 고노에, 도쿠가와란 이름을 붙여서는 안 된다는 규칙은 없습니다. 나는 사실 정부위원으로서 약해빠졌었습니다. 그것이 지금 결국 재난이 되고 있는 것이 아닐까 하고 생각합니다. 총독의 마음은, 조선인을 야마토민족으로 만들어 주려는 것이 당시 근본방침이겠지요. 물심양면이기 때문에, 아마데라스노오가미(天照大神)를 숭배하고, 메이지대제(明治大帝)를 존숭(尊崇)하며, 이름도 일본식이 되면, 몸도 마음도 빨리 야마토민족으로 동화할 것이라는 마음입니다. 그런 경위로 한꺼번에 일률적으로 했기 때문에 당하는 쪽에서 보면 상당히 압박을 느껴 눈물을 흘리고, 일본 쪽에서 보면 저런 레벨이 낮은 놈에게 같은 성을 준다니 말도 안 된다, 이런 느낌입니다. 이건 큰 문제입니다. 나는 민족에 대한 통치 문제에 대해 글로 엮어서 대장성에 제출해 두었습니다만, 공죄(功罪)를 기탄없이 들어 우리 자손이 후일 동양의 민족을 접할 때가 있을 것인데, 조선통치의 플러스인 점과 마이너스인 점을 깊이 명심해야 할 것 같습니다. 농촌진흥은 플러스입니다.

(3) 자력갱생 지도의 실태와 그 성적

쓰치야: 총독은 내지를 전혀 모방하지 않았던 것이네요.

미즈타: 모방이 아닌 것입니다. 독자적인 입장입니다. 예의 고리채의 차환, 식량 충실, 수지의 균형, 이 정도의 슬로건입니다. 이것을 달성하고자 하는 것입니다. 이에 대해서는 결과적으로 시끄러울 정도로 애를 썼습니다. 30, 40개의 지도부락을 만들어 그중 모범적인 부락을 2, 3개 선택해 거기에 가계부를 쓰게 했습니다. 그것을 공무원, 금융조합 사람들이 매일 가서 오늘은 얼마나 썼는지를 부인들을 잡아 놓고 쓰게 합니다. 소학교까지 가서 가계부를 쓸 수 있을 정도의 아이들에게는 '네가 써라' 하고 매일 수지계산을 해 주고 '이만큼 당신 집은 적자가 난다, 이번에는 이만큼 흑자가 났다, 금융조합의 예금이 늘었다. 이 만큼 흑자가 났으니 고리채를 이만큼 갚아라'라는 식으로 손을 잡아끌어 시킵니다. 나쁘게 이야기하면 간섭, 좋게 이야기하면 가려운 곳에 손이 닿게 한다, 이걸 매년 했습니다.

쓰치야: 고리채의 정리는 성과가 많이 있었습니까?

미즈타: 있었습니다. 아까 말씀드렸듯이, 현실적으로 한 것은 1,200만 엔 정도가 정리되었고, 그에 대한 변제도 순조롭게 이루어졌습니다. 다행히 흉작이 없었습니다. 이 정도도 상당히 다행스러운 일입니다. 1939년(昭和 14)에 처음 대흉작, 그때까지는 대체로 평년작, 풍작이었습니다. 이것도 다행스러운 것입니다. 따라서 농가의 경제적 향상은 순조롭게 이루어졌습니다.

가지니시: 기술적인 면도 지도하나요?

미즈타: 그건 농회와 산업조합이 생겼습니다. 산업조합은 1940년(昭和 15).

가지니시: 지금 말씀하신 수지의 측면은 금융조합 쪽에서 지도했겠네요.

미즈타: 그렇습니다. 그래서 이런 점에는 약간 마찰이 있었습니다. 이건 농회가 할 일, 이건 금융조합이 할 일—자주 있음직한 일입니다. 부서 간 다툼이 있어서 과장, 국장은 항상 움츠러듭니다.

쓰치야: 그 고리채 정리의 절차와 방법입니다. 아까 말씀하셨습니다만….

미즈타: 그건 역시 농촌진흥부락을 지정합니다. 그중에서 고리채를 누가 몇백 엔을 얼마로 빌리고 있는지 우선 전부 금융조합이 조사합니다. 그런 다음에 당신 집은 이만큼 빌리고 있다, 5개년 계획으로 이렇게 해라, 돈을 빌려줄 테니 그렇게 하라고 지도합니다. 돈을 빌려주기만 해서는 안 됩니다. 근면하고, 말을 잘 듣도록 합니다. 그렇게 해서 실물로 눈에 보여 준다, 1년에 2회나 3회 모여서 어떤 사람이 이렇게 했다, 처음에는 별 볼 일 없었지만, 이렇게 해서 300엔 있었던 빚이 올해는 250엔이 되었음을 거기서 보여 줍니다.

쓰치야: 금융조합에서 빌려줄 때 이자는 어느 정도인가요?

미즈타: 금융조합의 이자는 대체로 10%에서 14, 15% 정도입니다. 따라서 아까 15% 이상의 차금(借金, 대출금)이 5,000만 엔이라고 말씀드렸습니다. 15% 정도는 생각할 수도 없습니다. 30%, 40%의 고리대를 이용하지 않을 수 없습니다. 그리고 사음(舍音)이라는 소작료를 거두는 중간 착취 계급이 있습니다.

가토: 그런 것은 토지가 담보인가요?

미즈타: 빌린 사람이 가을에 수확하는 쌀을 담보로 아직 벼가 익지 않은 파란 논[靑田]일

때 저당을 잡습니다. 따라서 나중에 뒷수습하기 때문에 벗어날 길이 없습니다.

가토: 금융조합에서 대부하는 것은 무담보인가요?

미즈타: 무담보입니다. 이건 담보 잡을 것이 없습니다. 담보를 잡기로 했었지만….

쓰치야: 금융조합에서 대부하는 거죠, 회수는 어떻습니까?

미즈타: 회수는 지도하니까요. 돈을 빌려주는 것만이 아닙니다. 모든 생활에 대해 간섭합니다.

쓰치야: 대체로 잘 운영되었나 보네요.

미즈타: 다행히 1939년까지 흉작이 없었습니다. 이것이 좋았습니다.

··· 고리대의 저항을 배제한 독재의 이점 ···

쓰치야: 그런 경우에 정리되는 쪽의 고리대금업자들이 무언가 그 정책에 대해 저항했던 일은 없었습니까?

미즈타: 그런 문제는 소위 독재정치의 좋은 점이죠. 약간의 무엇인가 있기는 하지만 깔끔하게 정리되죠. 불만을 말하지 말라는 식으로….

쓰치야: 제압되는 것이군요.

미즈타: 그렇죠. 꼼짝 못합니다. 이런 걸 민주정치와 독재정치라고 하죠. 나는 독재가 군국(軍國)같이 나쁘게 가면 그렇지만, 중국의 마오쩌둥(毛澤東) 같은 이는, 일중무역에서 듣습니다만, 실제로 독재정치로 잘 통치하고 있는 것 같습니다. 뇌물을 받아서는 안 된다, 무엇을 어떻게 해서는 안 된다라고 확실하게 독재하고 있습니다. 그런 정치는 조선인들 입장에서 보면 상당히 싫은 점이 있었겠지만, 좋은 측면에서 말하자면, 총독정치에서 오직 독재정치 하나로 쭉 갑니다. 그만큼 국면에 대처하는 자는 열심히 주의해서 독선에 빠지지 않도록 한다는 반성이 필요합니다. 고리대금업자들이, 내가 밥줄이 끊기게 되는 일은, 이 정도도 확실하게 말을 못하게 합니다. 말할 수 있는 여지가 없습니다.

(4) 금융조합연합회의 조직과 업무, 감독기구

이야기가 벗어났습니다만, 그리고 금융조합연합회라는 것을 만들어서, 이 역시 각 도의 연합회와 마찬가지로 회원에 대한 자금 공급과 회원을 지도한다는 것이 취지였습니다. 조합원이라는 것은 금융조합과, 총독이 지정한 단체를 멤버로 한다. 지정한 단체라는 것은 산업조합이나 수산조합, 그런 것도 금융조합연합회의 멤버가 될 수 있도록 했습니다. 왜냐하면 연합회는 주로 자금 공급에 상당한 실권을 가지고 있기 때문에, 재무국의 입장에서는 싫다고 했지만, 다른 국(局)에서 산업조합, 수산조합 등이 자금적으로 곤란해서 멤버로 해 달라고 부탁해서 그런 기관을 멤버로 했던 것도 이때였습니다. 그밖에 역시 대부와 할인을 했지만, 연합회가 생기고 나서 지도, 연락 그리고 직원에 대한 교양에 상당히 공을 들여 왔습니다. 금융조합 직원의 양성, 이것이 연합회의 큰 일 중 하나입니다.

쓰치야: 그 직원은, 간부는 대부분 일본인입니까?

미즈타: 1933년(昭和 8) 연합회가 생기면서 농촌지역의 이사는 조선인이 많이 맡게 되었습니다. 하지만 이 경우 총독부 입장에서 이런 사람이면 괜찮다고 인정해야 합니다. 꽤 오랫동안 테스트를 거친 사람이어야 합니다. 이건 조선인들의 입장에서 보면 불만이었을 것입니다. 우리를 그렇게 신뢰하지 않는가 해서…. 그런 점 우리는 지나칠 정도로 신경질적이었습니다.

쓰치야: 하급직원은 조선인입니까?

미즈타: 거의 조선인입니다. 그래서 금융조합에서 부정한 공금 유용 같은 것을 여러 가지로 하는 직원도 있었습니다만, 그런 경우 총독부에서 전부 돌봐 준다, 총독부에서 연합회에 대해 명령해 대출해 줘라, 만약 연합회에서 해결할 수 없으면, 총독부 예산으로 해결해 준다고 구두 약속을 했습니다. 그렇기 때문에 모두 상당히 안심하고, 그 대신에 감독은 매우 엄중하게 했습니다. 그 당시 이사자의 내선인별 비율은 어땠나요…. 하지만 우리 입장에서 잘해 주었다고 생각합니다.

쓰치야: 감독 기구는 어떻게 돼 있었습니까?

미즈타: 최고는 재무국입니다. 그리고 각 도에 재무부라는 것이 있었습니다. 도에 재무부

이재과라는 것이 있었고, 군에도 재무주임이 있었습니다. 군까지입니다만, 사실상은 역시 도의 재무부와 재무국입니다. 그리고 금융조합연합회도 감독의 입장에서 밸런스 시트(대차대조표)의 결산을 보고 난처해합니다. 자금을 융통하고 있었기 때문에…. 따라서 보고 같은 것은 도의 재무부와 재무국, 금융조합연합회에 삼중으로 제출합니다.

쓰치야: 내지에서 말하는 은행검사 같은 것을 합니까?

미즈타: 그렇습니다. 이 잣듯이 꼼꼼하게 하는 것은 연합회에 담당하게 합니다. 우리가 불시에 무작위로 살펴봅니다.

쓰치야: 아까 말씀하신 농민의 가계부를 쓰는 것까지 하나하나 지도하셨다고 했습니다. 이 지도를 담당한 것은 누구였습니까?

미즈타: 금융조합의 이사, 차석 정도입니다. 그건 역시 농촌진흥운동은 이렇게 하는 것임을, 금융조합의 이사, 차석, 삼석 정도에게 모두 지도자 강습회를 하게 됩니다. 그렇기 때문에 좀처럼 그렇게 한꺼번에 할 수 있는 것은 아닙니다. 와~ 하고 움직이기 시작하는 것은 1년 반이나 2년 뒤입니다.

쓰치야: 그건 호(戶)별로 하셨습니까?

미즈타: 지도부락이라고 해서 30호나 40호 규모의 부락이 있어서, 그 부락 중에 3호나 4호에 가계부를 쓰게 합니다. 그래서 반년 정도 하면, 부락 사람들을 모아서 이렇나고 말해 줍니다. 반년 정도 지도하면 하는 방법을 알게 됩니다. 루틴 워크(routine work)로 알게 됩니다. 조선 전체 300만 호 정도를 한다고 계획을 세웠습니다. 하지만 사실상 그렇게는 되지 않습니다. 300만 호를 하는 것에 대해, 반년 지도하면 한 사람이 몇 집을 감당할 수 있을 것인가를 놓고 계속 계산합니다. 거기에는 몇만 명의 지도자를 육성할 필요가 있다. 그것을 어떻게 해서 양성할 것인가를 놓고 계획했습니다. 지도하기 위한 여비가 어느 정도 필요하다, 예산으로 50만이라든가….

쓰치야: 그 결과 가계부를 쓰는 사람이 점점 늘어났습니까?

미즈타: 늘어났습니다. 좋아졌습니다. 상당히 다행스러웠던 것은, 흉작 없이 작물이 수확되어 갔기 때문에, 그런 것을 하지 않아도 좋아졌을지 모릅니다. 현실적으로 눈에 보이기 때문에 좋아했던 것입니다. 분뇨구덩이(거름구덩이)를 만들어 뿌리면, 지금까지

비료 대금이 100엔 들었던 것이 80엔으로 끝난다는 것을 알게 됩니다. 모범적인 것을 만들면, 그것을 보고 배우게 됩니다. 그것이 차례로 퍼져 나가게 됩니다. 처음에는 싫어합니다.

쓰치야: 농업경영에 대한 지도 외에 기술 도입 같은 것도 많이 하셨습니까?

미즈타: 그건 소위 부업 장려라는 것을 했습니다. 이건 주로 도시 주변의 농가에 대한 것이었지만….

쓰치야: 주된 부업은 어떤 것이었나요?

미즈타: 남쪽은 죽세공, 왕골로 된 손가방―다다미[疊]용 골풀 같은 것으로 만들어진 예쁜 것이 있습니다. 그것으로 손가방 같은 것을 만듭니다. 부업장려비로 플루스(フルース) 구입비에 대한 보조, 조선 전체를 대상으로 대당 10원으로 10만 엔을 보조했다고 기억합니다. 대장성으로 (보조에 대한 안을-역자) 가지고 오면, 농민이 손뜨개질 도구에 대한 보조―그런 쩨쩨한 것에 대한 보조는 그만두라고 해서 모두 삭제되었습니다. 그런 것에 보조하고, 금융조합에서 부족한 것을 1/3 정도 빌려주는 것입니다. 꽤나 아기를 키우듯이 했었습니다.

(5) 금융조합의 기능적 한계와 모순

① 농촌진흥운동의 종결

쓰치야: 그건 1932년(昭和 7)부터 시작되어 1936년(昭和 11)경까지 하셨네요.

미즈타: 그건 미나미 씨가 오시고 나서 지나사변에 돌입했습니다. 농촌진흥이라는 것은 좋은 것이기 때문에, 미나미 씨도 농촌진흥이 훌륭한 것이니 계속해서 하겠다고 말씀하셨습니다만, 역시 총독이 바뀌면서 자연적으로 사라져 갔습니다. 하지만 농가경제는, 그 결과 일단 어느 정도 발전했으니까.

쓰치야: 미나미 씨 시대에는 금융조합의 운영이 많이 바뀌었나요?

미즈타: 바뀌지 않았습니다. 같은 내용으로 쭉 해 갔습니다. 큰 눈으로 보면 금융조합연합회, 이건 뒤에 자본의 구성이라는 항목에서 말씀드리겠습니다만, 식산은행을 모은 행[親銀行]으로 연합회가 금융채권을 발행합니다. 액수는 얼마 되지 않지만 이렇게

자금을 조달해서 빌려주는 것입니다. 따라서 예금과 대출 중 대출 쪽이 많은 상황이었습니다. 그것이 1942년(昭和 17), 1943년(昭和 18)경부터 금융조합연합회 ―금련(金連)―의 예금이 상당히 많아졌습니다. 십몇 억의 예금에 대출은 5억 얼마, 잔액은 모두 공채로 가지고 있었습니다.

가토: 1942년, 1943년경입니까?

② 내선 자본 관계의 전기

미즈타: 그렇습니다. 이것으로 조선에 있어서 내지자본의 관계는 1942년, 1943년을 하나의 전기(轉機)로 확 바뀌게 됩니다. 따라서 일한회담에서도 일본이 착취했다느니 어땠다고들 합니다. 전쟁에 돌입한 이후의 양상과 1941년(昭和 16), 1942년까지와는 다릅니다. 우리처럼 당시 국면에 대처하고 있던 사람은, 전쟁은 정말 무리라고 생각했습니다. 이건 안 된다고 생각했죠. 조선통치상 나쁘다고 생각했습니다. 하지만 이렇게 하지 않으면 결국 지게 된다고 해서 나쁜 것은 알지만 어쩔 수 없이 할 수밖에 없었습니다. 이것이 조선민족의 비상한 반감을 사고 원망을 샀습니다. 나는 그들이 원망하는 것은 이해합니다. 상당한 무리를 강요했습니다. 전쟁 중에 조선통치자는 필사적으로 내지로부터의 전쟁 수행 요구를 차단하고 있었습니다. 하지만 어떻게 하든 그렇게 하면 질 것이라는 이야기를 듣게 되면, 이기는 것이 지상명령이라 어쩔 수 없습니다. 이선 우리늘이 정말로 눈물을 흘리지 않을 수 없습니다. 그러나 누가 나쁘다고 이야기하는 것은 아닙니다. 지금의 국채소화라는 점도, 조선에서는 국채를 소화할 기분은 아니지만, 우리가 무리하게 강요했습니다. 이건 여담입니다. 대체로 금융조합은, 이건 전쟁에 돌입하고 나서인데, 조합은 614개 조합이나 있어서, 조선 전체의 59%가 조합원, 1호에서 호주 한 명이 가입합니다. 농민의 80%는 금융조합원입니다. 이는 우가키 씨 때의 농촌진흥 때에도, 가능한 농민은 전부 금융조합에서 포용해야 한다, 하지만 이건 금융기관이라서 영세한 농민까지 모두 감당할 수 없습니다. 자선사업이 아니기 때문입니다. 거기에 금융기관으로서의 한계와 모순이 있습니다. 우리는 가능한 하층까지 담당하라고 명령하지만, 조합 당국은 재무국이 아무리 그렇게 이야기해도 빌려준 돈을 떼이면 곤란하다, 자선사업이 아니다, 돈을 떼이면 보조해

줄 것이냐고 따집니다. 그럼에도 하강운동―밑으로 내려가는 것―을 많이 했습니다. 이건 총독이 압력을 가했다, 조합원을 많이 포용한다, 밑으로 내려가는 운동입니다. 금융기관은 어떻게 해서든 쉽게 운영하려고 하는데, 특히 작은 것은 회수가 용이하면서도 채산이 맞는 것만 생각하게 됩니다. 그런 점에 대해서는 정책적으로 압력을 가합니다. 그 결과 농민의 80%를 조합원으로 가입시킬 수 있었습니다. 따라서 조합원은 어떤 인간이라도 모두 돈을 빌릴 수 있는 것입니다. 그러므로 현재 일본의 중소기업 대책 같은 문제는, 적어도 레세페르(laissez-faire, 자유방임주의)로는 할 수 없습니다. 조선에서 농촌진흥을 하고 있을 때는, 당시의 정부기관이 압력을 가했습니다. 때로는 농민계급에, 고리대로 돈을 빌려서는 안 된다는 명령을 했습니다. 고리대로 불만을 말하는 놈에게는, 무슨 말이냐고 불평을 늘어놓지 못하게 합니다. 다른 편에서는 저리자금을 빌립니다. 사방팔방 손을 써야 했던 것입니다.

③ 개선을 위한 권력 남용

쓰치야: 보전경제회(保全經濟會)[59] 같은 결과를 예방하기 위해, 역시 상당히 국가의 권력을 행사하는 것이군요.

미즈타: 국가의 권력을 천용(擅用, 남용)하는 일이 아니면 상당히 어려운 일이 아닐까요?

쓰치야: 그러면 중소기업 금융에 대해서도 역시 상당히 국가의 권력을 천용할 필요가 있지 않겠습니까?

---

59 1953년에 발생한 익명조합 보전경제회와 관련된 사기사건이다. 보전경제회는 1948년에 이토 마스토미(伊藤斗福, 한국명 丁斗福)에 의해 도쿄에서 설립되었고, 고배당을 보증하여 모은 자금으로 투자했는데, 실제로는 부동산 등의 투자를 통한 수익은 없었고 경영 기반은 취약했다. 하지만, 조선특수로 주가가 급등한 일도 있어서, 보전경제회는 적극적인 주식투기와 신규 출자자의 출자금으로 배당하면서 확대노선을 걸었기 때문에 멈출 수 없는 상황이 계속되었다. 출자금의 일부가 정계에 대한 공작에 사용되었고, 가이신토(改進黨)의 나카지마 야단지(中島彌團次)와 고마이 주지(駒井重次), 그리고 우파사회당의 히라노 리키조(平野力三)가 보전경제회의 유급 고문을 맡고 있었다. 그후 1953년 3월 스탈린이 사망하면서 주가가 폭락했다(스탈린폭락). 자금조달이 막힌 보전경제회는 배당을 월 8%로 올렸지만, 결국 경영파탄에 이르렀다. 10월에 휴업을 선언하여 출자금의 지불을 정지하면서 사회문제화했다. 다음 해인 1954년 1월, 보전경제회의 이사장 이토는 사기 용의로 체포되었고 보전경제회는 파산했다. 당시 보전경제회의 회원수는 절정기에 15만 명에 달했고, 피해 총액은 대략 44억 엔이었다. 출처: weblio辭書.

미즈타: 지금처럼 거짓말을 한 자가 이익을 봐서는 안 됩니다. 거짓말을 한 농민은 금융조합으로부터 질책을 받고 정직한 사람이 이익을 봅니다. 하지만 그건 상황에 대처하는 자가 그런 기분이 되어야 합니다. 지방의 보스가 말하는 것을 들으면 된다는, 그런 것이 아니고, 총독이 말하는 것을 들으면 틀림이 없는 것처럼 공무원이나 기관의 권위를 가지고 가야 합니다. 지금처럼 일본이라는 나라가 어떻게 되든 현재가 좋으면 된다, 이렇게 되면 전체 기구가 움직이지 않습니다.

가지니시: 조선의 그것이 잘 이루어졌죠. 독재가….

미즈타: 독재가, 정말로 잘해 줘야지, 농민한테 잘해 줘야지 하는 진정한 기분이었다. 돈을 벌자든가, 어떻게 하자고 하는 자는, 아무도 없습니다.

가지니시: 말단까지 잘 움직여 주고 있는 것처럼 들립니다만, 그것이 역시 가능했던 것이군요.

미즈타: 가능했었습니다. 그것이 역시 소위 중앙집권주의라는 것이겠죠. 이제 역코스라고 하여, 중앙집권이 안 된다고 합니다만, 그런 후진국에서는 그것이 잘 이루어지면 상당히 선정(善政)이 되고, 앞에서 말한 창씨개명의 경우 악정(惡政)이 됩니다. 대단한 양날의 검이죠.

쓰치야: 우가키 씨의 시대는 1936년(昭和 11)까지인가요?

미즈타: 1936년 8월까지입니다.

쓰치야: 그리고 미나미 씨의 시대가 됐는데, 미나미 씨의 시대는 언제까지인가요?

미즈타: 1942년(昭和 17)까지입니다. 그다음은 고이소(小磯) 씨가 1942년부터, 아베(阿部) 씨가 1944년(昭和 19) 8월부터 1945년(昭和 20), 아베 씨는 1년 조금 넘습니다.

④ 타 금융기관과의 마찰 조정의 시대로 (보통은행의 발달이 늦은 이유)

쓰치야: 미나미 씨의 시대에는 어떤 금융정책을 채용했습니까?

미즈타: 지금 금융조합에 관한 것에 대해 말씀드렸습니다만, 아까 614개 조합으로 80% 운운이라고 말한 것은, 우가키 씨의 농촌진흥운동 때가 아니고 1944년의 데이터를 말씀드린 것입니다. 조합원이 251만 명. 미나미 씨의 시대에는, 금융조합에 대해서는, 그렇게 특별히 꼽아서 말씀드릴 것이 없습니다. 순조롭게 조선의 소위 서민금융

의 조직으로서 발전해 왔다는 사실 외에는 없습니다.

··· 금융조합과 보통은행 ···

쓰치야: 우가키 씨의 시대에, 금융조합이라는 것이 거의 완성되었던 거죠?

미즈타: 그렇습니다. 그리고 연합회가 생겨서 마침표를 찍었습니다. 그 뒤에는 다른 금융기관과의 마찰 경합을 어떻게 할 것인가 하는 것입니다. 조선에서 보통은행의 발달이 늦은 것은, 하나는 금융조합이 너무 발달했기 때문입니다. 미나미 총독 시대에는, 나는 도시금융조합과 보통은행 지점의 마찰을 어떻게 조정할 것인가 하는 일로 고심했습니다. 예금 쟁탈 같은 문제로, 어떤 기관이 발달하면 반드시 그렇게 됩니다. 지금 일본에서는 상호은행(相互銀行) 문제가 큰데, 지방에서는 보통은행과의 마찰이 큰 문제입니다. 지금 그에 대한 대장성의 배려가 필요하지 않을까 생각합니다.

쓰치야: 지금 고심하셨다고 하신 것의 구체적인 일이 있으면 듣고 싶습니다.

미즈타: 금융조합 측은, 비조합원의 예금을 무제한으로 받고 싶다고 해서 예금의 쟁탈이 되는 것입니다. 즉 금융조합이라는 것은 어디까지나 조합원의 금융 복리를 증진한다, 조합원이 아니면 돈을 빌릴 수 없습니다. 도시조합에는, 대부는 조합원으로 제한되어 있지만, 예금은 1년 이상 거주하고 있는 자로부터 예금을 받아도 괜찮다는 제한이 있습니다. 그렇게 하면 보통은행에 예금하러 가지 않고 금융조합에만 예금하게 됩니다. 따라서 이 제한을 해제하면 보통은행이 가만 있지 못하고 반격해 오는 것입니다. 솔직히 말해서 보통은행은 소위 민간, 금융조합은 총독부의 자식이겠죠. 우리는 아무래도 금융조합 쪽을 응원하기 때문에, 보통은행으로부터 반격을 받았습니다.

쓰치야: 보통은행으로부터 여러 가지 진정이나 그런 것이 있었습니까?

미즈타: 있었습니다. 아무쪼록 재무국장은 금융조합만 귀여워해서는 안 된다, 예금 받는 것을 좀 더 제한하지 않으면 우리가 곤란하다, 그리고 예금의 금리 같은 것에 대해서도, 조합원이기 때문에, 어느 정도 금리를 높게 받아도 괜찮다는 것이 된다. 주로 마찰 경합은 예금 금리에 관한 점, 그리고 비조합원 예금을 어느 계층까지 가지고 갈 것인가 하는 그런 점이었습니다.

쓰치야: 예금 이자는 어땠나요?

미즈타: 예금 이자는, 나는 자료가 없으면 기억하고 있지 않습니다만, 예금의 금리협정이라는 것을 말하기 시작한 것은, 1938년(昭和 13)부터입니다. 갑종은행(甲種銀行)과 을종은행(乙種銀行)의 금리협정이라는 것을, 나는 재무국장이 된 뒤 이것을 해야 한다고 생각했습니다. 그때까지는 금리조정법(金利調整法) 같은 것도 없습니다. 단지 「이식제한법(利息制限法)」만 있었습니다.

다케사와: 조선에도 갑종, 을종이 있었습니까?

미즈타: 있습니다. 금융조합 쪽은 서민금융이기 때문에, 총독부 쪽에서 일단 명령해서, 보통은행이 2전으로 예금을 받으면, 금융조합은 2전 5리를 준다, 농민 상대이기 때문에 3전으로 예금을 받는다.[60] 상당히 높은 예금 이자를 인정했습니다.

가토: 3전 정도인가요?

미즈타: 3전 정도는 인정합니다. 2전 2, 3리에서 3전 정도, 자금이 풍부한 곳은 적어서 좋습니다. 산속 같은 곳은 3전 정도로 괜찮습니다. 그곳은 상당히 일래스틱(elastic, 탄력적)합니다. 아무도 불평을 늘어놓지 않습니다. 지역의 실정에 따라서 합니다. 자금량이 이 정도로 있으면, 군(郡) 쪽은 2전 5리 정도로 하면 어떨까 하고 지도합니다.

2. 은행 행정의 특이성

(1) 보통은행의 소장(消長)과 변혁

쓰치야: 지금 말씀하신 금융조합과 대립관계가 된 보통은행의 모습은 어땠습니까? 갑종과 을종도 포함해서 조금 설명해 주시기 바랍니다.

미즈타: 조선의 금융조합은 상당히 스페셜한 존재라고 항상 일본에서 이야기되고 있었습니다. 조선의 시설로 성공한 것 중 하나라는 것은, 아무도 부정하지 않습니다. 다음

---

60 이자는 일보(日步)이다. 따라서 하루 이자 3전, 즉 0.03엔을 연이율로 바꾸기 위해 365를 곱하면, 10.95엔이 된다. 100엔에 대해 10.95엔이므로 연이율로 10.95%의 이자가 된다. 일보 2전이면 7.3%이다.

으로 방금 질문하신 것입니다만, 식산은행과 보통은행에 관한 것은, 요전에 잠시 언급했고, 대체로 보통은행과 관련하여 동척에 대해 잠시 말씀드리고자 합니다.

보통은행은 병합 전에 대한천일은행, 한성은행, 한일은행, 그런 것이 민간은행으로서 생겨나 있었습니다. 그리고 선남은행이나 구포은행 같은 지방은행, 대구은행, 부산상업은행 같은 주로 조선인이 경영하는 은행이 계속 설립되었습니다. 민간은행은 내지인 은행도 설립되었습니다. 보통은행이 20행 정도 생긴 것이 가장 은행이 많은 때였습니다. 이건 대체로 1922년(大正 11)경입니다. 하지만 남설(濫設)되어서는 안 되기 때문에, 조금씩 정리해서, 1927년(昭和 2) 말 숫자가 있는데, 16행으로 감소했다. 그리고 점차 보통은행은 합동을 계속 거듭해서, 이미 1933년(昭和 8), 1934년(昭和 9)에는 16행이 절반으로 줄어 8행이 되었습니다. 또한 내가 재무국장이 되고 나서도 너무 많다고 해서 합동의 방침을 정했습니다. 이는 내지의 은행합동이 있었기 때문에 나는 이것을 모방했습니다. 지금 와서 생각해 보니 아무래도 내지를 너무 모방했다고 생각합니다만, 당시 내지는 점점 합동하는 분위기였습니다. 잠깐 앞뒤가 바뀌는데, 아까 1927년 말에 16행이 되었다고 말씀드렸습니다만, 1927년에 구사마(草間)[61] 씨라는 사람이 재무국장이었는데, 대장성에서 부임해 오셔서 아무래도 조선의 은행을 조금 개선할 필요가 있다고 해서, 은행의 개선에 대해 금융제도조사회라는 것을 설치했습니다. 내지의 대장성과 기타로부터 위원을 임명하고, 1927년부터 시작해서 1928년(昭和 3), 딱 1년 반 정도 걸려서 「은행령」을 크게 개정했습니다.

(2) 은행 경영체의 제도적 기초 강화 … 과감한 「은행령」의 대개정 …

그때의 개정은, 주식회사로 제한한다, 종래에는 주식이 아니라 개인으로도 은행을

---

61 구사마 히데오(草間秀雄, 1882~1960)를 말한다. 구사마는 후쿠이현 출신으로 1907년 도쿄제국대학 법과대학 법률과를 졸업하고 대장성에 들어갔다. 고등문관시험에 합격한 뒤 세무감독관보, 세무감독국 사무관, 세무감독관, 주세국 국세과장, 조폐국장 등을 거쳐 조선총독부 재무국장이 되었다. 그밖에도 조선은행 감리관, 동척 감리관을 역임했다. 퇴관 후인 1931년에 나가사키시 시장에 선출되어 1934년까지 근무했다. 시장 임기가 끝난 후에는 만주채금주식회사 부이사장, 이사장에 취임했고, 1938년부터는 일본산금진흥주식회사 부사장을 지냈다.

할 수 있었다. 그리고 최저 자본금액을 200만 엔으로 하기로 했다. 내지에서는 도쿄, 오사카가 200만 엔이라고 합니다. 왜 그렇게 했는가 하면, 무엇보다 기초가 강고해야 한다는 것은 당연한 것인데, 예금을 모으는데 거기까지 자본이 미치지 못하면 매우 좋지 않습니다. 따라서 자기자본으로 대부할 필요가 있다는 점과, 또 장기 대부, 이런 것은 커머셜 뱅크(commercial bank)와 달라서 아무래도 부동산을 하지 않을 수 없습니다. 그렇게 하면 온 디맨드예금(on demand deposit, 요구불예금)으로는 안 됩니다. 내지와 다른 방법을 어떻게 해서든 강구해야 합니다. 그래서 기초를 강고하게 해야 한다고 적립을 강화했습니다. 그때까지 적립금은 자본 총액의 1/4까지 적립하도록 강제하고 있었고, 예금준비금의 1/20 이상 적립하도록 되어 있었습니다. 이 '은행령' 개정으로 자본 총액까지 적립한다, 1/10 이상 적립해라, 불필요한 배당을 해서는 안 된다 ~이건 과감한 조치입니다. 내지는 이런 규칙을 만들지 않았습니다. 예금에 대한 지불준비금[62]을 1/10로 반드시 보유하라, 이것도 내지보다 강한 방식인 것 같습니다. 예금준비금이 1/10에 달할 때까지는, 배당 같은 것은 모두 총독이 명령해서 제한해 버리게 됩니다. 상당히 제한을 가하게 되었다. 이 「은행령」 개정으로 근대적 은행이 비로소 생겼습니다. 물론 2년 정도는 경과 규정을 두고 있습니다. 이것으로 정리를 마치게 됩니다.

가토: 200만 엔에 부족할 경우에는 합병하게 되나요?

미즈타: 그렇습니다.

가토: 단독 증자는 승인하지 않나요?

미즈타: 그건 인정하지만, 속마음은 합병입니다. 표면적으로는 단독 증자를 인정하지 않는다고 말하지 않습니다. 속마음으로는 너무 많아서 합병해야 한다고 생각합니다.

다케사와: 200만 엔은, 몇 년입니까?

미즈타: 1927년(昭和 2)입니다. 내지에서도 도쿄와 오사카뿐입니다. 다른 곳은 100만 엔입니다. 우리는 너무 심하지 않나요? 우리가 100만 엔을 주장했는데, 재무국장은 거기에 조선의 특수성이 있다, 내지에 구애받아서는 안 된다고 하셨습니다. 그건 나도

---

62 원문에 불입준비금이라고 되어 있으나 오기인 듯하다.

좋았다고 생각합니다. 그래서 은행에 대한 신용은 훨씬 좋아졌습니다.

쓰치야: 지금 하신 말씀의 경우, 합병을 촉진하는 듯한 여러 가지 종용이라고 할까요, 여러 은행에 권유하시는 그런 일은 없었습니까?

미즈타: 이건 1927년에 「은행령」을 개정했을 때에는 종용은 하지 않았습니다. 자연스러운 과정, 일단 보잘것없는 은행이 많아서 16행은 절반 정도가 될 것이라고 각오했습니다. 이 「은행령」으로 자멸합니다. 그래서 결국 예정대로 1934년(昭和 8) 말에 8행이 되었습니다.

쓰치야: 각각 합병해서 8행이 되었나요?

미즈타: 그렇습니다. 합병해서 내지인 은행, 조선인 은행 같은 식이 되었다. 8행 중에서 내지인 은행은 조선상업, 대구상공[63], 부산상업의 3개였습니다. 주로 조선인을 주주로 하고, 조선인에게 대부하고, 예금도 조선인을 주로 하고 있던 은행은 5행입니다. 법률은 차별하고 있지 않습니다만, 사실상은 그렇게 되어 있습니다. 내가 재무국장이 되고 나서, 소위 은행합병의 방침으로, 먼저 조선인 은행끼리 합병하기로 하여 점점 합병해 갔습니다. 그리고 다음으로 내선인의 은행을 합병해 간다, 이건 한꺼번에 하지 않지만, 조금씩 조금씩 해서 5년 정도 걸려서 했습니다. 마지막은 1943년(昭和 18)이었습니다만, 소위 로컬은행[地場銀行]이라 칭하는 것은 두 개가 되었습니다.[64] 내지인을 중심으로 하는 은행, 조선인을 중심으로 하는 은행, 나중에는 지점이 됩니다. 합병한 것은 지점이 되었습니다.

다케사와: 지점 수는 알고 계시나요?

미즈타: 전체 점포 수는 지금 조사한 숫자는 없습니다.

가토: 대체로 어떤 사람이 은행이 설립했습니까?

미즈타: 대체로 자산가, 지주, 상인 같은 사람이 주자가 되어 있습니다. 예컨대 민규식(閔奎植), 민대식(閔大植), 한상룡(韓相龍) 등 지방의 명망가나 호족이 은행의 두취를 맡

---

63 원문은 '大邱商興'으로 되어 있으나 대구상공의 오기인 듯하다.
64 이 두 로컬 은행은 한성은행(조흥은행)과 조선상업은행을 말한다. 조선인 은행은 대합동의 결과 최종적으로 한성은행이 되었고, 일본인 은행은 조선상업은행으로 합병되었다.

았습니다. 은행 두취였던 사람들은 종전 후 호되게 당했습니다. 살해된 경우도 있고, 농촌에 은둔하여 적막한 생활을 보내기도 했습니다. 그런 상황을 보면 맨몸으로 돌아오기는 했지만 우리는 감사한 편입니다. 조선 사람들은 상당히 불쌍합니다. 이승만(李承晩) 정권하에 있으니까요.

(3) 전시하의 은행 대합동

쓰치야: 그 두 개의 은행은 어떤 은행입니까?

미즈타: 조선상업은행과 조흥은행입니다. 조선상업은 물론 내지인이 두취를 하고 있었습니다. 조흥은행은 한성은행과 동일은행이 합병해 생긴 것입니다. 한성은행은 한상룡이 두취를 하고 있었는데,[65] 난맥(亂脈)으로, 1927년(昭和 2) 공황 때에 파산 직전까지 가서, 일본은행으로부터 1.5%(1푼 5리)로 450만 엔을 빌려와 재건했습니다. 당시 한상룡은 안 된다는 분위기였기 때문에 조선은행의 이사였던 일본인에게 한성은행의 정리를 맡겼습니다.

가토: 난맥이라고 하면….

미즈타: 정실(情實)이 작용하는 것입니다.

가토: 예를 들면 일본에서도 자주 있는 경우인데 은행을 경영하는 사람 자신이 다른 한편에서 사업을 하거나 한다, 거기에 정실이 작용한다, 그런 예가 상당히 많습니다.

미즈타: 그런 일이 있습니다. 한편에서 사업을 한다, 그리고 친척에게 일을 시킨다. 그래서 두취의 사업 경영을 금지하도록 되어 있습니다. 따라서 타인 명의로 하게 됩니다. 주로 역시 친척이죠.

쓰치야: 그 두 개 은행의 자본금은 어느 정도였습니까?

---

[65] 원문에는 한상룡이 동일은행의 두취였다고 기록되어 있으나 한상룡은 한성은행의 두취였다. 아마 기억의 착오인 듯하다. 한상룡은, 1923년 간토대지진 때 도쿄지점이 궤멸적 타격을 받은 것이 원인이 되어 한성은행이 경영 악화에 빠지자 경영 정상화를 위해 노력했으나 1927년의 금융공황으로 인한 연이은 타격으로 결국 1928년 두취를 사임했다. 이때 한성은행의 경영 정상화를 목적으로 조선은행이 투입한 일본인은 조선은행 부산지점장이던 쓰쓰미 에이이치(堤永市)였다. 김명수, 「1920년대 한성은행의 정리와 조선인 CEO 한상룡의 몰락」, 『역사문제연구』 16(1), 통권 27호, 2012 참조.

미즈타: 자본금은 대체로 3,000만 엔입니다.

쓰치야: 이렇게 두 개가 되었을 때는 총독부가 상당히 압력을 가했겠네요.

미즈타: 압력을 가했습니다. 특히 두취를 어떻게 할 것인가였습니다. 하지만 압력을 가한다고 해도 전쟁 중이기 때문에 아무 것도 이야기할 수 없을 때입니다.

쓰치야: 마침 내지에서도 마찬가지로 은행합동을 했기 때문에….

미즈타: 그렇죠, 미쓰이은행(三井銀行)과 다이이치은행(第一銀行)이 하나가 되었다, 그때였죠? 보세요, 그런 대재벌인 미쓰이은행과 시부사와 씨의 다이이치은행조차 그대로는 약하니까 합병해야 한다, 너희는 도대체 뭐냐는 식입니다.

쓰치야: 일본의 미쓰이, 다이이치와 같이, 그렇게 대등한 것이 합병한 적도 있습니까?

… 은행합동의 뒷이야기 …

미즈타: 지금 말씀하신 동일은행과 한성은행은 대등합니다. 그리고 1938년(昭和 13), 1939년(昭和 14)에 대구상공과 경상합동, 두 개가 합병할 때는 난처했습니다. 경상합동은 조선인 정운용(鄭雲用)이라는 사람이 두취, 대구상공은 오구라 다케노스케(小倉武之助), 이 사람은 이노우에 준노스케(井上準之助)의 동급 법학사, 조선 개척 초창기의 실업가입니다. 야마자키 나오카타(山崎直方) 선생 때에, 『대구의 시장(大邱の市場)』이라는 경제지리가 있었습니다, 그 대구가 본거지였습니다. 이 경우는 곤란했습니다. 재무국장에게 "합병해야 하는 것은 이해합니다. 하지만 조선인이 경영하고 있는 그런 은행에 우리가 합병한다는 것은 절대로 싫습니다. 그쪽이 우리 쪽으로 흡수되는 것이 아니면 싫습니다"고 합니다. 정운용은 말하길 "도대체 당신은, 내선은 차별대우하지 않는다고 말한다 — 정운용의 은행은 성적이 조금 좋았다 — 성적을 어떻게 보십니까? 우리 쪽은 이 정도로 좋다, 대구상공이 우리 쪽으로 흡수되는 것이 자연스럽고 당연하지 않은가"라고 말합니다. 여기에 나는 곤란했어요. 그래서 오구라 씨에게는, '당신, 이런 실정입니다'라고 설득하지만, 오구라 쪽에서는 또 "그건 잘 알겠다, 하지만 어떻게 사태가 정리될 것인지 세상이 주목하고 있다, 이 전쟁 때에 조선인의 비위를 맞추는 것에 급급해하고 있다, 그러한 때 재무국장이 그런 일을 한다면 무시당합니다. 무기력하다는 소리를 듣게 됩니다." 그건 그렇습니다. 정운용이 그런

것을 주장해 오는 것은, 조선인의 비위를 맞추지 않으면 전쟁 수행이 어렵다는 것을 알기 때문입니다. 나도 무시당하는 것은 싫어서, 이건 어느 쪽에 어떻게 해도 상황이 안 좋으니 양쪽 모두 해산하라고 했습니다. 양쪽 모두 명분이 있습니다. 그러면 양쪽 모두 하나 둘 셋 하고 합병하면 어떻겠습니까…. 이런 이유로 3개월이 걸렸습니다.

쓰치야: 결과는 어떻게 되었습니까?

미즈타: 양쪽 모두 지쳐 버렸습니다. 신문도 다루지 않게 되었습니다. 어느 쪽이 이겼다거나 졌다고 하지 않고, 기회를 봐서 양쪽 모두 동시에 해산 신고를 하세요, 양쪽이 해산해서 신설은행을 만든다. 그래서 양쪽 모두 두취는 그만둔다, 오구라 씨는 남선합동전기나 다른 사업을 상당히 많이 가지고 있었다. 나는 이것으로 꼼짝 못하게 했습니다. 금융의 수뇌자가 다른 사업을 동시에 경영하고 있는 것은 좋지 않다, 이건 내 방침입니다. 당신에게는 안됐지만, 이걸 해산하는 동시에 금융기관의 수뇌가 되는 일은 단념해 주세요, 이건 금융제도의 근본으로 당신이 남선합동전기 등을 전부 그만둔다면 다시 생각하겠습니다. 재무국장이 그런 방침이라면 하는 수 없습니다, 금융기관의 수뇌부 조선인이 실패하는 것은 거기에 있다, 조선인에게 허가하지 않고 내지인에게 허가한다는 것은 나는 할 수 없다, 이렇게 설득해 항복을 받아냈습니다. 정운용 군은 아직 젊었습니다. 아버지는 훌륭한 사람이었지만, 아버지가 사망했을 때 아들인 정운용에게 "오구라는 내 원수다, 그놈의 은행한테 지지 말아라"라는 유언서가 있다며 나에게 보여 주었습니다.[66] 그래서 나는 자네는 아직 젊다, 그러니까 나는 자네를 키워야 한다고 생각한다, 그러니 한성은행의 상무취체를 시켜주겠다. 경성의, 그것도 중앙은행의 지원을 받는 은행의 상무라면, 지방은행의 두취에서 좌천된 것은 아니다, 기생에 미쳐 살아서는 안 된다, 그런 식으로 이 사람도 납득시켰습니다. 그리고 정실 대출을 해서는 안 된다, 내가 보고 있는 앞에서 정말로 뱅커(banker)로서 계속하려고 한다면, 어떻게든 해서 부두취를 시켜 주겠다고~ 나는 정말로 그의 뒤를 봐줄 참이었습니다. "그렇다면 오구라 씨는 어떻게 됩니까?", "그 사람은 잘라 버리지", "그러면 됐습니다"~ 이렇게 되어 해결했습니다. 그래서 형식은 양쪽 모두

---

66 정운용의 아버지는 정응원으로 대구은행을 설립한 정재학의 장남이다. 정응원은 1933년 사망했다

하나 둘 셋 해서 해산한다, 그러고 나서 신설은행을 만들어 준다는 것으로 정리되었습니다. 은행의 합병이라는 것은, 이것은 내지에서도 있었겠지만, 결과적으로 중역진을 어떻게 할까에 달려 있는 것입니다.

쓰치야: 결국 두 개가 남은 은행의 두취는 누구를 데리고 오셨습니까?

미즈타: 조선상업은 원래 내지의 것이니까, 호리(堀)라는 1917년(大正 6)의 법학사로 계속해 왔습니다.[67] 이 사람은 훌륭한 사람입니다. 결국 양쪽 모두 내지인 두취였지만, 그때는 1943년(昭和 18)~고이소 씨가 부임해서 얼마 지나지 않아서였습니다~ 조선인 은행 쪽은 두 개의 은행을 합병하는 것이니까 한성은행의 두취도 동일은행의 두취도 대등하니까 이건 어느 쪽이 그만두지 않으면 안 된다. 그런데 은행의 두취는 상당한 연배였고, 조금 실수가 있어서 회수 불능이 된 불량대출이 300만 엔 정도 있었습니다. 그것을 가슴에 담아 두고, 조금씩 주변 분위기를 만들었습니다. 가와구치(川口)[68] 두취는 어떨까 조금은 생각이 잘 돌아가는구나 해서, 반년 정도 분위기를 만들고 나서 가와구치 군 어떻습니까, 라고 이야기를 꺼냈습니다. 나는 농촌으로라도 돌아가 무언가 하겠습니다, 라고 대답해 – 그럼 편안하게 살 수 있을 만큼의 퇴직금을 받으세요…. 그렇게 되었습니다. 한성은행의 두취는 노다(野田)[69]라는 사람, 이 사람은 식산은행 이사에서 옮겨간 사람으로 아직 일할 수 있는 사람입니다만, 역시 신분을 바꾸지 않으면, 그 사람이 두취가 되면 가와구치 씨도 기분이 나쁘다, 이건 "조선인 은행이 합병하는 것이니까, 조선인 두취를 데려오겠군요"라며 다른 말을 못하게 못을

---

67 호리 마사카즈(堀正一)이다. 호리는 1890년 야마구치현 하기시(萩市)에서 태어났다. 1917년 주식회사 한성은행에 입행하면서 조선에 왔다. 1918년 조선식산은행으로 옮겨 동행 상업금융부, 도쿄사무소 근무, 전주지점장을 역임했다. 1923년 만주은행으로 옮겨 비서역, 봉천지점 겸 소서문지점 지배인을 역임했다. 조선상업은행의 요청으로 동행 조사과장이 되었고, 1931년 동행 취체역에 선임되어 전무취체역에 취임했다.

68 한성은행과 합병 당시 동일은행의 취체역 회장은 민규식이었고, 전무취체역은 이구치 도시히코(井口俊彦)이었다. 가와구치가 어떤 은행의 두취였는지 모르겠다. 오기가 아닐까 싶다.

69 노다 신고(野田新吾)를 말한다. 노다는 1887년 미에현 출신이다. 1910년 5월 고베 고등상업학교를 우수한 성적으로 졸업하고 곧바로 조선의 평안농공은행에 입행해 동 의주지점, 동 해주지점, 동 진남포지점 등 각 지점에서 근무했다. 1918년 조선식산은행 창립 때 식산은행으로 자리를 옮겨 1919년 심사과장으로 발탁되었다. 1929년부터 1년 정도 금융사정 시찰을 위해 미국과 유럽 각국에 출장, 귀국 후 권업금융과장에서 공공금융과장을 거쳐 이사로 승진했다. 1938년 7월 식산은행을 사직하고 동년 10월 한성은행에 입행해 한성은행장에 취임했다.

박았습니다. 그래서 나는 "조선인에게 영합하는 그런 식은 안 된다, 어디까지 의연하게 해야 한다, ―재무에 관해서는 그렇게 해야 한다는 일관된 방침입니다.~ 역시 전쟁 비상시에는 조선인들에 대해서는 생각해야 하지만, 일본의 재계는 내선일체를 해야 한다, 조선 금융계의 일대 결함은, 대장성과의 연락은 있지만, 일본은행과의 연락이 상당히 희박하다. 단지 선은(鮮銀) 부총재 기미지마(君島)⁷⁰ 씨는, 일은(日銀) 문서국장에서 이사가 되어 부임해 왔을 뿐입니다. 내 입장에서는 역시 일은(日銀)과의 연락을 상당히 중시해야 했습니다. 이 일은과의 연락을 생각하는 것이 조선 금융계의 입장에서는 어쩔 수 없는 일이라고 생각합니다. 그걸 당신들은 어떻게 생각하는가"―라는 식으로 내 생각을 말했습니다. ―그건 찬성입니다, ―그러면 두취라는 것도 저절로 이해할 수 있지 않을까 해서, 그래서 조선인들도, 이건 조선인이 두취가 되지 못한다, 동일과 한성의 두취도 되지 못한다는 것을 이해할 수 있게 됩니다. 그래서 한성은행의 두취를 조선취인소의 이사장에 취임하도록 했습니다.⁷¹ ―마침 취인소를 내지에서는 전부 폐지하고 도쿄와 오사카만 남겨 두었습니다. 그때 조선의 취인소도 그만두라고 대장성에서 이야기했지만, 나는 마지막까지 노력했습니다. 내지는 전부 통합하는 것이 좋지만, 조선의 증권계는 육성해야 한다는 명분으로 대구와 인천의 취인소를 경성 1개소로 정리했습니다. ―한성은행의 두취를 취인소 이사장에 취임시키고 "조선의 취인소정책은 당신에게 맡길 테니까"라며 체면을 세워 주었던 것입니다. 그래서 합병해 조흥은행이 된 쪽은 일본은행에서 이와쓰보(岩坪)⁷² 씨가 추천되어 왔습니다. 조선 지방은행의 두취라고 해야 좀처럼 일은에서 오려고 하지 않습니다. 이 일에는 진땀을 뺐지만, 나는 그런 방침을 취해 모두를 납득시키고, 이와쓰보 씨를 신설 합병은행의 두취로 지명했습니다. 그 밑에 내지인 상무와 조선인 상무를 배치한다는 계획입니다. 내가 가장 힘들었던 것은, 금융기관의 수뇌부를 어떻게 해서 보조를 맞추게 할 것인가, 여기에 나는 정력의 절반을 쏟았습니다. 선은

---

70 기미지마 이치로(君島一郎, 1887~1975)이다. 도치기현 출신으로 도쿄제국대학 졸업 후 일본은행에 입행했다. 1940년 조선은행 부총재에 취임했다. 공직추방 후 일본 야구 초창기 연구에 전념해 많은 공적을 남겼다.
71 합병 당시 한성은행의 두취는 구보 슈이치(久保秀一)이었다.
72 이와쓰보 도모유키(岩坪友至)를 말한다. 이와쓰보는 1943년부터 1945년까지 조흥은행의 은행장을 지냈다.

과 식은이 아직 대립하고 있었기 때문이죠. 이를 어떻게 조화롭게 해 나갈 것인가, 거기에 절반의 정력을 쏟았습니다. 그분들이 모두 선배들이었습니다. 내가 후배였죠. 하지만 그런 점에 대해서는 스스로 잘 반성해서, 특히 이것이라고 확신해 버리게 되면 거기에 관리의 독선이 나타나기 때문에, 나는 자주 반성해서 모두를 납득시키기 위해 애를 썼습니다.

쓰치야: 그렇게 합병한 뒤에는, 은행 내의 여러 인사 문제 같은 것으로, 반드시 부드럽게 일이 잘 진행되지 않았죠?

미즈타: 그건 내가 들어 보지 못했지만, 항상 주의하고 있었습니다. 역시 서로 다른 은행이 하나가 된 것이니까요. 좀처럼 사이좋게 해 나갈 수 없었습니다. 나는, 이건 전쟁이 끝나면 다시 헤어져서 두취도 상무도 자리를 늘려서 그들에게 일을 시킬 방침을 취해야 한다고 생각했습니다.

쓰치야: 감사했습니다.

– 제4화 끝 –

(곤도 주)

64쪽＝남선 대수해 때의 대부 금액 ~ 집집마다 3,000엔은 너무 많은 액수여서 잘못된 것이 아닐까 한다. 옛날 관계자에게 조회해 본바, "피해자 전부에게 집집마다가 아니고, 금융조합 조합원 중 피해자에게 '집집마다'라는 의미이기 때문에 틀린 것은 아니라고 생각한다"라고 했다. 교정을 도와준 학생들로부터의 지적도 있어 특별히 승낙을 구한다.

제5화(1953년[昭和 28] 12월 4일 구술)

금융기관의 근대적 개편과 그 발달

목차

1. 중앙은행 제도의 연혁
   _ 제일은행에서 한국은행 – 조선은행으로
2. 조선식산은행의 업무와 성격
   _ 개발·권업자금 도입의 아성
3. 무진업의 발전
   _ 전시하 통제의 전형
4. 조선저축은행의 설립
   _ 식은 저축부의 독립·전선일사(全鮮一社)의 비영리법인
5. 신탁업의 연혁과 업태
   _ 토지관리를 주로 하는 경영의 특이성과 마름의 폐해를 제거하는 특수임무
6. 기타 금융기관과 이자의 내선 대비
   _ 보험·우편저금·간이보험

1. 중앙은행 제도의 연혁
— 제일은행에서 한국은행-조선은행으로

쓰치야: 그러면 피곤하실 것 같아 송구스럽지만, 지난 회에 이어서 잘 부탁드립니다.

미즈타: 나는 아직 중앙은행 제도 그리고 조선식산은행에 관한 것, 무진, 신탁, 저축은행, 그런 일련의 금융기관에 대해 말씀드리지 않은 것 같습니다.

중앙은행에 관한 것입니다만, 합병 전에는, 제일은행(第一銀行)[73]은 사실상 중앙은행의 역할을 담당하고 있었습니다. 1902년(明治 35)에 일본과 한국 양국의 허가를 받아 제일은행권을 발행할 수 있게 되었고, 또 1905년(明治 38)에 메가타 고문이 착임한 이후부터 제일은행은 국고금의 취급=이건 쓰치야 선생님께서 말씀하신 제일은행에 관한 내용으로 충분히 이해했습니다. 국고금의 취급과 예의 화폐정리 사무를 한국정부로부터 위탁받았습니다. 아울러 제일은행권의 강제 통용력을 1905년입니까, 그때 부여받았습니다. 그래서 사실상 중앙은행의 지위가 확립된 것은 1905년에 메가타 씨가 오셨을 때였다고 사실(史實)에 나와 있습니다. 그리고 1909년(明治 42) — 병합 전해입니다, 「한국은행조례」가 생겨서 본점을 경성에 두고 자본금을 1,000만 엔으로 하는(주: 1/4, 250만 엔 불입), 그리고 한국은행의 주주를 일본인과 한국인으로 제한하는 것으로, 한국은행에 태환권 발행의 권한을 부여하고, 제일은행의 발행권을 승계한 것이 1909년(明治 42)에 이루어졌습니다. 「한국은행조례」는, 정화준비 외에 보증준비도 한다는 내용으로 조례가 되어 있습니다.[74] 그것이 합병 후인 1911년(明治 44)에 「조선은행법」의 공포와 함께 조선은행으로 개칭되고, 한국은행을 계승해 왔다,

---

[73] 제일은행은 일본 내에 본점을 두고 있는 일본의 은행이다. 일본어로 '다이이치은행'이라고 하지만 오랫동안 한국과 관련된 업무를 많이 해서 그냥 '제일은행'이라고 불러도 무방할 듯하다. 본 자료집에서는 한국 내의 일과 관련된 서술에서는 '제일은행'으로 부르고, 일본 내에서 같은 은행을 부를 때는 '다이이치은행'이라고 하겠다.

[74] 정화준비(正貨準備)란, 정부나 발권은행, 즉 중앙은행이 정부지폐 또는 은행권을 태환(兌換)하기 위하여 정화(금화, 은화, 地金=금괴)를 보유하는 일이다. 이에 대해 보증준비(保證準備)란, 중앙은행이 은행권 발행의 보증으로서 보유하는 자산 중 정화준비 이외의 것, 즉 국채나 상업어음 등을 준비하는 것이다. 보증준비에는 보증준비발행직접제한제도와 보증준비발행간접제한제도가 있다. 전자는 유가증권이나 상업어음 등을 보증준비로 해서 발행하는 은행권의 발행액을 일정하게 해 놓고 그 이상 발행하는 경우는 정화준비를 필요로 하는 제도이다. 후자는 보증준비에 의한 발권액을 간접적으로 제한하는 것으로 비례준비제와 굴신제한제가 있다.

이렇게 되었습니다. 당시 자본금은 1,000만 엔(주: 1914년[大正 3] 전액 불입 완료)이라고 말씀드렸는데(주: 1917년[大正 6] 2,000만 엔, 1918년[大正 7] 4,000만 엔으로 각각 증자), 1920년(大正 9)에 8,000만 엔으로 증자하고, 대지진으로 상당한 타격을 받아 1925년(大正 14)에 4,000만 엔(주: 그중 불입 2,500만 엔, 1942년[昭和 17] 6월 전액 불입 완료) 반액으로 감자합니다. 그리고 쇼와 몇 년이었는지 잊었는데(주: 1945년[昭和 20] 2월 28일의 임시총회에서 배액으로 증자 결정) 8,000만 엔으로 다시 증자했습니다. 단지 1/4 불입으로, 실제 불입이 5,000만 엔이었을 때 종전이 되었습니다. 그런 연혁을 가지고 있습니다.

그리고 조선은행과 일본은행의 공통점과 차이점에 관한 문제입니다만, 나누어 보면, 이건 영업구역이 물론 다릅니다. 조선은행의 영업구역이 일은보다 넓습니다. 조선이 본거지이지만, 일본 내지에서도 영업을 했습니다. 일본 내지, 관동주, 만주, 중국까지도. 외국에는 물론 환업무를 하는 지점을 가지고 있고요. 본점은 물론 경성에 있으니까 조선이 주요 무대이지만, 지점 수가 가장 많을 때는 조선에 17개, 내지 8개, 중국과 만주를 합쳐 35개, 관동주가 3개였습니다.

쓰치야: 구역이 상당히 넓었습니다만, 조선에서의 업무와 내지의 업무는 달랐습니다.

미즈타: 다릅니다. 내지에서는 대부를 실시하지 않았습니다.

쓰치야: 내지의 업무는 주로 무엇이었습니까?

미즈타: 거의 일본은행과의 교섭, 그리고 발행준비의 도입 ~ 발행준비의 도입이라고 하면, 일본은행으로부터의 차입, 콜(자금)의 도입, 그리고 송금, 아시다시피 환(업무)이 가장 많습니다.

쓰치야: 물론 예금은 받지 않는다….

미즈타: 그렇습니다.

가토: 처음부터 그랬습니까? 메이지 후반기, 다이쇼 후의 일본에서는 예금을 받지 않았는데, 대부는 했나요?

미즈타: 예금은 받지 않았습니다만, 대부는 하고 있었습니다.

가토: 다카다상회문제(高田商會問題)[75]가 일어났을 무렵이네요.

미즈타: 1920년(大正 9)이죠.

다케사와: 당시에는 환업무를 많이 하고 있었죠.

미즈타: 외국환과 조선, 내지의 환, 외국환이라고 상당히 자주 사용하고 있었던 것 같습니다.

다케사와: 아마도 지금 말씀하신 내용 중, 중국에 지점을 두었다고 한 것은, 환과 관계된 것이겠군요.

미즈타: 환과 관계된 것이 대부분입니다. 그쪽(조선-역자)에서는 예금도 하고, 대부도 하고 있었습니다. 환 관계가 본래의 업무였는데, 쇼와 말이 되면, 관동주, 만주에는 조선은행권이 정화(正貨)라고 하나요, 즉 유통되었습니다. 그리고 북지(북중국-역자)에서는 연은권(聯銀券)[76]의 발행을 조선은행이 취급했다, 따라서 연은권 발행의 준비로 일본은행의 공채를 상당히 가지고 있었다. 종전 때 조선은행에 60억의 일본은행 공채가 있었습니다.

쓰치야: 그렇다면, 조선에서의 영업, 일본 내지에서의 영업, 그리고 만주, 관동주, 중국에서의 영업이 각기 달랐었군요.

미즈타: 외국에서는 같습니다. 예금도 받고 대출도 한다. 조선에서도 예금은 받았습니다. 뒤에 영업에 관한 문제에 대해 말씀드리겠습니다만, 중역의 임면권과 업무상의 감독권은, 연혁은 생략하고, 전부 대장대신, 이건 패닉(공황-역자), 예의 진재수형으로 대은(臺銀, 대만은행)과 마찬가지로 정부로부터 보상(報償)을 받아서, 그래서 조선에 맡

---

[75] 다카다상회의 창시자인 다카다 신조(高田愼藏)는 1870년부터 쓰키지(築地) 거류지 독일상관의 수입상이었던 암스트롱상회에서 근무하다가 동 상회에서 베어상회가 독립하면서 베어상회의 총지배인[番頭]이 되었다. 1880년, 메이지정부가 외국 제품 조달 시 일본 국내 상인을 우대한다는 방침을 발표하자 베어상회가 철수하고 다카다가 베어상회의 상권을 사들이여 1881년 다카다상회를 설립했다. 다카다상회는 청일전쟁과 러일전쟁을 거치면서 급성장한 일본의 병기기계상사로 오쿠라구미(大倉組)와 어깨를 나란히 하고 미쓰미물산(三井物産)도 능가했다. 승승장구하던 다카다상회는 1918년 제철소 사원에 대한 증뢰사건(贈賂事件)으로 부사장과 이사가 수감되고, 1921년에 동 상회 창시자인 다카다 신조가 사망, 1923년에는 관동대지진으로 사옥 붕괴로 인한 상품 소실 피해와 환찬손으로 인한 피해가 맞물리면서 1925년 경영 파탄과 함께 정리회사가 되었다.

[76] 중국연합준비은행(中國聯合準備銀行)은 1938년 3월에 창설된 현지 발권은행으로 이 은행에서 발행한 은행권을 줄여서 연은권이라고 했다.

기면 안 된다는 이유로 전부 대장성에서 거둬들였습니다. 하지만, 특정 사항에 대해서는 조선총독부에 나누어 보관하도록 한다, 조선 내에서 얼마 이하의 대출에 대해서는 조선총독부에서 선고(選考)하여, 나중에 보고해도 괜찮다고 해서, 원칙적으로는 어디까지나 업무상의 감독 및 임면권은 대장대신에 있다, 대장대신은 조선총독과 일단 협의해서 임명하게 되어 있었습니다. 이 점은 일은과 역시 다른 점입니다.

쓰치야: 회사의 조직은….

미즈타: 완전히 순수한 민간의 주식조직입니다. 단, 조선총독부가 최대 주주로서 300만 엔을 출자하고 있어서, 절반의 감자로 150만 엔이 되는데, 대장성은 출자하지 않습니다. 따라서 조선총독부는 주주권을 행사하는 입장에 있었습니다. 패닉(공황) 이전에는, 소위 법령상의 감독권을 가지고 있었는데, 빼앗겼습니다. 그리고 소위 조선은행권을 발행하는 발권은행, 이건 일은과 물론 마찬가지입니다만, 발행준비가 달랐습니다. 일은은 일래스틱 리미트 메소드(elastic limit method, 굴신제한제도-역자)를 채용하고 있었습니다.[77] 조선은행도 채용하고 있는 것은 마찬가지입니다만, 단지 정화준비 중에서, 조선은행은 일본은행에 대한 당좌예금을 금과 마찬가지로 간주해도 좋다고 되어 있어서, 극단적으로 말하면, 골드(gold) 없이 일은권을 얼마 정도 가지고 있으면 괜찮다는 것입니다. 그래서 소위 굴신제한법(屈伸制限法)을 채용하고 있었지만, 물론 그런 내용의 준비여서, 그래서 동시에 1/3의 비례제를 채용하고 있었다. 결과적으로 1/3까지는 금과 일본은행권을 가지고 있어야 한다. 쇼와 몇 년이었습니까? 일본이 관리통화가 되었죠. 1931년(昭和 6)인가요?(주: 1932년[昭和 7] 12월, 다카하시[高橋] 장상, 금수출 재금지 단행) 역시 선은권도 관리통화가 되어서 불환지폐가 되었지만, 일본은행권과는 교환할 책임이 있었고, 또 그 책임은 면할 수 없었습니다. 일은권을 가지고 오면 선은권을 건네준다, 이것이 이루어지는 한, 일은권을 기금으로 하면 조선은행은 완전한 관리통화가 아니었습니다. 또한 1/3 관리통화로는 했지만, 1/3의 일은

---

[77] 굴신제한제도(屈伸制限制度, elastic limit system)란 은행권 발행제도 중 하나이다. 정화준비에 의한 은행권의 발행에는 제도를 설정하지 않고, 공채나 어음을 보증으로 하는 은행권의 발행액만을 법으로 정하여, 필요한 경우에는 일정한 조건 아래 제한외발행을 인정하는 발권제도이다. 은행권의 발행에 신축성을 주는 데 목적이 있다.

권을 가지고 있어야 한다는 제한은 쭉 유지되고 있었다. 따라서 마음대로 선은권을 발행할 수 없었습니다. 지나치게 발행하면, 내지로 자금을 보낼 때는,[78] 반드시 여기 선은의 지점에서 일은권을 내주어야 한다. 그러므로 만약 그 준비 이상으로 조선에서 발행하면, 선은권과 일은 사이에 차액(프리미엄)이 발생하게 된다. 물론 대장성도 그런 것은 허용하지 않고, 우리도 그런 것은 허용하지 않는다. 결국에는 형식적인 것이 되어, 어쩔 수 없이 선은권을 이만큼 발행해야 할 때는, 일은에 부탁해서 콜(자금)을 무이자로 빌려오고, 일은에 동산을 제공해서, 이 정도 있으니 그것의 세 배를 발행하겠다고 합니다. 따라서 순수한 금본위제를 이탈했다고 하겠지만, 그 제한 내에서는 역시 하나의 구속이 있었던 것입니다. 이것이 선은권이 점점 프린팅 머신에서 인쇄돼 나오지 않았던 하나의 족쇄가 되었던 것은 아닐까 생각합니다.

가토: 1/3이라는 것은 역시 제한외나 보증준비인가요?

미즈타: 그렇습니다. 1/3은 정화로 가지고 있어야 합니다. 정화는 금과 일은권, 금은 전쟁이 되면서부터 전부 보내라고 해서 모두 일은으로 보내 버렸습니다. 그것을 대신해서 1,000만 엔 금을 보내면 1,000만 엔의 지폐를 (보내기 때문에-역자) 결국 일은이 채무자가 되는 것이라 좋았습니다. 금은 모두 보냈습니다. 조선인들 입장에서는 보낸 것이 아니다, 그것을 대신해 일은권을 수취하고 있었던 것이 아닐까 하는 논의는 성립하겠죠.

쓰치야: 그 금 자체는 어디에서 조선은행이 획득한 것인가요?

미즈타: 이건 처음에는 일본은행에서 보낸 것입니다만, 나중에는 조선 내에서 나온 금입니다. 조선의 산금(産金)량이 상당했으니까….

다케사와: 그쪽(조선)에서 나온 산금을 사들인 것이군요.

미즈타: 그건 사들입니다. 이건 금에 대한 규칙이 있어서, 마음대로 녹여서는 안 된다, 금은 통제하고 있어서 모두 조선은행으로 가지고 와라, 그렇게 되어 있었습니다.

쓰치야: 산금업자는 일본인도 있었지요?

---

[78] 원문에는 '內地へ資金を得る時には'로 되어 있어서 '내지로 자금을 얻을 때는'이라고 해석해야 하는데 그러면 문맥이 어색하다.

미즈타: 산금업자는 일본인이 대부분입니다. 하지만 병합 당시부터 운산(雲山)=유명한 외국인이 채굴할 수 있는 권리를 가지고 있었던 것이 운산금광과 또 하나 있었는데 뭐라고 하더라, 하여간 특권을 가진 것이 있어서, 유대계 사람과 미국인이 가지고 있던 금광이 대부분이었습니다(주: 운산 외에 수안[遂安], 창성[昌城], 직산[稷山]의 세 금광[프랑스인]). 하지만 1931년(昭和 6), 1932년(昭和 7)경부터 조선의 산금에 주목하여 일본광업이나 스미토모(住友) 등의 자본이 들어와 점점 채굴합니다. 조선제련(朝鮮製鍊) 같은 회사는 식산은행 자본이 중심입니다. 금 생산액은 일본의 4개 섬 이상입니다. 이건 1935년(昭和 10)부터 1936년(昭和 11)으로, 조선산금75톤계획이라는 것을 우가키 씨가 세웠습니다. 1년에 75톤 생산합니다. 당시 일본에서는 10톤이나 십몇 톤이었을 것입니다. 조선은 7, 8톤 정도에서 1937년(昭和 12), 1938년(昭和 13)에 크게 증가해서 1938년, 1939년(昭和 14)에는 최고 1년에 33톤. 10톤이 되었다가 18톤이 되었고, 25톤이 되었다가 33톤, 오피셜하게는 33톤, 그리고 밀수로 만주, 중국으로 나가거나 내지로 간 것이 얼마였습니까? 1937년, 1938년부터 전쟁 중에 아편과 금의 밀수출을 어떻게 막을 것인가 하는 것은 조선총독부가 두통을 앓는 원인이었습니다.

쓰치야: 조선인이, 도대체 자기들의 금이 일본으로 간 것이라고 하는데, 이것은 즉 조선의 국토에서 산출된 금이 간 것이라는 의미로 말하는 것입니다.

미즈타: 물리적으로 조선이라는 토지에서 나온 산물이 일본으로 갔다, 일본은 그것으로 기름을 사거나, 전쟁했다는 것입니다. 그 사이에 경제상의 문제를 빼고 있는 것입니다. 그리고 국고금 취급이나 금융통제에 관한 것인데, 이건 일본은행과 물론 같습니다. 기타 보통은행 업무를 겸영하고 있었다는 것이 일은과 전혀 다릅니다. 일은과 정금은행(正金銀行)과 흥업은행, 권업은행을 합친 것 같습니다. 요컨대 디퍼렌시에이션, 분업이라는 것이 없었기 때문에, 조선의 실정에는 맞았을 것입니다. 발권부와 영업부, 그리고 외국환부라는 3개의 부서가 있었습니다. 또한 조금씩—내가 재무국장이 된 것은 1936년이었는데, 금융기관의 분업 문제로 상당히 힘들었습니다. 분업 문제라는 것은, 역시 예금은 그 정도도 아니지만, 대출에 대해, 예컨대 일본광업이 진출해 온다, 가네보(鍾紡)가 진출해 오면, 식산은행이 담당할 분야인가, 선은이 할 것인가 일정한 무엇이 없었습니다. 몇 년 이상의 장기 대출은 식산은행이 좋다고 해도, 단

기를 해서 나쁜 것은 없습니다. 조선은행은 단기로, 장기는 하지 않는다는 것이 문제이지만, 법령에서 금지하고 있지는 않았기 때문에, 양쪽 모두 할 수 있었습니다.

쓰치야: 단, 단기로 되어 있던 것은, 이건 법령 같은 그런 구속이 아니고, 완전히 자발적으로 그런 관습을 만들어 준 것인가요?

미즈타: 조선은행은 여러 가지를 해야 한다는 그런 명분을 내걸고 보통은행 업무를 겸영했습니다. 식산은행 쪽이 속박되어 있었습니다, 장기금융을 연부로 하라고 했던가 등등…. 선은은 그런 구속은 없었습니다.

가토: 역시 뭐라 해도 뱅크 오브 뱅크스라는 측면이 있으니까, 장기자금이라는 것은 실제 문제로서 흘려 버리기 어렵습니다.

미즈타: 그건 그렇지만, 꼭 안 하고 있었던 것은 아니다. 따라서 종전 당시는, 대출이 10억, 예금이 10억, 조선은행권이 43억이라는 숫자가 나와 있습니다. 일은의 입장에서 보면, 예금이라는 것은 미쓰비시(三菱)가 맡긴 예금이라고 하지만, 이건 업자로부터의 예금도 있습니다. 식산은행의 예금, 금융조합연합회의 예금도 있습니다. 대출은 보통은행 지장은행(地場銀行)에 대한 대출도 있으면, 업자에 대한 대출도 있습니다. 따라서 금리조정법도 조선은행에 영향을 주었던 것입니다. 이런 점이 상당히 일본은행과 달랐습니다. 나는 1943년(昭和 18), 1944년(昭和 19) 전쟁이 일어나지 않았으면 당연히 조선은행의 업무는 정리되었을 것이라고 생각합니다, 다른 금융기관의 분야에 마찰을 일으킨다고 해서, 사실 나는 상당한 결의를 하고 있었습니다. 선은이 이제 와서 새삼 보통은행 업무를 할 필요는 없습니다. 발권은행으로서 정말로 뱅크 오브 뱅크스로서 감당할 태세를 취해야 합니다. 그렇지 않으면 선은을 폐쇄시키고 일본은행을 데려와 맡겨야 하지 않겠는가 하는 논의가, 대장성에도 상당히 강했습니다. 나는 당시의 정치문제로서, 역시 조선에는 조선은행으로, 발권은행이 아직 있어야 하지 않겠는가? 그렇다면 마찰이 있으니 일본은행과 같은 단순한 뱅크 오브 뱅크스라는 곳으로 분화시키는 것이 좋지 않을까? 그 대신 식산은행도 있는 만큼 보통은행 업무를 중단시키고 권업은행, 흥업은행으로 만들어 갑니다. 보통은행은 보통은행으로서 분야를 발휘하는 것이 좋지 않을까 하고 생각했는데, 전쟁이어서 엉망진창이 되고 말았습니다. 일은과는 그런 점에서 같은 점도 있지만, 상당히 달랐습니다. 그리

고 금융의 분야로서는, 조선은행은 조선의 중앙은행이었지만, 내지에 지점을 가지고 있었고, 감자(減資)를 통해 한풀 꺾이기 전까지는 대출도 계속합니다, 중국으로도 나갑니다. 만주에도 나가 영업해서, 속된 말로 하면, 집에 붙어 있지 않고 아버지가 밤놀이를 하러 다니고 있었습니다. 그 사이에 집은 누군가 돌보지 않으면 안 되기 때문에, 마누라 격인 식산은행이 아버지의 몫까지 담당했습니다. 1931년(昭和 6), 1932년(昭和 7)경 내가 재무국장이 되고 나서―1927년(昭和 2)이 패닉이었습니다.[79] 그래서 선은이 한풀 꺾여 있었습니다. 집에 붙어 있지 않고 싸돌아 다니며 방탕했기 때문에 문을 꽝 닫고 가 버렸습니다. 이 점에서 보더라도, 예전의 형편을 보더라도, 역시 식산은행이 하고 있다. 패닉이 있어서 감독권이 대장성으로 이관되었기 때문에, 아무리 해도 식산은행과 밀착하게 됩니다. 총독부의 방침으로도 식산은행이 귀엽다고 하면 뭐하지만, 자기가 생각하는 대로 따르기 때문에 뒤를 봐줍니다. 따라서 한성은행이나 그런 로컬은행은 식산은행이 뒤를 봐줍니다. 금융기관은 처음부터 부모는 식산은행이 되는 것입니다. 그렇게 되면 선은은 아버지로서, 아버지의 의견도 관록도 반 이상은 식산은행 쪽에 빼앗깁니다. 그건 연혁적(沿革的)으로 그렇습니다. 그것이 1936년(昭和 11), 1937년(昭和 12)경이 되어 금융계도 조금씩 정상이 되어 여러 가지로 디퍼런시에이션(분화)이 이루어지게 됩니다. 분화가 생기게 되면, 선은으로서는 그런데 내가 중앙은행이다, 식산은행 건방지지 않은가 하고 하면, 식은으로서는 뭐야, 밤놀이 하고 싶을 때는 마음대로 밤놀이하고, 온갖 고생을 하며 독수공방하고 있었는데, 그것을 사정이 좋아졌다고 해서 돌아와서는 아버지의 체면은 뭐냐, 속된 말로 그렇다는 것입니다. 그 사이를 조정하는 것은 힘들었습니다. 하지만 과거의 인연은 인연이고, 각 금융기관의 사명이 있기 때문에, 중앙은행으로서의 선은은 중앙은행으로서의 몸을 갖출 필요가 있습니다. 방침으로서는 보통, 지장은행이나 기타 금융기관도, 모두 조선은행을 모은행으로서, 소위 뱅크 오브 뱅크스여서, 식산은행에서 손을 떼라―입으로는 말하지 않지만, 기회가 있을 때마다 방침을 거기에 두고 있었던 것입니다. 이건 하나가 다르면 상당히 다툴 문제이기 때문에…. 한성은행이 망

---

79 1927년에 발생한 금융공황을 가리킨다.

할 것 같았을 때, 식산은행은 이쪽으로 와서, 예금부로부터 자금을 가져와, 식은을 통해 운영했습니다. 식산은행은 한성은행의 주를 그 때문에 가지고 있었습니다. 그 식은의 주를 조금씩 선은에 인수시킵니다. 인수시키는 대신, 한성은행의 두취가 결원이 되었을 때는, 식산은행에서 사람을 보내고, 감사역은 선은에서 보낸다던가, 전무는 선은에서 보내는 식으로 조금씩 별 마찰 없이 1939년(昭和 14)입니까, 한성은행을 조선은행의 산하에 편입시켰습니다. 마찰 없이 금융기관을 정상화시키는 데 고심했습니다.

2. 조선식산은행의 업무와 성격
— 개발·권업자금 도입의 아성

이야기의 앞뒤가 바뀌었습니다만, 식산은행에 관한 일을 간단히 말씀드리면, 일한병합 전후에 농공은행이라는 것이 생겼다는 것은 설명해 드렸습니다. 농공은행은 처음에는 꽤 많았는데, 이후 정리되어 1918년(大正 7)에는 6행으로 줄어 총액 자본금이 260만 엔 정도, 아무래도 규모가 너무 적다. 결국 조선의 농업개량을 위해서는 아무래도 이 정도로는 상황이 여의치 않아 전부 해산하고 새롭게 조선식산은행이라는 것을 설립하게 되어 조선식산은행이라는 것이 생겼습니다. 이것의 목적은 조선의 자원재발과 소위 생산이어서 일본의 흥업은행, 권업은행과 같은 일을 한다, 이렇게 생각하면 틀림이 없습니다.

가토: 좀 실례가 되겠지만, 선은이 일본 쪽으로 진출해 왔습니다. 일반적으로 생각해서 당시에 일본으로 진출해 온 원인 같은 것에 대해서는 어떻게 생각하면 좋겠습니까?

미즈타: 그건 선은이, 조선만으로는 아직 자금의 공급도 적고, 내지에서 영업하는 것도 승인받았습니다. 내지로 송금하는 것은 어떻게든 선은을 이용해야 한다고 하고, 이건 내 머리 속 상상입니다만, 조선은행으로서는 소위 활동 분야가 조선만으로는 너무 좁다고 해서, 바깥으로 더 발전해서, 환은행으로서의 무엇인가 큰일을 해야 하지 않겠는가 하는 것에 있지 않았을까 합니다.

쓰치야: 그런 실패를 초래했다는 것은, 일본 내지의 보통은행은, 대은행은 그런 것이 별로 없었는데, 그런 대실패를 초래한 것은 결국 기구에 약한 부분이 있었을까요?

미즈타: 특수은행이기 때문이 아닐까 생각합니다. 즉 내지의 보통은행은 정치성이 들어가 있지 않지만, 조선은행이나 동척이나 만철에는 정치성이 나타납니다. 그런 것을 생각해 보면 금융기관이 정치적으로 좌우되는 것이 실패의 원인이라고 생각합니다.

쓰치야: 경제적 고려 이외의 것이 들어가는군요.

미즈타: 상업상 채산이 2개의 차원으로…. 처음은 그렇지만, 그렇지 않은 부분에 실패의 원인이 있지 않을까 생각합니다. 그런 관계에서 보면 최근 금융기관 소위 신용금고나 신용조합 같은 것이 대장성의 감독 없이 지방청의 감독하에 있어, 금융이 얼마나 엄정하게 상업상 채산이 맞지 않으면 안 되는지, 구제기관이 아니니까…. 그런 것을 명심하지 않고, 저기에 빌려준다, 여기에 빌려준다, 그런 식으로, 금융기관 수뇌부는 말도 안 된다고 하고…. 내가 관찰한 바로는, 지방청의 감독하에 있는 금융기관이라는 것은, 지방청 사람이 무능하다는 의미가 아니라, 기구상 문제가 있는 것이 아닐까 합니다. 지금 도시은행이 비난의 초점이 되고 있습니다. 이건 결국 빌리러 온 사람에게 빌려주지 않는다는 점에 있겠죠.

가토: 선은과 식산은행은, 인적(人的)인 그게(네트워크가-역자) 있나요?

미즈타: 전혀 없습니다.

가토: 일본은행 쪽이 선은과 계속 가깝나요?

미즈타: 가깝습니다. 선은과 일은의 관계는, 우리는 의식적으로 이쪽에서 사람을 영입했습니다. 그리고 선은과 식은을 교류하게 하는 것은 도저히 불가능하기 때문에, 자은행(子銀行)에서 식산은행의 스태프(staff)를 함께 해서, 거기서 융합시키는 정책을 나는 취했던 것입니다. 자은행의 스태프를 양쪽 사람으로 융합해 갑니다.

그런 식으로, 1918년(大正 7)에 식산은행이 생겼습니다. 당시 자본금은 1,000만 엔이었고, 여기에는 사채(社債) 발행의 특권이 인정되었고, 불입(자본금-역자)의 10배까지 사채를 발행해도 괜찮았습니다. 이건 권업은행, 흥업은행과 마찬가지입니다. 산업 발달에 필요한 자금은, 부동산 및 부동산상의 권리(주: 예컨대 지상권[地上權], 영소작권[永小作權], 기타 국유미간지이용법에 기초한 권리 등)를 담보로 대부합니다, 이때 연부상환 연한은 30년으로 합니다. 그리고 어업권 및 사업재단 담보 대부, 사채 응모 인수, 신탁업무를 합니다. 특이한 점은 동척 및 일본권업은행의 업무대리를 한다는 점입니다. 이에 대해 식산은행과 권업은행은 상당히 밀접하게 연결되어 있었습니다. 따라서 예컨대, 권은(勸銀)의 총재가 된 이시이 미쓰오(石井光雄) 씨도 식산은행, 그리고 이사가 된 노구치(野口) 씨도 식산은행의 이사 출신입니다.[80] 이런 점에서 권업은행의 업무대리, 권업은행의 영업방식을 가르쳐 줄 필요도 있었을 것입니다. 식산은행이 설립될 때, 이건 어떤 무엇인가, 조선총독부가 처음에 6,598주를 가졌다(주: 농공은행 시대의 총독부 지주를 승계했다). 15년 동안은 배당을 면제한다, 5년 동안은 7%의 배당을 조선총독부에서 보증한다, 상당히 극진한 보호가 있었습니다. 그리고 또 동시에 금융조합의 중추기관을 담당해 왔지만, 하나의 차질도 없이 종전 때까지 왕성하게 업무를 수행해 왔습니다. 이건(식은은-역자) 선은이 밤놀이에 여념이 없을 때 완전히 조선을 장악했습니다.

3. 무진업의 발전
— 전시하 통제의 전형

그리고 무진(無盡)입니다. 처음에는 「무진업령」이라는 것이 없어서, 「회사령(會社令)」=하나의 주식회사라는 것만으로, 무진을 자유롭게 계속해 오고 있었습니다. 이건 조선에 계(契)라는 조직이 있잖아요, 이것이 서로 '미니어처 레이트(miniature rate, 소액)'으로 하고 있었습니다. 일본의 무진과 닮아 있어서 비교적 일본 무진의 영업 방식을 받아들이기 쉬웠습니다. 물론 처음에는 일본인뿐이었지만 조선인도 할 수 있게

---

80 노구치 신지(野口信二)는 1936년에 일본권업은행 이사에 취임한다. 하지만 조선식산은행 이사진에서는 노구치의 이름을 찾아볼 수 없다. 기억에 착오가 있는 듯하다. 참고로 노구치는 1888년 6월 야마구치현 출생이다. 1909년 가독을 상속한다. 1907년 5월 한국정부의 인천세관 관리가 되었고, 1909년 통감부 관세국으로 자리를 옮겼다. 조선총독부 속관을 거쳐 1921년 조선식산은행에 들어가 도쿄사무소 주임이 되었다. 1927년 일본권업은행으로 옮겨 1936년 현재 동행 비서과장으로서 임명되었고, 일본권업증권주식회사의 감사역이었다. 『朝鮮新聞』, 1936.7.22. 〈조야명사의 조선관(83) 驚異に値すべき躍進朝鮮(1)〉.

했습니다. 1921년(大正 10) 7월까지 무진을 업으로 하는 자는 77개 법인이 있었고, 대략 3,100만 엔 정도의 무진 급부 계약[81]을 가지고 있었습니다. 아무래도 이런 상황을 그냥 방치할 수 없어서, 1922년(大正 11)에 「무진업령」이 공포되었습니다. 그렇게 해서 77개 중 조금씩 나쁜 것은 도태시켜서 건전한 것으로 만들고자 했고, 그 결과 무진협회라는 것이 1924년(大正 13)에 생겨 일단 제대로 형태를 갖추었습니다. 재계 패닉 때 통합이 많이 이루어져서 77사가 30사 정도가 되었고, 자본금도 상당히 증가하여 순조롭게 발전했다고 볼 수 있을 것입니다. 그리고 1933년(昭和 8), 1934년(昭和 9)까지 일도일사(一道一社)의 방침으로 무진의 기초를 공고히 하고자 했지만, 1938년(昭和 13), 1939년(昭和 14)경에, 아무래도 이건 조금 과했다 싶지만, 전선일사(全鮮一社)의 방침으로 조선무진회사를 설립해 각지에 지점을 두기로 했습니다.

쓰치야: 전선일사를 실시한 취지는 무엇입니까?

미즈타: 노골적으로 말씀드리면, 너무 심했습니다. 통제벽(統制癖)에 빠졌다고 할까, 아무래도 무진업자는, 옛날의 77개 중 몇 개가 남아 있었는데, 요컨대 두목과 부하의 관계 같은, 사장이나 부사장이 팔을 걷어붙이고, 거들먹거리며 (내가 보장할 테니-역자) '좋아, 빌려줘' 이런 식으로, 위험하기 짝이 없는 그런 분위기가 있었습니다. 요컨대 내용이 괜찮은 회사로 만들자, 대장성이 상호은행(相互銀行)을 내용이 괜찮은 기품이 있는 것으로 만들자 해서 대장성의 관리를 낙하산으로 자꾸 내려보내고 있는 것입니다. 하지만 조선에서는 총독부 관리를 금방 낙하산으로 사장에 임명하기에는, 너무 지방색이 강해서, 그런 것은 할 수 없었습니다. 결국 품위를 유지하기 위해서는, 과감하게 하나의 회사로 통합하는 편이 좋다는 것입니다. 이건 처음에는 애를 먹어서 2년 정도 걸렸습니다.

쓰치야: 그런 점에 대해 이야기 하나 좀 부탁드리고 싶습니다만…. 어떤 결과가 거기에 나타났습니까?

미즈타: 그건 그럴 생각으로 검사(檢査)합니다. 부당한 대출, 부동산의 취득, 저촉되는 일이 꽤 많았습니다.

---

[81] 원문에는 무진 급부 약속이라고 되어 있으나 약속보다는 계약이 문맥상 적절할 것 같다.

가토: 우선 검사인가요?

미즈타: 우선 검사입니다. 비용이 상당히 많이 듭니다. 합리적인 경영을 하지 않기 때문입니다. 그리고 동시에 지방의 유력자라면, 소위 도회 의원의 비위를 맞추지 않으면 할 수 없습니다. 규모가 작을 때는 망한다 해도 대단한 일이 일어나지는 않습니다만, 도(道)에 하나만 남기게 되면, 대출에 정치색이 많이 드러나게 됩니다. 나중에 불만을 이야기해도 소용이 없다. 아무래도 이쪽이 인사권을 가지고 있어서 도회 의원의 비위를 맞추지 않아도 되는 체제로 만들지 않으면 안 된다는 분위기였습니다. 결국 도회 의원의 말을 들어서는 안 된다는 것은 통치상 다소 꺼려지는 일이기 때문에, 여러 구실을 붙여서 했지만, 주된 이유는 그것이었다. 아무래도 지방에서 정치적으로 악용되는 일이 많았다고 해서, 전선일사로 해서, 지점장이 지방의 비위를 맞추지 않아도 잘리지 않는 그런 체제를 만드는 것이 좋습니다. 관료의 통제벽이라고 하지만, 진의(眞意)는 거기에 있었던 것입니다.

가토: 농공은행의 경우, 각부현에서 자주 그런 문제가 일어나고 있었으니까요.

미즈타: 어려운 점이죠.

쓰치야: 전선일사로 하셨을 때, 지점은 몇 개나 있었습니까?

미즈타: 일도일사였으니 그대로 그것을 지점으로 한다. 따라서 신분 관계가 다르다, 그리고 각 도에서 각기 다른 업무 방법이나 여러 가지를 어느 정도 폼을 통일한다, 목표는 해당 지역이 말하는 것을 듣지 않아도 무진회사의 간부는 해고할 수 없다, 총독부가 말하는 것을 따르면 된다, 이것입니다.

쓰치야: 지점은 13개인가요?

미즈타: 그렇습니다. 「무진업령」이 생긴 것이 1922년(大正 11), 당시는 대체로 ―1927년(昭和 2)에는 30사 정도, 그 30사가 대체로 10년 정도 지나서 일도일사가 된 것입니다.

쓰치야: 출장소 같은 것은 없었습니까?

미즈타: 물론 주된 장소에는 있었습니다. 따라서 전체적으로 그렇게 많지는 않습니다. 도시에는 모두 출장소를 두었습니다(주: 지점, 출장소의 합계는 조선 전체로 45개소였다).

쓰치야: 무진에 가입한 사람은 내지인과 조선인 중 어느 쪽이 많았습니까?

미즈타: 내지인이 대부분입니다. 대체로 7대 3 정도였습니다. 내지인이 7입니다.

쓰치야: 조선인은 구래의 '계'를 여전히 계속하고 있었나요?

미즈타: 그렇습니다. 그리고 금융조합은 조선인이 대부분입니다. 농촌금융조합, 도시금융조합-도시금융조합의 경우도 조선인이 절반 정도, 농촌금융조합은 90%가 조선인.

쓰치야: '계'라는 것은 거의 없어졌나요?

미즈타: 비교적 적었습니다. '계'를 무진 쪽으로 옮기도록 지도했습니다.

4. 조선저축은행의 설립
— 식은 저축부의 독립·전선일사의 비영리법인

그다음이 저축은행 문제입니다. 「저축은행령」이 생긴 것은 1928년(昭和 3)입니다. 그때까지는 금융조합, 우편국 같은 곳에서 적당하게 취급해 왔습니다. 은행이 취급해 온 저축 업무 중에서 가장 많이 취급한 것이 역시 식산은행이었습니다. 따라서 식산은행에 대해, 저축은행이 생기기 전에는, 저축 업무로 분별(分別)한 경리(經理)를 총독부 명령으로 하고 있었고, (그 사용처를-역자) 비영리법인의 대부, 총독부가 승인한 유가증권의 매입, 흥업채권으로 제한한다는 내용으로 행정지도를 하고 있었습니다. 조금씩 시간이 지나면서 그렇게 하면 불편하지 않겠는가, 더구나 식산은행 자체에 대해 총독부가 행정지도를 하고 있었는데, 결국 다른 일반은행에서 저축성이 많이 있었기 때문에 1928년에 논의가 무르익어 「저축은행령」이 만들어지게 된 것입니다. 식산은행의 저축부를 독립시켜 저축은행을 설립하고 식산은행의 영업을 승계했다. 저축은행은 하나만 설립되어 조선 전체에 지점을 두고 독립된 저축 업무를 수행했습니다. 내지와 완전히 똑같았습니다. 이것이 1928년에 생겼습니다.

가토: 다른 곳에서는 할 수 없나요?

미즈타: 1사뿐입니다. 요컨대 식산은행과 보통은행에서 하는 저축 업무를 통합한다. 1사뿐입니다.

쓰치야: 지점은 꽤 있었나요?

미즈타: 유력한 도시에는 전부 생겼습니다. 대체로 식산은행은 전부 유력 도시에 지점이

있었기 때문에, 그(저축-역자) 업무를 조금씩 천천히 분리해 갔습니다. 처음에는 경성뿐이었기 때문에 저축은행의 간부는 모두 식산은행에서 왔습니다.

가토: 종전 때까지 계속 그랬나요?

미즈타: 그랬습니다. 이 저축은행이 내선의 금리차 문제부터 항상 대장성과 싸웁니다. 조선의 금리를 내려라 내려라 하는 것입니다. 나는 자본축적이 적을 상황에서, 고도의 자본주의국이 하는 것처럼 할 수 없다, 당신이 그렇게 말을 하니까 일본의 자본이 모두 도망가 버린다, 좋지 않은가, 후진국이 자본주의가 된다, 그것이야말로 경제의 법칙에 맞는 것이 아닌가, … 그래서 금리를 높여서 (자본을-역자) 부른다, … 저축은행, 신탁 등이 이쪽으로 권유하러 와서, 조선으로 가지고 가는 것입니다. 저축은행 두취 이모리 메이지(伊森明治)라는 사람이, 1945년(昭和 20) 초쯤에 300만 엔을 가지고 왔다가 종전이 되면서 자신이 직접 가지고 온 것이니까 손해를 볼 수 없다고 해서 종전 직후에 300만 엔을 보냈습니다. 선은의 환(업무)을 통해 보냈으니까 곧 GHQ에 발각되었고, 이모리 두취는 내지로 송금한 것은 전부 이를 횡령할 의사가 있다고 해서 힘든 일을 겪었습니다. 1945년 8월 9일부터 일본인의 모든 법률행위는 전부 이를 무효로 한다는 훈령을 냈던 것입니다.

5. 신탁업의 연혁과 업태
__ 토지 관리를 주로 하는 경영의 특이성과 마름의 폐해를 제거하는 특수 임무

조선에서 신탁이 행해진 것은 1910년(明治 43) 병합 전이지만, 문헌에서 찾아보면 후지모토합자회사(藤本合資會社)라는 것이 있습니다. 지금의 투자신탁과는 다르겠죠. 이것이 조선에 있어서 신탁업무의 처음이었습니다. 위탁을 받아 토지를 관리 경영한 빌 브로커(bill broker, 어음 브로커)입니다.[82] 1920년(大正 9)에 「담보부사채신탁법」

---

82 빌 브로커(bill broker)는 어음 중매인, 즉 금융기관이나 기업 등의 중간에서 어음 할인이나 콜 자금 거래 등을 업으로 하는 사람이다.

이라는 법률이 생겼지만, 일반 신탁법규는 없었습니다. 1919년(大正 8)의 호황 후에, 신탁을 영위하는 자가 계속 생겨나 1929년(昭和 4)까지 그런 사실상의 신탁업자는 29개 회사가 생겼던 것 같습니다. 이 역시 내지의 「신탁업법」을 모방해 단속을 확실하게 해야 한다는 이유로 1931년(昭和 6)에 「신탁업령」이 처음 만들어졌습니다. 그로써 내지의 「신탁업법」과 같은 내용을 갖게 되었는데, 내지 신탁회사는 자본금 100만 엔, 조선은 은행과 마찬가지로 자본금 200만 엔으로 해서 내지보다 자본을 강화하는 방침을 취했습니다. 이건 내가 실은 1931년(昭和 6)에 과장을 하고 있을 때였습니다. 예산과장을 하고 있었기 때문에, 노모리 히로시(野守廣)이라는 미쓰이신탁(三井信託)의 권위자에게 배워서 많은 공부를 했습니다. 내지의 신탁은 금전신탁 및 유가증권인데, 조선은 아무래도 그렇게 되면 은행과 경합하여 조금 불편해지지 않겠는가 하는 생각이었습니다. 결국 후지모토가 했듯이 토지의 신탁, 조선에서는 토지가 농업 재산 중 상당한 기본을 이루고 있었기 때문에, 토지의 경영과 관리에 대한 신탁을 주(主)로 하고 금전신탁은 종(從)으로 하고 있었습니다. 금전신탁은, 취할 것은, 말할 필요도 없습니다. 그런 점은 행정지도로, 법령에는 쓸 수 없지만, 사실상의 지도는 부동산신탁을 한다, 그 대신 부동산신탁은 채산이 어렵기 때문에, 창업 5년 동안 매기 10만 엔씩 보조했습니다. 1931년(昭和 6)이니까, 1932년(昭和 7)에 조선신탁이라는 회사를 만들어 10만 엔을 보조했기 때문에 대장성에서 도대체 신탁회사에 보조를 주다니 무슨 일인가 하며 항의에 부딪힌 적은 있습니다. 그것이 다릅니다. 금전신탁이 아니다, 부동산신탁이다, 신탁회사를 만든다는 것은 우가키(宇垣) 총독의 간판 사업이다, 이제 와 그만둘 수는 없다, 경영이 잘 안 되면 조선인에게 믿음을 잃게 된다, 무엇을 하든 보조금은 필요하다, 그 대신 5년 후에는 필요 없다, 더욱 업적을 올릴 수 있도록 재무국장에게 이야기한다. 이건 상당히 논의가 비등해서 12월 31일까지 했습니다, 잊을 수 없습니다. 신탁에 대한 보조는 말도 안 된다고, 의지할 데도 없었습니다. 열심히 노력해서, 어쩔 수 없다고 해서 납득시켰습니다. 그것이 적중했습니다. 조선의 상속 관계나 부동산 관련 트러블이 매우 많아서, 신탁회사에 의뢰하면 좋습니다. 마름(舍音)이라는 사람이 있어서, 지주로부터 위탁받아 높은 소작료를 징수합니다. 이건 농촌의 중간 착취계급입니다. 이를 신탁회사에 맡기면, 마름의 폐해가 제

거듭니다. 지주도 좋고 소작인도 좋습니다. 회사도 마름의 착취를 없애면 어느 정도 좋습니다. 부동산신탁도 뭐 예상 이상의 성적을 올려서 나는 보조금은 2년 정도로 필요 없게 되었다고 생각합니다.[83] 그리고 8%의 배당을 계속 유지할 수 있게 되어서 안심할 수 있었습니다.

가토: 금전신탁도 했나요?

미즈타: 했습니다. 내지보다도 많이~예컨대 신탁을 받은 돈에 대해서는, 1/10 이상은 반드시 국채로 보유하도록 했습니다. 그런 제한은 내지보다 강했습니다. 내용이 강고하고, 신용을 잃지 않는 것을 제일로 생각했습니다.

6. 기타 금융기관과 이자의 내선 비교
_ 보험·우편저금·간이보험

그런 식으로 패전 당시의 금융기관은 지금 말씀드린 연혁을 거쳐 왔습니다. 중앙 금융기관으로서 조선은행이 있고, 권은(勸銀), 흥은(興銀)에 해당하는 식산은행이 있으며, 보통은행으로는 내지인을 주로 상대하는 조선상업은행과, 조선인을 주로 상대하는 조흥은행의 두 개가 있었습니다. 이는 내지에서도 다이이치은행(第一銀行)과 미쓰이은행(三井銀行)이 합병하는 상당히 과감한 일이기 때문에,[84] 조선도 그것을 따라 이 정도로 통제했습니다. 또한 내지의 지점은행으로서는 다이이치와 미쓰이가 합병해 신설된 데이코쿠은행(帝國銀行), 야스다(安田), 산와(三和) 등 세 개가 있었습니다. 그밖에 조선저축은행, 이 정도가 은행의 형태를 하고 있었습니다. 은행 이외의 금융

---

83 조선신탁에 대한 보조금 10만 원이 종료한 것은 1937년이었다. 보조 연한 5년을 채운 것이다. "조선신탁회사의 정부보조 연 10만 원은 今期로써 종료될 터인 바 목하 정부보조를 受하는 회사는 신설 회사 외 數社에 불과하게 되었다고 한다."〈朝鮮信託補助今期終了〉,《동아일보》1937.7.6.

84 1943년 4월 다이이치은행과 미쓰이은행이 합병해 데이코쿠은행이 되었고, 동년 8월에 15은행과 다시 합병했다. 하지만 전시체제하라는 특수한 상황에서 탄생한 데이코쿠은행은 좀처럼 은행 내 융화가 이루어지지 못하고 종전 후인 1948년 10월 구 다이이치은행계 행권의 분리 요청을 계기로 결별했다. SMBCグループ二十年史 (https://www.smfg.co.jp/chronicle20/).

기관으로서는, 종전 당시는, 조선신탁주식회사, 조선무진주식회사, 동양척식주식회사~이건 결국 부동산금융을 하고 있었습니다. 그리고 조선금융조합연합회, 그 산하에 600 몇 개의 금융조합과, 그리고 우편국, 이건 대장성 예금부에 직접 연결되어 있었습니다. 이것도 하나의 예금은행입니다. 내지와 마찬가지로 우편국, 그리고 조선간이생명보험이라는 특별회계가 있어서 이것도 하나의 국영 저축은행이라고 볼 수 있습니다. 또한 금융 관계로서는 조선증권취인소. 대두(大豆)와 미곡(米穀)을 거래하는 거래소[取引所]는 없어졌습니다. 거래소도, 내지에서는 전부 정리해 도쿄와 오사카로 했었죠. 조선만은 남겨 두었습니다. 그리고 은급금고(恩給金庫)의 조선지사가 있었습니다. 그것과 질옥(質屋), 개인 대금업자, 이 정도가 종전 당시에 넓은 의미의 소위 금융기관이라 할 수 있는 것으로, 이런 상태로 종전이 되었던 것입니다. 따라서 내선 사이의 주고받기, 얼마나 받고 얼마나 취할 것인가, 일한회담을 위해 이런 기관의 차감 잔액이 어떠했는지 하는 것을 전부 종이에 쓰지 않으면 안 됩니다.

또 하나, 생명보험은, 조선생명과 조선화재해상보험이라는 것이 있었다. 일본의 생명보험회사는 전부 조선에 진출해서, 보험료를 이쪽에서 받아오고 있으니, 생명보험의 자금을 무시할 수 없는 요소일 겁니다.

가토: 우편저금도 일본으로….

미즈타: 그대로 예금부로 들어갔습니다. 처음에는 예금부 저리자금을 조선식산채권의 형태나 다양한 형태로 보유해 왔습니다. 따라서 항상 우편저금은 대장성과 싸울 정도입니다. 도대체 우편저금은 이 정도밖에 없는데, 중앙으로부터 가지고 간다니 말도 안 된다, 우편저금을 늘리는 데 더 노력하지 않으면, 당신 쪽으로만 가져가도록 하지 않을 것이라고, 자주 대장성 예금부가 말하고 있었습니다. 나는 유력한 도회지의 자금을 빨아들여서 가난한 곳으로 흘려보내는 것이 국가 본래의 사명이 아닌가, 조선은 가난한 곳이니까 유력한 도쿄, 오사카에서 지방으로 흘려보내는 것과 마찬가지입니다. 그것이 거꾸로 된다면, 본래 예금부의 사명에 반하는 않겠는가, 이것도 항상 마찰의 씨앗이었습니다.

쓰치야: 우편저금제도는 조선에서는 언제부터입니까?

미즈타: 이건 처음부터입니다. 일한병합 후 일본의 저금제도를 그대로 가지고 왔던 것입

니다. 최고 수납금액도 일본과 같습니다. 종전 당시는 5,000엔입니다.

쓰치야: 이자 같은 것도 마찬가지입니까?

미즈타: 이자는 조금 높습니다. 이건 대장성이 더 올리라고 합니다. 각자 입장이 있어서 이번에 내지로부터 자본이 흘러갈 때는, 조선의 금리가 너무 높아서 곤란하다고 합니다.

쓰치야: 조선 우편저금의 이자는 내지와 비교해서 얼마나 높았습니까?

미즈타: 나는 이건 나중에 내지에서 시세 차액이 줄어드는 것을 하고 있었습니다만, 내지는 3%, 갑종은 3.3%였습니다만, 그에 대해 3.9%에서 4% 정도가 은행의 예금 금리입니다. 따라서 0.5%, 0.6%의 차액이 있는 것입니다. 우편저금은 그 정도는 아니지만, 0.3%, 0.4%의 차액을 붙여 놓고 있었을 것이라고 생각합니다. 이건 나중에 조사하겠습니다.

그리고 간이생명보험제도를 1929년(昭和 4)부터 시작했습니다. 이것도 자본 축적의 하나입니다.

쓰치야: 아까 잠깐 들었습니다만, '계'는 완전히 없어졌습니까, 무진이 생긴 뒤에는….

미즈타: 농촌에는 남아 있습니다.

쓰치야: 오래된 관습이니까요.

미즈타: 방침으로서입니다. 그건 결국 무진회사의 경영을 좋게 만들려는 의미에서, 이쪽으로 해라, 해라고 말하며 권유하는 것입니다.

쓰치야: 정말 감사했습니다.

― 제5화 끝 ―

이상 제1~제5화를 세목적(細目的)으로 분석해 생각할 수 있는 것은, 조선의 통치제도 그 자체가, 완전히 일본 내지와 분리되어, 독립, 독창적인 것이 상당히 많았다는 것이다. 요컨대 조선총독부의 주체성이라는 것이 뚜렷했고, 특히 그 개발 자금을 일본 내지에 요구하면서, 내지 금융기관의 진출, 발전의 여지를 거의 부여하지 않았던 기구·제도에는 기이한 감(感)마저 있다.

특히 주목할 만한 것은, 금융조합과 농촌진흥운동의 결합 활동이다. 사실 이 일은, 일본의 조선통치를 알기 위해서는 이 농촌진흥운동과 금융조합을 알아야 한다고 할 정도로, 중요한 연구과제이고, 이 두 개의 제도, 시설, 활동의 양태는 조선통치의 진수를 잘 나타내고 있다.

또한 우방협회(友邦協會)는, 농촌진흥운동에 관한 총독부 문서 등, 그 중요한 연구자료를 많이 보존하고 있다.   -곤도(近藤)-

제6화(1953년[昭和 28] 12월 25일 구술)

조선 산업의 자금 형성
일본 내지로부터 조선의 개발자금을 도입,
획득하는 것이 총독부 재정의 큰 임무였다.

목차

1. 조선 개발의 재원
   _ 99% 일본에 의존·대출초과의 비정상형
   _ 전시에 금융정상화 … 예금 58억·대출 45억
2. 전시하 저축의 장려와 타동성(他動性) 인플레이션의 분석
   _ 특수 사정에 따른 사행적 저축·일본 대회사 진출에 수반된 자금의 유입·자본의 유입은 압박 착취의 역현상
   (1) 전시하 저축의 장려와 타동성 인플레이션의 분석
   (2) 금리 조작에 의한 개발자금 획득책
   (3) 전시하 인플레이션과 그 대책

1. 조선 개발의 재원
　— 99% 일본에 의존·대출초과의 비정상형
　— 전시에 금융정상화 … 예금 58억·대출 45억

미즈타: 조선에 있어서 생산 확충, 산업계에 있어서 자금 형성의 문제인데, 자기 자본의 축적이 저조해서, 1942년(昭和 17), 1943년(昭和 18)까지는, 항상 예금이 대출에 미치지 못하는 오버론(overloan), 지금의 오버론은 중앙은행으로부터 자금을 빌려 오버론이라고 하지만, 예금이 대출에 미치지 못하는 것을 오버론이라고 한다면, 항상 조선은 오버론이었습니다. 그렇다면 예금이 대출에 미치지 못하는 갭을 무엇으로 메웠나 하면, 대체로 식산채권, 동척채권, 금련채권(金連債券) 등을 통해 마련한 자본으로 갭을 메우고 있었습니다. 이것이 조선의 실정이었습니다. 또한 조선은행권의 보증발행, 이건 예의 자금을 크리에이트(create)한다. 대부분 식산채권, 동척채권, 금련채권이었습니다. 구체적인 숫자를 말씀드리면, 1940년(昭和 15) 말이었는데, 일괄한 은행의 예금이 11억 4,900만 엔, 그에 대한 대출이 19억 6,300만 엔이 됩니다. 금융조합의 경우는 예금과 대출이 비슷한 정도입니다. 신탁예금이 8,200만 엔, 대출이 6,700만 엔, 동척예금이 1,600만 엔, 대출이 1억 4,700만 엔. 그리고 우편저금이 1억 2,700만 엔, 이건 전부 예금부로 들어가 버리기 때문에 우편저금의 대출은 없습니다. 따라서 밸런스(잔고)에서는 제로가 됩니다. 예금을 전부 모아서 17억 4,800만 엔, 대출이 25억 4,600만 엔이 되어, 대출은 8억 가까운 대출초과, 그밖에 은행에서 보유하고 있는 유가증권 투자라는 것이 있습니다. 이것이 8억 4,800만 엔이기 때문에, 대출초과와 보유 유가증권의 합계가 16억 정도가 됩니다. 이것을 무엇으로 할 것인가, 대체로 식산채권이 5억 7,700만 엔, 보증발행이 2억 9,000만 엔, 이것으로 대략 13억이 됩니다. 그밖에 숫자상 약간의 갭이 있습니다만, 대세를 지켜보면, 대출초과 8억과 유가증권을 합쳐 이것저것, 그 주된 재원은 동척채권과 기타가 대부분이다. 이건 거의 전부 내지의 금융시장에서 조달해 왔습니다. 이것이 조선의 실정입니다. 후진국으로서 (자금이-역자) 별로 없었던 것입니다. 또한 노구치 시타가우(野口遵) 씨 등의 일본 질소 등이 조선에 회사를 만든다, 혹은 제당회사, 방적회사, 직접적인 루트로 조선에

자금을 가져옴으로써 상당한 자금유입이 되고 있었습니다. 금융기관만으로도 넓은 의미의 오버론으로 운영해 왔습니다. 그것을 내지의 금융시장에서 구하게 되는 것입니다. 하지만 그것이 1945년(昭和 20) 1월 말의 숫자로 보면, 예금과 대출의 관계가 거꾸로 되어 있습니다. 이때는, 지금 말씀드린 각 기관의 숫자를 모아 보면, 예금이 58억 5,900만 엔, 약 60억 정도 되고, 이것은 통화가 팽창해서 나타난 결과입니다. 그에 대한 대출은 45억 5,000만 엔, 예금초과가 13억이 되어 노멀한, 소위 금융의 정상적인 상태가 되었다고 할 수 있습니다.

쓰치야: 전쟁이 치열해진 단계에서 그런 상황이 된 것은 어떤 이유일까요?

미즈타: 그 이유는, 선은권이 상당히 증발(增發)되었기 때문입니다. 이건 나중에 인플레이션에서 말씀드리겠습니다. 저축해라, 대출은 억제한다, 예컨대 전시금융금고에서 많은 돈을 빌린다, 또 장기이기 때문에요. 이건 내 방침으로서 ~나중에 말씀드리겠습니다만, 이렇게 예금이 증가했다고 하는데, 구체적으로 말씀드리면 58억 정도의 예금, 예컨대 금련(金連)의 예금이 16억에 달하고 있는데, 대출이 5억 3,000만 엔이어서 예금초과가 11억입니다. 이런 점은, 대출은 상당히 고정됩니다. 운전자금이 아닙니다. 생산력 확충금의 경우도 고정됩니다. 금련의 경우, 소위 정기예금도 있지만, 매우 단기의 온 디멘드예금(요구불예금)이 있습니다. 그런 온 디멘드예금을 고정되는 곳에 대출하는 것은 좋지 않다, 따라서 금련의 대출은 금융조합에 대한 대출이 됩니다. 이건 당장 쓸 수 있는 돈이라는 식이어서…. 그래서 이런 것은 식산채권이나, 경우에 따라서는 내지의 사채 같은 것을 보유하도록 나는 권유했습니다. 예금과 대출의 성질은 역시 매치시키는 것이 필요하지 않을까 하고, 그래서 1942년, 1943년경에는 대체로 예금과 대출이 매치하게 되었고, 그 뒤부터는 예금초과가 되었습니다. 사실 그런 것은, 큰 방침으로서, 모든 걸 내지에 의존하는 상황에서 벗어나자, 이건 독립이 아니라, 역시 어머니에게 의지하는 것을 가능한 빨리 그만둬야 하지 않겠는가 하는 사고방식입니다. 내지 쪽에서도 자금을 가져간다, 자금을 가져가게 되면 대장성과 싸우게 됩니다. 자금을 가져가다니 당치도 않다고 해서, 예금 금리도 내지와 차이를 줄여라, 내지와 같은 조건으로 해라, 빨리 스스로 자금을 조달할 수 있도록 해라, 이쪽에서 가져가는 것은 안 된다고 해서, 자연스럽게 우리도 조선 내에 축적된 자금

만으로 조달하고 내지에 폐를 끼치지 않는 것이 좋지 않겠는가 하는 방침으로 계속해 왔습니다. 저축장려 같은 것도, 대장성에서 할당하는 것보다 항상 2할, 3할 정도 더 많이 하도록 해 왔습니다. 하지만 여기서 1942년, 1943년 당시, 이제 이 정도로 괜찮지 않을까, 조선에서는 예금과 대출이 균형을 이루었기 때문에 이제 이것으로 내지에 머리를 숙이면서까지 자금을 조달하지 않아도 된다, 소위 자금독립론(資金獨立論)이라는 것이 금융계나 조선에 대두했습니다. 하지만 나는 형식은 그렇다, 이제 예금과 대출은 균형을 이룬다, 전에도 말씀드렸듯이 1944년(昭和 19)경에는 오히려 예금초과였는데, 조선에서 대출을 필요로 하는 것은, 여전히 2년, 3년, 4년, 소위 장기성으로 고정되는 자금 대출이 많다, 운전자금은 여전히 그 정도의 수요는 없다, 거기에 여전히 후진성에서 벗어나지 못하고 있다, 예금이 많다고 해도 이건 단기성 예금이 많은 상황이어서, 장기성 예금은 여전히 장기성의 수요를 감당하기에 역부족이다, 따라서 형식상 균형을 이루었다고 해서 곧바로 내지에 반항한다고 할까요. 더 이상 신세를 지지 않겠다고 하는 것은 시기상조다, 장기성 예금에 대해 장기성 대출로 대응할 수 있을 정도의 수준까지 가야 비로소 우리는 한 사람 몫을 감당하게 되었다고 뽐낼 수 있게 되는 것이다, 아직 방침으로서는, 산업개발을 위한 자금은 선진국인 내지에 의지해야 합니다. 예금부 자금이나 식산채권이나, 전시금융금고만은, 가능한 머리를 숙여서 받아내야 한다, 이제 괜찮지 않을까 이 정도 되었으니까…. 나는 그렇지 않다, 언제 무엇을 할지도 모른다, 금융의 조건에 반한다, 나는 여전히 오소독스(orthodox)로 가고 싶다고 해서 저항이 정말 컸지만, 전시금융금고로부터 자금을 받는 데 상당히 고생했습니다. 그렇게 금융계의 내지 의존 탈각에 대한 논의가 상당히 치열했습니다. 그에 대해 나는 아직 자만해서는 안 된다고 말하고 있었습니다.

쓰치야: 금융계에서 논의가 있었다는 것은, 내지의 금융계를 말하는 것인가요?

미즈타: 내지는 물론입니다. 조선 자체에서도 있었습니다. 재무국장이 언제까지나 대장성에 머리를 숙여 가며 자금을 조달해 오지 않더라도, 우리끼리 하면 되지 않겠는가 하는 논의가 있었습니다.

쓰치야: 그런 논의가 조선에서 강하게 이루어졌나요?

미즈타: 조선에도 있었습니다.

쓰치야: 상당히 강하게….

미즈타: 강하지 않다. 당시는 뷰로 시스템(bureau system, 관료체제)으로 재무국장이 고심하게 됩니다. 내가 금융계를 잘 관찰하고 있으면, 일단 단기로 장기를 조달하고 나중에 적당히 되겠지 생각했다면, 우리가 자진해서 고심하지 않습니다. 쉽게 가면, 예금초과라면, 금융조합의 예금 같은 것도 증가하고 있었기 때문에, 일시적으로 대출해 주라는 것이면 괜찮습니다.

쓰치야: 내지의 금융계는 거의가 일반적인 논의였습니까?

미즈타: 내지의 금융계에서, 조선을 알고 있는 사람은 없습니다. 대장성입니다.

쓰치야: 그럼 조선에서도 자금의 측면에서 독립해야 한다는 논의는, 조선 금융계의 어떤 면에 나왔습니까? 재무국장으로서는 그런 논의가 아니겠죠.

미즈타: 재무국장으로서 나는 조선의 금융계는 장기성 자금을 가지고 장기성의 필요성을 충당하는 데 부족하다, 자본의 축적이 부족하다, 어디까지나 선진국인 내지의 자금을 가지고 와야 한다, 그런 논의였습니다. 하지만 형식에서 보면 상당히 예금초과입니다. 이제 철저하게 오소독스하지 않게, 내지로부터 제약을 받고 있으니 스스로 조달해야 좋지 않을까? 나는 어쩔 수 없을 때는 그렇게 하겠지만, 역시 노력할 만큼 노력해서 내지에서 자금을 가지고 오는 것이 좋지 않을까? 전시금융금고, 식산채권도 잘 부탁한다고 뭐가 되겠는가, 하는 생각이었습니다. 이에 관한 논의는 조금 갈라져 있었습니다.

2. 전시하 저축의 장려와 타동성 인플레이션의 분석

(1) 저축장려는 강제적

미즈타: 단지 이렇게 예금이 계속 증가해 온 것은 아무래도 저축장려를 정말 국책으로 했기 때문입니다. 더구나 그건 사실 강제적이었습니다.

다케사와: 저축채권은 내지의 것을 조선도 냈습니까?

미즈타: 권업채권, 그건 이자가 낮아서 안 됩니다.

다케사와: 조선은 다른 것을 냈습니까?

미즈타: 1942년(昭和 17)에, 조선과 같이 프리미티브(primitive)한 상태에서 벗어나지 못한 곳에서는, 보통의 강제력만으로는 안 되기 때문에, 지금 유행하는 할증부(割增付) 정기예금을 가지고 왔습니다. 금석지감(今昔之感)을 금할 수 없는 것은, 내지의 금융계에서 질책받은 일입니다. 대장성에서는 조선이 어느 정도인지 알고 있기 때문에, 재무국장, 그런 것을 해야 하나요, 한번 해 보라고 했지만, 금융계에서는 당치도 않은 이야기이다, 은행씩이나 되는 놈이 도박해서 돈을 모은다, 그런 비열한 품성으로는 이야기할 것도 없습니다. 나는, 야마토민족(大和民族)은 그건 잘 알겠다, 하지만 조선에서는 무리다, 조선인에게 이 이상 힘으로 하기보다도 이익을 가지고 유인하는 편이 목적 달성에 좋다고 생각한다, 이길 때까지의 일이기 때문에, 부디 잘 이해해 주면 안 되겠는가? 당치도 않은 이야기이다, 대장성도 그건 역시 안 되겠다고 하고 있어서, 나도 난처했다, 하지만 1933년(昭和 18)이 되면, 일단 인플레이션을 억제하는 것이 지상명령입니다, 이듬해 처음으로 그렇게까지 이야기한다면 어쩔 수 없다는 식으로, 금융계도 그러면 조선에 관한 일이라고 하니 변했다, 그래서 1933년(昭和 18)에 처음 할증금부(割增金付) 정기예금을 실시했던 것입니다. 당시 그 정도로는 도도한 인플레이션 기운을 차단할 수 없다. 나는 1933년에는, 지금의 복권을 해서 모아야 한다, 할증금부 정기예금은 괜찮기는 해도 자극은 적다. 즉 채표(彩票)입니다.[85] 그걸 해야 한다. 그렇게 되면 법률의 개정, 형법의 개정이 필요합니다. 요컨대 입법부의 동의가 필요합니다. 아무래도 조선은, 나중에 인플레이션 부분에서 말씀드리겠지만, 상당히 인플레이션이 고공행진을 한다. 어떻게든 (자금을-역자) 모아야 합니다. 1933년이 되면 거기에는 그 정도는 해야 한다는 분위기가 되었습니다. 하지만 아무리 조선인이라고 해도 할증금 정기(할증금부 정기예금)로 이자를 붙여 주는 것은 좋지만, 도박해서 본전을 뽑는 것은 말도 안 된다고 귀족원에서 질책당했습니다. 그리고 1933년 할증금 정기는 공개적으로 해도 괜찮다고 양해를 얻어서 했습니다만, 채표

---

[85] 예전에, 일정한 액수로 표를 많이 발행하여 제비로 뽑은 몇 사람에게 차등이 있게 태워 주던 일. 또는 그런 표.

(彩票, 복권)는 안 된다, 어떻게든 뭐라도 해야 한다고 해서, 부하들과 지혜를 짰습니다. 그리고 귀족원 예산위원회에서 도박은 하지 않습니다. 도박이라는 것은 어찌고저찌고, 뭐 이런 식으로 논쟁했습니다. 원금을 갚을 것인가 갚지 않을 것인가 하는 것이, 도박의 본질적인 문제가 된다, 나는, 괜찮습니다. 100엔 권을 발행해서 원금을 갚는다, 이자도 붙인다. 원금은 20년 뒤에 갚는다 ―100년 뒤에도 괜찮지 않을까, 도박의 본질에는 걸맞지 않습니다 ― 20년 뒤에 원금을 갚는다. 그리고 이자는 5년간 무이자로 6년째부터, 2%인가 3%인가 잊었습니다만, 이자를 붙인다. 그렇게 되면 결국은 도박과 같습니다. 원금을 갚는다는 것도 20년 뒤이겠지요. 1,000만 엔 모았을 때 20년 뒤에 1,000만 엔 갚는 것은 ―그것도 10년 정도의 복권으로 하자고 하는 것이기 때문에, 1,000만 엔을 모으면 400만 엔 복권으로 해 버린다. 400만 엔 복권으로 하면, 꽤나 할 수 있습니다. 광고에는 원금도 돌려드립니다, 이자는 5년 뒤부터 붙습니다. 그래서 당첨 복권은 이렇게 나옵니다. 채표(彩票)와 같습니다.[86] 그런 식으로 은행에서 팔게 합니다. 1933년부터입니다. 할증금과 함께 했습니다.

쓰치야: 할증금부 정기예금 제도는 재무국장이 발안(發案)한 것입니까?

미즈타: 그건 재무국에서, 어떻게 하면 (돈이-역자) 모일까 해서, 저축장려위원회라는 것을 1938년(昭和 13), 1939년(昭和 14)경에 만들었습니다. 내지에도 생겼습니다. 조선에서도 내가 중심이 되어 민간의 여러분을 모두 모아서 했습니다. 하지만 발의(發議)는 재무국, 나를 중심으로 했습니다.

쓰치야: 그건 어떤 곳의 제도를 연구했습니까?

미즈타: 연구 같은 것은 거의 할 수 없었습니다.

쓰치야: 그러면 발안(發案)하신 것이겠네요.

미즈타: 그렇습니다. 이자를 4% 지불하는 것을 3%로 해서 1%의 마진(차액)을 붙여서 하면 되는 상당히 간단한 것입니다.

---

86 채표는 복권(lottery)의 중국어 표현이다. 한말의 채표업과 관련된 연구는 강진아, 「한말 채표업과 화상 동순태호 - 20세기 초 동아시아 무역 네트워크와 한국-」, 『중국근현대사연구』 40, 중국근현대사학회, 2008, 57-85쪽 참조.

쓰치야: 할증금은 얼마였습니까?

미즈타: 1%의 마진입니다. 여기와 같습니다. 1%의 마진은 나도 역시 걱정해서요. 너무 쓸데없이 돈을 붙이면 안 된다, 1% 정도의 리저브(reserve, 예비)로 하면 된다, 10엔 권, 5엔 권이나 100엔….

쓰치야: 당첨 복권에 대해서는….

미즈타: 1등 1,000엔이었던가요. 나는 1만 엔 정도 하면 좋지 않을까 생각했지만, 너무 스페큘러티브(speculative, 투기적)해도 안 된다. 1등이 1,000엔인가 그 정도입니다. 상세한 내용은 잊었습니다.

쓰치야: 지금 각 은행이 하고 있는 것은 결국 조선과 같은 것을….

미즈타: 그것과 같습니다. 이건 사족입니다만, 사실은 금융기관이라고도 할 수 있는 것이 복권으로 돈을 모은다는 것은 추락이라고 생각합니다. 1941년(昭和 16), 1942년(昭和 17) 당시의 센스가 일본인으로서는 바르다고 생각합니다. 그 추락을, 오늘날 모두가 당연하다는 듯한 센스를 가지고 있습니다. 정부도 복권, 지방청도 경륜(競輪), 경마, 즉 국민성을 추락시키더라도 돈만 모으면 괜찮다, 이 정도까지 야마토민족이 패전으로 추락했다. 어쨌든 인플레이션으로 인한 피해는 사람의 덕성까지 좀먹어 버립니다. 따라서 나는 1942년, 1943년(昭和 18) 당시, 대장성이나 귀족원, 금융계에서 말씀하신 내용이 몸에 사무칩니다. 야마토민족, 일본인이 그 긍지를 되돌리는 데 몇 년이 걸릴까 하는 것입니다.

쓰치야: 완전히 견실성(堅實性)을 잃어버렸습니다.

미즈타: 목적을 달성하는 데 수단을 고르지 않습니다. 종전 후에는, 솔직히 말씀드리면 항상 감개무량합니다.

(2) 금리 조작에 의한 개발자금 획득책

미즈타: 1932년(昭和 7) 말의 자금운용을 보면, 각종 은행, 신탁, 동척까지 전부 합쳐 38억 4,600만 엔, 정확히 매치하고 있습니다. 하지만 매치하고 있다고 해서, 이것으로 민간의 금융기관도 이제 괜찮지 않을까 하는 것에 대해, 나는 앞에서도 말했듯이 단기

와 장기 양면을 봐야 한다고 말하고 있었습니다. 실은 38억 4,600만과 38억이라는 것도, 내지에서 보면, 조선의 예금 금리가 높다. 당시 2리(厘, 0.2%) 더 높았습니다. 이건 내 방침으로서, 어떻게 해서든 내지의 자본을 유치해서 조선을 개발해야 한다. 따라서 확실해서, 이자를 높여서, 그렇게 해서 내지로부터 플라이빗(private)한, 50만이나 100만 정도의 거액을 끌어와야 한다, 공적인 식산채권 외에, 대장성의 눈에 띄지 않으면서, 고금리로 내지의 부자들을 끌고 오라는 것도, 공개적으로는 말할 수 없습니다. 예금과 대출이 매치했지만, 현금 중에는 상당한 거액의 내지 예금이 있었습니다. 그건 변칙입니다. 그렇게 하지 않고 조선의 예금만으로 대출을 충당하는 곳으로 가야 하지만, 조선의 자력으로는 불가능하고, 그런 것은 말할 수 없으니까, 대장성에 이야기하면 눈빛을 바꾸어 화를 냅니다. 내지 자본을 어떻게 조선 개발을 위해 투입할 것인가 하는 것에 몰두했습니다. 따라서 최근의 한일회담에서, 이승만이, 36년의 통치는 압박과 착취에 의한 것이다, 일본인의 재산은 우리 재산으로 형성되어 있다고 하면, 우리의 감정이 치밀어 오르는 것입니다. 정말로 좋게 하기 위해서는 내지의 자본이 필요하다, 내지 자본을 살찌운다는 의미가 아니기 때문에, 무슨 일이 있어도 후진국을 잘 다루기 위해서는 안정된 장기성의 펀드가 필요하다. 이렇게 우직하게 해왔는데도, 지금 이승만이 압박, 착취를 위해 했다고 하는 것인데, 이런 이야기를 듣고 차마 죽을 수 없는 것입니다.

쓰치야: 그런 고금리로 내지 자본을 흡수하는 것은 일찍부터 계속 있었습니까?

미즈타: 그건 자본축적이 적기 때문엔, 금리를 높인다, 이건 당연히 자연스러운 추세라고 해서, 금리의 문제는 언제가 질문이 있었는데, 갑종과 을종이라는 것이 있었습니다. 전전(戰前)에는 내지에도 있었습니다. 즉 일류은행과 이류은행, 갑종, 을종이 있었죠. 조선에서는 갑종 은행의 정기예금이 1939년(昭和 14)=쇼와 14년=에 3.6%, 그것이 도쿄가 3.5%였습니다. 그것을 도쿄가 1943년(昭和 18)에 3.3%로 인하하기 전에는 0.1%의 차이였습니다. 따라서 우리도 상당히 저항했는데, 0.1% 차이로 해야 한다고 해서 3.4%로 인하했습니다. 을종 은행의 경우, 1939년에 내지가 3.4%, 조선이 3.6%, 0.2% 차이가 있었다, 그것을 3.3%로 인하한다, 그렇다고 0.1% 인하해서 조선을 3.5%로 하면 절대로 안 된다, 1943년 조선의 자금이 충실해지고 있지 않은가,

이제 그렇게 언제까지나 응석 부리도록 놔둘 수 없다, 이건 결국 지고 말았습니다. 0.1% 차이라고 해서, 조선은 0.2% 인하해서 3.4%, 이 정도가 되면, 자본축적이, 대출 중에 밸런스가 형식상 형성되어 있었기 때문에, 지고 말았습니다. 을종 은행은, 내지가 3.5%일 때 조선이 4.1%, 0.6%의 금리차가 있었습니다. 이건 소위 후진국과 자본축적은 이렇다고 해서 어쩔 수 없었지만, 1943년에 절대로 안 된다, 지금의 숫자가 보여 주듯이 밸런스가 잡혀 있지 않은가 해서, 이것도 결국 지고 말아서, 내지가 3.5%를 3.4%로 인하했을 때, 조선은 0.5% 인하해서 3.6%, 0.2% 금리차가 되었습니다. 갑종은 0.1% 금리차, 을종은 0.2% 금리차가 되었다. 나는, 이제 한참 전쟁 중이기 때문에, 너무 붙들고 있어도 어쩔 수 없어서, 또 좀 지쳐 버리기도 했기 때문에, 이렇게 되고 말았습니다. 이건 역시 후진국으로서 금리가 높은 것은 당연합니다.

쓰치야: 미즈타 씨의 재무국장 시대보다 이전, 즉 메이지 말이나 다이쇼 때에는, 내지와의 금리차가 훨씬 컸습니까?

미즈타: 그때는 금리에 대한 통제는 없었습니다. 1936년(昭和 11), 1937년(昭和 12) 무렵부터 금리에 대한 통제가 있었습니다. 그 이전에는 자유였습니다. 하지만 조선의 금융기관이 불완전하기 때문에, 그런 0.1%, 0.2% 차가 있더라도, 내지에서 (자금을-역자) 가지고 갈 만한 의욕을 끌어내지 못합니다. 이건 정비되고 난 다음부터입니다. 내가 재무국장이 된 다음부터입니다. 금융단이라는 것을 만들어서 예금 금리에 대한 협정을 하도록 하지 않으면 불편하다고 해서 했습니다. 따라서 1935년(昭和 10), 1936년 이후에 이 문제가 점차 레벨 업(level-up)되었습니다. 전에는 방임이었습니다. 하지만 겨우 1%나 2% 높다고 해서 자본을 축적해서 온다는 것은 어려웠습니다. 당시는 동척채권이나 하나의 중간기관을 거쳐서 해야 했습니다.

(3) 전시하의 인플레이션과 그 대책

그리고 인플레이션 문제에 대해서입니다만, 1943년(昭和 18)의 숫자가 있어서 참고로 말씀드립니다. 1943년도에 조선 내 설비 확장을 따른 산업자금 조달 방법이라는 조사가 있습니다. 이것이 내지로부터 얼마나, 조선으로부터 얼마나 조달했는지를 말

쓸드리는 하나의 자료입니다. 그 숫자를 보면, 각 회사의 보유자금이 1억 2,501만 엔, 그리고 그해 이익을 올린 사내유보 1억 4,085만 엔, 주식의 불입이 3억 9,874만 엔, 사채가 7,000만 엔, 금융기관으로부터의 차입이 6억 9,960만 엔, 금융계 이외에서 차입한 것이 1억 3,175만 엔, 설비 확장을 위해 투하된 총액이 15억 6,700만 엔이었습니다. 그중에 조선 내에서 조달한 것으로 보유자금이 1억 1,706만 엔, 그리고 유보이익이 1억 8,055만 엔, 주식의 불입이 1억 4,871만 엔, 사채가 1,000만 엔, 금융기관의 차입이 3억 3,330만 엔, 기타로부터 4,374만 엔, 합계 7억 6,808만 엔, 15억 중에서 7억 6,000만 엔이 조선 내 조달, 8억이 내지로부터 조달, 이렇게 숫자가 나와 있습니다. 금융기관으로만 보면, 예금 대출의 밸런스가 잡혀 있습니다만, 조선 내 자원 개발에 투하한 반 이상은 내지에서 도입했습니다. 내지의 회사로 스미토모(住友), 미쓰이(三井), 미쓰비시(三菱) 등이 1943년도부터 많이 진출하고 있었기 때문에, 내지에서 스스로 조달해서 많은 자본을 가져가고 있었습니다.

그리고 이건 역시 전쟁에 돌입한 이후의 일입니다. 다행히 숫자가 있습니다. 1941년(昭和 16)까지 조선은행권이 7억 4,100만 엔, 42년 9억 800만, 43년 14억 6,600만, 44년 31억 3,600만, 45년 43억 3,900만, 따라서 1937년(昭和 12)[87] 개전 때를 100으로 하면, 123, 198, 423, 585가 됩니다. 그러니까 전쟁 기간 중 6배가 된 것입니다. 일은권(日銀券)은, 1943년부터 1945년(昭和 20)까지만 해도 두 배가 되지 않았습니다. 80%(8할) 정도 증가했던 것인데, (같은 기간-역자) 대만은행권은 3배가 되었습니다. 조선은행권은 14억이 43억이니까 대체로 3배가 조금 넘는데, 내지와 비교하면 상당한 인플레이션, 통화팽창이 발생한 것이 됩니다. 그래서 자주 대장성으로부터 주의를 받고, 단속해야 한다는 이야기를 듣고 있었습니다. 확실히 일본은행과 비교하면, 선은의 팽창은 급격했습니다. 따라서 내지와 비교해 비교적 인플레이션 상황이었다는 사실은 부정할 수 없습니다. 물가지수를 보더라도 조선은 1937년을 100으로 한 숫자가 종종 있는데, 1944년이 217이 되어 있습니다. 1941년(昭和 16) 말이 164입니다. 도쿄의 물가지수는 같은 해를 보면 135, 150, 164, 185여서 20%, 30%는 조선이 높습니

---

87 원문은 12월이라고 되어 있으나 쇼와 12년, 즉 1937년 중일전쟁이 일어난 해이다.

다. 더구나 암시장 가격의 경우, 내지는 2, 3배였을 것인데, 조선은 6배 정도, 사실은 10배 정도였을 것입니다.

쓰치야: 물건에 따라서는, 암시세가 많이 오른 물건도 있었습니다.

미즈타: 일단 나는 조선의 물가가 내지와 비교해서 높다는 사실은 인정하고 상당히 부심(腐心)했었습니다. 이 원인을 거슬러 올라가 보면, 조선은행 및 총독부와 관련되어 우리 손으로 어떻게 할 수도 없는 원인이었습니다. 왜냐하면, 당시~이건 아전인수일 수도 있습니다만~ 문제는, 돈이 지나치게 많이 나오는 것은 대출이 예금보다 초과하게 된다는 것이죠. 이건 대출을 긴축하고, 달리 말하면 예금을 더 흡수해야 하지만~예금, 대출의 문제는 우리 노력 같은 것으로 할 수 있는 문제입니다. 하지만 그런 측면에서 말하면, 이미 1943년은 아까 말씀드렸듯이, 예금과 대출이 매치하고 있지 않습니다. 1942년 말 매치하고, 1943년, 1944년은 예금이 초과하고 있습니다. 그래서 조선의 금융독립론이 나오는 것입니다. 그러므로 대출이 초과했기 때문에 통화팽창한 것이 아닙니다, 그러면 원인이 무엇인가 하면 선외(鮮外)로부터의 수취초과, 선외로부터의 수취초과라는 것은 조선은행의 환잔고[爲替尻][88]를 보면, 1943년 3월부터 9월까지 선은권의 회수와 발행 총액이 6억 8,000만 엔 정도가 됩니다. 조선 내에 있어서 발행초과라는 것은 5억 5,000만, 관동주, 만주에도 유통하고 있어서 6억 8,000만에서 5억 5,000만을 뺀 1억 3,000만이 만주에서 발행초과, 조선 내에서는 5억 5,000만의 발행초과입니다. 실제 숫자를 보면, 조선은행의 대출 잔고는, 조선은행은 은행에도 빌려주고 있지만, 민간에도 빌려주고 있습니다. 그것이 3월 말의 숫자가 8억 4,100만 엔이었던 것이 9월에 7억 5,700만 엔이 되어 대출이 회수되고 있습니다. 이건 예금이 증가하고 있었기 때문에, 자은행(子銀行)에서 변제함으로써 대출이 회수되고 있어서, 8,400만 엔을 더 거둬들인 셈이 됩니다.[89] 하지만 다른 한편 선은의 예금 관계를 보면, 3월 말에 5억 700만이었던 것이 4억 6,200만, 4,500만 감소했다.

---

[88] '환끝'이라고도 하는데, 환 거래 결과 생긴 채권과 채무의 잔액을 말한다.

[89] 원문에는 '揚超(아게초)'라고 되어 있는데, 아게초란, '引揚超過'의 준말로, 정부가 재정 자금을 민간으로부터 거두어들이는 금액이 민간에 지급하는 금액을 웃도는 상황을 말한다. 여기서는 조선은행과 자은행, 즉 일반은행 사이의 일이기 때문에 상기와 같이 번역했다.

줄어드는 은행권과 늘어나는 은행권을 상쇄하면, 3억 700만은 선은권의 환수초과[引揚超過]로 되어 있습니다. 발행초과가 5억 5,000만이니까, 그 원인은 어디에 있는가 하는 문제입니다. 그것을 찾아가 보면, 환거래의 측면으로 내지에서 송금한 것이 대략 6억 정도입니다. 내지에서 송금한 것이 조선 내 선은으로서는 지불해야 하는 것이 됩니다. 내지에서 송금한 금액 중 4억 전후가 타점(他店)에서 온 잔고(尻)입니다. 타점에서 온 잔고라는 것은, 만주중앙은행과 만주흥업은행의 두 개입니다. 만주중앙은행으로부터 온 것은 만은권(滿銀券)의 교환자금으로서 조선 내로 보내는 것입니다. 그건 언젠가 말씀드렸듯이, 만은의 지폐로 조선의 물자를 사가는 것이죠. 이건 상당한 골칫거리입니다. 나는 대장성에서 만주와 싸워서는 안 되니까 곤란한 일이다, 이건 조선에서 발생하는 인플레이션의 원인이 된다, 외국환을 가지고 조선의 물자를 사간다, 그쪽(만주)은 조선보다 물가가 높다, 압록강을 넘기 때문에 20, 30%는 높다, 만주는 조선보다 높은 인플레이션이다. 따라서 선만일여(鮮滿一如)의 정신으로, 만주도 조선도 1엔은 같은 1엔, 나는 프리미엄을 붙이라고 했지만, 그건 안 된다, 경제문제는 정치문제를 초월하기 때문에 파(par, 등가)로 한다, 만은권이 평양까지 유통되었습니다. 나는 금지한다고 말했지만, 이건 정치문제로 뭐 어쩔 수 없으니까, 유통된 놈을 가능한 회수하고, 회수한 놈은 만주국에서 인수한다, 인수하기 위해서는 만주국은 일본은행으로부터 빌리게 되겠지요. 일본은행에서 빌리면, 빌린 놈은 선은 쪽으로 넣게 됩니다. 그건 조선의 송금으로 간다, 그것이 1943년 상반기에 4억 500만 엔 있었습니다. 그리고 국고송금을 조사해 보면, 2억 2,300만 엔, 그것이 무엇인가 하면, 주로 군사비입니다. 조선에는 2개 사단이 있다, 임군비(臨軍費, 臨時軍事費)로 조선에서 물건을 많이 삽니다. 물자를 조달한다, 임군비로서 조선에 보내진다. 조선총독부 특별회계의 공채, 소위 생산공채, 철도를 부설하는 그런 것은, 대체로 1억에서 2억=확실한 숫자는 얼마인지 잊었습니다. 이건 내지로부터 직접 조선은행에 대한 환으로서 송금해 온다. 즉 이 3개의 요소, 그것이 모두 환잔고가 되어, 그것이 지폐로서 발행되게 됩니다. 그러므로 임군비를 가지고 조선의 사단이 물건을 구입하는 데 돈을 사용한다, 이건 우리로서도 어찌해 볼 도리가 없습니다. 그리고 만주의 인플레이션, 소위 만주국 지폐의 교환인데, 이건 밀수출 잔고이겠죠. 공공연한 밀수출입니다. 우리가 조사한 바로는, 1944년(昭和 19), 1945년(昭和 20)에 만주국폐를 교환한 것이, 2억 6,800만 엔이었다고 생각합니다. 이건 모두 밀수출의 잔고입니다. 교환해야 한다, 만주중앙은행이 보내는 페이퍼(지폐)가 범람한다, 그리고 중국 대륙이 불안하겠죠. 산해관(山海關) 쪽에서 도피해 온다, 도피한 것이 이쪽 조선으로 도피해 오게 됩니다. 따라서 나에게 말하라 하면, 조선은 확실히 내지와 비교해 인플레이션이었다, 지폐가 너무 많죠, 하지만 아무리 해도 어쩔 수 없습니다. 그렇다고 해서 만주국을 비난할 생각이 없습니다. 그런 상태에서 어찌할 방법이 없습니다. 그래서 북지(北支), 중지(中支)의 인플레이션은, 만주 당국이 산해관에서 기를 쓰고 방지하고 있습니다. 이쪽이 물가가 높으니까, 그것이 달아나지 않도록 방지한다. 우리는 압록강에서 기를 쓰고 막습니다. 파나마운하처럼…. 일본이 그 정도로 해서 일단 인플레이션을 막아 냈습니다. 대륙에서 발생한 인플레이션은 만주와 조선이 있어서 막고 있었기 때문에, 4개의 섬(일본-역자)에 대륙의 인플레이션은 미치지 않았습니다. 이것을 도대체 누가 생각하고 있는가 하는 문제입니다. 우리가 만주의 인플레이션이 밀려오지 않도록 전력을 다한 것은 잘한 일이라고 생각합니다. 만주도 또 산해관에서, 북지에서 오는 인플레이션을 막았다, 이건 잘된 일이다. 만주의 당사자와 서로, 어쩔 수 없다, 4개의 섬(일본)의 방벽이 되는 것이니까, 싸우더라도 어쩔 수 없다, 하지만 곤란했죠. 한마디로 말하면, 조선의 인플레이션이라는 것은 그런 것입니다.

우리의 저축장려에서도, 대장성에서 정해서, 조선은 이 정도는 해야 한다고 해서, 항상 1할, 2할, 3할 오버했습니다. 이건 명령일하(命令一下), 호령하면 하기 때문에, 좋게 이야기하면 상당히 통제가 잘 이루어졌다. 나쁘게 이야기하면 폭력으로 수탈한다는 것이 됩니다.

쓰치야: 내지에서 행한 물가통제도 여러 가지 있었죠.

미즈타: 역시 했습니다. 하지만 이건 인식과 자각의 문제입니다. 조선인은 야마토민족처럼 대동아전쟁이라는 것을 자각하게 하는 것이 불가능합니다. 표면적으로는 통제라고 하지만, 위반이 있는 것을 내지와 마찬가지로 가차 없이 처벌하는 것은 실정(實情)에 맞지 않습니다다. 그러므로 이건 역시 내지를 흉내 내는 것이어서, 그곳 역시 행정 편의주의로 하고 있었습니다.

쓰치야: 「9·18 가격정지령」[90] 같은 것은 물론 조선에서 실시하지 않았겠지요.

미즈타: 그대로는 실시하지 않았습니다. 주요한 것에 대해 실시했었습니다. 하지 않을 수 없었습니다. 모티파이(motify)해서 실시한다. 호즈미 씨 같은 분은 항상 그것 때문에 상공성과 싸웁니다. 나는 대장성과 돈을 보내달라고 하는 문제, 그리고 인플레이션이 일어나지 않도록 하는 그런 조치에 협력해 달라고 해서….

쓰치야: 고생하셨겠습니다.

미즈타: 지금의 이승만이 되고, 조선 통치라는 것은 야마토민족이 오직 압박과 착취였다고 해서~, 또 그 사정도 모르는 일본의 인텔리, 문화인이라는 자가 상당히 싸구려 감상으로 정리하고 있는 것은, 1910년(明治 43) 이후의 조선통치를 담당해 온 사람의 진의를 정말이지 모독하는 것이 된다고 생각합니다. 나쁜 점은 나쁜 점이라고 나도 인정합니다. 신을 참배하라고 강제하거나, 창씨개명 같은 것을 해서 다나카(田中)나 하야시(林)가 되라고 하거나, 조선어를 사용해서는 안 된다, 전쟁 중에는 놋쇠 식기까지 빼앗겨 가정생활, 사생활, 감정생활에까지 개입했습니다. 이런 식이어서 조선인의 원망을 사는 것은, 이건 지극히 당연한 것으로, 정말로 미안했습니다. 그렇다고 해서 병합 당시의 1,300만이었던 인구가 두 배가 되어도 춘궁(春窮, 보릿고개)이라는 사태가 우가키 총독이 부임한 이후 해소되고 있습니다. 1단(段, 反)에 8두(斗)였던 수확량이 1석 6두가 되었습니다.[91] 민둥산이 푸른 산이 되었고, 수력발전으로 공업이 크게 일어나고, 홍수가 매년의 행사였던 것이 미전화(美田化)했습니다. 이런 사실은 도대체 왜 인식하지 않는 것인가? 도대체 일본이 사라진 이후에 산의 상태가 어떻게 되었는가? 일본의 '김' 같은 것도, 지금은 품질이 나빠지고 있습니다. 일본의 '아사쿠라(淺草) 노리'라는 것은 전라남도, 제주도에서 만들어 모두 가져 온 것입니다. 그런 측

---

90 河元鎬,「日帝末 物價統制政策에 관한 연구」,『史學研究』55·56, 韓國史學會, 1998, 815~834쪽.

91 1단(段)은 1반(反)과 같은 말이다. 일본 척관법에 의거한 면적 단위로 에도시대에는 1정(町)=10단(段), 1단=10무(畝), 1무=30평(坪 또는 30步), 1평=1평방간(平方間)=3.3058m²였다. 참고로 1간(間)=6척(尺), 1척=30.303cm이다. 한편 질량 단위는 1관(貫)=10냥(兩)=3.75kg, 1근(斤)=16냥=600g, 1냥=10문(匁)=37.5g, 1문=3.75g이고, 체적 단위는 1석(石)=10두(斗)=180.39L, 1두=10승(升)=18.039L, 1승=10홉(合)=1.8039L, 1홉=180.39mL이다.

면을 아무 것도 이야기하지 않고, 일본 사람들도 그런 점을 인식하지 않고, 소위 값싼 센티멘탈리즘에 빠져 있습니다. 하지만 메리트(merit)를 메리트라고 하지 않으면, 나는 모든 네고시에이션을 할 수 없습니다. 한편 일본의 통치가 모두 좋았다고 하는 것은 지나치지만, 조선인도 36년 동안 이루어진 일본의 통치가 압박과 착취로 시종했다, 일본인의 재산은 조선인의 고혈을 짜낸 것이라고 말하는 것은, 신의 눈으로 봐서 사실을 왜곡하는 것이라고 나는 믿습니다. 그러므로 감정론으로 흐르면 어쩔 수 없는 일입니다.

쓰치야: 바쁘신 중에 정말 감사했습니다.

- 제6화 끝 -

제7화 (1954년[昭和 29] 1월 22일 구술)

종전 당시의 금융조치와 그 상황

목차

1. 소련 참전과 재선(在鮮) 일본인
    (1) 소련병의 폭상(暴狀)과 미국의 태도
    (2) 댄스홀 사건과 일본인세화회(日本人世話會)의 발족
2. 종전 후의 예금 환불 대책
    _ 금융폭동에 대비한 금융 비밀 조치

1. 소련 참전과 재선(在鮮) 일본인
  _ 중앙의 외지(外地) 방치·하루 만에 일본인 무력화

(1) 소련병의 폭상(暴狀)과 미국의 태도

미즈타: 종전 당시 조선의 일반 정세라고 할까, 혼란 상황을 조금 말씀드리고 금융 이야기를 합시다.

8월 9일 소련이 선전포고를 했습니다. 포고하는 동시에 웅기, 나진, 청진—특히 나진 같은 곳은, 만주로 가는 연락항으로서 제2의 대련으로 만든다는 생각으로 해 왔는데, 이곳으로 와— 하고 밀려와 함포사격을 하며 상륙했습니다. 8월 9일의 선전포고와 함께 비행기가 찾아온다, 함포사격으로 다가온다, 하지만 일반 국민은 적이 상륙해 올 때 죽창을 가지고 두건을 쓰고 대항하고 있었습니다. 이것을 리터러리(literary, 문자 그대로)하게 했습니다. 청진, 나진 부근은…. 하지만, 이건 결코 군에 대해 욕하는 것은 아닙니다만, 군은 예정대로 어디서 퇴각하고 어디서 대응 공격을 한다는 계획이 있었을 것입니다. 군 자신은 퇴각했지만, 일반 국민은 죽창, 두건, 깃발을 들고 대응하고 있었기 때문에, 총격을 받아 200명, 300명이 집단으로 죽임을 당하고 말았다, 공장 같은 곳은 함포사격으로 모두 파괴된다, 군을 나쁘게 이야기하는 것은 아니지만, 사실이 그렇다는 것입니다. 나남이라는 곳에 도청이 있었는데, 소련이 밀고 들어오면 이렇게 이렇게 하자는 계획을 가지고 있었을 것입니다. 거기서 지사를 비롯해 도(道)의 간부는, 8월 13일이었던가, 북쪽 두만강 국경에 있는 무산(茂山)의 철광—좋은 철광이 있다, 산속의 도회지가 되는 곳입니다만, 그곳으로 퇴각해서 예정된 행동을 하고, 거기서 도청 업무를 하자, 마침 당시에 내 부하로 재무국에 있던 가노 도미오(加納富夫)라는 사람이 경찰부장을 하고 있어서, 뒤쪽에서부터 소련이 추격해 오니 "도청 간부는 어쩔 수 없지만, 일반 양민은 용서해 달라"고 교섭하기 위해 소련군 쪽으로 갔는데, 이 사람은 결국 행방불명이 되고 말았습니다. 이 사람이 행방불명이 되고 말았다. 붙들리고 말았던 것이죠. 이 가노 군은 1949년(昭和 24)에 소련에서 돌아와 현재는 자위대의 상당한 간부가 되어 지금 도쿄에서 근무하고 있습니다. 또한 자위대의 제1관구 총감 쓰쓰이 다케오(筒井竹雄)―이 사람은 최근 신문에 보도되고 있던 예의 자위대 스캔들 문제로 퇴직한 사람인데, 총감은 사단장 이상의 요직입니다. 이 쓰쓰이 군 같은 사람이 황해도의 지사를 하고 있어서, 역시 소련군에 잡혀서 시베리아로 연행되었다가, 1949년 말에 돌아왔습니다. 억류 중에 부인이 돌아가시고, 돌아온 뒤로 장남이 사망했다고 하니….

쓰치야: 당시 소련의 군함, 비행기, 그리고 상륙한 군대의 수는 어느 정도였습니까?

미즈타: 그건 어느 정도였는지 모릅니다. 군함은 그렇게 대단한 것은 아니다. 두세 척 정도였을 겁니다. 이쪽은 아무것도 없었으니까요. 이미 사람이 아무도 없는 황야를 가는 것 같았습니다.

쓰치야: 대단한 군대는 아니네요.

미즈타: 대단한 군대는 아닙니다. 이쪽은 군이 요격(대응사격)하려고 하면, 무패의 조선군이기 때문에 가능했을 테지만, 무슨 연유인지 모르겠지만 요격하지 않았습니다. 소련군은 8월 15일 종전 당시에는, 경성에서 기차로 오면 1일 반 정도―원산까지 경성에서 8시간―함흥·흥남이라는 노구치 시타가우(野口遵) 씨의 큰 질소비료 공장이 있는 곳까지는 14시간 여정, 그것보다 조금 북쪽까지 와 있었습니다. 그러므로 경성에 있던 우리는 8월 9일 이후는, 아직 일본이라는 나라가 항복한다는 것은, 전혀 알지 못했습니다. 하지만 일본 국내에서는 8월 9일에는 항복하자는 이야기가 있었다고 합니다. 우리는 전혀 몰랐습니다. 따라서 소련이 쳐들어온 것을 어떻게 방어하며 싸울 것인가 비장한 결의를 하고 있었습니다. 그런데 8월 15일에 종전의 조칙이 내렸습니다. 내가 알았던 것은, 8월 14일 밤이었습니다. 이건 거짓말 같은 일입니다. 8월 12일에 재무국 사람들을 강제로 소개시켰습니다. 이제 경성은 위험하다, 9일에 소련이 북으로 들어왔으니까, 계속 남하해 온다, 곧 경성으로 들어온다, 경성에 들어오면 여자는 능욕 당한다, 혹은 죽임을 당한다는 소문이 돌았습니다. 북선(北鮮)으로 들어온 소련의 행동을 보면, 우선 술과 돈, 만년필과 손목시계, 소련병은 정말이지 프리미티브(primitive, 야만적)합니다. 만년필 같은 것은 모두 **빼앗아 버립니다**. 손목시계를 7개나 8개나 차고 있다는 보고가 있었습니다.

쓰치야: 그건 내지에도 전해졌습니다.

미즈타: 술집을 습격해 술을 빼앗는다, 금융기관을 습격해 지폐를 빼앗는다, 여자를 능욕한다. 거기에 조선인이 편승하는 것입니다. 소위 일본의 통치에 적의(敵意)를 품고 있던 공산계 사람들이 편승합니다. 구체적으로 말하면, 성진(城津)이라는 곳의 세무서장 시모조 사타로(下條佐太郞) 등은 맞아 죽었습니다. 경찰관, 재판관, 세무서는 민중이 원망하는 대상이 되어 있었기 때문에 죽임을 당했습니다. 그리고 이후 지사나 도의 간부는 모두 끌려갔습니다. 지사도 모두 약탈당해 먹을 것이 없었습니다. 어떻게 해서라도 조선인에게 연민을 구하게 됩니다. 이건 정말로 비참한 이야기입니다. 대체로 1943년(昭和 18), 1944년(昭和 19)경에는, 이승만 쪽에서, 미드웨이에서 이렇게 되었다, 과달카날(Guadalcanal)에서 일본이 이렇게 되었으니 지는 것은, 초단파로 전해오는 것입니다. 일본에서는 무뢰한(불량배)이라고 해서 붙잡으려고 기를 쓰고 있었지만, 조선인은 초단파로 전쟁의 실황을 듣고 있습니다. 따라서 모르고 있던 것은 우리뿐입니다. 이 반일(反日)의 무리들은 모두 전황을 잘 알고 있어서, 1941년(昭和 16)에 프록코트(frock coat)가 1벌에 2,000엔, 미국, 영국이 상륙했을 때 프록코트를 입어야 한다, 헬로우 아메리칸이라고 말하는 것으로 친영(親英) 친미(親美)가 되기 때문에 험한 꼴을 당하지 않는다, 그래서 프록코트가 2,000엔이나 했던 것입니다. 그런 것에 대한 준비를 모르는 것은 일본인뿐입니다. 조선인 중 일부 독립주의자는 뭐라고 하고 있었을까 —일본은 진다, 지금 생각해 보라, 일본인 부인들은 으스대고 있지만, 곧 당신들은 우리의 하녀가 된다, 그렇게 정해져 있습니다—, 그런 이야기가 1944년 말부터 공공연하게 유포되고 있었습니다. 우리는 상당히 이상하게 생각했습니다. 정말로 그대로 되었습니다. 지사의 부인이나 그런 정도의 사람이, 모두 조선인 집의 하녀가 되었습니다. 개개인에게는 친절했지만…. 밥을 먹어야 했으니까, 밥을 먹여 주는 하녀가 되었습니다. 지금까지 잘난 얼굴을 하고 있었던 것이…. 사실 이런 점은 뭐라 말로 표현할 수가 없습니다. 15일에 종전의 조칙이 내렸는데, 우리는 몰랐지만, 앞에서도 말씀드렸듯이, 12일에 재무국은 강제로 소개(疏開)했습니다. 당시 내가 다행이었다고 생각하는 것은, 삼백몇십 명이었는데, 누가 어디로 소개할 것인지를 재무국장이 지정해 달라고 했습니다. 나는 도저히 지정할 수 없었습니다. 구체적으로 말하면 도쿄로 치면 나가노현(長野縣)으로 가라, 미야기현(宮城縣)

으로 가라고 하는 것입니다. 조선에서는 대체로 염전이나 담배 산지에 재무국의 집이 있었습니다. 염전 창고, 담배 창고에 소개시키는 것입니다. 그때도 내가 지정해서, 38도선 이북, 예컨대 광량만(廣梁灣)[92]의 염전, 신의주의 염전으로 가라고 했기 때문에, 나는 어찌할 바를 몰라 안절부절못했습니다. 왜냐하면 38도선 이북과 이남은 운명의 갈림길입니다. 38도선 이남은 목숨을 부지했습니다. 38도선 이북은 생명이 달린 문제입니다. 광량만 같은 곳으로 간 경우, 일가 모두가 죽은 경우가 있습니다. 가족을 데리고 가면, 붙잡혀 죽게 됩니다. 나는 38도선 이북, 이남에서, 이렇게 소련군과 미군이 다른가 하는 것을 통감했습니다. 15일까지는 38도선 이북에 있는 어진영(御眞影)과 교육칙어는 전부 일괄해서 조선총독에게 신고하고 있었습니다. 서로 1945년(昭和 20)까지는, 무언가 중요하다고 하면 교육칙어와 어진영만큼 중요한 것은 없었습니다. 지금 젊은 사람들의 입장에서 보면 무슨 이야기냐고 할 것입니다. 우리는 그랬습니다. 전부 총독에게 와 있었습니다. 단지 평양의 신사만이 아무래도 손이 미치지 못해서, 이건 폭도에게 불태워졌습니다. 그밖의 신사는 일본인의 손으로 소각한다, 어영대(御靈代, 신위나 위패)는 다른 곳으로 옮긴다, 교육칙어와 어진영은 도청으로 모두 가지고 왔습니다. 15일에 칙어가 내렸는데, 거기서 사상의 혼란, 사고의 혼란이 발생했습니다. 조선인들은, 포츠담 선언에서 조선을 독립시킬 것을 바라고 있습니다. 따라서 무조건으로 그렇다고 한다. 하지만 조선총독부는, 행정을 어떻게 해야 하는가에 대해 내지로부터 어떤 지침도 없습니다. 왜냐하면 소위 외지를 통할(統轄)하는 것은 내무성이었기 때문입니다. 척무성이라는 것은 없습니다. 대동아성(大東亞省)이 되어 있었습니다.[93] 대동아성이 관할하는 것은, 만주나 중국이나 필리핀 등지였지만, 소위 조선, 관동주, 대만 같은 곳은, 내무성의 일국(一局), 관리국이라는 것이 관할하고 있었습니다. 따라서 조선, 대만 같은 곳에 어떤 조치를 할 것인가 하는 것에 대해서는, 무엇인가 지시가 있어야 마땅합니다. 하지만 이미 중앙정

---

92 평안남도 남서부 대동강 하류에 있는 만이다.
93 척무성관제가 실시된 것은 1929년 6월 10일이었고, 척무성이 폐지되고 대동아성이 설치된 것은 1942년 9월이었다.

부에는 외지에 대해 생각하는 사람이 한 사람도 없었다고 합니다. 일본인은 이 점을 알고 있어야 합니다. 외지에 대해서는 어떤 사람도, 그렇게 말하면 좀 무엇하지만, 육친이 되어 생각해 줄 사람은 한 사람도 없습니다. 따라서 어떤 조치를 취해야 하는가 하는 지령은 나오지 않은 것입니다. 그래서 조선인들은, 15일 이후 우리는 독립했다, 그러니 조선총독부라는 것은 없다는 생각입니다. 조선총독부는, 아니, 조선이 독립했다는 것은 인정하지만, 그에 대한 행정상의 조치를 어떻게 할 것인가 하는 것은, 우리끼리 이러쿵저러쿵 할 수 없다, 역시 일본 정부의 의향에 따라 해야 한다. 따라서 그 의향을 확실히 하기까지는, 우리는 책임지고 조선에 대한 통치에 임하는 것이다, 이런 것입니다. 거기에 하나의 엇갈리는 견해가 생기게 됩니다. 이건 아무리 해도 총독부 사람이 그렇게 하지 않을 수 없습니다. 어떤 조치를 취해야 하는가는, 중앙에서도 처음 있는 일이기 때문에, 어떻게 해야 하는지 모르겠지요. 아무런 지령이 없었습니다. 하지만 15일 밤, 경성의 경찰은, 대체로 30% 정도가 일본인으로, 나머지 70% 정도가 조선인, 이미 1945년 3, 4월경이 되면, 무턱대고 군인으로 데려가 버렸습니다. 그런 점들에 대해서도 상당히 유감입니다. 우리는 조선의 치안을 유지하기 위해서는, 군인으로 치안을 유지하기보다도, 역시 조선의 실정에 익숙한 순사로 유지되는 편이 좋다고 하지만, 군은 듣지 않습니다. 군대에서도, 일단 일본인 중 쓸 만한 사람은 모두 징집해 버려서, 다른 곳에 쓰게 됩니다. 즉 우리 동기인 사다케(佐竹) 군 같은 사람을 데려가거나, 즉 적당한 곳에 적당한 사람을 쓰는 일은 전혀 없었습니다. 일단 사람을 하나의 고깃덩어리로 썼던 것입니다. 일본인 순사는 거의 징용해 버렸다. 그러므로 경찰에는 눈치 있고 쓸 만한 일본인은 없습니다. 하지만 8월 15일 밤, 형무소가 2개소 있었는데, 여기에 수감돼 있던 사상범과 강도범이 모두 감옥을 부수고 탈옥했습니다. 간수는 모두 조선인입니다. 손이 미치지 않습니다. 이때 일본에 반역하지 않으면 위험합니다. 일본을 해치워라, 개인적으로는 호의를 가지고 있는 자도 동조한다, 그런 분위기여서 손을 쓸 수 없었습니다. 2천 몇백 명의 공산주의자 정치범이 16일까지 나와 버렸습니다. 경찰에게는 무기 탄약이 있었기 때문에, 각 경찰서를 점거하고 무기 탄약을 탈취했습니다. 이건 공산당, 독립당 사람들입니다. 전혀 손을 쓸 수 없는 상황이었습니다. 따라서 경성 내 치안은, 완전히 일본인은 무력, 하루 만에 무력화했습니다. 그래서 총독부로서 어떻게 할 것인가, 이건 어쩔 수 없었습니다, 역시 용산에 있는 육군에 연락해서, 육군 쪽에서 전차라도 투입해서 데몬스트레이션을 해 달라, 일본인에 대해 위해를 가하려고 하면 얼마든지 물리칠 수 있습니다. 하지만 해 보았지만, 이번에는 소련이 올 것인가 미군이 올 것인가, 무엇이 올 것인지 모른다, 적군이 와서 만약 조선인을 한 사람이라도 상처입히게 되면, 전 일본인에게 보복이 미치게 됨을 생각해야 한다, 그러므로 단지 철포(鐵砲)를 짊어지고, 시내에 전차를 달리게 하여 시위운동을 하는 이외에는 한 발도 쏘지 않는다, 그렇게 하면, 정작 군대가 오게 되면 일본인은 어떻게 될 것인가 하는 우려가 있었습니다. 이건 사실 울려고 해도 울 수 없는 심정입니다. 16일에 내가 총독부로부터 은행에 가려고 자동차를 타고 가도, 615호 재무국장의 자동차임을 알면, 득달같이 자동차 주위에 와서 질질 끌며 하차시키려 합니다. 전차에 일본인이 타면, 구타하며 내리게 하는 혼란입니다. 과연 죽이지는 않습니다. 단지 총독부의 그럴 만한 위치에 있는 사람을 해치우려고 하는 것입니다. 두 사람이 권총으로 당했습니다. 미국이 9월 9일에 상륙했기 때문에, 그때까지 그런 위험의 가능성이 있었습니다. 군대가 데몬스트레이션을 하고 있지만, 조선인을 한 사람이라도 죽여서는 안 된다, 조선인도 군대가 있으니 철포로 해치울 수 없다, 숨어서 몰래 피스톨을 쏜 일은 있었다, 21일에 되어 처음으로 소련은 오지 않는다, 38도 이남에는 미국이 온다는 것이 총독부에 알려졌습니다. 그때까지는 소련이 온다고 우리는 생각하고 있었습니다. 소련의 방식이라는 것은 지금 말씀드린 것 같아서, 솔직히 말씀드려, 우리는 아내, 딸이 2명, 19살과 17살이 되기 때문에, 이건 반드시 당한다. 그렇다고 해서 농촌 같은 곳으로 도저히 갈 수 없습니다. 단도(短刀)는 가지고 있습니다만, 어떻게 할복하는지 모른다. 나 자신은 최후까지 남아서 사명을 다한다, 나는 자살은 비겁하다고 생각해 실행하지 않지만, 결국 감옥에 갇히게 될 것이다. 하지만 여자가 능욕당하는 것은 참기 어려우니 청산가리나 독약으로 자살하는 수밖에 없다, 역시 그런 각오를 하게 됩니다. 그러므로 미군이 상륙해서 안심했습니다. 그 사실을 21일에 알게 되었습니다다. 하지만 미국인이라고 능욕하지 않는 것은 아니었습니다. 일본에서도 그렇겠죠. 그러나 군대가 들어오는 것이 늦어져서 9월이 되고 나서야 가능해졌습니다. 종전이 되자, 일본인 주위는 전부 조선의 치안경찰. 그래서 지방에서는 한국건국준비위원회라는 것을 공산당 중심의 젊은 사람들이 만들었고,[94] 그것이 도청 등을 점거했습니다. 경성제국대학도 우리 손으로 할 테니까 비키라고 해서, 결국 행정권은 조선인이 가졌습니다. 후나다 교지(船田亨二) 군이 있던 경성제국대학도 십몇 일인가 점거되었습니다. 단 학자와 의사, 이 사람들은 소위 문화인이라서 위해를 가하지 않고, 페어(fair)하게 대하고 있었습니다. 오피셜한 관아(官衙) 등은 점거해 버린다. 이것을 칭해 접수(接受)라는 단어가 처음으로 사용되었습니다. 지방은 심각합니다. 농림시험장의 유가와(湯河) 장장(場長) 등은 무릎 꿇고 사과하라는 이야기를 들었습니다. 지금까지 사용하고 있던 소사(小使, 심부름꾼), 급사, 용인(傭人), 그런 사람들이 와서 무릎을 꿇리고, "저희들이 지금까지 당신들을 혹사시켜서 잘못했습니다"라고 말하면서 사과하라고 합니다. 사과하지 않으면 구타한다고 합니다. 내지 사람은 상상조차 하기 힘든 능욕을 받았습니다. 그러므로 민간인은 재산을 상당히 떠들썩하게 이야기하지만, 우리 관리는 생명의 문제이기 때문에, 자신의 재산 같은 것은 조금도 생각하지 않는다. 재산을 정리하는 그런 일은 하지 않습니다. 가지고 싶은 만큼 가져라, 미군이 온 다음에도 일본인에 대한 보호는 손이 미치지 않았습니다. 우리는 아사히초(旭町, 현재 회현동)에 있었는데, 아사히초 부근은 매일 같이 일본인 집에 강도가 들었습니다. 무뢰한 공산주의자 조선인이 강도하러 들어옵니다. 그럼 쇠 대야나 양동이를 두들겨 소리냅니다. 협력해 달라고 해도 위험해서 갈 수가 없습니다. 9월 9일에 미군이 상륙해서 인천으로 들어왔습니다. 9월 7일에 김포 비행장으로 이름을 알 수 없지만 대좌(大佐, 한국의 대령)가 십수 명을 이끌고 들어왔습니다. 당시 총독부에서 정무총감이 대표로 갔습니다. 그리고 군은 참모장 대리, 소좌(소령)인 성명불상의 참모, 나는 고참이라서 고참 국장으로서 갔는데, 정말로 미군이 잔인한 일을 할 것인지 조금 전전긍긍했습니다. 죽이지는 않겠지만 어떤 능욕을 줄 것인지 해서, 그때는 뭐라고 표현할 수 없는 기분으로 임했습니다. 하지만 놀란 것은, 비행장에 도착해 우리가 줄지어 경례하고 있

---

94 1945년 8월 15일 여운형, 안재홍 등에 의해 조선건국준비위원회가 결성되었고, 위원장에 여운형, 부위원장에 안재홍과 장덕수가 취임했다.

었더니, 성명불상의 대좌(대령)가 내려와 악수를 청하고 여기서는 이야기하기 어려우니 저쪽으로 가자고 해서 하우스 쪽으로 갔습니다. 긴장해 서 있었더니 싯 다운(sit down), 앉으라고 합니다. 어떻게 하나 봤더니, 곧 비즈니스다, 당신들은 무조건 항복했다, 우리는 수일 내로 진주한다, 병수(兵數)는 말할 수 없다, 도로는 어떻게 되고 있는가, 군대가 있는 곳은 어디인가, 용산에는 어느 정도 군대가 있는가, 병기, 탄약, 대포는 어떤 상황인가, 치안 상황은 어떤가, 수도는 어떤가, 먹거리는 어떻게 되어 있는가…. 진주하는 데 필요한 컨디션을 곧 조사합니다. 전염병은 어떤가, 곧 비즈니스입니다. 우리는 다소 어안이 벙벙했다. 두들겨 맞고, 능욕당하고, 그리고 어떻게 될 것인지 생각했는데, 곧 비즈니스입니다. 맥이 빠졌습니다. 2시간 정도 이야기하고 있다가 곧 현지로 가자고 해서, 지프(jeep)를 타고—우리는 내 자동차로, 경성은 조선호텔을 중심으로 조사했습니다. 진주(進駐)에 필요한 위생 상태, 금융 상태, 음식물 상태, 도로 상태가 어떻게 되어 있는지 등을 조사해야 해서, 총독부의 국장을 소집해서 소관에 대해 이건 어떤가 저건 어떤가 물었습니다. 총독, 정무총감은 상세한 내용은 모른다, 나는 사세과장, 재무국장을 10년 동안 하고 있었다, 이런 것을 하고 있으면, 누구라도 조선의 금융계나 여러 가지 점에 대해서 파악할 수 있습니다. 하지만 다른 국장들은 그렇지 않아서 그들이 여러 가지를 질문하면, 글쎄요 나는 잘 모르겠다, 과장을 불러와야 알 수 있다, 그 과장도 모르기 때문에, 부하를 부르지 않으면 알 수 없다, 너무 답답했습니다. 밤은 늦어지고, 모두 질책을 받아, 이거 감옥에 갇히는 게 아닐까 생각했습니다. 다행히 그때, 재무행정기관이 되어, 금융기관은 어떻게 되고 있나요, 지폐 상황은 어떤가요, 지폐는 어떻게 인쇄하고 있나요, 금융은 긴축하고 있나요, 긴축하고 있다, 어떤 금융기관이 괜찮은가, 이런 식으로 하면 된다, 세금 문제, 커스텀(custom, 소비자) 문제, 금융조합 문제, 중앙은행 문제, 태환권 문제, 지폐의 인쇄 문제, 그들이 알고 싶은 것에 대해, 나는 내 소관이기 때문에 부하를 부를 필요가 없다, 나 혼자서 재무행정에 대해 설명해 주었습니다. 이 때문에 신용을 얻은 것 같습니다. 조선의 재정금융에 관한 일은, 이 사람 한 사람으로 충분하다는 인상을 주었습니다. 당시 찰스 고든(Charles J. Gordon)이라는 중좌(중령), 이 사람은 나중에 재무국장이 되었는데, 미군에 컨퍼런스 하나를 마련했습니다. 이것이 나중에 나에게 좋은 결과가 되었고, 또 곤란해지기도 했습니다. 그런 식으로, 그들은 전승 국민이라는 것을 드러내지 않고, 곧 비즈니스에 착수했기 때문에, 우리는 상당히 안심했습니다. 이러면 일본인 여성을 능욕하는 일은 없겠구나, 우리 생각이 지나쳤다고 느꼈습니다.

(2) 댄스홀 사건과 일본인세화회의 발족

미즈타: 에피소드 하나가 있습니다. 21일 소련이 들어오지 않는다는 것을 알았을 때, 미국이 들어와 아내와 딸이 능욕당하지 않는다, 조선인에게도 당하지 않기 위해 어떻게 하면 좋을지 상당히 머리가 아팠습니다. 하지만 게이샤제도(藝者制度)를 1943년(昭和 18), 1944년(昭和 19)에 폐지했습니다. 기생도 중지했습니다. 게이샤나 기생이 있으면 제공해서 접대하게 했을 텐데, 그들이 없어서 상당히 곤란했습니다. 니시히로(西廣) 경무국장이 제안해서 댄스홀을 만들지 않겠는가, 미군 중 난폭한 사람을 댄서에게 접대하게 하여 우리 아내를 보호해야 하지 않겠는가, 김계조(金桂祚)라는 친일 조선인이 있었는데, 이 사람의 아내가 최승희(崔承喜)의 제자입니다. 김계조의 아내가 호령하면, 댄서 100명이나 150명은 모을 수 있을 것입니다. 김계조는 석탄채굴업을 하고 있었습니다. 그래서 경무국장이 김계조를 이용해 댄스홀을 경성과 인천에 경영하게 합니다. 하지만 1인당 1만 엔 정도 주지 않으면 댄서를 모을 수 없습니다. 경성이 150명, 인천이 100명, 250만 엔의 돈이 필요합니다. 총독부에서는 돈 같은 것이 있을 리 없습니다. 그래서 고육지책을 사용해, 그 석탄 광산을 경영하고 있었으니까, 석탄통제회사—이사다 센타로(石田千太郎)라는 지사(知事) 출신이 사장을 하고 있다—에서 김계조가 가지고 있는 석탄을 사도록 하면 되지 않겠는가, 그는 300만 엔 정도의 석탄을 가지고 있었습니다. 그것을 담보로 석탄회사가 250만 엔을 빌려주고, 석탄을 남선으로 가져온다, 그러면 미군에게 명목이 설 것이다, 하지만 석탄회사는 돈이 없었습니다. 석탄회사는 조선은행으로부터 융자명령으로 돈을 빌리게 되었습니다. 선은의 돈은 어떻게 할 것인가 하면, 대장대신의 명령으로 돈을 대출한다, 대장대신에게 그런 것을 말해도 어쩔 수 없다, 내가 나중에 대장대신의 양해를 얻는다고 약속한 증서를 줌으로써, 조선은행이 석탄회사에 250만 엔을 내주었

고, 선탄회사가 김계조에게 건네주었습니다. 그래서 미쓰코시(三越) 지하실을 댄스홀로 만들고, 인천에도 댄스홀을 만들었습니다. 그들은 상륙해 와서, 거기에서 하게 되는 것입니다.[95] 하지만 이것이 큰 문제가 되었어요. 나는 대체로 죄명이 6개 정도 붙었습니다. 가장 주된 것은 재계 교란죄, 지금 이 문제가 스파이의 공동정범(共同正犯), 이것이 상당히 큰 문제가 되어서, 미국이 상륙한 뒤부터, 조선인 공산당원들이 미국에 투서한다, 모두 투서입니다. 종전 당시 관리가 붙잡혀 고배를 마신 것은 모두 투서입니다. 상당히 정교하게 만들어진 투서가 있었습니다. 고래로 일본에는 요정정치[待合政治]라는 것이 있었는데, 매수, 뇌물수수(bribery), 인터뷰 등 모든 것이 게이샤나 댄서가 시중드는 주연에서 이루어집니다. 이것이 옛날부터 있던 일본의 풍습입니다. 그런 연혁부터 설명을 시작해, 미군이 진주해 온 경우에, 미소(美蘇)와 조선인을 이간시킨다, 또한 미군의 기밀을 알아내기 위해 일본인의 일부가 공모하여 부정한 돈을 써서, 미쓰코시의 지하실이나 인천에 댄스홀을 만들었다. 여기에는 정

---

[95] 관련하여 다음의 《동아일보》 기사가 참고된다. 좀 길지만 이해를 위해 인용한다. "한미 친선의 거짓 깃발 아래에 시내 '미쓰고시' 4층에 소위 국제문화사란 간판을 내걸고 '땐스홀'을 경영하여 오던 시내 가회정 79번지 조선석탄주식회사 사장 김계조는 구랍 17일 서울 검사국에 돌연 검거되어 동시에 씨·아이·씨와 함께 엄중히 취조를 받고 있었는데 드디어 금 17일 공판정에서 그 사건 전모가 드러나게 되었다. 이 사건은 전 총독부 西廣 경무국장 등에게서 현금 310만 원을 받아 가지고 한미를 離間시킬 것과 또한 친일적인 정치모략을 ○○ 것을 수락하였다는 것으로 횡령, 장물수수 등 죄명으로서 공판에 회부된 것인데 기소 내용은 대략 다음 같다.

(기소 내용) … 1945년 8월 9일 후 조선총독부 阿部 총독 이하 각 수괴는 我조선이 일본제국주의에서 이탈됨을 이미 아는 바라. 자기들 철거 후 조선에 친일정부의 수립을 음모하였으나 그것이 수포에 돌아가게 될 것을 염려하여 此等은 조선인으로 된 정치모략 비밀단체로서 1. 장래 조선정부에 친일적 施政이 있도록 하며, 2. 排日親美者를 암살하며, 3. 조선정부의 비밀정책을 탐구하며, 4. 조선 對 미국 간의 이간을 책동하며, 5. 조선 국내 치안 교란 등 조선의 독립 발전을 방해하려고 대대적 흉계를 세워 그 자금으로 현금 250만 원과 물자설비 500만 원 이상(시내 일인 경영 백화점 전부와 白雲莊 포함) 총 1천만 원을 제공하여 ■■으로 ■■ 사교장 ■■■ 여관 등을 경영하게 하여 其實은 탐정과 전기 목적한 정치모략을 꾀하였다. 이 흉계의 교섭을 받은 김계조는 천재일우의 기회로 여기고 이를 쾌락하고 1945년 9월 1일 西廣 경무국장에게서 조선석탄회사를 통하여 무상으로 200만 원 일본인세회장 호즈미 신로쿠로(穗積眞六郞)으로부터 땐스홀 경영비로 60만 원을 받아 미쓰코시 백화점(三越百貨店)에 땐스홀을 설비하는 一方 또 별도로 西廣 경무국에서 현금 50만 원을 받아 △ 5만 원 석탄대책위원회 △ 1만 원 ○○통신사장 △ 1만 원 조선○○단 △ 1만 원 ○○청년단 △ 7만 원 학도대 △ 8만 원 ○○○○기성회 △ 1만 원 ○○동맹 △ 10만 원 ○○○동맹 △ 10만 원 전 문부성 교학관 김○○ 이상의 단체에 散財를 하여 정치모략을 쓰는 중 연합국의 상륙으로 말미암아 일인 재산이 동결되어 최초에 일인들과 약속한 자금 1,000만 원의 융통은 두절되었다. 〈倭寇와 結託 韓美離間을 陰謀 現金만 三百萬圓 바다 政治謀略에 撒布 金桂祚 今日 斷罪廷에 出頭〉, 《동아일보》 1946.1.17.

무총감, 재무국장, 경무국장, 그리고 석탄통제회사 사장, 조선은행 부총재, 일본인회장 호즈미 신로쿠로(穗積眞六郞) 씨, 그리고 조선인 거물 김계조─배우가 부족하지는 않다, 이들 인물이 등장해서 미군을 스파이하려고 했다, 그런 투서가 갔습니다. 그래서 갑자기 MP(헌병)·CIC(첩부부대)가 활약한다. 9월 20일경부터입니다. 그래서 정무총감인 엔도(遠藤) 씨가 10월 2일에 귀국해도 좋다는 허락을 받았지만, 연금되어 귀국할 수 없는 입장이 되었습니다. 나는 그 때문에 2세(二世), 그리고 조선인 검사들로부터 몇 번인가 체포되어 조사를 받았습니다. 정말로 귀찮은 일이었는데 모두 도장을 찍었기 때문에, 거짓이 아니다, 우리는 결코 그런 적이 없다, 당신들을 위로하기 위한 것이었다, 아무래도 당신들이 우리 아이들을 범할 것이라서 그에 대한 방벽으로 삼고자 했다고는 확실히 말할 수 없었지만, 당신들을 위해 그런 엔터테인먼트를 하는 것이다. 돈의 출처는 이렇게 되어 있다, 석탄도 이렇게 되어 있다, 단지 혼란스러워서 가져올 수 없다. 10월 18일에 의심이 사라지고, 엔도 씨는 10월 19일에 귀국해도 좋다고 해서 (일본으로-역자) 돌아오셨습니다. 일단 8월 21일경에는 그런 기분이었다. 나는 소련이 들어오면, 내 아내나 딸은 자살해야 한다, 그런 기분이었습니다. 16일부터는 그런 상황이어서, 이미 시내는 혼란스럽다, 일본인은 조선인으로부터 박해받는다, 조선에서 이루어진 모든 사업은 이것으로 엔드(end)다, 전부 내던지고 하루라도 빨리 내지로 돌아가야 한다. 소련의 정보가 계속 들어오고 있습니다. 총독부에서 9월 9일 이후 경무국 관계로 돈을 지참시키거나 여러 가지로 해서 사람을 보내도 한 사람도 돌아오지 않았습니다. 38도선 이북은 모두 그쪽에서 붙잡히고 말았습니다. 즉 소련 공산당에 대해 너무 쉽게 생각했던 것입니다. 8월 15일 이후에는 무서워서 사람을 보낼 수 없었습니다. 조선에서 도망쳐 나온 사람의 말을 통해, 소련이 얼마나 폭학무도(暴虐無道)하고, 38도선 이북의 일본인이 얼마나 비참한 처분을 받고 있는지 알게 되었습니다. 계속 도망해 오는 것은, 기차는 물론 일본인은 태워 주지 않기 때문에, 산을 넘고 언덕을 넘어 몇십 리를 걸어오게 됩니다. 마을마다 검문소가 있어서, 일본인은 붙잡혀서 재산은 모두 빼앗겨 버립니다. 여자는 능욕당하기 때문에, 부인은 단발하고 남자 옷을 입고 도망해 옵니다. 그 사람들에게 경성에서 밥을 먹여야 하는 문제가 있습니다만, 어떻게 할 것인지, 호즈미 씨가 회장이 되어 일본인세화회(日本人世話會)라는 모임을 만들었습니다. 북쪽에서 무일푼으로 도망해 온 사람들은 유카타 한 장, 아무리 해도 어떻게 해 볼 도리가 없었습니다. 그것을 경성에 머물게 해서, 밥을 먹여 경성에서 기차로 귀국시켜야 한다, 세화회가 생긴 것은 그 때문입니다. 경성에 있는 사람은 돈이 없으면 곤란하다. 그래서 8월 16일부터 일제히 돈을 인출할 수 있게 되었습니다. 온 디멘드(on demand) 예금을 인출한다, 이건 안 된다,[96] 정기예금도 3만 엔까지는 일본인에게 돌려줘도 괜찮다고 허락했던 것입니다.

2. 종전 후의 예금인출대책
　— 금융폭동에 대비한 금융 비밀조치

미즈타: 그래서 금융이 문제가 되었는데, 실은 나는 1944년(昭和 19) 말경부터 위험하다고 생각했습니다. 조선은 언제 어디에서 폭동이 일어날지 모른다, 하지만 금융 면에서 폭동을 일으켜서는 안 된다, 금융 면의 폭동이라는 것은 예금인출소동입니다. 예금인출소동이 없으면 괜찮습니다. 1944년 중반부터 마음을 썼습니다. 조선은행의 지폐 인쇄는 힘들었습니다. 아시는 바와 같이 연은권(連銀券), 저비권(儲備券)[97], 군표의 인쇄로, 조선은행권 인쇄 같은 것은 상당히 어려웠습니다. 나는 선은권의 소각(銷却)은, 더럽혀져도 괜찮으니까 축적해 달라는 내용으로 명령하여, 대체로 1945년(昭和 20) 초까지 35억, 지저분한 지폐를 축적했습니다. 그리고 비밀리에 은행의 수뇌부와 계획해서, 우편국, 금융조합, 은행의 말단 금융기관, 13도의 구석구석까지 온 디멘드가 어느 정도, 정기예금이 어느 정도 있는지 조사한 뒤, 온 디멘드와 정기예금 약간과, 또 그밖에 대체로 35억 정도의 지폐를 준비해서, 그것을 경성에는 10억 정도 비치해

96　문맥상 '이 정도로는 안 된다'의 의미인 것 같다. 아니면 여기서는 불필요한 문장이다.
97　중일전쟁 때 친일 협력 중국정권이 발행한 불환지폐이다. 1941년 6월 개업한 신국민정부(남경)의 중앙저비은행(中央儲備銀行)이 발행한 중앙저비은행권이다.

두고, 나머지는 전부 지방의 예금 상황에 따라 배분했습니다. 이건 극비리에 이루어졌습니다. 지폐라고 하면 난처하다. 어떤 산속이라도 예금인출소동이 발생하기 때문에, 6시간으로 지폐를 가지고 갈 수 있도록 배분했습니다. 그래서 어딘가에서 지폐가 필요해지면, 경찰과 헌병의 호위를 어떻게 할 것인가, 트럭이나 말 등에 실어 가져간다는 내용을 상세하게 1945년(昭和 20) 2월경까지 계획하여, 3월에 예행연습을 2번 했습니다. 어디에서 예금 인출 소동이 일어나면 어떤 식으로 가져갈 것인지를 했던 것입니다. 그런 식으로 금융계에서 불상사가 일어나지 않도록, 1945년 3월까지 모든 준비를 마쳤습니다. 그것이 종전 후 상당히 곤란했다고 할까요, 경성에는 10억의 지폐밖에 남아 있지 않았습니다. 전쟁에 지는 것을 생각하고 있지 않았습니다. 필요한 때는 어디서든지 집적(集積)할 수 있다, 말단에서 불상사를 일으켜서는 안 된다는 그런 배려이기 때문에 10억밖에 없었습니다. 8월 16일부터 경성 소재 회사는 ―거의 모든 회사는 경성에 본점이 모여 있다― 점점 돈을 인출한다, 이건 해산이기 때문에, 퇴직금을 줘야 한다, 월급을 줘야 한다, 귀향 수당을 줘야 한다, 그 돈이 상당한 액수에 달했습니다. 개인은 개인대로 빨리 돌아가고 싶어서, 가능한 돈을 인출하려고 한다, 그래서 16일 시점에 2억 정도가 인출되었습니다. 회사와 개인이 이런 흐름으로 가면, 지폐의 스톡(stock)도 없어지고, 22일, 23일로 폐점해야 했습니다. 이것을 어떻게 할 것인가 하는 것입니다. 실은 조선의 금융 문제에 대해서는, 조선은행 총재와 식은 두취와 재무국장, 이들이 작은 곳의 세 거두(巨頭)라고 해서, 그 세 사람으로 금융계에 관한 일을 하고 있었는데, 선은 총재는 내지에 일이 있어서 부재 중이었습니다. 식은 두취 하야시(林) 씨는 10월 3일에 돌아가셨는데, 종전 당시에는 일어서지 못하는 상태였습니다. 선은 부총재인 호시노 기요조(星野喜代三), 그리고 식산은행 부두취는 이쪽에 주재(駐在)하고 있습니다. 그래서 사실상 나는 금융계에 대해 전적인 책임을 지고 매일 오전과 오후에 회합하여 어떻게 처리해야 할 것인지, 당시에는 완전히 마음속의 문제여서, 이대로 가면 22일, 23일로 문을 닫아야 한다, 경성에서 은행이 문을 닫으면, 이건 일대 폭동이 일어나는 동시에 일본인이 곤란해져 버린다, 돈을 인출할 수 없으니까…. 그래서 나는 세 가지 방법을 생각했습니다. 하나는, 4억 몇천만 엔인가 오다와라(小田原)의 인쇄국에, 조선은행권을 인쇄한 것이 있다, 이것을 어떻게 가져올 것인가 하는 문제, 그리고 1945년 5월부터 나는 조선이 독립할 경우를 대비해 독자적인 지폐 인쇄를 연구했습니다. 조선이 독립하게 되면 모두 자급자족해야 한다.[98] 권은(勸銀) 회장 야마다(山田) 군이 인쇄국장이었을 때,[99] 3월부터 기술자와 기계를 보내 달라고 부탁해, 5월부터 조선에서 지폐 인쇄를 계획했습니다만, 이건 종전까지 시간을 맞추지 못했습니다. 하지만 8월 30일, 31일이 되어 1,000엔 지폐로 70억 정도 준비되었습니다만, 제시간에 댈 수 없었습니다. 그 인쇄를 재촉하는 것입니다. 그리고 또 하나는 아껴 쓰는 것입니다. 내지에서 지폐를 가져오는 것은 아무래도 불가능합니다. 힘들게 8월 이십몇 일부터 더글라스[100] 1대로 운반했습니다. 1대로 7,000만 엔밖에 운반할 수 없습니다. 7일 걸려서 겨우 8월 말에 도착했습니다. 그것이 제시간에 대지 못한다. 인쇄도 8월 말에 70억이 준비되었지만…. 그 전인 8월 17일, 18일 중의(衆議)가 결정되지 못하고, 어쩔 수 없지 않은가, 문을 닫는 것보다…는 것이었다. 나는 안 된다고 생각하고 골머리를 앓고 있었습니다. 그리고 금융계 사람들과 이야기해서, 문을 닫지 않으려면 어떻게 할 것인가 해서 마지막까지 대책을 세웠지만, 결국 이건 아무리 해도 지폐를 가지고 돌아가지 못하고 통장으로 가지고 가는 수밖에 없었습니다. 그리고 조선인들은 인출을 제한한다, 내지인은 예금통장의 형태로 가지고 귀국시킨다, 현금은 최소한도로 가지고 가라고, 나는 라디오로 방송했습니다. 당시는 시부사와(澁澤)[101] 대장대신, 야마기와(山際)[102] 대장차관이었는데, 당시 칙령이 내려 폭격지에 있는 금융기관의 통장을 가지고 간 경우에는, 어떤 금융

---

98 문맥을 고려해 문장을 재구성했다. 원문은 다음과 같다. "朝鮮で独立しても皆自給自足しなければならぬ'独立して紙幣を印刷することを研究しました°"

99 야마다 요시미(山田義見, 1899-1991)를 말한다. 1944년부터 인쇄국장이었다가 1945년에 오사카재무국장이 되었다. 패전 후 1946년 대장차관, 1947년 일본권업은행 부총재를 거쳐 1950년부터 1954년까지 일본권업은행 총재를 지냈다.

100 더글라스 에어크래프트사(Douglas Aircraft Company)가 만든 비행기를 말한다.

101 당시 대장대신이었던 시부사와 게이조(澁澤敬三)이다. 제16대 일본은행 총재로 재임 기간은 1944년 3월 18일부터 1945년 10월 9일까지였다. 패전 직후에는 시데하라(幣原) 내각에서 1945년 10월 9일부터 1946년 5월 22일까지 대장대신을 지냈다.

102 야마기와 마사미치(山際正道)로 1945년 4월 13일부터 1946년 1월 30일까지 대장차관을 지냈다. 1956년에 제20대 일본은행 총재에 취임한다.

기관에서도 매월 500엔은 인출할 수 있도록 되어 있었습니다. 그런데 이런 히로시마(廣島)시가 폭격을 받아 날아가 버렸다, 히로시마 소재 은행의 예금통장을 가지고 있는 자가 고후(甲府)로 도망가서, 고후 소재 은행에서 500엔 인출한다, 손해가 발생하면 정부에서 보전한다, 라는 내용이었습니다. 그래서 나는 대장성에 부탁해서, 조선 전체를 폭격지로 보아 달라, 폭격지인 조선에서 통장을 가지고 일본에 가면, 500엔씩 매월 인출하는 것을 승낙해 달라고 교섭했습니다. 이에 대해서는 지금도 상당히 감사하고 있는데, 그럽시다 하고 승낙해 주었습니다. 실은 승낙해 준 것이 8월 19일부터 20일입니다. 나는 그것을 내다보고—만약 승낙 받지 못하면 정말로 할복해 죽는다는 각오로, 17일인가 18일이었는데, 라디오방송으로 내지에 예금통장을 가지고 가도 예금 인출이 가능합니다, 허둥지둥 돈을 찾으시면 도둑을 맞거나 잃어버릴 위험이 있으니까 되도록 인출하지 말고 통장으로 가져가세요, 라는 내용으로 방송했습니다. 그것이 효과가 좋아서, 실제로 돈을 인출해도 아까 말씀드린 것처럼 강도에게 빼앗기게 되니까, 모두 잘 따라 주었습니다. 모두 통장의 형태로 이곳 일본으로 가져왔습니다. 하지만 그것이 지금도 원한을 사고 있습니다. 나에게 지금 나쁜 일이 일어나면, 수천 명의 일본인의 원한이 앙갚음하러 오는 것이라고 생각하고 있습니다. 왜냐하면, 9월 23일에 파이낸스 섹션(finance section)에서, 외지의 예금통장으로 일본에서 지불하고 있는 것을 발견했습니다. 8월경의 진주군은, 일본의 인플레이션을 막는 것을 지상명령으로 하고 있었을 것입니다. 그래서 외지의 예금을 일본에서 지불하다니 어찌된 일인가 해서, GHQ의 명령으로 9월 24일 이후 지불이 금지되었습니다. 송금 수표이든, 통장이든, 금지되고 말았습니다. 내가 12월에 돌아왔을 때는 아주 떠들썩했습니다. 도대체 재무국장은, 통장을 가지고 있으면 된다고 말했음에도 불구하고, 23일까지는 인출이 가능했는데, 24일 이후 인출이 금지되었다, 우편저금도 아무 것도 지불해 주지 않는다, 하카타(博多)에 상륙했을 때는 맨 먼저 인출해 달라고 합니다. 큰일 났다, 무조건 항복이 얼마나 가혹한 것인지 우리는 몰랐습니다. 나도 대장대신, 대장성이 승인하는 것은 실행해도 된다고 믿고 했습니다. 그것이 지상명령으로 중지되었습니다. 그래서 12월에 이곳 일본으로 와서, 체신성도 대장성도 곤란하다고 해서, GHQ에 탄원해서 겨우 우편저금만은 1책(冊) 5,000엔이라는 제한이 있었던 것 같은데, 매월 500엔씩 인출할 수 있도록 했습니다. 이건 대단한 금액이 아니라 영세한 것이어서 12월부터 매월 500엔씩 인출이 승인되었습니다. 하지만 은행예금은 절대 안 된다, 그런 경위로 그것이 오늘날까지 해결되지 않고 있습니다. 그래서 지금도 모이기만 하면, 재무국장이 그런 내용을 라디오에서 말하지 않았으면, 나는 예금을 전부 인출해 왔을 것입니다, 그것이 9월부터 동결되어 버렸습니다, 그런 건 이야기하지 않는 편이 좋았다는 것입니다. 조선 인양자 80만 명 전원으로부터 원한을 사고 있습니다. 하지만 나는, 사회현상이라는 것은 플라스코(frasco)로 실험할 수 없지만, 만약 한없이 인출되었다면, 8월 23일에는 지폐가 바닥나 버렸기 때문에, 만약 문을 닫는다면, 그야말로 폭동이 일어나, 일본인 자신도 돈을 인출할 수 없었습니다. 조금씩 돈을 인출하고 있었기 때문에, 계속해서 8월 말까지 인출할 수 있었다고 생각합니다. 따라서 나는 원한을 사도, 잘못된 결정이었다고 생각하지 않습니다. 지금도 나의 조치는 옳았다고 생각합니다. 하늘을 우러러 한 점 부끄럼이 없다, 그런 사정을 모르는 사람에게서 원한을 사는 것도 당연하다고 생각합니다. 하지만 라디오에서 방송할 때는 비장한 결의를 가지고 했었습니다. 500엔이라는 것을 조선을 폭격지로 인정해 준 것은, 시부사와 씨와 야마기와 씨에게 감사하고 있습니다. 용케도 승인해 주었습니다.

그와 관련된 금융상의 조치, 예산 사정 문제나, GHQ가 들어온 이후의 금융조치에 관한 것이 조금 있습니다만….

쓰치야: 상당히 감사했습니다.

— 제7화 끝 —

이 제7화부터 제8·9화에 기술되어 있는 미즈타 씨의 술언(述言)은, 당시 책임자로서 미즈타 씨의 지위나 입장을 고려할 때 매우 중요한 기록 문헌이다. 이런 종류의 적나라한, 더구나 권위 있는 조선총독부 종정(終政)에 관한 기록은 상당히 그 수가 적고, 우리 협회에서 간행한「조선총독부 종정의 기록=야마나 미키오(山名酒喜男) 수기·종정 당시의 조선총독부

총무부장」이 있을 뿐이다.[103] 또한 동 종정·인양에 관한 조사, 연구는 모리타 요시오(森田芳夫) 씨(외무성 북동아시아과 근무)가 유일한 사람이고, 그 보유 자료 또한 방대하다. 그 일부가 동씨의 손으로 곧 간행될 예정이다.

- 곤도(近藤) -

---

[103] 원문 타이틀은 「朝鮮總督府終政の記錄＝山名酒喜男手記·終政當時の朝鮮總督府總務部長」이다.

제8화 (1954년 [昭和 29] 1월 29일 구술)

종전 시의 재정 비상조치와 그 상황

목차

1. 1944년 이후의 결산 (불능)
   _ 군 우선 때문에 결제 지체
2. 종전 시의 재정 비상조치
   (1) 정부 채무의 처리
   (2) 인플레이션 억제와 관민 사후처리비에 대한 조치
   (3) 조선인의 보복행위와 가혹한 진주군의 지령
   (4) 내지 송금 문제
3. 전후 미해결 재외재산
   (1) 일한회담의 화근=부주의한「각외지특별회계폐지법률안」과 재선 일본인 재산
   (2) 일본인세화회 인양처리비 차상(借上) 문제와 환시세 환산 문제

1. 1944년도 이후의 결산(불능)
— 군 우선 때문에 결제 지체

미즈타: 종전 직후가 상당히 혼란했다는 점은 앞에서 말씀드린 대로입니다. 본래 1944년(昭和 19)도 총독부 결산은 1945년(昭和 20) 3월 31일로 종료하지만, 7월 31일까지 정리하도록 되어 있습니다. 국고대신인 대장대신에게 그 결산을 보고하고, 그렇게 해서 회계검사원에 제출하게 되어 있었지만, 이미 4월과 5월경은 통신이든 철도든 전부 군 우선이었습니다. 따라서 1944년도 결산도 7월까지 절반도 정리되어 있지 않았습니다. 이건 책임 당국으로서 상당히 태만한 것이 아니냐고 비난받아도 어쩔 수 없지만, 사실상 철도, 통신 모두 군에만 집중되어 있어 그에 쫓겨 버리기 때문에, 어쩔 수 없는 실정이었습니다. 일단 큰 숫자의 결산은 7월 말이지만, 상세한 점에 대해 도저히 13도로부터 전부 집계할 수 없었습니다. 정말이지 1944년도에 얼마를 사용했다는 결산 숫자는 정리되어 있지 않았습니다. 물론 1945년도 결산 숫자에 대해서도, 매우 유감스럽지만, 종래 일본의 결산을 위한 몸통이 만들어지지 않았습니다.

2. 종전 시의 재정 비상조치

(1) 정부 채무의 처리

그런 상황에서 종전이 되어 내가 했던 것은, 지금까지 정부가 지고 있던 채무가 있어서요. 8월 14일까지의 채무입니다. 이 채무는 전부 지불해야 합니다. 각종 공사가 있죠. 철도, 항만, 산을 판다든가 하는 공사가 많이 있었습니다. 종래 회계법상의 공사 처리 방식은, 공사 100%에 대해 40%로 할 수 있으면 30%의 돈을 주고, 70%라면 50%를 주는 방식입니다. 거래 총액에 대해 부분적으로 좀 적게 주는 방식입니다. 거기서 종전이 되면서 두 가지 문제가 생깁니다. 지금까지 공사가 이루어진 부분에 대해 미지불한 것을 주는 것이 하나, 그리고 종전이라는 일로 일단 계약을 정부에서 파기하는 것입니다. 계약을 위반하는 것입니다. 그로 인해 민간이 손해를 보게 됩니다. 그 손해를 어떻게 할 것인가 하는 문제, 그리고 그때까지 완성된 부분에 대해 지불해야 하는 문제가 있지만, 손해배상이라는 것은 도무지 말이 안됩니다. 그런 것은 나중에 일본에 귀국한 다음으로 미루자고 했는데, 공사대금 전액을 지불할 수는 없습니다.

(2) 인플레이션 억제와 관민 사후처리비에 대한 조치

왜 그렇게 했는가 하면, 내 방침으로서, 큰 관점에서 보면, 인플레이션을 상당히 우려했습니다. 군이 지불하는 부분, 이것은 우리의 권한 밖으로 손을 댈 수 없습니다. 조선총독부와 관련된 것에 한해서는 일본은행권의 증가와 맞물려 일은권이 8월 14일에 몇십 억이 있었다, 그것이 8월 말쯤 얼마나 있었는지, 그것을 항상 대조해서, 조선은행권의 발행도 그보다 퍼센티지가 하회하도록 하는 것에 하나의 목표를 두었습니다. 왜냐하면, 혼잡한 틈을 타서 일본의 관리가 함부로 일을 처리하고 갔다는 이야기를 듣고 싶지 않았습니다. 적어도 조선총독부 관리는, 마지막까지 절제를 유지하면서 마무리하고 갔다는 이야기가 필요합니다. 그렇게 하기 위해서는 일단 내지를 모방한 것을 하나의 표준으로 삼는다는 방침을 세웠던 것입니다. 그래서 공사에 대해서도, 손해배상 같은 것은 물론, 얼마나 손해가 있는지 사정(査定)할 수 없습니다. 공사대금도 전부 지불하지 않는다, 어느 정도 내지로 가서 계산해서 줄 것이라고 하고, 가능한 적게 지불한다는 방침으로 삼았지만, 어쨌든 중단하게 되는 것이기 때문에, 상당한 돈이 나오는 것은 당연한 일입니다. 민간에 대해서는, 그런 식이어서 채무를 진 자에 대해서는, 가능한 100% 채무를 완제(完濟)합니다. 하지만 좀 적게 80% 본다고 하고, 나머지는 내지에서 정산한다, 손해배상은 지출할 수 있을까 어떨까 잘 모른다, 공사대금에 대해서는 지불할 의무가 있다는 것은 확인합니다. 그리고 관리의 봉급 지불은 21일입니다. 8월분에 대해 나는 21일에 봉급을 지불합니다. 하지만 적어도 9월까지는 역시 여러 가지로 복잡해서, 관리도 일을 해야 하기 때문에, 내 책임하에 9월분을 미리 줍니다. 8월분과 9월분은 8월 중에 미리 줍니다. 하지만 38도선 이북에서는, 8월분도 받지 못한 것이 있습니다. 9월도 물론 받지 못했습니다.

그리고 또 하나는, 퇴직사금(退職賜金, 정부에서 받는 퇴직금)의 문제, 은급 외에 일시금 1개월분 또는 2개월분으로 내규가 있습니다. 그것을 전부 하면, 7만 몇천 명의 관리에게 대체로 2억이 듭니다. 이건 어찌되었건 대장성과 상의해서 하지 않으면, 나 혼자만의 생각으로는 그런 많은 돈은, 예산에 계상되어 있지 않아서 지출할 수 없습니다. 물론 봉급을 유용하면 할 수 있지만. 대장성에 이야기해도 꼭 된다는 것은 아닙니다. 이건 관리에 대한 것이기 때문에, 혼자만의 생각으로 해서는 안 된다, 진주군이 온 뒤 이야기를 해서 당당하게 지출하자는 것으로 판단해서, 지출하지 않았습니다. 이건 나중에 비난의 빌미가 되었습니다. 또 하나는 귀향 여비라는 것이 관리에게 있습니다. 직을 그만두고 내지로 돌아오는 자에게 여비를 지급합니다. 이 두 개에 2억 정도의 돈이 든다. 하지만 그것을 도저히 지출할 수 없었습니다. 그런데 당시 상당히 문제가 일어났습니다. 왜냐하면 은행은 돈이 있어서 그런 것 같지만, 소위 무슨 영단(營團), 무슨 공단(公團), 특수회사, 그리고 군사 관계로 총독부에서 여러 가지 뒤를 봐주고 있는 회사가 많이 있습니다. 그건 물론 일본의 회사입니다. 예컨대 신문사라 하더라도, 경성일보 같은 것도 하나의 회사입니다. 그리고 식량영단이나 광공품(鑛工品)영단이나, 주택영단이나, 호즈미 씨가 사장으로 있던 시부사와 씨의 경성전기주식회사라든가, 상당히 있습니다. 그렇다면, 그것이 전부 제로가 되겠지요. 하나의 오가니제이션(organization, 조직)이, 총독부가 없어지면, 없어지게 됩니다.

(3) 조선인의 보복행위와 가혹한 진주군의 지령

그래서 그 종업원 전부=일본인 종업원에게는 월급은 물론, 퇴직금도 지급해야 합니다. 조선인에게도 주어야 합니다. 우리의 센스(sense)로는, 내지인은 어쩔 수 없다. 조선인들은, 미국이 와서 그 회사를 계속해 갈지 모른다고 하지만, 내선(內鮮)을 차별한다니 무슨 말인가 합니다. 하지만 회사나 그런 오가니제이션에는, 일단 어느 정도 현금은 있으나 일시에 모두가 퇴직한다고 하면 절대로 그런 돈이 없습니다. 그래서 우선 첫째로 일본인 중역들에게 어떻게든 해 보라고 요구합니다. 완전히 태도를 바꾸

어 협박조로 돈을 내놔라, 중역들은 무섭습니다. 때립니다. 발로 찹니다. 경찰력은 공산당이 전부 장악하고 있어서, 일본인에 대한 보호는 없다. 그래서 중역들도 벌벌 떨며, 교묘하게 자신의 재산을 숨길 수 있는 사람은 숨겼겠지만, 우선 모두 빈털터리가 되어 자기 재산을 내놓는 것으로 마무리가 되면 좋겠지만, 그런 일을 해도 달궈진 돌덩이에 물을 붓는 격입니다. 중역 중에도 구타당한 사람도 있습니다. 멍석말이를 당하거나 물볼기[水漬け]¹⁰⁴를 맞은 사람도 있습니다. 그리고 감금되기도 합니다. 그래서 어떻게 해서든, 일본인을 일본으로 돌려보낼 만큼의 돈은, 우리로서도 줘야 합니다. 이런 때 나는 물론 예금 인출을 승인하게 됩니다. 하지만 물론 부족하다, 그러므로 은행에서 돈을 지급해야 하는 문제가 있습니다. 지금까지는 법률에 융자명령이라는 것이 있었습니다. 정부가 채무를 보증합니다. 대장성이나 조선총독부가, 금융기관에 이러이러한 것에 융자해라, 그래서 전시금융금고나, 흥업은행이 대출했습니다. 그리고, 이것으로는 안 된다, 이 대로는 중역들도, 내지인도, 돈이 없어서 돌아갈 수 없다. 어떻게든 해 주지 않으면 손을 쓸 수가 없다고 합니다. 하지만 은행은, 돈을 빌려준다는 것은 그냥 무상으로 준다는 것과 같습니다. 은행 중역으로서는 배임이 된다, 배임은 할 수 없다. 나는 여기에는 곤란했습니다. 그래서, 결국 나는 소련에 끌려가거나, 미국에 어떻게 될지 모르기 때문에, 그럼 좋다 내가 작정을 하고 조선총독부의 권한이 있는 융자명령을 낸다, 이에 대해서는 나중에 재무국장과 대장대신이 교섭해서 선처한다, 그러니까 아무쪼록 지출해 주십시오 하는 약속 증서 하나를 제출했습니다. 내가 명령을 낼 수 없다, 식산은행이나 그밖에는, 스스로 명령을 내릴 수 있는 권한을 가지고 있는 자가 명령을 내렸습니다. 총독, 총감의 (결재)도장을 받지 않고, 제 도장만으로 융자명령을 내렸습니다. 하지만 혼잡한 틈을 타서 비신사적으로 일을 취급할 수 있는 우려가 있어서, 이건 엄중하게 사정(査定)합니다. 융자명령을 얼마나 내릴 것인가 하는 것은, 농림국이나 식산국이나 직접적으로 감독하고 있는 주무국에서 가지고 오는 것을 사정해라, 그것을 재무국으로 보내라, 재무국에서 다

---

104 水漬け란, 물에 잠긴 감옥에 죄인을 투옥시켜 고통스럽게 하는 형벌이다. 일본에서는 주로 연공미(세금)를 미납한 농민들에게 과했던 형벌이다. 여기서는 독자의 이해를 위해 물볼기라 번역했다.

시 사정한다. 「임시자금조정법」에 사정하기로 되어 있어서…. 그것을 다시 한번 조선은행, 식산은행에서 사정해라, 나는 이 세 개의 사정을 거쳐 지출한다. 그래서, 거기에 편승해서 교묘하게 중역들이 돈을 가지고 도망가는 일이 없도록 신경 썼습니다.

가토: 그건 몇 일쯤이었나요?

미즈타: 8월 21일경부터 9월 중순 무렵까지, 대체로 진주군이 들어올 때까지입니다. 그건 나 혼자의 책임 하 융자 명령을 내렸습니다. 그 책임은 어디에 있는가 하면, 나에게 책임이 있다. 나는 지금도 그렇게 생각하고 있습니다. 그 정도의 작심을 하지 않으면, 모두가 곤란하니까요. 이야기의 앞뒤가 바뀝니다만＝종전 후부터 9월 말까지의 사이에 조선총독부의 돈으로 (지금 말씀드린 대로, 사후처리를 위해서) 약 6억여 엔을 지출했습니다. 그리고 군이 지불하는 것도 조선은행에서 이것을 내게 됩니다. 임시군사비특별회계에서 지불한다. 그것도 조선총독부에서 지불하게 되어 있어서, 그것이 대체로 6억이 아닐까 합니다. 요구 금액이 전부 4억 5,000만 엔, 그것을 재무국에서 사정한 것이 2억 8,000만 엔, 약 절반, 이것을 은행에서 지출할 경우 은행에서 또 잘 줄여 달라고 해서 실제로 지출한 것이 1억 9,000만 엔, 소위 특별융자라는 형태로 지출하게 됩니다. 그래서 은행권의 증가가, 8월 15일에 49억 7,000만 엔이라는 숫자였는데, 9월 28일의 숫자＝(이건 진주군으로부터 명령이 있어＝내가 9월 15일경부터 재계 교란죄로 조선인들에게 당해서 9월 말에 붙잡혀서, 공소원(控訴院)의 검사, 김(金)이라는 공산당의 변호사를 담당했던 남자로부터 조사를 받았다. 그때 재무국장인 고든(Gordon)이 그에 대한 자료가 있는지 물어서 내가 숫자를 정리하고 있었던 것인데)＝9월 28일에 86억 5,000만 엔이 되었습니다. 초과액이 37억에 조금 못 미쳤습니다. 항상 내지 일은권의 팽창률을 대조해서 하고 있었습니다. 37억 정도가 증가했다는 것은, 인플레이션을 발생시키기 때문에, 의식해서 했던 것은 아니다, 자신의 힘으로 어느 정도까지 이것이 컨트롤할 수 있었는지에 대한 설명인데, 이 중에서 8월 15일 이후에 3억 2,000여만 엔, 관동주에서 조선은행권의 유통이 증가했습니다. 이건 조선에서 발생한 인플레이션의 원인이 아니라고 합니다. 그것을 빼면, 발행액 초과 33억 6,000만 엔, 이 중 국고금의 지불초과가 11억 8,000만 엔, 그중 군부가 수표로 지불한 것이 대체로 6억(弱)이기 때문에, 조선총독부 외의 채무로서 지불한 것이 6억, 이 둘을 합쳐서 12억이라고 합니다. 그 나머

지인 19억 얼마, 즉 조선 관계만으로는 33억여 엔이 되기 때문에, 그중 12억 전후가 정부 관계의 지불이다. 이건 증명이 붙습니다. 어쩔 수 없는 타동적인 것입니다. 그런 이유로 빌려준 것이 1억 8,000만 얼마, 그리고 예금으로서 인출된 것이 전부라서 대략 25억, 그중 6, 7억은 수표로 내지에 송금되고 있다. 따라서 지폐로 인출된 것이 19억여만 엔이 되고, 대출이 전부 해서 2억 5,000만 엔, 예금인출에 의한 지폐의 증가가 19억 2,000만 엔, 총독부 및 군이 11억, 대출 2억 5,000만 엔, 합계 33억, 관동주가 5억, 합계 37억의 선은권이 증발(增發)되는 것입니다. 종전의 혼란한 틈을 타고 멋대로 유통된다, 즉 우리가 컨트롤할 수 있는 것은 대출 외에는 타동적이기 때문에 안 된다고도 할 수 없다. 대출인 2억 5,000만 엔 중 1억 8,000만 엔은 그런 사정이어서, 어디에서 설명했다고 해서 마음대로 유통할 수 있는 것은 아닙니다. 실제로 대출한 것은 3억 7,000만 엔입니다. 이런 상태이기 때문에, 과연 총독부 관리가 인플레이션을 고의로 일으켜 물가를 끌어올리는 것을 대관절 이 숫자로 할 수 있는 것인지 아닌지 더욱 상세한 증거를 대며 설명한 끝에 결국 이해했습니다. 당신들에게 인플레이트할 의사는 없다, 그 정도로 잘 긴축했다, 이런 때 대출을 방만하게 하는 것이 보통인데 이 정도면 괜찮다, 크게 어프리시에이트(appreciate, 감사)한다고 해서 재계교란죄라는 것은 결국 해소되었습니다.

쓰치야: 그 재계교란죄라는 것은, 즉 인플레이션을 일으켰다는 것입니까?

미즈타: 즉 일본제국주의의 관리가 지나치게 지폐를 발행해서, 고의로 물가를 폭등시키고, 일본으로 도망갔다, 즉 조선을 컨퓨전(confusion, 혼란)에 빠트린다, 그 증거가 70억이라는 지폐를 인쇄하고 있었던 것이 아닌가 하는 것입니다. 이건 사용하지 않았습니다. 독을 뿌리고 간다, 딱 그런 의미입니다.

가지니시: 조선이 직접 재판하나요?

미즈타: 오버시(oversee, 감독)하는 것은 진주군입니다. 경찰부장이나 경무국장이 있지만, 그런 자는 잘 모릅니다. 밑에서 일하는 것은 모두 조선인, 조선인들은 공산당 사람들로, 일본제국주의를 타도한다. 눈엣가시는 총독부 관리, 군부=지금까지 권력의 지위에 있던 자를 해치운다. 그러므로 여러 측면에서 하게 되는 것입니다.

가지니시: 그런 경우 지금의 설명으로 납득하나요?

미즈타: 진주군은 납득합니다. 하지만 판사, 검사는, "아니 당신들은 전문가이니까 무슨 일이든 말로 구슬릴 수 있어요"라고 합니다.

쓰치야: 결국은 검사도 납득했습니까?

미즈타: 납득하지 않습니다. 그건 마음으로는 납득하고 있었을지 모르지만, 설령 그런 것을 말했다고 해도 물가가 폭등하고 있지 않은가 합니다. 지금 이렇게 혼란한 상황이 아닌가, 당신들의 방법이 나쁘기 때문이라고 합니다.

가지니시: 재판의 의도가 다르네요.

미즈타: 다릅니다. 무엇이든 괜찮으니까 (감옥에-역자) 집어넣으면 되는 것입니다.

쓰치야: 그 재판에는 며칠이나 걸렸습니까?

미즈타: 아니요, 나는 아직 검사가 기소하는 단계까지는 이르지 못했습니다. 검찰 당국은 죄상을 조사합니다. 재판에 회부되는 것은 아닙니다. 검사로부터 조사받게 됩니다. 당시 재판 분위기를 말씀드리면, 체신국장, 철도국장, 모두 감옥에 갇혔습니다. 그건 횡령죄입니다. 사실이 어떠냐면, 내지에 송금했다고 합니다. 체신국장은 700만 엔, 철도국장은 1,800만 엔인데, 내지로 송금하거나 일본은행으로 돈을 보냈습니다. 일본은행으로 돈을 보냈다. 나의 경우는 어떤 것이냐 하면=이야기의 앞뒤가 바뀌지만, 진주군이 들어왔기 때문에, 나는 이런 이유이니까, 약 2억=38도선 이북은 안 되니까 38도선 이남에 대해 1억 2, 3,000만 엔의 퇴직사금(退職賜金)을 지출해 달라고 한 점이, 말도 안 되는 이야기라고 합니다. 미국의 제도로서 펜션(pension)[105]=은급(恩給)입니까, 퇴직했을 때 은급 이외의 돈을 받는 그런 일은 없다고 합니다. 원래 일본은 은급이 붙을 것입니다, 그밖에 돈을 거두는 것인가=그건 알겠지만, 이건 혼란한 틈을 타서 당신들은 부당한 짓을 하고 있다고 합니다. 그래서 금융기관을 모두 조사하면, 모두 퇴직사금을 내지인에게도 조선인에게도 주고 있다. 아까도 말씀드렸던 것처럼 각 회사는 모두 하고 있습니다. 재무국의 고든, 로빈슨, 스미스 같은 사람은, 그런 바보 같은 일은 없다, 은행은 어떨까, 모두 하고 있습니다, 원상복구하라고 합니다. 이에 대해 나는 곤란했습니다.

---

105 연금.

쓰치야: 관습이 다르군요.

미즈타: 다릅니다. 혼란한 틈을 타서 일본인은 부당한 이득을 얻으려고 하는 것이라고 해석합니다. 곤란한 것은, 9월 9일에 진주해 와서, 9월 12일에 우리와 상담 없이 포고를 발령해 버렸습니다. 무슨 일인가 하면, 8월 9일 이후 모든 일본인의 트랜잭션(transaction)[106]은 모두 이것을 무효로 한다. 이건 엄청난 포고입니다. 무엇보다 8월 9일이라는 것을 이해할 수 없습니다. 우리가 항복한 것은 8월 15일 정오입니다. 8월 9일 이후 조선총독부로부터 지불한 돈도 모두 무효로 한다는 것입니다. 그러므로 그 무효가 싫으면, 추인(追認)을 받아 모두 오케이를 얻어라—그건 괜찮다. 이와 다른 경우에는 벌칙이 있다— 이건 심하다. 즉 일본인이 무엇을 했는지 모른다는 것입니다. 즉 지금까지 이승만 같은 사람에게 비난당하고 있습니다. 그럴 것입니다. 우리도 미군이 상륙하면, 그들은 일본의 여성을 능욕할지 모른다고 해서 산으로 도망갔습니다. 그것과 같겠지요. 그들은 조선인을 압박 착취하고, 학대하며, 스스로는 영요영화(榮耀榮華)를 누리고 있다고 선전하고 있습니다. 그러므로 반드시 일본인은 조선인을 압박 착취하고, 마음대로 휘두르고 있음에 틀림없다, 이 센스를 가지고 일단 단속망을 편 것입니다. 하나하나의 트랜잭션에서, 진주군이 괜찮다고 인정한 것은 추인하여 책임지지 않게 한다. 여기에는 난처했습니다. 그러므로, 지금 말한 퇴직금을 주었다고 하는 것도, 그 트랜잭션은 무효인 것입니다. 발견되면 추인을 얻어야 합니다. 벌칙을 적용하여 감옥에 투옥시켜 버리는 것입니다. 따라서 모든 일본인은 전부 감옥에 갇히게 되는 근본 원인은, 그 부분에서 생겨 버리는 것입니다. 이야기가 여러 방면에 걸치는데, 재무국장으로서, 우선 제일 먼저 다툰 것은, 8월 15일과 8월 9일이라는 것이 전혀 도리에 맞지 않는다로 했지만, 그렇지 않습니다. 원래 일본의 캐비넷(cabinet)[107]은 8월 9일에 항복을 정하고 있었습니다. 당신들의 엠페러(emperor)[108]만이 15일이라고 했던 것이고, 일본 제국의 의사는 정해져 있었습니다. 그 의사가 정

---

106 거래.
107 행정부.
108 황제.

해진 날, 그날에 항복한 것으로 간주한다, 엉터리가 아닌가, 엉터리가 아니라고 하면서, 철회하지 않았습니다. 그쪽의 최고 의사이겠죠. 나는, 어쩔 수 없다, 5일이나 6일의 일을 논쟁해도 어쩔 수 없다, 근본을 뒤집는 것 외에는 다른 방법이 없다, 모든 트랜잭션은 무효라고 해도, 앞에서 설명한 총독부의 책무가 있습니다. 채무를 지불하는 것은 당연하다, 봉급을 지불하는 것은 당연할 것입니다. 리타이어링 얼라우언스(retiring allownce)[109]는 나쁘다고 하지만, 이건 규정이 있습니다. 하지만 당신들은, 8월 9일이라고 합니다. 그때까지는 조선총독부의 규정은 살아 있는 것이다, 살아 있는 규정으로 우리가 한 것이다, 그 규정을 무효라고는 할 수 없을 것이라고, 이치를 따져한 것이지만, 뭐 그러나 일단 지출한 것이기 때문에 철회할 수 없다, 뭐냐, 당신들은 무조건항복이 아닌가 합니다.

쓰치야: 소급하는 것은 심하네요.

미즈타: 사실문제로서, 당신들 쪽에서, 일본인이 한 것이 나쁘지 않은가, 하는 것이 있으면, 제시해 달라, 그것을 법률로 처벌받는 일은 어쩔 수 없다. 제시한 것을 나는 익스큐즈(excuse)한다,[110] 그것을 합리적이라고 생각하지 않으면, 미군으로서 처벌받는 일은 어쩔 수 없다고 해서 추진했습니다. 식산은행, 조선은행에서 퇴직금을 전부 반납하라고 해도 어쩔 수 없습니다. 그래서 조선인을 부추겼습니다. 조선인에게도 주고 있다, 따라서 재무국장, 은행 당국이 한 조치는 일본의 오래된 관행으로 일본인에게만 이익을 주는 것이 아니다, 조선인도 이렇다, 일본의 종래 규정으로 하고 있기 때문에 조선인도 그렇게 하고 있다, 당신들이 그렇게 이야기하면, 조선인도 모두 반납해야 한다. 그들을 시켜 진정(陳情)하게 했던 것입니다. 원래 그런 허풍을 떤 까닭은, 일본인이 부정한 것을 해서 혼잡한 틈을 타 부정한 이익 보는 것을 막고, 조선인을 압박 착취하는 것을 방지한다는 선입관이 있기 때문이지만, 조선인이 좋다고 하면 오케이라고 해서, 한 달 정도 고생했지만, 이제 그 정도면 렛잇(let it)[111]이라고 합니다.

---

109 퇴직수당.
110 변명한다.
111 '그냥 내버려 둔다'는 뜻이다.

그때 로빈슨이 한 렛잇이라는 말은 잊을 수 없습니다. 그래서 퇴직사금은 그런 상황으로 어쩔 수 없다, 되돌리는 것은 겨우 중지해 주었습니다.

(4) 내지 송금 문제

그리고 송금 문제입니다. 체신국장, 철도국장, 조선총독부 회계과장인데, 일본인이 이쪽으로 돌아왔을 때 퇴직사금을 주자고 해서, 8월 중에 보냈습니다. 이건 전부 진주군에 대한 밀고(密告)입니다. 이건, 체신국장, 철도국장, 조선총독부 당국의 관리가, 그쪽으로 송금해서 각자 나누어 갖자고 했습니다. 이건 어떻게 말하느냐에 따라 다릅니다. 퇴직사금이라는 것을 규정에 따라 준다는 식으로 말을 하면 페어(fair, 공평한)하게 들립니다. 하지만 일본에서 나눠 갖는다는 식으로 이야기하면 귀에 거슬린다, 사물에 대해 어떻게 말하느냐 하는 것은 모른다, 문부대신이 하고 있는 교육의 중립성을 침해한다고 하는 것으로도, 표현의 방식에 따라 여러 가지로 생각할 수 있다. 본질을 모르는 자에게는 여러 가지 투서가 가게 됩니다. 그래서 우에노(上野)라는 회계과장이 6,400만 엔 보냈다. 이건 상당히 많습니다. 전부 2억 정도 되기 때문에…. 우에노 회계과장과, 사계과장인 오쿠무라(奧村) 군, 방금 이야기한 시부사와(澁澤) 씨는 국제전화의 상임감사역인데, 이분이 그쪽의 책임자, 이분도 횡령이라고 해서 MP가 나와 조사합니다. 나는 최고책임자이지만, 언젠가 말씀드린 고든이라는 재무국장에게 상당히 컨피던스(confidence)[112]를 얻었기 때문에, 미즈타는 도장이 찍혀 있지 않으니 책임이 없다고, 나를 옹호해 주어서 나에게는 책임이 없다, 나는 객관적인 입장으로 있을 수 있었습니다. 거기서 나는 송금한 것에 대한 이유나, 여러 가지 변명을 해 주어서, 겨우 3일만으로, 그럼 미즈타에게 신병(身柄)을 맡긴다, 좋습니다, 나는 신병을 인수하고, 도망가지도 숨지도 못하게 하겠다고 하면서, 석방되었습니다. 그때의 설명은, 6천 몇백만 엔 보냈다는 것인데, 리타이어링 얼라우언스와 귀향 여비를 넣으면 2억이 필요합니다. 하지만, 당신들은 좋지 않다고 하니까, 당신들의 취지에

---

112 신임.

따라 하지 않겠지만, 38도 이북에 있는 사람은 소련의 점령 치하여서, 소련의 취지는 이해하지 못한다, 따라서 38도 이북의 관리에 대한 리아티어링 얼라우언스는 지급해도 괜찮다고 생각한다, 따라서 관리의 수 같은 것을 속여서, 6천 몇백만에 합치하도록 설명을 교묘하게 붙여서, 이건 북선(北鮮)에 해당하는 분이니까, 결코 당신들의 의사에 따르지 않는 것은 아니다, 변명하지 않겠지만, 38도 이북은 당신들의 인플루언스[113]가 아니니까, 책망하시는 것은 곤란하다, 결코 우리가 나눠서 횡령해 버리는 것은 아니다, 만약 그런 의사가 있으면, 모지(門司)나 도쿄 등의 국고에 없을 것이다, 조사해 보세요, 당신들이 아무래도 안 되겠다고 하면 가져오세요＝거기서 비로소 그런 의사(意思)였는지 하는 것을 진주군 쪽에서는 납득해 주었습니다. 거기서 체신, 철도의 국장에게, 자네, 단지 퇴직금으로 보냈다고 하는 것으로는 용서받지 못할 것이네, 무언가 미군이 관리하는 것을 방해하지 않는다는 설명을 붙여야 한다고 했습니다. 나는, 그 설명으로, 아 그런가 하고 납득해 주었기 때문에 안심했습니다. 하지만 철도, 체신은 그런 설명은 붙이지 않습니다. 그들은 쉽게 생각하고 있어서, 변명하면 괜찮을 것이라고 생각하고 있었다. 그러니까 안 되는 것입니다. 횡령 의사가 있다고 해서 형무소에 투옥되었고, 6개월, 8개월 정도 감옥에 있었습니다. 결국에는 설명을 이해하고 돌려보냈습니다.

이야기가 다른 곳으로 빠졌지만, 금융 관계로서는, 소위 융자명령을 나 혼자의 생각으로 했습니다. 정말로 금융기관에는, 그것에 한해서는 결손이 되어 있었습니다. 그런 것은 채권 채무를 중심으로 한 일한관계(日韓關係)의 관점에서 보면 물건의 수가 아닙니다. 나는 아직 그것에 한해 책임이 있다. 그래서 비판을 받으면, 나는 사재(私財)든 무엇이든 가지고 가라고 말하려고 했습니다. 하지만 그때는 고민했습니다. 어떻게 처리해야 하는가 하고….

쓰치야: 종전 후 통화팽창은, 내지에서는 아시는 바와 같이, 점점 급피치로 팽창했습니다. 조선은 어떤 식이었나요?

미즈타: 80 몇 억이라는 선으로—미군이 온 뒤부터 대체로 그 선에서 행하고 있었습니

---

113 영향권.

다. 내가 귀국한 11월에는 100억까지는 가지 않았습니다. 대체로 그 선입니다. 왜냐하면, 내지인의 지불 관계가~ 일본인의 관계가 끝나 버렸기 때문입니다. 그래서 지폐 발행 업무는 미국이 손에 쥐고 엄중하게 관리하고 있습니다.

쓰치야: 내지의 증가 폭보다 적었습니다.

미즈타: 내가 담당하고 있었을 때는, 조선총독부의 일본인에 대한 관계가 있어서, 내지와 같은 피치로 증가하고 있었습니다. 9월 28일까지는…. 그리고 진주군이 밀려오고, 사정을 몰라서, 내가 어드바이저로 일했습니다.

3. 전후 미해결 재외재산

(1) 일한회담의 화근 ― 부주의한 「각외지특별회계폐지법률안」과 재선 일본인 재산

가토: 지금 나온 6억의 임시군사비 지불, 그건 무엇인가요? 예산도 다른 것도 모두 엉망진창이었겠지만, 선은으로부터의 차입 같은 것인가요?

미즈타: 아니요, 그건 진주군에게 승계할 때까지는, 조선총독부의 예산은 아직 있는 것입니다. 8월 15일로 조선총독부는 없어졌다. 우리는 조선에 넘겨주라는 것에 대해 아무것도 듣지 못했다, 만약 천황 폐하의 명령으로 조선에 넘겨주라는 것이면 넘겨주겠지만, 아직 우리 히즈 머제스티 엠페러(His Majesty Emperor)의 명령을 받아 해 오고 있어서, 총독부는 있는 것입니다. 진주군이 들어온 뒤부터는 무조건 항복이기 때문에, 그들의 명령에 따르지만, 조선인의 명령에 따르는 일은 없다, 진주군이 올 때까지는 전부 책임을 진다. 따라서 1945년(昭和 20)도의 예산은 있습니다.

가토: 그해의 세수(税收) 같은 것은, 진주군이 거두거나 하게 되나요?

미즈타: 사실상은 세금을 거두는 상황이 아닙니다. 기차도 어떤 것도 무료입니다. 일단 지금까지 일본인이 하고 있던 것이기 때문에, 무엇이든 무료로 사용하고 약탈(略奪)해 주면 된다고 합니다. 세수 같은 것은, 8월 이후는 쭉 수입이 없습니다. 따라서, 원래대로라면 대장성 증권 소위 이재국에서 일시 조선총독부에 차입금을 해서, 국고로

옮겨 교체해 주게 되겠죠. 그런 것은 할 수 없으니까 조선총독은 지폐를 발행하는 이외에는 없다. 차상(借上), 즉 정부가 돈을 빌리는 것입니다.

가토: 나중에는 어떤 계정이 되나요?

미즈타: 그건 「각외지특별회계폐지법률안」이라는 것이 나왔죠. 그때 나는 대장성에, 이 법률을 폐지하면 특별회계의 뒷정리를 어떻게 할 것인가, 채권 채무의 관계, 독립국 조선과 독립국 일본의 채권 채무는 어떻게 할 것인가, 하고 말했지만, 지금 그런 것을 말한다고 해도 어쩔 수 없다, 전부 각 특별회계를 폐지한다고 합니다. 당시 대의사[114] 들도 그런 것은 생각하지 않았습니다. 정부의 입장에서 보면, 특별회계를 폐지하지 않으면 안 되기 때문에, 나와 같은 것을 말하면 귀찮아진다. 그런 것은 모두 강화조약 때 해결한다, 모두 강화조약으로 가져오게 됩니다. 하지만 강화조약 때에 해결할 것인가 하면, 그럴 수 없다. 일한회담에 화근이 있게 됩니다. 그런 문제를 전혀 해결하고 있지 않습니다. 하지만 12월 6일에—이건 나중의 일이지만, 진주군이 또 명령을 내서, 38도 이남에서 일본인이 소유한 모든 동산과 부동산은 진주군에 귀속(vest)한다. 나는 귀국해 있었습니다만, 그때 일본인세화회에 확인하러 갔습니다. 10월 중순부터, 그들은 일본인이 조선인에게 당하고 있다는 사실을 인식하게 되었습니다. 사실을 이해하게 되었습니다. 감옥에 집어넣는다. 하라다 다이로쿠(原田大六) 군 같은 경우 피스톨로 당했어요. 경찰서장도 한 사람 당했습니다. 상처를 입고 병원에 가면, 병원이 협박당한다. 일본인을 구원하는 것은 매국노라는 것입니다. 병원에서는 친일로 몰리면 곤란하기 때문에, 미군에게 부탁해서 야전병원에 입원시키는 식이었습니다. 미국인은 조금씩 사실을 알게 되었습니다. 이래서는 일본인이 불쌍하다. 상당히 박해받고 있을 것을 알게 되어, 12월의 포고는, 만약 일본인의 재산을 이대로 두면 조선인에게 약탈당한다, 부동산도 빼앗긴다, 그래서 진주군이 접수해서 환가처분(換價處分)한다. 일본인이 밉다고 해서 벌을 주는 것이 아니고, 그냥 두면 엉망진창이 되기 때문에, 관리해 주는 의미라고, 세화회 책임자가 갔을 때 이야기했습니다. 어차피 일본인은 배낭 하나만 지고 귀국하기 때문에, 사유재산을 보관해 주면 된다고 해

---

114 대의사(代議士)는 국회의원, 즉 중의원 의원의 속칭이었다.

서, 돌아왔던 것입니다. 일본인의 재산은, 대체로 내가 조사한 바로는, 1945년(昭和 20) 8월 9일 현재, 당시의 화폐가치로, 법인재산 500억에서 550억, 개인은 모르겠습니다만, 1/3 정도는 신고하고 있어서, 그 신고를 집계해 추정하면, 250억 정도 있다. 하지만 진주군이 보는 것은, 90억 정도, CPC와 1년 반 정도 걸려 조사했습니다. 나가누마(長沼)[115] 군이 국장으로, 많은 예산을 받아서, 1946년(昭和 21) 9월 재외재산조사회(在外財産調査會)라는 것을 만들어, 대장대신이 회장, 대장차관이 부회장, 조선부장이 나 미즈타, 북지(北支)는 우메키타(梅北) 군이 담당해 재외재산을 조사했습니다. 법인에 대해서는 진주군과 의견이 일치했습니다. 이건 밸런스 시트(balance sheet)[116]가 있다. 물가 관계로, 1944년(昭和 19)년 12월 말인가 1945년 3월 말의 밸런스 시트를 들어, 1945년 9월 현재를 화폐가치로 보면, 대체로 밸런스 시트는, 6, 7배 정도로 들어맞았습니다. 그래서 500억 내지 550억은 CPC의 의견과 일치했습니다. 개인재산은 일치하지 않는다. 나는 가서, 졌습니다, 우리는 가능하면 늘리려고 한다, 250억이라는 숫자가 나오면, 그들은 90억 이라고 한다, 자네가 말하는 것이 정확하면, 세금을 내고 있었는가, 제3종 소득세를 가지고 역산해 보면, 나오지 않는다. 미국인 입장에서 보면, 일본인의 탈세는 당연하다고 생각하고 있었을 것입니다. 이쪽이 맞으면 저쪽은 맞지 않는다. 여기에는 지고 말았습니다. 소득세나 읍면세~시정촌민세(市町村民稅)인데, 그것을 참고로 하면 250억은 너무 많습니다. 대체로 내 느낌으로는 150억, 양쪽 합쳐서 700억 정도가 아닐까 싶습니다. 하지만 개인에 대해서는 알 수 없다.

국회에서, 재외재산을 어떻게 할 것인가 하는 것이 문제가 되었습니다. 정부도 전후의 모든 처리가 끝나 버렸다. 제2 봉쇄도 낼 수 있는 그런 단계까지 가 있다. 재외재산을 어떻게 할 것인가 하는 것이, 전후의 미해결 문제로서 남아 있다. 귀환자가 시끄럽게 떠들어서, 하는 수 없이 재외재산조사회라는 것을 만들어, 오노 류타(大野龍

---

115 나가누마 고키(長沼弘毅)이다. 패전 직후 대장성 관리국장으로서 GHQ와의 교섭으로 방대한 종전처리비의 사용이나 대만은행·조선은행 등의 외지 은행의 자산 처리를 비롯한 재외재산 문제나 연합군 재산, 독일 재산 문제에 관여했다.

116 대차대조표.

太)¹¹⁷ 씨가 회장으로, 당시 돈으로 몇 억이 있었는지 하는 것을 새롭게 조사하게 되었습니다. 이건 어떻게 될 것인가, 일단 데이터는 정리되어 있다. 예컨대 대만 등은 배상(賠償)으로 한다고 제출했을 것입니다. 대만에 있던 사람의 입장에서 보면, 자신의 재산이 배상에 충당되면, 8,700만 명으로 보상할 필요가 있을 것입니다. 이건 움직여서는 안 되는 일입니다. 조선의 경우 그런 사태가 될지도 모른다. 북지(北支)도 중지(中支)도 사할린(樺太)도 그렇게 될지도 모릅니다. 재외재산은 숫자를 알았다고 해도, 어떻게 처리해야 할 것인지 하는 문제는, 정말로 어렵다, 이건 정부로서도 방치해 둘 수 없다, 어떻게 처리할 것인가 하는 것이죠.

아까 말씀드렸듯이, 조선과 일본의 관계는, 정부 관계는 전혀 결산이 되어 있지 않습니다. 그래서 구체적으로 말씀드리면, 일본 정부가 준 보조금을 어떻게 한다, 예금부의 대부금이 있습니다. 그리고 이번에는, 그쪽의 입장에서 보면 임시특별회계, 임군편입[臨軍繰入] 같은 것은 그쪽에서 거두어 버렸다. 그리고 은급도 그쪽에는 주지 않았고, 간이생명보험도 그쪽이 거두고 있던 것을 그쪽이 거두고 있지 않다든가, 여러 가지 교환 관계가 있다. 그러면, 임시군사비에 넣은 것이 조선인의 세금을 넣은 것이라면, 도대체 1910년(明治 43)부터 조선반도를 지키고 있던~인도 같은 경우는 수입의 1/3을 모국에 납부하고 있다. 일본은 소위 국방을 위한다고 해서, 7,000만의 야마토민족의 세금으로 조선군을 두고, 육해군을 주어 국방을 담당하게 했다. 조선인은, 그런 것은 몰랐다, 멋대로 했다고 한다. 도대체 임시군사비를 보내라고 하면, 한 푼도 국방비를 부담하고 있지 않다. 그건 어떻게 될 것인가? 무역 관계, 민간의 수지(收支) 관계에서 보면, 대체로 100억 정도 몫이 있습니다. 96, 97억 정도 있다. 극명하게 계산하면, 그런 것을 어떻게 할 것인가? 즉 간이보험, 관리의 은급, 퇴직금 문제, 그쪽은 관리가 받아야 할 은급은 받고 있지 않다, 간이보험이 거둔 것을 받고 있지 않다, 그런 것을 주장하는 것입니다. 그런 점에 대해 일본인으로서 절충하는 자는, 어

---

117 오노 류타(大野龍太, 1892~1957)는 1917년에 도쿄제국대학을 졸업하고 동년 대장성에 입사했다. 이후 다양한 요직을 거쳐 1938년 이재국장에, 1939년 1월부터 1940년 7월까지 대장차관을 지냈다. 1942년 4월부터 전시금융금고 부총재, 1944년 3월부터 1945년 10월까지 동 금고 총재를 지냈다. 전후 1946년부터 1951년 8월까지 공직에서 추방되었다.

떤 아이템이 있어서 이러니저러니 하는 인식을 가지고 있지 않은 점이, 아마 있지 않을까 생각합니다. 임시편입 같은 경우, 십몇억 편입되어 있다. 그런 관계를 어떻게 해결할 것인가, 민간에서 말하면, 조선은행, 식산은행, 기타 금융기관의 대차관계 등도, 전혀 손을 대고 있지 않습니다. 우리는 일단 조사한 것을 가지고 있지만, 오쏘로티(authority)[118]를 갖고 있지 않습니다.

쓰치야: 향후 전망은 어떻습니까? 법인재산에 관한 문제 같은 것은.

미즈타: 이 정도 재산이 있다고 해도, 조선으로부터 받을 수는 없습니다. 강약의 관계라면 받을 수 있겠지요, 전부라도…. 지금 일본의 상태는, 다케시마(竹島) 하나로 당하고 있습니다.

(2) 일본인세화회 인양처리비 차상 문제와 환시세 환산 문제

미즈타: 지금까지의 재외재산 문제로 해결된 것이 딱 하나 있습니다. 재외공관차상금(借上金)의 지불 문제만 해결되었습니다. 재외공관차상이라는 것은, 당시 외무성이, 북지, 중지에 돈을 보낼 수 없다, 따라서 영사관, 공사관의 비용이 없다. 돈은 따로 현지에 있는 사람에게서 빌려 처분하라는 명령이 내려와 있었습니다. 그것이 재외공관차상입니다. 현지(現地)는 (외)환관리법으로 가지고 돌아갈 수 없다. 빌려 두고, 이쪽에서 받을 수 있으면 상당히 편리하니까, 계속 빌렸다(차상했다). 하지만 진주군은, 그런 것을 해서는 안 된다. 모두 재외자산의 관계라고 해서, 정부도 상당히 곤란했습니다. 조선은 내무성이 소관이라서, 외무대신이 그런 전보는 치지 않았다. 호즈미 씨가 일본인세화회 이름으로 보증하고 빌렸다(차상했다). 명령이 없어도 그렇게 하지 않을 수 없다. 몇천만 엔인가 돈을 만들어, 귀환자에게 밥을 먹게 하거나 처리했습니다. 명령이 없는 것도 일괄해서 재외공관차상금, 이것을 진주군에게 절충해서, 이건 재외재산이 아니다, 행정비이다, 라고 해서 재외재산 문제는 모두 강화조약으로 해결해

---

118 권위.

야 하지만, 행정비라고 해서 채권 채무를 확인하여 지불해도 좋다는 허락이 있어서, 재외공관차입금조사회라는 것을 만들고 모두에게서 신청을 받아, 외무성의 조사위원회가 이 차금(借金)은 확실하다고 승인하고, 재외공관차입금의 지불예산을 계상했던 것입니다. 그때, 내지에 있는 전재자(戰災者)와의 밸런스도 있지 않은가 하는 비판도 있어서, 몇십만 엔 빌려준 것이라도 5만 엔으로 마무리한다는 내용의 법률로 했습니다. 그리고 또 문제는, 환율[爲替相場]을 어떻게 할 것인가―이것이 큰 문제입니다. 연은권(連銀券), 저비권(儲備券), 그리고 환심의회를 만들고, 내가 위원의 한 사람이 되어, 거기서 정한 환율로 환산한다. 그것이 8억 4,000만 엔, 그것이 지금 계속 지불되고 있는 것입니다. 하지만 지금 행정소송을 하고 있습니다. 5만 엔으로 끝낸다는 것은, 헌법 위반이다, 아무런 보장 없이 개인 재산을 잘라 없애는 것이 됩니다. 또한 환율의 환산 방식이 상당히 합당하지 않다. 구체적으로 말씀드리면, 일본은행의 지폐로 대차관계를 표시하고 있습니다. 그것도 역시 조선은행권이라고 간주한다고 해서 환율을 적용한다고 합니다. 나는 그런 것은 할 수 없다, 하지만 다수결로 정해졌다. 일본은행의 지폐를 해남도(海南島) 등에서 군표와 마찬가지로 1/10 정도로 사용하고 있었다. 조선과 같이 1대 1이 되면, 그쪽에서 일은권으로 대부한 것은 부당하게 대부한 것이 된다. 어쨌든 나는, 도대체 조선에서 일본은행 지폐가 환율 적용을 받는다는 것을 아무리 해도 수긍할 수 없다, 다수결로 결정해 달라고 했습니다. 또한 송금수표, 은행의 예금통장, 채권, 그런 것을 작년 9월부터 세관에서 보류하고 있던 것을 돌려주고 있습니다. 이 지불을 어떻게 할 것인가 하는 것이, 곧 문제가 됩니다. 이번 국회에서, 제2 예비금, 조정금 계정에서 어떻게든 해야 한다. 이것이 재외재산의 극히 일부입니다. 너무 어려운 문제가, 얽혀 있는 것입니다.

다케사와: 조선만이 아니라, 지나 쪽에서도 나오게 될 문제입니다.

미즈타: 지나 쪽은, 쓸데없이 환율이 어렵습니다. 정말 어렵습니다.

쓰치야: 정말 감사했습니다.

― 제8화 끝 ―

제9화(1954년[昭和 29] 2월 5일 구술)

총독부 종정십유(終政拾遺)

목차

1. 아편소동
2. 위원회 수당·외곽단체 자금 등 배분·유용 사건
3. 조선인 직원의 보복적 투서
4. 이왕직 송금 문제
5. 미군에게는 이해되지 않는 기밀비
6. 미군, 일본인을 호의적으로 보호
7. 아베(阿部) 총독 비방의 진상
8. 귀국 후의 나

1. 아편소동
— 개운치 않은 헌병의 졸렬한 책략

쓰치야: 그러면 계속해서, 부탁드립니다.

미즈타: 대체로 말씀드렸습니다만, 한 가지 에피소드처럼 보이는 것을~그 사이에 미군의 사고방식 같은 것이 포함되어 있습니다.

아편, 오피엄(opium) 문제가 있습니다. 이건 그 당시~종전 직후, 상당히 소란스러웠던 문제입니다. 내용은 군에 대한 비방이 되겠지만…. 아편이라는 것은, 세계적으로, 특히 문명국은, 아편의 제조판매에 대해 상당히 신경과민이 되어 있습니다. 항상 아편회의에서, 일본의 아편이 어떤가 하는 것이 항상 세계 아편계에 문제가 되었습니다. 조선은, 옛날부터 양귀비 재배가 오랫동안 활발했었습니다. 그래서 아편 환자가 조선에 계속 발생했는데, 모르핀(morphine), 코카인, 아편의 흡음(吸飮), 그리고 모르핀 주사 환자가 많았습니다. 이야기가 일본의 조선통치 문제가 되는데, 조선인을 정말로 근면하고 노력하는 국민으로 육성시키기 위해서는 아편 환자를 절멸(絶滅)시켜야 하는데, 이것이 일본 통치정책의 중요한 부분이었습니다. 그 때문에 그들이 싫어하는 것을 교정하여 점감(漸減)시켜 주는 정책도 있었고, 또 실행되었습니다. 하지만 일본에서, 특히 육해군의 치료용 아편은, 이건 조선에서 전부 공급한다, 그리고 일본 국내 치료용 아편, 이것도 전부 조선에서 공급한다. 그래서 조선에서는 전매품입니다.

쓰치야: 언제부터 전매가 되었습니까?

미즈타: 처음부터 전매였습니다. 이건 물론 수입전매(收入專賣)가 아닙니다. 사회정책적 전매, 동시에 산일(散逸)을 방지하는 단속의 관점도 있습니다. 양귀비를 재배하는 면적, 누가 얼마나 재배하는가, 담배와 완전히 같지만, 그보다 훨씬 엄중하게 단속했습니다. 여기에는 경찰관이 관여하고 있었습니다. 일시적으로 양귀비 전매의 소관을 전매국에서 경무국으로 옮겼던 적도 있습니다. 이건 단속을 주로 한 단속전매[取締專賣]였습니다. 이건 주로 북선(北鮮)입니다. 함경남북도 지방에서 성행했고, 강원도도 활발했습니다.

쓰치야: 옆으로 새는 것 같은데, 총독 통치 이전의 조선에서는 완전히 방치되어 있었습니까?

미즈타: 방치되어 있었습니다.

쓰치야: 누가 흡입하더라도, 누가 하더라도….

미즈타: 그렇습니다.

쓰치야: 그렇다면 아편 흡음자가 상당히 많았습니까?

미즈타: 상당수가 있었겠지요. 그에 대한 조사는 없습니다. 모르핀 환자에 대해서는 일단 조사했습니다. 하지만 아편을 흡음하는 자가 얼마나 있었는지는 알 수 없습니다.

쓰치야: 모르핀 환자 수는 얼마나 있었나요?

미즈타: 조사한 것이 있었습니다. 나는 지금 기억에 의존하고 있어서 기억나지 않습니다.

쓰치야: 대체로 단위는 어느 정도인가요? 몇만….

미즈타: 그건 몇만 정도의 숫자입니다. 이건 전매국에서 컨트롤, 통제하여 엄중하게 아편 수납을 관리했습니다. 우리가 밀수출 때문에 힘들었던 것은 금과 아편입니다. 만주와 조선의 국경에서 이루어졌습니다. 이건 약간의 분량으로 상당한 돈이 됩니다. 이건 국제적으로 떠들썩하게 언급되고 있었습니다. 따라서 금과 아편의 밀수출은, 조선총독부 세관에서는, 고민의 씨앗이었습니다. 하지만 상당히 놓쳤을 것입니다. 일단 전매국에서 엄중하게 수납하고 있었다. 1킬로그램이나 2킬로그램이나, 엄중하게 창고에 집어넣고, 그것도 정확하게 분석해서, 아편의 퍼센티지가 얼마나 되는지, 순분(純分)[119]에 대해 얼마만큼의 배상금을 줄 것인지 확실히 공시한다. 이건 농민에게 상당한 수입이 되는 것이기 때문에…. 그래서, 일본에서는 별로 나오지 않아 조선에서 공급한다. 하지만 1944년(昭和 19) 말부터 1945년(昭和 20)이 되면서, 육해군이 치료를 위해 필요하다고 해서, 이건 예의 군부(軍部) 우선이기 때문에, 우리는 계속해서 매도하고 있었습니다. 역시 후생성에서 소위 시빌(civil), 민간의 마약 주사를 위해 필요하다는 요망이 많이 있었습니다. 내 기억으로는 1945년 3월, 4월경이었나요? 8,000킬로그램이라는 상당한 분량을 후생성이 요구해서, 육해군에 공급한 뒤 여분이 있어서 좋다, 조선총독부로부터 협정한 가격으로 팔자, 당시 행정정리로 인해 전매국이 없어지고 재무국 소관이 되었기 때문에, 좋다고 약속했습니다. 하지만 4, 5월

---

[119] 순수한 분량.

경부터, 운수, 통신, 교통 모든 것이 군부 우선으로, 그 정도라면 겨우 화차 두세 개 정도의 분량인데도, 당시 그 정도의 화차를 확보해서 보내는 것이 불가능했습니다. 시빌(civil) 문제는 나중으로 미루자는 것입니다. 우리도 정말 필요하다고 생각하면, 참모장과 담판해서 화차 두세 개를 보내달라고 하면 가능했지만, 바쁘기도 하고, 약속해 두었으면서도 질질 끌면서 결국 종전이 되고 말았습니다. 그래서 후생성 계약 아편이라는 표식을 세워 창고에 넣어 두었습니다. 하지만 8월 아마 27, 28일인가 9월경이라고 기억하는데, 이름은 명예를 위해 생략하겠습니다만, 헌병 장교 세 명이 나에게 와서, 곧 미군이 진주해 온다, 그러면 아편에 대해서는, 도저히 내지로 보낼 수 없게 되니, 지금이라면 우리 손으로 보호하여 후생성으로 보내면 일본 정부에 도착한다, 조선이 독립하면 일본이 아편을 입수하는 것이 어려워진다, 계약한 그것으로 보내면 어떻겠느냐 하는 제안이 있었습니다. 내 부하는 그에 대해, 어떻게 하면 좋을지 몰라 주저하고 있었습니다. 나는 헌병이 호위하여 보내는 것이라면 괜찮을 것이다, 문제는 조선인이 불평할 것이다, 이건 종전 전에 일본의 후생성과 약속한 것이니까, 대금을 받는 것이라면, 우리 책임하에 하는 건 나쁜 것이 아니다, 헌병이 호위한다고 하면, 수고한다고 하며 보내도 되지 않겠는가. 그래서 나는 결단을 내렸습니다. 그래서 전매국은 다른 건물이지만, 그것을 보내는 결재를, 나는 전화로 괜찮으니 당신들 쪽에서 결재해서 보내라, 후생성에 대금 청구를 곧 해 놓으면 될 것이라고 명령했습니다. 그것이 8월 이십몇 일, 진주군이 9월 7일, 8일에 올 것이라 그 전에 보내 버리자, 몇 일 걸리겠는가, 3일 정도 걸린다, 그러면 아무쪼록 잘 부탁한다며 시행했던 것입니다. 하지만 진주군은 9월 9일에 와서, 9월 12일에 일본 국기를 내리고, 총독도 파면한다고 했고, 11일부터 9월 14일에는 법무국장이 붙잡혀 감옥에 투옥되는 일이 발생했습니다. 9월 19일인가 20일 전후에, 서대문 관사 그룹, 재무국장과 전매국의 관사―재무국장의 관사는 별도로 있었는데, 나는 1945년 5월에 강제소개를 당해, 그쪽으로 옮겼습니다. 주위는 전매국의 과장, 기사, 주임 등이 살고 있었습니다. 거기에, 9월 20일경이라고 기억하는데, 트럭 두 대로, 종로경찰서의 조선인 순사가 급습해 전매국 간부들을 일망타진해 잡아 갔습니다. 나는 서대문 관사에 있었는데, 제반 정세상 신변의 위험을 느끼고 있었기 때문에, 이미 9월 10일인가 11일 재무국장 찰스 고든에게 당신이 여기 살아라 하고 내 가재도구를 내버려두고 아사히초(旭町)로 자취를 감추었습니다. 가족은 9월 초에 귀국시키고, 늑막염 때문에 움직일 수 없는 장녀와 아사히초 2층으로 몸을 숨겼습니다. 그래서, 재무국장인 내가 있다고 생각하는 관사로 조선인 순사가 찾아왔을 때는 고든이 있어서, 바보 같은 놈 뭐하러 왔냐고 호되게 질책을 받고 순사가 놀랐다고 하지만, 전매국 사람들은 다짜고짜 끌고 갔습니다. 나는 다음 날 나와서 비로소 사실을 알고 매우 경악했습니다. 내 부하가 이십몇 명인가 연행되어 가서 그 부인들이 벌벌 떨고 있었습니다. 그래서 재무국장인 고든에게, 도대체 어떻게 된 것인지 물어봤더니, 도대체 당신 부하는 안 되겠다고 하는 것입니다. 중요한 아편을 종전의 혼란한 틈을 타서, 매우 부당하게 비싸게 팔아 수백만 엔, 수천만 엔의 이득을 얻어, 그것을 내지로 보내 분배하려는 계략을 짜고 있다, 조선인에게 아편을 흡음시켜 추락시킨다, 한편에서 혼란한 틈을 타서 부당한 이익을 얻어 분배하려고 한다, 즉 조선 민족을 코러프트(corrupt)[120]시키는 죄와 횡령의 죄 두 가지가 있다, 말도 안 되는 일을 하고 있어서, 자기가 명령해서 전부 잡아들였다고 합니다. 그래서, 농담이 아니다, 그건 내 소관이지만 사실 이러이러하다, 그건 후생성과의 이러이러한 약속으로, 당신들이 오기 전에 내 책임하에 대금을 받고 보내는 것이기 때문에, 전혀 나쁜 일은 없다고 하자, 그렇게 거짓말을 하니까 안 된다고 합니다. 당신이 그렇게 말해 후생성으로 보냈다고 거짓말하지만, 그 아편은 우리가 압수하고 있다, 트럭 두 대 반이 종로경찰서에 압수되어 있다~그럴 리가 없다, 그럴 리가 없지만, 당신들이 보낸 것인지 아닌지 실제로 보는 것이 좋겠다고 합니다. 봤더니 각인이 찍혀 있다. 우리 전매국에서 보낸 것입니다. 그래서 나는 찍소리도 못하고 난처해졌습니다. 8월 말에, 3일 정도면 후생성으로 보낼 수 있다고 했는데, 9월 중순에 압수되었습니다. 경성의 마을 MP에게 말이죠. 그래서 나는 상당히 의혹을 가졌습니다. 그래서 쭉 조사해 봤더니, 5일 정도 걸렸는데, 보내지 않았습니다. 더구나 6월경입니까, 해군이 필요하다고 말해 건네준 것도, 아직 보내지 않고 있었습니다. 그래서 내가 상당히 고민했습니다. 하지만 아무래도 이건 어물어물 덮어 버릴 만한 것이 아니

---

120 타락.

어서, 5일 걸려서 조사했습니다. 다행히 명함이 있어서요. 누구누구 소좌(소령), 누누누구 중위, 그것을 뒤집어 보니 나왔습니다. 이건 아편 범죄라고 해서 진주군 당국이 지휘하고 있었습니다. 그래서 나는 진주군에게, 이 아편 문제에 대해서는, 내 부하에게는 책임이 없다, 이러이러한 자와 나를 대질해 주면, 내가 이 진상을 명확히 하겠다고 하고 이름을 이야기했습니다. 하지만 그 사람은 체포되어 있다고 합니다. 이러한 사실에 나는 놀랐습니다. 모두 감옥에 갇혀 있다, 그러면 이제 와서 아무 소용이 없다고 합니다. 이러이러한 사람이 있어서, 내지로 보낸다고 했던 아편을, 육해군 사람이 알고 있는지 모르는지 알 수 없지만, 그런 것을 보내지 않고 시내에서 거래되고 있다. 즉 이건 혼란한 틈을 타고 거리(巨利)를 얻으려는 것입니다. 나는 정말이지 격분을 참을 수 없었습니다. 육해군은 괘씸하다, 그래서 나는 진주군(進駐軍) 법무 당국, 경찰 당국, 재무 당국에, 우리는 이런 내용으로 했던 것이라고 말하고, 대질시켜 달라고 말했지만, 사실은 싫습니다. 일단 내가 명령한 것입니다. 일단 보낸 것이 나쁘다고 하지만, 내가 명령한 것이다. 재미있는 것은, 책임 소재의 경우 미군과 우리 일본인이 다릅니다. 내 부하를 체포하고, 왜 나를 체포하지 않느냐고 했지만, 당신은 책임이 없다, 그럴 리 없다, 내가 부하에게 명령한 것이다. 서류를 보면 내 도장이 찍혀 있지 않다. 과장이 도장을 찍었다. 건물이 떨어져 있어서 내가 전화로 명령하고 있다. 실은 아편 문제는 상당히 델리케이트하기 때문에, 나는 총독, 총감에게 말하지 않고, 내 책임으로 명령했던 것입니다.

쓰치야: 그때 총독이 계셨습니까?

미즈타: 계셨습니다. 총독은 9월 19일에 떠나셨다. 총독도 상당히 오해받고 있었습니다.

가토: 빨리 귀국했다고 하는 이야기가 있었죠.

미즈타: 거짓말입니다. 그건 나중에 말씀드리겠습니다.

쓰치야: (총독) 아베 씨도, (정무총감) 엔도 류사쿠(遠藤柳作) 씨도 있었습니까?

미즈타: 아베 씨는 9월 19일, 엔도 씨는 10월 18일까지 있었습니다. 그래서, 왜 나를 어레스트(arrest)[121]하지 않았는지, 당신은 책임이 없다, 도장이 찍혀 있지 않았다는 것입

---

121 체포.

니다. 그 때문에 헌병사령관 뭐라고 하는 소장도 어레스트되었습니다. 헌병인 사고야(佐鄕屋), 하야시(林)라는 자도 붙잡혔습니다. 정말이지 잘 잡아들이고 있었습니다. 거기에는 감심(感心)했습니다. 처음에는 나는 일본의 육해군에 상처 줄 생각이 아니었는데, 모두 조사하고 있었습니다. 즉 전매 당국이 공모해서 했다는 식으로 보고 있었습니다. 공동정범(共同正犯)이라는 것입니다. 그래서 나는 누누이 경과를 이야기해서 겨우 15일 정도 지난 뒤, 그러면 어레스트하고 있는 자를 미즈타에게 일임하자고 해서 겨우 구출할 수 있었습니다. 그건, 전매국 창고 담당에 조선인 공산당이 있어서, 일본인 관리는 8월 몇 일인가 이러이러한 아편을 반출해서 그것을 일본에 가져가려고 했다, 그렇기 때문에 잘 규명할 필요가 있다고 하는 투서가 갔던 것입니다. 살펴보니 아편이 시내로 왔다 갔다 하고 있다. 하야시라는 조선인의 집을 가택수색했더니, 벽 속에 집어넣고 보이지 않게 칠해 숨겨 놓고 있다. 나는 정말이지 격분을 금할 수 없었습니다. 내 부하에게 누명을 씌워 힘들게 하면서 모르는 척하고 있었던 것입니다.

쓰치야: 그전에는 조선군에 그런 일이 없었습니까?

미즈타: 그건 알지 못합니다. 그때는 혼란한 상황에 착오가 있어서 그런 일이 일어났던 것인데, 진상은 알 수 없습니다.

쓰치야: 사복(私腹)을 살찌우는 것이 아니고, 어떤 관계가 있었을지도 모릅니다.

미즈타: 있었을지도 모릅니다. 악의로 해석하는 것은, 일본인 사이에서 어떨까 싶습니다. 적어도 약속을 어겨 후생성으로 보낸다고 하고 보내지 않았던 것에 대해서는; 어디까지나 책임을 추급(追及)해야 한다고 생각했습니다. 나는 격노했습니다. 이때는 심신을 소모했습니다. 어떻게 해서 내 부하를 구출할 것인가 하는 것에 대해…. 이 아편, 오피엄의 취급은, 외국인, 영미인 같은 경우는 우리가 느끼는 것 이상으로 상당히 널버스(nervous)[122]합니다. 국제관계에 대해서는, 오피엄의 취급은, 일본인은 신중하게 해야 한다. 영국의 경우 아편전쟁까지 해서 지나인을 어떻게 했다는 것입니다. 그런 것이 있기 때문에, 일본인이 조선인에게 코러프트(corrupt)했다고 하는 것이겠죠. 그만큼 나는 격분을 금할 수 없었습니다.

---

[122] 예민하다.

가지니시: 밀매가 많았습니까?

미즈타: 있었습니다. 이건 돈이 되기 때문이죠. 지금의 필로폰(Philopon)과 같습니다.

쓰치야: 당시 1그램에 어느 정도였나요?

미즈타: 어느 정도일까요, 매매는 내가 하지 않았으니까…. 돈과 같습니다. 그리고 인삼 같은 경우도 상당 비싸게 팔렸습니다.

2. 위원회 수당·외곽단체 자금 등 배분·유용 사건

그리고 또 하나 당한 것은, 체신국장이 6천 몇백만 엔을 보내고, 잘 설명해서 그쪽을 납득시키고 돌아왔습니다. 그리고 지금 시부사와 씨의 회사에서 감사역을 맡고 있는 오쿠무라(奧村) 군, 또 경기도 지사, 부장, 관방주사(官房主事), 회계과장, 이들이 수십 명 일망타진 붙잡혀서 3, 4개월 형무소에 들어가 있었던 사건이 있습니다. 이건 경성에서 가까운 - 경기도입니다. 이곳은 우리의 15년 정도 선배가 지사를 하고 있었습니다. 이건 관리의 여러 위원회라는 것이 관청에 있고, 또 외곽단체가 있었습니다. 그런데 그 수당과 관련된 사건입니다. 당시의 관례대로, 우리도 위원회의 위원을 했습니다. 그리고 12월 말에 연말 수당이라는 것이 나왔습니다. 또한 외곽단체의 연말 수당이라는 것도 나오게 됩니다. 재무국에서 보면, 전매협회, 주조협회, 저축장려위원회 같은 것이 있습니다. 법무국에서 보면, 사법협회나 사법보호협회 같은 단체가 있습니다. 그리고 12월이 되면, 연말 수당을 받는 것이 공인된 습관이었습니다. 그것과 함께 관청을 퇴직할 때 퇴직 수당을 주는 것도 오래된 관습이었습니다. 8월 15일을 마지막으로 사실상 해체하고 돌아갑니다. 그래서 그런 문제를 어떻게 할 것인가 하는 회의가 있었습니다. 나는 책임 국장으로서 연말에 가는 것을, 조선총독부가 없어지기 때문에, 역시 이건 각각 적당하게, 지금까지 서비스한 것이기 때문에, 위원회 수당을 받는 것은 거부할 일이 아니다. 각기 마지막으로 정리하는 것이라고 해서, 종래 100엔 받았던 것을 하다못해 40%, 50% 혹은 두 배 정도를 늘려도 괜찮지만, 너무 거액으로 1건에 1만 엔이라거나 몇만 엔이라고 하듯이, 재산이 남아 있다는 이유로 마음껏 분배한다든가, 역시 나는 새는 뒤를 어지르지 않는다고,[123] 일본인 관리가 그런 것을 법외(法外)로 서로 나누어 가지고 가는 것은 볼썽사나운 일이다. 나는 간섭은 하지 않더라도, 각 국장에게 관리로서의 양식에 호소하여, 각 국장의 책임으로 과거의 실적을 참작하여 자신과 부하에게 분배되어야 마땅할 것이다, 그건 나로서 주제넘은 일은 말할 수 없지만, 잔여 재산이 있으면, 역시 어떤 종류의 목적에 그 돈을 쓸 것인가 하는 것을 확실히 해서 책임자에게 인계할 정도의 조치는 해 둘 필요가 있다는 것만 국장회의에서 이야기했습니다. 위원회나 외곽단체라는 것은 꽤 있을 것입니다. 재무국과 관계되는 것만 열몇 개가 있습니다. 그리고 다른, 예컨대 주택영단 같은 것도 재무 관계이기 때문에 상당히 관계가 있었습니다.

3. 조선인 직원의 보복적 투서

법무국장은, 사법보호협회의 돈으로 38도선 이북에서 빠져나온 판검사의 구제에 사용했습니다. 사법보호가 아니라, 일본인 구제에 사용했기 때문에, 9월 15일에 투옥되었습니다. 이것도 역시 법무국장은 이러이러한 단체를 해산하고, 횡령 착복한 돈을 일본인 관리인 판검사를 위해 전부 사용해 버렸다는 투서로 당했던 것입니다. 미군에게는, 원래 퇴직금을 관리가 받는 것 자체가 이해되지 않는다, 하물며 외곽단체나 위원회에서 수당을 받는다는 것은, 애시당초 그들에게는 이해되지 않는다, 그들의 관습과는 다르기 때문입니다. 그런 투서가 있었기 때문에, 일본인 관리가 괘씸하다고 해서 다짜고짜 법무과장이 형무소에 투옥되었습니다. 왜 형무소에 투옥되었는가 하면, 위원회 수당 때문에 투옥되었다고 합니다. 나는, 이래서는 안 된다고 생각하고, 그걸 막으려면 어떻게 하면 좋을지,—이런 때 이런 상황이니까 모두 나눠 가졌을 것입니다. 그래서 누가 받았는가는 MP가 알 턱이 없다, 그건 모두 조선인이 투서한

---

123 일본의 속담이다. 떠날 때는 뒤처리를 깨끗이 하라는 뜻으로, 인수인계를 확실히 하고 깔끔하게 정리하고 떠나라는 의미이다.

것입니다. 경기도 지사 이하도, 지방청으로서 상당히 심했습니다. 많은 돈을 받았습니다. 이 역시 투서가 있어 지사가 상당한 돈을 횡령하고 있다는 이유로 투옥되고 말았다. 그에 대해 변명했지만, 내가 국장으로 주의한 것보다 조금 거칠기 때문에, 여러 그룹으로 나뉘어 투옥되어 있어서 안타까웠습니다. 그리고 나에게 직접 속해 있는 금융조합연합회, 이곳의 회장, 부장급 이사가 모두 9월 이십몇 일에 투옥되었습니다.

쓰치야: 무슨 이유였습니까?

미즈타: 무슨 이유냐고 고든에게 물었더니, 금융조합연합회 이사에게 문제가 많다, 역시 돈을 횡령했다는 것입니다. 들어 보니, 8월 하순에 저축 몇십억 달성 기념을 하기 위한 예산이 십몇만 엔 있었습니다. 하지만 할 수 없게 되었죠. 그래서 저축에 공로가 있다고 해서, 이사장을 비롯해 부장에게 5,000엔 정도씩 지출했던 것입니다. 그것을 나는 어렴풋이 알고 있었습니다만, 뭐 저축에 공로가 있으니 괜찮겠지, 나는 도장을 찍지는 않았지만, 아무 말도 하지 않고 있었습니다. 그것을 횡령했다고 투서한 것입니다. 장부를 살펴보니, 움직일 수 없는 증거가 있다, 곧 체포해 버린다, 나도 그것을 이런 상태에서 이렇다고 변명했습니다. 그들도 반년 정도 있다가 나왔습니다. 사정을 열심히 설명하고, 변명해서 나왔습니다. 법무국장은, 그런 일로 상당히 오랫동안 붙잡혀 있었습니다. 다른 국(局)이기 때문에 내 손이 미치지 않았습니다. 한편 내가 붙잡힌 죄명이 6개 정도 있어서, 조선인들의 표적이 되었던 것 같습니다. 그것을 방어하는 데 상당히 몸과 마음이 힘들었습니다. 아무래도 위원회 수당이나 외곽단체 수당을 받고 있는 것이, 상당히 방해가 된다, 역시 재무국에서 나온 투서로 당하게 되면, 귀찮게 될 것 같아서, 그럼 재무국장인 고든에게 재무국 관계를 전부 다 밝히자, 모두 돌려주라고 하면 어떻게 할 도리가 없습니다. 8월 9일부터의 트랜잭션을 무효로 한다는 사실이 알려지면서 일이 손에 잡히지 않는다, 재무국으로 과장 6명을 불러서, 당신들 안됐지만, 모두 토해 내라, 꽤 사용하고 있다, 나도 절반 정도 쓰고 있다, 1만 엔 정도 쓰고 있었습니다. 그래서 이렇게 하기로 했습니다. 이건 일본 관리의 습관이다, 하지만 미군은 그것을 안 좋게 생각한다, 그러나 관습으로 어쩔 수 없는 일이다, 이런 수당을 주는 것은, 재무국장이 명령한 일이다, 그 명령에 따라 배분 계획을 세운 것은 각 과장이 했던 것이다. 다른 삼백몇십 명은, 뭔지 모르지만, 국장과 과장

이 준 것이라고 해서 내선인을 불문하고 모두 받았다, 물가폭등으로 다 쓰고 있다, 모든 책임은 재무국장과 과장 6명에게 있다. 이런 식으로 책임 소재를 확실히 한 뒤, 조합이든 뭐든 전부 수지(收支) 재산을 명백하게 해서, 이 정도의 재산이 있어서, 이 정도를 모두에게 나누었다, 내가 받은 것은 이 정도이다, 6명의 과장은 이 정도이다, 합계하면 7만 몇천 엔, 이것을 모두가 갹출해서 한 몫으로 만들어 냈습니다. 잔여 재산은 정확히 조선인들에게 인계되어 있습니다. 재무국의 조선인은 좋은 사람들뿐이었다, 투서 같은 것을 할 사람이 한 사람도 없었습니다. 그리고 9월 말쯤이었을 것입니다. 돈을 하나로 만들어 고든에게 반납하고, 내용은 이렇다, 따라서 부하는 무죄로 해달라, 우리가 했으니까…. 그런가, 그건 상당히 깔끔하다, 받아 두자, 이걸 내가 받아도 되겠나, 이건 어떻게 처리하면 좋겠는가, 그건 당신이 올마이티(almighty)하니,[124] 당신이 어떻게 할 일이지, 이건 내가 지시할 일이 아니다, 하지만 내가 재무국장이라면, 이건 조선총독부의 잡수입에 넣겠다, 그렇게 해서 일반경비의 재원으로 한다, 일본의 관리라면 그렇게 하겠지만, 미국의 헤빗(habit)은 모르겠다, 그러면 그렇게 하자고 해도 자기 포켓(pocket)에 집어넣지 않았다. 그런 일이 있어서, 그래서 재무국 사람들은 한 사람도 그 문제에 대해서는 체포되지 않고 끝날 수 있었습니다. 상당히 가혹했습니다. 내가 체포될 재료를 하나라도 없애지 않으면 안 되었습니다. 내가 체포되는 것을 계속 막으면서, 다른 체포된 사람을 구출하기 위해 분주해서 상당히 힘들었습니다.

쓰치야: 문제가 된 것은, 위원회 수당뿐입니까? 퇴직금 쪽은….

미즈타: 퇴직금 문제는 전부 반납하라고 요구받았지만, 그런 것을 말해 본들, 관리에게는 주지 않았습니다. 앞에서 말씀드린 대로, 관리에게는 한 사람도 주지 않았습니다. 2억 엔 정도 들기 때문에, 진주군이 들어오면, 진주군에게 미리 이야기해 양해를 얻어 두자, 하지만 당치도 않다. 은행이 퇴직금 준 것을 반납하라는 것입니다.

쓰치야: 은급은 이번에 부활했지요?

미즈타: 그렇습니다…. 지금의… 은행이 은행의 돈으로 퇴직금을 나누고 있어요. 그것을

---

124 무소불위의 권력을 가지고 있으니.

몰수하라고 하는 명령을 받았습니다만, 이건 조선인에게도 준 것이다, 일본에게도 준 것이다, 그런 것을 말했더니 조선인으로부터 원망을 살 것이라고 해서, 은행에서 퇴직금을 준 것은 불문에 부치게 되었습니다. 이건 2개월 정도 걸렸습니다.

4. 이왕직 송금 문제

그리고 또 하나는, 이왕가(李王家)에 관한 것입니다. 이왕직 예산이라는 것이 별도로 있어서, 조선총독부로부터 180만 엔씩 이월시켜 대체로 예산이 연액으로 800만 엔 정도였습니다. 이왕직의 예산은 별도의 회계가 있어서, 이왕직장관은 조선인, 차관은 일본인으로 실권을 쥐고 있었습니다. 이것이 고지마 다카노부(兒島高信) 군입니다. 귀국한 뒤 돌아가셨습니다. 이왕(李王)이 이쪽에 오셔서 전쟁 중에 상당히 어려움을 겪었다, 돈도 필요하다고 해서, 1945년(昭和 20) 여름에 이왕의 재목(材木)을 벌채하여 550만 엔 정도 엑스트라(extra)의 돈이, 이왕직의 금고, 예금에 있었습니다. 그래서 8월 하순에 이왕 쪽에서 일본 내지는 혼란스러워서 돈이 필요하다, 그것을 보내 달라는 요청이 이왕직차관에게 있었습니다. 고지마 차관은, 이건 괜찮겠지, 이왕직의 특별한 돈이니까, 8월 하순에 데이코쿠은행(帝國銀行)을 통해 송금했습니다. 송금하고 9월 2일인가 3일 비행기로 무엇인가 협의할 일이 있어서 이쪽(도쿄)으로 왔습니다. 그런데 이왕직에 있는 조선인으로부터 9월 중순에 투서가 있었습니다. 일본인인 이왕직차관이 550만 엔이라는 거액을 혼란한 틈을 타 횡령할 의사를 가지고 내지로 송금했다는 것입니다. 그런 사실은 있습니다. 돈을 보냈다는 사실, 비행기로 간 사실이 있습니다. 그래서 잊을 수도 없는데, 중위 미스터 크레리(Mr. Crary)라는 남자가 담당하고 있었습니다. 밀수계가 특무조장, 이 사람이 밀수 관계인가 뭔가로 체포해 오면, 당시의 혼란한 틈에 이루어진 다양한 밀수 사례를 보여 준다. 조선인이 이런 일을 하고 있다, 왜 조선인만 하는 것인가, 내지인도 하고 있음에 틀림없다, 조선인은 모두 하고 있다고 합니다. 그리고 크레리 중위가, 이왕직 관계를 담당하고 있는데, 지금 말한 고지마 차관의 일을 당치도 않다, 체포해 투옥시켰다고 합니다. 그래서 나는 어찌

된 일인가, 이러이러하다, 농담이 아니다, 그건 내가 알고 있다고 하자 미스터 미즈타 알고 있는 것인가, 말도 안 되는 일이지 않은가 한다. 그래서 그건 이런 사정이다, 만약 그가 횡령할 의사가 있다면, 2일에 비행기를 타고 있으니, 조회해 보면 된다, 그건 틀림없이 데이코쿠은행 구좌에 있다, 매니저에게 물어보면 된다, 이왕이 보내라고 했는지 어떤지 물어보면 되지 않겠는가. 그래서 그는 조치를 취했다. 하지만 돈은 있다. 이왕에게 물어봤는지 어떤지 모르겠지만, 보내라고 했다는 것입니다. 그런 것을 보낸 것이 말도 안 된다고 하면, 환수하면 되지 않겠는가, 명령하면 옵니다. 그러면 당신이 이야기하는 것은 옳다, 그럼 댓츠 오케이(That's Okay)라고 합니다. 괜찮다고 해서 석방했습니다. 그때까지 3주 정도 걸렸습니다. 하지만 2주 정도 지나서 다시 투옥되었습니다. 나는, 이건 말도 안 된다, 내가 말해서 괜찮다고 했는데 또 잡아 가두는 것은…, 라고 담판했습니다. 하지만 자기는 모른다고 합니다. 곤란하다, 재무국이 모른다는 것은, 그렇게 되면 이건 경무국이나 법무국이 하고 있던지, 조선인들만으로 하고 있던지, 이 3가지입니다. 재무국의 명령으로 하고 있는 것은 수월합니다. 내가 옆에 붙어 있으면서 하나하나 폭격해 주면 이해하고 어레스트를 푼다. 하지만 이번에는 형사부장, 조선인입니다. 그곳으로 투서한 것이다. 경기도 형사부장의 명령으로, 자초지종을 따지지 않고 투옥시켰다는 것입니다. 미국인은 모릅니다. 이쪽은 의지할 데가 없다. 어떻게도 손이 미치지 않는다. 조선인이 담당하고 있어서 나는 모릅니다, 하는 것입니다. 나는 손을 댈 수가 없다. 상당히 오랫동안 들어가 있었습니다.

쓰치야: 진주군이 명령할 수도 있었겠지요.

미즈타: 조선에서 경찰부장은 진주군이 맡고 있습니다. 그 아래 과장, 형사부장 같은 것은 조선인이 하고 있습니다. 그런 사람이 경찰부장인 미국군에 호소하는 것입니다. 그렇게 하면 그는, 자신의 부하인 조선인이 한 것이라 결국 부하가 말하는 것을 듣게 됩니다. 그래서 우리도 좀처럼 손을 쓸 수 없는 것입니다. 명령 계통이 다릅니다. 그쪽도 경찰국장이나 법무국장에 재무국장이 가서 담판해 일본인을 도와주는 일까지는 하지 않습니다. 그런 경위로, 고지마 씨가 귀국하고 나서 1년 좀 지나서 돌아가셨습니다.

쓰치야: 역시 그때의 마음고생 때문이겠군요.

미즈타: 정신적으로 타격을 받아서 그렇겠지요.

5. 미군에게는 이해되지 않는 기밀비

그리고 또 하나 미군에게 이해되지 않는 점은, 기밀비라는 것이 관공서에 있어요.

가지니시: 그쪽에는 없을까요?

미즈타: 없는 듯합니다. 어떤 것인가요, 기밀비의 자금 사용에 대해 상당히 신경질적으로 취급한다. 기밀비는 오로지 이것을 총독부의 공작으로서, 돈이 필요할 것이라고 해서, 500만 엔을 떼어서 총독, 총감, 경무국장이 사용한다. 나는 종래 기밀비에는 관여하지 않는다. 재무국장이 기밀비를 배분받는다고 하면 예산을 사정(査定)할 수 없습니다. 기밀비는 총독, 총감, 경무국장에게 제공되고 있었습니다. 이건 여러 방면의 공작에 사용했을 것입니다. 독립 관계의 자에게 '입 다물고 있어라'든가, 회유책으로서 상당히 필요할 것입니다. 나는 어떻게 썼는지, 전혀 알지 못합니다. 하지만 경무국장에게 기밀비를 어떻게 썼는지 알려 달라고 합니다. 더구나 앞에서 이야기했던 스파이 문제가 있었습니다. 기생이나 댄서를 이용한 그런 것입니다. 하지만 경무국장은 단호하게 기밀비는 그 이름이 알려 주는 것처럼, 그 사용처는 말할 수 없다고, 절대로 말하지 않습니다. 경무국장은 기밀비 문제로 집중적으로 책임추궁을 당했습니다. 이건 조선인 밀정을 쓰던지 어떻게 한다는 것으로, 북지 쪽까지 손을 뻗고 있었습니다. 북지의 조선인에 대한 회유책, 그쪽에서부터 독립운동이나 공산주의자가 들어온다. 1945년(昭和 20) 1월경은 상당히 위험한 때였습니다. 조선인의 독립주의자나 공산주의자들에게 회유의 약을 먹게 해서 눌러 둘 필요가 있었습니다. 그런 것을 말하면, 그 사람들이 불쌍합니다. 친일이라든가, 돈을 받았다고 해서, 이렇게 되면 살해당하고 맙니다. 더구나 그 사람들이 지금 안티 재패니즈(anti-Japanese)가 되어 왁자지껄 떠들고 있습니다. 그 정(情)에 있어서는 괘씸하지만, 어느 정도는 컨트롤되고 있었기 때문에, 역시 그런 이야기는 해서는 안 된다고 하는 신념하에 이야기하지 않은 경무국장은 훌륭합니다. 그것을 10월 중순 쯤부터 알 수 없게 되었습니다. 어디로 갔는지 찾아보면—경기도의 도(道) 유치장이라는 것이 있습니다. 그것과 종로경찰, 경성형무소, 서대문형무소, 이 4개를 찾으면, 어디에 들어가 있는지 알 수 있습니다. 2주 정도 지나서, 헌병대 유치장에 들어가 있었다. 어떻게든 자백시키려고 특별히 MP의 헌

병대에 집어넣었습니다. 그럼에도 절대로 입을 열지 않습니다. 하지만 11월 초에 조선은행에 기밀비를 사십몇만 엔을 찾으러 가 캐시(cash)로 수취한 남자가 있다는 투서가 있었습니다. 이건 조선인 행원으로부터입니다. 그 캐시를 찾으러 온 남자는, 경무국장 비서인 지금 여기에 있는 후지와라 소타로(藤原宗太郎)와 많이 닮은 남자라고 합니다. 나는 MP에게 불려가, 당신은 당신 부하에게 40만 엔을 찾게 했다―경무국장의 방증(傍證)을 뒷받침하는 것입니다. 농담이 아니다, 내 부하가 갔을 리 없다, 사람을 잘못 본 것이라고 말했지만, 후지와라가 그런 일로 체포되면 시끄러워지기 때문에, 나는 괜찮으니까 자네는 빨리 귀국하라고 해서 귀국시켰습니다. 하지만 그것도 다른 사람이라는 것이 11월 중순에 알게 되어, 경무국장도, 법무국장도, 어떤 변명을 했는지 알 수 없지만, 결국 두 사람은 11월 20일경에 MP가 보호하여 일본으로 귀국시키게 되었습니다. MP가 쫓아가서, 용산에서 기차를 타고 부산으로 간 뒤, 돌아가라고 하는 것입니다. 배를 타고 대우를 잘해서 돌려보내 주었습니다.

쓰치야: 기밀비는, 조선에서는 특별한 사용처가 있었나요?

미즈타: 이건 이미 사상공작(思想工作)입니다. 이 기밀비라는 것에는 상당히 신경을 쓰고 있었던 것 같습니다.

쓰치야: 상당한 액수였겠죠?

미즈타: 아뇨, 보통 때에는 대체로 300만 엔입니다.

쓰치야: 비교적 적었네요.

미즈타: 적습니다.

쓰치야: 관리의 교통비라는 것은 따로 있었습니까?

미즈타: 교제비는 없습니다. 총독, 총감의 교제비는 있었습니다.

쓰치야: 국장의 교제비는….

미즈타: 그건 전혀 없습니다. 없어도 우리는 위원회 수당이라는 것을 12월 말에 받았습니다. 그래서 이쪽(도쿄)에 와서 교제하는 데는 많이 충분했습니다. 당시에는 여유가 있었습니다. 지금은 가난해졌습니다. 비교의 문제입니다만.

6. 미군, 일본인을 호의적으로 보호

쓰치야: 아까 말씀하신 금융조합연합회의 이사는 어떻게 되었습니까?

미즈타: 그건 3주 정도 지나서 사정을 잘 알게 되고, 재무국장도 알고 있는 것이라고 해서 ~실은 나는 그다지 알지 못했습니다. 나도 죄명이 6개 정도 있었음에도 심문은 몇 번 받았는지 모르겠지만, 왜 투옥되지 않았는가 하면, 너무 위험해서 고든이라는 재무국장에게=조선인 공산주의자가 나를 어떻게 해서 어레스트하고자 하고 있으나, 나는 나쁜 일을 한 기억이 없다~고 자신에 관한 것을 변명했습니다. ~대체로 지금까지 재무국의 조선인으로서 한 사람이라도 나쁜 이야기를 하는 사람이 있는지 물어봐라, 다른 사람은 모두 투서를 당했지만, 나는 절대로 그런 일은 없다~고 말해 주었다. 지금 전매에 있는 오카무라(岡村) 군이라는 사람이 적산 관리를 했지만, 지금도 감사하고 있는 것은―당시 진주군이 추구(追究)했는지 어떤지 모르겠지만, 적산이라는 것은 대체로 경찰에서 적절하게 처리했습니다. 융단(絨毯)[125]이든 피아노든 적당하게 팔아치웁니다. 그 돈을 따로 나쁜 곳에는 쓰지 않지만, 여러 곳에 사용했을 것입니다. 조선에서도 내지를 모방해 경찰에서 몰수해 버리면 되지 않겠는가, 라고 하는 사람도 있었지만, 나는, 그건 안 된다, 결국 재산의 관리라는 것은, 원수를 갚는 것과는 다른 문제이기 때문에, 이건 역시 재무국에서 보관해 주기로 했습니다. 그리고 기독교 관계 기타 적산을, 그렇게 비싸게 살 필요는 없지만, 설명할 수 있는 범위에서 페어(fair)하게 취급했습니다. 특히 돈을 취급하는 것에 대해서는, 역시 스캔들 같은 것은 적산이나 불하 때 일어나는 일이기 때문에, 재무국에서 처리하는 한에는 적어도 뒷손가락질을 받지 않도록 해서, 정확하게 공매(公賣)에 붙여 대금을 정리하고 있었습니다. 특히 에버리지 프라이스(average price)[126]보다 싼 것은, 이런 이유로 싸다고 하는 것으로, 받은 돈은 조선은행에 보관하고 이자는 법정이자를 주는 것으로 해서 처리했습니다. 그들은 어차피 심한 짓을 하고 있을 것이라는 인상으로 해 왔

---

125 카펫.
126 평균 가격.

지만, 그런 일은 하고 있지 않고, 재무 당국의 방식에 대해서는, 그렇게 말도 안 되는 일은 하지 않는다. 그리고 받은 돈에 대해서는 7만 몇천 엔을 모아서 돌려주든지, 어떻게 해서 신용을 얻을 것인가 하는 것에 대해서는 상당히 고심했습니다. 그런 내용으로 나는 고든에게 호소했습니다. 그래서 커뮤니스트(communist) 등으로부터 보호해 달라고 하면 부적～즉 보증서를 주었습니다. 이 신사는, 진주군의 고문으로 재무국의 전 재무국장이라는 것을 증명한다, 이 사람을 심문(尋問)할 경우는 재무국장의 방에서 심문해야 한다, 어레스트할 경우는, 일단 자기에게 양해를 구해야 한다～라는 것을 써 주었습니다. 그때부터 심문을 위해 경찰 당국으로 오라든가, 혹은 경기도의 유치장으로 오라고 하는 호출이 있어도, 이러이러하다고 해서, 재무국장의 방으로 가서 심문받는다. 거기에는 김(金) 씨 성을 가진 통역이 있다. 통역이 나쁘면 험한 꼴을 당한다. 그 사람이 적절하게 잘해 주었다. 너무 시간을 끌고 있으면, 고든은 나를 보호하려는 느낌이 있어서, 언제까지 무얼 하고 있느냐, 돌아가라며 화를 내서 흐지부지 된 상태로 돌아가 버린다. 그렇게 많이 했습니다.

쓰치야: 심문은 종종 있었나요?

미즈타: 종종 있었습니다. 상당히 부드러운 목소리로 간절하게 했습니다만, 무엇인가 걸리는 것이 있으면, 어레스트해 가려고 한다. 그건 혐의를 가지고 어레스트하게 됩니다. 하지만, ―당신, 나는 이렇다, 고든에게 이야기해 달라―라고 하면 역시 미군과는 얽히고 싶지 않으니까, 이제 됐다고 합니다. 그렇게 해서 나는 무사했습니다. 또 나는 고든에게―내가 만약 당신에게 양해를 구하지 않고 오면 불법적으로 어레스트된 것이니, 여기저기 찾으러 오라―고 부탁해 두었습니다. 그리고 로빈슨이라는 사람이 있었습니다. 그 사람이 식산은행의 두취, 이재과장을 했습니다. 이 로빈슨과 고든 두 사람에게 나는 부탁하고 있었다. 10월 말에 감기가 들어서 3일 정도 쉬었기 때문에, 2일째 어레스트된 것이 아닐까 해서, 내 집으로 병문안을 와 주었습니다. 그런가, 편히 자고 있어라, 라며 걱정해 주었습니다. 그런 스페셜 페이퍼(special paper)[127]가 없으면, 나는 물론 투옥되어 있었을 것입니다. 하지만 재무국 관계는 재무국장 이하 사

---

[127] 특별한 서류, 여기서는 증명서.

람들이 잘 이해해 주어서, 잘 보호하려는 식으로 해 주었습니다. 예컨대 9월 30일에 조선은행 총재가 디스미스(dismiss)¹²⁸되었고, 10월 3일에 식산은행 두취 하야시 씨가 돌아가셨습니다. 누구를 두취, 총재로 할 것인가 하는 문제로 나는 상당히 많이 생각했는데, 이건 조선인이 되면 큰일이다, 일본인도 물론 될 수 없다. 그래서 나는 아무쪼록 미군이 되어 달라고 간청했습니다. 나의 진의는, 그건 이 식은과 선은의 수뇌부를 투옥시킬 이유가 없다, 왜냐하면 은행의 잘못된 것을 은행에 있는 조선인 공산당사람들이 해 두어서, 투서하면 특별히 문제될 것이 없습니다. 위험해서 어쩔 수 없다. 은행 수뇌부가 어레스트되지 않기 위해서는, 마침 상황이 좋으니, 두 사람을 미군이 해 주었으면 한다. 스미스가 선은 총재, 로빈슨이 식산은행 두취라는 식입니다. 조선은행에서는 지폐 100만 엔이 없어져서 스미스가 말도 안 된다고 화를 냈지만, 이건 조선인 행원이 하고 있는 것이다, 이사도 몰랐다, 창고에 있는 100만 엔의 책임은 조선인이다. 그런 까닭으로, 은행의 수뇌부는 한 사람도 투옥된 사람이 없었습니다. 단한 사람, 취인소의 이사장 노다 신고(野田新吾)라는 사람이, 12월이었습니까, 이제 귀국해도 좋다고 해서, 용산에서 기차를 타기로 되어 있었습니다. 용산이라는 곳은 도쿄로 말하면 시나가와(品川)인데―기차에 타기까지의 사이가 위험하다. 그 사이에 붙잡혀서 투옥되고 말았습니다. 그 사이가 노 프로텍션(no-protection)¹²⁹입니다. 기차에는 MP가 타고 있다, 미국인은 일본인이 당할 것을 알기 때문에, MP가 타고, 조선인을 태우지 않는다, 이 기차를 타고 나가 버리면 그만이다. 나 자신 11월 이십몇 일에, 2개월의 휴가를 얻어 귀국하게 되었는데, 상당히 모순된 것이지만, 부하들도 너무 위험하다, 모두 귀국하고 싶어서 신경쇠약이 된다, 그래서 파이낸스 섹션(finance section)은 나 혼자서 괜찮을 것이다. 그건 그렇다고 해서, 부하들은 11월 이십몇 일 한 발 앞서 전부 귀국시켜 버렸습니다. 나는 좀처럼 귀국시키지 않는다, 쓸모 있으니까 일을 도우라는 것입니다. 그들은 상당히 호의를 가지고 있었습니다. 일본에 귀국해서도 컨퓨전(confusion)해서 먹을 수 없다, 월급을 받을 상황이 아닙니다. 나는 2개

---

128 해고.
129 무방비 상태.

월간의 휴가로 제패니즈 프로퍼(Japanese Proper)[130]로 돌아오고 싶다. 아내와 아이가 있지만, 집은 모두 밤(bomb, 폭탄)으로 디스트로이(destroy)되어, 먹는 것도 힘든 상황이었습니다. 그들에게 호소하는 데는 프라이빗 라이프(private life)가 좋다. 처음에는 우리의 센스(sense)로, 대장성에 여러 가지 종전 후의 돈 문제에 대해 교섭할 일이 있으니까 귀국시켜 주지 않겠는가 하고 말해 보았지만, 무슨 말을 하느냐며 일축당했습니다. 가정에 관한 일을 이야기하면 동정합니다. 유어 와이프(your wife)는 어떻게 지내고 있는가, 컨섬션(consumption)[131]으로 자고 있다. 그거 참 안됐구나 해서, 2개월 동안만 휴가를 주겠다, 2개월 지나도 돌아오지 않으면 곤란하다고 합니다. 그때 3시에 기차가 출발한다. 3시 5분 전까지 지프(jeep)를 빌려 급하게 달려갑니다. 난 아직 귀국하지 않는다, 여러 가지 일이 있어서… 라는 식으로 속여 두고, 그리고 15분 걸리기 때문에, 20분 전에 굿바이하고 고든의 운전수에게 부탁해서 지프로 용산까지 달려가서 5분 전에 뛰어 탄다. 정말 보통 시민이라고 해서 배낭을 지고 올라탄다. 하지만 기관사가 조선인, 타고나서 처음 알았지만, 12시간은커녕 26시간 걸린다. 밤중에 기차를 멈춰 버린다. 그것을 주민이 습격해서, 일본인이 가지고 있는 물건을 약탈하는 것입니다. 그런 일을 당하고 있어서, 기차에 타고 있는 MP에게 돈을 주어, 이번에 열차를 멈추면 피스톨로 움직여 달라, 증기가 올라오지 않는다거나 뭐라고 해서, 일단 움직여 달라고 부탁했습니다. 그런 것입니다. 모두 약탈합니다. 일본인은 어떻게 손을 쓸 수가 없었습니다.

쓰치야: 아주 조금 가지고 있는 물건을….

미즈타: 그렇습니다. 노다 신고(野田新吾) 씨의 경우, 내가 주의하고 있음에도 불구하고 인사하며 돌아다녔습니다. 용산에 도착했더니, 좀 일이 있다고 해서. 선생은 3개월 정도 (감옥에-역자) 들어가 있었어요.

가토: 병 걸린 따님도 함께….

미즈타: 그건 11월 15일에, 엔도 씨가 귀국해도 좋다고 하셨고, 패밀리는 괜찮다고 했기

---

130 일본 본토.
131 폐결핵.

때문에, 메이드라고 가장하고 비행기로 귀국했습니다. 하지만 트렁크 3개를 가지고 가게 했는데, 비행장 창고에서 내용물을 전부 도난당하고 말았습니다. 사진기 같은 것도 빼앗기고 말았습니다. 콘탁스 라이카(Contax Leica)입니다. 정말로 무일푼이었습니다.

7. 아베(阿部) 총독 비방의 진상

미즈타: 아까 총독, 총감의 이야기가 나왔는데, 총독은 12일에 총독에서 파면한다는 하지 중장의 지령이 있었습니다. 총독은, 자신은 히즈 머제스티 엠페러의 명령을 받아 총독으로 와 있기 때문에, 엠페러의 명령이 없으면 그만둘 수 없다고 항의했지만, 무조건 항복했다고 해서 관저에 연금되어 있었습니다. 그리고 이후 업무 연락은, 총독이 있는 곳으로 가서 연락하고 있었습니다. 하지만 잘못 전달된 것은, 총독의 손자 두 사람이 소개(疏開)로 와 있었습니다. 그래서 총독 부인이 손자들을 데리고 귀국한다고 해서, 8월 말쯤 돌아갈 수 있게 되었습니다. 하지만 100톤 이상의 배는 움직여서는 안 된다고 해서, 70, 80톤의 배로 출발했는데, 210일의 거친 바다 때문에 난파하기 일보 직전까지 가서, 수하물을 버리고 부산으로 돌아왔습니다. 그것이 전해져, 총독이 조선 민중을 버리고, 스스로 도망가다 난파할 뻔했다고 신문에 보도되었습니다. 총독은 남아 계셨습니다. 하지만 9월에, 총독은 이제 귀국하라, 총독에 걸맞은 대우는 해 준다고 해서, 비행기로 귀국해라, 있어서는 안 된다고 하는 상황이 되었습니다. 총독의 짐은 전부 점검받았고, 150킬로그램 이상은 가져갈 수 없다, 총독의 아들이 니코바르 제도에서 영국 배를 전투기로 침몰시켰다, 그런 편지라든가 여러 가지 것은, 전부 가지고 가서는 안 된다고 해서 몰수당했습니다. 짐은 이 정도, 돈도 가져가서는 안 된다, 총독으로서 할복이라도 해서 죽으면 어떻겠는가 하는 것이었지만, 당시는 어떻게 손을 쓸 수 없는 그런 상태였습니다. 정무총감은 10월 2일에 귀국하라고 했지만, 언젠가 말씀드린 스파이의 공동정범이라고 해서, 귀국해서는 안 된다는 명령을 받았습니다. 혐의가 풀린 것이 10월 19일인가 20일쯤으로 정무총감 귀국하라는

명령이 나와, 비행기로 귀국했습니다. 총감도 관저에 연금당해 나갈 수 없었습니다. 연금당해 있으면서 부하를 걱정하고 계셨습니다. 우리는 자주 연락하러 갔습니다. 사실은 그랬습니다.

8. 귀국 후의 나

쓰치야: 미즈타 씨는 내지로 귀국하셔서, 2개월 후 다시 그쪽(조선, 한국)으로부터 호출이 있었습니까?

미즈타: 1월 20일경에 기한이 끝나게 되어 있었습니다. 그런 1월 초에 공산당의 신문기자가 재무국장에게 몰려갔습니다. 전 재무국장인 미즈타를 당신은 도망시켰다, 말도 안 된다, 그를 다시 한 번 리콜(recall)해야 한다, 신문에는, 재무국장 낌새를 알아채고 도망했다는 내용으로 대대적으로 보도했다~나중에 들은 것이지만, 고든도 난처했던 것입니다. 결코 그를 도망시키지 않았다, 이쪽이 필요하면, 머지않아 1946년(昭和 21)도 예산을 짜게 되면 그때 그의 헬프를 받아야 하기 때문에 곧 불러들인다는 것입니다. 나는 이쪽에서 그런 이야기를 듣고, 돌아가면 이번에는 체포당한다. 하지만 어떻게 하면 좋을지 몰라서, 1월 10일경에는 상당히 오뇌번민(懊惱煩悶)했습니다. 다행인지 불행인지, 어머니 묘에 참배하고 이별을 고하고 가자, 돌아갈 결의를 하고 나고야(名古屋) 고향으로 18일 돌아가서 20일 비행기로 가야지 했는데, 고향에 돌아갔더니 감기에 걸려 누워 버렸습니다. 그래서 감기에 걸렸다는 진단을 붙여 이곳의 MP에게 부탁해, 그런 경위로 감기에 걸렸으니 돌아가는 것을 10일 더 유예시켜 달라고 연락했습니다. 그런가, 이쪽은 그렇게 중요하게 생각하고 있지 않다고 연락해 주었습니다. 조금씩 그쪽 형세를 들어보니 안 좋았습니다. 나도 결의해서, 어떻게든 구실을 붙여 안 가야겠다고 결심했습니다. 그래서, 몸이 아프다는 이유로 결국 3월까지 병으로 누워 버렸습니다. 결국 병으로 붙잡아 버렸습니다. 그쪽에 물었더니, 계속 상황이 나빠져서, 고든이 전달해 주어서, 당신은 2개월 있다가 돌아온다고 했지만, 이제 돌아오지 않아도 된다고 말해 주었습니다. 하지만 불안해서 견딜 수가 없는 것은 2개월

로 돌아간다고 해 놓고 실행하지 않는 것입니다. 구두만으로 돌아오지 않아도 괜찮다고 듣고 안심했지만, 2개월 동안이라는 것은 진주군의 오더에 위배되기 때문에, 언제 붙들려 갈지 모른다, 매일 지프 소리가 나면, 나를 잡으러 온 것인가, 기분이 좋지 않았어요. 그래서 무엇인가 증거가 없으면 안 되겠기에 문서로 써 달라, 디스미스했다는 것을 써 달라고 요구했습니다. 이 서류가 온 것이 7월경이었습니다. 그래서 겨우 7월 21일이 되어, 머리에 덮여 있던 것이 맑아진 기분이 되었습니다. 이제 이것으로 해제된 것입니다. 하지만 가쿠슈인(學習院)으로 간 뒤에도, 한국 쪽에서 문제가 일어나, 공산당이 투서한다, 그것이 이쪽으로 이첩되어, CIC가 몇 번이나 온다, 가쿠슈인으로, 메지로(目白) 경찰에게 용건이 있으니 출두하라, 출두하면 조선에 관한 일을 조사받는다, 여러 가지 일을 물어 옵니다. 정말로 마음이 가벼워진 것은 1948년(昭和 23)이 저물어 갈 때입니다.

쓰치야: 돌아오셔서, 상당히 몸과 마음이 모두 힘드셨겠습니다.

미즈타: 몸과 마음 모두 피로곤비했습니다. 죽지 않고 이렇게 하고 있는 것은 정말이지 감사합니다. 그때는 서기이든 현관 경비든 무엇이든 해도 괜찮다고 생각했습니다. 어느 정도 봉급을 받고, 파란 하늘을 받고, 구타당하지도 않고 있을 수 있다니 감사할 따름입니다. 죽은 사람도 많이 있습니다.

쓰치야: 젊은 분이라면 여러 가지로 내지에 돌아와서도 괜찮겠지만, 오랫동안 (조선에-역자) 계셨던 분은, 힘드시겠네요.

미즈타: 이쪽에 와서도 뭐 할 수 있는 것이 없어요. 나 같은 경우는 1945년(昭和 20) 돌아왔을 때, 시부사와 씨가 대장대신, 야마기와(山際) 씨가 차관이어서, 그 정도로도 마음 든든하다. 그런 커넥션이 없는 사람은 아무것도 할 수 없습니다.

쓰치야: 정말 대단히 감사했습니다.

― 제9화 끝 ―

본서 제1~9화를 통관(通觀)하고 생각나는 것은, 세상 사람들이 자주 이야기하는, 일본이 조선에 행했다고 하는 선의(善意)의 악정(惡政)이라는 말이다. 총독부의 관리들은, 조선 민족의 토지인 조선을 좋게 하는 것은 그 자체로 조선 민족에 대한 기여라고 생각하고, 이 미즈타 씨의 술언(述言)대로, 모든 정력을 조선 개발에 쏟았다. 그리고 제6화에서도 알 수 있듯이, 민족자본이 제로에 가까운 저조한 이 외지(外地)에, 끊임없이 일본 내지의 자본이 도입되고, 더구나 그 금융 상황은 거의 오버론이라는 비정상형(非正常型)이었다. 이것은 얼마나 총독부가 개발에 열심이었는가를 보여 주고 있다. 그리고 사실 농공병진(農工竝進)해서 산업을 일으키고, 국토의 면목은 일신되고 있다. 그럼에도 불구하고, 민족자본은 전혀 배양되지 않았고, 그 민중은 부유하지 않았다. 도대체 이 모순은 어디에 기인하고 있었을까. 나는 여기에 큰 문제가 있다고 생각한다.

이상 두세 가지 내 잔소리는, 편집 체재상, 내 감상을 서술해 여백을 채우는 것 외에는 다른 뜻이 없다. 이해해 주길 바라며 글을 마친다.

- 곤도(近藤) -

『재정·금융정책에서 본 조선통치와 그 종국』(끝)

『재정·금융정책으로 본 조선통지와 그 종국』 판권장

```
財 政・金 融   朝鮮統治とその終局
政策から見た
```

昭和三十七年七月十五日印刷 昭和三十七年七月二十日発行 (二百部限定)	編述 編集 印刷 水田直昌 土屋喬雄 近藤釼一
発行所 財団法人 友邦協会 朝鮮史料編纂会 理事長 穂積真六郎 東京都千代田区丸ノ内二ノ八 仲十二号館六号館四〇九 電話(281)一六八四番	
発売元 有限会社 巖南堂書店 代表取締役 西塚定一 東京都千代田区神田神保町二ノ二 電話 901331 〇〇八三四九七六番	

발행일(1962년 7월 20일), 구술자 미즈타 나오마사와 쓰치야 다카오, 그리고 편집을 맡은 곤도 겐이치의 이름을 확인할 수 있다.

II

전시기 금융과 재정

해제

1. 조선금융단 발회식 기사

조선금융단은 1942년 6월 19일 조선저축은행 본점 강당에서 발회식을 갖고 정식 법적 단체로 출범했다. 그때까지 임의단체였던 조선금융단이 새롭게 「금융통제단체령(金融統制團體令)」에 의한 지방금융협의회로서 개조된 것이다. 6월 8일 조선총독의 설립 명령에 의한 것으로 같은 달 19일에 창립총회를 개최했으니 상당히 신속하게 이루어진 설립 절차였다.

조선금융단이 처음 결성된 것은 1938년 말이었다. 여기에는 보통은행을 비롯해 저축은행, 신탁회사, 금융조합, 동척(東拓)까지 조선의 금융기관이 총망라되었다. 아래의 인용문을 통해 알 수 있듯이, 당초에는 금리조정단(金利調整團)이라는 이름으로 주로 금리 협정 문제를 다루는 단체로 설치될 예정이었다.

> 조선은 이들 금융기관을 망라할 기관이 종래에 없었고 또 일은의 금융간담회 같은 금융에 관한 친목 내지 연구기관도 없으므로 이 금리 조정을 기회로 금리 조정이란 목적만이 아니라 널리 조선 내에 있어서 금융에 관한 제 문제를 항상 검토하여 각 금융기관으로서의 공통문제에 대해서 미리 연구해 두는 것은 전시체제하에 있는 금융계로서 절대로 필요하다고 하여 차제에 이러한 의미의 조선금융단(가칭)을 결성하고자 하는 내의(內意)하에 조합은행을 중심으로 공작이 진행되고 있는데 이 기관은 금리 조정 문제 등을 협의할 경우에 선결적으로 존재하는 것이 편리하므로 금리 조정 문제의 여하에 불구하고 이의 결성을 진행하게 될 모양이다.[1]

---

1 〈金融機關을 總網羅 朝鮮金融團 結成 京城組合銀行 中心 工作 進行 戰時金融問題에 對處〉, 《동아일보》, 1938.10.9.

조선금융단의 실제 결성은 1938년 12월 27일이었다. 총독부에 모여 협의한 뒤 '예금 금리의 협정 및 금융의 개선을 도모할 목적'을 표방하며 조선금융단을 결성했다. 결성 당일 제1회 총회를 개최하여 가맹자 예금 금리 협정을 체결하고 1939년 1월 1일부터 실행하기로 했다.[2] 이 금리 조정의 목적은 전시기 공채소화를 위한 자금 확보에 있었다. 당시 조선금융단 가맹 기관은 총 15개였고, 간사장은 조선은행, 간사는 식산은행, 제일은행, 상업은행, 호남은행, 신탁회사였다.[3]

일제는 전시기 자금 공급의 부족 문제를 해결하기 위해 1941년 7월 금융신체제(金融新體制)를 구상하였고, 동년 12월 태평양전쟁의 발발과 함께 금융기관 사이의 긴밀한 연락과 협조가 더욱 요구되었다. 그 결과 1942년 4월 「금융통제단체령」이 공포되었다. 「금융통제단체령」에 기초하여 업태별 금융통제회 및 각 지구별 지방금융협의회가 결성되었다. 기존의 전국금융협의회와 업종별 금융단체는 모두 신기구하에 발전적으로 해소하고 동년 7월 전국금융통제회(全國金融統制會)가 설립되었다. 전국금융통제회의 설립과 함께 조선총독부는 조선에서도 조선금융단을 법적으로 개조하여 강력한 금융단체의 지도통제기관을 설립하고자 했다. 6월 1일에 「금융통제단체령」이 공포되면서 동시에 각종 규칙이 발표되었는데, 종래의 조선금융단은 그 명칭은 그대로 두고 「금융통제단체령」에 기초한 조선지방금융협의회

---

2   당시 협정된 각 금융기관의 이율은 다음과 같다. 은행 정기예금 이자율 갑종은행 연 3.6% 이하, 을종은행 4.1% 이하. 저축은행 특약저금 연 3.8% 이하. 동척 정기예금 연 3.6% 이하. 신탁회사 이익률, 즉 운용 방법을 지정하지 않은 금전신탁 이익률 1년 이상 연 4.1%, 2년 이상 연 4.3% 이하. 은행 당좌예금 갑종 일보(日步) 0.2% 이하, 을종 0.3% 이하, 은행 특별당좌예금 갑 0.6% 이하, 을 0.7% 이하, 은행 통지예금 갑 0.7% 이하, 을 0.8% 이하. 은행 별단예금 및 기타 예금 갑 0.7% 이하, 을 0.8% 이하. 〈朝鮮金融團 初總會 預金 金利의 協定 成立 金利調整, 金融改善을 目的으로 明年 一月 一日부터 實施〉, 《동아일보》, 1938.12.29.

3   〈金利調整의 目標는 公債消化資金潤澤 總督府 意圖 着着 奏效〉, 《동아일보》, 1938.12.29.

로 개조되었다. 그 발회식이 6월 19일 조선저축은행에서 개최되었다.[4] 이로써 자발적 협력이 아닌 법적 단체로서 한 단계 더 강화된 지도 통제가 가능해졌다. 요컨대 지방금융협의회로서의 조선금융단은 조선총독의 지도와 감독을 받으면서, 또 다른 한편으로 전국금융통제회의 지도를 받으며 금융통제에 적극 협력할 것을 요구받았다.

개조된 조선금융단은 이전의 간사장제를 폐지하고 새롭게 이사장제를 채용했고, 거기에 부이사, 감사, 평의원 약간 명을 두었다. 개조 직전까지의 조선금융단 가맹단체는 조선은행, 식산은행, 상업은행, 한성은행, 동일은행, 저축은행, 동척, 신탁회사, 조선금융조합연합회의 9개 단체와 다이이치(第一), 야스다(安田), 산와(三和) 등 3개 지점은행으로 총 12개 단체였는데, 개조 후에는 새롭게 무진회사가 가입하여 총 13개로 증가했다.[5] 조선금융단 임원으로는 이사장에 마쓰바라 준이치(松原純一) 조선은행 총재, 이사에는 하야시 시게조(林繁藏) 식은 두취와 기미지마 이치로(君島一郎) 조선은행 부총재가 선출되었고, 감사에는 호리 마사카즈(堀正一) 상업은행 두취와 나카마 고슈(中間高州) 다이이치은행(第一銀行) 경성지점장이 선출되었다.[6]

여기에 수록된 1942년 6월 19일의 조선금융단 발회식 기사는 발회식 당시의 모습과 창립총회 직후에 개최된 금융대회, 그리고 거기에 참석한 총독부 관료의 연설 내용 등인데, 연설 내용을 통해 지방금융협의회로서의 조선금융단을 통해 어떻게 조선의 금융을 통제해 갈 것인지, 조선금융단에 무엇을 요구하고 있는지를 엿볼 수 있다. 특히 마지막에 수록된 미즈타 나오마사(水田直昌) 재무국장의 〈1942년도 조선총독부 예산에 대해서〉는 조선의 재정을

---

4 〈朝鮮金融團改組 六月五日大會を開催〉,《부산일보》 1942.5.7. ; 〈半島の金融新體制「朝鮮金融團」を繼承〉,《부산일보》, 1942.5.29.
5 〈半島の金融新體制「朝鮮金融團」を繼承〉,《부산일보》, 1942.5.29.
6 평의원과 고문 명단은 본문을 참조하기 바란다.

예산 내용을 토대로 상세하게 서술하고 있어서 조선총독부가 조선을 어떻게 지배했는지 그 실상을 이해하는 데 많은 참고가 된다.

2. 『조선경제통제문답』(1941) 중 물가 관련 부분

이 자료는 상설전시경제간화회(常設戰時經濟懇話會, 이하 '간화회')가 펴낸 『조선경제통제문답(朝鮮經濟統制問答)』(東洋經濟新報社京城支局, 1941) 중 물가통제와 관련된 부분만 발췌해 번역한 것이다.

상설전시경제간화회는 전시경제정책의 운용에 대해 일반 경제인의 이해와 협력을 얻기 위해 총독부 경제 관계 과장의 기획으로 1941년 1월 하순에 창설되었다. 간화회는 6월까지는 경성에서는 매주 1회 금요일 오후 6시부터 9시까지 개최하고, 지방에서는 수시 개최를 원칙으로 했다. 7월부터는 매월 1회 제1 금요일에 개최되었다. 구성 멤버는 총독부의 전시경제 행정에 비교적 밀접한 관계를 갖는 과장들이었다. 이들은 매회 출석했다. 만약 과장이 출석하지 못할 때는 과장을 대리할 수 있는 자를 출석시켰다. 이들 과장들의 명단은 다음과 같다.

총독부 식산국 상공과장 겸 기획부 제3과장	이사카 게이치로(井坂圭一良)
총독부 재무국 관리과장	오카무라 슌(岡村峻)
총독부 식산국 물가조정과장	가쿠나가 기요시(角永淸)
총독부 농림국 양정과장	시모이이자카 하지메(下飯坂元)
총독부 경무국 경제경찰과장	핫토리 이세마쓰(服部伊勢松)
총독부 재무국 이재과장(현 경상북도 내무부장)	야마지 야스유키(山地靖之)
총독부 기획부 제2과장	와타나베 리쓰로(渡邊肆郞)

이들 중 야마지 재무국 이재과장이 간사를 맡아 간화회 운영을 위한 실무를 맡았고, 여기에 경성제국대학 스즈키 다케오(鈴木武雄)와 조선은행원 가와이 아키타케(川合彰武)가 협력했다. 간화회 장소는 경성의 경우 5월까지는 경성상공회의소였고, 6월부터는 메이지제과(明治製菓) 경성매점으로 옮겼다. 제1회 간화회는 1941년 1월 24일 경성에서 개최되었고, 7월까지 평양, 부산, 신의주 등지에서 총 20회가 넘게 개최되었다. 간화회에서 교환된 질의응답은 그때마다 신문지상을 통해 발표되었고, 7월에는 『조선경제통제문답』으로 간행되었다.

서문을 쓴 오노 정무총감에 의하면 동 간화회의 창설 목적은 이하의 인용문에서 확인할 수 있지만 크게 두 가지였던 것으로 보인다. 첫째, 정시 또는 수시로 관계관들이 직접 거리로 나가 경제통제 관계 법령이나 기타 전시경제정책 운용에 관한 민간 측의 질의에 응답하는 것이었다. 둘째, 전시기 일본정부의 방침을 설명하여 민간의 협력을 얻고자 했다. 『조선경제통제문답』은 20회가 넘는 질의응답의 기록을 책으로 묶어 민간에 부급함으로써 직접 동 간화회에 참석하지 못한 일반 경제인의 전시경제에 대한 인식을 제고하고, 국책 운영에 기여한다는 의도를 가지고 간행되었다.[7]

다음은 간화회가 스스로의 유래를 정리한 글이다. 이를 통해 조선인을 대상으로 전시경제 및 경제통제를 어떻게 침투시키려 했는지 확인할 수 있을 것이다.

전시경제 운행의 만전을 기하고자 경제통제에 관한 법령이나 정책이 잇따라 공포되고 실시되고 있습니다. 또한 그것들은 통제 범위의 확대와 통제 정도의 심화와 함께 아주 상세하게 전개되고 있습니다. 또한 그것들이 뒤엉킨 실과 같이 종횡사(縱橫斜)로 번갈아 들어가

---

7 이상의 내용은 常設戰時經濟懇話會 편, 『朝鮮經濟統制問答』, 東洋經濟新報社京城支局, 1941, 1-8쪽을 참고했다.

복잡착종(複雜錯綜)의 형상을 보이고 있고, 운용의 중요한 임무를 맡은 측에서도 때로는 그 번잡함에 당황해 실수하는 일도 있습니다. 하물며 법령을 준수하고 그 운용에 협력하는 측에 있는 사람들에게는, 더욱 그럴 것입니다. 그때마다 발표 공시되는 법령이나 당국담(當局談), 또는 신문지나 잡지에 보이는 뉴스나 해설 등을 통해 충분히 이해하고 터득하고 있을 것임에도, 한편 실제 상황에 닥치게 되면, 법령의 해석이나 적용의 문제, 각종 절차의 문제, 배급통제의 문제, 물가의 문제, 자금의 문제, 노동력, 토지의 문제, 다양한 문제가 다양한 측면에서 다종다양한 모습으로 등장하고, 끈질기게 해결을 요구하는 것이 있으리라고 생각됩니다.

원래 관(官)에 있으면서 국(局)을 담당하는 자는, 그런 문제들에 해결을 부여하고, 전시경제의 운행을 저해하는 안타까운 사건의 발생을 미연에 방지하며, '총력(總力), 총기립(總立ち), 총준비태세(總構え)'의 국민총력체제를 완벽하게 하기 위한 임무와 책임을 가지고 있습니다. 하지만, 우리는 몸을 매일 바쁜 관공서 안에 두고 있는 관계로, 방문을 받아 만나 뵙더라도, 만족할 만큼 충분하게 대화할 수 없다, 이런 유감을 반복하면서 하는 일 없이 오늘날에 이르고 있는데, 현재 시국에 대해 그냥 둘 수 없습니다. 어떻게 해서든 여유를 가지고 만나고 싶습니다. 그리고 형식만 중시하거나 거북한 절차는 일절 빼 버리고, 어깨와 무릎을 맞대고 차분하게 이야기를 나눕니다. 그러는 사이 명확하지 않은 점이 있으면 이를 알게 하고, 오해가 있으면 그것을 풀고, 연구가 필요한 문제를 만나면 함께 연구합니다. 또한 어떤 것이든 이것이 절대적이라고 생각하지 않기 때문에, 우리의 방식에 대한 거리낌 없는 비판도 배청하고자 합니다. 요컨대 배우기도 하고 알려 주기도 하는, 반상회[隣組常會] 기분으로 간담하고, 관민 사이의 의사소통이 이루어질 수 있는 메커니즘을 만들어, 마음껏 일치 협력하여 전시경제의 원활한 운행을 기하고자 한다는 것이 상설전시경제간화회 설립의 동기이기도 하고, 동시에 취지이기도 합니다.

사실 부족하지만 우리가 이 일을 수시로 상담하고 기획하고 있던바, 올해 1월 12일 경성은행집회소에서 개최된 관민전시경제간담회 석상에서도, 이에 대해 민간 측으로부터 치열한 요망이 있었기 때문에, 거기에 촉진되어 계획이 순식간에 구체화된 것입니다. 이것도 우리가 봉공(奉公)에 만분의 일이라도 보답하고자 하는 발원(發願)의 한 조각, 서로 정진 노력을 맹세하고 있습니다.[8]

『조선경제통제문답』은 자금조정 관계 29개, 경리통제 관계 8개, 물가조정 관계 103개, 배급통제 관계 95개, 경제경찰[9] 관계 29개, 양정(糧政) 관계 27개, 지대·가임(家賃) 관계 21개, 사치품 관계 11개에 대한 질문과 그에 대한 당국자의 답변이 정리되어 있다. 부록에는 '1. 조선 자금·자재·노력(노동력)의 통제 대요, 2. 조선 물가통제의 요강, 3. 조선 공정가격 고시 일람, 4. 조선 시국경제 관계 법령 일람'이 실려 있다. 자료집에는 이 중 물가조정 관계 103개만을 대상으로 정리했다

---

8 常設戰時經濟懇話會 編, 1941, 3-5쪽.

9 경제경찰과 관련해서 다음의 기사를 참고할 수 있다. "내무성 경찰○○에서는 정부의 물자동원계획 실시에 완벽을 기하고자 경제경찰관제도를 개설하기로 결정하고 대장 당국과 절충 중이던바 8일의 정례 각의에 스에지(末次) 내상(內相)으로부터 제휴 결정 후 가급적 속히 내무성령을 공포 실시하기로 하고 6일 경제보안제도(경제경찰관제도)의 정식 대강을 발표하였는데 경시(警視) 이하 총수 3,891명을 증원하여 본성(本省)에 경제보안과를 창설하는 외 각 부현에 과(課) 혹은 계(係)를 설치하여 물자동원계획 수행에 만전의 취체(取締)를 단행하기로 되었다 한다. (이하 생략)" 〈昨今話題 經濟警察官制度〉, 《동아일보》, 1938.7.9.

1. 조선금융단 발회식 기사

〈자료 02〉 조선금융단 발회식 기사
　　　*1942년 6월 19일 경성 개최

목차

발회식
의사
강연
　1. 구시다(櫛田) 대장성 특별은행과장 강연
　2. 아라키(新木) 일본은행 이사 강연
　3. 소노베(園部) 야스다은행 취체역사장 강연
　4. 미즈타(水田) 조선총독부 재무국장 강연

발회식

1942년(昭和 17) 6월 19일 조선금융단 발회식을 주식회사 조선저축은행 본점 강당에서 거행, 내빈 57명, 회원 215명이 출석했고, 그 순서는 다음과 같다.

식(式)

개회 전 오전 8시 본 금융단 가맹 대표자 일동 조선신궁에 참배하고, 대동아전쟁 필승, 황군의 무운장구를 기원했다.

오전 9시 30분 일동 착석
○ 기무라(木村) 간사: 지금부터 조선금융단 발회식을 개최하겠습니다. 먼저 국민의례를 하겠습니다.

(일동 기립)
궁성 요배
국가 합창
묵도
「황국신민의 서사」 제창
(일동 착석)

마쓰바라(松原) 이사장 인사

(박수) 인사드립니다. 이번에 새롭게 법적 단체로서 조선금융단이 창립되어 여기서 그 발회식을 거행하게 되었는데, 각 방면에서 다수의 유력한 내빈이 참석하신 것은 본 금융단으로서 매우 영광스러운 일입니다. 깊은 감사 말씀을 드립니다.

이번에 창립한 조선금융단은, 이미 아시는 바와 같이, 종래 임의단체였던 조선금융단이 새롭게 「금융통제단체령(金融統制團體令)」에 의한 지방금융협의회로서 발전적 개조를 본 것인데, 지난 6월 8일에 조선총독으로부터 그 설립 명령을 받아, 오늘 지체 없이 창립총회를 마치고, 여기서 그 발회식을 거행하게 되었습니다. 그리고 불초 제가 이사장을 배명(拜命)했습니다. 정말 보잘것없는 재능입니다만, 앞으로 여러분의 지도 편달로, 임무 수행에 미력을 다하고자 합니다. 잘 부탁드립니다.

지금까지의 조선금융단은 1938년(昭和 13) 말에 결성된 것으로, 당시로서는 특히 예금이자의 협정 등에 중점을 두고 있었는데, 시국(時局)의 진전과 함께, 혹은 저축장려로, 공채소화에, 투기자금[思惑資金]의 억제에, 혹은 또 중요산업에 대한 공동융자의 조정 등에 관해, 당국의 간곡한 지도하에, 가맹 금융기관 상호 간에 지극원만(至極圓滿)의 협조적 태도로 상당한 성과를 보여 왔습니다. 하지만 최근 대동아전쟁이 발발하고, 그 완수를 위해 국가경제의 최고도 계획화가 요망되는 시기가 되었기 때문에, 금융기관의 연락과 협조는 다시 한 단계 고도의 긴밀함이 필요하게 되었습니다.

이를 위해서는 종래와 같이 자발적 협력에 그치지 않고, 법적 단체로서 한 단계 더 지도통제의 강화를 도모하는 것이 필요하다고 생각하고, 「금융통제단체령」 공포의 취지도 역시 여기에 있다고 생각합니다. 지방금융협의회로서의 조선금융단은, 조선총독의 지도와 감독을 받으면서, 또 다른 한편으로 전국금융통제회의 지도를 받아, 단원 각 금융기관의 적극적인 협력에 의해 총력 발휘를 기하고 있습니다.

먼저 통상의회에서 이루어진 대장대신의 설명에 의하면, 본년도의 자금계획은 총액 450억 엔에 달하고 있습니다. 그중 공채소화자금이 160억 엔, 조세 80억 엔, 생산력 확충자금 60억 엔, 국민소비자금 150억 엔으로 되어 있습니다. 이것은 국민의 소비절약, 생활의 절하(切下)[10]를 전제로 잉여구매력의 저축으로의 흡수를 요구하고 있는 것은 물론이지만, 또 자금의 운용에 있어서도 가장 합리적이고 또 계획적인 배려가 필요하다고 생각합니다. 이 자금 계획에 들어 있는 공채소화자금 160억 엔과, 생산력확충자금 60억 엔의 합계, 여기에 약간의 단수(端數)가 붙기 때문에 대체로 230억 엔이 본년도 우리 일본의 저축 증강 목표입니다.

이 중 조선에서는, 조선경제 제반 사정을 감안하여 저축 목표를 9억 엔으로 결정했습니다. 본 금융단으로서는 무엇보다 이 9억 엔의 저축 획득에 앞장서야 할 것입니다. 조선에 있어서 저축 실적을 보면, 1940년(昭和 15)도 목표 5억 엔에 대해 그 달성률은 115%, 작년도는 목표 6억 엔이었는데 달성률은 125%, 목표 달성은 물론이지만, 그 달성률에서도 해마다 증가 경향에 있음은 정말 동경(同慶)하지 않을 수 없습니다.

하지만 앞으로도 이 목표액에 만족하지 않고, 목표의 200%, 300%나 달성한다는 패기로 더욱 단원 각위의 협력과 노력을 부탁하고자 합니다. 그리고 집적한 자금의 운용에 관해서는, 공채소화와 생산력확충자금에 대한 충분한 충당을 우선 제일로 생각해야 합니다만, 이러한 점들에 대해서도 본 금융단으로서 산업금융 알선체로서, 자발적으로 또 협력적 태도를 갖출 필요를 통감하고 있는 상황입니다.

특히 생산확충자금 공여에 관해서는, 조선금융단으로서, 작년 8월 이미 중요산업에 대한 공동융자기본요강을 설정하여, 이 방면으로의 협력체제를 시작하고 있는데, 앞으로는 이들 요강을 강력한 실천으로 옮겨야겠다고 생각합니다. 이 실천에 대해서는 보통은행의 종래 상업금융적 성격을, 어느 정도 산업금융으로 전환하는 것도 필요할 것이라고 생각합니다.

하지만 문제는 물(物)의 관계로, 아무리 자금 측 계획이 원활하게 이루어지더라도, 이에 따른 물자 측의 뒷받침이 없으면 결국 통화팽창은 피할 수 없습니다. 지난 5월 23일에 도쿄에서 이루어진 전국금융통제회의 발회식에서, 대장대신 및 전국금융통제회 회장께서, 자금과 물자의 조화에 주의해야 한다는 내용을 천명하셨습니다. 조선에서는 종래 「자금조정법」의 운용상, 총독부 기구에서 종합행정의 묘미를 발휘하여, 물자동원과의 연락은 대체로 원활하게 이루어져 왔다고 생각하지만, 향후 우리 금융업자의 입장에서는, 이 점에 더욱 배려를 기울여 가야 한다고 생각합니다. 특히 당분간 전시 수송력의 저하에 따른 영향은 피할 수

---

10 생활수준을 낮춘다는 의미이다.

없고, 물자동원은 노동력과 함께 수송력을 그 근간으로 함은 말씀드릴 필요도 없습니다. 본 금융단으로서는, 이 점에 관한 연락과 협조에 있어서 당국의 지시와 다른 경제 부문의 협력에 의존해야 하는 바가 많다고 생각합니다.

또한 물자동원에 관해서는 종래 영미(英美) 의존을 완전하게 벗어날 수 없었던 경제로부터, 일만지(日滿支)를 중핵으로 남방을 포함한 대동아공영권의 건설에 들어간 오늘, 그 일환으로서의 조선 경제의 금후는 어떻게 대처해야 하는가와 같은 문제에 대해서도, 끊임없이 조사 연구해서 선처해 가야 한다고 생각합니다. 요컨대 이 미증유의 대전쟁을 수행하면서 한편으로 방대한 지역에 우리 경제력의 지반을 육성해 가야 하는 이 대동아전쟁에 즈음하여, 국민경제의 일 부문으로서 금융계의 유효한 총력 발휘, 그 합리적 운영을 가져올 금융단체 통제의 국가적 요망에 대해, 법적 단체로서 이에 재출발하고자 하는 조선금융단은, 이 국가의 요청을 충분히 마음에 새기고, 당국의 지도하에, 타 경제 부문과의 연락을 더욱 긴밀하게 하여 한결같은 마음으로 국책이 향하는 곳으로 매진하고자 합니다. 아무쪼록 여러분께서도 향후 더욱 원조해 주시고 지도해 주시기를 거듭 간청드리면서 인사말을 대신하고자 합니다. (박수)

오전 9시 48분 휴게
오전 9시 54분 재개
오전 9시 55분 조선총독 임장
(일동 기립 경계)

조선총독 고사(告辭)

오늘 여기에 조선금융단 발회식을 거행하게 되면서 한마디 소회를 말할 기회를 얻은 것은 나의 흔행(欣幸)으로 여기는 바이다.

대동아전쟁이 발발하고 이제 반년, 대능위(大稜威)[11] 하에 황군 장병의 선모용전(善謀勇戰)

---

11 존엄한 위세.

으로 도처에서 적을 격멸하고 사상 유례없는 혁혁한 대전과를 올려 동아(東亞)에 있어서 적의 요역(要域)[12]은 모두 황군이 제압하는 상황이다. 제국의 앞길은 바야흐로 양양하다. 하지만 과거 수 세기에 걸쳐 광대한 영토를 다스리고 세계의 부(富)를 농단해 온 미영(美英) 양국을 굴복시키기 위해서는 마침내 국가 총력을 다해 정전(征戰) 목적의 관철을 위해 매진해야 한다는 결의를 새롭게 해야 한다.

생각건대 전시경제를 적절하게 잘 운영함으로써 전쟁목적 완수를 기하기 위해서는 금융기관의 협력에 기대하는바 적지 않고, 대동아전쟁 발발로 우리 반도의 군사상, 경제상 지위는 점점 중요성을 더해 왔다. 반도 금융기관이 지게 되는 책무 또한 중대하다고 해야 할 것이다.

조선에서는 앞서 금융기관이 서로 모여 통제조직을 결성하고 활동을 계속한 것이 3년 반, 그 사이 금리의 조정에 노력함으로써 국채의 소화를 촉진하는 한편 공동융자제도를 열어 시국 긴요 산업자금의 원활한 소통을 기도하고, 또 저축장려 방책을 강화, 실행하는 등 현저한 성과를 거두고 전시금융체제 확립에 기여하는바 크다고 하겠다.

그런데 우리 일본 내외의 정세는 금융사업에 대한 통제를 더욱 강화할 필요가 절실함에 비추어 올해 4월 「국가총동원법」에 기초하여 「금융통제단체령」이 공포되어 새롭게 통제단체를 결성하고 각 금융기관은 이 일체적 조직을 통해 그 기능을 발휘하고 자율적으로 국가요청에 즉응(卽應)하게 할 체제를 확립하게 되었다. 조선에서도 상기 법령에 기초하여 새로운 구상하에 조선금융단이 설립되고 오늘 이렇게 그 발회식을 거행하게 된 것은 정말 경하하지 않을 수 없다.

무릇 전시에 있어서 금융기관의 사명은 저축 증강에 의한 자금의 축적, 국채의 소화 촉진 및 국방산업자금의 원활한 소통에 있다는 것은 말이 필요 없는바, 이번에 새롭게 발족한 조선금융단에서는 자율력(自律力)을 기조로 하는 지도 통제에 의해 더욱 저축장려를 철저하게 하여 부동(浮動) 구매력의 흡수에 노력하고, 그렇게 해서 마련한 증가 자금은 가급적 중요산업의 자금에 충당하기 위해 산업계와의 긴밀한 연락하에 얼마 전 창설된 공동융자제도를 적극적으로 활용함으로써 유감없는 사업자금의 소통을 기하는 동시에 국채소화에 대해서

---

12 중요 지역.

는 더욱 골똘히 궁리하여 이의 실효를 거두기 위해 노력할 필요가 있다고 생각한다.

이제 시국은 관민일체의 체제를 정비하고 국가총력의 종합적 발휘를 강화할 것을 요청한다. 조선금융단은 아무쪼록 시국의 중대와 조선금융계의 사명을 생각하여 이 기능의 유감없는 활용을 기함으로써 대동아 건설의 성업 달성에 전폭적인 협력을 다할 것을 간절히 바라마지 않는다.

한마디로써 고사(告辭)로 한다.

1942년(昭和 17) 6월 19일
조선총독 고이소 구니아키(小磯國昭)

대장대신 축사

여기 「금융통제단체령」에 의해 조선금융단의 성립을 보고 그 발회식을 거행하게 됨에 따라 축사를 말씀드릴 기회를 얻은 것은 나의 큰 기쁨이다.

대능위(大稜威)하에 황군 장사(將士)의 용전분투(勇戰奮鬪)로 대동아의 광대한 지역에서 위대한 전과를 올리고 국위의 신장을 본다. 이에 대해 각위와 함께 나의 감격을 주체할 수 없고, 호국영령에 대해 삼가 경조(敬弔)의 의를 표하는 동시에 황군장사의 노고에 충심으로 감사의 의를 표하는 바이다.

생각건대 황국 미증유의 대전쟁을 완수하는 동시에, 대동아공영권을 확립 유지하고, 그 한없는 발전을 기하기 위해서는, 향후 우리 일본 재정경제의 운영을 더욱 종합적이고 계획적으로 행할 필요가 있음은 물론이다. 그중에서도 특히 국민저축을 증강하고 긴요한 자금의 축적에 유감이 없도록 하는 동시에, 국채의 소화 및 긴요한 생산력확충자금의 공급을 확보하기 위해, 자금의 적정한 분배를 도모하고, 국가적으로 필요한 자금은 반드시 이를 배분하는 동시에 필요하지 않은 방면에 대한 자금의 유출은 엄히 이를 억지하는 체제를 확립하는 일은 정말 중요한 용무에 속한다. 이번에 정부에서 금융통제단체의 설립을 도모한 것은 정부 지도하에 그 자율력에 의해 상기 목적의 달성에 공헌하도록 하는 것밖에 없다. 금융통제단체는 정부와 표리일체의 관계에 있어 그 자율력을 활용하여 금융사업 기능의 종합적 발휘에 노력함으로써 국가총력의 발휘에 기여해야 한다. 따라서 금융통제단체에 의한 통제가 그 성과를 잘 거둘 수 있느냐 없느냐는, 우리 일본 전시경제의 융체(隆替)[13]에 관한 바라고 할 수 있고, 정부가 금융통제단체의 활동에 기대하는바 매우 크다고 하겠다.

조선에서는 일찍이 1938년(昭和 13) 각종 금융사업 상호 간의 연락과 협조를 도모하기 위해 조선금융단을 결성하고, 그때부터 이룬 사적(事績)[14]이 뛰어났지만, 이제 시국의 요청에 즉응하여 다시「금융통제단체령」에 의한 지방금융협의회로서 조선금융단의 결성을 보게 된 것은 매우 경축해 마지않는 바이다. 바라기는 금융업자 각위는 본회를 중심으로 더욱 그 기능의 일체적 발휘에 노력하고, 이 미증유의 중대 시국에 즈음하여 국가총력의 발휘에 공헌하기 바란다.

한마디 소회를 말해 축사로 한다.

1942년(昭和 17) 6월 19일
대장대신 가야 오키노리(賀屋興宣)

척무대신 축사

오늘 조선을 지구(地區)로 하는 지방금융협의회 발회식이 거행되는 상황에 소회의 일단을 이야기할 기회를 얻은 것을 나는 기쁘게 생각하는 바입니다.

이번에 대동아전쟁은 물론 우리 조국(肇國)의 이상인 팔굉일우(八紘一宇)의 대정신에 입각하여 대동아를 미영(美英) 등의 질곡에서 해방하여 대동아 민족 영원의 강녕과 복지를 확보하고, 나아가 맹방과 함께 세계의 신질서를 수립해야 할 일대 건설전(建設戰)이어서 전선(戰線) 장병의 혁혁한 무훈에 의한 대전과(大戰果)에 즉응하여 국내 경제체제의 정비 쇄신을 도모함으로써 건설의 대업 달성에 매진해야 함은 장황하게 설명할 필요가 없을 것입니다.

조선에서는 일찍이 대륙전진기지로서의 중대 사명에 비추어 국방경제력의 강화 및 산업

---

13 여기서는 전시경제가 우뚝 솟아오르거나 쇠퇴하거나의 의미이다.
14 업적.

의 개발에 예의 노력하고, 그중에서도 특히 그 원동력이라고도 할 수 있는 금융 부문에서는 당사자 각위의 이해와 협력으로 자금이 원활하게 공급되었는데, 다시 1938년(昭和 13) 말에 전선(全鮮) 금융기관을 일단(一團)으로 하는 조선금융단을 결성하여 각 기관 상호의 협조를 도모함으로써 성과를 더욱 올리고 있음은 우리 일본을 위해 기뻐해 마지않는 바입니다.

정부에서는 이전에 현하(現下) 내외의 정세에 비추어 금융계에서 새로운 사태에 즉응하기 위해 금융사업의 통제단체를 조직하고 그 기능을 종합적으로 발휘하게 함으로써 금융에 관한 국책의 입안 및 수행에 협력하게 하도록 「국가총동원법」에 기초하여 「금융통제단체령」을 제정했습니다. 조선에서도 본령에 입각하여 이에 통제단체의 한 부면(部面)인 조선을 지구로 하는 지방금융협의회를 결성하고 그 이름도 전통의 조선금융단을 그대로 하여 오늘 이렇게 발회식을 거행하게 된 것은 정말 기쁜 일이라고 생각합니다.

아무쪼록 각위께서는 전시하 금융기관의 중대 임무와 특히 조선 금융기관이 지는 중요 사명을 더욱 깊이 자각함으로써 본 단체의 목적인 기관 상호의 연락 조정을 도모함으로써 금융사업에 관한 국책의 수행에 협력하고, 더욱 성전 완수에 힘을 다할 것을 간절히 바라 마지않습니다.

이로써 축사에 갈음합니다.

1942년(昭和 17) 6월 19일
척무대신 이노 히로야(井野碩哉)

전국금융통제회 회장 축사

선전(宣戰)의 대조(大詔)를 받자와 겨우 6개월로 (천황의-역자) 위엄하에 황군은 혁혁한 전과를 거두어 전 세계를 놀라게 했다. 하지만 대동아전쟁을 완승하고 대동아 공영의 기초를 확립하는 것은 정말이지 광고(曠古)[15]의 대업이고, 총후(銃後)[16] 국민으로서는 이 황군의 빛

---

15 미증유 또는 공전(空前).
16 후방.

나는 전과(戰果)에 응하여 견인지구(堅引持久) 한마음으로 성업의 달성에 매진해야 한다.

생각건대 우리 조선은 제국의 중요한 자원 공급지로서 장차 대륙으로의 전진병참기지로서 그 부과된 책무가 매우 크다. 그래서 역대 총독의 지도로 전력의 개발에, 중요 지하자원의 이용에, 또 근대공업 및 농림수산업의 발달에서 최근 산업의 신장(伸張)이 눈부시다. 제국 경제의 자급자족 체제 확립에 공헌한 바가 매우 현저하다. 금융계 역시 일찍이 조선금융단을 결성하여 자금의 축적에, 국채의 소화에, 혹은 생산력확충자금의 공급에, 시국의 요청에 잘 응해 그 활동이 성과를 많이 냈는데, 다시 금융신체제(金融新體制)의 진전에 즉응하여 이에 전국금융통제회의 일익(一翼)으로서 새롭게 법령에 기초한 강고한 조선금융단의 성립을 보게 되었다. 우리 경제계를 위해 매우 경하할 만한 일이다. 이에 기구의 정비와 함께 그 운영의 적정을 기해 금융기관 기능의 종합적이고 계획적인 발휘에 의해 내선일체가 더욱 성업의 익찬(翼贊), 국운의 진전에 기여할 것을 기원해 마지않는다.

조선금융단 발회식에 즈음하여 한마디 소회를 말씀드려 축사로 갈음한다.

1942년(昭和 17) 6월 19일
전국금융통제회
회장 유키 도요타로(結城豊太郎)

오전 10시 17분 조선총독 퇴장

(일동 기립 경례)

○ 기무라(木村) 간사: 휴게합니다.

오전 10시 19분 휴게

오전 10시 23분 재개

의사

○ 기무라 간사: 이제부터 의사에 들어갑니다.

1. 황군에 대한 감사문 결의

○ 마쓰바라(松原) 이사장: 황군의 혁혁한 전과(戰果)에 대해 총후의 우리는, 특히 이 금융단의 발회식을 거행한 이 기회에, 감사 감격의 뜻을 표시하고자 하는데, 그 이유 등을 장황하게 설명할 필요는 없을 것 같습니다. 감사 문안을 일단 읽어 드리겠습니다.

(감사문 낭독)

황군에 대한 감사문

선전의 대조 환발(渙發)되어 대동아전쟁이 개시된 이래 이에 반도 우리 충성용무(忠誠勇武)한 육해 장병 각위는 능위(稜威)하 온갖 곤란을 극복하고, 선모용전(善謀勇戰) 확대된 지역에서 도처에 강적을 격파하고, 이미 동아(東亞)에 있어서 적의 거점을 모두 섬멸하여 대동아공영권 확립의 초석을 쌓았다. 그 위업이 찬란하여 만고에 빛나고, 국민이 모두 감격을 금할 수 없는 바이다.

이에 조선금융단 발회식을 거행하게 되면서 황군이 수립한 위훈(偉勳)과 노고에 대해 심심한 감사의 뜻을 표하고, 그 무운장구(武運長久)를 기원하는 동시에 전몰 영령에 대해 삼가 경조(敬弔)의 정성을 바치고, 또한 상병(傷病) 용사 각위에 대해서는 그 빠른 쾌유를 충심으로 기원하는 바이다.

1942년(昭和 17) 6월 19일

조선금융단

이사장 마쓰바라 준이치(松原純一)

○ 마쓰바라 이사장: 찬성하시면 기립해 주시기 바랍니다.

(찬성자 기립)

○ 마쓰바라 이사장: 전원 기립, 이 감사문을 어디로 보낼 것인가에 대해서는 일임해 주시기 바랍니다. (육군대신, 참모총장, 지나파견군 사령관, 북지파견 갑 제1800부대장, 남방파견 오카(岡) 제1601부대장, 조선군 사령관, 해군대신, 군령부(軍令府) 총장, 연합함대 사령장관, 지나방면함대 사령장관, 중지부대 해군 최고지휘관, 북지부대 해군 최고지휘관, 남지부대 해군 최고지휘관, 진해경비부 사령장관에 각각 발송)

2. 상병병(傷病兵) 위문 결의

○ 마쓰바라 이사장: 당지에 계신 장병을 위문하고자 합니다만, 그 방법 등에 대해서는 종래 금융단 대회 등의 예도 있으니 적당하게 처리하고자 합니다.

3. 선언 결의

○ 마쓰바라 이사장: 다음으로 이 발회에 즈음하여 선언문안을 낭독합니다.

(선언문 낭독)

조선금융단 발회 선언문

일전에 황송하게도 선전(宣戰)의 대조(大詔)를 받자와 우리 정예 육해황군(陸海皇軍)은 천황 폐하의 위엄하에 혁혁한 전과를 올리고, 이미 대동아에 있어서 요역(要域)을 모두 점유하고, 미영 해상 세력은 멀리 태평양 및 인도양에서 구축(驅逐)되려고 한다.

하지만 이번에 정전(征戰)의 목적을 달성하고 대동아공영권을 확립하는 것은 광고(曠古)의 대업으로서 앞으로도 여전히 장기에 걸쳐 국가총력의 유효한 발휘와 1억 국민 필승의 신념에 기대지 않으면 안 된다.

우리 조선 금융업자는 대동아공영권의 일환인 조선의 지위와 국민경제 운영의 근간을 이루는 금융사업의 중대한 직책을 감안하여 항상 협력일치, 국책 수행에 공헌해 왔으나 이제 전시금융통제의 진전과 함께 이에 조선금융단을 편성하여 법적 단체로서 새롭게 발족하고자 한다. 그 발회식을 거행함에 있어서 단원 각 금융기관은 당국 지도하에 관계 산업 각 방면과의 긴밀한 연락을 도모하고 더욱 모두 합심 협력함으로써 조선경제 총력 증강에 매진하고자 한다.

위와 같이 선언한다.

1942년(昭和 17) 6월 19일
조선금융단
이사장 마쓰바라 준이치

○ 마쓰바라 이사장: 이 선언에 대해서도 찬성하시면 기립해 주시기 바랍니다.
　(찬성자 기립)
○ 마쓰바라 이사장: 전원 기립, 감사합니다. 이것으로 의사를 마칩니다. (박수)

오전 10시 45분 의사를 마치다.

강연: (후기) 오후 4시 30분 강연 종료하다.

기념 촬영

오후 6시 조선호텔에서.

간친회

오후 6시 20분 조선호텔에서 간친회를 열다. 회원 250명 참집(參集), 그밖에 당일 내지, 만주, 관동주로부터 온 내빈과 경성 재주 조야 명사 57명을 초대했다. 연회에 앞서 약 1시간 동안 조선총독부 철도국이 제작한 〈천연색 금강산〉 조선 소개, 조선압록강수력발전주식회사가 제작한 〈석록철산(石碌鐵山)〉 해남도(海南島)에 관한 영화를 관람했다.

디저트 코스에 들어가 마쓰바라 이사장이 인사하다. 이에 대해 내빈을 대표하여 다나카(田中) 정무총감이 답사하다. 일동 환담한 뒤 오후 7시 30분 무사 종료하고 해산했다.

조선금융단 발회식 및 간친회 출석자(順席不同)

내빈(57명)

조선총독	고이소 구니아키(小磯國昭) 각하
조선총독부 정무총감	다나카 다케오(田中武雄) 각하
대장성 은행국 특별은행과장	구시다 미쓰오(櫛田光男) 님
대장성 은행국 검사관	오히라 사부로(大平三郎) 님
척무성 식산국 총무과 사무관	오다와라 도시로(小田原登志郎) 님
관동국 사무관	가메오카 야스오(龜岡康夫) 님
대장성속(大藏省屬)	야마모토 마코토(山本實) 님
척무성속(拓務省屬)	고지마 데쓰아키(小島哲明) 님
조선총독부 재무국장	미즈타 나오마사(水田直昌) 님
조선총독부 식산국장	고타키 모토이(上瀧基) 님
조선총독부 사정국장	스즈카와 도시오(鈴川壽男) 님
조선총독부 후생국장	이시다 센타로(石田千太郎) 님
조선총독부 체신국장	신가이 하지메(新貝肇) 님
조선총독부 기획국장	시오다 세이코(鹽田正洪) 님

조선총독부 비서관	오노 스에오(大野季夫) 님
조선총독부 비서관	마쓰자카 도키히코(松坂時彦) 님
조선총독부 어용괘 육군 대좌	시미즈 고타로(淸水孝太郎) 님
조선총독부 어용괘 해군 대좌	구로키 고이치(黑木剛一) 님
경기도지사	다카 야스히코(高安彦) 님
경성부윤	후루이치 스스무(古市進) 님
경성제국대학 교수	스즈키 다케오(鈴木武雄) 님
조선총독부 재무국 이재과장	쓰지 게이고(辻桂五) 님
조선총독부 재무국 관리과장	오카무라 다카시(岡村峻) 님
조선총독부 재무국 세무과장	다카하시 히데오(高橋英夫) 님
조선총독부 재무국 이재과 사무관	장수길(張壽吉) 님
조선총독부 재무국 관리과 사무관	우에다 신(上田新) 님
조선총독부 재무국 이재과 사무관	히사쓰에 하지메(久末肇) 님
조선총독부 재무국 관리과 사무관	전지용(全智鎔) 님
조선총독부 재무국 은행검사관	쓰지 겐조(辻健三) 님
조선총독부 재무국 관리과 감사관	아사마 겐(淺間健) 님
조선총독부 재무국 세무과 이사관	사노 가이치(佐野賀一) 님
조선총독부 재무국 이재과 이사관	기시모토 다다시(岸本正) 님
경성중앙우편국장	구누기다 마사카쓰(椚田政勝) 님
국민총력조선연맹 사무국 총장	하다 주이치(波田重一) 님
일본은행 이사	아라키 에이키치(新木榮吉) 님
만주중앙은행 이사	아베 스스무(阿部晋) 님
만주흥업은행 총재	오카다 마코토(岡田信) 님
야스다은행 취체역사장	소노베 히소무(園部潛) 님
다이이치은행 취체역	소시자키 세지(曾志崎誠二) 님
일본은행 행원	야마노우치 요시오(山內義雄) 님
만주중앙은행	이케다 사부로(池田三郎) 님

만주흥업은행 비서과장	나카이 히데오(中居秀雄) 님
만주흥업은행 비서	다나카 요시미(田中吉見) 님
야스다은행 제2영업과장	미야케 규노스케(三宅久之助) 님
야스다은행 비서과장대리	닌타니 마사오(仁谷正雄) 님
만주중앙은행 대련지행 경리	요시다 요노스케(吉田羊之助) 님
만주흥업은행 대련지점 지배인	야마나리 오키마사(山成興政) 님
대만은행 대련출장소 지배인	시마다 사이치(島田左一) 님
다이이치은행 대련출장소장	야마요시 나오이치로(山吉直一郞) 님
미쓰비시은행 대련출장소장	후루카와 나오히코(古川尙彦) 님
스미토모은행 대련출장소장	사이토 기치노스케(齋藤吉之助) 님
야스다은행 대련출장소장	가미오 다케오(神尾武雄) 님
산와은행 대련출장소장	다나카 이와네(田中磐根) 님
조선은행 대련지점 지배인	오구사 시이치(大草志一) 님
조선은행 여순지점 지배인	마에바시 요시오(前橋義雄) 님
조선생명보험협회 부회장	가메다 슈이치(龜田周一) 님
증권인수회사 조선연맹 간사	오히라 신이치로(大平信一郞) 님

출석자 (215명)

조선은행

총재	마쓰바라 준이치(松原純一)
부총재	기미지마 이치로(君島一郞)
이사	나카노 마사나가(中野正永)
이사	사구라사와 슈지로(櫻澤秀次郞)
이사	핫토리 다이조(服部岱三)
감사	하가 분조(芳賀文三)

비서과장	호소다 세이주로(細田精十郎)
인사과장	후쿠네 지로(福根次郎)
검사과장	나카무라 나오지(中村直次)
지점과장	요시타니 기치조(吉谷吉藏)
국고과장	야마자키 쇼지(山崎庄司)
계산과장	이노모토 에쓰로(井本悅郎)
조사과장	시부야 고지로(澁谷恒治郎)
서무과장	기쿠타 겐키치(菊田堅吉)
본점지배인	기무라 쇼요(木村勝與)
부산지점 지배인	안도 히로시(安藤博)
대구지점 지배인	우노 기치타로(宇野吉太郎)
여수지점 지배인	가쓰 요시로(勝津吉朗)
목포지점 지배인	가야바 쇼(萱場昌)
군산지점 지배인	바바 슈조(馬場秀藏)
인천지점 지배인	마사이 요시키(正井芳樹)
해주지점 지배인	다케베 리사쿠(竹部利佐久)
평양지점 지배인	세토 마코토(瀨戶誠)
진남포지점 지배인	사에키 요시키치(佐伯芳吉)
신의주지점 지배인	시마즈 세이치로(島津淸一郎)
원산지점 지배인	나리사와 요조(成澤養三)
함흥지점 지배인	이구치 다치헤이(井口立平)
청진지점 지배인	와다 구니야스(和田國安)
나진지점 지배인	호시노 센사쿠(堀野仙策)

주식회사 조선식산은행

두취	하야시 시게조(林繁藏)
부두취	가네코 류조(金子隆三)

이사	야마구치 시게마사(山口重政)
이사	마쓰이 히코지로(松井彦治郎)
이사	곤도 도쿠조(近藤得三)
이사	후지모토 슈조(藤本修三)
감사	나가토미 게이타(中富計太)
비서역	하야시다 사하치로(林田佐八郎)
인사과장	마쓰무라 다이신(松村大進)
서무과장	미카미 요시타카(三上吉隆)
검사과장	다치바나 (立花定民)
심사과장	이시카와 (石川淸深)
계산과장	후쿠다 겐지로(福田謙次郎)
증권과장	와타나베 (渡邊淸平)
감정과장	이이지마 간이치로(飯島寬一郎)
산업금융과장	나가마쓰 도치(永松統治)
공공금융과장	마스다 도시오(益田俊夫)
상업금융과장	사토 히사나리(佐藤久成)
특별금융과장	고야마 료(小山亮)
조사부장	혼다 히데오(本田秀夫)
대구지점 지점장	네야 긴이치(禰屋謹一)
부산지점 지점장	다네코 시마반(種子島蕃)
평양지점 지점장	다테노 가즈오(舘野一夫)
신의주지점 지점장	이무라 사다미(井村定省)
함흥지점 지점장	히라야마 사쿠지로(平山作次郎)
정진지점 지점장	기시다 기요토시(岸田淸淑)
해주지점 지점장	안도 마사아키(安東政昭)
대전지점 지점장	고무라 가오루(小村薰)
전주지점 지점장	오시무라 데루토미(押村暉臣)

광주지점 지점장	가메이 우메타로(龜井梅太郎)
나남지점 지점장	고노 마스카즈(河野益一)
인천지점 지점장	사사키 교(佐佐木恭)
군산지점 지점장	후쿠지 기지로(福地義二郞)
목포지점 지점장	스즈키 요이치(鈴木陽一)
진남포지점 지점장	다키 노부마사(瀧信正)
원산지점 지점장	이노다 도쿠지로(井田德次郞)
나진지점 지점장	우에다 시로(上田四郞)
청진지점 지점장	나카무라 세이치(中村靜一)
춘천지점 지점장	아카기 만주오(赤木萬壽夫)
여수지점 지점장	하야시 세이치로(林盛一郞)

주식회사 조선상업은행

취체역두취	호리 마사카즈(堀正一)
전무취체역	이노우에 기요시(井上淸)
상무취체역	히야마 우메요시(檜山梅喜)
취체역	스스무 다쓰마(進辰馬)
취체역	도쿠야마 신(德山新)
감사역	가다 나오지(賀田直治)
감사역	쓰키시로 쇼이치(月城鍾一)
서무과장	야마모토 호(山本保)
심사과장	이쿠다 겐이치로(生田健一郞)
조사과장	후루카와 히로시(古川博)
검사과장	시바오카 고(芝岡皐)
사계과장	시마타니 고헤이(島谷孝平)
부산지점 지배인	시오타니 야사부로(鹽谷彌三郞)
평양지점 지배인	구보 사이치(久保左一)

전주지점 지배인	이민희(李民熙)
나남지점 지배인	가타야마 사이치(片山佐一)
진주지점 지배인	데라오카 유(寺岡裕)
부산서지점 지배인	야마다 사토루(山田覺)
마산지점 지배인	노무라 다쓰미(野村辰巳)
통영지점 지배인	사토 사이바(佐藤塞馬)
신포지점 지배인	시라카와 간후쿠(白川漢福)
본정지점 동출장소장	오자키 요시노리(尾崎義敎)

주식회사 한성은행

취체역두취	노다 신고(野田新吉)
전무취체역	구보 슈이치(久保秀一)
상무취체역	오야 운요(大谷雲用)
취체역영업부장	다마야마 도모히코(玉山友彦)
대구서지점 지점장	요시나가 미쓰루(吉永光)
안동지점 지점장	산조 히사요시(三城久宜)
왜관지점 지점장	가야마 겐이치(華山元一)
경주지점 지점장	후지야마 조켄(藤山常健)
포항지점 지점장	히라오카 요시다카(平岡義高)
예천지점 지점장	하리사와 쓰네토요(張澤恒豊)
영천지점 지저장	나가히라 후미히코(永平文彦)
영덕지점 지점장	마쓰이 모토히로(松井源弘)
부산지점 지점장	오야마 히로시(大山弘)
장연(長淵)지점 지점장	오야마 다카스케(大山隆資)
겸이포지점 지점장	이와모토 마사히데(岩本正信)
옹진지점 지점장	가나야 마사하루(金谷昌治)
평양대화정 지점장	미야자키 스스무(宮崎進)

소사출장소장	아사야마 마사루(朝山勝)

주식회사 동일은행

취체역회장	민규식(閔奎植)
전무취체역	가와구치 마코토(河口眞)
상무취체역 본점 지배인	와다 마사키(和田正基)
서무과장	구리하라 우사부로(栗原卯三郎)
업무과장	고가 기쿠지로(古賀菊次郎)
비서역	쓰치다 쇼조(土田正藏)
본점 부지배인	마쓰오카 신이치(松岡信一)
관훈동지점 지배인	히로나가 호쇼(廣永鳳鍾)
동대문지점 지배인	이항종(李恒鍾)
서대문지점 지배인	이연용(李淵鎔)
남대문지점 지배인	가네하라 미치노리(金原敎哲)
영등포지점 지배인	오야마 노부히사(大山乃久)

주식회사 다이이치은행(第一銀行)

경성지점 지점장	나카마 고슈(中間高州)
경성지점 차장	기치세 슌스케(吉瀨俊助)
경성지점 지점장대리	스미나가 슌지(住永惇二)
경성지점 지점장대리	도미나가 마사오(富永政雄)
경성지점 지점장대리	단노 마사토(檀野正人)
부산지점 지점장	다카하타 신노스케(高畑新之助)

주식회사 야스다은행(安田銀行)

경성지점 지점장	호사카 도키타로(保坂時太郎)
경성지점 부장	아오키 마코토(青木實)

경성지점 지점장대리	우에노 다다시(上野忠)
경성지점 지점장대리	이나토미 와시로(稻富和四郎)
부산지점 지점장	후쿠다 미쿠마(福田己熊)
평양지점 지점장	사고다 고로쿠(迫田五六)

주식회사 산와은행(三和銀行)

경성지점 지점장	다케우치 다이스케(竹內大助)
경성지점 차장	누가 초지로(奴賀長二郞)
경성지점 지점장대리	마쓰우라 노부오(松浦信男)
경성지점 지점장대리	간와테 겐지(川手謙二)
경성지점 지점장대리	하야시 고고로(林小五郞)

주식회사 조선저축은행

취체역두취	이모리 아키하루(伊森明治)
상무취체역	시라이시 진키치(白石甚吉)
비서역	가지하라 규주로(梶原九十郞)
감리과장	도시마 료(登島亮)
주계과장 겸 단체저금과장	아키미쓰 기요하루(秋滿淸治)
서무과장	마루나카 도쿠조(丸中德三)
외무과장	도코 이와타로(都甲岩太郞)
영업과장대리	오카모토 쇼조(岡本正造)
목포지점 지배인	시오쓰카 도헤이(鹽塚藤平)
대구지점 지배인	후쿠다 야스카즈(福田保一)
신의주지점 지배인	노토 리세이(能登利正)
청진지점 지배인	야마시타 렌(山下連)
원산지점 지배인	미기데라 겐(右寺元)
진남포지점 지배인	도사카 에이이치(登坂英一)

전주지점 지배인	오쿠다 도시오(奧田壽雄)

조선신탁주식회사

취체역사장	사누이 겐스케(讚井源輔)
전무취체역	야마모토 다메요시(山本爲善)
본점지배인	사쿠라이 긴고(櫻井金五)
비서과장 겸 서무과장	야마우치 다마키(山內環)
계리과장	다무라 기산지로(田村喜三治郎)
심사과장	이도 신타로(伊藤辰太郎)
기술과장	다카하시 신(高橋申)
본점 부지배인	후지에 시로(藤江四郎)
군산지점 지배인	아사노 게이지(淺野敬二)
부산지점 지배인	고바야시 고지(小林光次)
목포지점 지배인	아키바 고헤이(秋場孝平)
평양지점 지배인	니시 신이치(西新一)
대구지점 지배인	곤도 다카야스(近藤隆康)
함흥지점 지배인	모리 가나메(森要)
청진지점 지배인	모리노 시게루(森野茂)

동양척식주식회사

총재	사사키 고마노스케(佐々木駒之助)
이사	가미우치 히코사쿠(上內彦策)
이사	가사이 아쓰시(笠井淳)
금융과장	하라 준이치(原俊一)
서무과장	도이 료이치(土井良一)
금융차석	야마모토 우메키치(山本梅吉)
경서지점 지점장	사가라 지스케(相良自助)

경성지점 차장	우메사키 이쿠조(梅崎郁三)
경성지점 금융계 주임	다케다 이치사부로(武田市三郞)
부산지점 지점장	사토 다카시(佐藤高)
대구지점 지점장	모리와키 노부오(森脇信夫)
목포지점 지점장	이이쿠라 한조(飯倉汎三)
이리지점 지점장	기무라 로쿠로(木村六郞)
평양지점 지점장	도요시마 시게타케(豊島重剛)
사리원지점 지점장	야마다 히로시(山田寬)
나진지점 지점장	고토 마사테루(後藤正輝)

조선금융조합연합회

회장	마쓰모토 마코토(松本誠)
서무부장	오카다 도요지로(岡田豊次郞)
금융부장	사이토 세이지(齋藤淸吉)
사업부장	쓰치야 덴사쿠(七屋傳作)
교육부장	시게마쓰 마사나오(重松韜修)[17]
경기도지부장	스즈키 이세지(鈴木伊勢治)
총무과장	고구치 히로시(小口弘)
보급과장	기요미즈 세이치(淸水精一)
자금과장	오야 유키마사(尾家幸正)
지도과장	이요나가 요시노부(彌永義信)
조사과장	오구마 료이치(大熊良一)
참사	미야모토 겐스케(宮本謙助)
화성금융조합 이사	노미 세조(能見精藏)
개성금융조합 이사	아카기 나오에다(赤木直枝)

---

17 田中秀雄, 2010, 『朝鮮で聖者と呼ばれた日本人 重松韜修物語』, 草思社 참조.

고양금융조합 이사	다카시마 류스케(高島隆助)
왕십리금융조합 이사	니시 기쿠마(西菊馬)
부천금융조합 이사	오가와 미치타로(小川道太郎)
수원금융조합 이사	나카무라 사다오(中村貞夫)
인천금융조합 이사	우에노 신이치로(上野進一郎)
종로금융조합 이사	이시즈카 야스시(石塚保)
송도금융조합 이사	시게무라 도모조(重村知三)
광화문금융조합 이사	니토베 유키요시(二藤部行義)
왜성금융조합 이사	마키타 슈조(牧田收藏)
남대문금융조합 이사	오미치 야스타로(大道恭太郎)
용산금융조합 이사	나가야마 마사토시(長山正利)
신용산금융조합 이사	아오키 사다스케(靑木貞介)
서대문금융조합 이사	오노 한시로(小野半四郎)
동대문금융조합 이사	우치다 시게요시(內田繁由)

조선중앙무진주식회사

취체역사장	고쇼 이쓰오(古庄逸夫)
전무취체역	미키 세이치(三木淸一)
상임감사역	가와구치 야시치(河口彌七)

조선금융단 역원명

이사장 (조선은행 총재) 마쓰바라 준이치(松原純一)

이사 (주식회사 조선식산은행 두취) 하야시 시게조(林繁藏)

(조선은행 부총재) 기미지마 이치로(君島一郞)

감사	(주식회사 조선상업은행 취체역두취) 호리 마사카즈(堀正一)
	(주식회사 다이이치은행 경성지점 지점장) 나카마 고슈(中間高州)
평의원	(조선총독부 재무국 이재과장) 쓰지 게이고(辻桂伍)
	(조선동독부 재무국 관리과장) 오카무라 슌(岡村峻)
	(조선총독부 체신국 감리과장) 후카가와 도시오(深川俊夫)
	(조선은행 이사) 사구라자와 슈지로(櫻澤秀次郎)
	(주식회사 조선식산은행 이사) 야마구치 시게마사(山口重政)
	(주식회사 한성은행 취체역두취) 노다 신고(野田新吾)
	(주식회사 동일은행 대표취체역) 민규식(閔奎植)
	(주식회사 야스다은행 경성지점 지점장) 호사카 도키타로(保坂時太郎)
	(주식회사 산와은행 경성지점 지점장) 다케우치 다이스케(竹内大助)
	(주식회사 조선저축은행 취체역두취) 이모리 메이지(伊森明治)
	(조선신탁주식회사 취체역사장) 사누이 겐스케(讚井源輔)
	(동양척식주식회사 이사) 사카이 준(笠井淳)
	(조선중앙무진주식회사 취체역사장) 고쇼 이쓰오(古庄逸夫)
고문	(조선총독부 재무국장) 미즈타 나오마사(水田直昌)
	(조선총독부 사정국장) 스즈카와 도시오(鈴川壽男)
	(조선총독부 식산국장) 고타키 모토이(上瀧基)
	(조선총독부 농림국장) 야마자와 와사부로(山澤和三郎)
	(조선총독부 기획부장) 시오다 세이코(鹽田正洪)
	(조선총독부 체신국장) 신가이 하지메(新貝肇)
	(경기도 지사) 다카 야스히코(高安彦)
	(국민총력조선연맹 사무국 총장) 하다 주이치(波田重一)

강연

전시금융의 중대성

대장성 특은과장(特銀課長) 구시다 미쓰오(櫛田光男)

저는 오늘 여기에 조선 금융기관의 통제단체인 조선금융단의 발회식을 맞이하여 여러분을 직접 뵐 수 있어서 경축의 뜻을 표하는 동시에 한마디 소감을 말씀드릴 기회를 얻게 되어 정말이지 기쁘게 생각합니다.

특히 저는 소학교와 중학교 시대를 이곳에서 지냈습니다. 소위 제 고향이라고 할 수 있겠습니다. 이곳의 나무 하나 풀 한 포기 모두가 정말이지 친근해서 가슴에 와닿는 바가 있습니다. 일이나 기타 관계로 만주나 지나 등에는 여러 번 갈 기회가 있었습니다만, 항상 이곳은 하늘에서 그리워하며 내려다보는 정도였습니다. 중학교를 졸업한 뒤 20여 년이 지나는 동안 여러분을 직접 뵐 기회를 얻지 못한 채 오늘에 이르고 있어 정말이지 유감스럽게 생각하고 있습니다. 이번에 이런 기회를 얻게 된 것에 상당히 감사해하고 있습니다.

이곳에 오랜만에 찾아와서 어제 아침에도 아직 어둑어둑한 중에 눈을 떠서 차창에 비치는 산과 강을 바라보고 있었습니다. 상당히 푸른 산들이 이어지고 있었습니다. 언덕 위에까지 밭이 경작되고 있었고, 아침 일찍부터 농민분이 부지런히 일하고 계시는 모습은 정말 생생하고 힘이 넘치는 느낌이었습니다. 정말이지 격세지감이 넘쳐 가슴에서부터 기쁨을 느끼는 동시에, 이 대륙에서 우리 제국의 가장 중요한 반도로서, 또 이 대동아공영권의 일환으로서, 이 공영권 확립의 출발점을 지고 있는 이 조선을, 이 정도까지 키워 낸 여러분의 남다른 고심과 수고에 대해 마음에서부터 우러나오는 감사를 전해 올리고자 합니다.

특히 오늘은 「금융통제단체령」에 기초해 조선 금융통제의 중심인 조선금융단이 성립한 경축할 만한 날입니다. 그 사이 여기 참석한 여러분의 진력(盡力)에 심심한 경의를 표하는 동시에, 대동아전쟁 완수에 대처할 수 있는 우리나라의 금융통제기구라 할 수 있는 것이 이렇게 정비되기에 이른 것은, 국가를 위해 충심으로 경하의 말씀을 드립니다.

대동아전쟁 발발 이래 황군 장사(將士)의 용전분투로 육지에서 바다에서 또 하늘에서 눈부신 전과를 올림으로써 국위를 내외에 선양하고 있는 것에 감격해 마지않는 바입니다. 그동안 우리 금융계가 이 황군의 혁혁한 전과를 반영해서, 현재까지 매우 평정하고 또 순조로운 추이를 밟아 온 것은, 여러분과 함께 충심으로 기뻐하지 않을 수 없는 바입니다. 하지만 이 미증유의 대전쟁을 이겨 내 새롭게 대동아공영권을 확립하고, 또 그 한없는 발전을 기대하기 위해서는 향후 불요불굴(不撓不屈)의 노력을 오랫동안 경주해야 하는 것은 당연히 각오해야 할 것입니다. 향후 사태의 추이를 따라 국가총력의 발휘에 만유감(萬遺憾) 없도록 하기 위해서는 금융, 재정, 경제의 각 분야에 걸쳐 지금까지보다 더 종합적이고 유기적, 그리고 계획적으로 이를 운영하는 것이 절대적으로 필요하다고 생각합니다.

그리고 금융 방면에서 그 기능을 최고도로 발휘하기 위해서는 지금까지에 더해 통제를 더욱 강화하는 동시에, 다른 한편 이를 최대한 정세(精細)한 그것으로 만들어 가야 한다고 생각합니다. 즉 각종 금융기관에 대해서는 「은행법」이라든가, 기타 각 금융기관에 대해서 법령에 의거해 일반적 감독을 다하는 한편, 지나사변 발생 이후에는, 「임시자금조정법」이나 「은행등자금운용령」 등에 의한 통제가 계속 이루어지고 있어서, 금융업자 각위의 협력과 함께 대체로 소기의 효과를 거두어 지금에 이르렀습니다. 하지만 최근 내외의 정세, 특히 미국과 영국에 대한 개전에 따른 사태의 진전을 맞이하여 더욱 적절한 금융통제를 실행할 필요가 있음은 다언(多言)이 필요하지 않다고 생각합니다.

그런 상황이기 때문에 정부에서는 우선 제일 먼저 「일본은행법」을 제정하여 일본은행제도 전반에 걸쳐 근본적인 개정을 이루었습니다. 일본은행은 이에 기초하여 아시는 바와 같이 5월 1일 개조되었고, 지금은 명실공히 우리나라의 중앙발권은행으로서 정부와 표리일체의 관계에 서서 국책이 향하는 바에 즉응(卽應)하여 통화 조정, 금융 조정 및 신용제도의 보지(保持) 육성의 책임을 지게 되었습니다. 그와 동시에 또한 대동아공영권 내 금융기관의 중심으로서 공영권 내외에 걸친 결제의 중추적 지위에 서게 되었습니다.

한편 정부에서는 이 일본은행 개조와 함께 금융통제단체를 설립하여, 금융통제기구의 정비를 도모하고자 했습니다. 원래 금융통제를 하게 되면 모든 금융기관이 모두 하나가 되어 일체적으로 활약할 수 있는 시스템을 창출하고, 이에 따라 종합적으로 그 기능이 발휘되어 자립적으로 국가가 요청하는 바를 충분하게 실현하는 상태가 실현된다면, 이는 금융통제의 방식으로서는 가장 이상적인 형태가 아닐까, 라고 우리는 전부터 생각하고 있었습니다. 정부가 기대하고 있는 것도, 궁극적으로는 여기에 있다고 할 수 있을 것입니다. 정부로서는 업태별 통제회에 의해 그 업태에 속하는 각 금융기관의 기능이 일체가 되어 발휘되고, 또 전국 금융통제회에 의해 모든 금융기관이 하나가 되어 그 기능을 종합적으로 발휘할 것을 기대하고 있습니다.

또한 각 지방, 특히 이곳은 말씀드릴 것도 없이, 대륙에 있어서 우리 제국의 가장 중요한 기지로서, 또 대동아공영권 확립의 출발점이라는 지위를 가지고 있어서, 우리나라 금융경제상에도 특별하고 또 중요한 지위를 점하고 있습니다. 이곳의 각 금융기관이 이에 조선금융단의 성립을 통해 한 몸이 되어 그 기능을 종합적으로 발휘하고, 그렇게 함으로써 대동아전쟁의 완수, 대동아공영권의 완성을 위해 부과된 바의 역할을 충분히 감당할 수 있도록 우리는 기대해 마지않는 바입니다.

당연히 현재 금융 문제의 중심은 제일 먼저 국민저축의 증강입니다. 두 번째로는 이렇게 축적된 자금을 국가 목적에 즉응할 수 있도록 이를 적정하게 배분하는 문제입니다. 국가적 견지에서 필요하다고 여겨지는 자금, 특히 국채소화를 위한 자금 및 생산력 확충에 필요한 자금은, 반드시 이를 조달해야 합니다. 이 자금은 은행권 증발이라는 형태로 조달하는 것이 아니라, 국민의 저축을 통해 축적된 자금으로 조달해야 한다는 것은 말할 필요도 없는 것이어서, 우리나라가 전시경제를 운영할 때 국민저축의 증강이 무엇보다 가장 필요하다고 하는 이유가 여기에 있습니다.

지나사변 전 우리나라의 국채는 내외채(內外債)를 통틀어 약 500억 엔 정도였는데, 지나사변 발생 이후 1941년도(昭和 16)까지, 즉 올해 3월 말까지 약 293억 엔의 국채를 발행하고 있습니다. 그 85%에 해당하는 약 250억 엔이 완전히 소화되고 있습니다. 이렇게 해서 우리 전시 재정·금융이 원활하게 수행하고 있는 것은, 적이냐 우리 편이냐를 불문하고 열국(列國)이 경이로운 눈으로 보고 있고, 또 매우 두려워하고 있습니다. 이는 정말이지 지극히 동경해 마지않는 바입니다. 1942년도(昭和 17)에는 이 역시 주지하듯 일반회계의 예산이 88억 엔 남짓, 임시군사비 특별회계의 예산은 180억 엔, 이 양자 사이에 중복 계정을 공제하고도, 그 순계(純計)는 243억 엔 남짓이 됩니다. 이에 대해 주로 조세 수입 약 57억 엔 정도와 국채 발행 163억 엔 정도를 예정하고 있습니다. 그리고 1941년도 말까지 예정된 국채 중 미발행분이 아직 남아 있어서, 이 발행분을 더하면 1942년도에는 공채소화에 필요한 자금은 총액 170억 엔에 달할 것으로 예상됩니다. 국민저축 증강이 필요하다는 것은, 새삼 많은 이야기가 필요하지 않습니다. 1941년도 국민저축의 실적은 약 160억 2,000만 엔이었습니다. 이는 작년도 목표액 170억 엔에 비해 다소 부족하지만, 작년도에는 예정된 국채 발행이 예정액에 비해 다소 적어서, 이를 이렇게 저렇게 살피면 대체로 예정대로의 성적을 거두었다고 할 수 있을 것입니다. 본년도에는 아까 말씀드렸듯이 공채소화에 필요한 자금 170억 엔, 거기에 생산력 확충에 필요한 자금으로 60억 엔, 이를 예정해서 국민저축 증강 목표액은 230억 엔으로 결정했습니다. 이는 상당한 금액이어서, 예를 들어 말씀드리면, 10엔 은행권을 옆으로 나열하면 지구 적도 주위를 여덟 번 정도 돌 수 있는 정도의 금액입니다. 더구나 이 목표액은 무슨 일이 있어도 달성해야 합니다. 이를 위해서는 국민의 근검저축을 통한 협력에 의지해야 함은 물론, 다른 한편 모든 금융기관에서도 그 전 기능을 다해 국민저축 증강에 협력하는 것이 절대적으로 필요합니다.

금융통제단체에서는, 어떻게 하면 금융기관의 저축 흡수가 가장 효과적으로 이루어질 수 있는지 진지하게 연구하시고, 또한 그 방법을 실행하게 되면, 참가 금융기관의 자금 수집(蒐集)에 대해 적절한 지도와 통제를 해 주셔서 그 효과의 만전을 기할 수 있도록 힘써 주실 것을 기대하고 있습니다.

다음은 자금의 적정 배분에 관한 문제입니다. 물론 일정한 시기를 떼 보면 수량적으로는 스스로 한계가 있는 자금입니다. 따라서 이를 가장 국가 목적에 적응할 수 있도록, 불필요한 방면, 불필요한 때에 유출하는, 계획 외에 사용되는 일은 1전, 1리라도 없도록 하는 것이, 절체적(絶體的)으로 필요합니다. 앞에서 말씀드렸듯이, 오늘날과 같은 상황에서 축적된 자금은 이를 국채소화나 생산력 확충 등을 위해 필요한 곳에 집중적으로 배분해야 하는데, 이 생산력확충자금을 공급할 때는 물자 및 노동력의 수요 공급의 상황을 충분히 고려하여 시간적으로도, 장소적으로도 그동안 어떤 오차가 발생하지 않도록 하는 것이 자금을 배분할 때 가장 주의해야 하는 바라고 생각하고 있습니다.

그래서 정부에서는 일찍부터 각종 자금통제에 관한 계획을 수립해서, 앞에서 말씀드린 의미에서, 자금의 배분이 계획적이고 적정하게 이루어질 수 있도록 노력해 왔습니다. 따라서 자금의 움직임은 모두 이들 계획에 즉응해서 이루어져야 하고, 금융기관에서 행하는 자금의 수집 및 그 적용도 결국 이들 계획에 그 기본을 두어야 한다고 생각합니다. 정부에서는 이 계획과 실제 자금의 움직임을, 이것이 잘 맞아떨어지도록 한다는 의미에서, 「임시자금조정법」이나 「은행등자금운용령」을 통해 자금 이동의 조정을 일찍부터 실행해 왔습니다.

또한 자금의 계획적 배분의 실현을 기하고, 이를 확보하기 위해, 「은행등자금운용령」에 기초해 은행 등에 자금 융통의 명령을 내거나 또 가깝게는 전시금융금고의 설립을 본 것은 이미 여러분이 잘 알고 계시는 바입니다.

지금까지 말씀드린 것은, 개별 금융기관이 그런 각오로 노력하는 형태를 취하기보다, 여기 그 금융통제단체가 설립되어 금융기관의 기능이 종합적이고 또 집약적으로 발휘되는 경우에 지금까지 말씀드린 것이 가장 잘 실현될 수 있는 것이 아닐까 생각합니다.

따라서 금융통제단체에 대해, 나는 예컨대 그 산하에 있는 금융기관으로부터 수시로 그 자금의 수집 운용에 관한 계획을 모아 이를 종합해서 국가 전체의 자금계획에 적합하게끔 적절한 지도와 지시를 행하고, 또 그 실행을 확보하기 위해 필요한 지도 통제를 해 주셨으면 합니다. 또 예컨대 개별 금융기관에 대해 국채의 소화라든가 사채의 인수 등에 대해, 혹은 그 비율이나 금액 등에 대해 지시하여 필요한 만큼의 국채 및 사채의 소화를 확보하는 사업을 행하는 것이 향후 금융통제단체의 가장 중요한 사업의 하나가 될 것으로 생각합니다.

또한 자금 배분이, 일정 기간 전체를 보면 계획대로 적합한 때도 있겠지만, 실제로 어떤 시기에는 시간적으로도, 장소적으로도 차이가 발생하는 것을 피할 수 없습니다. 하지만 이러한 경우에도 금융통제단체에서 그 풍부한 지식과 경험으로 세심한 배려에 기초하여 적당하게 지도하고 통제하여 항상 자금의 수요 공급이 딱 적합한, 그리고 계획 실행을 확보하는 것에 노력해 주었으면 하는 것이, 이 역시 필요한 것이어서, 정부로서는 이러한 활동을 금융통제단체에 또 기대하고 있습니다.

또한 금융사업과 산업의 관계가 이 금융통제단체를 통해 한 단계 더 긴밀해지는 것을, 우리는 기대하고 있습니다. 물자, 노동력 및 자금의 세 가지는 생산에 불가결한 것인데, 이 생산 능률을 최고도로 발휘하기 위해서는 상기 세 가지가 시간적으로도, 또 장소적으로도, 또 양적으로도 가장 적당하게 조합이 이루어져야 함은 말할 필요도 없는 바입니다. 이를 위해서는 우선 물자, 노동력, 자금의 국가 계획이 각각 상호의 유기적 관계하에 수립되어 있는데, 그 계획에 즈음하여 자금의 배분이 계획적으로 이루어지는 것이 선결되어야 할 문제임은 물론입니다. 하지만 금융기관에서 실제로 자금을 배분할 경우, 그 시기나 방법, 조건에 대해 많은 문제가 있음은 여러분이 지금까지 모두 경험하신 바라고 생각합니다. 결국 그를 위해서는, 자금의 계획적 배분을 담당할 금융기관 측과 또 물자 및 노동력의 배분을 담당할 측이 항상 밀접한 연락을 유지해서 서로의 사정에 대해 잘 파악하고 있는 것이, 우선 필요하지 않을까 생각하고 있습니다. 동시에 시국에 긴요한 일이고, 또 그 물자 및 노동력의 공급에 대해서는 충분하게 그 전망이 서 있는 것에 대해서, 필요한 만큼의 돈을 필요한 때에 반드시 공급한다, 이는 금융기관에 부과된 중대한 임무입니다. 아울러 이렇게 해서 공급된 자금을 가장 효과적으로 활용하여 조금도 헛됨이 없도록 하는, 이것이 또 산업 측에 부과된 중대한 책임이라고 생각합니다. 금융통제단체로서는, 지금 말씀드린 상태를 실현하는 것도, 거기에 부과된 중대한 임무의 하나입니다. 따라서 금융통제단체와 산업단체 사이에 혹은 공동의 위원회를 만든다든지, 혹은 서로 역원(임원)의 교환을 한다든지, 혹은 공동의 조사와 연구를 수행한다든지, 또 금융통제단체에서는 사채의 공동인수라든가, 자금의 공동융통, 이를 알선하는, 소위 금융상담사업을 충실하게 행하는 것이 그 구체적인 예라고 생각합니다. 정부로서는, 이러한 방법을 통해 산업에 가장 적절하게 자금의 배분이 이루어지는 동시에, 산업 측에서도 가장 적정한 자금의 사용이 이루어질 것을 기대하고 있습니다.

또 우리로서는, 금융계의 실정에 입각한 적절한 의견을 금융통제단체를 통해 수시로 들을 수 있고, 금융통제의 적절한 실시에 필요한 유익한 자료를 공급받기를 기대하고 있습니다.

차제에 특히 여러분께 말씀드리고 싶은 것은, 오늘 성립한 조선금융단은 「금융통제단체령」에 기초하여 지방금융협의회로서 성립했습니다만, 내지에서 도부현(道府縣)마다 만들어진 지방금융협의회와는 크게 그 취지를 달리한다는 점입니다. 즉 조선금융단은 정확하게 전국금융통제회에 해당하는 중요한 지위와 역할을 점한다는 점입니다. 따라서 「금융통제단체령」에서 각 지방금융협회의에 부여된 사명, 즉 그 지역에 있어서 자금의 흡수와 운용에 관한 지도 통제, 금융사업의 정비 촉진 또 금융사업 기능의 증진에 더해, 전국금융통제회와 같이 조선에 있어서 금융사업과 산업의 관계를 더욱 긴밀하게 촉진한다든지, 혹은 금융사업에 관한 조사나 연구 등을 담당하는 외에, 또 금융에 관한 정부의 계획에 참여하게 되리라고 생각합니다. 그러므로 조선에서 이루어지는 금융사업의 기능을 종합적으로 발휘하는 데 필요한 지도와 통제를 시행하고, 금융에 관한 국책의 입안 및 수행에 협력해 주셨으면 합니다.

앞에서 말씀드렸듯이 국민저축의 증강과 자금의 적정한 배분이라는 문제는, 향후 관민이 일치하여 이의 실현을 담당해야 할 중대한 문제이고, 우리나라의 재정경제 규모는 미증유의 대전쟁 완수와 대동아 건설을 위해 비약적으로 계속 증대하고 있습니다. 따라서 만약 만에 하나라도 이 자금의 축적 및 배분이 계획대로 실현되지 못하게 되면, 통화팽창이나 생산력 감퇴 등 전시경제 운영상 매우 우려할 만한 결과를 초래하게 될 것임은 말하지 않아도 명확하여 향후 금융통제의 중요성은 날로 증가하고 있습니다. 정부로서는 이에 대해 금융통제단체에 의한 통제라는 방법으로 대처하고자 한다는 것은, 앞에서 말씀드린 대로입니다. 따라서 이번 일은 우리나라 금융계에서는 정말이지 획기적인 사업이라고 할 수 있을 것입니다. 그리고 금융통제단체에 의한 금융통제라는 것이 과연 그 성과를 잘 거둘 수 있을 것인가 여부는, 오로지 관민일치(官民一致)로 해야 하는 동시에, 그 성과를 잘 거둘 수 있을 것인가 아닌가, 만약 거둘 수 있다면 실제로 엄청난 일이 될 것이어서, 우리나라 전시경제의 융체(隆替)에 관한 것이라고 대장대신[18]도 항상 말씀하시고 계십니다. 따라서 우리로서는 향후 금융통제단체의 사업에 대해 항상 전면적으로 원조해 드리는 동시에, 금융통제단체 측에서도 항상 그 활동이 국책에 즉응(卽應)하고, 또 부여받은 임무에 대해 통제단체의 이사자로서 담당하시는 분이 항상 감독이나 기타 적절한 지도 등에 기초하여, 항상 훌륭한 운영을 해 주시길 희망해 마지않습니다. 그 결과 금융통제단체가 그 기능을 잘 발휘하게 된다면, 국책이 지향하는 바는 저절로 실현될 것이고, 이러한 상태는 정부로서도 항상 희망하고 있는 바입니다.

이제 미증유의 시국을 맞이하여 관민일체(官民一體)의 태세를 정비하고, 종합적 총력을 발휘하고자 노력해야 하는 가을입니다. 금융계에서도 아무쪼록 금융통제단체가 정부와 개조된 일본은행과 함께 삼자 간 표리일체적 관계 속에서 금융사업의 종합적 기능이 잘 발휘될 수 있도록 전력을 다하셔서 그 효과가 잘 나타날 수 있도록 협력해 주시길 간절히 바라 마지않습니다.

너무 눌변이어서 듣기 힘드셨을 것 같은데, 이로써 제 인사를 마치고자 합니다. (박수)

---

18 원문에는 '大議大臣'이라고 되어 있으나 '大藏大臣'의 오기이다.

금융계의 사명

일본은행 이사 아라키 에이키치(新木榮吉)[19]

(박수) 오늘 이렇게 조선 금융기관에 대한 통제를 담당할 조선금융단의 발회식을 거행하게 되면서, (이곳에-역자) 초대되어 여러분들을 뵐 기회를 얻게 된 것을 무엇보다 기쁘게 생각하는 바입니다.

지나사변 발발 이래 무훈(武勳)이 혁혁한 황군이, 대동아전(大東亞戰) 개시 이후에는 다시 세계에 부강함을 자랑하는 미영(米英)을 상대로 육지에서 바다에서 하늘에서 대전과를 올리고 있는 것은 전 세계가 모두 경탄하는 바이고, 이를 통해 대동아공영권의 맹주로서 우리나라의 지위가 더욱 내외에 확립되기에 이른 것은 여러분과 함께 감격에 마지않는 바입니다.

돌아보건대 지나사변이 발발한 지 이미 5년 가까이 지났고, 그동안 우리 경제계는 미증유의 난국에 처해 조금의 동요도 없이 혹은 전비 조달로 혹은 군수생산의 확충으로 시국의 요청에 철저하게 응하여 그 강인성을 유감없이 발휘해 왔습니다. 이를 금융 방면에 대해 보면, 지나사변 발생 이래 작년 말까지 금융기관의 국채 보유고[手持高]는 약 100억 엔을 증가하고 있습니다. 또한 금융기관으로서는 이밖에 시국에 긴요한 생산확충자금도 거액으로 공급하고 있어 국채 이외의 증권 보유고 및 대출고의 증가도 합계 185억에 달하고 있습니다.

한편 국민저축 자금의 수입(受入, 수령)은 같은 기간 309억 엔에 달해 정말 견실한 행보를 계속해 왔습니다. 더구나 금융기관의 자금 수입은 국민저축 증강에 대한 요청이 강해짐에 따라 증가해 정부의 국민저축 증가 목표액이 처음 공개된 1938년(昭和 13)도에는 그 예금 증가액이 41억 엔이었는데, 작년도에는 실로 91억 엔에 달했습니다. 이는 국민의 각오와 금융계 인사들의 노력이 맺은 결실이 아닐 수 없습니다.

---

19 아라키 에이키치(新木榮吉, 189~1959)는 다이쇼 때부터 전후 쇼와시대에 활약한 일본의 은행가이다. 1945년과 1954년에 두 번 일본은행 총재에 임명되었고, 1952년에는 주미대사에 임명되기도 했다.

하지만 전쟁은 아직 서전(緖戰)이고, 특히 상대는 부강을 자랑하는 미영이기 때문에 향후 전비가 더욱 증가하리라는 것도 각오해야 합니다. 현재 본년도 국민저축 증강 목표는 230억 엔입니다. 작년도보다도 60억 엔을 늘렸습니다. 이 목표에 도달하기 위해서는 국민으로서는 소비 규정을 철저히 하고 그밖에 더욱 인내함으로써 노력해야 합니다. 우리 금융업자도 자금 흡수에 한층 더 노력하고 열심히 궁리해야 할 것입니다.

다음으로 또 금융계로서는 축적된 자금을 국가 목적에 응해 적절하게 운용하고, 자금의 효율을 최고도로 발휘하는 것이 중요합니다. 향후도 국채의 소화에 협력해야 함은 새삼 언급할 필요도 없습니다. 아울러 긴급을 요하는 생산확충자금의 소통에 유감이 없어야 함은 물론이고, 시국에 긴요하지 않은 자금은 절대로 이의 공급을 피해야 합니다. 이 금융기관의 자금 운용상의 태도 여하는 전시경제의 운행과 지대한 관계가 있어서, 금융계로서는 이 점에 대해서도 향후 더욱 노력해야 할 것입니다.

이렇게 오늘날 시국이 금융계에 기대하는 바는 점점 더 커지고 있습니다. 따라서 우리 금융업에 종사하는 자는 진심으로 하나가 되어 노력해야 함은 물론이려니와, 나아가 새로운 구상하에 새로운 궁리를 하는 것이 필요하다고 생각합니다.

우리나라 현재 정세는 정말이지 국운 융체(隆替)가 갈릴 중대 시국이기 때문에, 일본 국민이라면 나아가 군국(君國, 천황과 국가)을 위해 분골쇄신해야 한다는 마음가짐을 가지고, 또 경제계에서는 그 직업 여하를 불문하고 성전완철(聖戰完徹)에 필요하다고 여겨지는 국가의 요청에 흔쾌히 즉응(卽應)하겠다는 마음가짐을 가져야 함은 물론입니다.

이미 정부에서는 전부터 시국의 요청에 기반한 각종 경제기구의 정비에 착수하였고, 금융시설로 남방개발금고(南方開發金庫)나 전시금융금고(戰時金融金庫)와 같은 중요한 시설들을 설립했는데, 특히 주목해야 하는 것은 일본은행의 개조와 법적 금융통제단체의 결성입니다.

아시는 바와 같이 일본은행은 중앙은행으로서 종래부터도 국가 목적에 즉응해 운영이 이루어져 왔는데, 이번 개조로 그 점이 법문상에도 확실히 규정되기에 이른 것입니다. 또한 구「일본은행조례」는 규정된 이후 상당한 연수가 지났고, 그 후 시세(時勢)의 진전에 대해서는 실제 (상황에 맞게-역자) 운영을 통해 중앙은행으로서의 필요한 기능의 발휘를 담당해 왔습니다. 이번 개정으로 종래 실제 운용을 통해 시행해 온 것도 제도화되었고, 아울러 조직과 업무 범위, 기타에 걸쳐 더욱 그 직책을 원활하고 충분하게 수행할 수 있도록 규정되었습니다. 이로써 일본은행은 정부와 표리일체의 관계에 서서 통화금융의 조정을 도모하는 동시에 대동아공영권 금융의 중추기관으로서 대동아공영권 내의 통화나 환[爲替] 등의 방면에도 충분히 그 기능을 발휘할 수 있게 되었습니다.

오늘날 금융업자가 봉공(奉公)하는 것에 대해서 동업자들이 서로 제휴하여 일체가 되어 노력하는 것이 중요함은 물론입니다. 이 점에 대해서는, 종래에도 금융협의회 등의 단체가 있어 금융의 원활한 운행에 기여해 왔지만, 시국은 더욱 강력한 자율적 조직체를 요청하고 있습니다. 이러한 필요에서 이미 지난번 「국가총동원법」에 의거한 「금융통제단체령」이 발포되었고, 이에 기초하여 내지에서는 업태별 금융통제회 등이 성립했으며, 이어 전국금융통제회가 결성되었습니다. 이는 일본은행의 개조와 함께 금융계로서는 획기적인 일이고, 이 두 가지로 금융계 전반이 일체가 되어 더욱 국가 목적에 필요한 활동을 할 수 있게 되었습니다. 정말 동경(同慶)할 일이라고 생각합니다. 나는 도쿄에 있으면서 전부터 조선이 관민일치로 지나사변 발생 이래 군사상으로도 경제상으로도 많은, 매우 중요한 공헌을 하고 있음에 감명하고 있었는데, 이곳에 와서 실제 상황을 보고 새삼스럽게 더욱 깊은 감명을 받고 있습니다.

옛날부터 이곳은 우리나라 대륙 발전의 기지라고도 할 수 있는 중요 지대여서 그 소장(消長)이 우리 국운에 미치는 바가 매우 크다고 믿습니다. 그래서 이곳이 최근 각 방면에서 장족의 진보를 이루고, 경제 산업 방면에서도 현저한 약진을 보이고 있음은 실로 우리 국운 융창(隆昌)의 증거여서 기쁨을 금할 수 없습니다. 금융상에서도 조선 내 금융기관의 예금 증가고는 지나사변 발발 이래 올해 3월 말까지 약 18억 엔에 달했고, 그들 자금은 국채 인수와 시국에 긴요한 산업 방면에 대한 투자 등 국책의 선을 따라 운용되고 있습니다. 1938년에는 이들 금융기관 사이에 조선금융단이 조직되어 시국에 크게 공헌해 왔습니다. 이번에 내지에 금융통제회가 성립된 지 얼마 지나지 않은 오늘날 일찍이도 법적 통제단체로서의 성격을 가진 본 단체의 발회식을 거행하게 된 것은, 실로 관민 각위의 열의가 그렇게 만든 것이고, 향후 조선 내의 금융사업 상호 간의 연락 및 조정에서도 또 금융에 관한 국책의 수행에 협력하는 차원에서도 앞으로 더욱 그 업적을 거둘 것을 믿어 의심치 않는 바입니다.

본 단체가 발족하게 되면서 조금이나마 소감을 말씀드리며 인사에 대신하고자 합니다. (박수)

전시금융의 전망

야스다은행 취체역사장 소노베 히소무(園部潛)

(박수) 조선금융단 발회식을 맞이해 초대해 주셔서 정말 감사드립니다. 여러분을 뵌 기회에 무언가 이야기하라는 부탁을 받은 것도 큰 영광입니다. 이 역시 감사드립니다. 아까부터 구시다(櫛田) 특별은행과장, 아라키(新木) 이사로부터 유익한 이야기가 있은 다음이라, 나 같은 사람이 변변찮은 강연으로 여러분의 피로를 더하는 것이 정말 송구스럽습니다만, 여기에 선 이상 얼마간의 시간을 할애해 주셨으면 합니다.

바야흐로 능위(稜威) 아래 충용(忠勇)한 황군 장사의 분투로 대동아전쟁은 혁혁한 전과를 올리며 진전하고, 대동아공영권을 향한 걸음은 씩씩하게 전진하고 있는 이 중대 시국에, 이곳에서 강고한 금융업 통제회가 결성된 것에 경하해 마지않습니다. 금융통제회 및 금융의 운영에 대해서는 아까부터 특별은행과장 및 아라키 이사로부터 지도적으로 친절한 설명이 있었기 때문에, 저는 관점을 달리하여, 전시금융의 전망이라도 할 수 있겠습니까, 보통은행의 입장에서 지나사변 발발 이후 5년 동안 이루어진 금융 기조의 변화와 보통은행의 경영에 나타난 새로운 경향 등에 대해 말씀드리고, 동시에 금융신체제, 즉 정부, 일본은행 그리고 금융통제회의 지도하에 우리는 어떻게 국책의 요청에 기여해야 할 것인지에 대해 약간의 소감을 말씀드리고자 합니다.

먼저 1937년(昭和 12) 7월 지나사변이 발발한 이후 전시금융의 추이를 개관하면, 재정은 군사비의 팽창을 중심으로 해마다 누증(累增)을 계속하고 있고, 그 재원은 조세에 의한 부분도 상당하지만, 공채 발행에 의존하는 정도가 상당히 강하게 있습니다. 이 재정적 지출에 의한 조출자금(造出資金)을 흡수하여 국채소화와 산업자금 공급에 충당하는 것이, 우리나라 전시금융의 중심 과제가 되었습니다. 즉 작년까지의 4개년 반의 숫자를 살펴보면, 정부자금의 살포 초과액은 266억여 엔에 달했습니다. 이 추가 구매력에 의해 국민소득이 급격하게 증가했습니다. 그동안 발행된 국채 263억 엔, 그중에서 219억 엔이 소화되었고, 다른 한편 신규 사채의 발행 63억 엔, 주식 불입금액 104억 엔, 대출금 증가고 116억 엔, 합계 284억 엔의 산업자금을 공급할 수 있었습니다. 그리고 이런 추이 중 금융 기조에 현저한 변화가 일어난 것은 물론입니다. 즉 이 4년 반의 전시금융에 대한 보통은행의 숫자 변화를 보면, 예금에서 177억 엔이 증가하여 국민저축 기관으로서 최고위(最高位)를 보였을 뿐 아니라, 그 자금 운용에서도 국채의 소화는 예금부에 다음가는 제2위로 그 금액이 54억 엔에 달합니다. 또한 산업자금으로는 대출에서 79억 엔, 사채와 주식을 통해 26억 9,000만 엔을 공급해 왔습니다.

사변 중에 보통은행은 이런 역할을 다해 왔습니다만, 그 사이 자금 운용의 측면에서 뚜렷한 변화를 이루었습니다. 즉 이제 지나사변 전, 1937년 상반기 말과 작년 말의 운용 계정의 예금에 대한 비율을 비교해 보면, 대출금 운용은 61.5%에서 10%가 감소하여 51.5%가 되었습니다. 반면 유가증권 운용은 40.2%에서 3.3%가 증가하여 43.5%가 되었습니다. 또한 유가증권 내역 중 국채가 5.5% 증가한 27%를 점했고, 사채는 1.5% 증가한 12.9%가 되었습니다. 그런데 주식은 1.8% 감소하여 2.5%에 불과했습니다. 즉 전시금융 아래 보통은행에는 다음과 같은 두 개의 큰 변화가 있었다고 할 수 있을 것입니다.

첫째, 자금 운용에서 대출이 점하는 비율이 낮아지고 유가증권 투자, 그중에서도 국채나 사채 등의 증권이 증가하는 경향을 보였습니다. 아울러 국채 보유는 예금의 지불준비로서의 성격보다는 오히려 순수한 투자 물건으로 여겨지게 되었습니다.

둘째, 대출금이 「임시자금조정법」, 「은행등자금운용령」 등의 법적 규제나 상업기구의 재편성 및 상업활동의 축소로 인해, 상업자금 금융에서 점차 공업자금의 공급으로 전환해 왔다는 것입니다.

이상 말씀드린 바와 같은, 보통은행의 전시금융에서 담당하는 역할과 경제상의 변화는, 종래의 금융기관을 그대로 둔 상태에서 「임시자금조정법」이나 「은행등자금운용령」 등의 실시가 있었고, 또 대장(大藏) 당국의 적절한 지도에 의한 금융통제, 은행업자 각자의 국책 익찬(翼贊), 동업 연대 정신을 통해 이루어져 왔습니다. 따라서 일본은행은 여전히 국내 상업금융의 조정을 중심으로 하는 제도를 견지하고 있고, 보통은행 역시 상업금융주의적 경영이라는 방침을 취해 자금의 배분을 일단 각자 자주적으로 해 왔기 때문에, 금융기관을 조직화하여 그 조직력을 통해 자금 운용의 계획화를 도모하는 데까지는 이르지 못했습니다.

그런데 이러한 금융통제에 의해서는 불충분하다고 생각되는 사태가 재작년 가을부터 일어나고 있습니다. 즉 지나사변이 장기화하면서 국제정세도 일본, 독일, 이탈리아 삼국동맹의 성립 이래 점차 악화하여 고도국방국가체제(高度國防國家體制)의 확립을 급무로 삼게 되었습니다. 한편 재계에 경기침체의 풍조가 나타나고, 특히 금융계에서는 일시적으로 금융경색 상태가 출현했습니다. 일단 완화되기는 했지만, 그 후에는 예금의 증가세도, 국채의 소화도, 산업자금의 공급도 종래와 같은 활발함을 잃어버린 것처럼 여겨지게 되었습니다.

이를 숫자로 살펴보면, 1939년(昭和 14)에 31.3%를 보였던 보통은행의 예금 증가율은 1940년(昭和 15)에는 23.2%, 1941년(昭和 16)에는 20.6%로 하락하였고, 정기예금 잔고가 총예금에서 점하는 비율도 최근 4년 동안 5.2%가 감소하였습니다. 또한 산업자금의 공급 상황을 보면, 대출금은 미동(未動) 유휴설비(遊休設備)의 증가 및 재생산력의 저하에 따라, 일부에서는 대출이 고정화하는 현상도 발생했고, 또 신규 수요에 대해서는 약간 경계적 태도를 취하게 되었으며, 동시에 주식시장과 기채시장이 모두 부진해서 산업자금의 조달난(調達難)이 표면화해 왔습니다.

또 국가산업 건설을 위해 필요한 자금 수요가 점점 장기성을 띠게 되면서 희생 산업의 구제책 같은 것도 나타나게 되었습니다만, 일단 보통은행의 대출 대상으로는 반드시 적당하지 않은 것이 증가해 왔습니다. 이런 바람직하지 않은 사정의 발생은, 계획경제의 진전을 기도하는 경제신체제의 요망과 함께, 금융신체제를 수립하고 금융제도를 개혁하여 그 계획화를 도모해야 한다는 목소리가 되어 나타났습니다. 그런데 최근 예금과 자금 수요의 불균형을 조정하여 전시금융의 원활을 기한다는 목적하에 전국금융협의회가 결성되어 각종 금융기관의 연락을 밀접하게 하는 동시에, 국가 신용의 부여를 배경으로 하여 혹은 동업 연대의 정신을 발휘하여 여러 가지로 노력해 왔습니다.

그런 노력 중 한두 가지를 말씀드리면 다음과 같습니다. 첫째, 저축증강에 대해서는 지점이나 간이 점포의 증설 허가를 얻어 예금자층의 편의를 도모하는 데 애써 왔습니다. 또(둘째) 국채소화에 관해서는 미리 자금 배분 계획을 설정하고 자주적으로 국채소화 목표를 수립하여 전면적으로 당국의 완전 소화 방침에 협력했습니다. 셋째, 산업자금 대출에 대해 자진해서 군수(軍需) 어음(手形)을 할인하고, 시국 긴급한 자금 수요에 관해서는 흥업은행 지도하에 시국공동융자단(時局共同融資團)을 결성하고, 지방은행에서는 시국금융어음을 할인했습니다. 넷째, 장기자금에 대해서 대은행은 주요 회사의 사채나 금융 인수 신디케이트단에 참가하여 기채(起債) 계획에 기초한 소화 방침에 협력하고, 사채의 친인(親引)[20] 할당을 받는 동시에 그 소유 증권을 투매하지[21] 않겠다고 합의했으며, 또 떠맡게 된 인수 사채[背負込社債][22]의 금융에 협력했습니다. 또 지방은행에 대해서는 흥업채권 및 사채의 특별 인수 계약을 흥업은행과 체결하고 서로 협력하여 사채의 소화 촉진에 공헌해 왔습니다.

　이상 말씀드린 방법으로 우리 보통은행은 대동아전 발발에 이르기까지 국채소화, 긴요 산업의 자금 공급을 위해 예금 증가세의 둔화와 예금의 단기화를 극복하고자 노력해 왔습니다. 이는 모두 종래의 은행 경영에서 볼 수 있는 채산적(採算的) 생각에서 출발한 것처럼 보이지만, 절대 그렇지 않고 전적으로 국책 노선에 따르겠다는 넘치는 정열에서 비롯되었다고 믿습니다. 하지만 이런 방법에도 스스로 한도가 있어서, 결코 충분한 공헌을 하거나 전시금융의 중요 과제를 해결한 것이 아님은 여러분이 안내하신 대로입니다. 따라서 대동아전쟁이 발발하자 군사비 지출의 증가로 날마다 팽창하는 조출(造出) 신용을 저축으로 흡수하는 동시에, 국채소화에 만전을 기하고, 또 국방산업의 충실을 자금적으로 유감이 없도록 하기 위해서는 금융통제의 중점은 종래의 단순한 '자금통제'에서 일약 '금융제도의 개혁, 정비' 단계로 나아갔어야 했습니다. 게다가 대동아전쟁 발발을 계기로 소위 금융신체제가 급속하게 전개되어 왔습니다. 즉 「재정금융기본방책요강(財政金融基本方策要綱)」에 입각해서, 요강이 보여 주는 대로 '금융은 국가자금에 관한 계획에 기초하고, 계획경제의 운영을 확보하기 위해, 자금이 국채소화 및 물자, 동력, 노동력을 확보할 수 있도록 하는 데 주안을 두고 유동하는 것처럼 공익적으로, 계획적으로 또 통일적으로 이루어져야 할 것'을 실현하고자 노력했습니다. 그리고 그 주요한 것으로 산업금융기구의 정비와 확충, 금융통제회의 설립이 거론되고 있다고 생각합니다.

　이미 종래 산업금융을 가장 곤란하게 만든 미동(未動) 유휴설비의 처리에 대해서는 산업

20　일본어로 'おやひけ'나 'おやびき'라 읽는다. 주식을 공모할 때, 전부를 공모하지 않고, 그 일부를 특정 거래처나 은행에 매도할 것을, 발행회사와 인수업자가 약속하는 것을 말한다.

21　원문은 '売り放し'로, '팔아 치운다'는 의미이다. 거래에서 대량으로 또는 낮은 가격으로 가망 없다고 단념하고 팔자로 나서는 것이다.

22　'背負い込み'란, 귀찮은 일이나 곤란한 것을 인수한다는 뜻이다. 남의 빚, 부담, 계약을 대신해 떠맡는다는 의미의 견체(肩代り·肩替り)와 비슷한 뜻이다.

설비영단(産業設備營團)이 설립되었고, 중소기업 정비에 대해서는 국민갱생금고가 확대 강화되었습니다. 또 전시금융회사적 역할을 적극적으로 담당하는 전시금융금고는 이미 개업을 앞두고 있으며, 흥업은행과 시국공동융자단이 하나가 되어 향후의 활동이 기대되고 있을 뿐 아니라, 일본은행이 그 개조를 통해 산업금융으로 진출하게 된 것은 향후 일반은행의 사업금융에도 크게 기여할 것으로 기대하고 있습니다. 그리고 종래 금융기관에 강력한 종합적 연락 기관이 결여되어 있었기 때문에 충분한 계획금융이 이루어지지 못했지만, 이제 법적 금융통제가 실시되면서 통제회의 활동과 당국의 지도, 그리고 일본은행의 금융 조정을 통해 충분한 효과를 거둘 수 있을 것으로 믿습니다.

이렇게 산업금융기구와 금융통제의 조직체계가 정비 확충된 오늘, 우리 금융업자는 당국의 자금통제계획이 명하는 바에 따라 예금의 획득에 노력하여 230억 엔의 국민저축 목표를 잘 달성하고, 또 그 운용과 배분에 대해서는 공채의 완전 소화, 대출금 및 사채를 통해 긴요 산업에 대한 자금 공급에 유감이 없도록 해야 할 것입니다. 아울러 이 새로운 금융기구를 원활하게 발전시켜 가기를 염원하고 있습니다.

마지막으로, 모처럼 초대받아 온 기회에, 이곳의 금융에 대해 한 말씀 드리고자 합니다. 오늘날 조선이 '일한병합(日韓倂合)' 이래 내선일체(內鮮一體)의 성지(聖旨)에 입각해 문화, 정치, 경제 모든 방면에서 눈부신 발달을 이루고, 혹은 대륙전진병참기지로서, 또 대륙에서는 제2의 내지로서 대동아공영권으로 나아가는 중추적 산업 거점으로서 중대한 역할을 감당하게 된 것은 진심으로 경하해 마지않는 바입니다. 금융 쪽에서도, 만주사변 발발 이래 이곳 산업이 약진함에 따라 통화의 유통량은 급속하게 팽창하는 동시에, 각종 금융기관의 계수(計數)도 비약적으로 증가한 것 역시 동경(同慶)해 마지않는 바입니다.

이런 산업의 약진에 즉응(卽應)하기 위해, 조선은행의 발권력 강화, 식산채권(殖産債券)의 발행 한도 확대 및 정부보증의 부여, 융자 명령의 발동, 기타 보통은행의 합병 강화 등 금융기구의 정비와 강화가 이루어져, 부원개발자금(富源開發資金) 내지 산업자금의 원활한 조달에 기여한바 많았던 것 같습니다. 또한 주요 금융기관에 대해서 보면, 대출과 유가증권 투자는 예금의 양을 훨씬 초과하고 있어서 내지의 기채시장(起債市場)이나 단기시장에 의존하는 정도는 여전히 강한 것처럼 여겨지고 있습니다. 그와 함께 금리 역시 내지와의 차가 점차 축소되고는 있으나 여전히 높아서 척식금융적(拓殖金融的)이라고 할 수 있을까요, 외지성격(外

地性格)이 잔존하고 있는 것처럼 여겨집니다. 조선의 산업이 고도화하고 내지 경제와 일체를 이루어 대동아공영권의 중추로서의 지위를 점하게 된 오늘날, 조선 내 금융기구의 강화와 개선을 도모할 수 있는 것은 물론, 널리 내지 금융과의 일체 관계를 확립하여 금융의 원활을 도모하고 산업의 더 넓은 발전을 도모해야 할 것으로 생각됩니다.

종래 조선의 금리가 높았던 것은, 농업경제 중심 시대의 토지 수익률[利廻]이 높았던 것과 공업 유치(誘致) 시대의 산업 이윤이 높았던 것에 기인한다고 생각합니다. 이미 내선일체의 고도경제가 확립되어 온 오늘날, 그 필요도 줄어들고 전시통제하에서 이런 높은 이윤은 부정되어야 한다고 생각하기 때문에, 앞으로 낮은 금리를 철저히 하고, 내선 금리의 일체화를 도모하는 것이 필요하지 않을까 생각합니다.

또한 금리정책의 조정과 함께, 내지 자금의 유입 방법을 확대하는 것도 필요하다고 생각합니다. 즉, 종래 내지로부터 산업자금이 유입할 경우, 그 방법으로는, 내지의 기채시장 및 단기시장을 통하는 경우, 또 조선 내 각 공장이 내지 본사로부터 직접 자금을 송금 받는 경우—이런 것이 많았던 것 같습니다. 또 우리 내지의 보통은행업자로서는, 단기시장에서, 식산은행 채권, 금융조합 채권, 동양척식회사 채권 및 기타 재선(在鮮) 회사들의 사채 인수, 매입 등을 통해 상당히 협력해 왔다고 생각합니다만, 오늘날 내지의 기채시장이 일단 원활하지 못하고, 단기시장도 협애화(狹隘化)하고 있어서, 향후 증가하게 될 산업자금의 조달에 혹은 곤란을 초래하게 되지 않을까 걱정됩니다. 따라서 앞으로 내지 자금 유입의 루트에 다양성을 확보하고, 또 이를 촉진한다는 의미에서 직접 유입하는 방법을 고려하는 것이 어떨까 합니다.

그 한 방법으로서, 조선에서 재선융자단(在鮮融資團)이라고 할까요, 공동융자단을 결성할 필요가 있을 경우, 지점은행도 여기에 참가해서 적극적으로 협력함은 물론, 기타 여러 가지 점에서 이곳에 있는 보통은행과 같은 입장에서 공동적(共同的)으로 또 단독적(單獨的)으로도 산업자금을 공급하게 하고, 행여라도 이곳의 산업자금 조달난 때문에, 이 중요 부원 개발에 지장이 초래되는 일이 없도록 협력해 주셨으면 합니다.

매우 변변찮은 이야기로 폐를 끼친 것은 아닌지 모르겠습니다. 혜청(惠廳)해 주셔서 깊이 감사드립니다. (박수)

1942년도 조선총독부 예산에 대해서

미즈타(水田) 재무국장

　(박수) 오늘은 금융 관계자분들의 노력으로 「금융단체통제령」에 법적 근거를 가진 조선금융단이 차질 없이 성립하였습니다. 그 명칭은 1938년(昭和 13)부터 서로에게 친숙한 조선금융단이라는 명의를 붙이고 있지만, 충실한 진용과, 대동아전쟁 완수에 협력해야 할 금융기관으로서의 적극적인 구상하에 오늘 여기에 그 발회식을 잘 종료하신 것은 매우 경축해 마지않는 바입니다. 새롭게 발족한 금융단이 조선의 특수 사정을 잘 반영하면서 중앙의 금융정책에 전면적으로 순응해서, 조선에 있어서 금융기관으로서의 사명 달성에 매진하시는 것은 물론입니다. 조선의 금융단은 법적으로 보면 지방협의체이지만, 그 적용되는 구역, 그 구성된 진용, 그리고 이제부터 크게 활약해야 할 업무 내용, 이런 것들은 차라리 내지의 업태별 통제회 등이 해야 할 일도 조선의 금융단에서는 적극적으로 추진해야 할 것입니다. 이들 금융에 관한 사정에 대해서는, 오전 중 내지에서 오신 권위 있는 분들로부터 이미 각자 이야기가 있었으리라 생각되기 때문에, 여기서는 생략하도록 하겠습니다. 마침 오늘 10시부터 총독부 국장회의가 있었는데, 제가 착임한 후 개최된 제1회 국장회의라서 그쪽으로 출석했기 때문에 배청할 수 없었습니다만, 각자 이야기가 있었다고 알고 있어서, 조선에 근무하고 있는 저는 금융에 관한 점은 일체 접어 두고, 1942년(昭和 17)도 조선총독부 예산의 대강을 설명해 드리고, 이 반도에서 이루어지는 시정(施政)의 일단에 대해 이해를 부탁드리고자 합니다.

　다만 예산 이야기라고 하면 항상 무미건조한 숫자의 나열이고, 다른 한편 「군기보호법(軍機保護法)」 등의 관계도 있어서 충분하게 말씀드릴 수 없는 점도 많이 있습니다. 한편에서는 숫자만 말씀드리고, 한편에서는 핵심적인 것은 말씀드릴 수 없다고 하니, 들어주십사 하는 것도 매우 격화소양(隔靴搔癢)[23]일 것 같고, 또 너무 평범해서 아무런 흥미도 줄 수 없는

23　'신을 싣고 발바닥을 긁는다'는 뜻으로 성이 차지 않거나 철저하지 못한 안타까움을 이르는 말이다.

점이 많으리라고 생각합니다. 더구나 전쟁을 시작한 지 벌써 5년입니다. 이 예산 이야기라고 하면, 올해는 이러이러한 새로운 일이 있다는 것에 중심을 두게 되는데, 전쟁 발발 후 이미 5년입니다. 전쟁에 즉응(即應)한 시설은 거의 전부가 이루어지고 다 계획되고 있는 오늘날은, 비단 이것이 완성을 향해 실행 중이라는 식으로도 이야기되고 있어서, 매년 그렇게 새로운 일이 있을 리도 없습니다. 따라서 이야기도 새로운 일에다 약간 조선의 현상, 작년, 재작년부터의 예산과 관계된 점도 더해서 말씀드리고자 합니다. 또한 시간이 허락된다면 최근 의회를 통과한 법률이나 기타 관계 사항에 대해 재무에 속하는 것도 두세 가지 말씀드리고자 합니다.

1942년도 예산의 특색이라고 할까요, 작년도와 조금 내용을 달리하는 점은 실질적으로 봐서 5항, 형식을 더하면 6항째라고 생각됩니다. 그 첫 번째는 1942년도 예산은 정말로 전쟁목적 달성에 필요한 점에 중점을 두고 편성되었다는 점입니다. 둘째는 예산이 물(자) 및 노동력을 비교적 잘 고려하여 편성되어 있다는 점입니다. 셋째는 조선총독부 사업관청의 수지(收支)가 본부 회계에 항상 큰 영향을 미치는데, 사업청의 수입 증가가 절대적으로는 물론 증가하지만, 그 비율에서는 상당히 둔화하고 있다, 답보 상태에 있다는 점입니다. 넷째는 전시 재원을 얻기 위해 전면적으로 증수(增收)가 계획되고, 조세, 철도, 전매, 체신 등을 합계하면 1억 5,000만 엔부터의 증수가 계획되고 있다. 이것이 네 번째 점입니다. 다섯 번째, 공채지변사업(公債支辨事業)이라는 것은, 대장성에서 매년 어떤 사업의 재원을 공채로 한다든가, 어떤 사업은 공채로 하지 않는다는 식으로 예산을 사정하는데, 재원을 공채에 의지하는 사업의 범위가 눈에 띄게 확장되어 왔습니다. 형식상의 특색, 이건 오로지 조선만의 문제는 아닙니다. 전반에 걸친 점인데, 예년에는 휴회가 끝나는 1월 하순에 예산안이 제안되고, 3월 25, 26일에 예산이 성립하는 것이 보통인데, 올해는 1월 21일에 제안되어 2월 중순에 즉 예년보다 1개월 빨리 예산이 성립했습니다. 이러한 점들이 전년의 예산과 비교하여 다소 다른 점이라고 합니다.

첫째, 전쟁목적 수행에 정말 필요한 경비에 주력을 두고 중점주의로 편성되고 있는 것은, 이를 숫자로 보면, 작년의 12월 중반까지 전쟁의 유무(有無)와 상관없이 필요로 하는 경비를 소위 본예산으로 결정해 버립니다. 그것이 조선으로서는 10억 1,500만 엔입니다. 12월 중순부터 곧바로 전쟁 수행 등을 위해 꼭 필요한 경비가 추가예산의 형식으로 편성되었습니다. 예년 같으면 12월 31일에 대체로 예산 편성이 끝나게 되지만, 올해는 1월 14, 15일까지 추가예산 편성으로 대장성과 절충했습니다. 이 추가예산이 1억 900여만 엔입니다. 본예산 10억 1,500만 엔과 소위 전쟁에 필요한 1억 900여만 엔의 추가, 이 두 건이 같이 휴회가 끝난 1월 21일에 제안되었습니다. 이 두 가지를 합한 것이 지금 실행되고 있는 1942년도 예산 즉 11억 2,400여만 엔입니다.

다음은 1942년도 예산에서는 예산과 물자 및 노동력의 대조가 비교적 잘 이루어지고 있다. 실은 매년 물동계획이 수립되는데, 기획원(企劃院)의 진짜 물동계획이 결정되는 것은 대체로 4월, 5월경이 됩니다. 예산은 12월에 편성되는 것이기 때문에, 그때는 상당히 대충 개략적인 물동 숫자로 예산을 편성하게 되고, 따라서 실행할 때는 어느 정도 차이를 초래하는 실정이었습니다. 작년에는 12월 중순까지 기획원에서 물자와 노동력의 구체적인 계수(計數)가 보였습니다. 그것과 잘 대조하여 예산이 편성된 것이기 때문에, 예산의 예산과 비교하면, 자금과 물자의 일치가 비교적 잘 되어 있습니다. 예컨대, 철도건설개량 예산이 1억 3,800만 엔이었습니다. 그런데 1942년도는 1억 600만 엔—3,200만 엔이 감소했습니다. 예산이 준 만큼 공사의 실질(實質)도 줄었나 하면, 그렇지 않습니다. 1941년(昭和 16)도 예산이 1억 3,800만 엔인데, 실행한 것이 1억 정도로, 3천 수백만 엔은 절약, 순연(順延)되었습니다. 이게 어떻게 된 것인가 하면, 1941년도 예산을 마련했을 때 생각한 자재(資材)와 실행할 때의 자재 사이에 그만큼 차이가 있었던 결과입니다. 1942년도는 1억여만 엔이라는 실제 실행할 수 있는 예산을 편성했습니다. 따라서 금액은 감소해도 실질은 변하지 않을 전망입니다.

세 번째 특색은 사업청의 수입 증가 비율이, 비교적 감소해서 대체로 답보 상태가 된 점을 지적할 수 있습니다. 철도로서도, 물자, 여객 모두 차에 여유가 있을 때는, 그 화객(貨客)이 늘어남에 따라 설비를 그 정도로 늘리지 않더라도 많이 운반할 수 있고, 따라서 수입이 약진하는 것도 당연합니다. 최근 설비가 풀로 차서, 이 이상 운반하기 위해서는 어떻게 해서든 객화차(客貨車)나 기타 설비를 증가시켜야 하는데, 그것을 시간에 맞게 댈 수 없다, 따라서 수입도 이전만큼 증가를 기대하는 것이 무리입니다. 담배 같은 것은 만들어 놓으면 얼마든지 팔리지만, 한편으로 국민총력운동으로 되도록 담배는 절약해서 저축하라고 장려하고 있습니다. 다른 한편 우리 재무 당국의 입장에서도 담배공장의 건설 같은 것은 불급(不急)한 사업이라서 억제합니다. 따라서 전매국은 만들어 팔고 싶겠지만, 공장을 억제하기 때문에 만들어 팔리지 않게 되고, 그런 관계로 담배 수입의 증가세가 1942년도에는 다소 답보 상태에 있습니다. 그런 관계로 사업청의 수입이 종래와 같은 기세로 늘어나지 않는 것입니다. 그런데 한편 군사비만으로도, 180억의 예산이 가결되고 있습니다. 이에 대한 재원은 아무리 많아도 모자랍니다. 따라서 전면적으로 증수계획이 이루어진 것입니다.

내지에서는 조세, 철도, 담배, 체신—이 네 개 항목의 증수계획이 수립되어 (일부는 1941년도부터) 조선에서 전면적으로 순응해 1억 5,000만 엔의 증수를 예산에 계상했습니다. 이것도 1942년도 예산의 특색이라고 봐도 좋을 것 같습니다.

다음으로 말씀드리고자 하는 것은 공채지변사업 비목(費目)이 증가했다는 점입니다. 적어도 생산력 개발에 쓸모 있는 일은, 제 생각으로는, 만약 용인된다면, 전부 그 재원을 공채로 조달해 주었으면 하는 생각입니다. 조선 회계의 공채 부담은 1910년(明治 43)부터 지금까지 11억여만 엔에 불과합니다. 따라서 조선으로서는, 생산사업은 가급적 공채 재원에서 조달하고, 점점 개발해 간다, 이것이 취해야 할 정책이라고 믿습니다만, 이것은 일반 공채정책의 관계도 있어서, 좀처럼 충분하게는 이루어지기 어렵습니다. 그래서 공채를 재원으로 해도 좋다고 중앙에서 승인한 일은, 1924년(大正 13)의 재정정리 때 철도건설개량비뿐이었습니다. 그리고 당시의 경과에 따라 일장일이(一張一弛)[24], 늘리고 줄이고 했었습니다만, 작년까지는 철도건설개량 외에 항만 일부와 도로 일부에 관한 일에 대해서는 그 재원을 공채로 조달하게 되어 있었습니다 그런데 1942년도는 조선에서 이루이지는 생산사업은 전면적으로 그 재원을 공채로 조달하는 것으로 정해졌기 때문에, 철도건설개량은 물론, 도로, 항만 전부, 전신전화의 확장·개량, 치수사업, 사방공사, 토지개량사업, 염전 축조, 척식 철도와 같은 생산적 사업은 전부 그 재원을 공채로 조달한다는 것이 승인되었습니다. 공채법도 그렇게 개정되었습니다. 이 결과 장래 총독부의 재정으로서도 조금 답답함에 숨통이 트이지 않을까 생각하고 있습니다.

이렇게 편성된 1942년도 예산은, 아까 말씀드렸듯이 본예산과 추가예산을 합해 11억 2,400만 엔입니다. 1941년도가 10억 6,000만 엔이었기 때문에, 6,400만 엔이 증가했습니다. 1941년도는 물동이나 기타 관계로 실행하지 못한 예산이 약 1억에 달합니다. 따라서 공

---

24 (기강 따위를) 늦추었다 죄었다 함.

포예산(公布豫算)은 10억 6,000만 엔이지만, 실행한 것은 9억 6,000만 엔, 따라서 실행한 것과, 1942년도 예산을 비교하면, 1942년도는 1억 6,400만 엔 정도 증가하게 되는 것입니다. 어느 쪽이든 이건 항상 말씀드리지만, 사변 이래 매년 적은 해에 6,000만 엔, 많은 해는 1억 8,000만 엔 정도나 증가하여, 오늘날 11억 2,400만 엔이라는 숫자가 된 것입니다. 1911년(明治 44) 즉 시정(始政) 다음 해는 4,800만 엔이었기 때문에 시정 32년 만에 23배 반, 전쟁이 시작되기 전인 1936년(昭和 11)에는 3억 2,900만, 약 3억 3,000만 엔이었기 때문에, 전쟁이 시작되기 전과 비교해 3배 반, 5년 전인 1938년(昭和 13)이 5억 2,800만 엔이었기 때문에, 5년 만에 2배가 넘는 숫자가 됩니다. 물가의 관계도 있지만 일단 사변을 계기로 상당히 약진하고 있음을 알 수 있습니다.

그러면 11억 2,400만 엔이라는 예산의 재원은, 어떤 내용으로 성립하고 있는가 하면, 이건 간단합니다. 조선은 내지에 있어서 각 특별회계, 철도, 체신, 전매라는 사업 특별회계 전부가, 조선에서는 그 자체의 회계 중에서 조달되고 있는 것입니다. 그래서 철도, 체신, 전매, 영림, 기타 도량형, 형무소 등의 정부 사업 및 관유재산 수입이 5억 8,996만 엔—5억 9,000만 엔… 11억 중 5억 9,000만 엔이 관업 및 관유재산 수입입니다. 53%… 5할 이상이 사업관청 등의 수입입니다. 세수입은 2억 9,200만 엔, 이것이 25%, 철도, 기타 사업에 대한 재원으로서의 공채가 1억 5,600만 엔, 대체로 14%를 점하고 있습니다. 즉 사업관청의 수입, 세(稅), 공채의 세 개로 예산의 92%를 점하고 나머지 약 8%가 잉여금의 이월[繰入]이나 내지로부터 받는 보충금 또는 잡수입으로 성립하고 있습니다. 보충금은 약 2,400만 엔입니다. 금 생산을 위해 금자금특별회계(金資金特別會計)로부터 받는 것이 1,100만 엔 전후입니다. 일반재정의 보급(補給)으로서 이월하고 있는 것이 1,300만 엔에 조금 부족합니다. 합쳐서 2,400만 엔이 됩니다.

위와 같이 세입(歲入) 구성은 매우 간단합니다. 사업관청의 수입이 5할 이상 점하고 있어서 그 수지 여하는 조선의 재정에 상당한 영향을 미치게 된다는 것은 상상하기 어렵지 않습니다. 거기서 관업 및 관유 재산 수입이 5억 9,000만 엔이라고 말씀드렸는데, 이 정도의 수입을 얻기 위해서는 경비가 필요합니다. 따라서 5억 9,000만 엔 대부분이 일반 행정비로 쓸 수 있는 것은 아닙니다. 그 경비들 예컨대 철도라고 해도, 세입 3억 3,000여만 엔에 대해 경비 2억 4,500여만 엔이 들기 때문에 넷(net)[25]이 8,600만 엔, 전매의 경우 이것은 세금을 대신하는 것이 대부분인데, 전매의 넷은 약 9,700여만 엔, 영림(營林)은 1,200여만 엔, 체신은 약 600만 엔이어서 5억 9,000만 엔이라고 해도 일반 행정비로 사용할 수 있는 넷은 2억 180만 엔 — 약 2억이 되는 것입니다. 세수입은 2억 9,200만 엔이지만, 이것이 징세비로서 1,300만 엔 정도이니까, 세수입 중에서는 2억 8,000만 정도를 일반행정에 사용할 수 있습니다. 따라서 실질적인 수입이라는 점에서 보면, 세금이 제일 많습니다. 사업관청의 수입이 두 번째, 공채가 세 번째로 순서가 됩니다.

그러면 사업청의 2억 엔이라는 넷은, 작년과 비교해 어떤가 하면, 철도, 전매, 체신, 영림의 네 개 사업청의 작년 넷 수입은 1억 4,990만 엔—1억 5,000만 엔입니다. 그런데 올해는 2억 엔으로 늘어나 있습니다. 이는 아까 1942년도 재정의 한 특징으로서 사업청 수입이 답보하고 있다고 말씀드린 것과 일견 모순되지만, 넷 2억 엔의 합계 중에는 증수 계획에 의한 증수분이 6,000만 엔 포함되어 있습니다. 철도에서의 증수가 3,200만 엔, 전매 수입이 2,200만 엔, 통신 수입이 600만 엔, 합쳐서 6,000만 엔이 증수 계획에 의한 수입 증가입니다. 따라서 만약 증수 계획이 없으면 1억 4,000만 엔의 넷밖에 없습니다. 즉 1941년도 넷 1억 5,000만 엔을 밑돌게 되는 것입니다.

사업관청의 증수 계획 내용인데, 조금 본론에서 벗어납니다만, 참고하시라고 말씀드립니다. 철도는 내지가 재래의 여객 운임에 대해 3할 인상을 계획했습니다. 조선도 그에 순응해서 약 3할 정도의 증수를 계획하고 있습니다. 내지는 원거리 체감률이 상당히 강했던 것인데, 이것을 고쳐서 원거리 체감 비율을 낮추고, 거기에서 재원을 마련하는 것으로 되어 있습니다. 조선은 주지하시듯 비례제(比例制)입니다. 그래서 3등의 1킬로당 1전 5리 5모인 것을 2전으로 증액하고 있습니다. 2등과 1등은 그에 순응해서 증액하고 있습니다. 단지 급행 요금이나 침대 요금은 상당히 높아지고 있습니다. 조선에서 침대 요금 등 1등은 종래의 5엔과 7엔을 10엔 40전과 13엔으로, 2등의 3엔과 4엔 50전을 6엔과 8엔 40전으로 증액했습니

---

25 넷(net)이란 재산 상태나 순이익 등을 나타내는 단어이다. 예컨대 요즈음 많이 쓰는 탄소 'Net Zero'란 표현은 배출하는 이산화탄소량과 포집해 제거하는 이산화탄소량을 더하고 뺐을 때 제로가 된다는 의미이다. 여기서는 세입(수입)에서 비용을 제외하고 남은 액수로 예산상 가용할 수 있는 액수를 의미한다.

다. 급행 요금은 거의 재래의 2배 가까이 되어 있습니다. 이렇게 해서 내지는 2억 엔, 조선은 3,200만 엔의 증수를 계획한 것입니다.

담배는 전체적으로 3할 정도 인상이 됩니다. 시키지마(敷島)의 21전이 30전, 아사히(朝日)의 17전이 21전, 카이다(カイダ)의 21전이 30전, 하토(はと)의 14전이 20전이 되는 것이어서, 이로 인한 증수가 2,200만 엔이 됩니다. 통신 관계로서는 4전의 봉서(封書)가 5전이 되고, 전화의 도수제(度數制)는 3전이 4전으로, 전보의 기본요금은 30전이 40전이 되었고 5전의 할증이 7전이 되어 이 증수가 600여만 엔이 됩니다. 이렇게 해서 철도, 전매, 체신의 세 개를 합쳐서 6,000만 엔 정도의 증수를 1942년도에 기대하고 있습니다. 이런 식으로 해서 사업관청의 넷 수입이 2억이 되는 것입니다.

세입 중에서 가장 주된 것이고, 또한 모든 분과도 직접 관계가 깊은 것은 증세 문제입니다. 지나사변이 시작된 이래 증세는 내외지 모두 매년 이루어지고 있습니다. 사변의 목적 달성을 위한 재원으로서 내지가 증세를 단행하는 이상 조선으로서도 이를 거절할 이유는 없습니다. 매년 내지에 순응하여 증세를 단행하고 있는 것입니다. 사변 전 1936년 조선 전체의 국세 수입이 약 7,000만 엔, 그에 대해 1937년도의 증세가 약 500만 엔, 1938년도가 1,170만 엔, 1939년도는 1,200만 엔이었습니다. 1940년도가 되어 내지는 소득세 계통에서 제3종 소득세를 고쳐 분류소득세(分類所得稅)와 종합소득세로 나누었고,[26] 근본적으로 세제를 개정했습니다. 조선으로서는 이와 같은 근본적인 개정은 시기상조 등의 이유로 따를 수 없었습니다만, 대폭적인 증세는 내지를 추종하는 것을 거부할 이유도 없었기 때문에, 1940년도가 되어 대폭 증세함으로써 평년도 증수 4,000만 엔을 실행했습니다.

그런데 1941년도, 즉 작년 11월의 임시의회에서 다시 대증세를 해야 한다고 하여, 일단

---

26 관동대지진이나 쇼와공황 등의 영향으로 1926년부터 1934년까지 소득세는 제2위의 세수가 되었는데, 1935년에 다시 국세의 제1위가 되었다. 1926년의 세제정리에서는, 소득세를 직접국세의 중심으로 삼았지만, 전시세제 중에 이루어진 1940년 세제 개정에서는, 부담의 균형을 도모하기 위해 직접세에 대한 재검토가 이루어졌다. 이 개정에서 소득세는 분류소득세와 종합소득세로 분류되었다. 분류소득세에서는 소득을 부동산소득, 배당이자소득, 사업소득, 근로소득, 산림 소득, 퇴직소득으로 분류하고 소득별로 다른 세율을 정했다. 종합소득세에서는 5,000엔 이상의 고액 소득자에 대해 초과누진제를 채용하여 부담의 균형을 도모했다. 또한 이 개정에서는 부양공제 중에 동거하는 아내도 추가했고, 또한 소득세로부터 법인소득 과세를 분리하여 법인세를 창설했다. 일본 국세청 HP, 租稅史料〉3.所得稅と戰時稅制 (https://www.nta.go.jp/about/organization/ntc/sozei/tokubetsu/h19shiryoukan/03.htm).

12월 1일부터 간접세인 주세, 물품세, 유흥음식세, 이런 것을 중심으로 대폭 증세가 이루어 졌습니다. 광고세, 마권세(馬券稅), 가스전기소비세 같은 신세(新稅)의 신설도 있었습니다만, 주로 직접세를 중심으로 하는 매우 대폭적인 증세가 이루어졌습니다. 이렇게 해서 1941년 말부터 이루어진 간접세의 1년간 증수 기대액은 5,200만 엔입니다. 1942년도 4월부터 이루어진 직접세 중심의 증수 기대액은 3,800만 엔으로 되어 있습니다. 즉 1936년도에 총액 7,000만 엔이었던 총 국세 수입에 대해, 1937년도 500여만 엔, 1938년도 1,100여만 엔, 1939년도 1,200여만 엔, 1940년도 4,000여만 엔, 1941년도 5,200여만 엔, 1942년도 3,800여만 엔, 이것을 합하면 6년 동안 정확히 1억 6,000여만 엔의 증세가 이루어졌습니다. 7,000만 엔에 대해 증세가 1억 6,000만 엔, 2배 이상입니다. 이를 합하면 1942년도의 조세 수입이 2억 3,000여만 엔인데, 예산상의 조세 수입 2억 9,000여만 엔과의 차액은 매년 자연증수라는 형태에서 예상되어 온 것의 집적입니다. 어찌 되었든 전쟁 전 7,000만 엔이었던 국세 수입이 최근 6년 동안 2배 반 가까운 증세가 이루어진 것입니다.

증세에 의한 증수액은, 내지에서는 전부 군사비의 재원으로 충당되고 있습니다. 조선도 상당액을 군사비의 재원에 편입시키고 있지만, 어느 정도는 조선 자체 사업의 재원으로 활용하고 있습니다. 내지의 증세 폭은 결코 조선에 비해 작지 않습니다. 조금 큰 정도일 것입니다. 조선으로서는 항상 내지를 감안하고 또 조선 자체의 힘을 고려해서 일단은 내지와 보조를 맞추고 어떤 것은 내지보다 조금 낫게 이것저것 고려해서 하고 있습니다. 내선 사이의 부담에 크게 차이가 있는 경우에는, 예컨대 법인 등이 점점 조선으로 건너오는 관계도 고려해서 보조를 맞춰야 하는 것은 내지와 같이 하고, 또 어떤 건 조선의 민도(民度)를 고려해서 조금 낮게 한다는 방침으로 추진해 오고 있습니다.

내지는 1941년도 세금의 세입예산(歲入豫算)이 38억 6,000만 엔입니다. 그런데 1942년도는 57억 6,000만 엔으로 되어 있습니다. 19억 엔의 증가입니다. 조선은 1941년이 2억입니다. 1942년이 2억 9,000여만 엔입니다. 약 9,000만 엔의 (변동) 폭입니다. 이 (변동) 폭이라는 점에서 내지 쪽이 조금 크게 되어 있습니다.

소득에 대한 세 부담 비율은 어떻게 되어 있는가, 도대체 국민소득이 어느 정도인가. 그쪽 전문가의 말에 의하면, 정확한 것은 알 수 없다고 할 것입니다. 정말 그럴 것이라고 생각합니다. 하지만 저로서는 가령 숫자로 나타내 보면 내지의 최근 1년간 국민소득은 390억에서

400억이라고 알려져 있습니다. 그에 대한 세 부담이 58억 엔, 조선의 소득은 30억에서 35억 엔, 그에 대해 3억 정도의 세 부담입니다. 물론 지방세 부담도 고려해야 하고, 또 조선에서는 기부금이 많아 국세, 지방세, 기부금을 전부 합하면 소득에 대한 세 부담 비율을 정확하게 비교하는 것은 무리입니다. 하지만 가령 국세에 대해서만 살펴보면, 내지는 소득에 대해 14%(1할 4푼), 조선의 부담은 10%(1할)에 조금 미치지 못합니다. 이를 전쟁하고 있는 외국에 대해 보면, 영국은 세 부담이 소득에 대해 31%, 독일이 27.8%, 전쟁하지 않는 가장 편한 미국에서 이미 14.5%였다고 듣고 있습니다. 더구나 이는 작년 1941년 데이터로 올해는 훨씬 증가하고 있는 것으로 여겨집니다. 그런 점에서 보면 얼핏 우리나라가 여전히 상당한 여유를 가지고 전쟁을 수행하고 있다고 생각합니다.

지금 말씀드린 내용은, 엄밀한 비평 시각으로 보면, 여러 가지 따져 볼 여지가 있겠지만, 저축장려운동 강연으로 지방 같은 곳에 갔을 때 말씀드릴 정도의 내용이라고 이해해 주시기 바랍니다.

1941년도 말에 시행한 간접세 중심의 증세 내용에 대해 매우 간략하게 말씀드려 보면, 주세는 48%, 약 50%(5할) 정도 증가했습니다. 내지는 청주(淸酒) 1석(石=약 180리터)에 70엔이던 것이 이제는 100엔이 되어 30엔 인상되었습니다. 조선은 56엔이던 것이 80엔이 되었습니다. 24엔 인상되었습니다. 그 결과 1석당 내지는 100엔, 조선은 80엔이 되었습니다. 맥주는 내지에서는 59엔 30전이던 것이 이번에 87엔 80전, 이것은 한 병에 10전 인상된 것이기 때문에 1석당은 단수(端數, 우수리)가 붙습니다. 대체로 60엔이었던 것이 88엔 정도가 되었습니다. 조선의 경우 41엔 30전이던 것이 69엔 80전이 되었습니다. 대체로 내지는 88엔, 조선은 70엔, 즉 맥주세는 1석당 18엔의 차이가 있습니다.[27] 조선의 경제력에 즉응해서 증세하고 있는 것입니다. 조선 독자의 막걸리, 소위 탁주(濁酒)는 종래 5엔이던 세금이 8엔이 되었습니다. 약주(藥酒)에 대한 세금은 13엔에서 30엔으로 증가했습니다. 이렇게 개정되어 평균 약 50%(5할)의 증세가 이루어졌습니다.

---

27 1석은 일본의 척관법(尺貫法)에 의하면 10두=100승에 해당한다. 1승이 약 1.8리터이므로 10두는 18리터, 1석은 180리터가 되겠다. 10전=0.1엔이므로 1리터들이 1병이 180개, 즉 180×0.1=18엔, 1석에 18엔이 인상된 셈이다.

유흥음식세에 대해서입니다. 이건 거의 3배 가까운 증세가 이루어졌습니다. 게이샤의 화대(花代) 30%(3할)가 100%(10할)가 되었고, 게이샤 이외의 화대는 15%(1할 5푼)에서 50%(5할)로 했습니다. 음식세는 3엔 이상 15%(1할 5푼)이던 것을 30%(3할)로 했고, 1엔 50전 이상을 신설해서 이를 30%(3할)로 했습니다. 여관 숙박료에 대한 과세입니다. 내지는 5엔 이상이 20%(2할), 10엔 이상이 30%(3할), 조선은 7엔 이상은 20%(2할), 10엔 이상을 30%(3할)로 했습니다. 물품세는 종래 종가 10%(1할)에서 20%(2할)였던 것을 물품에 따라 10%(1할)에서 50%(5할)의 고율로 과세하게 되었습니다. 이것은 내지나 조선 전부 같습니다. 단지 면세점에서 약간의 차이가 있는 것이 있습니다. 통행세는 2배에서 3배입니다. 따라서 기차임(汽車賃) 본래의 운임 인상도 있고 해서 상당히 비싸졌습니다. 그밖에 입장세, 건축세, 골패세(骨牌稅)[28]는 대체로 종래의 2배가 되었습니다.

요컨대 술(酒)이 약 50%(5할), 유흥음식세가 2~3배, 물품세가 2배에서 2배 반, 그 밖의 것은 약 2배로 상당히 대폭적인 증세입니다. 전면적으로 내지를 따라가고, 거기에 약간 조선의 사정을 가미하여 낮출 수 있는 것은 낮추도록 했습니다.

다음으로 1942년도부터 실행하는 직접세 중심의 증세에 대해 간단하게 말씀드리겠습니다. 내지에서는 분류소득세, 종합소득세 각각 증세율이 다릅니다. 양쪽을 합쳐서 약 50%(5할) 전후의 증세가 됩니다. 조선도 이에 대응하여 제3종 소득세를 통해 30%(3할) 정도를 증세했습니다. 또 영업세와 지세(地稅)에 대한 증세도 단행했습니다. 즉 영업세는 20%(2할), 지세는 10%(1할)가 조금 넘습니다. 내지에서는 분류소득세 중에 영업세와 지세에 해당하는 것이 들어가 있습니다.

은행의 예금이자 및 공채, 사채(社債) 등에 대한 이자의 과세는, 내지에서는 분류소득, 종합소득 양쪽과 관계가 있습니다. 조선은 제2종 소득세, 자본이자세의 형태로 과세가 되지만, 어느 쪽이든 양자를 합쳐서 지금까지 내지는—공채 등은 다릅니다만, 일반적으로 말씀드리면, 10/100의 과세였던 것을 50%(5할) 증징(增徵)의 15/100로 하고 있습니다. 조선은 2/100만큼 낮아 지금까지 8/100이었던 것을, 내지와 마찬가지로 5만큼 올려 13/100으로 합

---

28 골패(骨牌)는 짐승 뼈 따위로 만든 마작패로 노름판의 기구로 생각하면 되겠다. 따라서 골패세는 노름세나 도박세로 보면 될 듯하다.

니다. 차이는 여전히 2/100만큼 조선이 세율을 낮게 하기로 하고 있습니다.

이렇게 해서, 1942년도의 조세 수입은 총액 2억 9,200만 엔으로 책정되어 있습니다. 조세 체계에 대해 말씀드리면, 조선의 세(稅)도 거의 궤도에 올라오고 있습니다. 2억 9,000여만 엔 중에서 약 1억 1,000만 엔—총수입의 약 40%가 소득세 계통에서 점하고 있습니다. 물품세가 3,550만 엔, 다음은 술(酒)의 3,300만 엔, 유흥음식세는 2,500만 엔, 지세는 훨씬 떨어져서 1,500여만 엔입니다. 주세인 3,300만 엔은 아까 말씀드렸듯이, 내지와 비교해서 상당히 저율(低率)입니다. 조선 특유의 술에 대해서는 이것은 매우 낮은 비율입니다. 장래 주세는 좋은 재원이 될 수 있다고 생각됩니다.

술에 관한 이야기입니다만, 내지는 1938년도에는 대략 630만 석을 생산하고 있었습니다.[29] 그런데 식량 대책을 위해 쌀(米)을 절약하게 되면서 1938년 무렵과 비교하면 원료인 쌀은 현재 그 절반 정도로 감소했지만, 합성주(合成酒)의 양조로 이를 보완하여 대체로 500만 석 정도의 술이 생산되고 있습니다. 7,000만 명의 인구가 500~600만 석을 소비합니다. 조선은 2,400만의 인구가 350만 석을 소비합니다. 인구 비율의 측면에서 보면, 조선은 상당히 술을 마신다, 숫자만을 보면 그렇게 보이지만, 350만 석의 술 중에는 소위 농민계급의 식량을 대신한다고도 볼 수 있는 도부로쿠[30]가 대부분을 점하고 있습니다. 즉 150만 석이 탁주(濁酒)입니다. 조선 특유의 소주가 70만 석, (조선이나 일본이나) 둘 다 마시는 청주는 16~17만 석, 맥주가 10만 석, 약주 13~14만 석으로 되어 있습니다. 그래서 식량 대책을 위해 청주 16~17만 석을 소비하던 것에 대해 현재의 생산량은 10만 석 이하로 억제하고 있습니다. 도부로쿠와 소주에 대해 말씀드립니다. 내지에서는 쌀을 50%(5할) 가깝게 절약을 실행하고 있으니, 조선도 억제해도 괜찮지 않을까 하는 것이 2~3년 전 많이 논의되었습니다. 나는 도부로쿠 같은 것은 생산을 제한해도 밀조(密造)가 계속 늘어나고 있어서 오히려 원료를 낭비하는 것으로 끝나게 되는 것에 불과하다고 열심히 항변했습니다만, 결국 20%(2할) 정도 감소했습니다. 2할 감소의 결과는 역시 좋지 않습니다. 도부로쿠는 간단히 만들 수 있어서 밀조가 상당히 많습니다. 또한 밀조하기 때문에, 보통의 도부로쿠의 경우 조(粟)나 잡

---

29 일본의 척관법에서는 1석=10두=100승=1000홉=1000×0.18리터=180리터이다.
30 일본의 전통술로 한국의 막걸리와 유사하다. 한자로는 탁주(濁酒)라고 쓴다.

곡 같은 질이 떨어지는 것으로 만들지만, 쌀을 숨겨서 쌀로 도부로쿠를 만든다, 이건 식량 대책으로서 도리어 나쁜 결과를 낳았습니다. 감석(減石)으로 얻을 수 있는 장점은 그 단점에 의해 없어질 뿐 아니라, 단점만 나오는 실정이기 때문에, 1941년도부터는 20%(2할) 감석은 중지하고 원래의 생산량으로 복귀한다는 방침을 정했습니다. 하지만 최근에는, 원료인 잡곡의 관계로 300만 석 정도의 생산에 그치고 좀처럼 원래와 같이 350만 석이라는 숫자까지 술을 만들지는 못하고 있습니다. 장래 재료, 원료의 문제가 구체화하면, 술의 생산은 다시 상당히 증가하여 유력한 재원으로 고려해야 한다고 생각합니다.

세(稅), 특히 직접세의 증징과 관련하여 말씀드리고 싶은 것은, 다른 정책과의 조화에 관한 것입니다. 증세는 단적으로 봐서 저축장려, 생산력 확충 등의 정책과 모순을 초래합니다. 마찰을 낳습니다. 이건 당연한 일입니다. 따라서 그런 정책들과 가능한 마찰을 작게 하는 것에 매우 세세한 점까지 주의를 기울이고 있는 점이 제일 중요합니다. 두 번째로는 전시 재해에 의한 조세 감면과 관련된 점입니다. 세 번째는 일만(日滿) 이중과세 방지라는 점이 고려되고 있습니다.

저축 증강에 이바지하기 위한 조세상의 완화 조치로는, 장기예금 장려에 주력한다는 입장에서 정기예금 및 신탁예금에 대해 보통이라면, 조선에서 이야기하면, 8/100이 13/100이 되어 5/100만큼 증세가 이루어지고 있습니다. 그것을 정기예금 등에 대해서는 1년 이상의 것은 1/100을 감세한다, 2년 이상은 2/100, 5년 이상은 5/100를 감세한다, 이렇게 해서 5년 이상은 신탁과 정기예금 모두에서 증세가 이루어지지 않은 것과 마찬가지의 결과를 낳는 것이, 저축 증강에 이바지하기 위한 주된 조치입니다.

다음은 금융기관의 자금 운용을 합리적으로 만들고, 그 경영을 견실하게 만들기 위해 과세상 채택하고 있는 조치는 4항목이 있습니다. 첫째, 자금의 계획적 동원을 편리하게 한다. 예를 들면 저축은행이, 식산은행이 발행한 정부보증 사채를 인수하는 재원에 충당하기 위해, 혹은 산업 대부의 재원에 충당하기 위해 식산은행에 예입한 경우, 그 예금이자에 대해 (세금을-역자) 면제한다. 둘째, 저축은행이 공탁하고 있는 공사채(公社債) 이자에 대한 세금, 이것은 공채, 사채, 지방채 등의 종류에 따라 세율은 달리하지만, 일단 저축은행이 공탁하고 있는 공사채 이자에 대한 세금을 경감(輕減)한다. 셋째, 생명보험 혹은 무진(無盡), 이들 회사가 소유하는 공사채에 대해 등록할 경우, 그 등록한 공사채의 이자에 대해서는 역시 조세를 경감한다. 넷째, 생명보험회사가 소유하는 주식의 배당에 과세하는 자본이자세 경감의 정도를 더욱 확대한다. 이런 것들이, 넓은 의미에 있어서 금융기관의 자금 운용을 합리적으로 만들기 위한 조세 조치입니다.

다음으로 생산력 확충에 이바지하기 위해 증세에 수반한 마찰을 줄이기 위해 취해진 조치 역시 4개가 있습니다. 첫째, 법인의 유보소득은, 종래는 일정 비율 이상의 유보소득을 정부가 인정하는 설비의 확장에 충당 혹은 정부가 인정하는 유가증권에 투자하는 경우, 그 유보소득을 익금(益金)으로 간주하지 않는다. 이것을 손금(損金)으로 인정하여 제1종 소득세는 경감하는 것으로 종래에도 되어 있었지만, 그 경감의 범위나 비율을 이번에 더욱 확대하게 된 것이 첫 번째 점입니다.

둘째, 정부에서 인정한 회사에 대한 불입, 이건 신설이든, 증자든, 미불입의 징수이든, 어떤 것이든 괜찮습니다만, 4월 1일 이후의 불입에 대해 7%(7푼) 이하를 배당할 경우, 그 배당에 대한 갑종 자본이자세를 경감하기로 했습니다.

셋째, 정부보증 사채에 대한 제2종 소득세의 세율을 경감시켜 지방채와 같은 가벼운 세율로 한다. 이것이 제3의 특전입니다.

넷째, 정부가 인정하는 통제회사 등이 가격정책의 목표를 위해 설정한 가격평형자금(價格平衡資金), 일정한 조건 아래 그 평형자금에 편입된 이익의 경우, 그것을 익금으로 간주하지 않는다. 따라서 과세의 대상이 되지 않는다. 이것이 네 번째 점입니다. 생산력 확충에 이바지하기 위해 이런 점이 세법상 고려되고 있습니다.

다음은 기업의 합동 정리 촉진에 이바지하기 위해 세법상 채택된 조치에 대해 말씀드리겠습니다. 중소공업, 기타 금융기관 기업의 합동 정리가 정부의 방침으로 이루어질 경우, 혹은 법령으로 어떻게든 해야 할 경우, 이런 기업의 합동 정리를 촉진하기 위해 조세상의 완화책으로서 대략 6가지를 고려할 수 있습니다.

첫째, 통제의 필요에 기초해 합병하거나 해산하게 될 경우, 청산소득(淸算所得)에 대해서입니다. 이런 경우 청산소득세는 이를 상당 부분 경감하게 되어 있습니다.

둘째, 정리 합동 등의 경우, 법인이 출자하는 것을 생각할 수 있는데, 그 법인의 출자로 취득한 주(株)가 출자 금액 이상으로 평가받는 일이 일어날 수 있습니다. 종래에는 그 차액을 전부 익금으로 과세하고 있었지만, 이러한 차액은 익금으로 간주하지 않도록 조치가 이루어지고 있습니다.

  셋째, 법인이 해산한 경우, 주자가 실제 불입한 금액 이상으로 받는 일이 있습니다. 주주가 불입금액 이상으로 받을 경우, 종래는 그 액수에 대해서는 주주가 취득한 배당으로 간주하여 과세하는 방식이었습니다만, 정부의 필요에 기초한 기업의 해산으로 잔여 재산의 분배를 받은 경우, 종래는 배당으로 간주하고 있던 소득에 대해서도, 역시 갑종 자본이자세를 경감하는 조치가 이루어지고 있습니다.

  넷째, 통제의 필요상 영업의 전부 혹은 대부분을 폐지한다. 그 개인에 대해서는 제3종 소득세 및 영업세의 면제 내지 경감이라는 것이 고려되고 있습니다.

  다섯째, 이 역시 해산 같은 것을 하는 법인 혹은 영업을 폐지하는 개인, 거기에 고용되고 있던 사용인이 그들 개인 혹은 회사로부터 받는 급여나 퇴직금, 기타 상여에 대해 제3종 소득세의 면제 내지는 경감이 규정되어 있습니다.

  여섯째, 통제의 필요에 기초하여 법인이 설립될 경우, 등록세의 경감도 고려되고 있습니다. 기업의 합동 촉진이라는 것에 대해서는 이상 말씀드린 점들이, 소위 「조세임시조치법(租稅臨時措置法)」이라는 법률 속에 일괄해 규정되어 있습니다.

  이상 말씀드린 조세법상의 조치는 이것이 구체적인 문제가 되면, 그 내용 여하에 따라 상당히 귀찮은 점도 많이 있으리라 생각합니다. 이론적으로는 아주 잘 만들어져 있습니다만, 실제 적용은 상당히 귀찮게 되어 있어서, 관계가 있는 분은 충분히 연구하셔서 의문이 있으면 세무서나 혹은 재무간화회(財務懇話會)를 이용해 이들 조세의 경감이나 면제에 대해, 모처럼 규정되어 있는 부분이기 때문에, 이용하시면 좋을 것으로 생각합니다.

  전시 재해에 대한 면제 또는 경감에 관한 법률도 이번 증세와 동시에 의회를 통과했습니다. 폭격 등을 받은 경우, 피해를 받은 개인 혹은 피해를 받은 물건(物件)에 대한 제3종 소득세, 개인의 영업세와 개인의 임시이득세 또는 폭격, 기타 전쟁을 원인으로 사망한 자의 상속세, 이런 것에 대한 면제나 경감에 대한 것이 상세하게 규정되어 있습니다. 또한 일본과 만주, 물론 내지, 조선을 합한 일본입니다만, 일본과 만주 사이의 조세 조정에 대해서는, 종래 그다지 완전하게 되어 있지 않았습니다. 따라서 때때로 탈루(脫漏)가 있거나 혹은 이중관세의 감(憾)이 있었습니다만, 이번에 법률로 일만(日滿) 이중과세 방지에 관한 규정이 상세하게 정해졌습니다. 이미 실행에 옮겨지고 있습니다.

세입에 대한 것을 말씀드리면서 세금 문제를 너무 상세하게 들어간 듯한 경향이 있습니다만, 뭐라 해도 작년부터 올해에 걸친 증세는 상당히 큰 폭으로 이루어졌고, 여러분의 부담도 매우 증액되고 있다고 알고 있습니다. 따라서 이에 대한 완화책에 대해서도 약간 상세하게 말씀드렸습니다.

다음으로 1942년도 세출에 관해 주된 사항을 순서에 따라 설명해 드리고자 합니다. 실은 의회에 제출한 세출의 신규 사항은 전부 223항목이 있고, 도저히 하나하나 설명해 드릴 시간도 없어서, 주요한 것에 대해서만 말씀드립니다.

첫째, 신사에 관한 문제입니다. 국체명징(國體明徵)이라는 것이 제창되어 경신사상(敬神思想)의 배양을 위해 각 도에 일도일사(一道一社), 즉 도마다 신사 하나씩 국폐소사(國幣小社)를 봉대(奉戴)할 방침이 결정되었습니다. 작년은 춘천과 광주(光州)에 조영(造營)되었습니다. 오늘까지 부산, 대구, 경성, 평양의 4도(道)에 열격(列格)[31]되어 있습니다. 1942년도는 함흥과 해주, 전주 세 곳의 열격에 관한 내용이 예산에 계상되어 있습니다.

다음으로 교육에 관한 문제입니다. 1942년도는 초등학교 확충을 위해 2,068학급을 증가할 예산이 계상되어 있습니다. 초등교육에 관한 것은 작년에도 상식(常識)으로 말씀드린 적이 있습니다. 정확히 우가키(宇垣) 총독 시대에 1936년이었습니다. 일면일교(一面一校) 계획이 완성되었는데, 초등학교의 수용 가능 인원수는 총 학령아동 수의 25%(2할 5푼) 정도였고, 더구나 입학 희망자는 추정 학령아동의 50%(5할)에 달하는 상황이었습니다. 따라서 적어도 학령아동의 50%(5할)를 수용할 수 있을 때까지는 초등학교를 확충해야 한다고 했습니다. 이에 1937년도부터 10개년 계획을 통해 1946년도에 추정 학령아동의 약 50%(5할), 즉 168만 명을 수용할 수 있을 만큼 증설하기로 계획하고, 1937년도부터 실행하였습니다.

그런데 상기 계획은 1938년도에 개정되었습니다. 1946년도에는 너무 늦다, 5년간으로 단축해서 1942년도에 약 170만 명을 수용할 수 있도록 증설하게 되어 현재 그 계획으로 추진하고 있는 것입니다. 그래서 매년 2,000학급 이상을 증설하여 1942년이 그 계획이 완성되는 해입니다. 실적은 어떻게 되었는지 말씀드리면, 1941년도 말에 재학 아동 수가 171만 명입니다. 전체의 56%입니다. 1941년도에 이미 처음 목표를 돌파하고 있습니다. 계획의 1942년

---

31 신사가 새롭게 어떤 사격(社格)에 오르는 것을 말한다.

도 말에는 학무국의 조사에 의하면 185만 명은 수용할 수 있는, 즉 60%(6할) 이상은 초등학교에 수용할 수 있다고 합니다.

다음에 일어나고 있는 것은 의무교육 문제로, 이건 조만간 해결되어야 합니다. 하지만 언제부터인지는 아직 결정되어 있지 않습니다. 단 1941년도부터 의무교육실시준비비가 예산에 계상되어 각반의 사항을 조사하고 있습니다. 이런 식으로 초등 교육기관이 증가하면 필연적으로 선생의 공급이 문제가 됩니다. 2학급을 한 명의 선생이 담당한다고 해도 2,000학급에 1,000명이 필요합니다. 말할 것도 없이 결원의 보충 등을 생각하면 상당수의 교원이 필요합니다. 따라서 사범학교도 상당히 신설하게 되어 있습니다만, 현재 선생의 소질 향상도 소홀히 할 수 없는 문제이기 때문에, 그에 대한 재교육이 필요하고, 거기에 필요한 예산도 계상되어 있습니다.

초등교육의 확충에 수반하여 중등교육의 확충도 당연히 생각할 수 있는 부분입니다. 그것도 1937년도부터 일정한 계획하에 추진하고 있습니다. 10개년 계획으로 1946년도에 중등 교육기관 75교를 신설하여 700학급을 늘리고, 수용 생도는 12만 명 정도로 한다는 내용으로 현재 추진하고 있습니다. 1942년도까지 75교를 신설하면, 5개년 진급으로 1946년도까지 정확히 풀(full)이 됩니다. 1942년도에는 중학교, 여학교, 실업학교 합쳐서 15교에 대한 신설 예산이 계상되어 있습니다. 실적을 보건대, 1937년도부터 1942년도까지 전부 합쳐서 76교가 신설되었습니다. 계획은 완전하게 수행되고 있습니다. 우선 교육에 대해서는 처음 계획된 것만은 오늘날 순조롭게 진행되고 있다. 단 질(質)에 관한 문제에 대해서는 과연 당초에 생각하고 있던 대로 이루어지고 있는지 아닌지, 이건 여러 가지 견해가 있지만, 계수(計數)로 살펴보면 대체로 계획대로 진행되고 있습니다.

시험 삼아 1937년, 사변이 시작되고 나서, 지금—1941년까지, 조선의 교육기관이 어떤 식으로 확충되어 왔는지를 조사해 보면, 먼저 대학에서는, 제국대학에 이공학부가 생겨 현재 대학 2년까지 진급해 있습니다. 전문교육에서는, 경성고등공업학교에 전기과와 기계과가 새롭게 부설되었고, 수원의 고등농림학교에 수의축산과가 신설되었습니다. 또한 고바야시 우네오(小林采男) 씨가 기부한 경성의 광산전문학교, 부산의 고등수산학교, 평양의 사립대동광산전문학교(大同鑛山專門學校), 경성의 여자의학전문학교 등입니다. 중학교는, 신설 26, 여학교 22, 실업학교 28, 합쳐서 76, 최초 계획은 75였지만, 76이 되었습니다. 초등학교는, 학교 수 약 2,000, 학급 수 1만 1,900, 약 1만 2,000학급이 증가했습니다. 이것도 계획보다 조금 초과해 달성되었습니다. 1943년도부터 초등교육이나 중등교육은, 어떤 식으로 계획이 수립되어 갈 것인지, 목하 주무국에서 연구 중입니다.

다음은 금과 중요 광물의 증산(增産) 문제입니다. 조선의 금 증산에 대해서는 상당히 기대하고 있습니다만, 증산을 위한 예산은, 1941년도는 약 1,750만 엔이었습니다. 1942년도에는 1,200만 엔입니다. 약 550만 엔이 감소하게 됩니다. 이는 처음 말씀드린 물동계획과 매치시키는 관계로 이렇게 된 것입니다. 1941년도 1,750만 엔이었는데, 현실에 사용한 것은 1,000만 엔이 조금 넘는 정도로, 약 700만 엔은 실행상 나중으로 연기하거나 절약했습니다. 자재(資材)를 예상대로 조달할 수 없어서 이렇게 된 것입니다. 따라서 1942년도에도 1941년도 금 증산에 대한 조성(助成)과 같은 정도로 추진해 간다는 방침이 결정되어, 이런 예산 숫자가 되어 있는 것입니다. 화폐제도가 변했기 때문에, 그 범위에서 금의 중요성은 감소했지만, 동아공영권 내 물자 교류의 관점에서 보면, 현재 채굴하고 있는 정도의 금은 여전히 필요하다는 것으로 작년 가을 방침이 결정되었습니다. 거기에 기초하여 조선으로서는, 1941년도 정도로 장려해 가기로 되어 있습니다.

다음으로 중요 광물의 증산 문제입니다. 조선에서는 금과 철, 석탄―이런 것 이외에 내지에 그다지 부존(賦存)하지 않는 광물이 여러 가지 있습니다. 텅스텐, 수연(水鉛, 몰리브덴), 납(鉛), 아연, 형석(螢石), 유화철(硫化鐵), 인광(燐鑛), 흑연(黑鉛)―이들 광물에 대한 채광 혹은 채굴 설비에 대해 보조금이 약 560만 엔 계상되어 있습니다. 그 밖에 또 중요 광물을 채굴하는 데 필요한 송전시설을 위해 200만 엔 정도의 경비가 계상되어 있습니다.

대체로 이들 중요 광물의 증산이 일본 전체의 시각에서 보면 얼마나 조선에 기대하고 있는지 조사해 보기 위해 생산확충계획이 내지에서 수립되었을 때의 숫자에 의하면, 일본 전체를 100으로 했을 때, 조선에 의지하는 비율은 운모(雲母)·흑연은 100% 조선에 기대한다, 내지에서는 하나도 나오지 않는다. 형석은 98%, 몰리브덴, 석면(石棉)이 80~83%, 텅스텐 90%, 금 55%, 철광석 57%로 되어 있습니다. 텅스텐, 몰리브덴, 석면, 형석, 운모, 흑연 이런 것들은 거의 80%(8할) 이상, 내지 전부를 조선에 의지하고 있습니다.

이렇게 의존도가 높은 이들 중요 광물이 얼마나 채굴되고 있는가, 그 실적입니다. 1941년의 실적은, (일부 추정하는 것도 있습니다만) 텅스텐 93%, 석면 110%, 형석 84%, 운모, 흑연

84~99%, 몰리브덴의 경우는 140%, 기대 이상으로 40%(4할)가 증산되고 있습니다. 금은 최초 계획대로 되고 있지 않지만, 그렇다고 해도 70%(7할) 정도는 기대에 부응하고 있고, 일반적으로 조선의 이들 사업에 대한 성적은 대체로 괜찮다고 봐도 좋지 않을까 생각합니다.

석탄의 증산 확보 및 미국으로부터의 고철(屑鐵)이 들어오지 않기 때문에, 이를 대신하는 원철(原鐵)의 생산에 대한 보조도 내년도 많이 생각하고 있습니다.

다음으로 식량 대책은, 조선으로서 가장 역점을 두어야 할 사항의 하나입니다. 예산 측면에서는, 식량 대책으로서 쌀의 증산과 전작(畑作, 田作)의 증수 계획 수행 및 쌀의 장려금, 비료의 증산 확보 및 배급 이런 사항들이 계상되어 있습니다. 이에 대해서는 다른 장소에서, 상세하게 이야기가 있었던 것으로 잡지에서 보기 때문에, 저는 간단히 개략적인 내용만 말씀드립니다.

1940년도의 조선미 증수 계획은, 1950년(昭和 25)도부터 680만 석을 증산해서, 1950년도에 3,005만 석―약 3,000만 석으로 하자는 계획이었습니다. 농사개량에 힘쓰고, 즉 단당(段當) 수량의 증가에 주력하고, 토지개량, 개척이나 혹은 밭을 논으로 만드는 것은 종(從)으로 삼고, 수전(水田) 1단보당 수확을 늘리는 것에 주력해서 680만 석을 증수하자는 목표입니다. 평균 수확 1단당 1석 5두 정도를 1석 8두 정도로 증가시키는, 이런 농사개량을 통해, 대체로 511만 석을 증수한다. 그밖에 16만 3,000정보 정도의 토지개량을 해서 169만 석을 증수하여 합쳐서 680만 석을 증수한다. 이것이 1940년도에 수립된 증산 계획입니다. 이렇게 해서 1950년에 총 수량(收量)을 3,000만 석으로 하자는 것입니다. 그런데 최근의 미곡 사정을 보면 이런 정도의 증수로는 여전히 충분하지 않다고 합니다. 그래서 1942년도에는 이를 개정해서 목표를 1955년(昭和 30)도에 두고 증수를 1,138만 석―약 1,100~1,200만 석으로 했습니다. 따라서 1955년도에는 총계 3,460만 석, 약 3,400~3,500만 석을 수확하는 것으로 개정되었습니다. 이는 조선의 인구 증가, 기타 소비 증가를 예상하고, 또 내지에 매년 800~900만 석씩 이출할 수 있도록 한다는 목표로 증산 계획이 수립되었습니다. 따라서 1942년, 1943년경에는, 조선에서도 2,500~2,600만 석의 쌀을 소비한다는 방침하에 증산 계획이 수립되었습니다. 개정된 증수 계획 내용을 말씀드리면, 농사개량에 의한 증수는 1940년도의 계획과 거의 변함이 없습니다. 조선에서는, 수전(水田) 면적이 반드시 정확하다고 할 수는 없지만, 대체로 170만 정보, 그중에서 관개 사정이 좋은 논(畓)에 가뭄이 들어도 어느 정도까지 쌀을 수확할 수 있는 것이 약 80만 정보입니다. 나머지 약 90만 정보는 수리(水利) 불안전(不安全) 논으로, 관개설비를 하지 않으면 사정이 나쁜 논입니다만, 이 약 90만 정보 정도의 수리 불안전 논에 대해, 또 기타 개척해야 할 토지도 있습니다만, 그것들을 더해서 57만 8,000정보, 약 58만 정보에 대해 토지개량사업을 시행하여 증수를 도모하려는 것이 이번의 계획입니다. 대체로 58만 정보의 토지개량 사업을 통해 619만 석, 농사개량을 통해 519만 석, 합계 1,138만 석이 됩니다. 1926년(大正 15)에 수립된 산미증식계획(産米增殖計劃) 때에는 대행회사로서 토지개량주식회사(土地改良株式會社)가 생겼습니다. 이번에는 농지개발영단(農地開發營團)이라는 공익법인에 의해, 토지개량 공사의 측량 설계나 혹은 개량 공사 중의 큰 작업을 대행시키고, 목적 달성에 협력하는 유력한 기관으로 만든다는 계획입니다. 자본 총액 1,000만 엔, 정부 출자가 300만 엔, 초년도는 100만 엔의 출자금을 예산에 계상하고 있습니다. 이에 대해 불입의 10배까지 영단채권(營團債券) 발행 권한을 부여하고, 정부가 사채(社債)의 원리(元利) 지불을 보증하여, 한편 민간의 출자에 대해 6%(6푼) 배당을 보증하게 되어 있습니다.

1955년도까지 1,100~1,200만 석의 쌀 증수를 위해, 작년 12월 당시 물가와 임금(勞銀)을 표준으로 하여 수립한 계획의 소요 경비가 8억 3,600만 엔, 이건 1955년도까지 정부와 민간 전부를 합친 소요 경비입니다. 이 중에서 토지개량의 보조나, 혹은 정부의 인건비나, 농지개량영단의 출자나, 이와 같은 정부의 부담에 속하는 지출이 3억 8,200만 엔, 지방 공공단체의 부담이 약 600만 엔, 합쳐서 3억 8,800만 엔, 대략 3억 9,000만 엔, 나머지 4억 4,700만 엔 전후가 기업자에게서 조달해야 하는 금액입니다. 기업자 자신의 호주머니에서 조달하는 것도 있겠지만, 대부분은 금융기관의 수중에서 조달을 부탁하는 자금입니다. 단 그런 자금 중에서, 대체로 2억 4,000~5,000만 엔은 예금부의 저리자금에서 조달하는 것으로, 대체로 대장성 쪽과 이야기가 되어 있습니다. 요컨대 1942년부터 8억 3,600만 엔 정도의 자금으로 1,138만 석의 쌀을 증수하자는 것입니다. 이건 종래의 경험에서 미루어 보면, 물가나 임금[勞銀]과의 관계 때문에 상당한 증감은 피할 수 없다고 생각됩니다만, 정부 보조금은 1926년도부터 실행된 산미증식계획의 경험에 비추어 상당히 많은 보조를 하게 되어 있습니다. 25%(2할 5푼)에서 55%(5할 5푼)입니다. 1942년의 예산에 계상된 금액은 약 2,100만 엔입니다. 하지만 이 비용도 예정대로 증수할 수 있으면, 석당(石當) 73, 74엔 정도 하게 되고, 토지개량 쪽에서 말씀드리면, 단당(段當) 136엔 정도가 됩니다. 어느 쪽이든 석당 70엔이 넘는 생산비이기 때문에 예정대로의 수확이 이루어지면 이자는 별도이지만, 적어도 원금은 2년 동안의 증수를 통해 회수할 수 있는 것입니다.

이번 계획은 토지개량을 주로 했기 때문에, 상당한 경비가 필요하고, 석당 투하자본이 73, 74엔이 됩니다. 그렇다고 해도 내지에 비하면 조선에 있어서 쌀의 증산은 상당히 싸게 이루어진다고 생각됩니다.

식량 증산 문제로서 전작(畑作, 田作) 장려가 있습니다. 이건 1941년도에 계획이 수립되었습니다. 보리(麥)와 조(粟)의 수확은 평년에 대체로 1,800만 석입니다. 그것을 1945년도까지 약 620여만 석을 증수하자는 것이 1941년도에 수립되었고, 금년도에는 그 실행을 향해 매진하고 있습니다. 단, 새롭게 작년 말부터 수전(水田)의 이작(裏作)[32]으로서 보리를 장려하는 것이 추가되었습니다. 잘 아시는 바와 같이 조선에서 지주는 표작(表作)인 쌀의 수확에 대해 소작료를 취하고, 이작에 대해서는 소작료를 받지 않는 습관을 가지고 있습니다. 따라서 지주는 이작에 대해서는 관심을 두지 않는 경향이 있었다고 듣고 있습니다.

농림국 조사에 의하면, 남선 지방에서는 농민을 조금 독려하면 경작 가능한 이작의 면적이 20만 정보 정도 있다고 합니다. 따라서 여기에 보리를 심으면 상당한 증수가 기대됩니다. 작년은 3만 정보를 장려했습니다. 1942년도는 다시 3만 정보를 추가해 장려하다 이런 식으로 해서 1941년도에 수립된 계획 이외에 보리의 증산을 기대하려는 것입니다.

다음은 쌀의 생산 장려금에 대해 말씀드립니다. 이건 작년 가을에 쌀의 공출을 확보하기 위해 내지에서는 석당 6엔 정도 공출미에 대해 장려금을 주고, 혹은 비싸게 사들이기로 했습니다. 조선에 대해서는 제반 사정을 고려한 결과 내지의 6엔에 대해 4엔으로 결정되었습니다. 그중 3엔은 장려금, 1엔은 가격을 비싸게 사들인다, 합계 석당 4엔을 조선의 공출미에 대해 비싸게 해서, 생산자인 지주, 소작인의 수중에 들어가도록 함으로써 쌀의 생산과 공출에 박차를 가하는 것이 작년부터 실행되고 있습니다. 올해 가을에 수확되는 쌀에 대해서

---

32 주된 작물을 수확한 전답에 다음 작부할 때까지의 기간 동안 다른 작물을 재배하는 것을 말한다. 경우에 따라서는 그 작물 자체를 이작이라고 부른다. 우리말로는 '뒷갈이'라고 한다.

도 역시 같은 정책이 취해지기로 결정되었습니다. 필요한 보조비가 1942년 예산에 계상되어 있습니다. 총독부의 부담으로서, 이건 물론 쌀의 수확 여하에 따라 증감하겠지만, 현재로서는 2,300~2,400만 엔 정도 예정하고 있습니다. 내지로 나가는 쌀은 내지에서 부담합니다. 가령 작년 가을부터 올해 여름에 걸쳐 내지에 600만 석을 이출하기로 한다면, 2,400만 엔 정도 내지에서 비싸게 삽니다. 그리고 그것을 재원으로 해서 조선의 지주든 소작인이든 평균 석당 4엔의 비율로 지급합니다. 조선 내에서 필요로 하는 공출미에 대해서는 조선총독부가 부담합니다. 이것이 아까 말씀드린 2,300~2,400만 엔을 예정하고 있다고 말씀드린 것에 해당하는 것입니다.

식량의 증산에 대해서 중요한 문제는 비료에 대한 대책입니다. 이건 작년과 마찬가지로 올해도 금비(金肥, 화학비료) 증산과 자급 비료 장려를 시행하는 것으로 되어 있습니다. 금비의 증산 확보를 위해 예산으로서 1,200만 엔 정도 예정하고 있습니다. 아시는 바와 같이 조선의 입장으로는 얼마 전 일질(日窒)에 합병된 조선질소회사(朝鮮窒素會社)에서 상당한 유안(硫安)[33]을 생산합니다.[34] 조선에서 소비하는 외에, 대만, 내지에도 일부 보내고 있습니다(수출하고 있습니다-역자). 다음으로 식량 확보의 대책으로서 조금 새롭다고 생각하는 것은, 이건 이전에도 시행된 것이지만, 담수어류(淡水魚類)의 증산이 생각되고 있는 것입니다. 수리사업으로 저수지가 생깁니다. 수전공사(水電工事)로 유지(溜池)가 생깁니다. 거기에 담수어류를 방어(放魚) 증식하면 상당한 단백급원(蛋白給源)을 공급할 수 있지 않을까, 이런 생각에서 내년도는 일단 치어 200만 마리 양식에 필요한 양어지(養魚池) 설치 경비가 계상되어 있습니다. 현재 담수어 양식지로서는 부산의 수산시험장 지장(支場)이 진해에 있는데, 거기서 담수어류의 치어를 양성해 필요한 쪽에 배포하고 있습니다. 한 곳 더 이런 곳을 설치하려는 계획입니다.

우가키 총독 시대의 소위 남면북양계획(南綿北羊計劃)이나 대마(大麻)의 증산, 돼지, 토끼, 말, 소 등의 증산 계획에 대해서는 생략하겠습니다. 단, 수립된 계획에 대해, 1942년도에 증

---

33 암모늄 이온의 황산염. 황산과 암모니아를 반응시켜 만든 흰 결정으로, 물에 잘 녹으며, 질소 비료로 쓰인다. 화학식은 (NH4)2SO4.
34 조선질소비료주식회사(조질)가 일본질소비료주식회사(일질)에 합병된 것은 1941년 12월이다.

감하는 일 없이 실행하기로 되어 있습니다. 말에 대해서는 전 총독이 상당히 열심이어서, 마사회(馬事會)를 만드셔서 곤란하지만 어떻게든 일정 수량의 말만은 조선반도에 그냥 두어야 한다는 견지에서, 말의 장려에 대해서는 1942년도에 각별한 고려를 기울이고 있다고 말씀드리면서 축산에 대해서는 생략하겠습니다.

　다음은 고치[繭] 문제입니다. 미국과 이런 관계가 되어 생사(生絲)가 팔리지 않는다. 따라서 조선으로서는 종래 산견(産繭) 100만 석 계획으로 추진하고 있었는데, 이것을 적극적으로 장려는 하지 않고 양모(羊毛)의 대용이 될 만한 고치를 장려하려는 것이 계획된 것입니다. 고치의 매상 및 판매, 이것을 일원적으로 통제할 필요가 있지 않을까, 내지에서는 자본금 8,000만 원의 잠사통제회(蠶絲統制會)가 생겼습니다. 조선도 이것을 본받아 작년 가을 잠사통제주식회사(蠶絲統制株式會社)가 만들어졌습니다. 자본금 500만 원, 1/4 불입으로 전 농림국장 유무라(湯村) 씨가 사장입니다. 이 회사에 대해서는 정부에서 4푼(4%)의 배당 보증을 하고 있습니다.

　앞에서 말씀드렸지만, 유무라 씨는 목재통제회사(木材統制會社)의 사장도 겸하고 계십니다. 이 회사는 조선에 있어서 목재 생산 집하 판매에 대해 역시 일원적으로 통제할 필요가 있어서 자본금 1,000만 원, 불입 500만 원의 목재통제주식회사가 생긴 것입니다. 목재통제회사에 대해서는 사채보증(社債保證)이나 배당보증 같은 것을 하지 않아도 잘해 갈 수 있을 것으로 전망됩니다.

　축산 관계의 일에 대해서 한 가지 더 말씀드리고 싶은 것은, 부산에 수역혈청조제소(獸疫血淸造製所)라는 것이 있었습니다. 최근 그 명칭을 축산위생연구소로 바꿨는데, 여기서 소, 말, 돼지 등 가축의 전염병 예방액 혹은 혈청약을 제조하고 있습니다. 최근 만주나 북지(北支) 등의 말, 소, 양 등에 대한 예방액 주사액의 대량 주문이 있어서 1개소에서는 도저히 감당할 수 없는 상황입니다. 이미 현재의 설비와 같은 규모로 만들기로 하고 건축에 착수했기 때문에 곧 생길 것입니다. 경상과 임시를 합쳐서 100만 원 정도의 예산입니다.

　가마니[叺]의 증산, 새끼줄[繩]의 증산, 자작농의 창정 같은 점도 예산에 반영되어 있습니다. 가마니 같은 것도 2억만 장이나 필요하다고 합니다. 이건 곡용(穀用) 혹은 비료용, 또는 군용 등이어서 만주와 북지로 보내는 것만으로도 3,000만 장 정도 필요하다고 합니다. 그래서 이것의 증산에 대해서도 적극적으로 장려하게 되어 있습니다.

이어 임산물 문제입니다. 조선은 내지와 비교하면 아직 산의 푸르름이 적다. 민둥산이 많은 것이 눈에 띄지만, 재목(材木)의 축적은 오지에 상당합니다. 국유림과 민유림을 합쳐서 약 2척 2,000만 제곱미터의 재산축적(在山蓄積)입니다. 이 중에 국유림이 약 절반인 1억 1,000만 제곱미터입니다. 1억 중 벌채 가능한 수량은 약 절반입니다. 나머지는 교통 관계 등의 이유로 반출이 곤란하다, 그 때문에 벌목할 수 없다, 벌채 가능량에 대해 1년 대략 200만 제곱미터의 벌채가 기술적으로 보아 타당한 벌채량이라고 알려져 있다, 최근 4~5년간은 가능한 수요에 대응하기 위해 4~5할 정도 많이 벌목하고 있다, 이 이상의 증벌(增伐)은 각종 관계로 불가능하다, 이것은 주로 침엽수에 대한 것이다. 따라서 작년부터 활엽수의 이용에 주목해, 1941년(昭和 16)도부터 10개년을 기해 활엽수 증벌 100만 제곱미터, 제목(製木) 161만 제곱미터, 제탄(製炭) 5,000만 표(俵)의 계획이 수립되어 있는데, 올해가 그 2년째입니다. 캐슈(cashew)나 옻나무 등 임산 부산물 혹은 신탄(薪炭)의 증산에 대해서도 예산에 계상되어 있지만, 모두 생략하겠습니다.

다음으로 여러 가지 조사 시험에 관한 것입니다. 여러 가지가 시행될 계획입니다만, 주된 점만 말씀드리겠습니다. 쌀의 증산과 관련하여 벼(稻)의 다수확, 품종 육성, 병해충 방제 시험 혹은 육지 우량품종 보급, 이건 종래면(재래면-역자)의 열매를 수확하여 씨와 섬유를 분리하는데, 섬유의 비율이 33% 정도가 가장 좋은 품종이었다고 합니다. 그것이 시험 결과 39%까지 생긴다고 해서 그 시험연구를 하게 되어 있습니다. 다음은 수산 식료품의 제조 연구, 주로 정어리입니다만, 북선의 정어리는 아시는 바와 같이 상당히 많이 잡혀서 기름을 짜고 남은 깻묵[搾滓]의 식품화, 정어리 삶은 즙을 이용한 합성 간장 제조, 분말 한천(寒天)의 제조, 분말 한천은 군으로부터의 대량 수요가 있습니다. 정어리기름에서 윤활유를 제조하는 것에 대한 조사 연구, 또 어분(魚粉)에서 베니어판을 밀착시키는 재료를 얻는다. 카세인(kasein)[35], 혹은 피혁 대용품의 제조, 이런 수산 제품에 관한 시험도 이루어지게 되어 있습니다. 다음으로 칼륨[加里] 원료의 조사, 이건 유리, 화약, 성냥류의 원료가 되는데, 이 칼륨이 조선에는 상당히 많습니다. 이들 선산품(鮮産品)에 의한 칼륨 원료의 화학적 처리 같은 것도 시험할 수 있도록 되어 있습니다.

---

35 단백질의 한 가지.

또한 화학제품이 부족해지면 약의 부족이 통절(痛切)해지게 됩니다. 그래서 생약(生藥)에 대한 연구를 소홀히 할 수 없습니다. 1939년도부터 경성제대 의학부 부속기관으로서 개성에 생약연구소가 개설되어 한약 연구를 시행하고 있는데 올해 또 내용을 확충하게 됩니다. 제주도에 약의 종류가 매우 많습니다. 아열대(亞熱帶)에서 한 대(寒帶)에 이르는 종류가 있는데, 이 제주도에 생약연구소의 지소를 설치하여 그쪽 방면의 연구를 하기로 계획되어 있습니다.

　조사 시험으로서 다음으로 말씀드리고 싶은 것은, 수력발전 공사(工事)에 관한 문제입니다. 조선에는 전원(電源)이 매우 많습니다. 이건 상식이 되어 있는데, 특히 압록강 유역에 있어서 발전 계획, 이 계획은 7개소를 신설하는 것으로 당초 계획으로는 백육십몇만 킬로였습니다. 그런데 최근까지의 조사에 의하면 7개소를 통해 약 ○○킬로에 육박하는 발전 능력을 갖추게 된다고 합니다. 아시는 바와 같이 수풍(水豊)은 이미 일부 발전을 실시하고 있습니다. 이것이 완성되면 ○○킬로의 발전이 가능해집니다. 그밖에 의주, 위원(渭原), 그리고 운봉(雲峰) 이 3개소의 발전 계획이 구체적으로 추진되고 있습니다. 의주 ○○, 위원 ○○, 운봉 ○○, ○○킬로 정도의 능력이고, 또 이밖에 만포(滿浦), 임강(臨江), 후창(厚昌), 이상 6개소와 이미 발전하고 있는 수풍을 합쳐 전부 7개소입니다. 당장 의주, 위원, 운봉, 이 3개소의 발전 계획이 추진되는데, 이에 대한 조사연구가 1942년도 예산에 계상되어 있습니다. 그밖에 대학에서 이루어지는 각종 연구시험, 자원개발을 위한 과학연구지도 등 여러 가지가 있는데, 연구조사에 관한 것은 이 정도로 해 두겠습니다.

　다음으로 후생보건에 관한 시설입니다. 이것도 여러 가지로 계획되고 있는데, 한두 가지에 대해서만 말씀드립니다. 첫째는 체력검사입니다. 조선에서는 지원병제도가 있어서 1942년도에는 ○○○○명의 지원병을 수용하게 되어 있습니다. 하지만 또 힘 있는 장정(壯丁)이 많습니다. 때와 상황에 따라 이들 장정의 힘을 이용해야 하는 일도 상정할 수 있어서, 일단 18세 및 19세 장정에 대해 일제히 체격검사를 시행했습니다. 체격을 갑, 을, 병으로 나누어 등록하고 있습니다. 그리고 필요한 경우에는 이들 장정의 힘을 활용하는 일도 있을 수 있습니다. 반드시 이용해야 하는 것은 아니지만, 준비를 위해 그런 것을 일단 조사해 두자는 것으로, 청년의 체력검사가 이루어진 것입니다. 혹시나 해서 이야기해 두겠지만 청년의 체력검사가 계획되었을 때는 징병제도 문제가 전혀 논의의 대상이 되지 않았습니다.

다음으로 후생보건에 관한 시설인데, 고원요양소(高原療養所)가 강원도 평강(平康)에 설치되어 폐결핵 요양에 이용되고 있습니다. 여기에는 100개의 병상이 있습니다. 평강에는 이 외에 간이보험에서 경영하는 시설로서 예산 대략 170만 원으로 병상 200개 정도의 폐결핵 요양소를 세우기로 되어 있습니다. 현재 공사에 착수되어 있습니다. 그밖에 마산에 총독부 직영의 폐결핵요양소가 건설되어 있습니다. 총독부가 관계하는 시설로는 현재 마산에 1개소, 평강에 2개소가 있는데, 장래에는 결핵 예방 박멸을 향해 보건위생 시설이 계속 추진되리라 여겨집니다.

보건위생에 관해서는 다음에 주택 문제가 있습니다. 중소 주택의 건설을 위해 주택영단이 설치된 것은 아시는 대로입니다. 현재 정부 출자액 400만 원, 총 자본금은 800만 원입니다. 그 10배인 8,000만 원까지 영단의 사채(社債)를 발행해 8,800만 원으로 2만 호의 중소 주택을 건설합니다. 작년에는 3,700호 정도 건축에 착수했습니다. 올해 가을까지는 완성될 것으로 생각합니다. 1942년도에는 4,300호 정도 세울 계획으로 추진하고 있습니다. 부지의 선정, 수도, 가스, 교통 등의 관계가 있어 어려우리라 생각합니다만, 관계 방면이 노력을 많이 하셔서 지금 말씀드린 정도의 진척이 이루어지고 있습니다. 주로 대도회지에 세우는 것은 물론입니다.

다음으로 시국 대책 시설, 이건 항목으로서 30, 40개 있습니다만, 시간이 없어서 생략하겠습니다. 단 지원병 훈련 문제에 대해 한 말씀 드리겠습니다. 이건 1938년도부터 시작되었습니다. 1938년도에 400명, 1939년도 600명, 1940년도 3,000명씩, 1942년도는 ○○○○명, 1943년도는 ○○○○명이 될 것으로 예정되어 있습니다. 지난 5월 9일에 징병제도를 1944년부터 시행할 것이라는 발표가 있었기 때문에, 이 지원병제도는 징병제도와 같이 비교해 보고 적당하게 조치가 이루어질 것으로 생각되기 때문에 상세한 내용에 대해서는 생략하겠습니다.

1944년부터 징병제도의 시행이 결정되었기 때문에, 이 2개년 동안 만반의 준비를 해야 합니다. 일단 어떤 것을 준비할 것인가 말씀드리면, 첫 번째로 호적을 정비하는 일을 제일 먼저 해야 합니다. 두 번째로는 국어습숙(國語習熟), 세 번째는 예비훈련입니다. 조선에는 민법 안에 있는 친족법과 상속법의 적용이 없고, 따라서 내지의 호적법은 적용되고 있지 않습니다. 조선 독자의 「호적령(戶籍令)」이 실시되고 있습니다. 그래서 부(府), 읍, 면의 호적부는 매우 유감이지만 마련되어 있지 않습니다. 조사해 보면 이름이 잘못된 것은 물론, 생년월일도 다르다, 남자와 여자가 다르다, 무적자(無籍者)도 상당수 있다는 것을 예상해야 합니다. 특히 조선에는 기류(寄留)[36] 제도가 아직 공포되어 있지 않기 때문에, 이것을 시작해야 합니다. 호적을 정비하는 것은 매우 어려운 일입니다. 법무국과 사정국(司政局)에서는 상당히 골머리를 썩이고 있습니다. 본부의 예산만으로도 600만 원 가까이 계상하여 이 기회에 전면적으로 호적을 정비하게 되었습니다.

다음으로 국어강습인데, 적어도 군인으로 적임인 자는 국어를 알거나 모르거나 상관없이 징집하는 것이 육군성의 방침입니다. 국어를 몰라서 병역을 면제한다, 제2 을이 된다, 국민병이 된다는 것은, 군의 방침으로서 취하지 않는다고 합니다. 다만 국어를 충분히 구사할 수 없는 자가 군대에 징집된 경우, 본인의 불편이야 상상하고도 남음이 있고 상당히 불쌍합니다. 또한 충분히 임무를 완수할 수 없는 우려가 있어서, 징병 적령(適齡)에 달한 자로서 국어가 불충한 자가 없도록 총독부로서 배려할 필요가 있습니다. 적령에 달한 자는 교육을 받고 있지 않는 자라도 초등학교 4년생 정도까지는 습속(習熟)하게 합시다. 대체로 초등학교 4년생이라고 하면 국어 1,000어 정도라고 합니다. 그리고 그 정도라면 보통의 회화는 할 수 있을 것입니다. 호적의 정비, 기류 제도의 창설, 국어의 강습, 이러한 점들에 대해 제2 예비금을 지출할 필요가 있어서, 저는 지난번부터 대장성과 절충해 왔습니다. 이러한 점들만으로 대략 600만 원의 경비가 필요할 것으로 생각합니다. 이 훈련에 대해 목하 연구 중입니다.

시국 대책 시설로서, 노무자 공급의 문제, 내지 혹은 기타 군 방면으로 고급할 문제, 청년훈련소의 충실, 군사원호의 관계, 기업허가제도, 육운(陸運)의 통제, 전시보험 실시, 적산 관리, 금속류의 회수, 이러한 일들에 필요한 경비가 예산상에 계상되어 있습니다. 군사 원호에 관해 참고하시라고 말씀드립니다. 조선에 계신 군인 분으로 상병자(傷病者)가 1941년

---

[36] 주민등록제도가 생기기 전의 제도로, 본적 이외의 일정한 장소에서 90일 이상 주소 또는 거소(居所)를 갖는 것이다. 일본의 경우 1914년의 「기류법」 및 「기류수속령(寄留手續令)」에 의하면, 기류 사무는 시정촌장이 관장하고, 관계 사항은 기류자 본인의 신고, 또는 시정촌의 직권으로 기류부(寄留簿)에 세대를 단위로 해서 기재되었다. 제2차 대전 당시의 총동원체제는 물자의 배급제도 등을 실시하기 위해 세대에 대한 보다 정확한 파악이 필요했고, 그 때문에 1940년경부터 시정촌으로 하여금 세대대장(世帶臺帳)을 작성하게 했다.

말 현재 ○○○명입니다. 유가족이 ○○○명, 약 ○명의 유가족입니다. 응소(應召) 가족이 ○○○○○명이라고 합니다. 군사원호에 관해서는 필요한 만큼의 돈이 얼마가 되더라도 낸다는 예산상의 방침으로 되어 있습니다. 방공(防空) 문제도 있는데, 이것은 작년 말부터 상당히 열심히 노력해서 필요한 예산으로 690만 원 정도 계상되어 있다고 말씀드리는 것으로 그치도록 하겠습니다.

다음은 교통 문제입니다. 이건 매년 말씀드리는 철도의 건설 개량. 올해 교통에서 예산 금액이 조금 많아진 것은 사설철도의 보조입니다. 작년까지의 410만 원이던 것이 올해는 705만 원으로 되었습니다. 조선에 사설철도는 12개 있습니다. 조선철도, 경남철도, 경동철도(京東鐵道), 서선중앙(西鮮中央), 평북철도, 다사도철도(多獅島鐵道), 금강산철도, 신흥철도(新興鐵道), 단풍철도(端豊鐵道), 북선척식철도, 평안철도, 경춘철도, 이 12개가 있습니다. 이에 대한 투하자본이 1억 9,000, 약 2억 원[37] 전후입니다. 1942년도는 서선중앙철도, 신흥철도, 다사도, 북선척식, 이들 철도의 건설비가 상당히 증가하고 있는 관계상 사설철도에 대한 보조비가 300만 원이나 늘어나게 된 것입니다. 사설철도의 연장이 총 1,534킬로미터, 국철이 4,526킬로미터, 합쳐서 반도에 있는 철도의 연장이 6,060킬로미터 정도가 됩니다. 내지는 2만여 킬로미터입니다. 내지에 미치지 못하는 것은 물론, 홋카이도(北海道)에도 미치지 못합니다. 대만에도 미치지 못합니다. 장래 조선에는 철도를 깔기 위한 여지가 상당히 많지 않을까 생각합니다.

철도 건설 개량의 문제, 이건 매년 필요에 따라 새로운 곳을 하나둘씩 하고 있습니다. 올해는 당연히 건설되었어야 할 곳이면서도 아직 건설되지 않고 있는 곳, 즉 ○○, ○○ 사이의 건설비 5,000만 원으로 금년도부터 착수될 예정입니다. 그밖에 경성에서 청진으로 가는 함경선, 이것이 어떤 곳에서 상당히 폭주(輻輳)[38]합니다. 예를 들면 함흥과 흥남, 또는 성진 부근 같은 곳은 매우 폭주합니다. 이것을 정비하는 데 상당한 연수와 경비가 필요합니다. 그리고 1942년도에는 그중에서 특히 폭주하는 곳, 8곳이 있는데, 5,400만 원 정도의 예산으로 약 2, 3년 동안 일부 개수(改修)하는 것으로 되어 있습니다. 일단 매우 정체되는 것을 완화하기

---

37 원문에는 2억만 원으로 되어 있는데 오기이다.
38 한 곳에 많이 몰리다.

로 하고 그것이 끝나면, 장래 전면적으로 개수하기로 되어 있습니다. 오늘날 간선(幹線) 중에서 복선이 달리고 있는 것은 아시는 바와 같이 대전 - 경성 사이와 기타입니다. 그래서 철도의 건설 개량은 1942년도에는 ○○○ 신선(新線)의 건설이 5,000만 원, 그리고 ○○선, 개수선(改修線)의 ○○이 5,400만 원, 합쳐서 1억여 원이 새롭게 1942년도에 추가되어 있습니다. 이렇게 해서 1936년도부터 철도 건설 개량을 위해 투입되는 것이 계획 끝난 예산 10억 6,000여만 원입니다. 완성되면 능력도 상당히 발휘될 것입니다.

또한 교통 문제로서 배(船)와 관련된 것입니다. 최근 선박(船舶) 문제가 상당히 시끄러워졌습니다. 작년 예산 편성 당시에는 급하게 거룻배[艀]가 상당히 부족하다고 해서 100톤 정도의 거룻배를 상당수 건조하기 위해 예산이 35만 원 정도 계상되어 있습니다. 그런데 지난번 임시의회에서 소위 계획조선(計劃造船) 문제가 구체화하였습니다. 조선으로서는 통상의 회에서 선박 건조를 위해 선주가 돈이 필요할 경우 건조 자금을 은행(주로 조선식산은행)에서 빌립니다. 그 이자는 3푼 9리(3.9%)입니다. 그리고 그 때문에 은행이 비용을 일부 부담해야 할 경우, 그 차액은 정부에서 보조합니다. 3푼 9리(3.9%)로 빌려주면 식산은행으로서도 몇 리인가 손해를 보기 때문에, 그 차액을 보조합니다. 또한 대부한 돈의 회수가 불가능할 경우 그 손실을 보전합니다. 그 제도가 마련된 것입니다. 은행의 조선자(造船者)에 대한 대부 총액은 건조될 선박의 자재 등을 감안해서 450만 원이 됩니다. 5월 말의 임시의회에서 1,000만 원으로 확충하기로 되어 있습니다.

또 다른 하나는 계획조선에서는 A형, B형으로 조선해야 할 선형(船型)이 결정되어 있습니다. 그 선박 몇 척을 조선에서 필요로 하면, 그것을 내지에 몇 척 주문합니다. 또 조선 부산의 중공업 회사에 몇 척 주문합니다. 한 척이 몇 톤으로 몇십만 원이 됩니다. 그것을 합계해서 몇백만 원, 선박을 건조하고 하면 그에 대한 자재를 기획원에서 준비해 줍니다. 그런 구체적인 계수(計數)에 기초하여 선주가 선박의 건조를 주문합니다. 내지에 주문할 경우는 산업설비영단(産業設備營團)의 손을 통합니다. 즉 산업설비영단이 내지의 조선소에 주문합니다. 그것을 조선의 선주가 사는 것입니다. 좌우간 오늘날의 선박 건조비는 상당히 비싸게 듭니다. 따라서 현재의 운임을 가지고서는 도저히 수지가 맞지 않습니다. 따라서 그 건조비와 현재의 운임으로 균형을 맞출 수 있는 선가(船價)와의 차액을 정부에서 보조하기로 결정되었습니다. 이 보조 금액이 150만 원입니다. 예산 외 국고 부담으로서 지난번 의회에서 인정된 것입니다. 이 외에 조선(朝鮮)으로서는 강철선뿐 아니라 기범선(機帆船)이 필요합니다. 조선 연안을 항행하는 100톤급 기범선, 그 척수가 몇 척인지에 대해서는 말씀드리지 않겠습니다만, 조선의 조선소 능력과 엔진의 공급력을—이건 엔진과 돛[帆] 양쪽으로 달릴 수 있는 배입니다— 견주어 가능한 만큼의 수량을 제조합니다. 이것 역시 현재의 운임으로는 건조비와 균형을 맞추기 어렵기 때문에 그 보조비 175만 원을 제2 예비금으로 지출하기로 얼마 전 각의에서 결정했습니다. 교통으로서는, 올해의 경우 선박 문제에 상당한 노력이 경주되고 있다고 말씀드리겠습니다.

다음으로 전매국 관계, 이것은 간단히 말씀드립니다. 소금은 조선의 경우 전매가 아닙니다. 조선의 전매사업은 담배, 아편, 인삼, 도량형입니다. 소금은 전매가 아닙니다. 단지 정부에서 관리하고 있을 뿐입니다. 전오염(煎熬鹽)은 민간에서 자유롭게 제조하고 자유롭게 팔게 하고 있습니다. 하지만 최근 소금의 수급 관계를 고려할 경우 생산, 배급, 소비를 일원적으로 통제할 필요가 생기고 있습니다. 그를 위해서는 전매로 전환하는 것이 편리하다고 하여, 1942년도부터 전매를 실행하게 되었습니다. 소금의 수급 관계는 어떤가 하면, 현재 조선의 염전은 5,400정보 정도 있습니다. 삼십수만 톤이 생산됩니다. 민간 전오염은 2, 3만 톤 정도입니다. 소비는 해마다 다르지만 45만 톤 정도라고 듣고 있습니다. 어느 쪽이든 아직 자급자족은 되지 않습니다. 그래서 1933년도부터 10년 계획으로 염전 3,450정보의 확장 계획을 하고 있습니다. 1933년이기 때문에 딱 올해로 완성됩니다. 여전히 수만 톤이 부족합니다. 2,000~3,000천 정보의 염전을 확장하면 장래 자급도 가능합니다. 오늘날 경기, 평남, 충남, 전남, 이들 지역에 약 9,000정보의 염전 가능지가 있기 때문에, 염전의 축조도 인정된다면 조선으로서는 상당히 힘을 들여서 해야 할 일이 아닐까 생각합니다.

재외 조선인의 문제도 있습니다만, 일체를 생략하겠습니다. 단지 선만척식주식회사(鮮滿拓殖株式會社)가 얼마 전 해산되었습니다. 만주에 대한 조선인의 이주는 만척공사(滿拓公司)에서 내지의 이주민과 함께 취급합니다. 총독부로서는 조선인에 대한 감독을 위해 발언을 보유할 필요상, 만척공사에 750만 원 출자하기로 되어 있습니다. 작년도에 일부를 출자했기 때문에 1942년도에 총액 375만 원이 예산에 계상되어 있습니다.

영선(營繕), 토목공사 중 항만에 대해서는 전면적으로 작년에 상세하게 설명했기 때문에 전부 생략합니다. 조선의 항만 거의 전부에 대해 계획이 수립되어 실행되고 있습니다.

도로 문제입니다만, 조선의 도로는 아직 정비되어 있지 않습니다. 일등도로조차 아직 나룻배로 건너는 곳이 있는, 그런 상황입니다. ○○○○○간 일등도로에 대해 1941년도부터 약 ○○만 원의 경비를 가지고 정비하게 되어 있습니다. 또한 최근의 정세는 ○○○○간 도로의 전면적 개수(改修)를 필요로 하기 때문에, 1942년도부터 ○○○○만 원을 가지고 개량하기로 되어 있습니다. 기타 조선 내 비행장, 군사시설이 각 방면에 생기기 때문에, 그곳을 통하는 도로의 개수비도 상당히 계상되어 있습니다.

지방적인 문제입니다만, 함남의 흥남에 올해 부제(府制)를 시행하게 되었습니다. 작년에는 성진(城津)에 부제가 시행되었습니다. 5년 전까지는 부(府)로 승격하는 것이 좀처럼 여의치 않았는데, 최근 각 읍이 모두 상당히 확장되어 최근 5, 6년으로 부의 수가 2배 정도가 되었습니다. 또한 올해부터 경성부에 구제(區制)를 시행할 계획이 수립되었습니다. 어떤 이름이 될까요, 7구 정도 설치하는 것으로 예산에서는 설명되어 있습니다. 구제의 시행과 함께 세무서 1개소를 용산 쪽에 신설하기로 되었습니다. 경성처럼 점점 팽창하면 여러 가지 시설이 필요해집니다. 경찰서는 작년 경성의 동쪽에 1개소를 신설했습니다. 올해는 ○○ 방면에 신설하게 되어 있습니다. 경찰의 영선비도 다른 관청과 비교해서 적당하고 인정할 만큼 계상하고 있는데, 관공서 신설의 경우에는 기부를 많이 받기 때문에, 여러 가지 잔소리를 듣게 됩니다. 이에 대해서는 곧 적당한 대책이 취해지지 않을까 생각합니다.

매년 국세가 증징(增徵)되어 부담이 늘어나고 있기 때문에, 지방의 사원(資源)에 대해 생각해야 합니다. 군사비로 편입할 경우 지방으로의 재원을 유보하게 된다는 것을 우리로서 항상 염두에 두고 있습니다. 1941년에 비해 금년도는 지방의 일반 재원의 보급금으로서 1,900만 원 증액해서, 지방의 재원에 대한 총독부 보조금은 총액이 3,800만 원에 달하고 있습니다. 국세의 증세와 관련해서는 항상 지방 재원에 관한 것을 고려할 필요가 있을 것입니다.

세출에서 큰 부분을 점하는 것은 임시군사비특별회계로의 편입입니다. 대체로 1937년부터 매년 실행되어 온 증세 및 증수 계획은 거의 군사비에 대한 이월이 주된 목적입니다. 1942년도는 조세에서 9,000만 원, 철도, 전매, 체신에서 6,000만 원, 합쳐서 1억 5,000만 원의 증수 계획입니다. 이 중에서 상당 부분이 군사비로 이월됩니다. 1937년도부터 1942년도까지의 임시군사비 편입 총액이 3억 7,000여만 원입니다. 1910년(明治 43)부터 조선총독부

회계가 내지 회계로부터 재원으로 보급받고 있는 것이 작년까지, 합계 4억 2,000만 원입니다. 그에 대한 6년 동안의 임시군사비 편입이 3억 7,000만 원, 1년 더 지나면 보충금을 초과하게 되는 계수가 된다고 생각합니다.

그리고 작년 가족수당 지급 문제가 있었습니다. 가족 한 사람에 대해 2원, 최고 10원까지 지급하기로 결정되었지만, 올해는 더욱 증액되어 가족 1인당 3원, 최고에 대한 제한은 이를 철폐하게 되었습니다. 또한 순사, 부읍면의 이원(吏員), 초등학교 선생에 대해서는 월액 평균 10원의 임시수당을 지급하게 되었습니다. 이건 하급 이원에 대한 대우 개선의 한 결과입니다. 그런 경비들을 전부 합치면 1942년도는 2,200만 원 정도입니다. 민간의 은행 회사 등에서도 그런 부분에서 상당한 경비를 증액하고 있다고 생각합니다.

마지막으로 토지조사 문제입니다. 1940년도부터 3년 계획으로 1942년도까지 토지의 임대가격을 조선 전체에 걸쳐 조사하게 되어 있습니다. 조선 지세의 표준인 지가는 1910년부터 수년 동안의 세월과 거액의 경비를 들여 조사해 훌륭한 것이 만들어졌습니다. 이것이 도회지에서는 1929년(昭和 3) 한 번 개정되었습니다만, 이후 변함없이 그대로입니다. 농촌에서는 당초 설정된 그대로입니다. 자연 그 지가가 실정에 전혀 맞지 않게 되어 있음은 추측하기 어렵지 않습니다. 그래서 이것을 430만 원 정도의 경비를 들여 조선 전체적으로 조사 개정(改訂)하고, 1943년도부터는 그 조사된 임대 가격에 의해 지세를 부과하기로 되어 있습니다. 남선(南鮮)과 북선(北鮮), 특히 도회의 교외지, 공장지대 등 상당한 변화를 초래하게 될 것입니다. 이 격변을 어느 정도로 완화해 갈 것인가 하는 것이 큰 문제입니다. 조선 전체 2,000만 필에 걸친 임대 가격의 조사는 일단 완료했기 때문에, 이제는 권형(權衡, 저울대의 추와 대)의 보정에 대해 열심히 연구 중입니다. 이것이 끝나면 격변을 초래하는 쪽에 대한 완화를 어느 정도로 할 것인가를 열심히 연구해야 하는 점입니다. 1943년도부터는 토지 소유자는 과세 표준이 실제로 많이 변하는 일이 있을 것임을 양해해 주시기 바랍니다. 예산 문제에 대해 이것저것 말씀드리면 끝이 없을 것이기 때문에 이 정도로 해 두고, 이번 의회를 통과한 법률 중 재무 관계의 것이 많이 있는데, 그중 한두 가지에 대해서 말씀드리겠습니다.

첫 번째는 시국 관계 청부공사에 대해, 청부자에게, 청부액의 몇 할인가의 자금을 정부에서 전도(前渡)하는 법률이 통과했습니다. 내지에서는 육해군의 공사에 한해서는, 이미 몇 년 전부터 실행되었습니다. 조선의 철도 공사는 육해군에 준할 만한 공사이기 때문에, 작년부터 전도금 문제는 떠들썩하게 요망하고 있었는데, 겨우 올해 의회를 통과했습니다. 이번에는 이들 철도뿐만 아니라, 항만, 도로, 전신, 전화의 확장, 개량, 항공로, 항로 표식, 기상관측, 이들 공사에 대해 직접 군과 관련이 있는 청부공사에 대해서는 정부에서 소정의 비율을 따라 업자에게 자금을 전도하는 것이 실행에 옮기게 된 것입니다. 청부자로서는 자금 사정이 상당히 완화되리라고 생각합니다.

다음으로 「임시자금조정법」의 개정이 있었습니다. 저축장려에 관해 토지, 가옥, 서화, 골동, 기타 무체재산(無體財産)[39] 등을 매각해서 돈을 손에 넣은 자에 대해 일정한 공채 보유를 장려합니다. 수긍하지 않는 자는 법규에 따라 처리한다는 내용의 법률이 「임시자금조정법」의 개정으로서 통과했습니다. 이것은 특별히 강권하고자 하는 것이 아닙니다. 이 매득금(賣得金)을 가지고 전폐업(轉廢業) 자금에 충당한다든가, 생산적인 사채(社債)를 보유한다든가, 주식을 보유한다든가, 구채(舊債) 정리에 쓴다든가 하는 것은 별로 불만이 없습니다. 단지 그 얻은 돈의 사용처가 명확하지 않고 비시국적(非時局的) 방면에 사용될 우려가 있을 경우에 공채로 보유하라고 장려한다는 방침입니다. 내지에서는 이 법률이 이미 발동되어 있습니다. 조선에서도 발동할 것인가 여부를 현재 연구 중입니다.

또한 금융사업의 정비령이 내지에서는 이미 시행되고 있습니다. 조선은 7월 1일부터 시행하기로 되어 있습니다. 금융기관의 정리 통합 촉진에 관한 법규입니다. 조선에서는, 이 법령의 힘을 이용해 금융사업을 정비하는 것은 현재 고려하고 있지 않습니다. 이미 여러분의 협력으로 자발적으로 착착 이루어지고 있습니다. 단지 장래 이 법규가 필요해지는 일이 일어날지도 모릅니다. 만약을 위해 조선으로서도 내지를 따라서, 「금융정비령」을 7월 1일부터 실행하기로 조치하고 있습니다.

마지막으로 한 가지 말씀드리고 싶은 것은, 「적산관리법(敵産管理法)」에 대해서입니다. 이것은 적성국가의 개인이나 법인이 일본 국내에 소유하는 재산을 관리하는 법률입니다. 이 법규가 목적으로 하는 바는 적성국가인(敵性國家人)이 소유하고 있는 재산을 보전하는 것이 그 하나입니다. 예를 들면 적성 석유회사 사람이 그 소유하는 탱크를 폭발하려는 일이 있어서는 곤란합니다. 적국의 일본 국내 재산을 보전하는 것이 하나의 목적입니다. 소극적

---

39 발명, 고안, 저작 따위의 정신적, 지능적 창작물로서 무형의 이익을 내용으로 하는 재산.

으로 보전할 뿐 아니라 적극적으로 필요한 방면에 이것을 활용하는 것이 제2의 목적입니다. 또한 전쟁 종국(終局)의 경우에 배상금을 받는 것을 생각할 수 있는데, 그 보증으로서 이것을 압류해 둡니다. 이런 목적을 위해 적국재산에 대해 적당한 관리인을 선정해서 관리하게 하는 법률이 현재 시행되고 있습니다. 조선에서는 사법인(私法人)·상사·회사가 17, 개인이 300여 명 있습니다. 회사의 채권(債權), 채무를 빼서 순자산이 1,600만 원, 개인 자산이 약 300만 원 정도, 따라서 개인, 법인, 상점 전부로 2,000만 원 전후의 적산이 있습니다. 여기에 공법인(公法人)의 재산이, 예를 들면 예수교 관계의 학교 등을 포함하면, 대략 삼천 수백만 원은 되지 않을까 싶습니다. 전부 합쳐서 5,000만 원 정도가 존재한다는 계산입니다. 이들 적산에는 적당한 관리인을 선정해서 관리하게 되어 있습니다.

   너무 오랜 시간을 할애해 주셔서 이것저것 말씀드리고, 무더위에 너무 힘드셨으리라고 생각합니다. 열심히 들어 주셔서 정말 감사합니다. (박수)

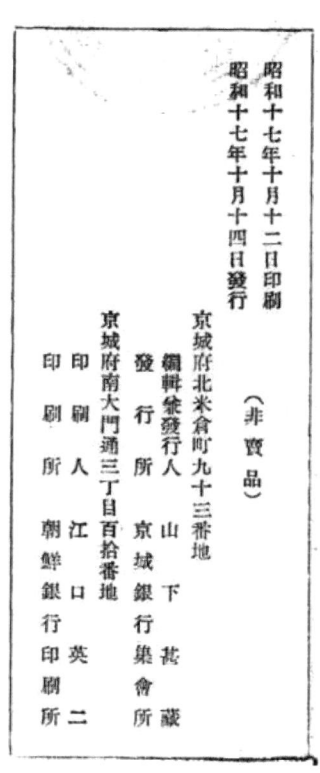

1942년(昭和 17) 10월 14일 발행
편집 겸 발행인 야마시타 진조(山下甚藏)
발행소 경성은행집회소

2. 『조선경제통제문답』(1941) 중 물가 관련 부분

〈자료 03〉『조선경제통제문답』(1941) 중 물가 관련 부분

물 가 조 정 관 계

38 …… 양복상은 옷감을 소매가격으로 사도 괜찮은가?

(문) 양복상은 양복천(옷감)을 도매가격으로 사들이고 있는데, 자투리 천[切地]으로 파는 경우는 소매가격으로 팔리고 있으니 주문 양복 공정가격(公定價格)을 정할 때도 옷감의 원가를 고려해 주세요.[40] (1941.1.24.)

(답) 그건 연구해 보지 않고서는 어떤 것도 말씀드릴 수 없습니다. (물가조정과장)

39 …… 양복 가공임의 조선 전체 통일

(문) 양복의 가공임(加工賃)은 경성 기타 도회지와 지방을 구별하지 않고, 조선 전체를 하나로 통일해 주시겠습니까? 그렇게 되면 업자 쪽에서 그 범위 내에서 지역적으로 적정공임을 결정해 갑니다. (1941.1.24.)

(답) 경성과 농촌에서는 자연히 상당한 차이가 있으니 말씀하신 대로 조선 전체를 하나로 통일하는 데는 찬성할 수 없습니다. (물가조정과장)

40 …… 화산조합(和傘組合)의 독선행위

---

40 원문은 '註文洋服価格も生地の原価を見てください'로 되어 있어서 '주문 양복 원가도 옷감의 원가를 봐 주세요'라고 번역된다. 문맥을 고려해서 역자가 다시 번역했다.

(문) 화산(和傘)업자[41]가 임의대로 조합을 만들어 자재의 배급을 통제하고 있지만, 그러나, 그 조합원은 어떤 일부 사람으로 제한되어 있고, 우리는 제외되어 있습니다. 그 때문에 자재 배급을 받을 수 없고, 이대로 가면 실업(失業)하지 않을 수 없습니다. 어떻게든 해 주시겠습니까? (1941.1.24.)

(답) 그건 매우 적절하지 않습니다. 조합의 간부를 불러서 여러분의 걱정이 없도록 조치하겠습니다. (물가조정과장)

41 …… 강재 조각으로 ㄴ자 못 제조

(문) 자전거 부분품 공장에서 부분품에 사용하는 매우 좋은 강재 조각이 많이 나옵니다. 그것을 앞부분만 조금 구부리면 ㄴ자 못(折れ釘)이 됩니다. 지금 못 부족이 상당하고, 폐물 이용이라는 측면도 있으니, 그것으로 못을 만들었으면 합니다. 그러니 우선 가격을 정해 주시지 않겠습니까? (1941.1.24.)

(답) 그건 단지 가격 문제만은 아닙니다. 「철사용제한규칙」과의 관계도 있으니, 우선 그쪽의 허가를 받고, 가격은 그 뒤의 문제입니다. 하지만 그건 아마 허가되지 않을지도 모릅니다. 아무튼 못도 부족하지만, 우선 철 자체가 매우 부족한 때이니까요? 말씀하신 그런 강재를, 가령 조각이라고 해도 못에 사용하는 것은, 아마도 허용되지 않지 않을까요? (물가조정과장)

42 …… 물가정책과 생확(生擴)은 모순되지 않나요?

(문) 물가정책은 생산력 확충정책과 모순되는 결과가 되지 않습니까? (1941.1.31.)

(답) 모순되지 않는다, 라는 것은 저물가정책은 그 자체가 목적이 아니고, 생산력 확충정책 수행에 대한 하나의 수단에 불과하기 때문입니다. 모순된다, 라는 사고방식의 뒤에는 가격 인상 문제가 있을 것입니다. 하지만 그 가격 인상은 결국에는 물가의 악순환적 상승을 불러 악성 인플레이션을 초래하고, 결국 증산을 저해해서 생산력 확충은 불가능해집니다. (물가조정과장)

---

41 일본식 우산.

43 …… 수지가 맞지 않더라도 증산해야 하는가?

(문) 코스트가 높아져 채산이 악화하더라도, 수지가 맞지 않더라도 증산하라, 고 말씀하시는 것입니까? (1941.1.31.)

(답) 수지가 맞지 않더라도 증산해라, 그런 무리한 것은 절대로 요구하지 않습니다.

돈을 벌 만큼 벌어라, 라는 식으로 끝없이 이윤을 추구하는 행위는 방치해 둘 수 없습니다. 요컨대, 오늘날과 같은 전시경제 시대는, 평시경제 시대와 달라서, 어떤 상품이라도 무계획적으로 늘릴 수는 없다. 중점주의로, 어떤 것은 증산하고, 어떤 것은 감사한다, 는 방침으로 해 가야 합니다.

그리고, 또 하나는 생산력 확충이라는 것은 생산의 합리화 – 생산성 향상이라는 식으로 해석해야 합니다. 생산성이 향상하면 코스트도 싸지고, 따라서 판매가격도 싸게 할 수 있게 되기 때문에, 저물가정책과 생산력 확충정책과의 모순은 일어나지 않습니다.

44 …… 공(公)상품의 거래조건을 바꿔도 괜찮은가?

(문) 공정가격이 설정된 상품에 대해서는, 종래의 외상거래[延取引]였던 것을, 현금거래로 바꿔도 괜찮을까요? (1941.1.31.)

(답) 그건 절대로 안 됩니다. 모두 거래 조건은 「9・18 정지령(停止令)」 당시 그대로 하지 않으면 위반이 됩니다. 이것은, 단지 가격정책만의 관점에서가 아니고, 통화팽창을 방지하는 통화정책의 견지에서 말하더라도 중요한 것입니다.

단, 새로운 거래의 상대로 신용관계, 그밖에 조건이 나쁜 경우라면, 현금거래를 하더라도 지장이 없을 수 있습니다. 즉 종래 상관습에서도 신용이 없는 자는 현금거래가 보통이기 때문에 동일 조건이라고 봐도 괜찮다고 생각합니다. (물가조정과장)

45 …… 끼워팔기는 위반인가?

(문) 끼워팔기는 위반인가요? (1941.1.31.)

(답) 「가격등통제령」 제8조의 소위 탈법행위 규정 위반이 되고, 이미 대심원(大審院) 판례에서도 위반이라고 확실히 결정되어 있습니다. 또 머지않아 「폭리행위취체령」이 개정되기 때문에 여기에도 저촉됩니다.

46 …… '이입상품'과 '신제품'

(문) 내지에는 있지만, 조선에는 지금까지 없었던 상품을 내지로부터 이입했을 경우, 신제품으로서 자유롭게 팔아도 괜찮을까요? (1941.1.31.)

(답) 조선에 없어도 내지에 있는 것은, 결코 신제품이 아니기 때문에, 물론 자유롭게 팔아서는 안 됩니다. 단, 조선에도 「9·18 정지령」이 있으니까, 그 경우에는 허가 또는 지시를 받아서 팔아야 합니다. (물가조정과장)

47 …… 사정 증지는 내선 양쪽 붙일 것

(문) 내지에서의 사정상품(査定商品)에 붙이고 있는 사정 증지는 떼고, 조선의 증지만 붙였으면 좋겠습니다. 그렇게 하지 않으면, 얼마의 마진을 취하고 있는지 소비자가 알게 되어 불편합니다. (1941.1.31.)

(답) 그 사정 증지는 떼어 내면 안 됩니다. 소비자가, 이 정도의 마진이 있다는 것의 내용을 알 수 있는 편이 좋을 것입니다. (물가조정과장)

48 …… 생사, 견직물의 가격통제

(문) 생사, 견직물의 가격통제는 어떻게 됩니까? (1941.1.31.)

(답) 내지에 통제회사가 생겨서, 누에고치와 생사에 대한 공정가격의 설정이 이루어집니다. 가격도 생각보다 인하할 걱정은 없을 것 같습니다. (물가조정과장)

49 …… 기계류의 공정가격 설정 촉진

(문) 기계류의 공정가격이 설정되지 않는 것이 있어서 곤란하다. 빨리 결정해 주세요. (1941.1.31.)

(답) 기계류의 공정가격은, 형록식(型錄式, 카타로그식)의 것은 대부분 설정되어 있고,[42] 앞으로도 9월 18일까지는 결말이 날 것으로 보입니다.

---

42 카타로그식(型錄式)이라는 것은, 다양한 상품이 게재된 카타로그를 구입해 상대에게 보내면, 상대는 그중에서 자신이 마음에 드는 상품을 골라 주문하는 것을 말한다.

단, 카타로그에 맞지 않는 특수한 것은 공정가격을 산출할 수가 없다. 하지만, 거기에는, 작년 「가격통제령」이 개정되어 '제6조의 2'가 추가되었기 때문에, 그에 따라 일단 그런 것은, 건건이 인가를 받게 되어 있습니다. 또한, 공정가격이 나오지 않아 곤란하다, 는 것은 구체적으로 신청해 주시면 허가하겠습니다. (물가조정과장)

50 ······ 스틸 볼의 공정가격

(문) 스틸 볼의 공정가격을 결정해 주셨으면 하는데 당국의 의도는 어떻습니까? (1941.1.31.)

(답) 조선에서 스틸 볼은, 그 공장에 여러 가지 크고 작은 종류가 있어서 각각 원가가 다릅니다. 따라서 해결되지 않는 문제가 많아서 공정가격을 정하는 것도 상당히 귀찮지 않을까 생각됩니다. 하지만 조선에서 스틸 볼이 만들어지는 것은, 생산력 확충의 관점에서 보아 괜찮습니다. 그러나 그건 내지의 공정가격에 운임, 각종 비용을 더해, 1~2할 높은 범위 내에서 생산되어야 할 것입니다. 그렇게 할 수 있도록 앞으로 많이 노력해 주십시오. 그리고 가격도 그렇게 결정하고자 합니다. (물가조정과장)

51 ······ 불쏘시개의 가격

(문) 성냥 대용 불쏘시개의 판매가격은 어떤 가격에 의하면 좋겠습니까? (1941.1.31.)

(답) 정지가격(㊄止價格)[43]에 따라야 하지만, 만약, 정지가격이 불명확한 경우 허가를 받아 판매하면 좋겠지요. (경제경찰과장)

---

43 일본에서는 중일전쟁이 장기화하면서 물자의 결핍 등에 기인하는 물가 상승이나 국민의 곤궁 대책의 하나로서 1938년 7월에 「물품판매가격취체규칙」이 제정되어 물가통제가 추진되었다. 1939년 9월에 제2차 세계대전이 유럽에서 시작되자 곧 가격에 영향이 나타나 「물가정지령」이 발령(9월 18일)되어 물품의 가격이 동결되었다. 동년 10월 18일에는 「국가총동원법」에 기반한 「가격통제령」이 발포되었고, 9월 18일에 가격이 동결되어 있던 물품을 '가격정지품'이라고 부르고, 그것을 나타내기 위해 가격 옆에 동그라미 ㊄ 자가 붙어 있었다. 이것을 '정지가격'이라 불렀고 식민지 조선에도 실시되었다.

52 ⋯⋯ 임금 상승 억제 요망

(문) 임금(勞銀)을 공정(公定)해도 예외허가(例外許可)라는 것이 있어서, 이 때문에 점점 가격을 밀어 올려, 결국 정한 상품의 공정가격도 동요하게 되기 때문에, 임금을 우선 움직이지 않도록 확실히 억제해 주십시오. (1941.2.7.)

(답) 매우 지당한 질문입니다. 물가의 근원은 임금이기 때문에, 반드시 그것을 억제해야 한다고, 관계 방면에서는 지금 열심히 일을 추진하고 계십니다. (물가조정과장)

53 ⋯⋯ 단계가격의 명료한 공정(公定) 요망

(문) 생산, 도매, 소매가격의 단계를 명료하게 공정(公定)해 주십시오. (1941.2.7.)

(답) 나눌 수 있는 것은 나누어서 정하고자 합니다만, 나눌 수 없는 것이 있습니다. 특히 농수산물 등에 많고, 그것은 배급기구가 확실히 하지 않는 것이 있기 때문입니다. 그래서 배급기구를 정비하지 않으면 정해도 아무 소용이 없습니다. 하지만 반드시 세 개로 나눌 필요가 없는 것도 있습니다. 예를 들면 화학공업의 원료품 등으로, 그런 것은 공장에서 공장으로 가기 때문에, 판매가격 하나로 괜찮다고 생각합니다. (물가조정과장)

54 ⋯⋯ 소맥(小麥, 밀) 가격을 적정화하라

(문) 조선은 소맥의 가격이 9·18 가격 그 자체가 비싸고, 따라서 메리켄분[44]의 가격도 내지보다도 비싸 원료 소맥의 가격을 적정하게 했으면 합니다. (1941.2.7.)

(답) 지당하신 질문입니다. 농림국과 교섭해 보겠습니다. (물가조정과장)

55 ⋯⋯ 가구 집기의 규격과 공정가격(공가)

(문) 가구, 특히 관청, 학교용품, 의자, 책상, 책장 등 사무용품의 가격을 공정해 주십시오. (1941.2.7.)

(답) 이건 내지에서도 아직 나와 있지 않습니다. 왜냐하면 현재로서는 용재(用材), 치수, 제법,

---

44 메리켄분은 소맥분을 가리킨다. 일본산 소맥분을 우동분(粉)이라고 하는 것에 대해, 미국산의 정제된 하얀 것을 메리켄분이라고 했다.

기술 등이 제각각이어서 규격을 결정할 수 없기 때문입니다. 그래서 업자 측에서도 조합에서 자발적으로 규격을 통일하도록 해 주십시오. 또한 각 관청과 학교 분만이라도 곧 용품의 규격을 통일하기 위해 상담을 진행하고 있습니다. 일단 규격 통일이 먼저이고, 공정가격 결정은 다음 문제입니다. (물가조정과장)

56 ······ 다다미상조합의 불법행위

(문) 다다미상(疊商)이 임의조합을 만들어 최저가격을 정하고, 그 최저가격보다도 싸게 팔면, 자재 배급을 중지한다고 말하고 있습니다. 이것은 옳지 않기 때문에 어떻게 조치해 주십시오. (1941.2.7.=수요자)

(답) 그에 대해서는 우리도 듣고 있습니다. 매우 부당하다고 보고 조합 사람들을 불러 주의해야겠다고 생각하고 있습니다. (물가조정과장)

57 ······ 이입품에 운임과 각종 비용을 더해 파는 것은 위반인가?

(문) 내지에서 오는 이입품 가격은, 거기에 적정 운임, 각종 비용, 구전(口錢)을 더해 팔면 위반이 됩니까?

(답) 법령상으로는 반드시 9·18 가격이나, 조선의 공정가격을 넘어서는 안 된다고 되어 있으니 만약 이것을 넘게 되면 위반입니다. 또 하나 곤란한 것은, 이건 자유가격 시대에도 마찬가지입니다만, 내지와 조선에서는 매입 기간에 상당한 간격이 있습니다. 내지에서 가격이 오른 것은 곧바로 그날부터 가격을 올리지 않으면 안 되는가 하면 그렇지 않습니다. 또 반대로 가격이 내렸을 경우도 상당한 스톡이 있기 때문에, 내지가 내렸다고 해서 곧바로 내리면 업자가 난리입니다. 따라서 내지에서 공정가격이 정해졌기 때문에, 그 순간부터 여기서도 동일한 공정가격이 정해지지 않으면 장사할 수 없는 것은 아닙니다. (물가조정과장)

58 ······ 기와(瓦)의 공정가격

(문) 기와의 공정가격을 정해 주셨으면 합니다만. (1941.2.14.)

(답) 기와는 그 성질상 조선 전체로 하나가 아니기 때문에, 곧 각 도에서 각각 결정하게 되어

있습니다. (물가조정과장)

59 …… 직원록의 가격

(문) 직원록(職員錄)의 가격을 올리고 싶은데, 어떻습니까? (1941.2.14.)

(답) 그건 지금 스톱(stop)되어 있으니 허가를 받을 필요가 있습니다. (물가조정과장)

60 …… 농업용 발동기(7마력 이상)의 공정가격

(문) 발동기의 공정가격은 농업용 6마력까지는 나와 있지만, 7마력 이상 발동기의 공정가격이 나와 있지 않기 때문에 결정해 주시기 바랍니다. (1941.2.14.)

(답) 6마력까지의 농업용 발동기는, 내지는 농업용으로서 농림성에서 정하고, 7마력 이상은 농업용이 아니라는 견해입니다. 하지만, 조선에서는 7마력 이상도 상당히 많이 사용되고 있기 때문에, 그에 대해서는 곧 내지와 교섭해서 결정하기로 하겠습니다. (물가조정과장)

61 …… 스토브의 공정가격

(문) 스토브의 공정가격을 정해 주세요. (1941.2.14.)

(답) 스토브는 내지산이 대부분입니다만, 내지는 따뜻하기 때문에 사치품이라는 관념을 가지고 있습니다. 따라서 아직 공정가격은 결정되어 있지 않습니다. 그러나 조선은 내지와 달라서 필수품이기 때문에 작년 말부터 활발하게 내지와 교섭 중입니다. 만일 내지가 공정(公定)하지 않더라도 올해 겨울까지는 공정가격을 정했으면 하고 생각하고 있습니다. (물가조정과장)

62 …… 건우동 가격의 적정화

(문) 건우동 가격이 45몸메(匁)와 23몸메의 두 가지로 되어 있는데,[45] 23몸메 쪽이 수지가 맞지 않으니 수지가 맞도록 개정해 주셨으면 합니다. (1941.2.3.)

---

45 1몸메(匁)는 3.75g의 중량 단위이다. 한국에서 금을 다룰 때 쓰는 '돈' 또는 '돈쭝'과 같다.

(답) 건우동의 가격은 내지보다도 꽤 높지만, 어쩔 수 없기 때문에 곧 적정하게 개정하도록 하겠습니다. (물가조정과장)

63 …… 공(公)고시를 내지와 같은 날로

(문) 공정가격의 고시에 대해서는 내외지 동일 일자로 신문에 발표해 주셨으면 하는데 어떨까요? (1941.2.28.=백화점)

(답) 그건 이상으로서는 좋지만 기술적으로는 상당히 곤란합니다. 또 조선의 특수 사정 등도 신중하게 고려할 필요가 있는데, 동일 일자로 하게 되면 특수 사정을 소홀히 하는 결과가 되지 않을까, 따라서 그 안은 이상으로서는 좋지만, 기술적으로 본 경우에는 매우 어렵다고 생각합니다. (물가조정과장)

64 …… 계란의 가격과 배급

(문) 계란 가격의 시정 및 배급기구의 정비를 해 주세요. (1941.2.21.)

(답) 주무 당국에 선처해 달라고 연락하겠습니다. (경제경찰과장)

65 …… 대금상환제 폐지와 선금지불제의 가부

(문) 대금상환제도(代金引換制度)[46]가 폐지되었기 때문에, 거래할 수 없게 된 것이 많이 있습니다. 이런 것에 대해서 선금지불[前金拂]을 인정해 주세요. (1941.2.28.)

(답) 선금지불로 변경하는 것은, 규칙상으로는 조건 위반에 다름없지만, 가령 하환제도(荷爲替制度, 荷換制度)를 대신하더라도 농촌에는 은행도, 아무것도 없어서 하환을 받을 수 없는 경우, 요컨대 달리 대신할 만한 방법이 없으면, 선금지불로 변경하는 것도 법률상 일종의 '정당업무행위'로서 어쩔 수 없다고 생각합니다. (물가조정과장)

66 …… 부인, 아동복의 가공임

(문) 부인·아동복의 가공임을 공정(公定)해 주셨으면 합니다. (1941.2.28.=백화점)

---

46 하물(荷物)의 상품대금+운임+수수료를, 하물의 수취 때 수취인이 지불하는 방법이다.

(답) 부인·아동복은 남자의 양복만큼 주문이 없어, 보통 기성복으로 적당히 처리한다든가, 스스로 만들기 때문에, 지금으로서는 공정은 생각하고 있지 않습니다. (물가조정과장)

67 ······ 한약의 공정가격

(문) 한약(柴胡-감기약) 가격(9·18)이 싸서 시장에 나오지 않으니 선처해 주세요. (1941.2.28.)

(답) 한약에 대해서는, 경무 당국에서 배급통제회사를 만들어 통제하게 되어 있으니, 가격도 그와 동시에 공정되리라고 생각합니다. (물가조정과장)

68 ······ 양초 가격을 적정화하라

(문) 양초(蠟燭) 가격의 격차가 크기 때문에 큰 것만 나오고 작은 것이 시장에 나오지 않습니다. 가격 격차를 적정하게 해 주십시오. (1941.2.28.)

(답) 전문적으로 연구한 결과, 적정 격차가 되어 있어, 질문과 같은 것은 없을 것입니다만, 더 연구해 보겠습니다. (물가조정과장)

69 ······ 공정가격 범위 내의 판매는 위반인가?

(문) 공정가격이 있는 상품을 공정가격 범위 내에서 파는 것은 위반인가요?

(답) 공정가격은 최고가격이기 때문에, 우리는 그 범위 내에서 팔리기를 바라고 있습니다. 따라서 전혀 위반이 아닙니다. (물가조정과장)

70 ······ '최종 도매 판매가격'과 '도매업자 최종 판매가격'은 같은 뜻인가?

(문) '최종 도매 판매가격'과 '도매업자 최종 판매가격'은 이구동의(異口同意)라고 해석해도 지장이 없을까요? (1941.4.6.=직물상조합, 평양)

(답) 최종 도매 판매가격과, 도매업자 최종 판매가격이라는 것은 '최종'이라는 점은 같지만, 전체 의미는 다릅니다. 도매업자의 최종 판매가격이라고 할 때는, 도매업자는 누구에게 팔아도—소비자에게 팔아도— 이 가격이 아니면 안 된다. 도매 쪽은 도매만의 가격입니다. 요컨대 업자가 들어가는 것과 들어가지 않은 것으로 다릅니다. 최종이라는 점에서는 같습니다. (물가조정과장)

(답) 단, 도매업과 소매업을 겸하는 자가 있기 때문에, 이런 경우 이 업자가 소매를 해도 도매업자의 판매가격으로 묶입니다. (상공과장)

71 …… 최종 도매 판매가격이라는 것은?

(문) 공정가격의 '최종 도매 판매가격'과 '소매 판매가격'의 두 단계의 경우, '최종 도매 판매가격'에 대해 여쭙습니다. (1941.4.6.=직물상조합, 평양)

(답) 지금의 질문은, 아시는 바와 같이, 최종 도매 판매가격, 혹은 최종 판매가격이라는 것이 있는데, 이것은 예컨대 단계가 도매가 2단계이든 3단계이든, 그리고 도매에서 소매에 이르기까지, 특히 농산물 같은, 이것은 섬유 관계 이외입니다만, 예를 들면 생과(生果)라도 농촌에서 직접 경성의 백화점, 평양의 소매점에 출하한다, 혹은 산업조합을 통해 출하되는 것도 있는데, 원도매[元卸], 중간(도매-역자)이라는 단계를 통해 오는 것이, 요컨대 배급기구가 매우 확실하게 하고 있지 않은 것이 상당이 있습니다. 또 배급기구가 정비되어 있지 않습니다. 그런 경우 단계를 확실히 정해 공정(公定)하는 것이 곤란하기 때문에, 최종 도매 판매가격, 최종 판매가격을 하나로 내고 있었습니다. 그러나 실은 처음 우리 쪽에서는 단계가 명료하지 않기 때문에, 일단 최고의 도매 판매가격만을 억제해 적당하게 그 정도의 단계에 끼워넣기로 하여, 소위 그 범위 내의 구전(口錢)으로 해 간다, 그런 방침으로 하고 있었는데, 그 후 우리 쪽과 혹은 경찰, 법무국 관계와의 해석이 일치하여, 최종 판매가격 혹은 최종 도매 판매가격이라는 그 이외의 경우는 모두 정(停)으로 되었습니다. 아까의 질문에 의하면, 그것은 최종 도매 판매가격의 경우는 그 위에, 혹은 또 하나 중간도매 혹은 원도매는 9·18로 정(停)이라는 것이 됩니다. 혹은 그런 관계로, 고시(告示)가 개정되리라고 생각합니다. 섬유 관계, 식량 관계도 최종이라는 문자를 대체로 취합니다. 예컨대 판매가격이 최종 판매가격 하나로 되면, 이것은 전부 9·18의 윗 단계를 배제한다는 해석이 정해졌습니다. 요컨대 판매가격 하나의 경우는, 그 위의 단계는 9·18이 배제하고 있는 그 범위 내의 구전이다. 그런데도 아무래도 판매가격을 획일하게 하게 되면 위반이 되지 않는다는 결점이 있기 때문에, 향후 배급기구를 정비해서 그런 불합리한 단계를 배제하고, 공정가격은 가능하면 중지했으면 합니다. 향후 그렇게 되면, 최종이라는 문자를 붙이는 공정가격은 모두 없어지기 때문에 그렇게

양해해 주셨으면 합니다. 이에 대해서는 여러 가지로 말씀드렸듯이, 최근 4, 5일 중에 품목 개정에 대한 고시가 나올 텐데, 그때까지는 일단 형식상으로는 동그라미정[丸停, ㊢]이 됩니다. (물가조정과장)

72 …… 이입품의 내지 소비세는 내지에서 돌려준다

(문) 최근 산지에서 직접 혹은 선내 원도매로부터 물품을 받아, 내지의 소비세가 부과되었을 경우는 우리 중간업자가 부담해야 한다, 이런 식으로 계약하는 일이 있습니다. 하지만 공정가격에서는 내지의 소비세는 부담하지 않게끔 되어 있습니다만…. (1941.4.6.=직물상, 평양)

(답) 내지의 물품세는 내지에서 돌려준다, 그것이 방침이기 때문에, 공정가격도 그것을 계산에 넣어 형성되어 있습니다. 공정가격이 나온 이상은, 어떤 이유가 있든, 마음대로 바꾸실 수 없습니다. 대체로 내지에 환급세[戻稅]가 있는 것이 원칙으로 되어 있기 때문에, 또한 예컨대 3월 25일에 내지에서 배에 실어 출하하고, 4월 1일 이후에 통관된 것에 대한 이입세는 어떻게 될 것인가 하는 의문이 일어날지도 모릅니다만, 그것은 걱정할 필요가 없지 않을까 합니다. 나중에 환급받는 절차의 전후가 있지만, 결국은 내지의 세금을 환급하고, 여기서 세금을 부과하기 때문에, … 또한 술에 대해서는 머지않아 개정하고자 합니다. (물가조정과장)

73 …… 이입세 폐지와 견직물 및 술의 판매가격

(문) 견직물 판매가격 (고시 269) 비고 (1)에 대해, 내지품에 대해서는 통관 수속지(手續地)에서 이입세가 포함된 가격으로 한다고 정해져 있는데, 이번 폐지된 이입세와 내지의 직물 소비세를 중간업자가 물건을 매입해 올 때 어떻게 취급하면 합법적이 되겠습니까? (1941.4.6.=직물상조합, 평양)

(답) 4월 1일부터 견직물과 술에 대한 이입세가 폐지되었기 때문에,[47] 이입세를 뺀 가격으로

---

47 "재무국에서는 4월 1일을 기해 이입세 전폐를 실시했다. 조세상의 구속에 대해서도 개선을 가해 내외지 물자 교류의 증진을 기하게 되었다. 즉 내외지 세제 제도의 차이로 소비물품세가 환급되고 면세 제도 때문에 번잡

개정(改訂)해야 하겠지만, 4월 1일 이전에 매입해 온 물품이 현재 상당히 있기 때문에, 이 입세를 뺀 가격을 지금 곧바로 실시하는 것은 어떨까 합니다. 따라서 이 개정은 이미 조금 먼저 하고자 합니다. 2, 3일 전에 도(道)에 통첩하기는 했지만, 현재의 스톡은 별도로 하고, 4월 1일에 들여놓은 것은 자발적으로 이입세를 빼도록 했습니다.

74 …… 정(停)으로 팔리지 않는 것의 취급

(문) 지금으로서는 동그라미정(丸停, ㉛)으로 팔리고 있지 않는 것이 있는데, 그것은 어떻게 합니까? (1941.4.6.=평양)

(답) 내지에서도, 조선에서도 어떤 지방은 동그라미공(丸公, ㉒)으로 괜찮고, 어떤 지방은 동그라미정(㉛)으로 괜찮다는 식으로, 사실 관계 방면의 해석이 일정하지 않았기 때문에, 이번에는 통일해서 동그라미정(㉛)으로 되어 있습니다. 개정안은 실은 이미 우리 쪽 손을 떠났기 때문에, 얼마간은 힘들겠지만 잘 참아 주셨으면 합니다. (물가조정과장)

75 …… 생우(生牛)·생돈(生豚)의 공정가격

(문) 채소류나 생과, 선어, 가축류는 9·18의 협정가격에서 제외되어 있었지만 야채, 생과, 선어만은 공정가격이 결정된 것 같습니다. 다만 가축류만이 아직 공정가격이 결정되어 있지 않은 것 같습니다. 이 때문에 각지 모두 장애가 발생하여 우육(牛肉) 판매업자는 매우 곤란을 느끼고 있습니다. 현재 이곳에서도 우육 판매업자는 소 한 마리를 도살해서 10엔 정도의 손해를 입고 있습니다. 이런 상태인데, 총독부에서는 이 가축류에 대한 공정가격을 연구하고 있습니까? (1941.4.6.=평양)

(답) 가축류가 9·18에서 배제된 것은 기술적으로 결정하기 매우 어려운 점이 있어서 제외된 것입니다. 그런데 최근 아시는 바와 같이 황해도에서는 1두의 소가 500엔이나 하는 것이 있다고 하는 극단적인 사례도 있습니다. 이건 우육만이 아니라, 농민의 영농상에도 지장을 초래하기 때문에, 이건 최근 농림국 쪽과 우리 쪽이 협의해서 공정(公定) 준비를

한 세관 수속이 있지만 이입에 대해서는 전면적으로 이것을 생략하게 된 것이다." 〈移入稅全廢 租稅上の拘束も 改善〉, 《부산일보》, 1941.4.1.

서두르고 있습니다. 가급적 빨리 결과를 내고자 하는데, 머지않아 나오게 될 것입니다. 이건 소와 돼지만 일단 생각하고 있습니다. (물가조정과장)

76 …… 공정가격 결정에 지방 사정 참작 요망

(문) 내지 의존 물품은 평양과 같이 원격지에서는, 경성, 대구, 부산 등에 비해 운임 및 기타의 측면에서 물건을 들여오는 가격에 큰 차이가 발생합니다. 특히 최근에는, 운임이나 기타 각종 비용의 상승, 운송 도중 물품을 몰래 빼돌리거나 기타의 이유로 물품에 발생하는 손상이 많이 증가하고 있습니다. 이 수송임(輸送賃)의 다과(多寡), 위험성의 대소가 완전히 무시되어, 획일적으로 정하는 것은, 평양 상인에게는 매우 큰 고통으로, 일례를 말씀드리면, 화로와 같은 무겁고 깨지기 쉬운 물품이 평양도 대구도 같은 가격이지만, 운임 각종 비용, 위험성 등은 모두 비교가 되지 않을 정도의 차이가 있습니다. 위와 같은 사정도 있으니 공정가격을 결정할 때 참작해 주시기 바랍니다. (1941.4.6.=번영회, 평양)

(답) 방금 질문은 매우 지당합니다. 옛날부터 관리가 하는 통제에, 시간과 장소의 관념, 즉 시간관념은 등한시되고 있었지만, 근래에는 시간관념은 물론, 운임 각종 비용 등에 대해 우리 모두 매우 주의하고 있습니다. 다만, 아시는 바와 같이, 물자에 따라서는 매우 부족한 경우도 있기 때문에 소위 각지에 블록적인 폐해가 일어납니다. 따라서 아무래도 각 도에 위임해 두면 모두 높은 가격을 정하는 경향이 전혀 없는 것은 아니어서, 그런 곳에 가격의 파행이 일어나 물자수급을 원활하지 못하게 한다. 그런 폐해를 제거하기 위해, 지금 말씀하신 대로, 전 조선을 여러 가지로 대조해서, 갑을병 지역으로 나누어 총독부에서 하나의 가격을 내고 있습니다. 그렇게 하면 사실 현지에서 현장을 조사하는 일이 정확히 할 수 없기 때문에, 지금 말씀드린 폐해가 일어나기 쉽습니다. 그러므로 그런 공정가격의 파행적이고 불합리한 점은 도지사를 거쳐 시정하는 여지를 부여하고 있으니, 그런 것이 있으면 도지사와 연락해서 시정해 달라고 협력을 부탁할 생각입니다.

물건에 따라서는 지금 말씀드렸듯이, 무엇이든 획일적으로 하는 것은 불가능하기 때문에, 지금 중요물자 운임의 대부분 – 석탄 같은 것은 반드시 이런 결정 방법을 하고 있지 않습니다.

또한 진남포의 결빙 문제는 큰 문제이지만, 결빙 기간에 인천에서 회송되어 온다. 이것도 결빙 기간의 공정가격을, 결빙 기간만 올리는 것은 매우 불합리한 부분이 있습니다. 그런 것은 도(道)에 이야기하고 있습니다만, 이것은 공정가격을 정할 때 몇 퍼센트 정도까지 인천에서 물건을 들여옴으로써 운임이 많이 드는 것을 보아 그 공정가격에 포함시키고, 소위 평균적인 가격에 편입시켜 주었으면 합니다. 총독부에서도 그 점은 생각하고 있으니, 그렇게 알고 계시기 바랍니다. (물가조정과장)

77 …… 고철(屑鐵) 가격

(문) 고철 가격을 교시해 주십시오. (1941.4.6.=평양)

(답) 지금 고철 가격은 확실히 하고 있지 않습니다. 생산자도 도매도 소매도 없다, 누가 팔아도 상관없습니다. 그 이유는 대체로 저 물품은 그 자신이 제품이 아니고, 그것을 제품을 대신해 파는 것이 많기 때문에, 도매나 소매나 하는 단계를 정할 필요가 없기 때문입니다. (물가조정과장)

78 …… 도소매 겸업자의 취급 방법

(문) 배급 단계와 도소매 겸업자의 취급 문제에 대해 설명해 주세요. (1941.4.18.)

(답) 향후의 방침은 배급 단계를 확실히 했으면 합니다. 그러나 확실히 했다고 해서 탈법적으로 다른 인격의 도소매 회사를 만들 수 있는 것은 매우 곤란합니다. 따라서 그런 것은 중지해 주셨으면 좋겠습니다. 종래 도매상으로 소매상을 겸업하고 있던 실적 있는 자는, 그 실적의 범위 내에서 해야 한다, 그리고 두 번째로 실적은 면허가 있는 자, 또는 단지 장부상만이 아니고 실적을 증명하는 인적, 물적 설비가 없으면 안 됩니다. (물가조정과장)

79 …… 신제(新製) 대용품의 판매가격

(문) 9·18 당시 조선에 없던 신제품이 될 만한 대용품이 내지에서는 정(停)이 되어 있는데, 이것의 조선에 있어서 판매가격은 어떻게 하면 좋겠습니까? (1941.3.7.)

(답) 그것은 종래 조선에 판매실적이 없었던 것뿐으로, 내지에서는 판매실적이 있어서, 가격은 정(停)이었다. 그런 것은 신제품은 되지 못합니다. 따라서 이것은 가격의 지시를 받아

야 합니다. (물가조정과장)

80 …… 내지의 공(公)이 조선의 공정(公停)을 초과하고 있는 경우의 판매

(문) 내지에서 공(公) 있어도, 그것이 조선의 공(公)이나 정(停)을 초과하고 있는 경우는 허가가 없으면 판매할 수 없습니까? (1941.3.7.)

(답) 허가 또는 지시가 없으면 판매할 수 없습니다. (물가조정과장)

81 …… 예외 허가 신청자에 대해서

(문) 예외 허가 신청을 할 때는, 개인별로 신청해야 합니까, 아니면 대표자 또는 연명(連名)으로 신청해도 지장이 없습니까? (1941.3.7.)

(답) 법규상으로는 원칙적으로는 개인별로 받게 되어 있습니다. 단지 예외적으로, 예컨대 외국으로 수출한다든가 혹은 수입할 경우에는, 대표자 또는 연명으로 편의(便宜) 허가 신청을 받는 경우도 있습니다. 이것은 내지에서는 하고 있지 않지만, 조선에서는 법규의 해석을 넓게 하고 있습니다. (물가조정과장)

82 …… 농기구의 공정 미지정품의 공정가격 지정 시기

(문) 농기구로 공정가격이 아직 지정되어 있지 않은 것은 언제 실시됩니까, 만약 시기를 놓치게 되면 농가에 중대한 영향을 미치게 됩니다만….

(답) 내지에서 공정(公定)된 농기구의 공정가격은 조선에서도 이미 실시되고 있습니다. 조선의 농촌에서 사용하고 있는 간단한 재래 농기구 같은 것은 별도이지만, 발동기나, 그런 주된 농기구로 내지에서 들어오는 것은, 내지에서 공정되지 않는 이상은, 여기서도 매입가격(仕入價格)을 알 수 없기 때문에 공정할 수 없습니다. 이제 내지에서 서둘러 공정가격을 설정하고 있기 때문에, 그것이 나오면 이쪽에서도 실시합니다. 대장간에서 만든 [野鍛冶式] 재래 농구는 각 도에서 곧 내기로 되어 있습니다. (물가조정과장)

83 …… 내지 포백 제품의 사정(査定)

(문) 내지 포백(布帛)[48] 제품의 운반 각종 비용은 별도로, 조선에서도 그 사정(査定)을 그대로 인정받습니까? (1941.3.7.)

(답) 대체로 인정할 예정입니다. (물가조정과장)

84 …… 자료 제출이 끝난 상품의 공정가격 지정 지연의 이유

(문) 공정가격 지정 자료를 이미 이삼 개월 전에 제출하고 있지만, 아직도 그 공정가격이 설정되어 있지 않은데, 어떻게 되고 있습니까? (1941.3.7.)

(답) 이것은 구체적으로 말해 주지 않으면 확실히 대답할 수 없는데, 자료의 제출 방법이 나빠서 정정(訂正) 명령을 받아 지연된 것도 있고, 그 사이 여러 문제 때문에 지연되는 것이 있어서 일률적으로는 말할 수 없습니다. 최근에는 자료가 좋으면 곧 합니다. 개중에는 엉망진창인 자료를 제출해서, 새로운 자료를 요구해도 제출하지 않는 것이 있습니다. (물가조정과장)

85 …… 땔감 소매협정가격의 시정

(문) 땔감[薪]의 산원가격(山元價格)이나 소매협정가격에서 운임을 공제한 액수보다 훨씬 비싸고, 협정가격이 준수되고 있지 않기 때문에, 가격을 적정하게 하고, 준수되도록 조치해 주십시오. (1941.3.7.)

(답) 땔감의 가격에 대해서는 재검토하고 있습니다. (물가조정과장)

86 …… 땔감의 검사, 배급의 재검토

(문) 땔감의 검사나 배급에 대해 재검토를 추가해 주세요. (1941.3.7.)

(답) 그에 대해서는 현재 조사하고 있으니 이번 겨울까지는 해결되겠지요. (물가조정과장)

---

48 포백(布帛)이란 무명과 비단, 즉 직물 일반을 가리키는 것으로 이해한다.

87 ⋯⋯ 착수금의 징수에 대해

(문) 디젤 엔진의 거래를 전혀 다른 사람과 거래하고 싶은데, 그때 착수금[手付金]을 징수하게 되면 허가가 필요할까요? (1941.3.7.)

(답) 종래 다른 거래 상대로부터도 받고 있으면 동일 조건의 새로운 상대로부터도 허가 없이 받아도 괜찮을 것으로 여겨집니다. (물가조정과장)

88 ⋯⋯ 경운기의 공정가격

(문) 히로세식(廣瀨式) 및 이타노식(板野式)[49] 경운기의 판매 공정가격을 내 주셨으면 합니다만. (1941.3.14.)

(답) 곧 그것은 결정될 예정입니다. (물가조정과장)

89 ⋯⋯ 지나치게 관대한 애자 공정가격

(문) 애자의 공정가격은 파손될 것을 생각해서 여유를 가지고 만들고 있는 탓인지, 지나치게 관대하지만, 그렇게 파손은 없으니 좀 더 엄격하게 해 주세요. (1941.3.21.)

(답) 그건 신경을 쓰지 못했습니다. 매우 좋은 충고입니다. 또한 검토해서 적정하게 하겠습니다. (물가조정과장)

90 ⋯⋯ 지정가격에 있어서 도소매의 해석

(문) 과자공업조합은 원료 곡류를 종래 도매가격으로 배급조합원으로부터 사고 있는데, 최근에는 모두 소매가격으로 구입하고 있습니다. 이 지정가격에 있어서 도매, 소매의 해석은 어떤가요? (1941.5.9.)

(답) 가공업자가 구입하는 것은 원칙적으로 도매입니다. 단, 종래 소매가격에 의하고 있던 것은 그 실적 범위 내에서 소매가격에 의해서도 괜찮은 것으로 되어 있습니다. (물가조정과장)

---

49 일본의 동력 경운기는 1923년 오카야마현에서 만들어진 로터리식이 있고, 크랭크식은 1936년 이시카와현으 히로세 요키치(廣瀨與吉)에 의해 만들어졌다. 전자가 이타노식이고 후자가 히로세식인 것 같다.

91 ⋯⋯ 자전거의 가격 개정에 대해

(문) 자전거의 가격 개정에 대해서는 이미 1개월 전 고시 준비를 마쳤다고 하는데, 아직도 지정이 없는 것은 무슨 일입니까? 배급기구의 정비 때문에, 당국의 지시로 과거 반년 동안 입하를 보류하였고, 최근 속속 입하하면서 창고에 상품을 쌓아 놓는 체화(滯貨)가 많이 생기고 있습니다. 문제는 관청 내부의 사정이겠지만, 가격 심의기관의 사무 촉진을 특히 희망합니다. (1941.5.9.)

(답) 자전거 가격의 공정(公定)이 지연된 것은 오히려 업자 때문에 늦어진 것입니다. 내지가 배급통제가 되어 있어, 내지 공판회사(共販會社)의 판매가격에 대해 종래 매입 단계의 관계상 조선에서는 구전을 더 내라고 함으로써 내지에 교섭 중이었습니다. 그 때문에 늦어진 것입니다. 곧 고시하겠습니다. 또한 내지에서 공정가격이 나왔기 때문에, 곧 여기에도 내지 않는다고 곧 장사를 할 수 없는 것은 아닙니다. 조선은 조선에서 전에 매입한 것이 있기 때문에 그 스톡을 공정가격이 나올 때까지 팔고 있으면 되지 않겠습니까? (물가조정과장)

92 ⋯⋯ 조선산 소금 건어 가격의 재검토

(문) 조선산 소금 건어는 조선의 특수 사정에 기초하여, 내지와 같이 선어(鮮魚) 중 품질이 떨어진 것을 가공하고 있는 것은 아닙니다. 또 현재 공정가격은 생산지, 소비지의 관계를 고려하고 있지 않지만, 이것을 어떻게든 선처해 주시지 않겠습니까? (1941.5.9.)

(답) 지당하신 의견이기 때문에 선처하겠습니다. (물가조정과장)

93 ⋯⋯ 축음기와 그 부분품의 공정가격

(문) 이입세는 철폐되었기 때문에, 축음기 및 부분품의 가격이 공정(公定)되는 경우는 종전에 납세가 끝난 상품과 철폐 후 이입한 것의 관계를 고려해 실시해 주셨으면 합니다. (1941.5.9.)

(답) 고려해 실시하도록 하겠습니다. (물가조정과장)

94 …… 9·18 가격 폐지 후의 정(停) 문제

(문) 9·18 가격이 10월 19일 이후 폐지된 경우 정(停)은 어떻게 되겠습니까? (1941.5.10.)

(답) 정(停)은 폐지되지 않겠지요. 만일 폐지되어도 세간에서 전해지고 있듯이 절대로 자유가격으로는 되지 않습니다. 두 번째, 폐지의 유무와 관계없이, 스톱인 채로 가격이 2년이나 경과하고 있으니, 그대로 방치하는 것은 좋지 않습니다. 따라서 공정가격의 실시를 전면적으로 할 필요가 있습니다. 9·18을 폐지하는 것은, 심리적 영향은 별도로 하더라도, 실질상의 문제는 우리는 대단한 것이 아니라고 보고 있습니다. (물가조정과장)

95 …… 정지가격에 대한 향후의 방침

(문) 정지가격에 대한 향후 당국의 방침을 말씀해 주십시오. (1941.5.10.=화장품상, 부산)

(답) 「9·18 정지령」 관계의 효력은 10월 19일까지로 되어 있습니다. 10월 19일까지 공정(公定)할 수 없는 것은 어떻게 될 것인가 하는 질문이라고 생각합니다. 가령 남은 경우에도 방임하는 것은 있을 수 없다. 또 10월 19일까지 많이 남는다고도 생각하고 있지 않습니다. 하루라도 빨리 주된 것은 공정해 버릴 작정입니다. 따라서 민간업자께서도 충분히 그 의미를 포함해 고정의 촉진을 도모하도록 협력해 주셨으면 합니다.

96 …… 중간 도시의 가격 단계

(문) 마산과 같은 중간 도시는 물가공정제도(物價公定制度) 때문에 도매로부터 소매로 전락하는 자가 많기 때문에, 가격의 설정을 네 가지로 해 주셨으면 합니다. (1941.5.10.=부산)

(답) 이 문제는 마산만의 문제가 아닙니다. 그런 것을 말하고 있으면, 마산보다 더 오지로 가면 다섯 가지로 해야 합니다. 따라서 본부(本府)로서는 지역을 갑지, 을지, 병지, 심한 곳에서는 또 정지(丁地), 이런 식으로 나눠서, 그 지역 지역별로 세 가지로 나누어 가격을 정하고 있기 때문에, 앞으로는 그렇게 문제는 없을 것이라고 생각하고 있습니다. (물가조정과장)

97 …… 지방의 중간 도매가격 설정 문제

(문) 마산, 진주, 통영 등 부산에 물자를 의지하는 지방 소도시는 가격의 삼단제(三段制)가 채

용된 결과 중간도매가 없어졌기 때문에, 상매(商賣)에 많은 곤란을 겪고 있습니다. 중간도매의 설치에 대해 당국의 의견을 듣고 싶습니다. (1941.5.10.=마산상의, 부산)

(답) 가격이라는 것은 배급기구와 같이 가는 것이 이상입니다만, 물품에 따라서는 예컨대 일반 생활품 잡화류는 좀처럼 배급통제의 과정에 들어오지 않습니다. 또 판매업자의 단계도 복잡합니다. 이것이 확실해지면, 세 개이든 네 개이든 가격을 정할 수 있을 것입니다만, 도매가 소매를 겸업하는, 생산자가 소매를 겸업하는 그런 단계가 매우 어렵습니다. 따라서 도소매 단계가 확실하지 않을 경우는 도매가격 하나로 간다, 또 도매가격으로 원도매[御卸], 중간도매[中間卸], 최종도매[最終卸]를 결정해야 하지만 하나로 가는 경우가 있어서, 거기는 전시경제통제에 협력하는 의미에서 업자 각위의 도의심(道義心)에 호소했으면 합니다. 그러나 현실적으로 지방의 사정에 따라 곤란한 것은 예컨대 물품에 따라서 도매가격은 도매업자의 점두(店頭)에서 건네주고, 소매가격은 그것에 운임, 각종 비용 및 다소의 이윤을 더해 소매가격으로 하도록 하고 있습니다. 그 밖에 지방가격 상호 간의 불균형, 불합리가 있기 때문에, 그 점에 대해서는 충분히 주의하고, 조사해 개정해야 하는 것은 개정했으면 합니다. (물가조정과장)

98 …… 도소매 중간가격 판매의 문제

(문) 도매, 소매를 겸업하고 있는 자가 예를 들면 생산자 공정가격 3전, 도매 공정가격 4전, 최종 공정가격 5전의 경우, 통제를 위해 소매가 된 경우 도매가격으로 팔고 있던 것을 4전 5리로 판매해도 괜찮은지 어떻습니까? (1941.5.10.=식료품상, 부산)

(답) 도매업자가 소매업을 겸업하고 있는 경우는, 과거의 실적 범위 내에서 소매가격으로 판매해도 좋지만, 도매의 경우는 도매가격으로 판매해야 합니다. 소매업자가 소매의 공정가격 5전의 경우 이를 4전 5리로 파는 것은 상관없습니다. 자신이 소매가 되었다고 해서 종래 도매가격으로 팔고 있던 실적을 소매가격으로 파는 것은 일종의 탈법입니다. 종래의 실적 범위 내에서 소매하는 경우는 지장이 없는 문제이지만, 마진이 상당히 많기 때문에 자연 도, 소매 겸업자는 소매로 많이 흘리고 싶어 하고 따라서 우리도 취체(단속)에 곤란을 느끼는 것입니다. (경제경찰과장)

(답) 그런 경우는 소매업자 판매가격으로 고치면 좋을 것 같습니다. (물가조정과장)

99 ⋯⋯ 도·소매의 의의

(문) 도·소매에 대한 당국의 해석은 어떤 식인가요? (1941.5.10.=부산)

(답) 예를 들면 과자가게가 그 재료인 대두(大豆)를 사는데 종래에는 도매로 사고 있었는데, 최근에는 그 판매업자인 배급조합원이 소매가격으로 팝니다. 이것은 어떻게든 되지 않을까 하는 문제가 일어났습니다. 이것은 그 배급조합원이 과자가게이겠지만, 그쪽이 직접 판매하는 것이기 때문에 소매라고 생각했을지도 모르겠습니다만, 그 점 해석이 아직 철저하지 않습니다. 보통 소매가격이라는 것은, 직접 또 최종 소비자에게 파는 가격입니다. 그러나 의무상 물자를 구입하는 경우는 원칙적으로 도매가격입니다. 단 종래 소매 실적이 있는 경우는 소매입니다. 이것은 이론적으로 보면 문제가 있을지도 모르겠습니다만, 관계 당국의 협의로 그런 방침으로 취체(단속)하고 있습니다. (물가조정과장)

100 ⋯⋯ 공정가격 고시의 주지(周知)에 관해

(문) 공정가격의 고시를 하루라도 빨리 알고 싶지만, 『관보』를 좀처럼 입수할 수 없어서, 이것을 『관보』와 별도로 업자 측에서 인쇄해 배포해서는 안 되는 것입니까? (1941.5.10.=부산)

(답) 어쨌든 『관보』의 부수가 적기 때문에 모두에게 전부 나누어 줄 수 없는데, 열심히 노력해서 부수를 많이 만들 수 있도록 노력했으면 합니다. (물가조정과장)

(답) 『관보』도 종이에 대한 통제로 정해져 있어, 충분히 여러분에게 드릴 수 없습니다. 부수의 증가도 매우 곤란합니다. (상공과장)

101 ⋯⋯ 운임과 공정가격

(문) 공정가격이 여러 가지로 다른 물품을 일괄해서 발송할 경우, 운임을 품종별로 결정하는 것은 곤란합니다. 따라서 그 운임 등을 결정하는 데 있어서 업자에게 좀 더 참작할 여지를 부여해 주실 수 없나요? (1941.5.10.=부산)

(답) 판매 조건이 다른 물품을 일괄해서 보낼 경우의 운임, 포장비, 각종 비용의 관계는, 이론적으로는 그 물품 가격의 비율에 따라 나눠도 지장이 없을 것입니다. 운임은 그거면 된다고 치고 포장비는 실제 복잡해지지만, 이론적으로는 같지 않을까 싶습니다. 일일이 공무원이 입회하는 것도 아니고 또 허가도 필요하지 않기 때문에 괜찮다고 생각하는

방법으로 나누면 좋을 것 같습니다.

102 ······ 건명태어의 공정가격을 수량 기준으로

(문) 건명태어의 공정가격이 중량 기준으로 되어 있는데, 이것을 수량 기준으로 해 주실 수 있습니까? (1941.5.10.=부산)

(답) 일리가 있는 질문입니다. 머지않아 수량 기준 등급별[數量建て]로 개정합니다. (물가조정과장)

103 ······ 명태어의 공정가격 개정

(문) 명태어의 공정가격이 실정(實情)에 부합하지 않기 때문에, 생산지 가격으로 사들여 운임을 더해서는 장사가 되지 않는데 빨리 공정가격을 개정해 주셨으면 합니다. (1941.5.10.=명태어상, 부산)

(답) 건명태어의 가격에 대해서는 신중하게 연구하고 있어 곧 개정 고시할 예정입니다. 어떤 형태가 될 것인지 모르겠지만, 무게(중량) 단위가 개정될 것이라고 생각합니다. (물가조정과장)

104 ······ 솔 감정료의 문제

(문) 솔[刷毛]의 등급을 감정하는 기관이 경성에 있어서 하나하나 등급을 감정해 증지를 주는 것인데, 조합원이면 그 증지는 무료이지만 우리 아웃사이더는 1장에 5리로 사야 합니다. 대체로 소매의 구전률(口錢率)은 7푼(7%)이나 8푼(8%)인데, 그중 2푼(2%) 이상은 증지료(證紙料)로 내는 것인데, 그 점을 어떻게 개정해 주실 수 없을까요? (1941.5.10.=잡화상, 부산)

(답) 검사 요금은 절대로 가격 안에 인정되어서는 안 된다고 할 수 없을 것입니다. 공정가격은 그것을 포함해서 정하면 좋습니다. 구체적인 것은 사정에 따라 고쳐 나가고자 합니다. (물가조정과장)

105 …… 계란의 배급과 각 단계의 가격

(문) 계란의 배급통제와 각 단계의 가격은 어떻게 되어 있습니까? (1941.5.23.)

(답) 계란은 판매가격이 하나로 되어 있기 때문에 모두 소매가격에 접근해서 결국 소매가 불가능한 상태에 있습니다. 따라서 곧 배급통제를 해서 단계별로 가격을 공정(公定)하고자 합니다. (물가조정과장)

106 …… 코크스의 가격을 하나로

(문) 제 회사의 코크스 가격은 9·18로 톤당 38엔과 42엔의 두 가지 거래가격으로 되어 있습니다만, 동일 조건이면 높은 쪽인 42엔으로 통일해도 좋지 않을까요?

(답) 38엔이라는 것은 특수한 연고 관계 때문에 책정된 것이기 때문에, 그 이외의 동일 조건의 것이라면 42엔으로 통해도 괜찮겠지요. (물가조정과장)

107 …… 해산물공(公)의 산지·소비지별 설정 요망

(문) 해산물의 가격을 산지, 소비지별, 즉 생산자 도매별로 나눠 주셨으면 합니다. (1941.5.30.)

(답) 요망하신 대로 실시하겠습니다. (물가조정과장)

108 …… 해산물의 중간도매 인정

(문) 해산물에 중간도매를 인정해 주셨으면 하는데, 어떻습니까? (1941.5.30.)

(답) 해산물은 지구별로 가격을 내고 있어서, 지방의 중간도매는 인정할 필요가 없습니다. (물가조정과장)

109 …… 100마력 이상의 전기모터의 공정가격

(문) 100마력 이상의 전기모터의 공정가격을 정해 주셨으면 합니다. (1941.5.30.)

(답) 이것은 내지가 정하면 우리도 공정(公定)하겠습니다. (물가조정과장)

110 …… 철관 대용 대나무 파이프의 공정가격

(문) 철관(鐵管) 대용 대나무 파이프의 공정가격을 정해 주셨으면 하는데, 어떻습니까? (1941.5.30.)

(답) 현품(現品)을 관공서로 가지고 오시면 곧 정하겠습니다. (물가조정과장)

111 ······ 셀로판 가공품의 공정가격

(문) 철망(金網) 대용 셀로판 가공품의 공정가격을 정해 주셨으면 하는데, 어떨까요? (1941.5.30.)

(답) 관공서로 가져오시면, 곧 가격을 지정하겠습니다. (물가조정과장)

112 ······ 요릿집(음식점)에 공급하는 주류의 판매가격

(문) 요릿집 같은 곳으로 가는 술이나 맥주는 소매 판매가격이 아니면 팔 수 없다고 하는데, 그래도 괜찮을까요? (1941.5.30.)

(답) 그건 공정가격 위반입니다. 소매로 해서는 안 됩니다. 그런 짓을 하는 회사는 어떤 회사입니까? 구체적으로 알려 주시면 엄중하게 처벌하겠습니다. (물가조정과장)

113 ······ 니기리즈시(握りずし)와 사라즈시(皿ずし) 가격의 모순

(문) 한 접시에 얼마 하는 스시의 가격과 니기리즈시[50] 하나의 가격을 비교하면, 한 접시 얼마 하는 스시의 가격보다 하나 얼마 하는 스시의 가격이 더 비쌉니다. 그러므로 보통 한 접시로 하고 있는 스시 쪽이 손해를 보고 있는데, 이것은 어떤 것입니까? 스시 한 개의 가격은 15전, 스시 한 접시에 6개, 7개 들은 것이 70전입니다. (1941.5.30.)

(답) 이건 꼭 그런 것은 아닐 것입니다. 니기리즈시 한 개 쪽에는 좋은 재료를 사용하고 있고, 좋은 기술을 사용하고 있어서, 반드시 그렇게 말할 수는 없다고 생각합니다. 2, 3할 (20~30%) 정도 비싼 것은 당연할 것입니다. (물가조정과장)

---

50 니기리즈시는 하야즈시의 일종으로 에도시대에는 패스트푸드였다. 우리가 보통 알고 있는 스시(초밥)로 스시 장인이 손으로 만들어 주면 손으로 집어 먹는 것이 보통이다. 이외에도 지라시즈시, 마키즈시, 오시즈시 등이 있다. 본문에 등장하는 사라즈시는 접시에 여러 개를 담아 판매하는 스시로 셋트 메뉴로 이해하면 되겠다.

114 …… 팥빵의 서비스료

(문) 예를 들면 정유사(精乳舍) 같은 매점에서 팥빵을 사서, 테이블에 앉아서 차를 주문하고 앉은 채로 팥빵을 먹는 사람이 있는데, 그런 자에게는 서비스료를 따로 추가한 공정가격을 만들어 주셨으면 하는데, 어떤 것일까요? (1941.5.30.)

(답) 차를 내놓기 때문에 공정가격에 서비스료를 1전이든 2전이든 더해 달라고 하는 것은, 물가의 측면에서 보면 생각할 수 없는 것도 아닙니다만, 경제경찰 쪽에서 보면 서비스는 소위 서비스이기 때문에, 서비스료를 받아서는 안 된다고 억제하고 있습니다. 그러므로 이건 법령에 따라 어떻게도 할 수 없을 것입니다. 오히려 손님에게 사양해 달라고, 도의적으로 해결해 주셔야 할 것입니다.

115 …… 조선산 안경의 공정가격

(문) 조선에서는 청진, 평양에서 안경을 만들고 있는데, 그런 조선산 안경의 공정가격을 정해 주셨으면 합니다. (1941.6.6.)

(답) 알고 계시겠지만, 아시는 바와 같이 안경은 규격이 의외로 많아 12만 8,000종이 됩니다. 따라서 곧 내지의 공정가격이 결정되기 때문에, 그것과 같이 결정하고자 합니다.

116 …… 염완두의 거래 문제

(문) 종래 경성 부근에서 판매되고 있던 염완두(鹽豌豆)[51]는 함북(咸北)에서 생완두를 이쪽으로 이입해서, 경성에서 염완두로 가공해서 판매하고 있던 것인데, 이번에 함북에서 생완두의 도외 반출 금지를 했기 때문에, 그쪽에서 가공해서 염완두로 이쪽에 들여오기 때문에, 경성과 거래가 거꾸로 되었습니다. 이것을 어떻게 해 줄 수 없겠습니까? (1941.6.13.)

(답) 그건 가격의 문제라기보다 먼저 배급의 문제이기 때문에, 그것부터 해결해야 합니다.

(물가조정과장)

---

51 소금물로 간한 다음 볶은 완두콩.

117 …… 축음기 태엽의 소매가격

(문) 축음기나 시계의 태엽과 가공수리료(加工修理料)에 소매가격이 없는 것은 어떤 이유입니까? (1941.6.13.)

(답) 축음기나 시계에 들어가는 태엽의 소매가격은 필요 없을 것입니다. 우리는 축음기를 가지고 있어도, 태엽이 끊어졌다고 해서 스스로 태엽을 사 와서 고치는 것이 아니라, 축음기 가게에 수리를 의뢰하기 때문에, 소매가격은 필요하지 않을 것입니다. 따라서 결국 가공수선료라는 것에 포함된 것이라면 생각할 수 있겠지만. (물가조정과장)

118 …… 개정 공정가격과 결제 문제

(문) 디젤 엔진의 공정가격은, 내지는 1만 2,000엔이었던 것이 1만 4,000엔으로 개정(改訂)되었는데, 개정 전의 공정가격으로 계약만 한 경우, 결제할 때는 새로운 공정가격으로 결제할 수 있습니까? (1941.7.4.)

(답) 물품의 인도를 마치고, 혹은 생산에 착수한 경우만 「가격등통제령」 제2조의 단서에 의해 허락되는데, 계약만의 경우는 계약에 의한 가격을 따라야 합니다. (물가조정과장)

119 ……공(公) 이하의 가격 표시는 위반인가?

(문) 공(公)의 표시를 할 경우, 공정가격 이하의 금액을 기재하면 표시 위반이 됩니까? (1941.7.4.)

(답) 형식적으로는 표시 위반이라는 해석을 하는 경향도 있지만, 이것은 너무 법의 정신과 동떨어진 융통성 없는 해석이어서, 질문 같은 경우는 위반은 되지 않습니다. (물가조정과장)

120 …… 배급통제와 수수료

(문) 소맥분에 대한 통제 수수료는 인정할 수 없습니까? (1941.7.4.)

(답) 배급통제 실시 때 공정가격 이외에 수수료를 징수하는 것은 최종가격에 영향을 주지 않는 한 괜찮지만, 최종가격에 영향을 줄 수 있는 수수료의 징수는 원칙적으로 인정하지 않을 방침입니다. (물가조정과장)

121 ⋯⋯ 모직물의 사정제

(문) 모직물의 사정제(査定制)를 실시할 수 있습니까? (1941.7.4.)

(답) 현재 연구 중입니다. (물가조정과장)

122 ⋯⋯ 작업복의 공정가격

(문) 작업복의 가격을 공정(公定)해 주세요. (1941.7.4.)

(답) 곧 고시할 예정입니다. (물가조정과장)

123 ⋯⋯ 중고 자동차의 판매가격

(문) 중고 시보레(자동차)의 판매가격 공정(公定)에 대한 당국의 방침을 묻고자 합니다만. (1941.7.4.)

(답) 중고 자동차 가격은 몇 년 식, 주행 킬로미터 수, 종류 등에 따라 다르기 때문에 기술적으로 가격의 공정은 곤란합니다. 따라서 건마다 가격의 지시를 신청해 주세요. (물가조정과장)

124 ⋯⋯ 밀기울의 가격에 도매 단계

(문) 밀기울[麩]의 판매가격에 도매의 단계를 설정해 주세요. (1941.7.4.)

(답) 도매의 단계는 불용(不用)의 전망입니다만, 거래의 실정을 조사한 뒤 검토해 보겠습니다. (물가조정과장)

125 ⋯⋯ 통조림의 끼워팔기

(문) 통조림을 끼워파는 것은 위반입니까? (1941.7.4.)

(답) 끼워팔기는 「가격등통제령」 위반으로 취체(단속)하고 있습니다. 특히 소매업자로부터 도매, 도매로부터 원도매, 생산자라는 식으로, 거래상 강자의 입장에 있는 자의 끼워팔기에 대해서는 엄중 취체할 방침이기 때문에, 적극적으로 경제경찰에게 연락주세요. (경제경찰과장)

126⋯⋯아이스크림용 용기의 가격

(문) 아이스크림용 용기의 가격을 지정해 주시겠습니까? (1941.7.4.=업자)

(답) 종래 훌륭한 비싼 용기를 사용하고 있는데, 그건 자재의 낭비가 되기 때문에 인정하고 싶지 않습니다만, 스톡에 대해서만은 조치를 연구해 보겠습니다. (물가조정과장)

127⋯⋯샌드위치의 공정가격 개정

(문) 샌드위치 가격은 너무 낮아서 판매하는 자가 없으니 이를 개정해 주시겠습니까?

(답) 자원애호(資源愛護)의 견지에서 식빵의 귀가 붙어 있는 채로 사용하게 할 생각으로 원가가 계산되어 있기 때문에, 샌드위치 가격을 재검토 중입니다. (물가조정과장)

128⋯⋯각반의 공정가격

(문) 각반(脚絆)의 공정가격을 빨리 정해 주세요. (1941.7.4.)

(답) 곧 공정(公定)할 예정입니다. (물가조정과장)

129⋯⋯시계 한계가격 인상은 사실인가?

(문) 시계의 한계가격을 인상한다는 소문이 있는데, 사실입니까? (1941.7.13.=시계안경금속상, 신의주)

(답) 사실이 아닙니다. (상공과장)

130⋯⋯「총동원법」 48조의 '행위자'에 대해서

(문) 「국가총동원법」 제48조 및 「임시조치법」 제7조에는 '행위자를 벌하는 외 그 법인 또는 사람에 대해 벌금형 또는 과료형(科料刑)을 과한다'고 규정하고 있는데, 그 회사에 있어서 이들 법조(法條)를 위반했을 경우, 그 판매계약이 회사의 의사결정 결과인 정찰(正札), 기타 가격 표시 등에 기초해 체결되었을 때는, 사장, 취체역, 지배인, 판매주임, 판매원[賣子] 등 중에서, 어떤 것을 행위자로서 인정해야 할까요? 또, 그 경우 판매원은 방조죄(幇助罪)로서 종범(從犯)의 책임을 져야 할까요?

(답) 모 회사에서 정찰, 기타 가격 표시 등에 기초하여 지정액, 지정기일액(指定期日額) 등을

초과하여 매매계약을 체결했을 경우는, 해당 초과 가격의 결정에 직접 참가한 자 및 해당 초과액에 의해 판매에 종사한 자는 어느 쪽이든 이를 행위자로 해석하고자, 따라서 판매원이라고 하더라도 표시된 초과 가격에 따라 판매했을 때는 행위자[正犯]으로서 책임을 져야 하는 것입니다. (경무국)

131······「총동원법」 제49조 2항과 「가격등통제령」과의 관계

(문) 「국가총동원법」 제49조 제2항은, 동법 시행지 외에 죄를 범한 제국 신민에게도 적용될 만한 뜻으로 규정하고 있는데, 동항은 동법 제4조 및 제21조에 기초한 제국 신민의 징용 또는 직업능력 신고 등에 관한 명령 위반의 경우에 한해 적용될 것이라고 사료되는데, 동법 제19조에 기초한 「가격등통제령」 위반에도 적용됩니까?

(답) 적용됩니다. (경무국)

132······9·18 당시 실적 없는 상품의 가격

(문) 9·18 당시 판매실적이 없는 상품의 판매가격은 어떤 것일까요?

(답) 법령에서는 어떤 경우에도 9·18의 가격이 있는 것으로 하고 있어서, 말씀하신 그런 것은 다른 비슷한 업자가 그때 가지고 있던 판매가격을 그 사람의 판매가격으로 보고, 또 그 물품이 9·18 당시 없었던 것일 경우는, 그것과 유사한 물품의 가격이 그 물품의 9·18 가격으로 간주되는 것입니다. (상공과장)

133······알선 물자에 대한 운임 각종 비용의 증징(增徵)은 위반인가?

(문) 지주가 비료를 소작인에게 알선하기 위해 갑지(甲地)로부터 을지(乙地)로 운반 배부했다. 그런데 소작인이 지불한 비료대는 운임 각종 비용만 공정가격보다 초과했다. 이 경우 앞의 지주와 소작인은 「가격등통제령」 위반이 됩니까?

(답) 사실 지주가 소매 공정가격으로 구매한 비료를 소작인에게 배부하고, 운임 각종 비용의 실비만을 구입 공정가격 외로 징수한 것이라고 하면, 앞의 지주는 소작인의 비료구입 및 운반 행위를 대행한 것으로 해석하는 것이 타당하다고 생각합니다. (경무국)

134⋯⋯알선 수수료의 소비자 전가는 위반인가?

(문) 시멘트 수급의 원활을 기할 목적을 가지고 특약점, 대형(大口) 소비자로 설립된 도(道)시멘트배급협의회가, 그 경비에 충당하기 위해 동회 규칙에 따라 시멘트 한 부대에 2전의 구입 알선 수수료를 징수하게 되었다. 하지만 도소매업자는 그 판매 때 공정가격에 그 2전을 가산해 판매하고 있는데, 이것은 「가격등통제령」의 위반이 됩니까?

(답) 그건 시멘트배급협의회가 그 구성원인 시멘트 수요자로부터 협의회 규약에 기초하여 구입 알선 수수료라는 명목하에 시멘트의 수급 조정에 필요한 협의회 경비의 징수를 도·소매상에게 대행시키고 있는 것으로 판단되기 때문에, 「통제령」의 적용을 받지 않는 것으로 이해됩니다. 그러나, 그 징수 방법에서 고려할 필요가 있기 때문에, 판매가격의 징수와는 전연 별개로 취급하도록 지도해 주십시오. (경무국)

135⋯⋯조합 공동구매품의 제3자에 대한 거래와 법령 관계

(문) 어업조합이 조합원으로부터 위탁받아 공동구입한 물품을 소속 조합원에게 인도하는 경우에는 양자 사이에는 지불 수령 관계가 존재하지 않지만, 조합이 해당 어업용품 대금을 납품한 상인에게 일시적으로 입체불(立替拂)을 하는 경우, 상인 측은 「가격등통제령」의 적용을 받아도, 조합 측에는 적용되지 않는 것입니까?

(답) 어업조합이 공동구입을 한 어업용 물품을 소속 조합원에게 인도하는 것은 단순한 위탁 사무의 수행에 불과하지만, 조합이 구입위탁을 받은 물품을 제3자로부터 구입하는 것은 조합의 업무에 속하는 물품의 매수행위로 판단되기 때문에 매매 당사자 양쪽에 「가격등통제령」의 적용을 받는 것입니다. (경무국)

136⋯⋯조합 공동구입품의 조합원에 대한 인도와 법령 관계

(문) 어업조합이 그 공동시설로서 공동구입을 한 어업용 물품을, 조합원인 실수자(實需者)에게 인도할 경우 가격은 「가격등통제령」의 적용을 받습니까?

(답) 어업조합이 공동구입을 한 어업용 물품을 소속 조합원에게 인도한 경우에, 조합이 구입가격에 운임 각종 비용의 실비 및 조합 소정의 수수료 등을 가산한 액수를 조합원으로부터 받지만, 조합은 단순한 위탁사무의 수행을 한 것에 불과하여 해당 조합과 조합원

사이에는 가격의 지불 또는 수령의 관계가 없는 것으로 판단하는 것을 타당하다고 보기 때문에 「가격등통제령」의 적용이 없는 것으로 이해합니다. 단, 조합이 위탁을 핑계로 해서 조합원에게 물품을 판매하는 경우는 「통제령」의 적용을 받습니다. (경무국)

137……공립병원에서의 난방 사용료 증징 문제
(문) 부립병원(府立病院)에서 병원 조례의 개정에 기초하여 난방 사용료를 증징하는 것은, 「가격등통제령」 또는 「지대가임통제령(地代家賃統制令)」의 위반이 됩니까?

(답) 난방비의 증징은 입원료의 증액이라고 생각되는데, 부립병원의 입원료는 영조물(營造物)의 사용료이기 때문에, 이에 대해서는 「가격등통제령」 및 「지대가임통제령」의 적용은 없습니다. (경무국)

138……용달 요금 등과 「가격등통제령」
(문) 정미요금, 가마니[俵] 포장비, 용달 요금(심부름센터[便利屋] 등) 등에는 「가격등통제령」의 적용이 있습니까? 만약 있다고 하면 「통제령」 제1조의 어떤 것에 해당합니까?

(답) 정미요금은 가공임(加工賃)에 해당합니다. 가마니 포장임은 해당하지 않고, 단, 포장하는 사람에게, 포장 재료를 부담하는 경우에 한해서, 그 재료 가격과 포장비의 합계액은 「통제령」 제1조에서 말하는 바의 '가격'에 해당합니다.

용달 요금(심부름센터 등)은, 물건의 운반 대가로서 수령하는 것이기 때문에, 「통제령」 제1조의 운송임으로 이해되지만, 봉서(封書)의 송달, 기타 단순한 용달의 대가로서 수령하는 용달 요금 같은 것은 「통제령」의 적용이 없는 것으로 이해합니다. (경무국)

139……대서요금, 예기 화대 등과 「가격등통제령」
(문) 대서요금(代書料金), 소개료, 이발료, 예기화대(藝妓花代), 창기옥대(娼妓玉代), 입욕료, 흥업요금(興業料金) 등은 「가격등통제령」의 적용을 받습니까?

(답) 적용을 받지 않습니다. (식산, 경무국)

140……사진대의 해석

(문) 사진업자가 징수하는 소위 사진대(寫眞代)는, 통상 촬영, 현상, 인화 또는 사진 확대[引伸] 등의 기술적 조작을 거쳐 완성한 사진 그 자체에 대한 가격이어서, 지금 말씀드린 각종 기술에 대한 보수 즉 요금이 아닌 것으로 이해해 지장이 없습니까?

(답) 당신이 말씀하신 대로 그렇게 해석해 지장이 없습니다. (경무국)

III

전시기 자금 동원 관련 문서

해제

1937년 중일전쟁 발발 이후, 일제는 전쟁 비용을 충당하고 전시 인플레이션을 억제하기 위해 민간자금을 적극적으로 흡수해야 했다. 이를 위해 조세만으로는 부족한 자금을 국채와 유가증권 판매, 금융기관 저축 등을 통해 조달하려 했다. 이를 위해 조선총독부는 1938년부터는 '국민저축조성운동'(이하 저축운동)을 추진했다. 저축운동은 민간 자금을 국가에 대한 애국적 의무로 간주하며, 개인별 저축액을 할당하고 이를 회수하기 위해 저축조합을 조직하는 방식으로 진행되었다. 특히 행정조직 및 관변단체, 금융기관을 총동원하여 조선인들에게 강제적으로 저축을 수행하도록 했다. 이로 인해 흡수된 저축액은 조세 수입을 능가할 정도로 방대했으며, 대부분 일본 국채 매입과 전쟁 관련 기업 대출 자금으로 사용되었다.

1939년부터는 저축 확대를 위한 보다 구체적인 방침이 시행되었다. 각 도 및 지역에서 저축 목표액을 설정하고, 이를 국민정신총동원운동 및 농촌진흥운동과 연계하여 저축운동을 강제적으로 추진했다. 또한, 임금 등을 대상으로 한 강제공제저축[天引貯蓄: 임금이나 급료를 지급하기 이전에 일정액을 공제]이 확대되었고, 도시 지역에서는 가정주부와 교화단체를 동원해 저축을 장려하는 방식이 채택되었다. 1940년에는 강제공제저축의 범위가 확대되어 봉급, 급료, 임금, 수당, 상여, 배당, 이자, 지대, 가임, 매상금 등 계속적 수입과 각종 임시적 수입은 물론 농촌지역에서의 쌀 공출 대금이 공식적으로 포함되었다.

일제는 1941년 10월 30일 「조선국민저축조합령」과 그 시행규칙을 공포하여 저축조합을 법적 단체로 전환함으로써 강제저축의 추진기관이 되었다. 전국적으로 9만여 개의 저축조합이 결성되었다. 저축조합은 지역별, 직장별로 조직되어, 모든 조선인은 적어도 하나의 저축조합에 가입해야 했다. 저축조합장은 조합원 명부와 저축액을 관리해야 하는 의무가 부여되었다.

저축운동 초기에는 '소비 절약을 통한 잉여 저축'이라는 논리가 강조되었으나, 전쟁이 확대됨에 따라 '할당된 저축 목표를 완수한 후 결전생활을 수행하라'는 기조로 변화하였다. 전쟁 확대와 더불어 경제력이 한계에 달하게 되자, 저축 목표 할당 강도는 더욱 강화되었다. 1943년에는 '저축 돌격전'이 선포되면서 각 행정기관에 설정된 저축 목표의 최소 10% 이상이 저축조합을 통해 할당되었다. 또한, 암거래 방지, 개인 소유 현금의 흡수, 저축 불량자에 대한 지도도 강화되었다.

저축운동의 목표액은 매년 급격히 증가했으며, 특히 전쟁이 심화될수록 더욱 커졌다. 조선 전체의 연간 저축 증가액은 1937년 1억 2,000만 원에서 1944년 10월에는 56억 2,000만 원으로 불과 7년 사이 44.5배나 증가했다. 이는 조선의 경제력이 감당할 수 있는 범위를 넘어선 무차별적이고 강제적인 정책의 결과였다.

한편 강제저축의 일환으로 일제는 전시공채를 조선인에게 강제로 소화하게 했다. 전시공채는 크게 국채와 전시채권으로 구분되는데, 그 발행 경로는 다음과 같다. 국채는 일본 정부에서 발행하였고, 일본은행과 대장성 예금부가 주로 인수하였다. 국채는 일본 정부가 발행하고 일본은행 및 대장성 예금부가 이를 인수한 뒤 민간에 일부 판매하는 방식이었다(대장성 발행 → 일본은행 및 대장성 예금부에서 인수 → 일본은행 인수분 일부가 민간인에게 매출 → 민간인 소화). 반면, 전시채권은 일본권업은행이 발행하고 대장성 예금부가 관리했으며, 조선에서는 조선식산은행과 우편국을 통해 민간에 판매되었다. 이 판매로 발생한 수입금은 모두 대장성 예금부에 집적되었다. 그리고 이 자금은 국채 소화에 사용되었다(일본권업은행 발행 → 민간인 소화 → 대장성 예금부에 집적 → 대장성 예금부에서 국채 소화). 결국, 두 채권은 서로 다른 발행 경로를 따르지만, 최종적으로 국채를 소화하여 전비를 조달하는 데 사용된다는 점에서 동일한 목적을 가지고 있다는 것을 알 수 있다.

전시공채의 소화 방식을 보면, 조선총독부는 1939년부터 각 지역별 저축 목표액을 설정하고, 이를 각 가호(家戶)별로 할당하였다. 이 과정에서 중요한 기준은 바로 '소득'이었다. 지역별 소득 수준에 따라 저축 목표액이 설정되었으며, 군(郡), 읍·면 단위로 배분된 후 각 가정에 소화 목표가 지정되었다.

　일반 가정은 호별세를 기준으로 전시공채를 소화해야 했으며, 호별세는 각 가호의 소득과 자산의 정도에 따라 결정되었다. 특히 전시 특수 경제를 누리는 직업군에는 더 많은 공채 소화가 요구되었고, 이에 따라 할당된 목표액도 증가했다. 만약 기한 내에 전시공채를 매수하지 못할 경우, 우편국 직원과 읍·면 직원들이 직접 방문하여 강제로 구매를 유도했다. 이에 불응할 경우, 군에 통지되어 추가적인 압박이 가해졌다. 또한, 일제는 강제저축과 전시공채 소화 목표 달성을 위해 특정 계층을 집중적으로 압박하였다. 예를 들어, 소득이 높은 계층이나 기업체에는 전시공채 소화를 그들만의 책임으로 강제하는 방식이 적용되었다. 이는 연대책임을 강조하는 방식으로, 개별적인 소화보다 단체로 공채를 소화하도록 유도하는 방식이었다. 이러한 전시공채 소화 과정은 경제적인 강제성은 물론 사회적·정치적 압박을 통해 이루어졌다.

　전시공채의 소화는 사실상 조세와 다를 바 없었다. 물론 전시공채는 일정한 이자 지급과 원금 상환을 보장한다는 점에서 반대급부 없이 강제적으로 징수되는 조세와는 본질적으로 다르다. 그러나 전시기 조선에서 극심한 인플레이션이 발생한 상황을 고려하면, 2~3%에 불과한 이자율과 최장 17년이라는 상환 기한을 감안할 때, 이 채권은 실질적인 가치를 거의 갖지 못했다고 볼 수 있다. 결국, 전시하 조선인들이 소화한 전시공채는 원리금 상환이 보장된 채권임에도 불구하고, 현실적으로는 휴지 조각에 불과한 것이었다. 더욱이, 조선인들이 보유한 전시공채는 해방 이후 일본 정부나 일본권업은행으로부터 제대로 된 상환을 받지 못했다. 뒤늦게 한국 정부가 1975년부터 1977년까지 보상 절차를 진행했지만, 보상액은 지나치게 적었으며, 많은 사람들이 제대로 된 보상을 받지 못했다고 한다.

　전시기 강제저축이 조선인들에게 어떤 방식으로 적용되었는지를 확인하기 위해서는 당시 신문 기사를 분석하는 것이 필요하다. 이 시기에는 자료가 매우 제한적인 만큼, 특히 조선총독부의 선전매체인《매일신보》의 기사를 주의 깊게 살펴볼 필요가 있다.《매일신보》의 기사를 통해, 일제의 강제저축 정책이 실제 현장에서 어떻게 적용되었으며, 조선인들의 일상생활에 어떤 영향을 미쳤는지를 보다 구체적으로 파악할 수 있다. 특히 전시기 후반으로 갈수록, 막대한 전비 조달에 어려움을 겪은 일제가 조선인들에게 더욱 강압적인 태도를 보였다는 점을 확인할 수 있다.

1. 국민저축조성운동 통첩류

⟨자료 04⟩ 저축장려에 관한 건(貯蓄獎勵ニ關スル件, 1938.5.21., 官通牒 第23號)
— 朝鮮金融組合聯合會調査課, 『國民貯蓄造成運動に關する資料』 1집,
1940(『朝鮮金融組合聯合會調査資料』 17집)

저축사상의 함양에 관해서는 여러분의 다년에 걸친 장려와 적절한 시설에 의해 점차 저축액의 증대를 보고 있는 것은 매우 기쁜 일이라고 해도 지금 전쟁이 항구(恒久)화됨에 따라 저축의 장려는 더욱더 긴요해지고 있다. 따라서 오늘 별도 관통첩 제23호로써 저축장려운동에 대해 금후 특단의 노력을 간절히 바라게 되었다. 이번 기회에 귀관(貴官)은 부하 직원을 독려하고 관내 금융기관, 기타 관계기관과의 긴밀한 연락을 잘 유지하여 아래에 기재한 요강에 따라 관내 저축장려에 한층 더 노력을 기울여야 할 것이다.

저축장려계획요강

제1. 저축장려가 필요한 이유

1. 국채의 소화와 생산력확충자금의 공급

　금후 1년간 발행해야 할 국채는 50여억 원에 달하고 또 시국산업 생산력 확충에 필요한 것이 많이 있다. 이들 자금의 원천은 국민의 저축에 따른 자금의 축적에 기대지 않을 수 없다. 특히 조선은 산업개발의 과정에 있어 이들 자금 및 조선에서의 시국산업 생산력확충자금은 대부분 이를 내지[일본]로부터 의존하고 있어도 금후 내지에서 종래와 같이 다액의 자금 유입을 기대하는 것은 상당히 곤란하다. 따라서 그 일부라도 조선 내

에서 지불해야만 하는 것은 상상하기 어렵지 않은 바로서 특히 전반적으로 저축을 장려할 요체이다.

2. 물가등귀의 억제

다액의 정부자금이 산포되는데, 이를 방치해 두는 것은 통화의 팽창으로 되고 물가의 급격한 상승을 재촉하는 결과를 초래함은 필연적이다. 이때 국민이 자제하지 못해 물자에 대한 수요로 향하게 되면 군수물자, 수입물자, 수입품을 원료 재료로 하는 물자는 물론 모든 물자의 조정을 할 수 없게 되어, 당연히 물자의 부족, 물가의 등귀를 조장하게 된다. 이것이 극단화한 경우는 악성 인플레이션이라는 나쁜 결과를 초래하여 국민생활을 압박하고 전시 예산의 시행을 저해하여 전쟁의 최종 목적 달성에 지장이 발생하는 것은 예상하기 어렵지 않다. 물가고를 억제하기 위해서는 다른 한편 수급의 조절, 배급의 통제, 「폭리취체령」 등 여러 방면의 시설에 맞게 적절한 조치를 강구해야 한다. 그러나 그 근본은 저축장려에 기초한 통화팽창의 억제에 있기 때문에 이때 특히 소비절약에 의한 군 수자재의 확보를 도모함과 동시에 물가등귀의 억제에 이바지하기 위해 저축의 실행을 기함이 요체이다.

제2. 저축장려의 방침

1. 현 시국에 국민저축의 필요성을 충분히 철저하게 인식케 하고 소득이 증가하는 곳에서는 모두 이를 저축으로 향하게 하여 악성 인플레이션의 폐해를 방지케 할 것.
2. 국민정신총동원운동의 철저에 의한 군수물자, 수입물자, 수입품을 원료 재료로 한 물자 등의 소비절약을 실행하여 이의 절약으로 인해 발생한 여유를 저축케 할 것.
3. 농촌진흥운동 등과 병행하여 근로에 의한 생산 또는 소득의 증가를 계획하고, 이로 인해 증가된 소득을 저축케 할 것.
4. 저축의 실행은 확실한 방법이라면 우편저금·은행·금융조합예금·금전신탁·무진·생명보험·간이생명보험을 비롯하여 국채 매입 등 어떠한 방법으로든 가능케 할 것.
5. 이상은 국민이 시국의 인식을 바르게 할 것과 출정 병사의 고생과 괴로움을 연모하여

총후보국의 인고와 생산 보국의 이념에 기초한 근로에 따라 비로소 소기의 목적을 달성할 수 있다. 이에 대해서는 철저히 노력하여 국민의 마음으로부터의 이해에 기초한 협력을 촉진할 것.

제3. 저축장려의 방책

1. 저축장려의 실행에 있어서는 중앙과 지방을 통해 통일된 조직하에 전 조선에 걸친 일대 국민운동으로써 행하게 해야지만 비로소 그 실적을 기대할 수 있을 것으로 인식되기 때문에 우선 아래 시설 등의 정비 내지 이용을 도모할 것.

    (1) 조선총독부 저축장려위원회의 설치
        본부에 저축장려위원회를 설치하여 저축장려에 관한 근본방침 및 이를 실현할 구체적 사항을 심의할 것.
    (2) 저축장려 도(道)위원회의 설치
        도(道)에서도 이 기회에 저축장려위원회를 설치하고 본부저축장려위원회와 연락을 유지하여 지방의 경제사정 및 국민정신총동원운동, 농촌진흥운동, 기타 행정과 관련된 여러 지방적 방침에 즉응한 저축장려의 구체적 계획을 수립하고 또 그 실시에 있어서는 관내 각 기관의 유기적 통제를 가질 것.
    (3) 저축조합의 설치
        저축의 실행기관으로서는 관공서·은행·회사·공장·정회(町會)·상공업자 단체 등에는 저축조합을 조직하고, 농산어촌의 부락에서는 진흥회·공려(共勵)조합·향약 등 기존의 단체를 이용하게 한다. 그리고 기존 단체가 없는 부락에서는 저축조합을 설립하여(장래 해당 부락에 진흥회 등의 설치를 보는 경우에는 가능한 한 저축조합은 이들의 것과 통합함을 고려할 것) 또한 1인 1역(役)제와 다른 저축장려를 특설하여 이를 쉴 새 없이 바삐 일하게 하여 맹렬하게 저축의 실행을 도모하게 한다. 또한 농산어민에 대한 저축장려의 방법으로서는 종래부터 실시해 온 부업저금, 수확 시의 저금, 절미(節米)저금, 공동판매 시의 저금 등 개인의 저축에 속한 것 외에도 공동경작지에서의 수익금, 애국일 등에서의 공동 출역(出役)의 임금, 기타 공동적인 저축도 노력하도록 장려할 것.

(4) 일반 금융기관에서의 예금 흡수의 적극화

우편국·우편소와 긴밀한 연락을 유지함과 함께 은행·저축은행·신탁회사·무진회사·금융조합 등에서도 이 기회에 적극적으로 권유를 행하게 할 것. 특히 저축은행·금융조합 또는 무진의 집금(集金)제도를 확충하여 저축의 흡수에 노력할 것.

(5) 생명보험 및 간이생명보험의 적극적 장려

생명보험·간이생명보험에 관한 선전을 적극적으로 행하여 가입 권유에 노력할 것.

2. 선전의 방법

관공서 및 각 금융조합 기관은 아래에 게재된 방법에 의해 저축의 선전을 행할 것.

(1) 포스터-표어의 모집 및 배포
(2) 신문·잡지에 의한 선전

신문사·잡지사와 연락을 가져 저축란을 설치하고 저축조합의 실적, 저축 미담의 발표 등을 함과 동시에 자료를 제공하고 선전을 의뢰할 것.

(3) 팸플릿의 발행
(4) 저축주간 또는 저금 데이(day)의 설치
(5) 라디오에 의한 선전

저축장려에 관한 강연을 방송하거나 혹은 라디오 드라마의 각본 등을 모집하여 이를 방송할 것.

(6) 영화 또는 종이 연극에 의한 선전

각본을 모집하여 이를 영화화하는 등 적절한 방법에 의해 선전할 것.

(7) 레코드에 의한 선전

저축장려상 효과를 볼 수 있는 행진곡가, 각 노래, 속요 등을 모집하여 이를 발매 반포할 것.

(8) 학교에서의 선전

학교장, 기타 직원의 훈화, 학부형회의 이용, 기타 기회를 통해 저축의 필요를 강조한다. 생도아동을 대상으로 저축의 필요성을 철저케 함과 동시에 생도아동을 통한 가정의 저축사상을 함양할 것.

(9) 박람회, 전람회에서의 선전

(10) 강연회, 좌담회의 개최

본부 도부군 도(島)읍면·경찰서·경제단체·교화단체·종교단체·부인단체·부락, 기타 민간의 각종 단체가 주최한 각지에서의 저축장려에 관한 강연회, 좌담회 등을 통해 저축 취지의 철저에 노력할 것.

(11) 저축장려 공적자 표창

저축장려에 관한 취지의 보급 철저, 저축조합의 설치 등에 대해 힘을 다하고 공적이 현저한 자, 기타 저축장려에 관한 공적이 있는 자를 표창할 것.

3. 저축 총액의 목표

1938년(昭和 13)도 중 각종 예금·금전신탁·무진 괘금(掛金)·생명보험 및 간이생명보험요금·국채, 기타 채권에의 투자 등 조선 내에서는 자금 축적 총액 약 2억 원이 증가하는 저축을 할 것이다. 일단 목표를 정함에 있어 도(道)내에서는 증가 자금 산포액 등을 살펴 적절한 계획을 할 것.

제4. 저축장려에 대한 오해의 배제

조선 민중에 있어서는 어쨌든 오해를 품는 쪽이 적지 않을 것이고 또 유언(流言) 등 상당한 행동이 있을 것으로 예상되는 것에 대해서는 저축의 필요와 그 안정성에 있어 올바른 이해를 시키는 조치를 강구할 것. 동시에 국민정신총동원운동의 철저, 심화를 도모하여 시국인식에 기초한 자발적 국민의 협력에 의한 저축의 독려를 기하고 적어도 오해를 초래하지 않도록 지도, 단속에 유의할 것.

(1) 국채 구입에 대한 오해 _ 국채의 상환에 대해 오해를 품지 않게 할 것.
(2) 저금·예금에 대한 오해 _ 저금, 예금의 인출에 대한 오해를 품지 않게 할 것.

(3) 물자에 대한 오해 _ 저축의 힘씀에 따른 소비절약에 관해서는 군수 자재의 결핍에 기초한 것이라는 오해를 품지 않게 할 것.

〈자료 05〉 저축장려에 관한 건(貯蓄獎勵ニ關スル件, 1939.6.7.)
_ 朝鮮金融組合聯合會調查課, 『國民貯蓄造成運動に關する資料』 1집, 1940(『朝鮮金融組合聯合會調查資料』 17집)

저축의 장려는 1938년(昭和 13) 5월 이래 여러분의 적절한 시설과 지도 독려에 의해 대체로 순조로운 경과를 거쳐 1938년의 저축증가액은 금융기관으로의 자금 축적액만으로도 예정 목표액 이상에 달하는 호성적을 보였다. 저축실행기관으로서 특히 그 결성을 종용하여 온 저축조합의 상황도 역시 호조를 보이고 있는 것은 매우 기뻐할 일이다. 여러분이 많은 노력을 기울이고 있는 이때에 이번 전쟁의 궁극적 목적을 달성하기 위해서는 저축 증가의 필요성이 더욱 증대할 뿐만 아니라 또한 국가가 당면한 물가 문제를 극복하기 위해서라도 소비의 절약, 저축의 실행은 한층 더 이를 철저 강화시킬 것이 필요하다. 특히 절박하고 긴요한 것이기에 내지에서는 전년도 저축 목표액 80억 엔에 대해 1939년도(昭和 14)는 이를 100억 엔으로 결정하고 적극적으로 매진하고 있다. 조선에 있어서도 이에 호응하여 본년도 내에 저축 목표의 증가액을 대체로 3억 엔으로 정하고 일단의 깊은 논의와 노력으로써 이에 해당하는 성과를 거두기 위해 만전을 기해야 할 것이다. 그리고 본 운동의 이전 실적에 비추어 도시 및 은진(殷賑)산업[1] 종사자 등의 수입 증가에 따른 낭비의 풍조는 내지와 조선에서 점차 현저해지고 있다. 이로 인해 일반에 미치는 악영향이 클 뿐만 아니라 더 나아가 본 운동의 성과에도 영향을 미치는 것이 적지 않을 것으로 인식되기 때문에 금후 운동에 있어서는 특히 이들 방면에 중점을 둘 것이다. 한편 민중이 저축을 강요하는 것으로 이해하지 않도록 모든 방법과 수단을 강구하여 철저를 기하고, 자발적으로 국책에 협력할 의지를 두텁케

---

1 전쟁 경기로 인해 호황을 누려 큰 수익을 거두는 산업.

한다. 조선 각층에 걸쳐 응능(應能) 저축[2]의 성과를 거두기 위해서는 더욱더 부하 직원을 독려하여 종래 채택되어 온 방책을 계속 실시함은 물론 다시 아래의 여러 대책을 실시하여 소기의 목적 달성에 유감이 없기를 기약한다.

제1. 저축장려방책

(1) 일반 방책

① 시국의 중대성에 비추어 관민일치협력, 특히 국민정신총동원조선연맹 및 농촌진흥운동 관계기관의 활동을 통해 소기의 목적 달성에 매진할 것.
② 저축 증가의 실효를 거두기 위해서는 정부는 물론 지방공공단체, 기타 각종 단체·은행·회사·공장 등에서 솔선하여 절약의 실질을 거두고, 각 방면에서 이를 실행할 수 있는 풍조를 만들 것.
③ 민간 각종 단체·기관·사업 주체 등을 적극적으로 움직여 다시 한 번 협력을 구할 것.
④ 1년을 몇 개의 기(期)로 나누어 해당 기말마다 실적에 대해 반성, 비판하고 후기로의 대책을 강구할 것.
⑤ 저축장려 사무 담당자로 하여금 가급적 각지를 순회하여 지방의 실정을 구체적으로 청취하게 함과 동시에 적절한 계획 수립에 대해 권유, 지도케 할 것.
⑥ 종(縱)의 연락과 동시에 특히 관청, 민간 각종 단체 상호 간의 횡(橫)의 연락을 긴밀히 할 것.
⑦ 본 운동이 영속적인 것이 되게 하여 그 효과에 만전을 기하기 위해서는 국민 각층의 경제력을 잘 고려하여 가급적 평등에 기초한 협력을 구하는 것과 같은 노력을 해야 한다. 동시에 독려의 시기, 방법에 대해 지방의 실정에 즉응하는 계획을 수립하여 너무 급하게 서두른 결과 오히려 일반 민중에게 오해 내지 악영향을 주는 것과 같은 것이 없도록 할 것.
⑧ 본 운동은 한 개인을 위해서가 아니라 국가적인 시각에서 물자의 억제, 국민생활의 안

---

[2] 각 개인의 부담 능력에 맞는 저축.

정 등 전시경제정책의 수행상 절대적으로 불가결한 국민적 실천 사항임에 비추어 일면 배당 제한, 경리 명령, 자금 조정 등의 다른 수단과도 밀접한 관련을 맺어 효과에 만전을 기할 것.

(2) 특수방책

1. 은진산업

은진산업은 시국에 관계된 정부 민간자금 방출의 중심인 관계이기에,

① 은진산업 방면에서 저축장려의 실효를 거두기 위해서는 특히 회사·공장·광산의 경영 수뇌부 및 종업자 중견간부의 시국하에서의 저축장려에 대한 인식과 열의가 필요하다. 따라서 이 점에 관해 일단의 노력을 기울일 것.

② 해당 회사·공장·광산·특수어업 경영자 등에서의 경리 상황, 종업자의 급료, 임금의 산포 등을 감안하여 개별적으로 저축액을 정해 원천공제저금, 국채의 보유, 기타 적당한 방법으로 그 실현에 노력함과 동시에 수시로 관계자와의 간담회, 좌담회 등을 개최하거나 또는 보고를 받는 등 방책을 강구하여 그 실적을 검토하고 개선책을 강구할 것.

③ 종업자에 대해 노동 능률의 향상, 낭비의 방지, 정신 훈육의 강화, 시국 인식의 철저를 도모하여 일면 환경을 개량하고 각종 시설을 정비하여 방종과 향락의 기분에 타락하지 않도록 방책을 강구할 것.

④ 은진산업 중심지에 집중된 많은 유흥 시설, 기타 노동자의 낭비심을 자극하는 것과 같은 영업 시설 등에 대해서는 관계 방면과 연락을 채택, 노력하여 이를 억제할 것.

2. 도시

전년도의 실적을 살펴보면 저축조합의 결성, 저축액의 증가의 비율 등에서 도시는 대개 농촌에 비해 많지 않기 때문에,

① 하나의 도시를 몇 개의 구(區)로 나누어 저축장려실행위원과 같은 것을 두고 해당 저축구 내의 주민의 수입 상황에 따라서 공평 적정한 저축 목표액을 설정하여 저축 상황

을 검토, 성적의 향상에 노력할 것.

② 각 부인단체, 교화단체 등을 동원하여 가정 부인에 대한 소비절약의 사상을 고취하고 낭비의 배제, 생활합리화의 방책을 연구, 선전케 할 것.

③ 대도시에서는 정신적 방면에서 농촌에 비해 이완되는 경향이 없지 않으므로 정신총동원 관계와 기밀한 연락을 취해 낭비와 사치의 기풍을 억제하도록 노력할 것. 특히 대소유자의 저축독려에 힘을 기울일 것.

(3) 농산어촌 방면

농산어촌 방면에서의 저축의 실행은 대체로 순조로운 것으로 인정되어도 저축의 장려는 금후 다시 이를 확충 강화를 도모할 필요가 있음에 비추어 더욱 이를 독려할 것을 기함과 동시에 근로에 따라 생산 또는 소득의 증가를 계획하여 저축의 증가에 노력할 것.

(4) 저축조합의 증가

① 저축조합은 대체로 그 보급이 되고 있는데, 아직 설치할 여지가 있다고 인정되는 방면에서는 이 기회에 급속히 보급함에 노력할 것. 또 농촌진흥회를 두는 쪽에서도 저축부를 설치하는 등의 방법에 의해 적극적인 활동을 촉진할 것.

② 저축조합 및 진흥회에서의 저축 상황을 개별적으로 검토하여 그 실정에 즉응하여 본년도의 저축 목표액을 정하고 이를 실현할 구체적인 방책을 강구함과 동시에 그 자치적 감독에 주도면밀함을 기해 목적을 달성하는 데 유감이 없도록 기할 것.

(5) 금융기관의 적극적 활동

각종 금융기관과 한층 더 긴밀한 연락을 취해 적극적으로 저축의 흡수를 담당함과 동시에 저축조합 및 공장 종업원 등에 대해서는 예컨대 금융기관원이 매월 일정 기일(가능한 한 급료, 노은 등의 지불일)에 출장하여 예금 취급을 하는 등 시간, 장소, 수속의 여러 사항에 대해 특히 편의를 꾀할 것.

(6) 각종 대책의 병진 강행

① 기존 각종 운동과 연락, 협조를 유지해 정부 민간의 시설행사 등에서 각종의 사명을 가지도록 하고, 이를 실시할 때에는 소비절약과 저축장려에 장해를 미치지 않도록 방책을 강구할 것.

② 저축장려는 물가대책과 매우 긴밀한 관계에 있으므로 더욱 상호 긴밀한 연락을 유지해 이를 행할 것.

③ 공사 생활에 다시 일단의 쇄신을 가해 힘을 다해 일반물자의 소비절약을 힘쓰게 함과 동시에 다른 한편 총후보국의 인고와 생업보국의 이념에 기초한 근로의 배가에 노력함으로써 저축증가 목표의 달성을 기할 것.

④ 소비절약은 가계의 긴축에서 시작하는 것을 고려하여 가정주부에게 적극적으로 작용하여 그 협력을 구함과 동시에 낭비의 배제에 의한 생계의 합리화에 대해 연구 지도할 것.

제2. 각 도에서의 저축 증가 목표액

① 1939년도에서의 각 도 저축 목표액은 대체로 별지 배분액을 일단 표준으로 하고 관내에서 증가 자금 산포액 등을 감안하여 그 경제적 실력에 즉응할 목표액을 수립하여 이에 매진할 것.

② 본년도 목표액 중에는 국채 또는 저축채권 등 일반 유가증권의 직접투자 증가액도 포함되어 있기 때문에 목표 설정액에 있어서는 이 점에 유의함과 동시에 금후 각 도에 대해 별도로 할당해야 할 국채 및 저축채권의 소화 보급에 대해서도 더욱 노력을 기울일 것.

③ 각 도에서 저축 목표액에 기초해 관내 부군 등의 저축 목표액을 설정함에 있어서는 지극히 그 지방에서의 수입 상황, 기타 경제력을 사찰함은 물론 기왕의 실적에 비추어 운동의 침투 정도를 측정하여 이를 정한다. 본년도 저축 목표액의 전년 대비 증가분은 가능한 한 아직 저축 능력이 있다고 인정되는 방면으로 나아가 일반 농산어촌 방면에 가중되는 것이 없도록 특히 유의할 것.

1939년도 각 도 저축 목표액 추계표

도명	추계 목표액(천 원)
경기도	105,000
충청북도	4,000
충청남도	11,000
전라북도	14,000
전라남도	19,000
경상북도	20,000
경상남도	31,000
황해도	10,000
평안남도	22,000
평안북도	18,000
강원도	7,000
함경남도	22,000
함경북도	17,000
합계	300,000

출전: 朝鮮金融組合聯合會調査課, 『國民貯蓄造成運動に關する資料 1집』, 1940, 25쪽.

〈자료 06〉 저축장려에 관한 건(貯蓄獎勵ニ關スル件, 1940.5.15.)

— 朝鮮金融組合聯合會調査課, 『國民貯蓄造成運動に關する資料』 1집, 1940(『朝鮮金融組合聯合會調査資料』 17집)

조선에서의 저축장려는 운동 개시 이후 착착 그 효과를 거두고 있다. 작년도는 조선 중부와 남부 지방 일대에 걸친 이례적인 가뭄으로 인해 피해를 입었음에도 불구하고 각종 자금의 축적 상황은 매우 순조로운 추이를 보이고 있다. 금융기관으로의 자금 축적 증가액만으로도 3억 2,400만 원, 여기에 개인의 유가증권 투자증가액 추계액을 더하면 실로 3억 9,000만원에 달해 당초 목표액을 훨씬 더 돌파하는 성과를 거둘 수 있었다. 이는 각 도에서의 시설이 적절하고 관민이 일치하여 달성에 노력한 성과로 인한 것으로서 여러분의 노력이 많았던 것이다.

현재 중국 신 중앙정부의 성립에 따라 전쟁도 일단락을 지었다고 하더라도 오히려 전쟁 수행을 위해서는 본년도에도 거액의 국채 발행이 예정되어 있다. 이 소화의 중요성은 더욱 더 배가되고 있을 뿐만 아니라 생산력 확충에 필요한 산업자금에 대해서도 원활한 공급을 확보하지 않으면 안 된다. 또 유럽에서의 전쟁 발발과 함께 착종된 국제정세로 인해 물자 공급은 낙관할 수 없는 상황이다. 세출 예산의 증대로 인해 민간에 산포될 자금은 다시 증가하여 다액에 달하는 한편 농림수산물의 가격 상승은 다액의 자금이 지방에 유입되는 것을 보게 되었다. 이 자금의 체류에 의한 잠재된 구매력은 불건전한 투자, 토지의 투기 거래를 유발하고 있다. 이들 어려운 문제를 극복하고 전시경제의 운행을 확보하기 위해서는 국민이 시국 인식을 잘 하고 거국일체하여 모두가 곤란과 결핍을 감당할 극력 소비절약, 저축 실행에 노력하여 정부의 정책에 대해 적극적으로 협력할 것이 필요하다. 국민저축의 증가는 전쟁 수행의 주춧돌을 이루는 것이기에 그 성패는 국가경제 안위의 갈림길이라고 말하지 않을 수 없다. 따라서 중앙정부에서 올해 120억 원의 저축 목표액을 수립하여 저축 실행에 노력하는 것에 호응하여 조선에서는 본년도 저축 증가 목표를 5억 원으로 결정하였다. 이를 달성하기 위해 특히 올해를 저축장려 강화연도로 정하고 관민일치하여 그 성과의 만전을 기하고자 한다. 이에 아래에 기재한 장려 방책 각 항에 기초하여 각각 구체적 사항을 실시함으로써 소기의 목적을 달성함에 유감이 없기를 기약하고 싶다.

1. 본년도 저축장려의 중점
① 저축의 개별적 지도장려에 대해서는 작년도에서도 각 방면에 대해 이를 매우 강조해 왔는데 본년도는 다시 확충 강화하여 특히 회사·공장 등의 각 단체에서는 저축의 실효를 거둘 수 있는 구체적 방법을 강구하여 저축의 철저를 기할 것.
② 부동자금은 물자의 소비를 수반, 유발하여 물가에 끼치는 영향이 매우 크다. 따라서 구매력을 가급적 속히 저축으로 돌리기 위해서는 종래와 같이 봉급생활자는 물론 기타 소득자에 대해서도 소득의 원천에서 천인(天引)케 할 방책을 강구하도록 노력할 것.
③ 저축 목표액의 설정에 있어 자칫하면 종래와 같이 형식적으로 이를 정하여 판단하는

경향이 있는데 이와 같이 해서는 저축장려의 실효를 거두기 어렵다. 이에 각 개인의 수입, 자산 및 특히 소비 상황 등을 고찰하여 더욱더 응능(應能) 저축의 실행에 노력할 것.

④ 저축을 장기적으로 계속 장려하는 것은 저축장려상 가장 중요하기 때문에 금후는 오로지 저축의 적극적 증가를 도모할 뿐 아니라 기존의 축적자금 인출을 최대한 억제함으로써 구매력으로 작용하는 것을 방지할 수 있는 모든 유효 적절한 수단을 강구할 것. 동시에 가급적 장기성 예금의 획득 및 국채, 저축채권 등에 투자할 것을 권장하도록 노력할 것.

⑤ 전쟁의 항구화에 따른 전시체제의 강화 확충에 따른 국민생활의 불안, 시국 분담에 대한 불평불만 등과 같은 저축장려에 지장을 초래하는 경우가 없지 않기에 이들 장해를 제거함에 노력할 것.

⑥ 전 각항의 성과를 거두기 위해 한층 더 관민이 일치하여 협력하고 특히 국민정신총동원조선연맹 및 농촌진흥운동 관계기관 등의 적극적 활동을 촉진해야 한다. 동시에 더 나아가 각종 공직자, 언론보도기관 등을 총동원하여 저축 사상의 선전 또는 실행 방법의 보급, 저축 상황의 검토 지도 등을 실시하여 저축 태세의 강화를 도모할 것.

2. 저축증가 목표액의 설정 및 충실

① 1940년도(昭和 15)의 저축증가 목표액은 총액 5억 엔으로 여기에는 개인의 유가증권투자액 등을 포함시킨 것이다. 이 증권투자액 등은 사실상 각 도별로 계산하는 것은 불가능하기에 각 도에서 달성해야 할 할당액에 이를 산입하지 않고 별지를 통해 4억 엔을 각각 배분하였다. 이에 대해 이 배분액을 일단의 표준으로 삼아 지방의 수입 상황, 경제력, 전년도의 실적 등 각 방면을 고찰하여 그 경제적 실력에 가장 즉응하는 최대한도의 저축증가 목표액을 수립할 것.

② 관내 부군면 등의 저축증가 목표액 설정에 있어서는 그 지방의 경제력 등을 충분히 검토하고 특히 최근 농산어촌 방면에서 상당한 자금이 체류하는 조짐이 있음에 비추어 이를 가급적 흡수할 것에 유의하여 도시, 농산어촌 방면을 통해 그 경제력에 적절한 목표액을 설정할 것.

③ 종래에도 회사·공장·광산·특수어업 경영자 등에 대해서는 그 경리 상황, 종업원의

급료, 노은의 산포 등을 감안하여 개별적으로 목표를 정하여 저축을 실행해 왔다. 금년도는 기존의 실적을 검토하여 이를 개선함과 동시에 다시 이를 전반적으로 확충하여 그 수입 증가의 상황에 맞는 최대한도의 저축증가 목표액을 수립케 하여 이를 실현함에 노력할 것.

④ 각 저축조합은 도시에 있는 것은 정회, 기타 정(町)의 각종 단체, 농산어촌에 있는 것은 농촌진흥회, 기타 관계 각종 기관 등의 실천적 조직을 활용하여 저축 상황 등을 개별적으로 검토하여 그 실정에 조응할 수 있는 최대한도의 저축증가 목표액을 정함과 동시에 이를 실현할 수 있는 구체적인 방책을 강구할 것.

⑤ 각종 금융기관 단체는 전년도부터 한층 더 높은 자금흡수 목표액을 정하고 다시 본년도는 국채소화에 있어서도 그 소화 목표액을 정해 이를 적극적으로 실현하도록 할 것.

3. 천인(天引)저축의 강행

① 소득을 그 원천에서 공제하여 저축으로 돌리게 하는 것은 구매력 흡수상 가장 효과가 있는 것으로 작년도 은진산업 등을 대상으로 이를 강조하여 실행해 왔는바 금년도는 한층 더 이를 보편 강화하여 전반적으로 이의 실행을 촉진할 것.

② 천인저축의 실시에 있어서는 임금생활자 등 비교적 소득의 실체 파악이 쉬운 자에 대해서는 지나치게 무거운 반면에, 다른 한편 비교적 소득 상황의 포착이 곤란한 종류의 대소득자 내지 소득이 급속히 증가한 자에 대해서는 지나치게 느슨하게 되는 폐해에 빠지지 않도록 유의할 것.

③ 천인저축은 봉급 급료, 임금, 수당, 상여, 배당, 이자, 지대, 주택임대료, 매상금 등의 계속적 수입은 물론 기타 각종 임시적 수입에 대해서도 이를 독려할 것.

④ 천인저축의 실행은 각인의 자각과 맞물리지 않으면 그 효과를 거두기 어렵기에 각종 기관의 협력을 얻어 여론의 환기에 노력하는 한편 극력 각인의 자율적인 자계(自戒)를 구할 것.

⑤ 공장 특히 군수공장 및 광산 방면에서는 그 저축 실시 상황, 소비 상황 등에 비추어 향후 한층 더 저축증가 효과의 실효를 거둘 수 있는 군부, 도 경찰당국 등의 협력을 구해 가지고 있는 권능을 최대한도로 활용하여 임금 급료, 상여 등으로부터의 천인에 의한

강력한 저축실행을 구할 것.
⑥ 농산어촌 방면에서도 농림수산물의 가격 상승으로 인해 상당한 다액의 자금 유입을 보고 있다고 생각되는바 각종 관계 단체의 협력을 받아 이를 공동판매 검사 등의 기회를 이용하여 증가된 소득의 일정 비율을 그 원천으로 공제하여 저축하게 하는 등 가장 효과적인 흡수 방법을 공부할 것.
⑦ 저축조합은 저축장려의 핵심을 이루는 것으로서 천인저축, 능력저축, 계속저축 등 저축 실행의 강화를 도모하기 위해 가장 효과가 있는 것으로서 더욱 이의 확충에 노력할 것.

4. 응능저축의 철저 신축

① 종래의 실례에 비추어 일률적으로 저축액을 정하거나 또는 소액의 조합저축만을 하고 있는 경우에는 저축의 실효를 거둘 수 없을 뿐만 아니라 진실로 구매력을 흡수할 수 없다. 따라서 각 개인의 수입 상황, 자산 상황 및 가정의 사정 등에 부응해 개별적인 저축력을 측정하여 그 최대한도의 저축을 행하게 할 방법을 일층 철저케 할 것.
② 각 개인의 저축력의 측정은 그 소비 상황에 의해 이를 능히 알 수 있는 사례가 적지 않기 때문에 저축액의 결정에 있어서는 소득을 표준으로 함과 동시에 또한 소비도 표준으로 하여 이를 정하는 방법을 고구할 것.
③ 생활필수품 이외의 물품을 일정 금액 이상 구입하는 자 또는 일정 금액 이상의 유흥 관극(觀劇)을 하는 자 등에 대해서는 반드시 이 기회에 국채, 저축채권의 구입, 기타 일정 금액의 저축을 하는 등의 방법을 널리 일반에게 보급할 것.
④ 자력(資力)이 있는 자가 그 자력에 넘치는 소비를 하는 것은 저축장려운동상 악영향을 초래함이 심대하기에 유산계급 내지 소득이 급격히 증가한 사람들에게는 극력 조합저축의 증액, 국채 구입의 권장을 하는 등 특별히 강력하게 저축의 실행을 구할 것.
⑤ 도시의 경우 종래의 예에 비추어도 각 개인의 저축 능력의 측정이 매우 어려워 응능저축이 철저하지 못한 것에 대한 염려가 있었다. 따라서 일층 저축장려실행위원 등의 적극적 활동을 촉구하여 공평하고 적정한 목표액을 설정하여 이의 실현을 기할 것.

5. 저축계속의 여행(勵行)
① 저축된 자금은 장기간 지속될 필요가 있기 때문에 일반인을 대상으로 저축의 지구(持久), 계속을 권장하고 기한이 도래한 저축은 극력 이를 계속하게 하도록 지도 권장할 것.
② 최근의 저축증가 상황을 보면 장기성 예금의 증가율은 종래에 비해 상당히 둔화되었는데 오히려 구매력을 자극하는 단기 당좌예금이 현저하게 증가하는 추세에 있다. 이러한 현상은 저축실행의 효과를 거둘 수 없기 때문에 금후는 장기 안정성 예금을 가급적 다액으로 흡수할 수 있는 연구를 할 것.
③ 저축조합에서 인출에 제한을 두면서 단체로 저축실행을 하는 방법은 저축을 계속하는 데, 효과가 크기에 한층 더 이의 확충을 도모할 것.
④ 조선에서는 아직 일반적으로 증권 사상의 보급이 충분치 않은데, 확정 이자를 지급하는 증권투자는 저축을 계속하는데 다대한 효과가 있는 것이기에 금후 일단 이를 보유할 것을 권장할 필요가 있다. 또 이를 장려함에 있어서는 국채, 저축채권 등 확실한 것에 투자케 하는 등 충분한 지도를 가함과 동시에 구입한 국채와 저축채권 등의 보관에 대해서는 우편관서에 이를 위탁하도록 지도 장려할 것.

6. 신규 저축 방법의 실행
① 본년은 의미가 있는 황기(皇紀) 2,600년에 해당하기 때문에 이 광휘 있는 1년을 기념하고 황국의 융성한 번창을 경축하는 의미를 가지고 각종 단체에서는 여러 목적을 들어 2,600년 기념저금을 고안, 실시할 것.
② 각종 금융기관에서는 신종 채권의 매출, 세제 개정 등으로 조성된 호기의 영향 등을 고려하여 적절한 신규 저축 방법을 공부, 고안하여 자금의 흡수에 노력할 것.
③ 저축장려의 진전 강화에 따라 각 금융기관에서는 저축조합, 기타 각 방면에서의 자금 흡수에 관해 더욱더 적극적으로 편의를 제공하는 방법을 고구할 것.

7. 저축에 대한 장해의 제거
① 국민으로 하여금 화폐 가치에 대한 신뢰를 흔들게 하거나 혹은 생활필수품의 배급에 관해 불안을 품게 하는 것과 같이 국민 사이에 소비절약, 저축실행에 배치되는 사상,

행동을 유발하는 것은 저축장려상 매우 중대한 장해를 야기하는 것이다. 따라서 정부의 물가 대책에 대해서 불안의 염려를 품지 않도록 하여 국민으로 하여금 화폐 가치에 대한 신뢰를 확보케 함에 유의함과 동시에 생활필수품의 배급을 확보하여 국민의 불안을 제거하기에 노력할 것.

② 낭비, 사치, 유흥 등을 방지, 제한하거나 단속을 하는 것에 대해서는 관계 방면과의 연락을 일층 긴밀히 하고, 이에 철저를 기하기 위해 한층 더 유효 적절한 구체적인 방책을 강구하여 비전시색(非戰時色)을 불식할 것.

③ 전시 통제경제 강화에 따른 희생이 균형을 잃게 되면, 거국일치로 소비절약과 저축실행에 매진하고자 하는 국민의 기개를 죽이는 것이 심해지게 된다. 이에 전시하 국민생활의 일부로 불건전 현상을 근절함으로써 여기에서 비롯되는 민심의 불평불만을 제거하는 것에 노력할 것.

8. 저축 태세의 강화

① 국민정신총동원조선연맹, 농촌진흥운동 관계 기관, 기타 각종 단체 등으로부터 한층 더 협력을 구해 전시의식, 특히 시국하에서의 우리나라 재정경제의 사정을 국민에 보급, 침투케 하여 국민정신의 긴장을 촉진할 것이다. 또한 본년도 저축증가 목표액의 인상, 물자동원계획 강화에 따른 민간 수요의 압축에 대응하기 위해서는 다시 한 번 더 나아가 각 개인이 모두 곤란함과 결핍을 견디고 멸사봉공의 진심을 피력함으로서 생활의 쇄신을 단행할 필요가 있다는 인식을 더욱 철저히 할 것.

② 공사생활을 쇄신하여 저축 증가의 실효를 거두기 위해서는 국민 각 개인의 자각과 맞물리는 것이 필요할 뿐만 아니라 더욱더 각종 단체의 힘을 강화, 활용하는 것이 가장 적당하다고 생각된다. 따라서 각종 단체는 대저 전시생활의 구체적 실시 사항을 정해 이를 단행함으로써 소비절약, 저축증가의 단체적 실행을 촉진할 것.

③ 금회의 세제 개정에 따른 조세 부담의 가중은 저축장려상 영향을 받는 바가 적지 않기에 이에 대처하기 위해서는 다시 생활수준을 낮출 것을 단행하여 저축에 매진하도록 지도할 것.

④ 정부, 지방 공공단체, 기타 각종 단체, 은행, 회사 공장 등에서는 솔선하여 절약을 단행

하여 자숙자계에 노력함과 함께 일반 국민의 지도적 입장에 서는 자는 실천궁행, 솔선수범의 실질을 보여 일단 국민생활의 전시 태세 강화에 조력할 것.

⑤ 각 개인이 한층 더 근로에 정진하여 생산의 증가에 노력함과 함께 낭비를 배제하여 생활의 합리화를 도모한다. 다른 한편 물자 애호, 폐품 회수 등의 철저를 기하여 저축증가의 계획적 수단을 강구함으로써 저축 원천을 배양함에 노력하고 또한 이를 실시함에 있어 부인단체, 교화단체 등을 이용하여 극력 가정주부의 자각을 촉진할 것.

각 도에 대한 할당액

(단위: 천 엔)

도명	금액
경기도	158,000
충청북도	4,000
충청남도	9,000
전라북도	12,000
전라남도	21,000
경상북도	21,000
경상남도	40,000
황해도	12,000
평안남도	31,000
평안북도	22,000
강원도	12,000
함경남도	31,000
함경북도	27,000

출전: 朝鮮金融組合聯合會調查課, 『國民貯蓄造成運動に關する資料 1집』, 1940, 29쪽.

〈자료 07〉 저축장려에 관한 건(貯蓄奨励ニ關スル件, 1941.4.18. 政務總監(→ 각 도지사) 通牒)
— 朝鮮金融組合聯合會調査課, 『國民貯蓄造成運動ニ關スル資料』 2집, 1941(『朝鮮金融組合聯合會調査資料』 23집)

조선에서의 저축장려운동은 전년 대비 그 실효를 거두어 작년도에는 일약 5억 엔의 저축목표를 수립하고 그 실행에 노력했던바 각종 자금의 축적 상황은 대체로 순조로운 추이를 보이고 있다. 올해 2월 말 현재 각 금융기관으로의 자금 축적 증가액만으로도 3억 7,657만 엔으로 여기에 개인의 유가증권 투자증가 추계액을 더하면 4억 7,500여만 엔에 달한다. 3월 중의 증가액을 예상할 때에는 목표액을 훨씬 돌파할 수 있을 것이라고 생각한다. 이는 관민일치의 숙의에 의해 그 달성에 노력한 결과에 따른 것으로서 여러분의 노고가 많았다.

그런데 1941년도(昭和 16) 국채소화 및 생산력 확충에 필요한 자금은 계속해서 거액에 이를 뿐만 아니라 민간에 산포되어야 할 자금은 중앙정부 예산을 압박하여 본부 예산, 기타 민간사업의 증대에 따라 더 많이 추가되고 있다. 따라서 자금 공급을 확보하고 또 과잉구매력을 흡수하여 국민생활의 안정을 원활하게 하기 위해서는 저축의 증강은 더욱더 긴요의 도를 더하게 되었다. 국민은 이때 시국을 잘 인식하여 거국일체, 직역봉공의 성을 다하고 한층 더 생산을 증대하여 국민소득의 증가를 도모함과 동시에 생활의 쇄신을 행함으로써 저축의 독려에 노력하고 전시경제 운영에 적극적으로 협력해야 할 필요가 있다.

따라서 중앙정부에서는 본년도 135억 엔의 저축 목표액을 수립하고 저축 실행에 노력하고 있는데, 이에 호응하여 조선에서는 본년도 저축증가 목표액을 6억 엔으로 결정하고 이를 달성하기 위해 종래 채택해 온 방책을 계속할 것이다. 그중에서 도시 및 은진산업 방면에서의 원천저축의 독려, 능력저축의 철저 및 장기저축의 강화를 도모함으로써 그 성과에 만전을 기하고자 한다. 이에 대해 아래에 기재한 장려 방책 각항에 기초해 각각 구체적 방책을 수립하고 관민일치 협력하에 소기의 목적을 달성하는 것에 유감이 없기를 기하고 싶다.

1. 저축 목표액

1941년도 저축증가 목표액은 총액 6억 엔으로, 여기에는 전년과 같이 개인의 유가증권 투자액을 포함한 것으로 위 증권투자액은 사실상 각 도별로 계산은 불가능하기에 각 도에서 달성해야 할 할당액에는 이를 산입하지 않고 별지와 같이 5억 엔을 배분하였다. 위 배분액을 우선 표준으로 하고 지방의 경제력, 전년도의 실적 등 각 방면에서 잘 살펴서 특히 전년 대비 증가액은 이를 도시, 은진산업, 기타 비교적 저축 여력이 있는 방면에 할당하여 그 경제적 실력에 가장 즉응하여 배분하고 소득이 적은 사람들에 대해서는 중압을 느끼지 않도록 배려할 것.

2. 저축조합의 정비 확충

천인저축, 능력저축, 저축계속 등 저축의 강화를 도모하기 위해서는 단체의 힘에 의지할 것. 특히 실효를 거두기 위해서 본년도에서는 대체로 아래와 같이 저축조합의 정비 확충을 기할 것.

① 저축조합은 가급적 총력연맹 하부조직과 그 기구 및 범위를 일체화함으로써 연맹 내에서의 중심인물을 그 대표자로 하여 이를 정비함과 동시에 그 활동에 있어서는 총력운동의 실천적 조직을 활용하여 적극적 조치를 강구할 것.
② 기존에 설립된 조합에 대해 재검토를 가해 이를 충실케 함과 동시에 설치되지 않은 지역 또는 개소에서는 이의 실현을 시급히 도모할 것.
③ 저축조합에서 본년도에 달성해야 할 저축증가 목표액을 조합원의 과거에서의 저축 실적 등을 참작한 위에 그 경제적 실력에 가장 즉응할 수 있는 최대한도의 목표액을 수립하여 가능한 한 이를 달성할 수 있도록 노력할 것.
④ 저축 달성을 위한 실시 사항에 대해서는 저축조합에서 총력연맹상회, 애국반상회를 통해 합의하여 행하는 것 외에 시의에 따라 좌담회, 타합회 등을 개최할 것.
⑤ 도지사는 각 저축조합의 저축 상황에 유의하고 목표 달성 방법에 대해 시기에 적절한 조치를 강구할 것.

3. 저축인식의 철저

저축 인식은 과거 3개년의 운동에서 국민 각층에 걸쳐 대개 침투한 것과 같아도 현하 시국 극복을 위해서는 저축사상 함양이 필요하다고 인정되기 때문에 다음과 같이 이의 철저를 기할 것.

① 항상 국민총력연맹과 밀접한 연결을 유지하고 정동리부락연맹상회, 애국반상회 등의 합의사항에는 저축에 관한 사항을 넣어 현 시국하에서 우리나라 재정경제의 실정을 보급하고 국민 각층이 자세히 알 수 있도록 조치할 것.
② 대체로 도시 및 은진산업 방면에서 비교적 소득이 많은 사람들에 대해서는 아직 소비의 여력이 상당히 왕성한 것으로 인정되는데, 이러한 방면에 대해서는 생활의 쇄신을 강조하고 저축심 함양을 위한 적절한 조치를 강구할 것.

4. 저축계속의 독려

저축은 이를 상당히 장기간에 걸쳐 계속하지 않으면 진실로 그 목적을 달성하기 어렵기에 가급적 장기성 저축을 장려하는 것에 노력함과 함께 거치저금, 정기예금 등 그 만기가 다해 기한이 도래한 것에 대해서는 이를 계속하여 저축케 할 조치를 강구할 것.

5. 부동구매력의 흡수

현금거래의 왕성화는 민간에서의 통화팽창을 초래하고 일반구매력을 자극함이 적지 않음에 비추어,

① 상공회의소, 상업조합, 기타 각종 단체 등과 밀접한 연계를 가지고 부동구매력이 증대하는 것을 억제하기 위한 적당한 방책을 강구함으로써 불급(不急) 자금의 축적을 도모할 것.
② 소액채권의 발행 및 우편절수저금(우표 저금)의 활용에 대해서 신규 공부에 몰두하여 부동구매력의 흡수에 노력할 것.
③ 천인저축은 구매력 흡수상 가장 효과가 있는 것으로서 작년도에 이를 보편 강화하여 대체로 그 실효를 거두고 있음에도 또한 본년도에 있어서도 모든 소득의 기회를 포착하여 실정에 즉응하는 천인저축의 독려에 노력할 것.
④ 각종 소비부면에서의 기회를 포착하여 국채, 저축채권의 구입, 기타 적당한 방법에 의

해 반드시 일정의 저축을 하게끔 하는 방법의 보급 강화를 도모할 것.

6. 근로 강화와 저축의 여행(勵行)

국민 각자 근로를 강화함으로써 생산 및 소득의 증가를 도모하고 이에 따라 증가된 소득은 전액을 저축하는 형태로 저축증가의 적극적 수단을 강구할 것.

7. 금융기관의 활동 강화

저축의 적극적인 증대를 기하기 위해서는 금융기관의 적극적인 활동을 촉진할 필요가 있기에,

① 각종 금융기관마다 저축 목표를 정하고 이를 달성하기 위한 저축 흡수의 적극적인 방법을 강구함과 동시에 1년을 몇 기(期)로 나누어 그 실적을 비판, 검토하고 후기로의 대책을 고구할 것.
② 각종 금융기관은 저축 실행 단체인 저축조합과 긴밀한 연계를 가지고 그 합리적 활동을 촉진함으로써 단체저축의 진전에 협력할 것.
③ 각종 금융기관에서는 창구에서 받는 것에 대해서 적당한 시설을 고구함으로써 예금자로 하여금 쉽게 예저금을 할 수 있는 방법, 편의를 제공함과 동시에 금융조합, 저축은행 등 종래 집금(集金)제도를 이용하는 사람들에 있어서는 이를 활용, 강화함으로써 적극적으로 예금 흡수를 도모할 것.

8. 저축에 대한 장해의 제거

총력연맹, 기타 각종 단체 등에게 한층 더 협력을 구해 저축에 대한 유언비어, 기타 저축심을 저해하는 결과를 초래하는 것과 같은 언동의 절감을 기할 것.

각 도별 결정액

도명	결정액(천 엔)
경기도	192,000
충청북도	6,000
충청남도	13,000
전라북도	18,000
전라남도	26,000
경상북도	28,000
경상남도	54,000
황해도	17,000
평안남도	37,000
평안북도	25,000
강원도	15,000
함경남도	36,000
함경북도	33,000
합계	500,000

출전: 朝鮮金融組合聯合會調査課, 『國民貯蓄造成運動에關する資料 2집』, 1941, 25쪽.

〈자료 08〉 저축장려에 관한 건(貯蓄獎勵ニ關スル件, 1941.5.8., 國民總力朝鮮聯盟事務局總長通牒)

— 朝鮮金融組合聯合會調査課, 『國民貯蓄造成運動に關する資料』 2집, 1941(『朝鮮金融組合聯合會調査資料』 23집)

　1941년도(昭和 16) 저축장려방책에 관해서는 1941년 4월 18일자 정무총감으로부터 각 도지사에게 통첩이 내려졌다. 총력연맹으로서도 아래 각 항에 근거해 구체적인 실행 방책을 수립하고 연맹원의 일치 협력하에 소기의 목적을 달성할 수 있도록 다음과 같은 조치를 통첩하는 바이다.

저축장려방책

1. 저축 목표액의 달성

각 도에서 부, 군, 읍, 면 등에 할당된 저축 목표액은 각 연맹기구를 통해서 반드시 이를 달성하도록 장려할 것.

위 실행 방법으로서는 각 애국반원의 경제 실력에 즉응하는 적정 목표액을 수립케 할 것.

특히 회사, 공장, 광산 등 은진산업인 각종 연맹의 목표액에 대해서는 종래의 실적을 감안하여 가급적 고율의 목표액을 수립케 할 것.

2. 저축조합의 정비 확충

① 저축조합은 가급적 총력연맹 하부조직과 그 기구 및 범위를 일체로 한 연맹 내의 중심인물을 그 대표자로 하여 정비하고, 총력운동의 실천적 조직을 활용하여 적극적 활동을 도모할 것.

이미 설립된 저축조합에 대해서는 그 내용을 재검토를 하여 그 충실을 도모함과 함께, 설치되지 않은 지역 또는 개소에서는 조급히 이의 실현을 도모할 것.

② 저축조합에서 저축 달성상의 실시 사항에 대해서는 총력연맹, 각 상회(常會), 애국반상회를 이용하여 저축 달성의 합의를 이루는 것 외에 조합원의 좌담회, 타합회 등을 개최하여 목표 달성에 대한 의견 및 방법의 연구에 이바지할 것.

3. 저축인식의 철저

① 총력연맹의 각 상회에서는 항상 현 시국하에서의 우리나라 재정경제의 실정을 보급하여 국민이 자상히 알도록 하는 방도를 강구함으로써 저축의 중요성을 충분히 인식토록 할 것.

② 도시 및 은진산업 방면에서는 아직 낭비가 상당히 왕성한 실정이기에 생활의 간이화, 소비의 절약을 강조하여 개인 경제의 긴축을 도모함과 동시에 각 가정주부의 자각을 재촉하여 영세한 금액이라 할지라도 이를 저축케 하도록 권장할 것.

4. 저축계속의 독려

저축은 상당히 장기에 걸쳐 계속하지 않으면 그 진짜 목적을 달성하기 어렵기에 연맹원은 장기성 예금을 하도록 지도할 것.

5. 부동구매력의 흡수

① 현금거래의 활성화는 민간에서의 통화의 팽창을 초래하고 일반구매력을 자극함이 적지 않기 때문에 상공회의소, 기타 각종 단체 등과 밀접한 연계를 가지고 급하지 않은 자금은 그 축적 방법을 고구 실시할 것.

② 소액채권의 발행 및 우편절수저금의 활용에 대해서 새로운 연구를 강구할 것.

③ 천인저축은 구매력 흡수상 가장 효과가 있는 것으로서 모든 부면에 걸쳐 이의 강행을 기할 것.

④ 지방의 상황에 대응하여 입학 축하, 졸업 축하, 관혼과 회갑 축하, 출산 축하 등을 위해 선물을 증정하는 경우에는 가능한 한 저금통장을 축하 선물로서 증정하는 등의 방법을 강구할 것. 그 외에 다양한 종류의 명칭을 부여한 신규 저축의 독려에 노력할 것.

⑤ 국채소화의 종래의 실적에 비추어 그 소화율은 반도인 유산자에서 특히 근소하다는 인식이 있음에 대해 그 방면에 대해서는 충분히 이 취지를 이해시켜 일정률의 할당을 행하는 등의 방법으로 국채소화의 일부를 분담시켜 소화의 촉진을 도모할 것.

6. 근로 강화와 저축의 독려

① 저축장려는 한편으로는 소비의 절약으로부터는 물론이지만 다른 한편 적극적인 근로 강화에 의해 저축의 원천을 증가시키도록 지도할 것.

특히 현하의 시국하에서는 생산의 증대를 도모함이 가장 중요한 이유임을 밝혀서 그 실현을 기할 것.

② 모든 방면에서 잉여 노동력의 이용에 힘써 이를 부업적 생산에 향하게 함에 따라 얻을 수 있는 수입을 저축케 하도록 지도할 것.

학생, 남녀청년단, 부인회 등은 물론 각 애국반에서는 사정이 허락하는 한 나아가 생산적 근로에 종사케 하여 집단개간 또는 공한지 이용 등의 수입을 거두어 이를 저축케 하는 방법을 강구할 것.
③ 공장, 사업장 등에서는 특히 가동율의 향상에 힘써 생산 증가를 도모함과 함께 여기에서 증가된 소득은 가능한 한 저축으로 향하도록 할 것.

7. 금융기관의 활동 강화
① 저축흡수에 관해 연맹은 각종 금융기관과 밀접한 연계를 잘 유지하여 할당 목표액의 달성을 위해 적절한 조치를 강구할 것.
② 전시 국민저축에 대한 일반인 인식을 한층 더 철저하게 하기 위해 각종 금융기관과 협력하여 강연회, 영화회 등을 개최하거나 기타에 의한 선전 방법을 강구할 것.

8. 저축에 대한 장해의 제거
① 저축에 관한 잘못된 사상이 발생하지 않도록 보도기관, 연맹상회 등을 통해 저축에 관한 시책을 일반에게 주지시킬 것.
특히 천인저축에 대해서는 이를 헌금이라고 혼동하지 않도록 그 취지의 철저에 힘쓸 것.
② 소비절약과 저축 실행에 배치되는 것과 같은 낭비, 사치, 유흥 등의 비전시색(非戰時色)을 불식하는 것에 항상 유의하여 다른 실천 사항과도 관련시켜 연맹의 기구를 통해 이의 철저를 기할 것.
③ 각종의 시설 행사 등에 대해서도 시국 편승의 폐해를 견고히 경계하여 이를 실시함에 있어서는 극력 검소함을 취지로 하여 전시체제를 어지럽히지 않도록 기할 것.

〈자료 09〉 **1941년도(昭和 16) 금융조합의 저축장려에 관한 건**(昭和 十六年度金融組合ノ貯蓄獎勵ニ關スル件, 1941.5.14., 朝鮮金融組合聯合會通牒)
— 朝鮮金融組合聯合會調査課, 『國民貯蓄造成運動に關する資料』 2집, 1941(『朝鮮金融組合聯合會調査資料』 23집)

전 조선 금융조합의 1941년도(昭和 16) 저축 순증가 목표액은 별지 각 도지부 할당액의 통첩액 1억 2,000만 엔으로 결정되었음을 양해 바랍니다. 또한 별지 정무총감 통첩의 저축장려의 실행 방책에 따라 도 당국 및 관계 기관과도 충분한 연락을 가지고 전년도 이상의 긴장과 분투를 해 주시길 바랍니다.

1941년도 금융조합저축 순증가 목표액에 대한 각 도 지부 할당표

지부명	할당액(천 엔)
경기도	21,800
충청북도	2,700
충청남도	5,000
전라북도	6,600
전라남도	13,400
경상북도	10,000
경상남도	13,500
황해도	6,900
평안남도	8,700
평안북도	8,200
강원도	7,900
함경남도	8,300
함경북도	7,000
합계	120,000

출전: 朝鮮金融組合聯合會調査課, 『國民貯蓄造成運動に關する資料 2집』, 1941, 27쪽.

〈자료 10〉 1941년도(昭和 16) 금융조합이 국민저축달성에 대해 협력해야 할 방책

(昭和 十六年度ニ於テ金融組合が國民貯蓄達成ニ對シ協力スベキ方策, 1941.5.21., 朝金聯支部長協議會ニ於テ決定)
― 朝鮮金融組合聯合會調査課, 『國民貯蓄造成運動に關する資料』 2집, 1941(『朝鮮金融組合聯合會調査資料』 23집)

국제정세가 급박해짐에 따라 국민저축은 더욱더 중요성을 더해 가고 정부에서 조성에 매진하고 있는바 금융조합에서는 대체로 아래에 기재한 방책의 실행을 기해 한층 더 협력하는 것으로 한다.

1. 저축 순증가 목표액 1억 2,000만 엔

2. 저축인식의 철저
저축의 중요성을 한층 더 강조하여 대체로 다음과 같은 시책을 강구하고 이의 철저함을 기할 것.

　① 국민총력연맹 및 관공서, 단체 학교 등과의 협력
　② 이사 및 직원의 정·부락 연맹상회, 기타 회합에 출석
　③ 저축장려지도자의 협의회, 좌담회의 개최
　④ 각종 선전 방책의 공부
　⑤ 저축에 대한 유언비어의 배제

3. 저축 획득 방책
저축의 원천에 소급하거나 또는 각 개인의 능력에 따라 대체로 다음과 같이 저축 목표 달성을 기할 것.

　① 저축조합의 전면적 결성 및 활동 촉진. 특히 도시, 은진산업 방면에 적극적인 결성 장려.
　② 각종 천인예금의 강화

③ 도시, 은진사업 방면에서의 저축의 철저

④ 일괘(日掛)저금[3], 기타 집금저금의 장려

⑤ 입학 축하, 출산 축하 등의 기념적 저금의 장려

⑥ 장기성 예금의 장려

⑦ 기한이 도래한 예금의 계속 장려

⑧ 저축강조주간의 설정

⑨ 기타 시국에 효과에 있다고 인정하는 방책

4. 조합 내부 진용의 정비, 기타

① 권유사무원 및 집금사무원의 정비와 그 활동 촉진

② 창구의 응대 및 예금사무 취급의 개선

③ 중간 저축 실적의 검토

④ 저축공로자 및 저축단체의 표창

〈자료 11〉 저축장려에 관한 건(貯蓄獎勵ニ關スル件, 1942.4.18., 政務摠監(通牒))

— 朝鮮金融組合聯合會調査課, 『國民貯蓄造成運動に關する資料』 3집, 1942(『朝鮮金融組合聯合會調査資料』 28집)

조선에서의 저축장려 활동은 매해 그 실효를 거두어 작년도에서의 자금 축적 상황 역시 대체로 양호한 성과를 올릴 수 있었다. 즉 올해 2월 말 각 금융기관으로의 자금 축적 증가액은 4억 7,300여만 엔으로 여기에 직접 유가증권으로의 투자액을 더하면 6억 1,600여만 엔에 달한다. 3월 중의 증가액을 예상할 때는 훨씬 더 목표액을 돌파할 수 있을 것으로 생각된다. 이는 관민이 일치하여 그 달성에 매우 노력한 결과로서 그 힘을 최대한 쓴 것이다. 그렇지만 대동아전쟁을 완수하고 대동아공영권을 확립하는 것은 우리나라의 움직일 수 없는 국가의

---

[3] 일부(日賦) 적립 저금.

기본방책이기에 이를 관철하기 위해서는 종전보다 증가한 거액의 국채소화 자금 및 생산확충자금 등을 필요로 한다. 또한 통화의 팽창, 물가의 등귀를 억제하고 물자, 노동력의 절약을 기하기 위해서도 일반구매력의 흡수는 진실로 매우 긴급하고 중요한 일이다. 만일 여기에 파탄이 발생하게 되면 국민 경제의 운행은 저해되고 국민 생활은 안정을 잃게 된다. 계속해서 전쟁의 수행상 중대한 지장을 초래하기에 이를 수밖에 없다. 이렇게 볼 때에는 국민저축의 증강은 바로 전시하 가장 중요한 국책의 하나라고 말하지 않을 수 없다. 대체로 저축장려의 진수는 국민을 계몽하여 현하 내외의 각종 정세를 올바로 보고, 일체의 곤란을 극복하여 가급적 생산을 증대하고 국민소득의 증가를 도모함과 함께 한편으로는 총력전의 본의에 비추어 몇 단계의 소비생활의 절약을 감수하는 데 있다. 이로써 저축의 실천에 노력하여 서로 이끌어 분담의 실무를 완전하게 할 기운을 널리 조성함에 있다. 따라서 본년도에도 종래의 방책을 답습함은 물론, 특히 아래에 기재한 각 항에 기초한 조치를 실시함에 있어 귀 관하에서도 각각 지방의 실정에 적응할 구체적 방책을 수립함으로써 관민이 일치 협력하여 소기의 목적을 달성함에 유감이 없도록 하고 싶다.

제1. 국민의 시국 인식 철저

지금 대동아전쟁 종국의 목적을 완수하기 위해서는 국민은 다시 장기 경제전에 대한 각오를 굳게 하고, 철석(鐵石)의 단결로써 난국을 돌파하는 것에 매진함이 필요하다. 이때 국민저축의 증강은 가장 긴요한 까닭이기에 모든 기회를 통하여 국민 각층에게 자세히 알도록 하고, 특히 다음의 사항에 유의해야 한다.

1. 항상 국민총력운동과 밀접한 연계를 가지고 정리동(町里洞)부락연맹, 각종 연맹, 애국반 등의 기구를 총동원하여 강력한 총력운동을 전개할 것.
2. 특히 도시 방면, 기타 소득이 비교적 많은 쪽의 경우, 아직도 소비가 상당히 왕성하다고 인정되기에 이러한 방면에 대한 지도 계몽을 강화할 것.
3. 저축증강에 지장을 초래하는 것과 같은 언동은 엄히 이를 단속함과 함께 저축에 대한 잘못된 사상의 발생을 미연에 방지할 것.

제2. 전시생활 기준의 확립

1. 저축의 독려에 대해서는 적극적인 근로 강화에 의해 생산을 증대시켜 국민소득을 증가시키는 것을 도모할 필요가 있음은 물론이다. 다른 한편 철저하게 생활양식을 검토하여 의식주 전반에 걸쳐 시국의 요청에 즉응하는 간소한 생활 기준을 구해 전시생활의 지침으로 삼아 일체의 쓸데없음을 배제함으로써 발생하는 잉여를 저축으로 향하게 하도록 지도를 가할 것.
2. 생활의 합리화의 경우 가정에서 주부의 자각과 맞물리는 것이 적지 않기 때문에 국민총력운동과도 긴밀한 연락을 취해 각종 부인단체 등을 동원하여 모든 기회를 통해 시국에 대한 부인을 각성시키는 데 노력하고 나아가 전시경제에 협력할 구체적인 방책을 강구할 것.

제3. 다른 각종 정책과의 종합 조정

저축장려는 그 관련된 부분이 지극히 넓어 금융정책, 물가정책, 조세정책, 소비규정방책, 각종의 산업정책 등과도 긴밀한 연결을 계속 유지하지 않는다면 그 완전한 성과를 기하기 어렵다. 따라서 이들의 각종 정책과의 종합 조정에 노력하여 이들 각 부문 담당자의 적극적인 협력을 촉진할 것.

제4. 국민저축조합의 정비 확충

1. 「조선국민저축조합령」 제정의 취지 및 이를 운용함에 있어 그 취지의 철저를 도모해 일반의 이해 있는 협력을 구해 조직이 완료되지 않거나 가입에서 빠지는 일이 발생하지 않도록 계획적인 지도를 가할 것. 특히 배급통제조합, 상업조합, 공업조합, 기타 동업자가 조직하는 단체의 구성원을 대상으로 국민저축조합의 급속한 보급을 도모할 것.
2. 국민저축조합 상호 간 그리고 국민저축조합과 금융기관의 사이의 연락을 긴밀히 하여 조합원의 전출 또는 탈퇴의 경우에 저축계속, 저축조합대장의 정리, 각종 신고 및 보고

의 정확화 등에 대해 적절한 지도를 도모할 것.
3. 국민저축조합에서의 저축 추진에 대해서는 총력연맹상회, 애국반상회에서 합의하여 좌담회를 행하는 것 외에 당시 사정에 맞는 수금 등을 행해 단체저축의 실효를 거두도록 지도할 것.

제5. 원천저축의 독려

1. 구매력을 가능한 한 빨리 저축에 돌리도록 하기 위해서는 원천저축의 독려는 지극히 긴급하고도 중요하다고 인식되기에 널리 이를 독려하여 봉급, 임은, 상여 등에 한정하지 말고 상공업의 수입, 농림수산물 등의 판매에 대해서도 계속적으로 이를 실행할 것.
2. 최근 노동자 등의 임은은 현저히 등귀하고 있는데 오히려 노동능률이 저하되는 경향이 있을 뿐 아니라 일면 그 수입은 부동구매력으로 작용하는 것이 적지 않다고 생각되기에 노동의 증가를 도모함과 함께 이들에 대한 원천저축을 특히 강력하게 독려, 실행할 것.
3. 토지의 매각대금 등 임시 수입이 있는 경우에는 대금을 지불할 때 원천저축을 행할 것.

제6. 저축 목표액의 적정화

1. 본년도 각 도에서 달성해야 할 저축증가 목표액은 별지와 같은데, 도는 부·읍·면으로 하여금 이에 대응하는 저축증가 목표액을 수립함과 동시에 도내 각 금융기관별로 자금 흡수 목표액을 수립케 할 것.
2. 부·읍·면에서는 그 할당된 목표액을 기초로 하여 다시 적정한 개별 목표액을 설정하고 그 저축 실적을 신속히 포착할 수 있는 방도를 강구하여 저축의 추진에 이바지할 것.
3. 저축조합에서 달성해야 할 목표액은 조합원의 개별 목표액을 감안하여 그 실정에 대응하고, 가급적 많은 부분을 조합의 저축으로서 달성케 할 것으로 설정하는 것으로 하여 저축표준율은 대개 다음에 의한다.

① 지역조합의 경우 그 구성원 각자의 경제적 여러 사정을 참작하여 각기 능력에 가장

적응할 수 있는 표준율을 정할 것.

② 직역조합의 저축표준은 본부가 설정한 「국민저축조합규약」의 별표에서 보이는 저축율에 대비하여 이보다 저율로 되는 경우에는 그 정도로 인상케 할 것.

③ 동업자가 조직한 소위 산업단체조합에 있어서는 가능한 한 그 수입액을 기준으로 하여 각각의 이익률에 대응하는 저축표준을 정해 그 이익의 산출에 곤란한 것이 있는 것은 조합비, 출자금 등을 참작하여 각자의 능력에 따라 표준율을 설정할 것.

④ 기타 저축조합의 저축표준은 각 조합의 성질에 비추어 적당히 이를 정할 것.

⑤ 2개 이상의 저축조합에 가입하고 있는 자의 저축표준은 주로 수입이 발생하는 지역 또는 직역조합에서 고율인 저축을 할 때에는 기타 조합에서의 표준율은 적절히 참작할 것.

제7. 금융기관의 활동 촉진

1. 각종 금융기관에서의 본년도 저축증가 목표액의 달성에 대해서는 모든 방책을 강구하여 그 실현을 기하도록 독려함과 동시에 도내 각종 금융기관 간 상호 연락 협조에 유감이 없도록 적당한 지도를 할 것.

2. 금융기관이 예금을 흡수하기 위해서는 예금자에 대해 충분히 편의를 제공하는 소지를 강구하여 특정 기간에서의 예금 취급 시간 연장, 간이 점포의 설치, 기타 특별의 시설을 강구하는 동시에 일반에 대해서는 충분히 이를 주지케 할 방도를 강구할 것.

3. 각종 금융기관에 있어서는 시의에 의해 국민저축조합계 등을 설치하여 국민저축조합의 보급, 육성에 협력케 할 조치를 강구할 것.

4. 저축 방법에 대해서는 항상 창의에 몰두하여 일반 민중으로 하여금 흥미로서 이에 협력케 하도록 신규의 저축 방법을 고구토록 노력할 것.

1942년도 각 도별 저축증가 목표액

도별	목표액(천 엔)
경기도	261,000
충청북도	9,000
충청남도	20,000
전라북도	27,000
전라남도	40,000
경상북도	42,000
경상남도	76,000
황해도	24,000
평안남도	51,000
평안북도	36,000
강원도	22,000
함경남도	48,000
함경북도	44,000
국채 등 매각고	700,000
개인의 유가증권 투자 증가	200,000
합계	900,000

출전: 朝鮮金融組合聯合會調查課, 『國民貯蓄造成運動に關する資料 3집』, 1942, 8쪽.

〈자료 12〉 1943년도(昭和 18) 국민저축증강방책요망(昭和 十八年度國民貯蓄增强方策要綱, 1943.4.5., 管第二二號, 政務總監(→ 각 도지사)通牒)
— 朝鮮金融組合聯合會調查課, 『國民貯蓄造成運動に關する資料』 4집, 1943(『朝鮮金融組合聯合會調查資料』 30집)

대동아전쟁은 더욱더 결전의 단계에 들어서고 지금 1억 국민은 철석의 결의로써 그 총력을 전력증강이라는 한 점에 결집하여 전쟁 완수에 매진하고 있다. 본년도에 필요한 거액의 전비 및 생산력확충자금을 조달함과 함께 일반구매력의 흡수를 도모하고, 물가의 등귀를 억제하고, 전시 재정경제의 운영을 확보하는 것은 바로 결전하의 가장 중요한 방책의 하나로서 국민저축증강의 긴절한 것은 오늘보다 큰 것이 없다.

반도 2,400만 민중은 이때 세계의 각종 정세를 바로 보고, 국체의 본의에 투철하고, 일본적 근로정신의 발양에 의해 생산의 비약적 증대에 노력하고 국민소득의 증가를 도모하는 한편, 창의적인 공부를 하여 몇 단계의 소비생활의 절약을 단행하여 진실로 결전에 즉시 응할 수 있도록 정비해야 한다. 이로써 저축의 실천에 매진하고 총후 전장에서의 경제전사의 책무를 온전히 해야 한다.

따라서 1943년도(昭和 18)에서는 대체로 아래에 기재한 각 항을 기조로 하고, 각각 지방의 실정에 즉응하는 구체적 방책을 수립함으로써 성과에 만전을 기할 것이다.

제1. 결전생활의 확립

대동아전쟁 발발 이후, 반도에서의 국민정신은 매우 앙양됨을 보이고 있는데, 아직 일부에서는 전쟁 국면의 승리라는 현 단계에 대한 인식이 완전하지 않은 실정에 비추어 이 기회에 총후도 역시 결전장이라는 근대전의 진의를 널리 철저하게 한다. 국민총력연맹, 부인단체 기타 각종 단체와 긴밀한 연락을 가지고, 간소하면서 명랑한 결전생활 태세의 확립에 노력하고 국민저축 증강의 소지를 기르는 데 특히 다음의 사항을 강조한다.

1. 일국의 전쟁 경제력의 원천은 그 생산과 국민 소비와의 차액에 있는 것이기에 물적전력(物的戰力)의 증가에는 한편으로는 근로의 배가에 의해 생산의 증대를 도모함과 함께 다른 한편에서는 철저한 소비절약을 힘써 행함이 필요한 것을 철저히 이해시킬 것.
2. 1943년도 우리나라 전체의 국민소득은 상당한 증가가 예상됨에도 불구하고 그중 국민소비자금에 충당해야 할 것은 130억 엔으로 전년도 150억 엔에 비하여 1할 3푼의 감축을 요청하고 있다. 전력을 증강하기 위해서 민수용 물자의 소비절약은 그 필요성이 더욱더 중요해지기 때문에 시국의 영향에 의해 수입이 증가하는 쪽은 물론 그렇지 않은 쪽도 이 기회에 생활의 철저한 절감을 행하고 종래와 같은 생활의 잉여를 저축하는 것

과 같은 소극적 태도에서 더 나아가 일정한 저축을 공제한 잔액으로 생활하는 적극적 기풍을 양성토록 지도 계몽할 것.
3. 결전생활을 확립하고 국민저축을 증강하기 위해서는 한편에서는 국체의 본의에 침투케 하고, 국민의 애국심에 하소연할 필요가 있는 동시에 다른 한편으로는 일정 한도의 생활 필수물자의 배급을 원활, 적정하게 확보하는 등 다른 각종 정책과의 종합 조정에 유의하여 관계 기관과의 적극적인 협력을 촉진할 것.
4. 각종 천인저금, 매물(買物)저축, 유흥저축의 실행을 한층 더 강화하여 소비절약의 강화에 이바지할 것.

제2. 개별 목표액의 적정화

도·부·읍·면 이하 각 개인에 이르기까지 개별 목표액을 설정함과 동시에 각 지역, 각종의 금융기관별 저축 목표액을 각각 수립하여 그 실적을 빨리 포착하고, 수시로 이에 독려를 가하는 것은 계획적인 국민저축 증가를 이루는 데 지극히 긴요한 것이다. 따라서 그 목표액이 적절하지 않거나 혹은 다른 것과 균형을 현저히 맞출 수 없다면 그 실효를 기하기 어렵다. 따라서 조세공과의 부담 상황 등도 감안하면서 단체 또는 개인의 저축 능력에 즉응하는 적정한 개별 목표액의 설정에 노력하고 항상 아래 사항에 유의할 것.

1. 도·부·읍·면에서는 그 할당된 목표액 중에서 적어도 1할 이상을 각 지방의 실정에 응해 저축조합의 목표액으로 지시하고, 기타의 액수를 일반저축으로서 각 개인, 기타에 대해 그 능력에 적응하는 표준에 따라 할당함으로써 저축의 실행을 계획적으로 할 수 있도록 지도할 것.
2. 저축 실적을 파악하는 것에 대해서는 항상 정곡을 기하는 것에 유의하고, 1년을 몇 기(期)로 나누어 반성, 검토하고, 다음 기에서의 지도 자료를 조치할 것.

제3. 국민저축조합의 정비 강화

저축 실천의 중핵체로서 국민저축조합의 건전한 발달을 도모하는 것은 긴급하고도 중요한 사무이다. 따라서 각 방면에서 지도자의 협력을 얻어 조직되지 않거나 가입이 누락된 것이 절대 없도록 하고, 계획적인 지도를 실시하는데, 특히 아래 사항에 대해 유의할 것.

1. 각종 국민저축조합은 일단 정비를 완료한다 하더라도 그 기능 발휘에 대해서는 항상 검토할 필요가 있는 실정에 비추어 힘써 검사를 독려하고, 이를 유지하고 육성하는 것을 도모함과 함께 그 기능 촉진에 특단의 지도 독려를 가할 것.
2. 각종 조합에 대해, 그 저축율의 재검토를 행하고, 직역조합의 저축은 적어도 본부에서 정해 놓은 표준율을 내려가지 않을 정도로 실행하도록 조치할 것. 또 고액소득자저축조합 등 신규 저축조합의 육성을 도모하고, 조합저축의 증강을 기도할 것.

제4. 국채 채권 인보(隣保)[4] 소화의 촉진

시국의 진전에 따라, 국채 채권의 발행액은 더욱 증가하고 있는바, 이 소화의 좋고 나쁨은 직접적으로 전시재정의 운영에 지대한 영향을 미치는 것이기에 전시하 국채는 가장 견실 또 광영 있는 재산임을 철저히 주지시켜 특히 아래 사항에 유의할 것.

1. 공채의 소화는 연간을 통해 계획적 또 조직적으로 하고 개별적으로 각 자금력에 따라 배분하고, 그 완전한 소화에 노력할 것.
2. 국채, 채권의 배분은 부·읍·면 이하에서의 개별 저축 목표액에 조응하여 가급적 국민총력연맹, 애국반의 조직을 통해 적정하게 배분하고, 전호(全戶) 보급을 목표로 하여 각 가호의 능력에 맞는 소화 계획을 수립하는 등 국채 채권 소화의 일층 보편화를 도모할 것.

---

4   이웃. 혹은 이웃끼리 서로 돕기 위한 조직.

제5. 저축운동 추진력의 양성

저축장려운동 추진의 중핵체로 되어야 할 제일선 지도자의 육성은 현재 가장 긴요하고 중요한 사무 실정에 비추어 관청에서는 지도자의 연성(練成)[5]에 노력해야 함은 물론, 또한 민간에서 민중을 지도할 실행력 있는 모범 인물을 저축실행의 지도원으로서 활용할 것. 또 모범저축지구, 또는 모범저축조합을 설치하여 여기에 특별 지도를 가하는 등 조치를 강구하여, 저축증강의 추진력 양성에 노력할 것.

제6. 금융기관의 활동 강화

1. 조선금융단과 긴밀한 연락을 채택하고, 각종 금융기관과의 적극적 활동을 더욱더 촉진할 것.
2. 각종 금융기관은 본년도 저축증가 목표액의 달성에 대해 모든 방책을 강구하고, 특히 퇴장(退藏) 현금의 예금화 및 저금화 촉진에 노력함과 함께 소재 금융기관 상호의 연락 협조에 유감없도록 할 것.
3. 저축 방법에 대해서는 흥미 있는 신규 저축 방법의 창설을 통한 신분야의 개척, 또는 새로운 저축조합의 설치 등 항상 창의와 공부에 몰두하여 일반 민중으로 하여금 흥미로서 이에 협력케 할 참신한 저축 방법을 강구함에 노력할 것.

〈자료 13〉 1943년도(昭和 18) 국민저축증강방책요망(昭和 十八年度國民貯蓄增强方策要綱, 1943.5.22., 國民總力朝鮮聯盟通牒)
― 朝鮮金融組合聯合會調査課, 『國民貯蓄造成運動に關する資料』 4집, 1943(『朝鮮金融組合聯合會調査資料』 30집)

대동아전쟁이 한층 더 결전의 단계에 들어선 지금 1억 국민은 철석 같은 결의로써 그 총

---

5 단련하여 훌륭하게 만듦.

력을 전력 강화의 한 가지에 결집하여 전쟁 완수에 매진하고 있다. 본년도에서 필요로 하는 거액의 전비 및 생산력확충자금을 조달함과 함께 일반구매력의 흡수를 도모하고 물가의 등귀를 억제하여 전시재정경제의 운영을 확보하는 것이 바로 결전하 가장 중요한 국책의 하나이기에 국민저축 증강은 긴급하고도 중요한 것이 오늘날보다 크지 않다. 국민총력조선연맹은 위 결전하 국민저축의 중대성에 비추어 전 조선에 걸친 연맹의 총기구를 통해 왕성한 저축운동을 전개하고 관계 당국 및 저축 각 기관과 긴밀한 연락하에 2,500만 연맹원의 총력을 모아 저축의 실천에 매진하여 성과에 만전을 기하고자 하는데 그 기조가 되어야 할 실행 방책을 들면 아래와 같다.

제1. 저축인식의 철저

지나사변 이후 저축에 대한 반도 민중의 인식은 해를 더해 감에 따라 점차 향상해 왔어도 이를 자세히 보면 도시와 시골을 통해 아직 미흡한 점이 적지 않다. 심한 경우에는 전시하 저축에 대해 아무것도 모르는 쪽도 있어 더욱 적극적으로 전쟁의 결전적 현 단계를 자세히 알게 해야 함과 동시에 저축인식의 철저함을 기하지 않으면 안 된다.

1. 인시 철저 시창
① 국체의 본의에 입각한 성전(聖戰)의 목적.
② 저축은 단순히 개인의 축재(蓄財)가 아니라 숭고한 국민의 의무.
③ 저축이 무기, 기타 전비 및 생산 확충비로 되는 점.
④ 저축은 일반구매력을 흡수하고 물가의 등귀를 억제함.
⑤ 저축과 헌금은 다름.
⑥ 본년도의 저축 목표액은 12억 엔(전년도에 비해 3억 엔 증가).
⑦ 반도에 거주하는 자 1인의 저축평균액 약 50엔.
⑧ 각 개인의 저축 목표액.
⑨ 근로 배가(倍加)와 창의적인 공부에 의한 비약적 생산의 증가를 도모하고 그 수입을 저축에 돌릴 것.

⑩ 철저한 소비절약 생활의 절하를 통해 발생한 돈을 저축에 돌릴 것.

⑪ 생활비의 잔액을 저축하지 않고 저축한 잔액으로써 생활할 것.

⑫ 각종 천인저금, 매물저축, 유흥저축에 일층 노력할 것.

⑬ 퇴장된 현금은 바로 저축할 것.

⑭ 각 개인이 항상 저축 방법을 연구, 공부할 것.

2. 인식 철저의 방법

① 집회의 이용, 개최

　상회(常會)의 이용, 강연, 강좌, 연극, 영화회 등의 개최

② 가두선전

　현수막, 횡단막, 입간판, 광고탑, 점두 광고, 차량을 이용한 광고, 광고 삐라 산포, 종이 연극, 축음기

③ 인쇄물 이용의 선전

　포스터, 팸플릿, 리플릿, 그림엽서, 회보, 회람판, 신문광고

④ 유흥업 시설의 이용 선전

　각종 유흥업의 게시 시간 이용의 장내 방송, 1분간 강연, 프로그램에 표어, 선전문을 삽입한 표어 필름의 배포

⑤ 현상 모집

　포스터 표어, 실화 등에 관한 현상 모집

⑥ 학교 생도, 아동에 대한 인식의 철저

　포스터 도안, 작문·습자의 모집

⑦ 전람회의 개최

⑧ 기타

　신문 잡지, 기타 보도기관의 이용, 라디오 방송

3. 잘못된 언동사상의 일소

저축증강에 지장을 초래하는 것과 같은 언동은 관계 당국과 긴밀한 연락을 취해 엄중히

이를 단속함과 함께 저축에 대한 잘못된 사상 인식에 대해서는 연맹원 상호 간, 상회, 기타 여러 기회를 통해 시정 또는 미연에 방지하도록 노력할 것.

제2. 근로 배가와 생활의 절하

근로 배가와 생활의 절하는 수입 및 생활 잉여의 증대를 초래하는 저축증강의 요체이자 골자임을 고려하여 현하 결전 단계에 비추어 널리 전체 민중에 이 점을 주지시켜 철저한 실천을 촉진하여 전면적으로 국민저축의 증강을 도모할 필요가 있고, 이와 관련해 연맹으로서 특히 노력할 점은 다음과 같다.

① 시국하 국민 개로(皆勞)의 취지를 철저히 해 일을 하지 않고 쉬는 자를 1인도 없게 할 것.
② 일찍 일어나는 것을 독려하여 촌음을 아껴 생산에 부지런히 힘쓰는 풍조를 조성할 것.
③ 농한기, 기타 한기(閑期)에 부업의 장려 등 과잉 노동력의 활용에 유의하고 공지(空地)의 철저한 이용을 강조할 것.
④ 농촌, 기타 공동작업을 보급·강화하고 한편으로는 근로보국대의 활동을 촉진할 것.
⑤ 부인의 근로 관념을 함양·배양하고 능률의 증진과 생산의 증강에 노력할 것.
⑥ 의식주에 대한 불평불만을 일소하고 결전적 생활 태도를 확립케 할 것.
⑦ 소비절약, 저축의 실행에 배치되는 일체의 낭비, 사치, 유흥을 엄히 자숙케 하고 한층 더 강화시킬 수 있는 방도를 강구할 것.
⑧ 절대로 허례를 폐지하고 사교 예의에 대해서도 철저한 간소화를 도모할 것.
⑨ 결전생활 확립을 위해서는 가정에서의 부인, 특히 주부의 자각에 맞물리는 것이 지극히 많음에 비추어 모든 기회를 포착하여 계도의 뜻을 사용하여 생활 쇄신, 부인계몽운동 등에 대해 구체적 방책을 강구할 것.
⑩ 저온생활을 장려하여 연료의 절약을 도모할 것.
⑪ 이상에 의한 저축의 증강에 대해서는 개로(皆勞), 증산, 생활의 합리화 등 관계 방면의 협력을 요구하는 것이 많음에 대해 각각의 부면과 밀접한 연락을 계속 유지하고 성과를 거두기 위해 노력할 것.

제3. 저축 실천의 강화

1. 개인 목표액의 설정

저축증강을 기하기 위해서는 단지 추상적인 권장만으로는 소기의 성과를 기하기 어렵다. 마땅히 관계 당국과 협력과 이해를 기반으로 도·부·군·읍·면 등에 대한 할당의 공정을 기해야 한다. 다른 한편으로 개인 목표액의 설정에까지 철저히 하여 각 개인 책임액의 최소한도를 명시할 필요가 있는데, 특히 유의해야 할 점은 아래와 같다.

① 개인 목표액의 설정에 있어서는 그 수입, 자산능력을 정밀히 조사하여 여기에 적응케 할 것.
② 연도 증가액은 가능한 한 이를 도시 및 은진산업 방면, 기타 비교적 저축에 여력이 있는 방면에 할당하여 소득의 증가가 적은 방면에서 중압감을 느끼지 않도록 유의할 것.
③ 부·읍·면은 개별 목표액을 각 개인에게 통달하고 이를 달성하기 위해 구체적인 실행 책은 각자의 좋은 바에 따르는 것을 원칙으로 하여도 가능한 한 조합저축(직역, 지역), 국채소화를 많이 하기를 지도할 것.
④ 부·읍·면에서는 때때로 개별 목표액에 대한 실적을 보고케 하여 지도독려에 참고할 것.

2. 원천저축의 독려

저축 실천의 방법에 있어 영속적이면서 확실성이 있는 것은 원천저축의 독려에 있는데 이 독려는 저축증강을 위해 지극히 중요하기 때문에 봉급, 급료, 임은, 상여, 은급, 수당 등에 한정하지 않고 상공광업 수입, 농림수산 등의 판매 수입 등에 대해서도 계속적으로 이를 실행토록 할 것.

① 최근 은진산업 방면과 일반 농민 및 노동자의 구매력은 현저히 증가하는 경향이 있는데, 이러한 수입은 한편으로 부동구매력으로서 작용하는 것이 적지 않은 현황에 비추어 이를 흡수하여 저축으로 돌리게 하는 것이 지극히 필요한 조치라고 인정되는바, 종래의 실적에 비출 때 벼(籾)의 천인저축에서는 그 성적을 볼 수 있는 것이 있어도 일반

농림수산물의 수입에 대해서는 아직 볼 수 있는 것이 적은 것에 대해 금후 가능한 한 광범위에 걸쳐 이를 독려하도록 노력할 것.

② 상업 수입에 대해서도 매상고에 대한 천인저축을 권장할 것.

③ 일용노동자 등의 임은에 대해서는 조직적인 천인저축이 필요하다고 인정됨에 따라 고용자 알선단체, 기업자 등과 밀접한 연락을 취해 임금이 지불되는 시점에 조직적으로 천인저축을 할 것.

④ 토지건물의 매각 수입, 은급 수입, 임대료 수입, 기타 임시수입으로 다액에 달하는 것에 대해서도 그 사실을 확인할 수 있는 경우는 속히 저축에 돌리도록 권장하고 저축할 수 없는 사정이 있는 경우라도 그 일부는 반드시 천인저축케 할 것.

3. 국채 채권의 소화

① 국채 채권 소화의 좋고 나쁨은 직접적으로 전시재정의 운영에 지대한 영향을 미치는 것인 점과 전시하 국채는 가장 견실하고 또 영광 있는 재산인 점을 철저히 주지시킬 것.

② 국채 채권의 배분에 대해서는 관계 당국과 협력하고 단지 회사 또는 일부 자산계급에만 의존하지 말고 개별 목표액에 따라서 전 가호 보급에 노력할 것.

③ 고액 소화자는 종래 실정에 비추어 구입한 국채를 바로 금융 담보로 제공하는 경향이 있는데, 이와 같은 것은 진실로 국책에 도움이 되지 않기에 유의할 것.

④ 저축조합에 할당된 국채 채권을 구입한 때에는 이를 조합저축으로서 취급할 것.

⑤ 국채 매입대금을 기한 내에 지불하지 않는 사람도 있어 취급자를 괴롭히는 사례가 적지 않은데, 이후 이러한 일이 없도록 할 것.

4. 고액소득자의 저축 독려

종래 실적에 비추어 고액소득자이면서도 저축에 대한 협력이 결핍된 사람이 상당히 많은 것으로 인식되고 있는데, 이에 대해서는 지도 계발을 일층 강화함과 함께 할당, 기타에 대해 특단의 방도를 강구하여 협력의 실을 거둘 것.

5. 양립(兩立)의 배제

한편에서는 저축을 하여 목표액에 대한 책임을 일단 부과함이 보이고, 다른 한편에서는 또한 차입을 함으로써 실질적으로는 하등 저축의 실을 거두지 않고 있는 자가 있는데 이와 같은 것은 저축장려상 가장 경계해야 할 일이기에 부·읍·면에서 금융기관과 연결을 취해 이러한 것을 조치할 것.

6. 포합(抱合)저축[6]의 독려

사치, 불급품(不急品의) 구입 억제, 유흥의 배제 등을 겸해 저축장려의 한 방책으로서 소매점 및 요리점 등에서 구입한 물품이나 유흥비 등에 대해 포합저축을 독려함은 현재 적절한 방도이다. 그런데 실적을 보면 성의 있는 취급을 하지 않아 그 의미를 잃은 것 같은 사례가 없지 않기 때문에 이 점에 유의하여 유감이 없도록 기할 것.

7. 퇴장현금의 예입 장려

도시, 농산어촌 모두 현재의 수지(手持) 현금의 증가는 항상 부동구매력으로서 작용하고 물가 면에서 좋지 않은 영향을 초래하기에 현 시국하에서 우리나라의 경제 사정이 공고한 이유를 일반에게 잘 이해시켜 현금을 퇴장하는 것과 같은 것이 없기를 기할 것. 개인 경제에서도 퇴장금을 예금화하는 것이 안전 또 유리한 이유를 이해시켜 적극적으로 예금화에 노력할 것.

8. 저축 실천에 대한 창의 공부

저축 실천의 방법에 대해서는 종래 실시해 온 것을 더욱 강화, 계속하게 하는 것은 물론 항상 기회를 포착하여 창의 공부를 통해 새로운 저축을 창안하고 일반 민중으로 하여금 흥미를 가지고 여기에 협력케 할 시책을 강구할 것.

---

6 일종의 끼워팔기식 저축으로 상점이나 음식점에서 물건을 사거나 음식 값을 지불할 때 해당 금액의 일정 비율을 정해 그만큼의 액수를 저축하게 하는 것.

제4. 국민저축조합의 정비 확충과 적극적 활동 촉진

현 시국하에서 저축은 그 양에 있어서는 큰 것이 필요함은 물론 그 질에 있어서도 전시하에 적응해야 한다는 것은 말할 필요도 없다. 이러한 견지에서 국민소득이 소비되기 이전에 가능한 한 장기적이고 안정적인 저축으로서 이를 흡수함으로써 잠재 구매력을 봉쇄하는 것은 매우 중요한 일에 속한다. 이를 위해서는 아래에 기재한 내용에 따라 전 조선 방방곡곡에 설치를 보거나 또는 금후 새롭게 설치해야 할 국민저축조합에 대해 관계 당국, 기관 및 일반의 이해와 협력하에 그 정비 확충을 도모함이 진실로 저축장려운동의 중핵체로서의 적극적 활동을 촉진할 필요를 통감하는 바이다.

1. 「조선국민저축조합령」 제정의 취지 및 그 운용의 주지 철저를 도모할 것.
2. 지역저축조합은 가급적 총력연맹 하부조직과 그 기구와 범위를 일체화하여 연맹 내에서의 중심인물을 대표자로서 정비함과 함께 그 활동에 있어서는 총력연맹의 실천적 조직을 활용하여 적극적 조치를 강구할 것.
3. 조합 조직의 상황을 전면적으로 조사하여 지역, 직역단체, 기타 조합이면서 설치되지 않은 것은 조급히 조직을 완료할 것을 권장 지도할 것.
4. 기존에 설치된 조합은 그 내용 활동 상황에 재검토를 가해 활발한 활동을 일으켜 지도 독려를 가함과 함께 가입이 누락되는 것이 완전히 없도록 할 것.
5. 지역조합은 대개 조직을 보았어도, 단체 방면 그중에서도 배급통제조합, 상업조합, 공업조합, 기타 동업자조합의 단체 구성원을 대상으로 한 조합 설치는 아직 완료되지 않은 감이 있음에 이 방면의 조직에 주의할 것.
6. 각종 조합에 대해 그 저축율의 재검토를 행해 직역조합의 저축은 적어도 총독부에서 정한 표준액을 내려가지 않는 정도로 실행하도록 조치하고 고액소득자저축조합의 육성을 도모하여 조합저축의 증강을 기도할 것.
7. 국민저축조합에서의 저축 추진에 대해서는 정동리부락연맹상회, 애국반상회에서 합의하거나 혹은 좌담회, 간담회를 행하는 등 상시 조합원의 이해 협력을 구하여 단체저축의 관철을 기하도록 지도할 것.

8. 국민저축조합 상호 간 및 국민저축조합과 저축기관의 사이에 연락을 긴밀히 하여 조합원의 전출 또는 탈퇴의 경우에 저축계속 저축대장의 정리, 신고 및 보고의 정확 등에 대해 적절한 지도를 가할 것.

제5. 기타

1. 대일본부인필승저축조합(大日本婦人必勝貯蓄組合)의 지도

대일본부인필승저축조합은 전 조선 각지에서 그 설치를 보아, 금후 부인저축운동의 중핵으로서 그 활동이 괄목할 만한 것이 있음에 비추어 대일본부인회와 긴밀한 연락을 취해 저축심의 앙양, 저축 실적의 칭찬 등 선도에 만전을 기할 것.

2. 저축운동 추진력의 양성

국민으로 하여금 국체의 본의에 철저케 하여 저축심의 앙양과 실천의 철저를 기하기 위해서 제일선 지도자의 활동에 기대는 바가 매우 많다. 제일선 지도자는 저축운동 추진의 원동력이라고 해도 과언이 아니다. 이러한 실정에 비추어 연맹으로서는 관공서 지도자와 호응하여 활동할 실행력 있는 모범적 인물을 저축실행의 지도자로서 육성, 활용하고 또 지역, 직역적 연맹애국반, 조합 등에 대해 특별 지도를 가해 모범의 실을 보이거나 또는 표창의 길을 강구하는 등 저축증강의 추진력 양성에 노력할 것.

3. 산업장려방책, 기타 각 부문과의 종합 조사

저축장려는 그 관련된 각 부분에 매우 넓게 각종 산업장려방책, 금융방책, 물가방책, 조세방책, 소비규정방책 등과 긴밀한 연계를 유지하지 않으면 그 완전한 성과를 기대할 수가 없다. 이에 각종 방책과 종합적 조정에 노력을 기울여 이들 각 부문 담당자의 적극적인 협력을 촉진할 것.

4. 저축기관의 활동 촉진과 상호의 연락 협조

저축기관에서 각자의 할당 목표액 달성에 있어 모든 방책을 강구하여 그 실현을 기하는

것은 물론이거니와, 특히 금융기관 상호 간 협조 연락을 긴밀히 함과 동시에 도·부·군·읍·면의 저축장려 담당 방면과도 유기일체의 협조에 노력하여 제반 시설을 통해 전체 목표액의 달성 실현에 협력케 할 것.

① 할당목표액의 달성에는 각종 저축기관과의 총동원 협력할 것.
② 각종 저축기관으로 하여금 상호 간 연락·협조를 긴밀히 하여 저축의 쟁탈 등 저축장려에 차질이 발생하는 것과 같은 것은 없도록 기할 것.
③ 저축기관이 예금을 흡수하기 위해서는 예금자에 대해서 충분한 편의를 공여하는 조치를 고구할 것.
④ 퇴장현금의 예저금화 촉진에 대해 각 저축기관에서 특히 주의할 것.
⑤ 저축 방법에 대해서는 흥미 있는 신규 저축 방법의 창설에 따른 신분야의 개척 또는 새로운 저축조합의 설치 등 항상 창의와 공부에 몰입하여 일반 민중으로 하여금 흥미를 가지고 이에 협력하도록 참신한 저축 방법의 고구에 노력할 것.

5. 간이보험 증가 가입 장려

간이보험은 매월 보험료가 비교적 소액으로 장기간 영속성을 띠는 대중적인 저축으로서 지극히 알맞은 것인에도 불구하고 내지에 비해 조선의 가입률이 매우 낮아 대단히 유감인 바이다. 본년도에는 관계당국과 협력하여 1호(戶) 1구(口) 이상의 목표하에 가입을 장려하고 전면적으로 저축심의 함양을 도모함과 함께 실효를 거두기에 노력할 것.

6. 징병제도 및 의무교육제도를 기념하는 저축의 장려

징병제도는 1944년도(昭和 19)에, 의무교육제도는 1946년도(昭和 21)에 실시될 것으로 되어 있는데, 이 양 제도의 실시는 진실로 조선으로서는 획기적인 사항임에 비추어 취지, 기타 주지를 철저히 도모하고 한편에서는 이를 기념하는 저축의 장려에 노력할 것.

2. 강제저축 관련 신문 기사

〈자료 14〉 총후(銃後) 국민의 적성(赤誠) 긴장, 저금보국(貯金報國)에도 현현(顯現), 근검저축사상 한층 뛰어나서, 장려 기간 성적 양호

(《매일신보》, 1937.12.16.)

현재의 비상시국에서 근검저축을 장려하여 국민경제의 강화를 도모하고자 지난 12월 7일부터 동 25일까지 전 조선에서 일제히 각 우편저금을 장려하기로 하였다. 경성체신분장국에서도 관내 각 우편국소를 독려하여 대대적으로 장려한 결과 그 성적이 극히 양호하였는데 이와 같은 호성적을 보이게 된 것은 단순히 종업원의 활동보다도 일반 대중이 시국을 인식하고 그 시설을 충분히 이해하여 쓸데없는 경비를 절약하여 저금에 열중한 결과로서 총후를 지키는 국민의 적성이 거국일치로 되었다는 것을 여실히 말하여 주는 것이다. 이제 그 저금 상황을 숫자로 표시하면 다음과 같다.

▲ 예입 계좌 수 _ 226,682구
▲ 예입 금액 _ 2,387,331원
▲ 위 계좌 중 신규 가입 계좌 수 _ 13,536구
▲ 위 예입 금액 중 신규 금액 _ 275,557원
▲ 인출 계좌 수 _ 44,541구
▲ 인출 금액 _ 1,475,642원
▲ 차감 순증가 금액 _ 911,689원

〈자료 15〉 물자 소비 극도 절약, 저축장려의 대운동, 관청, 학교, 각 단체에 저축조합 조직, 본부(本府)[7]에서 4월부터 적극 활동 개시

(《매일신보》, 1938.3.30.)

장기 전시체제하에 있어 국민은 물자 소비를 극도로 절약하는 동시에 될 수 있는 대로 저축을 독려하여 거국일치의 국민총동원으로 현재의 비상시국을 돌파하여야 한다는 정신하에 총독부에서는 소비절약과 저축장려에 대하여 일대 국민운동을 일으키게 되었다.

즉 일반 국민에게 소비절약을 독려하며 저축심을 함양시키는 한편 실제적으로는 돈을 저축하도록 실제 수단을 취하게 되어 방금 구체안을 작성 중인데 이미 이에 대한 경비 예산도 추가 예산으로 제출하여 의회를 통과하였다.

저축심을 양성시키는 방법으로 포스터, 팸플릿의 배포는 물론 영화, 강연회 등을 개최하여 널리 선전하는 동시에 각 단체, 즉 도회지에 있어서는 은행, 회사, 각 관청, 각 학교에는 저축조합을 조직하여 가지고 매달 일정한 규약 저금을 시키게 할 것이다. 이를 위해 금융조합, 우편국, 은행 등으로 하여금 저금을 흡수하도록 적극적 방책을 강구하게 되었다. 그리고 농촌에 있어서는 공려(共勵)조합이 저축조합과 같은 역할을 하게 될 터라 한다. 그리하여 총독부에서는 이재과에 속한 2명과 고원(雇員) 약간을 증원하여 저축장려계를 신설하고 각 도 이재과를 독려하여 4월부터 적극적 활동을 하게 되었다 한다.

〈자료 16〉 총독부의 주창으로 저축보국운동 전개, 악성 인플레 방지와 미풍 조장책

(《매일신보》, 1938.4.3.)

장기 항전에 대한 준비와 악성 인플레이션을 방지하고자 정부에서는 근검저축의 미풍을 기르게 함과 동시에 저축장려운동에 진출을 하여 전국의 저축기관을 총동원시켜 가지고 군

---

[7] 조선총독부.

수 경기로 인한 수익 증가의 10%를 저금하게 하거나 혹은 국채를 사게 하고 있다. 조선에서도 내지[8]에 지지 않겠다는 의미에서 총독부는 여기에 발을 맞추어 특히 저금장려의 계몽 선전을 하기로 하였다. 그리고 체신국에서도 이에 대하여 전국적으로 호응할 수 있는 구체적 운동을 일으키려고 연구 중인데 내지의 월괘저금(月掛貯金)[9]은 금융조합과의 마찰을 발생시키기에 거치저금을 취급하는 우편국과 우편소로의 새로운 예입제를 확충하고자 이번에 새로이 회사, 학교, 공장 등에 우편국소원이 출장하여 예금하는 것을 받아들이는 새 방법을 취해서 예금증가운동을 계획하게 되었다. 대체로 조선 내에 있어서 군수 경기에 의한 증가액은 7,800만 원을 예산하게 되며, 이 중의 400만 원은 이미 적은 머리의 예금으로서 우편저금으로 드러나고 있으므로 총독부에서는 다시 여기에 마력을 가하여 약 10%인 700만 원을 소액저금으로 거두어들일 방침을 세웠다. 이 700만 원 중의 300만 원은 우편국에 떨어진다 치더라도 나머지 400만 원은 금융조합, 기타 다른 금고에 흡수되도록 할 예산이라고 한다.

〈자료 17〉 저축장려 문제(상)

(《동아일보》, 1938.4.16.)

하마구치(濱口) 내각 때와 다름

근대 전쟁의 수행에는 막대한 전비를 필요로 한다. 근대 전쟁은 세계대전을 그 전형을 삼는데 전쟁이 얼마나 돈을 쓰게 하느냐 하는 것은 세계대전이 증명하였다. 이 전쟁에 참가한 각국은 국내의 인적 및 물적 자원의 태반을 전쟁의 도가니에 던졌다. 세계대전의 각 주요 교전국은 아메리카를 제외하고는 어느 곳이나 국부의 4, 5할을 전비에 던졌고 국민소득액의 7할 2푼 내지 9할 5푼까지를 평균 1개년의 전비로서 썼다. 우리나라의 국부는 1930년(昭和 5)의 내각 통계국 조사에 의하면 1,101억 8,800만 엔을 보이고 1개년의 국민소득은 1936년(昭和 11)에 있어서 112억 4,700만 엔인데 물론 오늘에 있어서는 이것보다 증가되고 있다. 이제

---

8 일본 본토.
9 월부로 붓는 저금.

가령 국민소득을 150억 엔이라 한다면 금년 이후 예산의 직접군사비만으로도 48억 만여 엔이므로 약 3할 2푼에 해당한다. 그 위에 생산력 확충이란 요소도 다분히 고려치 않으면 안 될 것이다.

전비와 저축장려

이 거대 전비는 어떻게 조달하는가. 그 수단 방법은 어쨌든 간에 결국 전비의 원천은 국가 및 국민의 재산 및 소득에 있는 것이다. 그리고 정부는 전쟁 수행을 위하여 막대한 군사비를 살포하므로 그만큼 국민소득은 증가하게 된다. 따라서 이 증가 부문이 국민 저축의 증가가 되지 않는다 할 것 같으면 임시적 국민소득은 소비의 증가로 되고 물자에 대한 수요의 격증을 초래하여 물자의 결핍, 물가의 등귀를 초래케 하는 결과로 악성 인플레이션의 단서가 될 염려가 있다. 사변 이래 금일까지 예정하고 있는 것만으로도 약 90억 엔의 공채를 발행하게 되었으므로 정부는 예산 70만 엔을 계상(計上)하여 드디어 저축장려의 국민운동에 착수케 되어 종래의 선택적 소비절약을 변경해서 국민소득의 증가 부분에 대해서 일반적 소비 절약을 선전하기 시작하였다. 정부는 이 운동에 착수함에 있어서 저축장려준비위원회를 설치하고 협의를 거듭하고 있는데 조만간 대장성에 저축장려국을 두고 국민정신총동원중앙연맹과의 연락하에 드디어 저축장려의 국민운동을 일으키게 된 것이다. 그리고 국민정신총동원이 이 운동의 실행적인 외곽기관으로 되는 것 같은데 현재 지금까지의 국민정신총동원의 업적을 보면 저축장려운동과 같은 물적 방면의 운동의 중심기관이 되기에는 근본적인 개조를 필요함은 일반이 보는 터이나 결국 이 방면의 경험자를 여러 명쯤 중앙기관에 가입시키는 정도에 끝난 것으로 보인다.

이번 저축장려의 의의

이번의 저축장려운동의 의의는 이 운동에 관계하는 자는 물론, 시국에 직면한 국민이 일제히 이해해야 할 매우 중요한 일인데 이번은 하마구치(濱口) 내각의 금 해금 전후의 긴축정책과는 현저히 그 성질을 달리하는 것이다.[10] 당시에 있어서는 "돈이 없으므로" 근검 저축을

---

10 1929년 7월 하마구치 오사치(濱口雄幸)를 수상으로 수립된 내각이다. 하마구치 내각은 1930년 1월 금해금(金

권하였던 것이고 이것은 우리 재계를 극도의 불경기에 빠지게 하여 일반 국민에게 나쁜 인상을 주었다. 당시는 국민에게 돈이 없었으므로 없는 것은 할 수 없어서 근검 장려라고는 해도 오늘에 있어서 보면 소극적 의의밖에는 없었다. 이번엔 정부가 이후 1년간에 50억 원 이상의 돈을 살포하는 것이므로 소득이 증가한 국민의 생활 태도 여하는 정부가 염려하는 것으로 적극적으로 이 운동에 착수케 되는 까닭이다. 하마구치 내각 시대의 근검장려운동이 실패하게 된 근본 원인은 당시 생산과잉으로 생산력에 상당한 여유가 있었음에도 불구하고 소비절약을 장려했던 까닭이었고, 이 결과로 재계도 한층 심각한 불황에 빠졌던 것이다. 그런데 현재는 생산력의 부족으로 생산력 확충에 바쁜 상태이고 생산력 확충에는 풍부한 물자의 공급이 필요하기 때문에 이 방면에 대한 물자 수급을 원활히 하는 것이 현재의 급선무이다. 이러한 때를 당하여 증가된 국민소득이 그대로 소비로 향한다면 물자에 대한 수요를 격증시키고, 물자의 결핍과 물가의 앙등을 보여 생산력 확충에 대한 물자의 수급을 조절할 수가 없다. 이번의 저축장려운동은 이 물자에 대한 측면을 이해하지 않으면 이 운동이 가진 바 진정한 의의에 도달할 수 없을 것이다. 근대 전쟁의 재정정책에는 저축장려가 따라온다. 이것은 거액의 전비 대부분을 공채에 의하여 충당하는 것으로부터 오는 것이나 공사가 모두 근검저축을 함은 현재의 즉 재정상의 문제를 해결함에 있어서 필수의 것이다. 재정상의 문제라 함은 1은 공채의 소화, 2는 물자 수급의 조정으로 이를 위해서는 일반 국민의 근검저축을 장려하고 이에 의하여 공채의 소화를 도모하며 저축과 병행하는 소비절약에 의하여 물자의 낭비를 피하며 국민의 구매력을 정부에 회수해서 물가의 등귀를 막고 국제 수지 균형에 힘쓰며, 물자의 수급을 원활히 하여 악성 인플레이션의 대두에 대하여 끊임없이 경계하지 않으면 안 된다. (계속)

解禁, 금수출 금지를 해제)을 단행하였다. 일본은 1897년 금본위제를 채택하였으나 제1차 세계대전 기간 중인 1917년에 금본위제를 이탈, 즉 금수출을 금지시켰다. 1920년대 전 세계적으로 금본위제 복귀가 진행되자 일본은 주요국 중 마지막으로 금본위제에 복귀하였다. 그런데 일본은 기존 금평가(1엔=0.74999g)를 고수한 결과, 1차 대전으로 인해 팽창된 통화를 수축시켜야만 했다. 이를 위해 경제 전반적으로 긴축정책을 실시하였다.

〈자료 18〉 금일의 제(諸) 정세는 국민 자력(資力)에 의존, 시국하 저축의 필요 통감

《매일신보》, 1938.4.22.)

　전쟁에는 물론 제1선에 나선 장병의 용감 과감한 활동이 필요하나 근대 전쟁에 있어서는 더욱 교전국의 경제력의 우열이 승패를 결정하는 중대한 요소가 되어 있다.

　금차 지나사변비만을 보더라도 상당 막대한 액에 달하고 또 기타 국방산업 등의 생산력 확충자금 혹은 대(對)만주, 대(對)중국 자금 역시 상당한 다액으로 예상되는 상태이니 장기전에 대처하고 소기의 목적을 달성하기 위해서는 먼저 산업의 진흥을 도모하고 국력의 충실에 노력하여야 할 것이다.

　이 때문에 그 추진력이라고도 할 자금 및 자재의 공급을 윤택하게 함이 매우 긴급하고 중요한 임무이다. 그리고 이 전비와 자본을 각 외국에서 구하기 곤란한 금일의 정세하에 있어서는 그 전부를 국민의 자력(資力)에 의존하는 수밖에 없는 것이다.

　그러나 일반 국민이 자제하는 바 없이 여유 있는 대로 소득을 낭비한다면 생산력 증대의 여지가 적은 현재에 있어서는 금일까지 여러 가지 방면으로 축적되어 온 물자를 소비하는 것 외에는 방법이 없다. 그 결과가 가장 필요로 하는 군수 자재를 결핍에 빠지게 할 염려가 있을 뿐 아니라 물자에 대한 수요의 격증을 초래하여 물가를 등귀하게 하고 계속해서 수출력을 감소시키고 국민 경제의 운행을 저해하게 되는 것이다.

　금회의 사변에 따라 거액의 국비 산포와 시국 관계 산업 발흥의 영향을 받아 일부 국민의 소득은 직접 또는 간접으로 증가의 추세를 걷고 있는데 이러한 관계로 소득이 증가한 측은 물론 기타에서도 상술한 사태를 생각하고 시국에 대한 인식을 일단 새로이 하여 소비를 절약하여 저축독려에 노력하는 것이 곧 우리 총후 국민의 책무라 믿는다.

　가야(賀屋)[11] 대장대신은 지난번 은행대회에서 시국의 일본에 있어서는 약 80억 원의 저축을 하게 함이 필요하다 말하여 시국하 저축의 필요를 강조하고 있다.

　특히 조선에서는 종래 산업 경제 자금의 대부분을 일본에 바라고 있었으나 금후로는 종전과 같이 일본 자본의 원조를 기다리는 것은 금일의 일반 정세의 견지로 보아 상당히 곤란

11　가야 오키노리(賀屋興宣).

한 상태에 있는 까닭으로 조선 내에 있어서의 필요한 산업 경제 자금은 자연 자급자족을 목표로 진행할 수밖에 없는 것이다. 이 방면을 생각하여 소비의 절약, 저축의 장려라는 것이 한층 통절히 느껴지는 것이다.

따라서 조선에서는 이즈음 특히 총후 보국의 정신을 체화하여 각각 그 생업에 힘써 노력하고 일상 생활상의 용비(冗費)[12]를 살펴서 한층 소비의 절약을 도모하는 동시에 저축의 실행을 기하여 시국하에 있어서 국민으로서의 의무의 일단을 다하기 바란다.

물론 저축이 평생 개인 생활상에도 필요한 것은 물론이나 사변하의 금일 소비를 절약하여 저축해서 장래에 대비하는 것은 한편 이 기회에 산업을 일으켜 후방의 염려를 없애는 것일 뿐 아니라 다른 한편 국력의 증진에 공헌하는 것도 되므로 총후봉공을 다하는 셈이다. 금일이야말로 나아가 저축을 독려할 좋은 기회일 것이다.

〈자료 19〉 총후(銃後) 보국저금(報國貯金) 여행(勵行)을 청년단에서 결의, 단장회의를 개최코

(《매일신보》, 1938.4.22.)

경성부연합청년단에서는 국민정신총동원 총후보국강조주간 행사 실시에 대하여 20일 밤에 부윤 응접실에서 단장회를 개최하고 아래와 같은 사항을 실시하기로 방침을 결정하였다.

- ▲ 종이 절약 _ 금후 특별한 경우 이외에는 엽서, 통신을 독려할 것
- ▲ 총후보국저금 _ 1개월에 1구 20전으로 1구 이상 10구 이내의 금액을 한 달마다 전 단원이 저금하여 국채에 응할 것
- ▲ 황국신민체조 _ 소학교 교장이 방면 단장인 관계로 동 단장 지도하에 교련과 집합할 때마다 황국신민체조를 실행할 것

12　쓸데없는 비용.

〈자료 20〉 (사설) 저축보국의 장려, 출정 장병의 신고(辛苦)를 생각하라

《매일신보》, 1938.5.5.)

　총후국민정신총동원 운동의 경제적 주축을 이루는 국민저축 장려는 2일 오후 1시 반부터 본부에서 저축 장려의 제1회 위원회를 열고 그 대체의 근본 방침을 결정하였다. 그 방침으로 정한 바를 보건대,
　첫째로 "시국 관계로 국비(國費)가 산포되고 산업이 융성하게 됨에 따라 늘어난 소득으로 소비만 하게 되면 물자 수요가 격증하게 된다. 이 수요의 격증은 물가의 등귀를 초래하여 악성 인플레이션의 폐해가 생길 터이니 이 소득을 저축케 하여 폐단을 방지한다."
　현재 시국 통제에 있어 시국으로 인한 산업이 발달하고 이 산업으로 인한 호경기는 일반적으로 사치의 풍조를 생기게 하여 물가가 등귀하게 되는 것은 우리의 눈 앞에서도 볼 수 있는 일이라. 출정 장병의 노고를 생각하면 일부에서나마 사치와 낭비가 있을 리가 없겠으나 소득이 많아지면 모르는 사이에 소비를 많이 하게 되는 것도 인정(人情)의 약점이니 이것을 항상 밖에서 끊을 수 없는 충동을 주어 이완하기 쉬운 약점을 교정하면 저축 보국과 악성 인플레이션 방지가 병행되어 일석이조의 실적을 낼 수 있는 것이요.
　둘째는 "군수 물자와 수입 물자를 절약하여 이것을 저축한다."
　이것은 소비품 중 어떤 것이 수입 물자라는 것을 관민 간 식자(識者) 사이에 그 개표(概表)를 작성하여 일반에게 주지시켜 이 방면의 절약을 장려하여 그 여유로써 저축을 하도록 하면 이는 저축 장려인 동시에 시국 인식의 철저에도 한 도움이 될 것이요.
　셋째는 "농촌 진흥과 병행하여 소득을 증가케 하여 이를 저축하게 한다." 하였으니 이것은 매년 동안 하여 오던 것이라. 한층 박차만 가하면 될 수 있는 바이오.
　넷째는 기존의 모든 방법으로 하던 저금을 한층 하나의 계통으로써 통제하여 장려함이요.
　다섯째는 국민으로 하여금 출정 장병의 신고(辛苦)를 생각하고 총후보국의 인고, 생업보국의 정성으로 근로한 소득을 저축함에 의하여 소기의 목적을 달성하도록 하리라는 것이니, 이상의 방법이 어떤 것이나 현재의 민중을 깨우치는 데에 매우 중요하지 않은 것이 없으나 더욱 일반에게 강조할 점은 전선에 있는 장병의 노고를 생각하라는 것이다. 물론 일본의 위대한 국력은 총후의 공급을 완전히 할 수 있다 할지라도 실제 최전선에서 활동하는

장병들의 노고는 우리가 상상하는 것 이상으로 어려운 일이 많이 있는 것이다. 같은 국민으로서 함께 국가의 혜택을 입으며 우리는 총후에 있어 비교적 안전한 생활을 하며 장병은 그와 같이 노고를 함을 생각할 때에 어찌 하나의 일인들 이완과 방만이 있을 것이랴. 모든 것이 국가중심주의로 나가면 그것은 뜻하지 않게 국민 자신의 행복을 가져오는 것이로되 더욱이 저축보국은 자신이 낭비를 줄이고 절약을 행한다면 이것이 간접으로는 국가의 재정과 경제계를 건실히 하는 동시에 직접으로는 자기의 저축이 되어 금후에 대비하게 되는 것이다.

이에 대하여 조선에서 2억 원의 저축을 목표로 한다 하니 이 저축자 중에는 물론 많은 소득을 가진 실업계의 유력자도 다수일 것이나 저축보국의 취지로 보면 비록 금액으로는 영세하다 할지라도 전 민중이 이에 주력하여야 비로소 대국적 효과를 이룰 것이라고 믿는다.

〈자료 21〉 매월 봉급 중 일부 떼어 애국공채를 구입, 용산(龍山) 사단의 저축보국

(《매일신보》, 1938.5.20.)

총후국민으로서 저축보국의 정신을 철저히 하고자 용산 사단에서는 솔선하여 매월 봉급으로부터 일정한 금액을 저축하여 애국공채를 사게 하였다는데 저축은 대좌로부터 군조까지 한 사람도 빠지지 않고 다음과 같은 금액을 저축하리라 한다.

▲ 대좌 80원, 중좌 60원, 소좌 40원.
▲ 대위 1급 35원, 대위 2급 30원, 대위 3급 25원.
▲ 중위 1급 20원, 중위 2급 15원.
▲ 준위 15원.
▲ 조장(曹長)[13] 10원.

---

13 현재의 상사에 해당.

▲ 군조(軍曹)[14] 7원.

〈자료 22〉 진흥회에 저금부 설치, 저금보국에 매진, 개풍군 대성면에서
(《매일신보》, 1938.5.21.)

총후보국에 힘쓰는 개풍군 대성면에서는 지난 12일에 대성면 농촌진흥위원회를 개최하여 면을 들어 그 무엇으로 보국에 힘쓸까 협의하였는데 그 하나로 대성면민이 일층 생업에 힘써 생산 증가를 하고 그 얻은 돈은 매월 저금을 하여 저금보국(貯金報國)에 힘쓰게 하기로 결의하였다는데 그 방법으로는 대성면에서는 금융조합과 연락을 취하여 각 농촌진흥회에는 저금부를 설치하고 매호에서 의무적으로 20전 이상의 적금을 매월 독려하여 장려하기로 하였다 한다.

〈자료 23〉 충북의 총후보국주간, 근로 절약 5만여 원, 도민의 시국 인식 철저
(《매일신보》, 1938.5.28.)

지난 4월 26일부터 5월 2일까지 실시한 충북의 국민정신총동원 총후보국주간의 실시 실적을 도에서 통계로 발표한 바에 의하면 그 내용이 다음과 같다.

◇ 근로일, 봉축식, 기원제 실시 실적은 근로일의 보국식 참여 인원 160,882인, 국민봉축식 참여 인원 181,671인, 무운장구기원제(武運長久祈願祭) 참여 인원 183,921인, 합계 526,474인

---

14 현재의 중사에 해당.

◇ 시국 선전 집회 상황은

▲ 강연회 1,585회에 142,114인 참여

▲ 영사회(映寫會) 18회에 39,094인이 참여

▲ 좌담회 1,000회에 81,947인

▲ 지지거(紙芝居)[15] 167회에 28,726인

▲ 모자회(母姊會) 155회에 27,349인

합계 2,925회에 319,230인이 동원되었다.

◇ 소비절약 근로 수득 실적은

(1) 소비절약 상황을 보면 연료 절약, 종이류 절약, 면(綿)·목면(木綿)류 절약, 고무류 절약, 석유 절약, 절주절연(節酒節煙), 폐품 이용, 점심 폐지, 노임 절약에 찬성한 가호 수는 15만 2,900호, 인원은 17만 7,464인, 절약으로 염출된 금액은 2만 2,606원 26전이고, 위 절약금의 사용 내역은 ▲ 저금 1만 1,876원 93전, ▲ 신붕(神棚)[16] 설치 135원 13전(320개), ▲ 국채 구입 154원 30전(920매), 기타 1만 439원 90전

(2) 근로 수득 상황을 보면 근로에 의한 수득 금액이 2만 6,833원 2전, 이 수득 금액의 사용 내역은 ▲ 저금 1만 3,971원 84전 ▲ 신붕 설치 271원 39전(363개) ▲ 국채 구입 352원 70전(1,506매), 기타 1만 2,237원 9전

(3) 절약금, 근로취득금 합계는 4만 9,349원 28전으로 위 금액의 사용 내역은 ▲ 저금 2만 5,848원 77전 ▲ 신붕 설치 406원 52전(683개) ▲ 국채 구입 507원(2,426매) ▲ 기타 2만 2,676원 99전

---

15 그림 연극의 일종으로 하나의 이야기를 여러 장의 그림으로 구성하여 한 장씩 설명하면서 구경시키는 것.
16 일본의 집안에서 참배하기 위해 만든 작은 제단.

〈자료 24〉 보국주간 중에 나타난 반도의 총후 단성(丹誠), 저금액 189만 원

(《매일신보》, 1938.6.1.)

 지난번 총후보국강조주간에 있어 반도 2,300만 민중의 저금 상황을 보면 실로 구수(口數) 2만 5,719에 그 총액 189만 705원에 달하는 놀라운 성적을 보여 비상시 국민으로서 총후보국의 실적을 여실히 나타내고 있다. 그런데 이것이 평상시의 1주일간 저금하는 성적에 비하면 구수에 있어서 6,425, 금액으로는 45만 7,344원의 격증을 보이고 있는 터이다. 이제 저금별로 금액을 보면 보통저금에 있어 80만 8,423원, 애국저금이 2만 7,117원, 거치저금이 26만 537원, 특별저금이 55만 9,657원, 식산저금이 53만 4,971원으로 모두가 평상시보다 일률적으로 격증된 것이다.

〈자료 25〉 137개소 공조(共助)에 저축보국 관념 고취, 대덕군서 애국일, 근로일을 연결

(《매일신보》, 1938.6.3.)

 대덕군에서는 지난 5월 1일 국민정신총동원 총후보국 강조주간을 중심으로 하여 근로소득에 의한 금액 5,500원, 동원 인원 2만 9,000여 명에 달하는 호성적을 달성하였다. 군수 정운성(鄭雲成) 씨는 소비절약과 근로소득에 의한 저축장려는 생산 증가상 일대 국민운동으로 되어 있는 만큼 이를 국민정신강조주간에만 하는 일시적 운동에 그치는 것이 아니라 계속 실행하여 더욱더 총후 우리나라의 생산 증가 실적을 달성하는 것이 비상시 국민의 당연한 진로라는 신념을 더욱 확인하고 각종 방법을 연구하였다. 그 결과 대덕군이 독자적으로 창안하여 매월 1일의 "애국일"을 근로일과 연결하여 매월 1일의 애국일에는 먼저 이른 새벽 국기게양, 황거요배, 「황국신민서사」 제창 등 애국적 행동을 마치고 평상시보다 일찍 움직여 각 소임에 취업하여 적극적으로 근로소득을 도모하였다. 평상시에는 금연, 금주, 절미(節米) 등 소극적 절약 소득을 도모하여서 응분의 저축을 실행하게 하는 계획을 수립하였다. 지난 6월 1일은 즉 계획수립 제1회에 해당한 애국일에 연결한 근로일이므로 군청 직원을 전부 각

면에 출동하게 하여 군면 총동원으로 137개소 공려조합(共勵組合)이 일제히 실행하기로 하였다. 정 군수도 당일 친히 이른 새벽부터 군청 부근 부락을 순시하고 집회자에게 애국적 행동에 대한 인식 주입과 근로소득의 저축 실행에 대한 국민운동의 필요성을 해설한 바 있었다는데 매일 근로일에는 조합원 1호 평균 10전씩의 저축독려를 단행할 대방침으로 매진할 터이라고 한다.

〈자료 26〉 1인당 3원을 목표로 비상저축 적극 장려, 100만 충북도민에게

《매일신보》, 1938.6.10.)

충북도 당국에서는 기보한 바와 같이 금년도 중에 300만 원을 목표로 하여 비상저축을 실시하기로 되었다. 이것은 작년부터 실시 중인 비황저금(備荒貯金)(본년은 7만 석 예정)을 제외하고 현금을 말함이나 100만 도민이 1인당 3원 정도로서 각종 괘금(掛金)[17], 생명보험 괘금, 간이보험 괘금, 각종 적립금, 일반저금 등을 포함하여 금년 중에 같은 목표를 달성하자고 하는 바이다. 어려울 것이 없다 하며 그 목표를 달성하기 위해서는 도에 도저축위원회, 군에 군저축위원회, 읍면에 저축실행조합연합회, 각 동리에 각종 기관별로 저축실행조합을 설치하고 그 세밀한 조사를 진행하며 소기의 목표 달성에 매진하기로 되었다. 이 300만 원의 각 군별 할당액은 다음과 같다.

▲ 청주 74만 5,000원 ▲ 보은 22만 8,000원 ▲ 옥천 18만 6,000원 ▲ 영동 28만 1,000원 ▲ 진천 14만 4,000원 ▲ 괴산 39만 1,000원 ▲ 음성 26만 8,000원 ▲ 충주 42만 1,000원 ▲ 제천 20만 5,000원 ▲ 단양 13만 1,000원.

---

17 일정 기간마다 내는 돈.

〈자료 27〉 강화(江華)의 저축보국운동, 입(叺)[18] 생산자 50여 호의 애국저금 7천여 원, 저축조합의 활동 주효

《매일신보》, 1938.6.11.

제2기 장기전에는 무엇보다도 견인지구(堅忍持久)[19]와 물자 절약이 제일 긴요한 국민 생활의 요소로 되어 있어 전국적으로 저축장려의 일대 국민운동을 야기하고 있는 바이다. 이에 순응하여 강화군 농회에서는 이 장기 항전 태세를 철저히 하고자 가마니 생산자 저축조합을 조직하였다. 그리하여 국민 생활의 통제와 규칙에 대한 여러 가지 구체적 방법을 수립하였고 또한 이 저축조합의 활동을 재빨리 철저하게 하여 일반 생활에 침투하게 하고자 저축장려에 박 군수를 위시하여 전 직원을 총동원하여 지난 5월 1일 국민정신총동원 총후보국강조주간을 중심으로 하여 가마니 생산자 5,000여 호에 애국저금일을 계기로 가마니 판매액 1/10을 저축하기로 하였다. 1인도 빠지지 않고 전부 한결같이 실행한 결과 지난 8일 현재 7,294원 92전에 달하는 호성적을 기록하였다. 이에 군수 박제승(朴劑昇) 씨는 소비절약과 근로소득에 의한 저축장려는 생산 증가상 일대 국민운동으로 되어 있는 만큼 이를 국민정신강조주간에 한정된 일시적 운동에 그치지 않고 계속 실행하여 더욱더 총후보국과 생산 증가의 실적을 올리는 것이 비상시 국민의 당연한 진로라는 신념을 더욱 확인하고 종종 방법을 연구하고 있는 터이다. 이것이 1개년이 되면 3만 원의 거액에 달할 것을 확실히 증명할 것이라는바 강화의 독자적 창안(創案)인 만큼 각 방면에서 기대가 자못 크다고 한다.

---

18 가마니.
19 참고 견디어 오래 버팀.

⟨자료 28⟩ 총후(銃後)의 근로보국, 영세 저축 1만 7천 원, 지난번 실시한 일주간 집계, 동원된 인원만 16만여 명, 강원도에 인식 철저

《매일신보》, 1938.6.17.)

지난 4월 26일부터 5월 2일까지 실시한 강원도의 국민정신총동원 총후보국주간의 실시 성적을 도에서 발표한 바에 의하면 실시 부락이 4,143부락에 동원된 인원이 실로 16만 992명에 달하였다. 주간 중 근로 작업에 의하여 소득 된 수입에서 저축한 것이 현금으로 1만 7,609원 44전이며 현물 즉 곡류저장(穀類貯藏)이 35석 9두에 달하였다고 한다. 이제 각 군별 성적을 보면 다음과 같다.

저축 성적

▲ 춘천 333부락, 6,321인, 현금 400원 52전, ▲ 인제 207부락, 7,345인, 721원 57전 ▲ 양구 109부락, 5,332인, 149원 88전 ▲ 회양 648부락, 19,086인, 633원 80전 ▲ 통천 170부락, 3,660인, 255원 46전 ▲ 고성 99부락, 11,214인 ▲ 양양 165부락, 7,465인, 1,470원 14전 ▲ 강릉 106부락, 7,502인, 1,159원 64전 ▲ 삼척 134부락, 5,417인, 837원 40전 ▲ 울진 184부락, 5,937인, 605원 44전 ▲ 정선 122부락, 5,922인, 366원 40전 ▲ 평창 146부락, 7375인, 5,362원 80전 ▲ 영월 210부락, 8,247인, 491원 25전 ▲ 원주 267부락, 5,596인, 1,275원 49전 ▲ 횡성 160부락, 6,604인, 2,219원 91전 ▲ 홍천 187부락, 5,247인, 501원 15전 ▲ 화천 113부락, 2,032인, 46원 65전 ▲ 김화 169부락, 5,595인, 226원 ▲ 철원 210부락, 4,565인, 183원 20전 ▲ 평강 137부락, 8,684인, 570원 30전 ▲ 이천 267부락, 19,848인, 1,230원 44전 ▲ 계 4,143부락, 160,992인, 17,609원 44전.

⟨자료 29⟩ 5천 원 저축을 목표로 저축보국반 조직, 개풍군(開豊郡)서 21일부터 1주간, 각 부락에 절약 권장

《매일신보》, 1938.6.18.)

　개풍군민은 저축보국의 일념에서 생업을 증가하며 소비를 절약하여서 영세한 금액이라도 이를 우편국소와 금융조합에 저금하여 어떠한 농가라도 저금통장이 비치되어 있다. 그리하여 입(叺) 1매를 매각해도 저금을 하며 한 잔의 술을 절약하여서라도 저금을 하는 등 그들의 저축에 대한 관념은 가히 철저하다 하겠다. 오는 21일부터 27일까지의 전시보국저축강조주간에 있어 한층 저축 실적을 달성하고자 다음에 기재된 사항을 철저히 장려하여 5,000원의 저축을 얻고자 한다는바, 각 부락에는 진흥회 단위로 조직된 저축보국반의 활동을 보리라 하니 그 성과는 매우 기대되는 바 있다 한다.

◇ 실행 사항
1. 각 농가에서는 가마니 2매 또는 승(繩)[20] 두 줄을 팔아 이를 저금하게 함.
1. 학교 아동은 가마니 1매 또는 계란을 팔아 저금하게 함.
1. 이 주간 중에는 음주를 폐하고 끽연을 절약하여 저금하게 함.
1. 가정주부는 매월 한 숟가락의 절미를 히여 이를 지금하게 함.
1. 봉급생활자는 봉급의 5/100를 의무적으로 저금하게 함.
1. 상여금은 금액을 저금하게 함.

　이상의 방법은 실행하기가 쉬워 각자의 생활 여하로 좌우될 흔한 사항을 들어 만전의 효과를 얻고자 한다.

20　새끼.

⟨자료 30⟩ 진주군(晉州郡)에서 저축장려

(《동아일보》, 1938. 6. 19.)

전쟁[사변(事變)]의 항구화에 따라 국민의 저축장려는 한층 긴밀하게 되었는바 지난 5월 21일부로 정무총감 통첩에 의하여 저축장려운동을 진주군에서도 일으키게 되었다. 그런데 저축조합의 설치, 저축 방법은 구체적으로 입안되어 진행하게 되었는데 이제 조합 설치와 저축 방법을 보건대 관공서, 회사, 은행, 공장, 정회(町會), 상공업자 단체에서는 조합을 조직케 하고 농산어촌의 부락에서는 진흥회 등 기존 단체에 종래도 실시하여 오는 부업자금, 수확저금. 절미(節米)저금, 공동판매 때의 저금 등 외에 공동경작지로부터의 수익금, 애국일 등에 공동 출역의 노임에서 각 수입이 5/100를 저축케 하여 국민정신총동원과 농산어촌진흥운동에 박차를 가하여 국력 충실을 빨리 전행하는 의미에서 이미 그 실현에 나아가고 있다 한다.

⟨자료 31⟩ 총후보국저축주간, 실천하라 이 표어!

(《매일신보》, 1938. 6. 21.)

21일부터의 저축장려주간을 앞두고 총독부에서는 저축장려의 표어 배포, 종이광대의 각본, 현상모집 등 그 같은 표어로 저축 선전을 행하기로 되었다.

▲ 저축으로 나타내라 애국심 ▲ 장려하라, 저축시키라 총후 ▲ 국민 전부가 총후의 저축 ▲ 저축은 가정의 광명, 국가의 광명 ▲ 저축보국은 황군의 수호 ▲ 물가억제, 저축의 힘 ▲ 시난(時難) 극복은 먼저 저축 ▲ 축조하라. 국(國)의 초(礎), 애국저금 ▲ 전지의 충용, 총후의 저축 ▲ 저축은 가까운 총후의 임무 ▲ 총후의 수호는 저축으로부터 ▲ 저축보국, 우리들도 일역(一役) ▲ 총후의 적성은 저축으로부터 ▲ 소비절약을 저축 ▲ 총후보국, 애국저금 ▲ 진(進)하라 황군, 식(殖)하라 저축 ▲ 근검저축은 총후의 의무 ▲ 저축은 용이한 총후의 임무 ▲ 저축으로 총후의 보국 ▲ 광휘 있는 전쟁, 총후의 저축

"종이광대"로 저축장려 선전, 재무국 각본 모집

총독부 재무과에서는 소비절약, 저축장려의 실행을 아동에게까지 철저히 시키기 위하여 종이광대[紙芝居]에 의한 선전책을 세우고 종이광대의 각본을 모집 중이다. 국민저축이 현재 비상시국에 특별히 필요한 이유를 잘 양해시키고 소득의 일부를 저축하는 것이 총후 국민의 의무라는 것을 평이하고 간명하게 알 수 있도록 한 내용이면 좋다는데 모집 규정은 다음과 같다.

1. 15장면 이상 20장면 이내로 20분 정도로 종료할 만한 것.
1. 용지 400자 원고지.
1. 마감 7월 15일.
1. 송부처 조선총독부 재무국 이재과.
1. 발표 8월 15일 조선총독부 관보 광고란.
1. 상금 1등 100원 1명, 2등 50원 1명, 3등 25원 2명, 선외(選外) 가작 박사(薄謝)[21].

〈자료 32〉 부도(富都) 개성의 저축

(《조선일보》, 1938.6.26.)

126만 원 목표로 각 기관에 저축조합을 신설

(개성) 장기 항전의 비상시에는 무엇보다 물자 절약이 제일 긴요하다는 의미에서 조선 내에서 2억 원을 목표로 저축장려운동을 일으키는 이때 개성부에서도 총독부 방침에 순응해서 저축보국운동에 완벽을 다하기로 되었다. 즉 지난 20일 저축강조주간을 앞둔 개성부 당국은 부내 각 관공서, 은행, 학교, 정총대(町總代) 등 각계 대표들 다수를 초청해 가지고 개성경찰서 훈시실에서 부윤의 사회하에 저축장려에 대한 준비위원회가 개최되었는데 부도(富都) 개성은 호별 세부담액(29,000여 원)의 비율로 보아서나 인구(65,000여 명) 비율로 보아 약

---

21 약간의 사례나 돈.

260만 원의 저금이 부담되는바, 즉 이것은 부민 한 사람에 매달 3원 30전씩에 해당하는 저금액이다. 이와 같이 방대한 저금액을 금년에 완성토록 함에는 먼저 부내 각종 단체 기관을 통제하여 저축보국의 정신을 일으킬 필요가 있다 해서 우선 개성부 내에는 저축장려위원회를 설치하고 약 20명가량의 위원을 부윤에게 추천해서 각 기관을 지도하기로 되었으며 학교, 은행, 각 관공서, 병원, 공장 및 각종 단체에는 저축조합을 조직하여 매달 봉급에서 일부분을 저축하도록 권유하게 되었는바 동 조합은 오는 27일 내에 전부 결성하도록 협의하였다고 한다. 이와 각 정(町) 총대는 정 내에 또 저축조합을 설치하여 일반 정 내 주민에게 저금 권유에 적극적 노력을 다하기로 협의되었다고 한다.

〈자료 33〉 직원 생도가 일치협력, 저축보국운동 전개, 중학생은 20전, 소학생은 10전씩 매월 저축, 강원서 7만 원 목표

《매일신보》, 1938.6.26.)

이번 정부에서는 저축 8억 원을 목표로 일대 국민운동을 일으키기로 되었는데 이에 강원도에서도 본부 방침에 순응하여 책임 목표 600만 원을 저축하고자 눈물겨운 활동을 전개하고 있다. 도내 각 학교 직원과 생도 아동에게도 시국을 한층 더 적확히 인식시키는 동시에 저축심을 함양하여 본 운동에 일조가 되게 하고자 지난 21일자 내무부장 명의로 각 군수와 중등학교장에게 실행상 유감이 없도록 하라는 통첩을 발하였다고 한다. 현재 강원도 내의 중등학교 생도 수는 1,274명, 초등학교 아동 수는 6만 8,879명(그 중간의 학교 아동이 7,657명)으로 중등학교 생도는 매월 20전, 초등학교 아동은 매월 10전씩 저금을 시키기로 되었는데 생도, 아동들의 힘에 맞도록 저금액을 결정한 탓으로 1인당 액수는 소액인 듯하나 원체 인원이 많은 까닭으로 매월 저금액이 상당한 숫자에 달하리라는 것이다. 즉, 중등학교 생도 1,274명에 대하여 20전씩 계산한다면 매월 254원 80전이 되며 초등교 아동 6만 8,879명에 대하여 10전씩만 계산하면 실로 매월 6,887원 90전에 해당하여 생도와 아동들의 매월 저금액이 7,142원 70전에 해당하게 된다는 것으로 이를 내년 3월 말일까지 10개월 동안 저축될 액수를 계산한다면 7만 1,427원이라는 거대한 금액이 생도, 아동들을 거쳐 저축하게 되리라는 것이다.

그리고 각 초중등학교 직원들의 저축 내용을 보면 봉급 연액(가봉을 포함)의 15% 이상을 저축하되 부양가족이 없는 총각은 25% 이상을 하기로 되었으며 연말 상여 때에는 월봉의 50%에 해당하는 금액을 저축해야 된다는 것이다. 현재 도내의 초중등학교 직원의 총수는 1,617명으로 사제(師弟)가 서로서로 비상시 국책에 기여하고자 저축보국운동에 발을 맞추기로 되었다고 한다.

〈자료 34〉 영변군(寧邊郡) 관내 각 면에 저축장려운동, 할당 100만 원 목표로

《매일신보》, 1938.7.13.

지난 7일 사변기념날 결성을 본 영변저축장려위원회에서는 오는 13일 오전 9시에 영변군청 회의실에서 동 위원회를 소집하고 심의 사항으로 1. 본군 증가 저축 목표에 관한 건, 2. 저축장려계획요강에 관한 건을 토의할 터라는데 저축보국의 길로 일로매진할 영변 각 면의 저축장려 목표는 다음과 같다.

▲ 영변=91,500원 ▲ 오리=81,400원 ▲ 연산=68,400원 ▲ 독산=72,500원 ▲ 소림=70,300원 ▲ 팔원=82,300원 ▲ 봉산=74,000원 ▲ 고성=59,200원 ▲ 남신=57,900원 ▲ 남송=64,200원 ▲ 태평=56,700원 ▲ 북신=55,000원 ▲ 용산=100,700원 ▲ 백령=46,600원 ▲ 계=980,000원

〈자료 35〉 진흥조합(振興組合) 단위로 저축운동 실시

《동아일보》, 1938.7.28.

바야흐로 심각하여 가는 비상시국에 직면하여 경북 칠곡군에서는 관민일치의 국민저축운동의 환기를 보아 그 성과 달성에 비상한 박력을 가하고 있다는데 그 결과로서는 상당히

양호한 성적을 보아 종래의 농촌공려조합을 단위로 하여 저축조합을 설치하는 한편, 인식의 주입 방법으로는 강화회 등으로 그 열성은 자못 지도자들의 감격의 적이 되어 있다는데 군내 총금액으로 되어 있는 45만 원의 성과 달성도 목전에 도달되어 있는 때라고 하며 군내 각 면의 분담 금액은 다음과 같다고 한다.

왜관면　　11만 2,000원
지천면　　5만 원
칠곡면　　3만 6,000원
동명면　　3만 1,000원
가산면　　3만 2,000원
인동면　　4만 4,000원
석적면　　2만 9,000원
북삼면　　3만 6,000원
약목면　　8만 원
　계　　　45만 원

〈자료 36〉 저축운동 성적 양호

《동아일보》, 1938.8.5.

현하 비상시 총후보국의 일단으로서 국민저축장려운동을 개시한 이래 경남도 당국에서도 이에 호응하여 지난 6월 하순경부터 도내 금융조합 관계의 관공서, 회사, 단체 및 각 읍면 부락을 단위로 저축조합까지에 전력하는 동시 저축장려에 맹활동한 결과 유동 개시 이후 불과 1개월여인 지난 26일까지에 조합 수 2,501개, 조합원 6만 4,231인이란 다수에 달하게 되었고 이 1개월 동안 저축한 돈은 실로 4만 664원이 모여 기대 이상의 성적을 보였으므로 앞으로 한층 저축장려에 매진하리라고 한다.

(청주) 지난번 6월 21일부터 일주일간에 걸친 저축보국강조주간 중의 충북도 내의 실적을

조사하여 보건대 각종 저축액이 물경 27만 5,307원으로 동 참가인원은 6만 5,319명에 달한다는데, 이 주간 중에 있어서 저축보국 강조에 대한 강연회 및 좌담회 개최 횟수는 3,537회, 청취자는 연인원으로 무려 23만 6,800명에 달하며 종이연극 개최 횟수는 86회인데 관람자 인원은 5,898명이라 한다. 그리고 이 주간 중에 설치된 저축실행조합은 4,312개소로서 그 설치 조합 4,086개소와 최근 확정적으로 설치될 동 조합 5,758개소를 합한다면 결국 본도 내에 1만 4,157개소가 설치되게 되는데 금년도 내에 저축액 300만 원을 목표로 전기 각 조합에서는 저축보국운동에 맹진하기로 되었다 한다.

〈자료 37〉 강원도 내 부인단체 공동저축액 1만 원, 옥외(屋外) 노동의 결정(結晶)으로
《매일신보》, 1938.10.4.)

강원도 내 각 부인회에서는 사변 이래 시국을 철저히 인식한 나머지 총후 부인단체로서 국가 행사에 참가, 협력하는 등 눈물겨운 활동을 해 왔다. 그중에도 더욱 감탄할 것은 지금까지 문 밖에도 나와 보지 못하던 가정부인들이 혹은 농장으로 혹은 공사장으로 혹은 도로 수선 작업으로 각종 옥외 노동을 실시하여 총후생업보국에 매진하고 있는바, 이같이 근로작업으로 얻은 수입금을 가지고는 국방헌금, 황군위문 등 적성을 피력하고 나머지를 가지고는 회(會)의 기본금과 공동저금을 해 왔다고 한다. 이같이 하여 1,800여 단체의 4만 8,700여 회원이 조성한 기본금이 2만 9,266원 38전에 달하였으며 공동저금액이 1만 9,016원 39전에 달하고 있다는데, 국책에 의한 저축장려로 한층 철저히 계속 실시 중이라는바, 각 군별 성적을 보면 다음과 같다.

(단위: 원)

군별	조성기금	공동저금액
춘천	1,066.36	5,402.53
인제	1,526.00	1,905.05
양구	668.07	5,056.44

회양	876.70	2,378.57
통천	2,830.70	4,650.96
고성	576.32	10,757.04
양양	1,486.10	9,513.78
강릉	1,004.85	5,037.71
삼척	1,490.25	15,102.58
울진	2,429.00	5,829.00
정선	206.00	614.47
평창	1,140.45	4,969.05
영월	510.40	5,403.45
원주	4,122.00	5,912.22
횡성	1,793.32	9,065.93
홍천	2,657.24	2,464.89
화천	743.70	1,269.74
김화	476.70	2,825.00
철원	2,515.00	4,698.00
평강	-	2,578.13
이천	1,547.24	830.66
계	29,266.58	10,096.39

〈자료 38〉 소사면민(素砂面民)을 총동원, 애국저금을 장려, 소기의 목적 달성코저

(《매일신보》, 1938.10.5.)

소사면에서는 면내 각 기관과 협력하여 비상시의 근로 1시간 연장과 생산 확충한 중요한 농산물, 기타 물자증산을 도모하는 동시에 소비절약 독려 지도를 한층 가하여 자소작 농가로 면내에 토지를 가진 이는 논은 300평에 벼 5승, 소작답은 2승 5홉씩 저축하게 하였다. 각

소학 아동은 한층 학용품 등을 절약하게 하여 매월 5전씩, 국방부인회원은 가사비 절약을 하여 매월 1원 40전씩, 관공서 직원은 매월 1원씩, 각 가정에서도 1호당 10전씩 애국저금으로 저축하게 할 계획으로 각 관공서, 구장, 진흥회장 등을 총동원하여 1만 3,830원에 달하도록 계획을 수립하여 불일간 실행하게 한다고 한다.

〈자료 39〉 아동들의 부국(富國) 저금 2,700원 거액, 이북(二北) 소학교의 적성

(《매일신보》, 1938.10.22.)

김해군 이북면 공립심상소학교에서는 천진난만한 280명 아동이 산업조합을 설치하여 실습 생산품 판매, 계란 등을 판매하는 한편 집에 가면 가정의 폐품 등을 모아서 판매하여 매월 1회씩 진영금융조합에 애국의 성의라고 저금한 것이 2,700원에 달한다고 한다. 진영금융조합에서는 보국열에 타는 아동에게 그저 있을 수 없어 우량저금 아동에게 지난 17일 추계 대운동회를 이용하여 표창식을 거행하였는데 수상 아동은 다음과 같다고 한다.

- ▲ 1등   정태현(鄭台鉉), 김삼조(金三祚), 김종태(金鍾泰), 동경한(董敬漢), 송갑윤(宋甲允)
- ▲ 2등   황영수(黃永守), 김종식(金鍾植), 배호현(裵顥鉉), 정이현(鄭理鉉), 정규교(鄭奎珓)
- ▲ 3등   한동수(韓東壽), 박영규(朴永圭), 조음전(趙音全), 정남수(鄭南壽)

〈자료 40〉 아산군(牙山郡)에서도 애국저금 장려

(《매일신보》, 1938.10.25.)

아산군에서는 비상시 애국저금으로 각기 소득의 10% 이상을 목표로 하고 매월 50전 이상을 저금하며 또 부인은 부인회를 조직하여 매월 15전 이상을, 학교 생도는 매월 10전 이상을 호주의 저금과는 별도로 저금을 하기로 되었다.

〈자료 41〉 연말 총후보국주간, 소비절약, 허례(虛禮) 폐지, 상여는 필(必)히 저축, 각 도에서 실행 준비

《매일신보》, 1938.12.5.

12월 15일부터 동 21일까지 1주간 시행되는 연말연시 총후보국주간에 관한 건을 전남도에서도 3일 내무부장 명의로 각 부군도에 통첩을 발하였다. 대체로 본부의 방침인 생활 쇄신, 물자 절약, 저축 실행에 준할 모양이나 이제 전남도청에서는 따로 실천 사항을 결의하였는바 즉,

1. 직원 상호 간의 연말연시 증답품 폐지와 직원 이외라도 이 기회에 폐지토록 노력할 것
2. 관리 상호 간의 연하장은 절대로 폐지할 것
3. 무의미하고 허례에 빠지는 망년회는 이를 폐지할 것
4. 연시 회례(廻禮)는 원단(元旦)만 하고 술과 안주는 간소함을 단행할 것
5. 연말 상여의 일부로서 사변국채 또는 저축채권을 구입하되 따로 지시한 바에 의하여 각각 그 신분에 해당한 액수에 준할 것
6. 12월 봉급에서 휼병금(恤兵金)[22] 또는 유가족 및 부상병 위문에 쓰도록 고등관, 동(同) 대우자는 봉급 월액의 1/100, 판임관은 1/200을 거출하여 사회과 내 전남도군사후원연맹에 기부할 것

12월 15일부터 동 21일까지의 1주간을 연말연시 총후보국강조주간으로 정한 전라북도에서는 국민정신총동원연맹과 협력하여 도내의 각 공사기관을 총동원, 그 실시 사항의 철저한 수행을 기하기로 되었는데 도에서는 2일 정식으로 각 기관에 통첩을 발하였다. 그 내용은 총후국민의 의무인 소비절약, 저축은 물론 사치품이 아닌 실용적인 물건을 선택함으로써 생활의 철저한 쇄신을 도모하기로 하되 연말연시에 있어서의 의례적 허례, 증답, 연회 등을 폐지하고 물자의 절약을 극력 실행함으로써 전시경제의 협력에 매진하면 근대전은 일

---

22 병사들을 위로하기 위한 돈.

면 경제전이라는 철저한 이해 밑에서 연말 상여 등을 과감히 할애하여 저축보국의 실을 거양하기로 할 터이다. 각 기관에서는 과거의 실적을 토대로 최선의 구체적 실행 방법을 계획, 수행하여 장기 건설의 체제 정비에 만전을 기할 터이라고 한다.

충청북도 당국에서는 오는 15일부터 실시되는 연말연시 총후보국주간을 철저히 시행하는 동시에 동 주간 중 관공리는 일반에 솔선하여 연말 상여금의 저축을 실시할 바이라는 점으로부터 아래와 같은 표준을 정하고 저축을 하도록 하기로 되었다 한다.

▲ 상여, 기말수당 등의 저축 100원 미만 임의액(任意額), 100원 이상 250원 미만 10% 상당액 이상, 250원 이상 500원 미만 15% 상당액 이상, 500원 이상 1,000원 미만 20% 상당액 이상, 1,000원 이상 5,000원 미만 30% 상당액 이상, 5,000원 이상 40% 상당액 이상

〈자료 42〉 충북도민의 보국저축, 100만 원 대를 돌파, 계속하여 여행(勵行)을 독려
(《매일신보》, 1938.12.11.)

300만 원을 목표로 진행 중인 충북도민의 비상저축은 10월 말일 현재로 101만 6,967원 32전에 달하였다는데 연말연시의 생활 개선, 소비절약으로 저축을 계속 독려하여 목표를 달성하게 하도록 보국주간 중을 기하여 도 간부가 각 군에 출장, 독려하기로 되었다. 10월 말 현재의 실적을 각 군별로 보면 다음과 같다.

청주	274,114원	진성	79,412
보은	60,379원	충주	192,039원
옥천	81,228원	제천	61,605원
영동	114,944원	단양	49,006원
진천	47,593원	합계	1,016,967원
괴산	5,724원		

〈자료 43〉 양구군(楊口郡) 각 부인단, 절미저축 호적(好績), 5,200원을 달성

(《매일신보》, 1939.1.17.)

양구군에서는 농진운동 개시 이래로 갱생지도부락에 부인회를 조직하고 저축심을 함양하고자 절미(節米)저축을 장려하여 왔었다. 그 실속을 보건대, 실행 부인회가 30단체로 실시 회원 983명이 매일 조석(朝夕)으로 밥 한 숟가락 저축을 실행하여 저축한 것이 5,370원에 달하여 티끌 모아 태산의 좋은 표본이 된다고 한다.

〈자료 44〉 개풍군민(開豊郡民) 저축액, 무려 10만 원 거액

(《매일신보》, 1939.1.25.)

개풍군에서는 장기 전시하에 있어서 작년 6월부터 관하 농촌부 농민에게 실시 장려를 하여 온 저축보국의 정신으로써 금융조합과 우편국에 저금한 금액과 생명보험 불입액, 공채 구입액 등의 총액을 보면 441개소 농촌진흥회에서 작년 12월 말 현재로 1만 4,900원을 저축하고 이 외에 현물을 매각하여 괘입미제액(掛込未濟額)[23]이 7,552원에 달하고 있다는데 불원간에 소기의 목표로 한 저축액을 돌파하리라 하며 각 면의 실액은 아래와 같다고 한다.

면별	농촌진흥회 수	저축 금액
중서면	39	11,332.00
남면	32	7,427.39
서면	23	11,883.01
북면	40	11,005.00
영북면	23	1,971.00
영남면	25	5,398.00

---

23 납부를 약속했으나 아직 납부되지 않은 금액.

청교면	43	10,409.00
봉동면	38	3,840.11
중면	29	4,935.93
상도면	24	4,184.00
임한면	30	11,576.05
홍교면	43	7,336.00
대성면	32	13,811.86
광덕면	20	4,918.04
계	441	104,017.39

〈자료 45〉 2억 원 돌파 재이(在邇)[24], 전(全) 반도의 저축 행진보

《매일신보》, 1939. 2. 19.

 1938년(昭和 13)도 중에 총액 2억 원 저금을 목표로 한 총독부의 저축장려는 대체로 소기의 성적을 얻었는데 12월 말 현재에 있어서 조선 내 금융기관의 저축증가는 당업자 대부의 당좌예금을 제하고서 1억 2,000만 원가량이나 되어 여기에다 보험패금, 유가증권 등의 투자를 가산하면 1억 6,000만 원은 될 것이므로 연말까지 2억 원을 돌파할 것은 염려 없게 되었다. 저축장려의 돌격대로서 작년 여름 이래 총독부가 그 결성에 주력을 경주하고 있던 저축조합은 날로 증가하여 11월 말 현재로 8만 9,936조합, 조합원 394만 1,000인에 달하였다. 이 조합의 1개월간 저축 금액이 대략 800만 원가량이므로 한 조합에 평균 88만 원, 한 사람이 평균 2원가량씩 다달이 저금하는 셈이다. 총독부에서는 이 성적에 힘을 얻어 1939년(昭和 14)도에는 다시 저축의 목표를 확대하여 일층 적극적으로 장려할 방침하에 장래 예산 18만 원을 예상하였다. 대장성의 저축 목표 결정을 기다려 총독부 저축장려위원회를 열고 1939년도의 저축장려 방침을 평가하여 결정하기로 되었다.

---

24 가까이 있다.

〈자료 46〉 금융조합에 저축장려금 교부, 전선(全鮮)에 3만 3,000원

(《매일신보》, 1939.3.23.)

본부에서는 금후의 저축장려를 위하여 최근 우량 저축조합에 저축 공로자 표창을 행하였다. 금번 다시 본 운동에 솔선 협력하여 저축 취지의 선전 및 장려에 다대한 노력을 위하여 일반 민중의 저축심을 환기하여 저축의 증가에 기여한 719개 금융조합에 대하여 3만 3,490원의 장려금을 교부하고 일층 이 종류 기관의 협력을 구하여 그 활동을 촉진하기로 되었다. 그 내역은 다음과 같다.

경기	3,375원	황해	1,505원
충북	795원	평남	1,985원
충남	4,155원	평북	1,790원
전북	1,870원	강원	2,760원
전남	3,230원	함남	1,375원
경북	4,200원	함북	1,030원
경남	3,400원	계	33,490원

〈자료 47〉 절주(節酒)와 절연(節煙)은 물론, 식사도 간소하게, 경기도 저축강조주간 중의 실천

(《매일신보》, 1939.6.15.)

오는 16일부터 1주일 동안 전국적으로 실시되는 백억저축강조주간을 맞이하여 경기도에서는 12일 경기도 저축장려위원회를 개최하고 이번 주간을 기회로 다음과 같은 행사를 도청 직원 전부가 지킬 것을 작정하였다.

1. 식사는 간소하게 하고 점심을 싸 가지고 다닐 것
1. 절주절연을 힘써 행할 것
1. 이 주간 중 연회는 절대로 피하고 부득이한 경우에는 다과회로 할 것
1. 쓸데없는 물건은 이를 폐품으로 팔아 버릴 것
1. 이상과 같은 방법에 의하여 주말에 절약저금, 기타 방법에 의해 저금한 명부를 회계과로 제출할 것

〈자료 48〉 공판대금 1할 저금, 함주군서 양잠업자에 권장, 총액은 4만 원 예상
(《매일신보》, 1939.6.23.)

견(繭) 공동판매고가를 이용하여 함주군(咸州郡)에서는 1억 일심(一心) 100억 저축에 박차를 가하고자 일반 농가의 견 공판 대금 중 10%를 저금하게 하리라는바 금년도 춘견 매상고는 40만 원가량으로 10%를 저축한다 하더라도 4만 원의 저축이 되리라고 한다.

〈자료 49〉 경북의 저축장려, 농촌보다 도시 중심으로 매진, 농민엔 부업자금 대부
(《매일신보》, 1939.7.22.)

경북도 일대의 가뭄은 그 피해가 상당히 극심한바, 경북도 당국에서는 항구적 구제 대책이 필요하므로 각 기관을 총동원하여 가뭄에 대한 대책진을 펴고 생업보국에 매진하고 있다. 이 가뭄으로 인하여 국가적 대사업인 저축장려운동에 큰 지장이 있을 것이 예상되어 당연히 그 표준점에 대변화를 주게 되었으므로 도 이재과에서는 저축장려에 재검토를 가하여 절대적으로 2,200만 원의 예정액 모집을 목표로 하고 은진산업 방면을 도시 중심으로 그 모집 장려에 마땅케 하고 지방 농촌은 부업자금을 적극적으로 대부하게 하여 이로 인한 소득 중에서 저축시킬 방침이라 한다. 이 안은 일석이조로 농민 생활의 안정을 꾀하는 한편, 저축 목표액 달성에 매진할 것이라 하여 각 방면에서 주목하고 있다.

〈자료 50〉 호별세(戶別稅) 등급에 따라 장기저금을 실시, 이천(伊川) 저축보국운동

(《매일신보》, 1939. 7. 26.)

이천군 이천면에서는 지난 22일 오전 9시에 총후보국의 이천면 위원회를 동 회의실에 소집하고 금년도 본면 총후보국 저금 4만 8,000원을 작년도와 같이 호별세할로 배당하였다. 현재 장기전하에 있어 개인 생활의 간소화로서 소비절약을 실행하고 또는 개인의 근로저축 독려로 국가의 자원 증강을 확보하여 기대한바 국가의 대목적 달성에 총력을 기울여 국가총력전에 협력하여 금년도 저축 할당액을 연내로 반드시 달성하여 총후의 책무를 다하여 주기를 바란다고 한다.

〈자료 51〉 목표액 3만 5천 원, 겨우 5할을 저축할 뿐, 김포면에서 농촌에 순회 권유

(《조선일보》, 1939. 11. 21.)

김포군 김포면에서는 지난 16일 오후 2시부터 동 면사무소 안에서 면, 농촌진흥위원회를 개최하고 저축장려 방침에 대한 협의회가 열렸다. 김포면에 금년도 저축 목표액 3만 5,000원 중에서 현재 실적을 보면 불과 5할밖에 못 되었으므로 금년 연말 안으로 목표액 달성을 기하기 위하여 면 농촌진흥위원을 총동원시켜 가지고 21일부터 28일까지 여드래 동안 각 부락으로 순회강연을 개최하여 시국하에 있어 일반 면민에게 저축 보국의 신념을 한층 더 굳게 하여 저축 운동에 박차를 가하기로 되었다.

〈자료 52〉 애국저금 10만 원, 강화 입직(叺織) 생산저축조합의 활동

(《매일신보》, 1939. 11. 21.)

전시하의 장기 건설에는 무엇보다도 물자 절약이 제일 긴요한 국민 생활의 요소이기 때문에 전국적으로 애국저금 장려의 일대 국민운동을 환기하고 있는 바이다. 이를 반영하여 강화군 농회(農會)에서는 이 장기 건설 체제를 철저히 하고자 가마니생산저축조합을 설립한 지 1년이 되었다. 국민 생활의 절제에 대한 여러 가지 구체적 방법으로 이 저축조합의 활동을 신속 철저하게 하여 일반 생활에 윤활하게 하고자 박(朴) 군수의 창안으로 가마니 생산자 8,110명에 가마니 판매액의 1/10을 애국저금으로 하기로 되어 예상 이상의 호성적을 올렸다. 가마니 판매가격이 45만 7,327원 39전인데 그중에 애국저금으로 된 것이 6만 1,260원 75전에 달하는 호성적을 거둔 것이다. 군수 박제승(朴齊昇) 씨는 소비절약과 근로소득에 의한 저축장려는 생산 증가상 일대 국민운동으로 되어 있는 만큼 계속 실행하여 한층 더 총후보국과 생산 증가의 실적을 높이는 것이 비상시 총후국민의 당연한 진로라는 신념을 한층 더 확인하고 금년의 가뭄 대책으로 가마니 생산을 430만 매를 목표로 세우고 착착 진행하고 있으므로 내년 3월까지에는 10만 원의 애국저금이 될 것으로 기대가 자못 크다고 한다.

〈자료 53〉 연초(煙草) 소매인 적성(赤誠), 애국저금 280만 원

(《매일신보》, 1940.2.27.)

전 조선 5만여 명의 연초 소매인은 모든 방면에서 총후의 적성을 보임과 동시에 한편 국책에 순응하여 담배를 판 이익금 가운데서 애국저금을 실행하고 있는 중인데 작년 4월부터 12월까지에 저금한 것을 보면 도합 272만 2,100여 원으로 한 사람이 50여 원씩의 저금을 한 셈이 되는데 이를 각 지방별로 보면 다음과 같다.

지방	소매인(인)	저금액(원)
경성	18,817	876,283
전주	21,612	637,544
대구	13,071	724,368
평양	11,354	484,042
합계	53,854	272,157

〈자료 54〉 900만 원 목표 돌파, 순증액 1,200만 원, 강원 국민저축 결산

(《매일신보》, 1940.4.10.)

강원도에서는 국민저축에 협력하기 위하여 1939년(昭和 14)에 저축 순증가액 900만 원을 목표로 예의 장려를 해 왔는데 지난 12월까지에는 미곡과 한해(旱害) 관계 등으로 성적이 불량하여 지도 당국에서도 다소 걱정을 하게 되었다. 그런데 1월에 들어서 금융조합이사회의를 개최하는 등 저축장려에 박차를 가한 결과 3월까지 석 달 동안에 놀랄 만한 증가를 보였다고 한다. 즉 지난 3월 말일 현재로 총결산한 저축 총액은 3,304만 4,430원으로 1939년 3월 말일 현재 2,133만 4,000원에 비하여 실로 1,171만 430원의 증가로서 증가 목표 900만 원을 돌파하고서도 271만 원이나 더 증가하였다고 한다. 증가된 내용을 각 금융기관별로 보면 금융조합 511만 6,000원 증가가 단연 최고를 점령하였고, 다음이 은행의 180만 7,000원이며, 우편저금, 간이생명, 무진, 사변국채, 생명보험 등 모두 증가를 보였는데 이는 각 금융기관 관계자들의 눈물겨운 활동도 활동이려니와 도민의 시국 인식이 철저했기 때문이라고 한다.

〈자료 55〉 여급(女給), 기생, 하녀 들이 실천저축조합 결성, 매일 10전 저금을 여행

(《매일신보》, 1940.4.10.)

이번에 경성부 내에 있는 각 여관집 하녀와 일본인 기생 및 조선인 기생, 술집 작부와 '카페'의 여급들은 각각 저축반을 조직해 가지고 매일 10전씩 저금을 하기로 되었다. 그리하여 그 명칭을 실천저축조합이라고 하기로 되었는데 그 준비 공작으로 10일 오후 1시부터 경성부윤 응접실에 각 조합의 대표자들과 관계자 및 정신총동원 경성연맹 이사장과 애국반의 반장, 금융조합 이사 등 유지가 모여서 실천 방법에 대한 협의를 하기로 되었다. 100억 저축을 목표로 하여 작년도에 1억 민중이 일심으로 목적한 100억 원을 저축하였으며 그 가운데 조선에서 저축한 것이 3억 원이라 함은 이미 보도한 바와 같거니와 1940년(昭和 15)도에는 120억 원을 저축하기로 되었으므로 전기의 매일10전저금운동도 이 운동에 적지 않은 도움이 될 것이라고 하여 각 방면에서 크게 기대되고 있다고 한다.

〈자료 56〉 금조(金組)의 저축운동, 도(道) 배정 결정, 금년 목표는 1억 원

《동아일보》, 1940.5.29.)

금년도 총독부의 4억 원 저축 증가 목표에 대하여 금조련(金組聯)[25]에서는 조선 내 금조(金組)의 목표를 1/4에 당하는 1억 원으로 하고 지난번 지부장 회의에서 협의한 결과 각 도 지부의 배정 목표를 다음과 같이 결정하였는바 저축장려 강화 수단으로 1. 저축 태세의 강화 2. 응능(應能)저축의 철저 3. 저축계속의 독려에 중점을 두고 6월 10일부터 20일까지의 10일간은 "저축장려특정기간"이라 정하여 지방의 부동구매력을 흡수하여 농업보국주간 중의 운동에 의한 잉여의 저축, 각 은행 회사 6월 중의 지급 상여의 저축에 노력하기로 되었다. 그리고 각 도 배정은 다음과 같다.

(단위: 만 원)

경기	1,800	황해	550
충북	260	평남	700
충남	470	평북	760
전북	470	강원	660
전남	1,030	함남	660
경북	850	함북	660
경남	1,130	계	10,000

---

25 조선금융조합연합회(朝鮮金融組合聯合會).

〈자료 57〉 정동연맹원(精動聯盟員)은 1인 1매 채권을 사라, 5억원저축운동에 애국반을 총동원, 10일부터 저축강조주간 개시

《매일신보》, 1940.6.8.)

총후봉공의 한 가지로 금년에는 전국에서 120억 원의 저축을 하기로 하였는데, 앞서 보도한 바와 같이 조선에서는 5억 원을 목표로 오는 15일부터 일주일 동안 5억저축강조주간을 실시하기로 하였다. 이에 대하여 정신총동원조선연맹에서는 500만 애국반원을 총동원시켜 이 저축운동으로 나서게 하였다.

무엇보다도 장기 건설 아래 소비를 절약하고 저축을 적극 실시하는 것은 국민의 전시생활에 가장 긴요한 일이며 각 개인의 생활에 있어서도 이것이 국책에 협력하는 것이 되므로 이번 전 조선 각 연맹을 총동원시키기로 하였다. 저축운동으로 연맹원을 총동원시키는 목표는 "연맹원 한 사람은 반드시 채권을 사자"는 것과 "황기 2,600년 기념 저금을 하자!"는 두 가지 '슬로건'을 내세우고 저축운동의 중추적 활동을 하도록 하였다.

그리고 이번 저축장려는 개별적인 것으로부터 한 걸음 더 나아가 단체적으로 저축하도록 할 터이고 연맹원은 몸소 저축운동을 실천하여 모범이 되도록 각별한 지시를 어제 각 도 연맹에 통지하였다.

〈자료 58〉 일반 가정에서 협력하여 저축에 힘을 쓰자

《동아일보》, 1940.6.10.)

쓰고 남은 것으로는 저축이 안 됩니다
생활양식을 줄이는 것이 저축이죠

작년도에 조선에서 저축 목표액으로 정한 것이 3억 원이었습니다. 이 3억 원을 돌파하여 좋은 성적을 올렸습니다. 금년에는 조선에서 5억 원이오, 일본[내지]에서 120억 엔이라는 저축 목표를 다시 세웠습니다. 그러면 무슨 까닭으로 이렇게 거대한 저축을 하게 되었느냐는 데 대하여 설명하겠습니다.

지나사변이 발생한 지 만 3년이 돌아오면서도 아직 언제 이 사변이 끝날지 알지 못할 뿐 아니라 최근 유럽 전쟁[26]으로 해서 일어나는 국제정세를 본대도 언제 무슨 일이 있든지 곧 유용되게 군비의 충실을 도모한다는 것은 결코 짧은 시간 내에 되는 일이 아닙니다.

이런 중대사를 처리하자면 막대한 돈이 필요합니다. 이렇게 많은 돈은 결코 다른 데서 얻을 수 없는 일이오 국민 전체가 부담하여 책임을 지고 나가지 않으면 안 될 것입니다. 그러나 국민이 지불하는 세금만 가지고는 도저히 될 수 없으므로 정부에서는 국채를 발행하여 국민에게서 돈을 빌리는 것입니다.

요새 국채와 저축채권으로 파는 것이 즉 그것입니다. 그러나 이것은 극히 적은 한 부분에 불과하고 많이는 국민이 저축한 돈으로 소화되는 것이니 금년에도 작년과 같이 정부에서는 여기에 대한 자금을 60억 엔으로 보고 있습니다.

그다음에는 생산력확충자금으로 약 40억 엔이라는 돈이 필요합니다. 생산력확충자금이라는 것은 대단히 어려운 말이나 쉽게 말하자면 어떤 어려운 경우를 당하던지 견디고 남을 수 있는 힘을 기르는 데 일본과 조선은 물론이오 북중국이나 만주에도 철이 있고 석탄이 많이 있기는 하지만은 그대로 두게 되면 아무 소용도 없으니까 이것을 파내는 설비를 하고 파낸 것을 운반하기 위하여 도로를 펴야 하고 교통기관도 만들어야 합니다.

이러한 일에 쓰기 위하여 40억 엔을 예산하여 60억 엔과 합하면 100억 엔이 되는데 이번에는 여기다가 20억 엔을 증가시키기로 했습니다.

20억 원은 왜 더 증가시키느냐 하면 여러분이 맘대로 물건 사는 것을 억제하기 위해서입니다. 다시 말하면 사변 이후에 정부는 많은 돈을 써서 전쟁에 필요한 물품을 민간에서 사들였기 때문에 그 돈은 민간에 많이 퍼져 있습니다. 즉 필요 이상의 돈이 지금 민간에 흩어져 있다는 말입니다.

누구든지 돈을 많이 가지고 있으면 무엇이나 사고 싶어 하는 것이 보통의 마음입니다. 그러나 전쟁으로 해서 또는 생산력 확충으로 해서 여러 가지 물품이 충분하지 못한 데다가 민간에서 물건을 사는 편이 많으면 점점 더 물품 부족이 될 것입니다. 그 결과 물건의 가격은 점점 올라가기만 합니다. 아무리 훌륭한 공정가격이 있어도 값을 많이 주고라도 사들이는

---

26 제2차 세계대전.

관계상 공정가격을 무시하고 여전히 물가가 비싸지니까 어려운 것은 일반 우리뿐이 아니라 정부에서도 이 비싼 것을 사서 쓰지 않으면 안 되는 고로 아무리 해도 예산대로 실행할 수가 없는 것입니다.

그러므로 국민 전체가 소비절약을 해서 절약한 만큼은 저축을 해야 한다는 것입니다. 사고 싶은 생각을 각각 개인이 억제해야 한다는 의미가 저축 목표액 속에 포함해 있다는 것을 잊어서는 안 됩니다.

그래서 이번 조선에서도 1년에 5억 원을 저축하여 유용하게 쓰도록 하자는 것입니다. 각 도에서 책임지고 담당할 금액도 벌써 결정되어 이 운동이 개시되었습니다. 이러한 중대한 의미에서 불가불 저축의 정신을 일으켜야 하는 한편 실상 각 가정의 생활이란 것은 물가고로 해서 여러 가지 곤란을 받는 이때이니 이만저만한 노력으로 되는 것이 아닙니다. 평상시 수입으로 저축을 해야 한다는 것은 그만큼 생활을 줄여야 한다는 것이니까 노력이 필요합니다.

전쟁의 덕택으로 수입이 많아진 사람은 이 기회에 더욱 분발할 것이오, 그렇지 않은 사람도 대국적 의미를 생각하여 저축에 노력을 해야 할 것입니다.

〈자료 59〉 총후봉공은 저축에! 저금도 하고 채권도 사자, 명일부터 일주간 저축전 격전

(《매일신보》, 1940.6.15.)

내일 15일부터 21일까지 일주일을 조선에서는 5억저축강조주간으로 지키게 되었다. "총후봉공(銃後奉公)은 저축에 있다" 하는 깊은 신념을 총후 2,400만에게 철저히 인식시키고자 채권도 사고 저금도 하라고 널리 외치게 되었는데 전 조선 각 우편국소와 조선식산은행에서는 제2회 보국채권과 제17회 지나사변저축채권을 팔기로 하였다. 제2회 보국채권은 10원짜리 한 장만 사면 1만 원이 빠지는 큰 횡재를 하게 되며 사변저축채권 역시 한 장만 사 두면 해롭지 않게 되어 나오는 것이니 한 장 사 두어 이번 5억저축강조주간을 마음으로 채권으로 협력하지 않으면 안 될 것이다. 또 각 백화점과 요리집에서는 한 번에 50원 이상 물건을 팔 때에 반드시 10원짜리 채권을 사도록 하였고 100원어치 요리를 먹을 때는 50원어치 채권을 사지 않으면 안 된다는 저축 전격전을 시작하여 이번 강조주간은 색다른 의미에서 철저한 효과를 거두게 된 것은 주목할 만한 일이다.

그리고 각 우편국소 직원들은 길거리로 또는 각 백화점으로 진출하여 "채권도 사셔야 합니다"라고 권유하여 전시하에 맞이한 저축강조주간에 좋은 성적을 거두기로 하였으니 때는 정히 '상여금'이 쏟아진 때고 사야 할 것은 채권이라는 것을 명심해 두지 않으면 안 될 것이다.

〈자료 60〉 당분간 계속할 터, 물건 살 때 채권 껴 주는 저축운동

《매일신보》, 1940.6.15.)

50원짜리 물건을 샀다면 60원을 내고 10원짜리 채권도 한 장 받게 되는 구매저축은 드디어 내일부터의 5억저축강조주간부터 실시하기로 한 것은 일본보다도 한 걸음 더 앞서게 된 것으로 상당한 센세이션을 일으키고 있다.

이 저축의 특점은 이번 저축강조주간 날만 실시하는 것이 아니라 당분간 계속한다는 것이 요점이며 50원어치 물건을 살 경우에는 누구든지 이것을 조치해야만 한다는 것이다. 상품권을 사는 경우에는 실제 상품을 사는 것 이상으로 그 채권을 사는 비율을 높인 것이며 직접 백화점에까지 체신국 관계자가 직접 출장 판매한다는 것이다.

그러나 "한 번에 50원어치"라 한 것은 백화점 안 한 곳에서만 50원어치를 사야 하느냐? 혹은 한 백화점에 들어가 여기저기서 물건 산 것이 50원어치가 되어도 2할 이상의 채권을 사야 하는가는 까다로운 일인데 이에 대하여 총독부 야마지(山地) 이재과장은 다음과 같이 말하였다.

물론 이번에 실시한 구매저축은 강제적은 아니나 총후 여러분의 봉공하는 마음과 양심에 맡기어 이것을 실시한 것이니까 한 백화점에 들어가 한 자리에서만 50원어치를 사는 경우에만 한정하는 것이다. 그러므로 이 50원어치 사는 것을 피하여 같은 물건을 여기서 조금, 저기서도 조금 사 가지고 한 번에 50원어치를 사지 않기로 한다는 것은 국책을 모반하는 일로 양심적으로 경계할 일이다.

〈자료 61〉 농산물 판매대금 일부를 강제로 저축, 대장성 당국의 적극적인 신방침

《매일신보》, 1940.6.18.

대장성 저축장려국에서는 농촌저축진흥책으로 금후는 특히 아래의 점에 중점을 두기로 되었다. 즉 농촌에 대한 저축은 종래 저축실행조합을 통하여 행하고 있으며 그 방법은 정촌(町村) 단위 등 각 개인 가정별의 적립제로 되어 있는데 금후에 있어서는 농산물 판매 시에 그 매상 대금의 일부를 조합을 통하여 강제저축시킬 방법을 농촌 전반에 보급시킬 방침을 취한다. 예를 들면 현재 구마모토(熊本)현의 일부 정촌에서는 미(米) 1섬 매각에 대하여 4원씩 공동판매조합을 통하여 저축시키는 저축실행조합이 설립되었으므로 어떠한 방법에 의하여 각종 농산물을 매각할 때에는 농촌이 공동판매조합을 설립하고 이 공동판매조합 내에 저축실행조합을 설치시켜 공동판매조합원의 매상 일부를 저축시킬 방법을 적극화하려는 것이다.

〈자료 62〉 목표액 돌파책으로 천인저축(天引貯蓄) 시행

《동아일보》, 1940.6.21.

5억저축강조운동의 실시에 따라 대덕군에서는 그 할당액 20만 원을 무난히 돌파시킬 계획을 세우고 소위 천인(天引)저축=즉 소득 되는 금액이나 물품에서 얼마씩을 떼는 저축=을 강행하여 구매력 흡수에 가장 효과적인 저축을 장려, 실행키로 하고 이의 보편 강화를 위하여 오는 20일 오전 9시부터 군 회의실에서 면장회의를 개최하기로 되었는데, 이제 천인저축에 대한 중요한 몇 가지를 들면 다음과 같다.

1. 생산량에 의한 천인저축
    가. 벼[정조(正租)] 생산량의 2/100, 5/100
    나. 보리 생산량의 2/100
    다. 면 생산량 반당 5근
    라. 임산물, 생산량 1본(本)에 1전
2. 판매 또는 판매 알선에 의한 천인저축
    가. 견 판매고- 5/100
    나. 가마니[입(叺)] 판매- 1매에 1전
    다. 소·돼지 판매고- 5/100

〈자료 63〉 농산물 공판(共販) 시에는 1할씩 저금키로, 강원 저축운동 철저

(《매일신보》, 1940.6.22.)

강원도에서는 본년도의 저축책임액 1,200만 원 목표를 달성하기 위하여 각 기관 총동원으로 저축장려에 매진하고 있는 중인데 금년은 예년과도 달라서 황기 2600년이자 전시 제4년에 해당하는 해이므로 특히 저축장려강화연도로 정하여 목표액 이상의 저축을 실행하기로 되었다. 그리하여 장려의 한 방책으로 농산물 공동판매에는 천인(天引)저금을 장려하기로 방침을 정하여 각 군으로 하여금 독려하고 있는데 목하 울진을 비롯하여 각지에서 잠견(蠶繭) 공판이 개시되고 있으므로 고치를 팔 때에도 공판 대금의 1할씩을 저금으로 공제하고 있어 좋은 성적을 드러내고 있다 한다.

〈자료 64〉 개풍군 저축운동 30만 원 목표로

(《조선일보》, 1940.7.8.)

개풍군에서는 지난 4일 군 간부와 경찰서장, 우편국장, 금융조합 이사 등 각 관공서 대표가 군 회의실에 모여 가지고 1940년도(昭和 15) 저축 목표액을 각 방면별로 협의 결정하였는데 그 총액은 32만 6,000원의 거액이다. 그러나 동군에서는 만난을 무릅쓰고 전기 목표 금액을 실천에 옮기도록 노력하리라는데 각 면별 목표액은 다음과 같다.

중서면	28,000원	중면	23,000원
남면	27,000원	상도면	14,000원
서면	14,000원	임한면	24,000원
북면	26,000원	홍교면	28,000원
영북면	10,000원	대성면	41,000원
영남면	14,000원	광해면	20,000원
청교면	26,000원	계	326,000원
봉동면	31,000원		

〈자료 65〉 흥정저축 아직 불량, 7월 중 국채 껴 판 것 500건에 불과, 백화점업자 초치 권고

(《매일신보》, 1940.8.1.)

5억 저축을 목표로 경성부에서는 지난 6월 15일부터 시작하여 각 백화점에서 물건을 팔 때에는 50원 이상부터 국채를 끼어 팔도록 하였고, 그 후 여러 가지로 문제가 되어 비율을 내려 실시하기까지 이르렀는데 그 실적은 어떠한가 하고 부 당국에서 그 내용을 조사하던 중, 7월 15일 현재 실적이 31일에 겨우 집계되었다.

이제 그 내용을 보면 지난 7월 1일부터 동 15일까지에 부내의 다섯 군데 백화점에서 끼워 판 국채의 매상고는 상품이 400구(口)로 4만 469원 85전, 상품권이 114구로 9,507원으로 그 통계는 4만 9,976원 85전이며 이를 각 백화점별로 보면,

▲ 미쓰코시(三越) = 상품 44구, 6,998원 60전/상품권 68구, 6,913원

▲ 히라다(平田) = 상품 5구, 268원

▲ 미나카이(三中井) = 상품 93구, 10,068원 25전

▲ 조지아(丁子屋) = 상품 62구, 8,411원/상품권 21구, 1,344원

▲ 화신 = 상품 196구, 1,412원/상품권 25구, 1,250원

등으로 비율이 높게 처음 실시된 6월 중의 4,400원에 비하여는 나아진 편이기는 하지만 매상고 총액의 2할 4푼밖에는 안 되는 것으로 아직도 처음 기대하였던 성적은 되지 못하는 섭섭한 형편이므로 부 총동원과에서는 근래 업자들을 부로 모아 놓고 좀 더 성의 있게 힘쓰도록 권고하기로 되었다.

〈자료 66〉 유흥저축은 만전! 7월 상반기에만 4천여 원을

(《매일신보》, 1940.8.4.)

총후의 저축을 철저히 해야겠다고 경성부에서는 각 백화점에서 물건과 상품권 팔 때나 각 요리점에서 요리 먹는 손님들에게 채권을 끼워 팔도록 하고 있는 중이거니와 지난 7월 2일부터 15일까지의 열나흘 동안에 부내 50군데 요리점에서 끼워 판 채권은 전부 4,338원어치로서 백화점에 비하여는 말할 것도 없이 좋은 성적을 보이고 있다. 일본인 측의 경성요리점조합은 요릿집이 38군데인데 628번 손님을 치러 요리 61만 2,248원 20전 어치를 팔고 채권은 1,863원어치를 끼워 팔아 8할이라는 성적을 내었다. 다음 조선인 측은 12군데 요릿집에서 278번 손님을 치른 데서 요리 4만 490원 51전 어치를 팔았고 여기서 국채 2,475원어치를 팔아 그 비율은 만점인 10할로 되어 대체로 좋은 성적을 보이고 있다.

〈자료 67〉 상여금은 어떤 데 쓰나? 첫째로 국채 사서 사회와 국가에 이바지하고, 다음에 가정 위하여, 주요한 씨 부인 최선복 씨 담(談)

(《매일신보》, 1940.12.9.)

예년마다 있는 일이지만 이달 10일경부터 월말까지는 보너스가 나오는 시절이올시다. 금년도 요즈음 각 관청과 은행 회사에서 상여금에 대한 발표가 있는데 금년은 어디서나 위는 박하고 아래는 후하게 하는 주의로서 보통으로 예년보다 상여금의 비례가 많은 것 같습니다. 그러나 여기서 우리 일반이 다시금 생각을 할 것은 이런 상여금은 보통 시절이 아니고 전시하라는 것, 그것을 같은 전시하인 작년이나 재작년에 비하여도 모든 경우가 대단히 변했다는 것을 깊이 생각해야 하는 것이올시다. 상여금이 나온다고 해서 전과 같은 보너스 경기의 풍경이 있으리라고 생각지 않습니다. 그러면 무엇보다도 금년에는 나오는 상여금을 가지고 이 비상시에 국가를 위하여 무슨 도움이 되도록 또는 국민으로서 책무를 다하도록 해야겠습니다. 이 때에 있어 누구보다도 주부 되시는 분이 가정을 위하여 나가서는 국가를 위하여 상여금을 쓰는데 많은 공부를 해 가야 할 것이올시다. 여기서 여러분에게 좋은 참고가 될까 하여 화신의 상무이사이신 주요한(朱耀翰) 씨 부인 최선복(崔善福) 선생의 말씀을 들어서 기재합니다.

"금년은 예년에 비하여 금액으로 보아서 적을 줄 압니다. 이 적은 상여금이라도 금년만은 좀 더 조리 있고 좀 더 재미있고 유효하게 사용하려고 지금부터 생각하고 있습니다. 물론 그럼에도 쓸데없는 데 쓰지 않고 저금을 한다든가 그 외 여러 가지로 사용을 하였지만 금년은 첫째 제 마음도 그렇지만 바깥어른께서 국채를 사신다고 합니다. 이것을 제일 첫 조건으로 하겠습니다. 물론 상여금으로 전부 사지는 않고 적당한 분량으로 삽니다. 무엇보다 지금은 개인보다 사회를 위하고 국가를 위할 때입니다. 어찌 상여금이란 것이 개인적이겠습니까? 그다음은 저금하려고 합니다. 이번 저금 방법은 한 이름으로 즉 한 사람이 하는 게 아니고 각각 개인의 명의로서 하려고 합니다. 그리하여 5억저축에 한 가지 도움이 되며 이것을 출발점으로 하여 각각 개인이 저금하는 데 근본이 되려 합니다. 저금이란 것은 어느 때나 필요한 것이지만 지금은 더욱더 필요하다는 것은 다시 말할 것도 없거니와 무엇보다 한 사람이라도 더 하여서 총후국민으로서 저축보국에 만전을 기하려 합니다. 그전에는 이때를 당하면 어린이들에게서 선사품을 주었으나 금년은 그것을 중지하고 저금을 시킬 것이니까 그 대신 어린이들을 위하여 조그만 비용을 들여서 어린이들을 중심으로 가족 전체가 모여서 하루 저녁을 유쾌히 보내도록 식사 시간을 가지려고 합니다. 가족적 단란은 모든 괴로움과 우울을 씻어 버리는 중요한 의미를 가지고 있다고 봅니다. 이런 의미에서 상여금의 아주 적은 액수로 하려고 합니다. 그다음으로는 그 전에 가졌던 빚을 처리하려고 합니다. 그리하여 좀 더 내 가정의 생활을 윤택 있게 하려 합니다. 이렇게 하여 이번 상여금은 그전보다 좀 더 유용하고 좀 더 재미있게 쓰고자 하는 것입니다."

〈자료 68〉 연하장 대신 국채, 총력 익찬(翼贊)의 장사진

(《매일신보》, 1940.12.24.)

천안읍민 애국 미담

충남 천안읍 어떤 동리 사람들은 금년 가을에 경성사단에서 실시한 추계 연습 때에 장병들의 고생하는 실상을 직접 보고 크게 감격하여 군에서 숙박료로 내어준 돈을 동리끼리 서로 모아 가지고 그 반액은 동리에서 출정한 용사의 가족에게 위문금으로 보내고 나머지 돈은 대표자 김건열(金健烈) 씨의 명의로 경성사단 휼병부에 우편으로 보내어 와서 관계관을 크게 감격시켰다.

지나간 한 해 동안의 지낸 일을 회상하고 반성하며 새해의 새 생활 설계를 꾸미려고 명상할 때 곰곰이 생각나는 것은 그 어느 때의 옆 동무와 고맙게 해 준 이 가까이 굴던 사람들의 얼굴이다. 무소식이 희소식이라고는 하나 잘 있다는 소식이나 전해 주자. 이사한 주소나 알려 주자—한 장 한 장 골라 쓴 연하장이 모여서 태산 같다. 한 사람이 100장, 100사람이 100장씩이면 만 장—장안 사람이 시골 사람과 주고받는 수를 따지면—우편 자동차가 총력을 다해도 모자라고 정거장의 우편차를 총동원시켜도 모자랐다. 해마다 연말이 되면 복잡을 회피하느라고 우편국에서는 연하장 특별취급을 하였다. 그러나 사정은 역시 사정이나 사정으로 말미암아 국가를 위한 통신에, 공익을 위한 통신에 지장이 있어서야 될 말이냐.

예년 같으면 넓은 우편국 안에 연하장이 태산같이 쌓이고 이것을 처리하는 국원이 밤낮없이 스탬프를 찍기에 골몰할 때, 국원이 몰려든 곳은 새로 간판을 건 채권 매출 창구이다. '금년은 연하우편과 연하전보의 특별취급은 아니 합니다', '지나사변 국채를 팝니다'를 붉은 색깔 종이에 먹도 새롭게 쓴 글씨가 빈틈없이 붙어 있다. 이것이 신체제 아래의 우편국의 풍경이다. 지난 13일부터 채권을 팔기 시작한 부내 각 우편국 창구에는 기한 안에 채권을 사 두려고 사람들이 아침부터 정거장 차표 사듯 열을 지어 늘어섰다.

연하장 할 돈을 저축으로, 보너스를 탄 돈을 저축으로, 연말의 우편국에는 들어가는 이 지폐 뭉치다. 어린애 설빔 할 것을 모아서, 과장댁에 세찬할 것으로 채권을 사고 남는 잔돈은 저축을 하느라고 연말의 우편국, 은행 같은 기분이 난다. 매일 같이 아침부터 밤새도록 편지 배달을 하는 우체부들의 얼굴에도, 전보 배달하는 소년들도 연하장, 연하전보와 인연을 끊게 되고 국가를 위한 공익을 위한 통신만을 전하게 된 책임을 느꼈음인지 남 모르는 미소가 흐른다.

〈자료 69〉 2,600원 목표로 일가(一家)가 총동원하여 협력

《매일신보》, 1940.12.3.

우리 집에서는 아직까지 저금이라고 하여 특별히 하는 것은 없으나 한 달에 얼마씩은 꼭 저금을 하며 보험에도 들어 있습니다. 수입이 일정하지를 못한 관계상 역시 저금도 일정하게 할 수는 없습니다. 물론 저금을 전혀 하지 않는 사람도 많겠으나 그러나 이것은 잘못인 줄 알며 조금씩이라도 반드시 해야만 됩니다. 그리하여 어느 때든지 급할 때 유용하게 사용하도록 할 것입니다. 집안에 병이 났을 때 또는 그 외 갑자기 쓸 때에는 저금이 여간 필요하지 않습니다. 그리고 우리 집 어린아이들에게는 지금까지 돈은 주는 일이 없으므로 아이들이 자진하여 저금을 하는 것은 없습니다. 그러나 일가 어른들이 오셔서 돈을 주시거나 하면은 이것은 '벙어리'를 사다 놓고 꼭 그곳에다 집어넣도록 하고 있습니다. 처음에는 시행이 잘 안 되었었으나 지금은 절대로 틀림없이 잘하고 있습니다. 아무쪼록 절약을 하고 편안한 생계를 도모하기 위하여 앞으로 저금을 하는 데 힘을 다하려고 합니다. 그리고 금년에 우리

집 아이들에게는 기원 2600년 기념으로 2,600원 저금을 시작하였습니다.

담(談) 허영숙산원장(許英肅産院長) 허영숙(許英肅)

〈자료 70〉 총후의 의기 헌앙(軒昻) 저축 목표 7할 달성, 경기도 저축액 1억 1천만 원

(《매일신보》, 1941.1.11.)

　총후저축은 국민의 의무라고 경기도에서는 금년도의 저축 목표를 1억 5,800만 원으로 정하고 300만 도민을 총동원하여 목표를 달성하고자 힘써 왔으며 작년 12월 한 달 동안의 저축강조주간에는 본부의 방침에 따라 '도시에서는 상여금 봉투에서, 농촌에서는 벼 판돈에서'라는 표어를 내어 걸고 한층 저축장려에 힘써 왔다. 그 결과 12월 한 달 동안에만 순전히 증가한 저축액은 도시 농촌을 통하여 3,588만 9,860원을 돌파하게 되었다. 이것은 작년 4월부터 11월 말까지의 8개월간 저축액 7,710만 원의 1개월 평균 960만 원에 비하여는 실로 4배로 증가한 것인데 그 내용을 자세히 보면 ▲ 경성 2,885만 7,297원, ▲ 인천 191만 9,348원, ▲ 개성 104만 3,216원 등으로 세 곳 도시만도 3,181만 9,861원이요, 이 밖에 채권과 무진회사 자금과 간이보험에 각 지방의 저축은 아직 확실한 숫자는 보이지 않았으나 대체로 ▲ 채권 27만 원, ▲ 무진 및 보험 30만 원, ▲ 군부(郡部) 시방 서숙 350만 원 등은 될 터이다. 이로써 12월 말까지의 본도 저축액은 목표의 7할 1푼이 넘는 1억 1,200만 원을 돌파하여 작년 11월 말 현재의 4할 9푼에 비하여는 훌륭한 성적을 내인 것이요, 금년 3월까지의 3개월 동안에 나머지 4,600만 원만 저축하면 훌륭히 목표를 달성할 수 있게 된 것인데 작년 1월부터 3개월 동안의 저축 실적을 보면 2,100만 원이었으므로 종래보다 조금만 힘쓰면 무난하게 달성할 수 있을 것이다. 더구나 작년도 목표는 금년도보다 5,300만 원이나 적은 1억 500만 원이었는데도 이만한 성적을 낸 것이므로 금년도에는 목표액이 많은 그만큼 계획도 상당히 세워져 있을 터이다. 금년도의 목표를 달성하는 것은 그리 어려운 일은 아닐 것이라고 한다.

〈자료 71〉 공출 미가(米價)의 선제 저금 강제적 장려는 회피, 농가의 실정을 충분히 참작, 탕촌(湯村) 농림국장 담(談)

《매일신보》, 1941.2.9.

일본과 외지의 식량문제 해결에 크게 한몫을 보는 조선 각 농촌의 공출미는 각 애국반의 활동으로 활발하게 나오고 있으며 이것을 사들이는 미곡 자금도 3억 원 대를 돌파하고 있기에 그만큼 각 농촌에는 상당히 많은 돈이 돌고 있다.

그러나 이렇게 많은 돈이 도는 것을 기회로 삼아 총독부에서는 적극적으로 저축을 장려하고 있어서 5억 원 저축으로 총진군을 명령하고 있는데 특히 쌀값의 1할은 의무적으로 저금을 하는 것에 일부 농촌에서는 여러 가지 말이 많은데 이에 대하여 총독부 유무라(湯村) 농림국장은 다음과 같이 말한 바 있다.

공출미는 각 농촌의 열성으로 상당히 많은 수량이 나오고 있으므로 우리 당국으로서는 든든한 생각을 가지고 있으며 그만큼 식량 문제 해결에 협력해 주는 것으로 고맙게 생각하고 있다. 그리고 여기에 대하여 많은 돈이 지불되고 있으며 5억 저축의 목적을 달성하기 위하여 1할 선금 저축을 하고 있으나 이것은 총독부 방침에 의한 것이고 총후봉공의 한 가지로의 목적으로 이것을 실시하지 않아서는 안 될 것이다. 그러나 1할을 삭감당함으로써 농가경제에 큰 지장이 생기고 많은 영향이 있다면 그만한 실정은 참작해서 다소 융통성 있게 저축을 장려하지 않아서는 안 될 것이다. 그러므로 이 저축을 장려하는 각 지방 제일선의 관계자들은 농가의 형편과 정상을 잘 살펴야 할 것이며 절대로 강제적으로 장려해서는 안 될 성질의 것이다라고 생각할 수도 있다.

그러나 다시 돌이켜 생각한다면 쌀을 판 돈의 1할을 마저 공제하고 받는다는 것은 결국 저축봉공이며 국책에 협력한다는 것이며 중소상공업자가 국책에 의하여 전실업(轉失業)을 하지 않아서는 안 될 딱한 처지를 생각한다면 훨씬 이보다는 낫다는 점에서 1할 선제 저금에 오해가 없기를 바라는 바이다.

〈자료 72〉 저축보국에! 티끌 모이면 태산

《매일신보》, 1941.1.6.)

절미대(節米袋)는 "노다지", 열어 보니 대금 6,000원, 강원

저축은 옛날이나 지금이나 필요한 것으로서 한 푼 두 푼 알뜰하게 저축을 하여 누만금의 큰 부자가 되었다는 이야기는 흔히 들을 수 있는 일이다. 더구나 요새와 같은 국가 초비상시에 있어서는 총후의 국민으로서 여러 가지 할 일이 많겠지만 무엇보다도 우리는 저축을 하고 저금을 하여 성전 목적 달성에 경제적으로 협력하지 않으면 안 될 것이다. 그리하여 근래에는 도시나 농산어촌을 물론하고 '저축보국'이란 커다란 국민운동을 일으키게 되어 너나없이 저축을 해야 된다고 떠들고 있는 이때 한 동리의 부락 사람 전부가 한 덩어리가 되어 부녀자는 절미를 독려하고 남자들은 공동작업을 하여 10년 동안이란 긴 세월을 하루같이 꾸준히 쌓아 가며 근검 저축을 실행한 곳이 있으니 이 마을 사람들의 신조야말로 저축보국운동에 생생한 교훈이 아닐 수 없는 바이다. 다음에 그 분투 기록을 간단히 소개하여 저축장려에 좋은 지표가 되게 하고자 한다.

여기에 소개하려는 부락은 춘천군 신동면 거두리 1구 부락으로 작년 섣달에 미나미(南) 총독이 친히 시찰까지 한 유명한 고장으로 호수 60여 호에 인구 300이 살고 있는 작은 마을이다. 이 마을에서는 요새 와서 새삼스럽게 저축을 실행한 것이 아니고 농촌진흥운동이 일어나던 1932년(昭和 7)부터 벌써 저축의 필요성을 외치게 되어 오늘날까지 10년 동안이나 두고 실행해 온 것이다. 이전에는 농촌진흥회 또는 부인회에서 이를 장려해 왔으나 국민총력운동이 새로 발족하면서부터는 부인애국반과 남자애국반을 각각 다섯 반씩 조직하여 부락 정동리연맹 지도 밑에서 실행해 나가고 있다. 실행 방법을 보면 부인애국반에서는 매일 밥을 지을 때마다 식구 수대로 쌀이면 쌀, 보리면 보리를 한 숟갈씩 자루에 떠 두었다가 매달 15일에 모이게 되는 월례회에 가져다가 한데 모아 가지고 팔아서 공동저금을 하게 된다는 것인데 한 번에 모이는 쌀이 여섯 말 혹은 일곱 말은 넘는다고 한다. 그리하여 저금한 돈은 부인 공동경작지의 종자 값과 돼지 같은 것을 사서 기르고 나머지는 국방헌금을 하게 된다는 것이다. 남자 애국반에서는 근로봉사대를 조직하여 이른 아침과 달밤 같이 여가가 있는 때를 이용해서 근로작업을 해 가지고 수입되는 돈을 저금하는 것 외에 매월 1일과 15일

에는 부근 산에 가 송진을 채취해다가 팔아서 공동저금을 한다는 것이다. 그리하여 저금한 돈은 공동경작비와 국방헌금으로 일부를 내놓는 것 외에는 모두 부락의 공동사업을 위하여 뜻있게 써 나가고 있는바 현재까지 시설한 것만도 공동경작을 목적한 애국전(愛國田) 1,200평을 장만한 것을 비롯하여 공동집회장, 공동작업장 같은 것을 저금한 돈으로 세웠으며 250원이나 들여 ■■■동사(洞飼)까지 세우게 되었다. 이같이 수백여 명이나 되는 동리 사람 전부가 팔다리를 놀리지 않고 부인들은 쌀 한 톨이라도 알뜰하게 아끼고 남들은 부지런히 일하여 담소한 생활 가운데서 한 푼 두 푼 저금을 불려 나가고 있는 것인데 현재 저금통장에 남아 있는 저금액만도 수천 원에 달하고 있으며 간이보험에 납입한 저축액까지 합친다면 놀랍게도 6,000여 원에 달하고 있는 것이다.

끝으로 이 부락이 10년 동안이나 저축을 실행해 온 데는 지도자의 눈물겨운 노력이 있었다는 것을 잊어서는 안 될 것으로 성기찬, 성기옥, 성기홍 3형제가 '릴레이'식으로 부락의 중심인물이 되어 지도해 온 것이 특이한 존재라 하겠는데 숨은 공적에 대하여 저절로 머리가 숙여짐을 느끼게 하는 바가 있다.

10년간을 하루같이, 370명의 땀의 결정(結晶) 9만 원, 전남

전남도 내에서도 다른 지방에 볼 수 없는 순천부국(富國)저축연맹원들의 활동과 고흥과역(過驛)저축저금계원들의 저축 상황을 소개하려 한다.

(1) 순천부국저축연맹은 1937년(昭和 12) 9월에 순천읍 본정에 사는 부녀 10여 명이 중심이 되어 조직한 것으로 이 지역 애국부인회, 군사후원연맹 등과 협력하여 부국저축연맹원들은 솔선하여 소비절약, 저축장려 운동을 일으켜 기회 있을 때마다 전원이 대를 나누어 각 집에 호별로 방문하여 무식한 가정 부인들에게까지 시국의 인식과 가정에 있어 부인들이 소비절약하여 총후에서 저축보국을 하지 않으면 안 된다고 일일이 설명하자 부국저축연맹 취지에 공명하고 다투어 가입하였다. 그리하여 연맹의 규정, 즉 아침과 저녁 밥 짓기 전 양식에서 한 주먹씩 떼 모으게 하고 폐품을 처분하는 외에 관공서에서 필요한 '리봉'이나 꽃 같은 것, 재봉틀 등을 맡아 공동작업하여 나오는 돈으로 저축하여 오게 된 것이 11월 말로 회원 866여 명에 저축액 12만 4,756원이라는 막

대한 돈에 달하였다. 그러나 그들은 사변이 장기화할수록 더욱 분발하여 계속 활동하고 있다.

(2) 고흥 과역이라는 곳은 앞의 순천과는 달라서 순전한 작은 농촌으로 호수는 불과 100호 미만이나 부근 촌락까지 통합하여 1931년(昭和 6)에 과역저축저금계라는 것을 조직하였다. 그 동기는 1929년(昭和 4) 이래 농산물 가격이 점차 폭락하여 농산어촌의 피폐가 심해져 가고 농민들은 자포자기하는 사람이 많아지는 것을 보고 그 지방유지 수명이 발기하여 공존공영, 생활개선상으로 상부상조하라는 의미에서 최초 11명이 동계를 조직하게 되었다.

그리하여 이후 그 계원을 늘리기 위해 제일 첫 번째로 애경상문(哀慶相問)[27]을 하고 서로 친목하게 한 후 부근 한 부락에 반드시 계원 10명씩을 모집하였다. 저축의 방법으로는 아침과 저녁 밥 하기 전에 가족 한 사람이 한 숟갈씩의 양식을 모아 1개월 치를 총대는 각 부락을 다니며 수집하여 판 후 매월 말 월례회에서 협의를 하고 저금을 하는데 6월부터 9월까지는 보리며, 10월부터 다음 해 5월까지는 쌀로 규정되어 있다. 그리고 사변이 발생한 뒤부터는 종래와 같이 양식 절약만으로는 만족할 수 없다 하여 그들은 농촌의 농민인 만큼 다른 도리는 없고 농산물에 의한 즉, 견(繭), 면(棉), 맥(麥), 정조(正租)[28] 등을 공동판매소에 내놓아 팔 때마다 선제저금을 하였다. 10개년간을 하루같이 계속하여 11월 말 현재 전 계원 수는 372명으로 저축된 금액은 8만 9,181원 95전의 큰돈에 달하여 그들 계원은 더욱 5억저축에 분발하고 있다.

---

27 슬픈 일에는 서로 위로하고 즐거운 일에는 서로 축하함.
28 벼.

〈자료 73〉 저축보국에! 티끌 모이면 태산

(《매일신보》, 1941.1.7.)

이름도 씩씩 "자위단(自衛團)", 함북, 자신들이 동원·저축봉공운동

저축장려의 국책에 순응하여 분기하고 있는 함북도민은 남녀노소를 물론하고 철저한 인식을 가지고 용감스럽게 이것을 실행하여 1939년(昭和 14)도에는 2,600만 6,000여 원의 실적을 보였고 1940년(昭和 15)도에 있어서도 9월 말까지 벌써 그 목표액 2,700만 원의 5할에 달하게 하였다. 따라서 각처에 이에 관한 미담이 많으나 여기에는 함북도 특수기관인 자위단의 미담 몇 가지를 적어 보려 한다.

자위단이라는 이름은 본보 지상에 몇 번이나 보도한 바와 같이 조선에서 함북에만 있는 독특한 조직단체이다. 자위단은 일반이 잘 아는 바와 같이 치안유지에 커다란 초석이 되었을 뿐만 아니라 방공방첩 혹은 문맹퇴치운동 등 그 넓은 범위에 걸쳐 병사와 똑같은 훈련을 받고 있는 터이나 자위단에 의하여서는 단의 기금이 부족하여 활동을 마음껏 하지 못하고 있는 곳이 있다. 그리하여 이러한 자위단에서는 몸소 노동자가 되어 도로공사에 종사한다든지 혹은 부업으로서 멍석을 짜서 그것을 판 돈으로 기금을 하기 위하여 저축을 하였다거나 혹은 해산물, 농산물을 팔 때에 선제저금을 하여 저축장려에 노력하는 등 자위단 본부 외에 이러한 저축을 하여 동리 사람의 모범이 되는 곳이 있다.

△ 명천군 하고면 황암리 자위단에서는 저축장려가 중요 국책인 것을 동감하고 황암주재소원과 협력하여 부락민의 저축에 관하여 열렬한 지도를 한 것으로 1939년의 실적을 보면 해산물에 의한 저축=8,000원의 예정액에 대하여 9,500원의 성적을 내었고, 농작물에 의한 저축=3,000원의 예정액에 대하여 3,500원의 실적, 절미저축=1,500원의 예정액에 대하여 1,500원의 실적, 보통저축=1,500원의 예정액에 대하여 2,200원의 성적을 내 결국 예정액을 돌파하여 900원의 증가를 보였는데 이것은 정어리나 명태를 팔 때에 또는 농작물 매상고로부터 선제하여 저축장려에 힘쓴 결과이다.

△ 경흥군 풍해면 9개 자위단에서는 기원 2600년 기념사업으로서 지난 4월 30일 단원 252명이 출동하여 1,200미터의 도로 개수를 시공할 작정 아래 달구지 20대를 동원한

결과 450원의 수익이 있은 것을 단의 자금으로 저축하였다.

△ 성진읍 학중면 송하자위단에서는 일찍부터 부업으로서 농한기를 이용하여 멍석 제조를 실시하고 있던 중 지난 7월 8일 제4회 납입으로서 621매, 224원 24전을 얻은 것으로 3월 이후 누계 5,902매, 2,046원이라는 다액에 달했는데, 이것으로 단의 기금으로서 저금을 하였다.

이상 몇 가지 예를 들었을 뿐이나 이외도 가지각색의 미담이 있을 터여서 자위단의 일거일동은 도민의 주의를 끌고 있는 바이다.

경남, "춥다"면 벌금, 분분전전(分分錢錢) 모아 나라에

사변 이래 저축으로 현금으로 보국에 지성을 피력함은 국민의 당연한 도리라 하겠으나 그중에도 일반에 모범이 될 만한 실례를 몇 가지 찾아보기로 한다.

△ 이것은 경남 고성 우편국 관하에 있는 저축 미담이다. 당초는 고성 경방단장 부인을 조합장으로 하는 고성읍 동정조(東町組) 집합저금조합(集合貯金組合)에서 조합원 15명이 매일 10전씩 저축하기로 결의를 하고 집금 방법은 닷새만큼 돌려가며 한 사람이 15명의 조합원 가정을 방문하여 집금을 하여 우편소에 저금을 하는 것이다. 이 집금제도에 의하여 평소 조합원 사이에 친목을 도모하게 될 뿐 아니라 조합원은 전부 가정주부로 되어 있는 관계로 부인의 체면을 존중하는 심리가 작용하여 집금일을 잊지 않을 뿐 아니라 한번 저축한 돈은 중간에 찾아내는 일이 없어 저축장려의 방법으로 가장 효과가 크다고 인정을 받게 되어 고성읍 내에서 이를 실시하는 것이 다섯 조합이 있다. 그런데 최초 이 제도를 창안한 동정조는 조합원 한 사람의 저금액이 거의 100원에 가깝다 하니 이야말로 티끌 모아 태산이라 하겠다.

△ 군국소녀들의 재롱이 훌륭히 저축헌금의 실화를 빚어낸 이야기. 부산부 내 삼도고녀(三島高女) 기숙사생도 하라구치 켄가쿠(原口美根子) 양 이외 6명은 지난 초겨울 접어들면서부터 "아이 추워"라는 말을 하면 5전씩 벌금을 내기로 하여 내한보국(耐寒報國)을 결의하였다 한다. 그런 것이 차차 추운 겨울에 접어들면서부터 바람맞이 기숙사 뜰

에서 항구의 연락선 소리에 공상을 보내다가 혹은 어깨동무를 하여 싸늘한 바람이 도는 낭하를 걷다가 부지불식간에 "아이 추워!" 하고 5전 벌금의 금단을 범하게 되어 이것을 모은 것이 3원 15전이 되었다고 부산 헌병분대에 헌금을 하였다.

△ "빈자(貧者) 1등"이란 이런 것을 두고 말함이리라! 부산부 내 서정(西町) 빈민부락에서는 회원 18명이 결의를 하고 사변 이래 하루도 빠지지 않고 한 사람이 매일 2전씩 헌금을 실행하여 온다는데 이 금액이 얼마나 되었으리라는 것은 1937년(昭和 12) 7월 7일부터 오늘까지 날짜를 계산하여 일자에다 곱하기를 하면 한 사람의 헌금액이 되고 여기에다 18을 곱하면 총액이 나올 것이므로 계산은 독자 여러분께 일임한다.

△ 이것도 사변 이래 계속하여 국방헌금을 계속하는 미담인데 헌금액보다도 그 정성을 본받으라. 부산 남선전기회사 전차과 과원 일동은 사변 이래 과원 한 사람이 매달 5전씩 거두어 월말이면 부산 헌병분대에 가지고 와서 헌금을 의뢰하여 당국자를 감격하게 하고 있다.

〈자료 74〉 불량한 저축 성적, 평양 유산계급의 분기를 촉진

《매일신보》, 1941.3.27.

평양부 시국과를 수반으로 부내 각 금융기관을 동원하여 평양부에 할당된 저축 목표액 달성에 노력한 결과, 평양부 내 유산계급의 시국 인식이 불철저하여 1940년도(昭和 15) 평양부 저축할당액 2,300만 원 중 정리된 부민 저축액은 불과 1,500만 원에 달할 뿐 800만 원이 아직 부족하다. 평양부 시국과에서는 과원 및 금융조합원, 각 은행원 등을 총동원한 후 기한까지 목표액 달성에 최선을 다하고 있는 터이므로 일반 부민의 시국 자각을 촉진하는 터라고 한다.

〈자료 75〉 예금은 헌금이 아니다! 총후의 보국은 저축, 6억 원 달성에 총력을 내라, 총력연맹의 오천(烏川) 부장 담

(《매일신보》, 1941.4.12.)

병참기지 반도 총후 민중의 그칠 줄 모르는 적성은 문자 그대로 총력을 발휘하여 2년 연속의 가뭄과 홍수 등 재앙으로 무척 시달렸음에도 불구하고 끝끝내 굴하지 않고 5억이라는 작년도 저축 목표액을 훌륭히 돌파하기에 이르렀다. 그러나 시국은 날로 중대화하여 감을 따라 국채를 소화하고 생산력을 확충하자면 막대한 자금이 필요하겠으므로 총독부에서는 1941년(昭和 16)도의 저축 목표를 작년도보다 1억 원이 증가된 6억 원으로 결정하고 2,300만 애국반원을 이 저축총력운동에 동원하기로 되었다. 총후저축이 국민의 의무라는 것은 새삼스럽게 말할 필요조차 없는 것이지만은 6억저축의 총력전을 앞두고 애국반원들은 새로운 각오로써 국가에 봉공할 것을 맹세해야 한다. 더구나 이번 결정된 장려방책 내용을 보면 총력연맹의 역할은 매우 크다. 그러면 애국반원들은 어떠한 각오로써 어떻게 힘써 나가야 할까? 이것을 국민총력조선연맹의 우카와(烏川) 총무부장으로부터 들어 보기로 한다.

우리가 가장 보편적으로 또는 어렵지 않게 직역봉공의 정성을 다할 수 있는 것은 저축운동이다. 즉 자력이 많은 사람은 많게 적은 사람은 적게 그 직분을 다할 수가 있는 것이다. 부유한 사람이 하루에 100원을 저축하거나 가난한 사람이 1전을 저축하거나 요컨대 자기 힘자라는 대로 정성을 다하는 데 비로소 값이 있는 것이다. 그전에는 저축이라는 것이 다만 자기 한 가정의 장래만을 목표로 하였었지만 지금 우리가 말하는 저축이라는 것은 자기를 위하는 동시에 직접 국가에 봉공한다는 가장 높은 목표가 있는 것이다. 그러므로 저축은 도덕이라고 단언할 수가 있는 것이요, 그런 때문에 '낭비'한다는 것은 도덕에 위반되는 것이므로 국민 된 자는 누구나 이 저축운동에 정성껏 참가하여 국가에 충성을 다해야 할 것이다.

그런데 요즘 저축을 장려하는 데 강제하다시피 한다고 비평이 많은 모양이다. 즉 벼를 판 돈에서 1할을 떼는 것은 농촌 사람들의 생활에 지장이 있게 된다든가 또는 고기잡이한 사람이 생선 등을 팔 때에 그 대금의 일부를 저축하게 하는 것은 수산업의 발전상 해롭다는 등 말이 많다. 그야 이런 때에는 당국으로서도 그 실정에 따라 적절한 수단 방법을 써야 할 것은 물론이요, 결코 무리한 일이 있어서는 안 될 것이지만 작년도에 5억의 저축 목표를 훌륭히 달성하였다는 것도 여기에는 "저축강행"이라는 것이 그 원동력이 되었던 것으로 평범한 장려만을 하였더라면 목표 달성이 곤란하였을지도 모를 일이다. 그런데 국가를 위하여서는 말할 것도 없고, 조선의 경제 사정으로 보더라도 이 같은 저축은 절대적으로 필요한 것이므로 이같이 지엽적인 논의는 절대로 피해야만 할 것이다. 그러므로 장려하는 당국이나 일반 민중은 서로서로 손을 맞잡고 오직 국책을 위하여 힘써 나가야만 한다.

그러므로 이 저축은 총력운동을 활발히 일으킴으로써 그 목적을 달성해야만 한다. 그래서 이번 특히 저축조합을 연맹의 하부조직과 같은 활동을 시키기 위하여 각종 연맹의 중심인물로 하여금 저축조합의 대표자가 되어 활동하도록 하게 된 것이다. 이에 따라 각 정동리 부락 연맹에서는 매월 상회에서 반드시 "힘써 저축하자"는 것을 협의하는 동시에 이전 달의 저축 실적을 보고하고 좀 더 구체적인 실행 방법에 대해서는 애국반상회에서 협의하도록 해야 한다. 이렇게 하여 한번 결정한 것은 어떠한 난관이라도 이것을 용감히 돌파하고 실천하도록 힘써야 할 것이다. 특히 학교나 공장 등의 각종 연맹에서는 통제하기도 용이할 것이므로 연맹이사장이 성의를 가지고 힘써 나가기만 하면 좀 더 훌륭한 성적을 낼 수 있을 것이다.

그런데 특히 주의할 것은 국책에 따라 설사 저축을 강제한다고 하더라도 저금한 돈은 언제까지나 저금한 사람의 재산으로 남아 있는 것이므로 국방헌금이나 기부금과 혼동하여 오해해서는 안 된다. 그리고 저축하는 데는 자기의 경제생활을 될 수 있는 대로 규모 있게 절약하여 최대한도의 저축을 하는 것도 좋지만 때가 때이니만큼 한층 근로 배가의 정신을 발휘하여 힘써 일을 하여 그 소득을 저축하도록 힘쓰는 것이야말로 병참기지를 지켜 나가는 반도 애국반원의 명예일 것이다. 힘써 일한다고 하더라도 별반 소득이 없는 사람도 개중에는 있겠지만 힘써 일한다는 '근로존중'의 정신만을 발휘하더라도 이것은 니노미야 손토쿠(二宮尊德)[29] 옹의 말마따나 "귀중한 저축을 하고 있는 것"임에 틀림이 없을 것이므로 일선의 황군용사를 생각하여 힘써 일하고 정성껏 저축함으로써 총후의 적성을 다해야만 할 것이다.

---

29 일본에서 근검저축을 대표하는 인물로 당시 식민지 조선의 학교에서는 이 인물의 동상이 세워지기도 하였다.

〈자료 76〉 안심하고 저축하라, 만기되면 원리금을 지불, 오해 일소차, 강화군 각 면에 통첩

(《매일신보》, 1941.4.13.)

강화군의 저축운동은 관민일치와 각 기관의 열의 있는 협력에 의하여 착착 그 효과를 나타내고 있는데 최근 거치저금, 정기적립금, 채권 등의 만기 도래를 기회로 원금 또는 이자를 기부 또는 헌금으로서 갹출하게 한다는 등의 유언이 떠돌아서 일반 민중은 저축에 대하여 크게 의심의 마음을 갖고 있는 듯하다. 따라서 군 당국에서는 이는 현재 저축운동이 나날이 강화되고 있는 때에 참으로 유감 된 일이라 하여 지난 10일에 군내 13개 면장에게 저축에 대한 해배제(解排除)에 관한 통첩을 발하였다. 현재에 저축되어 있는 금액은 기한이 도래하는 동시에 소정된 이자를 붙여 원금과 합하여 지급하기로 되어 있으므로 일반은 오해하지 말고 안심하고 각인의 재력에 따라 각기 직역에 있어 응분의 저축을 하여 국가에 봉공할 것이며, 이에 대하여 오해를 하거나 또는 불온한 언동을 하지 말기를 바란다고 한다.

〈자료 77〉 한 섬에 3원 40전, 경기도, 벼 팔 때 선제 저축액 결정

(《매일신보》, 1941.10.9.)

지금 관민이 총력을 다하여 거두어들이는 경기도 내의 쌀은 9월 20일 현재의 실제 수확고 제1회 예상은 306만 5,042석으로 전년도의 수확고 187만 6,570석에 비하면 실로 1할 6부의 121만 8,472석[30]의 증수이므로 평년작 이상의 풍작이다. 이로써 당국의 증산 목표는 달성된 셈이고 농가의 기쁨은 또한 클 것인데 이 위에다 금년에는 생산자인 농민에게 장려금을 주고 정부에서 사들이는 쌀값을 올리기로 되어 농가는 경제적으로 상당히 윤택해질 것이므로 경기도에서는 이 장려금을 받는 농가는 이 기회에 한층 더 총력을 발휘하여 국책에 협력시

---

30 본문에 착오가 있는데, 실제 계산에 따르면 전년 대비 118만 8,472석이고, 이를 기준으로 전년에 비해 63%가 증가한 것이다.

키기 위하여 저축장려에 한층 힘쓰기로 되었다. 즉 벼를 팔 때 선제하는 저금은 작년과 같이 2원씩으로 하고 그 위에 장려금 3원을 받는 것 중에서 1원 40전을 선제하게 되어 결국 1석당 3원 40전을 선제하기로 되었는데 도내 총석수 벼로 600만 석 중 공동판매용 300만 석의 선제저금은 실로 900만 원에 달한다. 그리고 자가용 일반미에도 1석당 2원 정도로 저축을 시키기로 되었는데 이것은 임의이나 되도록 저축을 하도록 장려를 하기로 되었다.

〈자료 78〉 부진하는 저축보국전 이천만은 궐기하라, 반년간 5억 원의 2할 7푼 불과
《매일신보》, 1941.11.14.

제일선 장병의 수고를 생각해서 우리는 저축으로 총후의 적성을 보이고자 하여 1941년도(昭和 16)에 전국의 저축 목표는 135억, 이 중에 조선의 책임액은 5억 원으로 되었다. 그런데 1941년인 금년 4월부터 반년 동안인 9월까지의 성적은 자못 불량하여 5억저축의 공들이는 탑을 완전히 쌓아 올리기는 아직도 멀었다고 붉은 신호를 보내는 숫자가 총독부 조사에 드러나고 있다. 즉 총독부 관리과에서 각 도를 통하여 금년 4월부터 9월까지의 1941년도 상반기 성적을 조사하였던바 의외에도 좋지 않아 작년 상반기보다도 떨어지고 있다는 것으로 금년 상반기는 2할 7부로 작년 상반기의 3할 9부보다도 떨어진다는 것이다. 이것을 다시 도별로 보면 제일 성적이 좋지 못한 곳이 충청남도로 1,300만 원 저축배당에 26만 3,000원으로 불과 2퍼센트 즉 2부밖에 안 되며 제일 낫다는 곳이 경상북도의 4할 2부, 그다음이 평안남도의 4할 1부, 그다음이 전라남도의 3할 9부, 경상남도의 3할 7부의 순서로 되어 있다.

이러한 성적에 비추어 총후를 지키는 반도의 저축력으로 제일선 황군장병을 볼 때 자못 부끄러운 일이며 내년 3월까지에 아직도 넉 달이 남았다 할지라도 여기서 더한층 저축력을 있는 대로 발휘하여 우리의 의무요 책임인 5억저축을 보기 좋게 완성하지 않으면 안 될 줄 안다.

추수와 상여에 기대, 저축실천은 총후생활의 제1과, 오카무라(岡村) 본부 관리과장 담
별항과 같이 금년도 상반기의 저축 성적은 얼굴이 붉을 만큼 대단히 좋지 않은데 이에 대하여 총독부 오카무라 관리과장은 다음과 같이 말하였다.

> 금년 저축 목표액이 작년보다 많았지만 이것은 조선만이 아니오, 내지[일본]도 그렇게 늘었으니까 조선의 상반기 성적이 좋지 않다는 것은 결국 목표액이 많아져서 그렇다는 것은 아닌 줄 안다. 지금까지의 전례도 있지만 최후의 성적을 드러내는 것은 역시 가을 추수 때와 연말에 걸치는 것이니까 앞으로는 성적이 뚜렷이 달라질 줄은 아나 아무래도 총후를 저축으로 지키겠다는 우리들의 철석같은 의지가 앞서지 않아서는 안 될 줄 안다. 그리고 총력운동을 통해서도 저축 실천은 한 가지 생활의 필수조건으로 되어 있으니까 그렇게 비관할 것은 없으며 앞으로 12월의 상여금 시즌과 이번 추수하는 시기를 이용하여 철저히 저축장려를 하는 동시 새달 초순부터 전 조선적으로 저축강조주간을 실시할 터인데 이때에도 저축전으로 우리의 총력을 기울이기로 지금부터 준비하지 않으면 안 될 줄 안다.

〈자료 79〉 윤택해질 농촌경제, 시골로 풀릴 돈 1,700만 원

(《매일신보》, 1941.11.18.)

15일부터 열린 임시의회에 총독부에서 제출한 특별회계 추가예산은 4,173만 4,000원인데 그중에는 쌀과 보리의 증산장려비라는 항목으로 계상된 것이 전 세출 총액의 4할이 넘게 되는 1,722만 1,000원으로 병참기지 반도의 농업생산력확충운동의 중요성을 넉넉히 짐작할 수 있다. 이것은 각 생산자들이 추수한 것 중에서 자가용 미를 제하고 남은 분량을 각기 당국에 공출할 때에 장려금으로 받는 1,673만 3,000원과 보리를 증산하자는 국책에 순응하여 뽕나무밭과 과수원을 보리밭으로 변경할 때에 조성금으로 주려는 것이다. 장려금이라는 것은 누보한 바와 같이 생산자에게 주는 생산장려금과 벼를 공출하는 사람에게 주는 출하장려금의 두 가지로 되어 있지만 하여간 보리 증산 조성비와 쌀 한 섬 4원의 계산으로 지출될 장려금 1,700여만 원이 금년도 내에 조선 농촌에 퍼져 나갈 것으로 농촌경제는 훨씬 윤택하여질 것이다. 그런데 여기서 문제되는 것은 이같이 방대한 금액이 농촌으로 한꺼번에 흘러 나가면 인플레이션 현상을 일으키지나 않을까 하는 것이다. 그런데 이에 대하여 총독부에서는 공동판매를 할 때의 선제저금 제도를 한층 강화하여 금년에는 정조 한 가마니마다 1원 70전(작년은 1원)씩 저축시키기로 되었다. 이것은 농촌의 구매력을 흡수하는 데 큰 도움이 될 뿐 아니라 농촌 민중의 입장에서 본다면 6억의 총력전에 한 몸을 바침으로써 총후 경제전사로 국가에 충성을 다하게 되는 것이므로 그야말로 일석삼조의 효과를 얻게 될 것이다.

〈자료 80〉 저축 목표에 겨우 6할, 3월 말까지 완성에 전력, 금일 장려위원회 열고 대책 강구

(《매일신보》, 1942.1.23.)

총독부에서는 내지[일본]의 135억 저축에 보조를 맞추어 금년도 저축 목표액을 6억 원으로 정하고 그중 1억 원은 개인의 유가증권 투자로 하여 나머지 5억 원을 일반 저축 목표로 하고 각 도에 할당하여 일대저축전을 시작하였다. 작년 말까지의 9개월 동안의 실적은 2억 9,621만 4,000원으로 겨우 목표액의 5할 9푼이었다. 작년도의 실적이 같은 기간에 7할 4푼인 것에 비하면 성적이 상당히 나쁜 셈이다. 이것을 다시 각 도별로 보면 경북의 9할이 최고이고 다음은 황해도의 8할, 전북의 7할 4푼, 전남의 7할 3푼, 경남의 7할 1푼의 순서로서 남선 각 도는 비교적 성적이 좋은데 제일 나쁜 것이 충남의 4할 1푼, 평북의 4할 6푼, 경기도의 4할 9푼이다. 이와 같이 전체로 성적이 나쁜 원인으로서는,

1. 현금거래가 많아져서 현금을 가지고 있는 사람이 많아진 것.
1. 시국에 대하여 터무니없는 불안을 품고 현금을 집에 묵혀 두는 것.
1. 회사나 상업가의 이익이 이전보다 적어져 돈을 축적하는 힘이 적어진 것.
1. 1940년(昭和 15), 1941년도(昭和 16)로 2년 동안 계속하여 흉년이 들었기 때문에 일부 지주계급에서는 예금을 찾아내는 사람이 있는 것.
1. 금융기관에서 대출을 줄인 것 때문에 그 영향을 받은 것.

등이 주목되는데 대동아전쟁을 이기는 데는 어떠한 일이 있더라도 저축만은 목표액대로 하지 않으면 안 되는 것이므로 총독부에서는 22일 오후 1시 반부터 제3회의실에 저축장려위원회 간사회를 소집하고 남은 석 달 동안에 앞의 부진한 원인을 극복하여 목표액을 달성할 방책에 대하여 협의하였다. 작년 말까지의 각 도별 저축 실적은 다음과 같다.

(단위: 천 원)

도명	1941년 목표액	1941년 4~12월	1941년 비례(%)	1940년 4~12월	1940년 목표액에 대한 비례(%)
경기	192,000	94,926	49(%)	97,230	61(%)
충북	6,000	3,985	66	3,039	75
충남	13,000	5,382	41	7,670	85
전북	18,000	13,273	73	18,087	150
전남	26,000	19,360	74	7,781	37
경북	28,000	25,204	90	16,286	77
경남	54,000	38,538	71	38,378	95
황해	17,000	13,693	80	12,294	102
평남	37,000	18,504	50	20,710	66
평북	25,000	11,542	46	10,483	47
강원	15,000	8,209	54	9,521	79
함남	36,000	23,094	64	20,518	66
함북	35,000	18,676	56	17,245	63
기타	-	1,828	-	20,337	-
합계	500,000	296,214	59	299,579	74

〈자료 81〉 경성부는 2억 원, 금월 내로 저축조합 전부 정비

(《매일신보》, 1942.6.16.)

　대망의 상여금 봉투가 회사, 은행, 공장가에 쏟아져 나오는 오늘 15일. 자못 이날이 오기를 기다린 듯이 봉투 속에는 총후의 정열을 말하는 국채가 무언의 결의를 보인다. 이때야말로 소비생활을 최대한도로 억제하고 응분의 저축을 실행할 때이라고 9억원저축강조운동 실시를 개시한 15일 경성부에서는 부내 각 기관, 상점, 음식 요리점을 독려하여 경성부 책임액 2억 원을 염두에 두고 최대한의 저축 실적을 얻도록 힘을 쓰고 있다. 이번 9억원저축강조운동기간은 오는 30일까지 약 16일간으로서 지역별이거나 직역별이거나 아직까지 조합을 결성하지 않은 곳은 이달 그믐 안으로 전부 정비하도록 해야 하겠고 이 기간 중에는 매입저축과 유흥저축 두 가지에 협력하도록 강조하는 중이다. 첫째 이 기간 중에는 백화점 혹은 일반 상점에서 물품을 살 때 20원 이상은 1할, 100원 이상이면 2할, 500원 이상에는 3할의 국채를 덧붙여 받아야 하고 요리점과 음식점에서는 10원 이상에 1할, 100원 이상에 2할이다. 결국 한자리에서 10원 이상 어치의 술을 마시면 종래의 음식세 외에 따로 1원 이상의 채권을 사야 하는 것이다. 그리고 이 외에 일반 부민은 다음 네 가지 항목을 명심하여 실행하도록 부 당국은 강조하고 있다.

　1. 절주, 절연을 행할 것.
　1. 연회는 가급적 않도록 할 것.
　1. 물건 사는 것은 될 수 있는 한 다음으로 미룰 것.
　1. 불용품(不用品)은 정리하여 재생 이용할 것.

〈자료 82〉 9억저축에 돌격전, 보이자 열의(熱意), 국채로 저금으로

(《매일신보》, 1942.6.16.)

　한 사람이 37원씩. 어린아이나 노인이라도 2,400만 민중의 한 사람이니 모두 함께 이 금액을 저축하여 9억 달성의 금자탑을 쌓자고 금 15일부터 오는 30일까지 16일 동안에 걸쳐 전 조선에 일제히 저축강조주간이 시작되었다. 저축조합을 정비하고 국채를 사서 전비를 조달하고 탄환을 전선에 보내어서 징병제도 실시 발표로 더욱 고조된 병참기지 반도의 총후의 지성을 표시하자고 전선 방방곡곡에는 활발한 저축돌격전이 전개되었다. 이번 강조주간은 지금까지의 그런 종류의 주간과 달리 형식보다도 실제적인 성과를 거두기에 중점을 두어 특히 상여기를 목표로 하여 실시하게 되었다. 그러므로 상여금의 일정한 액수는 일제히 국채를 지급하는 동시에 임시 수입인 상여금을 절약하여 적극적으로 저축하게 한다. 이것과 함께 최소한도 6,800만 원의 금년도 소화 목표인 공채를 종래와 같이 일부 금융업자들에게만 소화시키지 말고 일반 대중의 각 저축조합망을 총동원시켜 완전히 소화시킬 방침이다. 그리고 전 금융기관을 직접 가두로 총출동시켜 개별적으로 저축장려를 전개시켜 일반 민중의 저축에 대한 여러 가지 상의에 친절하게 응답하며 한편 작년 11월 1일부터 설립하고 있는 국민저축조합을 철저히 정비 확충시키며 그 저축 비율도 총독부가 제정한 표준까지 인상시키기로 되었다. 이 외에 이번 강조주간을 맞이하여 각 도, 부, 군에는 일제히 저축독려원을 출동시켜 각종 좌담회, 강연회를 개최하고 저축보국의 필요를 일반에게 인식시키며 각 도시에는 모두 간판, 현수막, 선전문 등을 통하여 취지 보급의 철저를 꾀하며 각 학교에는 조회 시간을 이용하여 저축 강화(講話)를 한다. 그리고 경기도에서는 여기에 발맞추어 미즈다(水田) 총력연맹 저축부장이 쓴 『9억 저축 돌파에!』라는 소책자 2,500여 부를 인쇄하여 도내 각종 연맹에 일제히 배포하여 이 운동을 한층 활발히 전개시키기로 되었다.

〈자료 83〉 품팔이 노동자에게도 선제저금 실시 결정, 1원 이상에 5푼, 2원 이상 1할
(《매일신보》, 1942.7.29.)

품팔이 노동자들은 이동이 심하여 종래로 그 임금의 선제저금이 실시되기 힘들었으나 오는 8월 1일부터는 그것을 철저히 독려하여 국민 총저축의 한 도움이 되게 하고자 경기도에서는 28일 오후 1시 반부터 도청 제1회의실에 경성건축청부업조합, 경성부청 청부인조합을 비롯하여 부내 각 토목, 미쟁이, 석공 청부업자 150여 명을 초집하고 니시다(西田) 이재과장 사회로 품팔이 노동자들의 선제저금 실시의 구체적 방법을 심의한 다음 동 3시경에 산회하였다. 그리하여 금후로는 토목건축 공사에 종사하는 품팔이 노동자들로서 하루에 1원 이상의 임금에는 5푼(근로보국단원에게 한함), 동 2원 이상은 1할(자유노동자는 5분), 동 5원 이상은 1할 5푼(자유노동자는 1할)에 해당하는 금액을 날마다 임금을 지급할 때 특별보국채권이나 혹은 우편저금절수로 지불하며 일급 5원 이상의 노무자에게는 보국채권 또는 저축채권을 끼워서 주기로 되었다. 그 실시 방법은 일반 청부업자들은 달마다 다음 달에 지불할 임금 총액을 산출하여 거기에 해당한 액수의 채권을 미리 구입하였다가 임금을 지불할 때에 함께 끼워 주며 그 채권의 뒷등에는 '근로저축보국'이라는 '고무' 도장을 찍어서 다른 곳으로 팔지 못하게 할 터이다.

〈자료 84〉 대우 개선될 관리들, 저축에 모범을 실천, 비율 인상, 기구 정비로 봉공 강화

(《매일신보》, 1942.10.6.)

상당한 재해는 있었지만 반도 2,400만의 명예를 걸고 9억저축의 금년도 목표를 예정과 같이 달성시키고자 저축총력전을 전개시키고 있는 총독부에서는 10월부터 행정 간소화에 따르는 전시근면수당급여 등 관공서 직원의 대우가 개선되는 것을 기회로 하여 관공서 직원의 저축 실적을 증강하기로 방침을 결정하였다. 가뭄으로 인한 피해가 있었지만 총후저축전을 완전히 수행시키고자 총독부에서는 가뭄으로 피해를 입은 지방에서 하지 못하는 저축은 그 이외의 지방에서 보충할 각오로써 힘써 나가자고 격려를 보내고 있는 터인데 이 같은 저축총력전에도 민중의 지도자인 관공서 직원이 솔선 실천하여 모범을 보여야겠다는 것으로 그 성과는 크게 기대되는 터이다.

지나사변 이래 정식으로 저축 목표액을 결정하고 본격적으로 저축을 장려한 이래 금년 6월 말까지 반도의 저축 총액은 드디어 20억을 돌파하게 되었고 총독부에서는 이 20억 돌파를 기념하고 또 장래 한층 분발시키고자 과거의 저축 공적자를 10월 30일에 표창하기로 되었다. 이와 동시에 금년도에는 1939년(昭和 14)의 가뭄 당시와는 취지를 달리하여 결코 저축 목표를 중간에서 변경시키지 않고 이미 정한 9억 달성에 매진하기로 되었다. 이에 따라 가뭄 피해 관계 도에서도 끈기 있게 저축을 장려하겠지만 관민이 이렇게 힘쓰고도 가뭄 피해 관계로 부득이 다 못 채우는 금액은 가뭄의 피해가 없는 도에서 보충할 수 있을 만큼 힘쓰자고 비상한 결의로써 격려하고 있는 터이다. 이런 때를 당하여 항시 민중의 선두에 서서 그들의 지도하는 관공서 직원이 모범을 보여야만 하겠으므로 이번 10월부터 전시근면수당을 받고 또 가족수당을 한 사람에 2원씩 더 받게 되는 이 기회에 증가된 수입은 될 수 있는 대로 저축시키도록 하자는 것이다. 그 실시 방책으로서는 관공서 직원들이 조합원으로 되어 있는 직역저축조합을 이 기회에 철저히 정비하는 동시에 저축 종류와 표준율을 변경 실시하기로 되는 것이다.

즉 대체로 정비되었다고는 볼 수 있지만 아직도 완전하지는 못한 관공서, 국민저축조합에서는 이 기회에 조합원을 철저히 망라하여 가입시키는 동시에 아직도 결정되지 않은 곳에서는 빨리 조합을 만들고 장기저축에 힘쓰게 하며 새로이 전시근면수당(가족수당의 증액만은 제외)에 대하여 일정한 비율로써 매월 저축시키고 또 가봉(加俸)을 포함한 봉급료(가족수당 제외)와 상여에 대해서는 그 저축 비율을 올리기로 된 것인데 그 자세한 내용은 다음과 같다.

1. 관공서 직원 전시근면수당 저축 표준율

전시수당 저축 표준율

구분	부양가족 없는 자	부양가족 있는 자
월액 5원 이하	20/100 이상	10/100 이상
동 10원 이하	40/100 이상	20/100 이상
동 15원 이하	60/100 이상	30/100 이상
동 20원 이하	80/100 이상	50/100 이상
동 20원 이상	동	60/100 이상

2. 봉급 급료(가봉(加俸) 포함, 가족수당 및 전시근면수당 제외)

구분	부양가족 없는 자	부양가족 있는 자
월액 50원 이하	10/100 이상	2/100 이상
월액 100원 이하	20/100 이상	4/100 이상
월액 150원 이하	30/100 이상	6/100 이상
월액 200원 이하	35/100 이상	8/100 이상
월액 300원 이하	45/100 이상	10/100 이상
월액 300원 이상	55/100 이상	15/100 이상

3. 상여

구분	부양가족 없는 자	부양가족 있는 자
상여액 100원 이하	35/100 이상	15/100 이상
동 200원 이하	40/100 이상	20/100 이상
동 500원 이하	40/100 이상	25/100 이상
동 1,000원 이하	50/100 이상	35/100 이상
동 3,000원 이하	60/100 이상	40/100 이상
동 3,000원 이상	70/100 이상	50/100 이상

〈자료 85〉 빛나는 저축 수훈갑, 총독과 재무국장이 공로자 표창

(《매일신보》, 1942.10.21.)

금년도 9억저축에 대하여서는 장기전을 완수하려는 일반의 철석같은 결의와 작년 11월에 전 조선에 정비된 국민저축조합의 활동에 의하여 대단히 좋은 성적을 거두고 있는 것은 나라를 위하여 실로 반가운 일이다. 지난 4월부터 8월 말까지의 저축 순증가액은 2억

5,604만 1,000원으로서 순저축 목표액 7억 원(9억 원 가운데서 유가증권 투자액 2억 원을 제한 금액)에 대하여 3할 6푼 5리에 해당한다. 작년 동기의 5억 원 목표에 대하여 1억 2,807만 원 즉 2할 5푼 6리보다 1할 이상의 좋은 성적이다. 경성부만은 9월 말까지에 2억 1,660만 원의 목표액에 대하여 1억 1,480만 3,774원으로서 5할 3푼, 작년 같은 기간 저축액이 목표액에 대하여 2할이었던 데 비하면 놀랄 만한 성적으로서 종래 도회지의 저축 성적이 나쁘다는 평판을 일소하여 버린 것은 저축전의 장래에 큰 힘을 더하는 것으로서 특히 주목되는 현상이다. 1938년(昭和 13) 4월 지나사변하에 저축전을 시작한 이래 금년 4월까지에 조선의 저축 순증가액은 20억 원을 돌파하는 경이적 숫자를 나타냈고 금년의 성적도 예상한 기대 이상의 좋은 성적을 거두고 있으므로 총독부에서는 20억 돌파를 기념하고 저축전에 '수훈갑'의 훌륭한 전적을 남긴 사람을 추려서 오는 30일을 기하여 저축공로자를 표창하기로 되었다. 명예의 표창을 받을 공로자는 지금 재무국에서 각 도와 연락을 취하여 조사 중인데 특히 공적이 출중하여 총독상을 받을 사람이 25~26명, 재무국장상을 받을 사람이 450명의 다수에 달할 예정인데 29일에 표창자의 씨명을 발표하고 총독상 수상자는 30일 오후 2시부터 총독부 제1회의실에서 고이소(小磯) 총독이 손수 표창장과 부상(국채 100원짜리)을 주고 동 4시 반부터는 부내 은행집회소에서 좌담회를 열어 그들의 고심담을 널리 일반에 소개하여 금후의 분기를 구하기로 되었고 재무국장의 표창장과 부상(20원짜리 국채)을 전달할 터이다.

　종래 저축 공로자에 대하여 각 도에서 표창한 일은 있으나 총독과 재무국장이 표창하는 것은 이것이 처음으로서 '저축조선'의 실력을 여실히 말하는 일대성사이다.

〈자료 86〉 저축전의 수훈 전사 표창, 국민저축 20억 돌파 기념

《매일신보》, 1942.10.30.

　총독부에서는 내지[일본]와 보조를 같이하여 지나사변 둘째 해인 1938년(昭和 13) 4월부터 금년 4월까지 4년 동안에 시국을 잘 인식하는 관민의 협력으로 증가된 저축총액이 20억을 돌파하였고 금년도의 9억저축도 순조로이 진행하고 있으므로 20억 돌파를 기념하고 장래의 저축심을 북돋고자 저축전선에서 혁혁한 공헌을 한 개인과 단체를 추려서 공적이 특히 현저한 개인 13명과 13단체에 대하여서는 총독, 그 외의 개인 230명과 222단체에 대하여서는 재무국장으로부터 각각 표창하기로 되어 30일 표창 받는 사람의 씨명을 발표하였다. 재무국장의 표창장은 30일 각 부윤, 군수, 도사(島司)로부터 전달하고 총독으로부터의 표창식은 다음 달 4일 오후 2시부터 총독부 제1회의실에서 총독으로부터 직접 본인에게 수여하기로 되었다. 명예의 총독상을 받는 개인과 단체는 다음과 같다. (재무국장의 표창을 받는 사람의 씨명은 관계 지방판에 게재하였다.)

조선에서 처음인 저축공로자를 표창함에 있어 미즈타(水田) 재무국장은 담화를 발표하여 관민의 협력에 감사하고 금년 이후 더욱 저축보국에 매진할 것을 요망하였다.

총독부 표창자

▲ 개인

경기도(2명)	경성부 신당정 경성부 국민총력과장부 주사 이나가키 타츠오(稻垣辰男)
	연천군 삭녕면 여척리 부락연맹이사장 쓰루카와 호테이(鶴川輔貞)
충청북도(1명)	청주군 청주읍 동정 청주읍 부읍장 쿠라타 노세이(倉田乃誓)
충청남도(1명)	대전부 본정 1정목 정(町)연맹이사장 코다마 조노스케(兒玉長之助)
전라북도(1명)	익산군 성당면 와초리 성당국민학교 학무위원 마에지마 미즈온(前島瑞穗)
전라남도(1명)	여수군 여수읍 동정 여수읍장 오오타 요우이치(多田養一)
경상북도(1명)	안동군 서후면 서후면장 요시와라 에이모리(吉原永盛)
경상남도(1명)	마산부 욱정 마산부주사 이노데 쇼타로(井出庄太郞)
평안남도(2명)	진남포부 남비석정 국민저축조합장 안도 마사이치(安東正一)
	평양부 산수정 대동금융조합장 아키 미요시(晶三好)
평안북도(1명)	신의주부 영정5정목 부서기 류타니 마사지로(龍谷政治郞)
함경남도(1명)	함흥부 춘일정1정목 함흥부 총력과주사 다케야마 미나모토(武山源)
함경북도(1명)	명천군 상가면 상가면장 미나미 토미오(南富雄)

▲ 단체

경기도(1건)	경성부 태평통 2정목 국민저축조합
충청남도(1건)	공주군 장기면 도계리 도계국민저축조합
전라북도(1건)	전주부 대정정 3정목 국민저축조합
전라남도(2건)	목포부 남교동 제24구연맹국민저축조합
	순천군 순천읍 본정 57 부국저축연맹
경상북도(1건)	영일군 송라면 광천리 광천리 제3구국민저축조합
황해도(1건)	해주부 중정 제28 애국반 국민저축조합
평안남도(2건)	평양부 황금정 평양금물상국민저축조합
	진남포부 한두정 국민저축조합
평안북도(1건)	선천군 선천읍 본정 국민총력본정연맹
강원도(1건)	김화군 창도면 학방리 중천창도광산국민저축조합
함경북도(2건)	청진부 북성정 제2정연맹국민저축조합
	길주군 길주읍 영기동 제4구 연맹국민저축조합

한층 분발을 요망, 예기(豫期) 이상의 성적에 경축 불감(不堪), 수전(水田) 재무국장 담

저축 공로자 표창에 있어 미즈다(水田) 재무국장은 다음과 같은 담화를 발표하고 금후 더 한층 저축총력전에 정신하자고 격려를 보냈다.

저축장려운동이 강화되어 온 지 이미 5개년, 다행히 관민 여러분의 정성스러운 협력과 노력으로 매년 기대 이상의 성적을 거두어 1938년(昭和 13) 이래 금년 4월까지에 저축 순증가액이 20억 원을 돌파하였다. 시국하 저축의 증강이 가장 중요한 경제정책의 하나인 오늘, 진실로 경사스러운 일이다. 그런데 이 같은 성적을 거두기까지에는 다수한 개인과 단체의 대단한 노력이 있었다는 것을 잊어서는 안 된다.

이번 총독부로서는 이 20억 돌파를 기념하는 동시에 장래 더한층 일반의 저축심을 북돋아 주기 위하여 그동안 저축운동에 공적이 컸던 개인과 단체를 표창하기로 된 것이다. 이번 영예의 표창을 받게 되는 개인과 단체는 다년간 저축의 제일선에서 일반 민중을 정성껏 지

도하고 또 저축운동에 실천하여 큰 공헌을 한 것으로 다년간 그들의 노고에 감사를 드리는 바이다. 이 기회에 표창을 받는 사람은 말할 것도 없고 그 외 일반 사람들도 이 같은 공로자의 공적을 거울삼아 한층 저축운동에 협력해 가지고 대동아전쟁 완수에 공헌해 주기를 바라는 바이다.

100만 부민을 선도, 도원(稻垣) 경성부 총력과장의 공적

110여만의 경성부민이 5년 동안에 걸친 전시생활에도 일치협력 오직 저축보국에 매진하는 확호한 태세를 완전히 갖추게 한 제일선의 진두에는 경성부의 나이 젊은 과장으로 의기발랄한 이나가키(稻垣) 총력과장을 잊을 수 없다. 이번 저축장려의 공적자로 총독상을 받는 이나가키 씨의 그 불발의 정신과 노력, 헌신적으로 활동하여 온 가지가지 족적을 더듬어 보기로 하자.

지나사변 발발 당초 시국에 대한 부민의 인식은 저조에 흐르고, 저축에 대하여서는 구태의 경시를 벗지 못한 때에 저축장려의 한 방책을 창안해 냈다. 이게 소위 1전 저금 혹은 10전 저금이다. 먼저 이 제도는 총력과 안에서 발족을 하여 그 모범을 보였고, 부 연맹의 애국반을 통하여 그 실천을 환기하였던 것이다. 이것은 상당히 성적이 좋아 1938년(昭和 13)에 200개 조합의 설립을 보았다. 이와 동시에 우편국 매출의 국채, 채권은 측면적으로 권장을 하여 그해 저축 목표액 5,000만 원에 대하여 6,100만 원을 돌파하게 한 좋은 성적을 거두었다. 그리고 그다음 1939년(昭和 14)에는 저축조합의 설립을 촉진하는 한편 사변 발발 이래 은진산업의 경기로 수입이 증가한 종업원에게 선제저금을 독려하는 등 저축보국운동을 활발히 전개하여 그해의 목표액 9,000만 원에 대하여 1억 3,600만 원이란 숫자를 획득함에 이르렀다.

그런데 1940년(昭和 15)에 와서는 시국의 장기화에 따라 경성부에 대한 배당 목표액이 일약 1억 3,000만 원으로 증가되었다. 이리하여 일반의 저축심의 육성과 부동하는 구매력을 흡수하는 견지에서 어디보다 솔선하여 백화점, 요리점 등에 대하여 일정한 금액 이상의 유흥 또는 상품 구입에는 채권을 붙여 주도록 새로운 방법을 실시하였다. 그 결과 40만 원에 달하는 채권을 소화하였고, 각 지역별 또는 직장별 저축조합은 1,100여 처에, 그 저축액 500만 원에 도달하도록 하였던 것이다. 그러나 급격히 전환하는 바깥의 여러 가지 정세는 고도국방국가체제의 확립을 요청하고 국민에 대한 저축의 요청도 가속도로 증대하여 1941년(昭和 16)에는 경성부의 목표액이 1억 6,000만 원으로 비약하여 국채의 건전한 소화 방법으로서 법인과 개인의 고액소득자에 대하여서는 배당제를 실시하는 등 부민 각층이 모두 저축총력전에 참가하도록 모든 체제를 정비하였다. 그동안 각 기관의 협력과 지원이 없었던 바는 아니나 과거 5개년을 두고 저축장려에 하루와 같이 맹렬한 활동과 분투한 노력은 그 젊은 정열이 없이는 도저히 해낼 수 없을 것이라고 할 것이다. 지난 다섯 해 동안 총력과장으로서의 공적도 크거니와 부의 기구 개혁과 동시에 씨는 부민들의 각종 생활필수품 배급에 관한 가장 중요한 임무를 쥐고 있는 경제과장의 요직을 맡은 씨에 대한 부민의 금후 기대는 더욱 크다.

재무국장상 찬연, 이면에 숨은 공적자 오오데라(小野) 총력계장

조선의 저축 목표액 2/5를 점령하는 경성부의 어렵고도 어려운 저축장려의 진두에서 이나가키(稲垣) 총력과장의 발안을 속히 실행하여 오늘의 성과를 이루게 한 이면에는 역시 열의에 불타는 보좌역 총무계장 오노데라 요시오(小野寺芳雄) 씨가 있다. 씨는 그동안 공로가 재무국장상으로서 표창되거니와 지난 4~5년 동안에 걸쳐 저축조합의 조직 장려, 채권의 배당제 실시에는 남모르는 노력이 숨어 있을 것이다. 대동아전쟁 이래 각 정회, 각 회사, 은행, 공장 등을 독려하여 조직된 저축조합만도 실로 2,600여 소에, 그 저축액 900여만 원이란 좋은 성적이 그 분투의 종적을 여실히 말하고도 남는다. 더욱이 금년도 목표액 2억 1,600만 원도 지난 9월 말 현재로 보면 그 성적이 5할 3부에 달하는 것으로 내년 3월까지의 목표액 달성은 그 불발의 노력과 부민들의 분발 협력으로서 무난히 완성될 것으로 기대된다.

〈자료 87〉 영예의 저축전사, 국민저축 20억 돌파 기념의 표창, 식산흥업으로 궐기, "부국 1전저금"으로 갱생

(《매일신보》, 1942.11.7.)

이번 저축 공로자로 명예의 총독상을 받은 명천군 상가면 면장 미나미 토미오(南富雄) 씨의 관하의 상가면은 결코 옥토가 많은 평야지대도 아니고 돌밭지대라고 할 만큼 발이 닿는 곳마다 바위와 돌이 발뿌리를 채이는 황무지나 다름없는 곳이다. 이런 곳에서 1941년(昭和 16) 말까지 12만 6,000여 원이라는 거액을 훌륭히 저축한 것이다. 이것이 사실일진대 130만 도민의 저축운동도 과히 어렵지 않을 것으로 생각된다. 반드시 푼돈이나 가져야만 저축을 할 수 있는 것으로는 생각되지 않는 것이다. 그러면 이곳 상가면의 저축은 어떻게 해 왔는가.

미나미 토미오 씨는 상가면 서기로 20년이라는 긴 세월을 하루와 같이 면민의 복리증진을 위하여 부지런히 힘써 온 정력가이다. 때마침 1930년(昭和 5)의 세계적 경제공황의 여파가 산간벽지인 동면에까지 파급하여 불안한 생활이 계속됨에 따라 불온사상이 점차 좀먹어 돌기 시작하였던 그때 그 마을의 오래된 도덕은 바람에 불리는 촛불과 같이 그 유지가 곤란하여 감을 몸소 겪어 온 그이다. 이럴 때 마을을 구하지 않으면 이 마을은 영원히 구원할 수 없다고 결심을 하고 식산흥업, 근로저축의 풍습을 일으키고자 면민에 앞장서서 곡(穀)저금이란 것을 각 가정에 권장하여 저축심을 함양하였다. 곡저금이라 함은 동리에서 가장 가난한 사람을 위하여 집에서 쌀을 바쳐야 할 때 쌀을 내놓지 못한 가정에서는 대신 금전을 내놓기로 했다. 면에서는 이것을 저금에 돌린다. 이렇게 하여 저축심을 함양하면서 다음에는 추수할 때에 그 수확 중에서 몇 되씩 저금자금으로 떼어 수확저금을 실시하였다. 면민은 그런 중에 저금하는 습관을 가졌다. 곡저금이나 수확저금이나 모두 간접으로 저금을 한 것인데 씨는 여기에 머물지 않고 다음에는 현금을 직접 저금하게 하고자 넉넉한 가정이나 넉넉하지 못한 가정에서나 누구나 반드시 매일 1전씩 저금을 하게 하였다. 그리하여도 1전씩 저금을 못하는 가정에 대해서는 그것을 팔아서 저금을 시켰다. 소위 부국 1전 저금이라는 것이다. 그뿐이랴. 면민의 생활이 점점 윤택해짐에 따라 절미저금이라는 것을 실시하여 하루 먹는 쌀 가운데서 한 술씩 절약하여 열흘 분씩 모으게 하였다. 그리하여 하루 한 끼에서라도 절약을 시켜서 낭비를 막고 인고심을 쌓았다.

무릇 만사에 질서가 있고 일을 하려면 순서가 있는 법이다. 미나미 상가면장이 총독상을 받게 된 것도 결코 요행이 아닌 것이 그가 면민에게 저축을 권장한 과정을 보아서 과연 표창을 받을 만한 노력가임을 알 수가 있다. 궁핍된 동리의 사람들의 살림살이를 건지려는 그가 점진적으로 면민이 할 만한 것부터 착수한 것이 지도자로서 우수하였음을 보인 것은 물론 그 위에 또 자력만 믿지 않고 당국의 의도를 기다려 협조하여 간 것에 그의 노력은 마침내 열매를 맺은 것이다.

즉 상가면 소재지인 양촌에 화태(花台)금융조합 지소가 설립된 것은 1933년(昭和 8)이다. 면장은 금융조합 지소가 어째서 설립된 것을 잘 알았다. 그리하여 양촌주재소 당국과 지소 당국과 긴밀한 연락을 취하여 가지고 식산흥업에 착수하여 무축(無畜)농가를 유축(有畜)농가로 하기 위하여 양돈계를 설치하였다. 무축농가는 조합지소로부터 자금을 융통하여 돼지를 치게 하였다. 돼지를 팔 때에는 새끼돼지면 새끼돼지로, 어미돼지면 어미돼지로 한 마리마다 판 금액으로부터 일정한 저금액을 선제하였다. 다음에 재미롭고 흥미 있는 것은 그 같은 벽지에 부인회를 조직한 점이다. 씨는 면내 18세 이상으로부터 40세 미만의 부녀자를 회원에 넣어서 부엌일로부터 바깥일로 즉 옥외로 활동을 지도하여 농번기에는 공동작업을, 농한기에는 솔방울 줍기를 시키는 등 부녀자의 활동성을 키웠다. 그 결과 부인회에서 양촌동에 1,000평, 용조동에 3,000평, 와현동에 2,000평의 논을 사게 되었다. 이 얼마나 믿음직한 일인가.

이리하여 널리 저축의 미풍은 진작되어 1,300호에 8,491인 면민은 생업을 즐기게 되어 오늘날은 옛날의 한촌이 평화촌으로 재생한 것이다. 씨는 특히 1937년(昭和 12) 7월 지나사변이 발발하자 전시국민저축에 매진하여 온 터이다. 저축 사상을 고취하기 위하여 개최한 강연회, 좌담회 수가 230회, 참가 인원은 1만 9,350명이었다. 그리고 저축장려기구를 정비하여 1938년(昭和 13) 9월 각 동리의 저축단체를 단위로 한 저축조합을 조직하여 일정한 계획 아래 저축을 하여 온 것이다. 1941년(昭和 16) 12월 1일 각 부락연맹을 단위로 한 법령에 의한 저축조합으로 개조 정비된 것은 물론이다. 1942년(昭和 17) 3월 말 현재로 저축조합원 수는 1,963명에 달하고 있다.

이상 명천군 상가면장 미나미 토미오 씨의 저축 생애를 보았는데 그 생애가 일관하여 창의적이고 조직적이어서 면민한테 무리를 강요하지 않고 관계 당국과 늘 협조에 게으르지 않으며 점차로 저금 목표를 높인바, 그의 지도자로서의 원만한 인격을 엿볼 수 있다.

〈자료 88〉 영예의 저축전사, 국민저축 20억 돌파 기념의 표창, 저축은 주부 손으로, 눈부신 순천읍 부국(富國)저축연맹 활동

(《매일신보》, 1942.11.8.)

"1전을 회피하는 자는 1전에 운다"는 말이 있다. 얼마 되지 않는 돈이라고 해서 함부로 쓰면 사소한 돈으로 인해 낭패를 본다는 것이다. 근검저축함으로써 일가를 일으키고 나아가서는 나라를 융성하게 하는 구원이 되는 것이다. 일억 국민이 필승불패의 굳은 결의로 정전완수에로 총진군하기 시작하게 된 이때에 순천읍 히로시게(弘淺고도시) 여사는 사변 발발을 계기로 저축의 중대성을 더한층 통감하고 어찌하면 국가 요청의 저축을 강행하여 총후국민으로서 봉공할 수가 있을까 하는 것을 여러 가지로 연구한 나머지 저축운동을 강화하기 위하여는 부인층들을 분기하게 하는 것이 가장 좋은 방책이라고 생각하고 현재 저축연맹의 역원인 제씨와 이에 대한 가지가지의 방법을 연구 협의하였다. "저축은 가정부인으로부터"라는 표어 아래 지나사변이 발발한 지 만 1개년이 지난 1938년(昭和 13) 8월 7일을 기하여 부국저축연맹이라는 것을 결성하였다. 절약과 저축을 주안으로 하여 가정주부로 하여금 가정 살림을 줄여서 저축강행에 힘쓰게 하였다. 그리하여 저축 공로자로 명예의 총독상을 받게 된 것이다.

히로시게 여사를 비롯한 동 연맹 역원 다섯 분은 먼저 각 가정을 방문하여 주부들에게 저축을 권유하기 시작하였던 것이다. 그날의 반찬 값 중에서 5전이나 10전의 영세한 돈을 벙어리에 넣어 모으도록 하는 등 주부로서 맡아 가지고 있는 집안 살림에서 절약할 수 있는 데까지 절약하도록 하였다. 이리하여 한 달이 되면 순천금융조합과 연락하여 그 조합 직원이 집금하게 하였다. 금융조합에서는 이것을 거치예금이나 정기예금으로 하여 매월 일정한 날에 집금하여 가도록 하여 각 가정에서는 그 형편에 따라 예금을 하게 하였던 것이다.

◇

가정부인이 그 생활을 절약해서 용이하게 저축할 수 있다는 것을 알면서 이리저리하는 동안에 그 실행을 착수하지 못하는 이가 적지 않다. 순천읍 내의 가정주부 중에도 물론 이런 이들이 적지 않았다. 시작만 하면 아름다운 결과를 얻을 수가 있다고 생각한 히로시게 여사는 그 저축연맹 역원을 독려하여 저축 권유를 게을리 하지 않았다. 틈만 있으면 더구나 바쁜 가정생활 중에서 여가를 만들어 가지고 일반가정을 찾아다니며 전시하의 부인의 책무가 중대하다는 것과 저축의 필요성을 강조하였다. 1년을 통하여 한결 같은 열성으로 꾸준한 노력을 계속하여 왔었다. 이리하여 설립 당초에는 연맹원이 100명도 못 되던 것이 5년을 맞이한 오늘에 와서는 무려 700명에 달하며 이들이 지금까지 금융조합에 저축한 돈만도 30만 7,000여 원이라는 거대한 액에 달한다. 연맹원 1인당 저축 평균액은 580원이고 개인별로는 최고 8,000원이나 저축한 것이 있다. 놀라지 않을 수 없다. 그리고 여기에 특기할 것은 한번 가입한 연맹원은 지금까지 저축하는 것을 중단한다든지 또는 예금을 찾아 쓴다든가 하는 이가 한 사람도 없이 모두가 꾸준히 그 예금을 계속하고 있는 것이다. 더욱 그 연맹원 중 반도인 부인이 반수를 차지하고 있는데 비교적 가난한 가정 살림을 꾸려 나가고 있는 그들이 이처럼 놀라운 실적을 쌓고 있으니 히로시게 여사와 역원들의 공로는 참으로 위대할 것이다. 설령 실적이 없었다 하더라도 정신적 방면으로서 충심을 함양한 점만으로도 확실히 커다란 성과를 거두었다 할 것이다.

　오늘 순천지방에 있어서 부국저축연맹은 저축운동의 중추가 되어 있어서 부인층의 힘이 참으로 위대하다는 것을 새삼스럽게 느끼는 동시에 앞날 그들의 활약에 커다란 기대를 가지는 바이다.

◇

　끝으로 순천 금융조합 마쓰오(松尾) 이사에게서 들건대 순천 읍내의 어떤 집에서는 그 남편이 가정 살림에 탐탁치 못하여 빚은 날로 늘어 갈 뿐이고 살림은 군색하기 시작하여 이대로 나간다면 파멸을 면치 못할 지경에까지 이르렀다. 그의 부인은 가정경제의 타개 방도를 아무리 연구하였으나 신통한 도리를 발견하지 못했다. 어찌할 바를 몰라 다만 한숨만 쉬고 있을 뿐이었다. 때마침 우연하게도 히로시게 여사를 비롯한 저축연맹 역원 일행은 그 부인을 심방하였던 것이다. 히로시게 여사 일행은 그 부인에게 시국하 저축의 중대성을 역설하고 다시 그 저축 방법을 가르쳐 주었다. 파멸에 직면한 자기 가정을 갱생시키는 방도는 절약 저축을 하는 수밖에 없다는 것을 비로소 깨달은 그 부인은 크게 결심하고 저축연맹에 가입하기로 하였다. 그날부터는 그는 자기가 먹고 입는 것을 최대한도로 절약하여 남편 몰래 모으기 시작하였다. 이리하여 그 부인의 굳은 결심과 철저한 실행은 드디어 꽃다운 열매를 맺어 3년이 지난 오늘에 와서는 남편이 지고 있던 부채 1,000원이라는 대금을 깨끗이 청산하였고 금융조합에 200원짜리의 거치예금을 하게 되었다. 이러한 사실을 최근에 와서는 알게 된 남편 모씨는 크게 감격하고 지금까지의 그릇된 행위를 뉘우쳐 그도 새출발을 하였다는 것이다. 경제적으로 파란이 심했던 이 가정은 가냘픈 주부의 힘으로 완전히 갱생하였고 항상 침울에 잠기었던 이 가정도 명랑해져서 지금은 오로지 직역 봉공에 전심하고 있다 한다. 더욱 최근 부처는 둘째 아들의 첫 생일날을 기념해서 그 애기 학자금 준비로 100원짜리의 거치저금을 또 시작했다는 것도 이 저축연맹이 날로 홍성해 가는 도중의 한 이야깃거리이다.

〈자료 89〉 각 도의 우렁찬 9억저축 진군보, 평북편, 술을 살 때에도 저금, 수훈갑은 위원(渭原)과 후창(厚昌)

《매일신보》, 1942.12.15.)

저축은 탄환이다. 이 성전에 승리를 얻는가 못 얻는가는 오로지 총후의 저축 탄환이 적을 격멸하도록 만들어지느냐 못하느냐에 걸려 있는 것이다. 물자의 풍부함을 자랑하는 적 미영과의 장기전에 필승의 열쇠도, 또 동아공영권 건설의 완성의 힘도, 모든 것은 저축이다. 이에 황군의 혁혁한 전과에 발맞추어 비책을 다하여 목표액 9억저축 공략전에 돌진하고 있는 반도 13도의 전황을 소개하기로 한다.

고이소(小磯) 총독이 평안북도를 시찰하고 나서 이 도는 세계적 전원(電源)지대를 중핵으로 하여 가까운 장래에 큰 약진을 할 것이라고 예언하였음에 어김없이 평북도는 전시하의 온갖 조건을 극복하고 비약적 건설에 활기를 띠고 있다. 그러나 평북도의 이 발전도 싸움에 이겨서 비로소 얻은 성과다. 모든 것은 싸움을 이기기 위한 것이다. 싸움에 이기기 위해서는 생산확충과 그 뒤 힘이 되는 저축이 병행되어야만 건설도 약진도 바랄 수 있는 것이다. 평북도의 건설을 참으로 견고하게 하고 세계적 전력을 배경으로 힘차게 뻗어 나가는 것도 오로지 저축의 힘을 그 밑받침으로 하는 것임을 잊어서는 안 된다.

◇…◇

평북도의 저축 전선은 작년도에 목표액을 13할 6부라는 좋은 성적으로 돌파하였다. 이 명예를 그르치지 않으려고 금년도에도 목표액 3,600만 원에 대하여 지난 10월 말에 이미 4할을 돌파하고 있다. 11월 이후는 저축전의 최고조의 계절이다. 쌀, 솜, 삼 등을 공판하는 계절을 맞이하여 한꺼번에 목표에 육박하려는 기백에 불타고 있다. 이미 4할의 실적을 전반기에 획득한 것은 평북에 있어 마음 든든한 힘이다. 이 노력은 평북도 관민의 시국 인식과 저축 감투(敢鬪)[31]의 성과로서 결코 일조일석에 거둔 것이 아님은 물론이다. 예를 들면, 계절적인 수입에서 떼는 저금뿐 아니라 임산물, 수산물, 상공업 수입, 매매, 유흥, 은급(恩給), 연금, 외지로 나간 사람의 송금, 부동산 매매, 우마 매매, 지대, 가임, 봉급 등 모든 부면의 수입에서 떼어 저축을 하는 것으로, 이 방침은 전 도의 구석구석까지 침투하여 완전한 지도와 협력이 이루어지고 있다. 특히 이 도에서 흥미를 끄는 것은 주류의 구입저축이다. 맥주 한 병에 5전, 소주 한 되 30전, 청주 한 되 50전의 저축이 독려되어 소매상이 조합에서 배급을 받을 때에 먼저 이 비율의 저금표를 사서 일반 소비자에게 맡기고, 이 표를 우편국에 가지고 가면 훌륭히 저금이 된다는 묘안이다. 금년도부터 실시하였는데 신의주에서만 3만 원, 삭주군에서 7,000원, 전 도를 통하여 8만 원이 넘는 저축 실적을 거두고 있다. 주류의 소비를 저축으로 돌리려는 계획뿐만 아니라 저금표를 갖게 함으로써 조금이라도 더 저금 창구에 민중이 자주 찾아오도록 하여 그 기회를 주어 이밖에 남은 돈도 동시에 금융기관에 흡수하게 하려는 것이다.

◇ … ◇

그러면 평북 전 도의 저축 전황을 개관하면, 이곳에서 뛰어난 큰 전과를 거두고 있는 위원군(10일 현재 14할)과 후창군(동 11할)이 눈을 끈다. 벌써 전반기에 목표를 돌파한 수훈갑의 2군이다. 이 2군의 부대장이라고도 할 만한 군수는 대체 누구인가! 위원은 아케무라(朱村均太郎) 씨, 후창도 아케무라(朱村公■) 씨. 이 두 군수는 저축형제 부대장이라고도 할 만한 저축전 진두지휘자이다. 이 두 곳의 군대는 어린이들까지 자기 군의 저축 목표액을 알고 있다고 한다. 이런 철저한 노력이 있고서 비로소 이러한 대전과를 거두게 되는 것으로 저축의 기조를 이루는 것은 결국은 평범한 민중의 마음에 철저함을 기하지 않아서는 안 될 것이라고 느껴진다. 아이들도 아는 것을 어른들이 모를 리 만무하며, 최근에는 이 지방에 특히 많은

---

31 용감하게 싸움.

만주국인과 중국인들이 저축조합을 만들어 협력하는 아름다운 현상을 보이고 있다. 평북도 안에 8,000명이나 되는 만주국인이 이것에 호응하여 영사관의 지도하에 저축전에 참가한 것은 아주 최근의 일이다. 지금은 벌써 7만 원의 저축을 하고 있다고 한다. 또 영변군 영변면 동부동 제1구의 제15애국반장인 치요다 야스코(千代田端子, 19) 양은 열여덟 곳의 농가를 지도하여 매월 열심히 저금하게 하여 지난봄에는 1,600원의 저축조합을 만드는 등 평북도 국경지대의 벽지라고는 하나 가는 곳마다 저축의 전사가 감투하고 있는 모습은 참으로 훌륭하다. 은진산업으로 아무 부자유 없이 생활하는 인사들은 이들의 감투를 보고 깊이 생각을 할 여지가 있다고 생각한다. 조금의 흔들림도 없이 확고한 지반에 서는 건설은 저축을 토대로 하는 것 외에는 다시 바랄 것이 없는 전시이다. 평안북도의 참다운 약진은 저축과 병행해서야만 의의가 있는 것이다. 저축의 목표 돌파는 그만큼 평안북도 신건설의 건실한 약진상을 보이는 것이다.

〈자료 90〉 저축전의 일 년, 오늘 하루 전비(戰費)만 5,000만 원, 저축은 전승의 동력, 이때다, 애국의 정열을 바칠 때는, 심천(深川) 감리과장 담

《매일신보》, 1942.12.29.)

저축! 저축이 전쟁 수행의 중요한 힘이 된다는 것은 새삼스럽게 설명할 필요도 없다. 비행기도 군함도 전차도 탄환도 그리고 식량도 건설사업도 모두 우리들이 한 푼 두 푼 쌓아 올리는 저축에서 생산되는 것임을 모르는 국민이 있을 리 없다. 그러면 지금 감격 깊은 이 해를 영원히 보냄에 있어서 우리는 고요히 생각해 보자! 대체 예금은 얼마나 하였으며 채권이나 국채는 몇 장이나 샀는가? 국채를 사라고 하면 모든 곤란을 참아 가며 쓴 말 없이 사 왔는가? 크게 반성할 여지가 있다. 지금 9억저축달성전도 최고조에 달하고 있다. 앞으로 우리들의 싸움은 이 저축전에도 격렬할 것을 절실히 각오하고 또 이 저축전에도 절대로 져서는 안 된다는 "필승"의 의기와 실천에 정진하여야 할 것이다. 여기에 체신국 감리과 후카가와 토시오(深川俊夫) 과장에게 과거 1년 동안 반도 2,400만이 쌓아 온 저축 전선의 전과를 들어 보기로 한다.

대동아전쟁이 일어난 지 만 1년, 그 사이에 정강 무비한 황군은 혁혁한 전과를 거두어 일본의 위력을 전 세계에 떨치었다. 그러나 적은 잔존 병력을 늘려 상비를 갖추고 호시탐탐 반격의 기회를 엿보고 있는 터이라 전쟁은 바야흐로 이제부터라고 할 수 있다. 따라서 적의 잔존병력을 궤멸하여 적국으로 하여 항복하게 할 때까지는 우리들은 병기와 탄약과 식량을 더욱더 충분히 장만하여 이를 전선으로 보내지 않으면 안 된다. 또 대륙을 비롯하여 점령지의 건설 사업도 착착 진척되고 있는 터이라 일면 파괴, 일면 건설의 새로운 전쟁 양식을 가지고 싸워 나가는 대동아전쟁 금후의 경비는 필연적으로 증가될 것은 물론이다. 이 증가되는 경비를 원만히 공급 조달하기 위해서는 국민 한 사람 한 사람이 '전쟁정신'을 가지고 새로운 분기를 하지 않으면 안 될 것이다.

오늘까지 제국의회의 협찬을 거친 군비는 지나사변 발생 이래 471억 원이나 되는데 대동아전쟁이 일어난 후의 1일의 전비만으로도 실로 약 4,900만 원이라는 거액에 달한다. 이를 오늘까지 우리나라가 국운을 내걸고 싸운 러일전쟁의 전비 예산 19억 8,600만 원에 비교하여 보면 실로 20배나 되며 또 일청전쟁의 전비 예산 2억 5,000만 원은 지금 전비에 겨우 5일분밖에 안 되는 것이다. 이로써 보아도 이번 대동아전쟁의 전비는 지금까지 우리가 부담하여 온 전비와는 비교도 할 수 없는 광대한 것이다. 그리고 그 재원으로서는 조세, 기타의 보통 세입에 의하여 얻는 것이 약간 있다고 하겠으나 그 대부분은 국채에 의하여 충당하는 것이다. 그러하면 이만한 거액의 국채는 누가 소화하는 것이냐? 그것은 전 국민 한 사람 한 사람이 소화시킬 책임을 가지고 있는 것이다. 그런데 우편국에서 파는 국채와 같이 직접 국민에게 사 달라는 경우와 우편저금, 은행예금 등과 같이 한번 저축기관에 모인 예금을 가지고 저축기관이 예금자에 대신하여 국채를 사는 경우가 있는데 국채를 직접 사건 간접으로 사건 소화력을 내는 원천이요 책임자는 우리들 국민이다. 정부가 소리를 높여 국채의 소화, 국민저축의 증강을 부르짖고 있는 것도 이러한 이유에서이다. 그리고 국채의 소화, 국민저축의 증강은 전시체제 경제 운행의 중책을 이루는 것으로 그 성적의 좋고 나쁜 것은 직접으로 전쟁 수행상 영향을 끼치는 것은 물론이다.

조선은 9억저축 달성의 중요한 일익을 차지한 체신저축, 그중에도 국채, 채권의 소화, 우편저금의 장려, 다시 또 금년부터 새로이 매출한 우편저금 절수에 대하여 과거 1년 동안을 돌이켜 봄과 동시에 일반의 협력을 한층 더 간절히 바라는 바이다.

간이보험을 제외한 체신저축의 부문에 있어서 과거 1개년간의 소화 또는 축적한 총액은 실로 1억 원에 달하는 다액에 오르고 있어 반도 총후 국민의 시국에 대한 적성은 유감없이 발휘한 것이다. 이 내용을 자세히 검토하면 조선 내의 국채 매출을 지나사변이 발생하던 해 즉 1937년(昭和 12) 11월 이후부터 매출을 계속해 온 것인데 그 소화 총액은 금년 12월까지에 1억 400만 원을 돌파하였다. 그리고 그 약 1/2에 해당하는 4,800여만 원은 과거 1개년간에 소화한 것으로서 이 한 가지 일을 가지고 보더라도 조선 경제력의 비약적 상승에 병행하여 국민의 시국 인식의 철저함을 엿볼 수 있는 것이다. 그리고 이 소화 성적은 배당고에 대하여 112%의 좋은 성적으로서 시국하 반도 2,400만 국민의 총력을 결집하여 쌓아 올린 금자탑은 찬연한 것이다. 그리고 내년 1월부터 3월까지 사이의 국채 600만 원, 채권 240만 원의 매출을 할 예정이다. 이 소화는 종래보다도 더 한층 좋은 성적으로 속히 소화를 할 수 있다고 믿으나 일반의 협력을 다시 한 번 요망해 마지않는 바이다.

우편저금은 그 제도의 역사도 오래되고 국가가 직접 경영하는 안전하고 확실한 저축 기관으로서 일반에 충분한 이해를 얻을 때까지 그 이용자는 극히 다수에 이르러 금년 12월 22일 현재로 837만 8,000명 즉 한 집에 거의 두 명가량이나 우편저금을 하는 정도로 보급 이용되고 있는 것이다. 이 우편저금도 종래의 단순히 개인의 재산을 늘리고 한 집을 번창시킨다는 것 같은 개인적인 이유를 떠나 참으로 나라를 위한 저축이 되어 국책선을 쫓아 국채의 소화에 생산력확충자금에 중대한 국가적 사명을 띠고 전쟁 목적의 달성에 공헌하고 있는 것이다. 그런데 조선에 있어서의 우편저금은 지나사변 발생 당시 겨우 6,000만 원 정도에 지나지 않던 것이 금년 12월 22일 현재에는 그 3배가 넘는 1억 9,956만 원에 이르러 얼마 안 있어 "조선 우편저금 2억 원 달성"의 빛나는 '페이지'를 장식하기에 이르는 성장을 보이고 있는 것이다. 이 사변 이래의 격증은 우편저금 창시 이래의 기록적 약진으로 그중에도 지난 1년 동안에 4,300만 원의 경이적 증가를 보이고 있는 것인데 이 숫자를 이루기까지 그 뒤에는 837만 8,000명에 달하는 예금자의 애국의 정렬과 끊임없는 소비절약의 귀한 땀의 결정을 잊어서는 아니 될 것이다. 우편저금은 다른 저축과 달라서 모인 저금을 모두 대장성에 맡기어 100%로 국가 목적에 활용되고 있는 것이다. 따라서 만일 국민저축의 종류에 순위를 붙일 필요가 있다면 나는 우편저금을 제1로 할 것이라고 확신하고 있다. 일반 여러분들도 이 점을 깊이 이해하여 한층 협력을 바라마지 않는 바이다. 우편저금 절수는 한 장에 2원인데 구입한 달에 할증금의 추천이 있고 또 이달로 할증금을 지불한다고 하는, 말하자면 전격적으로 처리되는 새 종류의 채권이다. 그리하여 이 전격 처리가 전시하 국민이 바라고 있는 바를 유감없이 충족하는 것이 되고 또 탄환절수의 별명을 가질 만큼 당선율이 극히 좋아서 예상외로 잘 팔리어 금년 6월에 창설한 후 12월까지에 720만 원을 팔아 큰 성황을 보이고 있는데 내년 3월까지에 다시 180만 원을 팔 예정이다.

전시의 저축은 국가의 절대적인 요구여서 총후 국민은 어떻게 하여서든지 이를 수행하지 않으면 안 될 의무가 있다. 장난으로서 또는 마음대로 하는 것이 아니고 개인 생활의 고통을 참고라도 저축하지 않으면 안 되는 것이다. 전시 일본의 부엌은 저축으로 밥을 지어 가게 되는 것이어서 저축은 황군의 전화가 되고 군함이 되고 비행기가 되는 것이다. 우리들의 생활은 다시 반성하여야 할 필요가 있다. 헛된 소비는 없나? 그리하여 새로운 결심을 가지고 9억 저축의 달성에 매진하는 결의를 굳게 하고 반도 2,400만 국민의 총력을 저축의 한 점에 모아서 총후 수호의 완벽을 기할 것을 바라마지 않는 바이다. 우리들은 지금이야말로 조국 일본에 부과된 사명을 자각하고 또 우리들에 부과된 책임을 다하지 않으면 안 된다. 싸움의 최후의 열쇠는 최후까지 싸워 나가는 국민의 정신력이고 필승의 신념이 아니면 안 된다고 생각한다. 이후 어떠한 국난을 만나더라도 우리들은 황국 일본의 자태를 세계에 빛나게 하지 않으면 안 된다. 성전 궁극의 사명을 관철하는 결의를 견지하고 봉공을 다할 것을 염원하는 바이다.

〈자료 91〉 실로 8억 4천만 원, 작년 중에 민간 저축의 증가액, 금년도 저축전(貯蓄戰)에 이기자, 강촌(岡村) 본부 관리과장 담

《매일신보》, 1943.1.1.

일선의 혁혁한 전과에 호응하여 반도의 저축총력전에도 귀한 금자탑을 쌓아 올린 전쟁 승리의 해인 1942년(昭和 17)도 저물고 미영 격멸에 큰 힘이 될 9억의 국민저축 돌파에 필승의 결의를 바쳐야 할 1943년(昭和 18)을 맞이한다. 1941년(昭和 16) 12월 대동아전쟁 개전 이래 1942년 11월까지 조선 내에서 저축된 것은 유가증권 종류 2억 원을 제외하더라도 순 민간저축으로 증가된 액수만도 8억 4,000만 원을 돌파했다. 이것은 1939년(昭和 14) 12월 이래 1941년 11월까지의 2개년간 저축 총액 7억 8,000만 원보다도 6,000만 원이 많은 것이다. 또 1942년 4월 이래 11월 말까지의 1942년도의 8개월간의 저축 실적은 약 4억 원으로서 순민간저축 목표 7억 원의 5할 7푼이나 된다. 이것은 작년 동기의 3할 7푼에 비하여 실로 훌륭한 실적이다. 더구나 저축조합이 정비 강화됨에 따라 일반 대중층의 저축이 증가된 것은 1942년 중의 특기한 족적인데 새해를 맞이하여 더 한층 저축전에 우리의 지성을 바쳐야 할 일을 총독부의 오카무라(岡村) 관리과장에게 들어 보기로 한다.

1942년은 대동아전쟁의 황군의 혁혁한 전과에 보답하여 2400만 조선 민중이 저축전에 정신 봉공한 결과 그 분투 노력한 보람이 있어 실로 훌륭한 성적을 거두었다. 1941년 12월 이래 1942년 11월까지의 1년간의 성적은 민간인의 유가증권 투자 약 2억 원 이외에 금융기관 등에 축적된 소위 눈에 보이는 저축액은 8억 4,000만 원의 거액을 돌파하기에 이른 것이다. 그 성적은 과거 2년간의 저축액의 총계보다도 훨씬 많은 것이었다. 이 같은 성적을 거둔 것은 일반 민중의 저축인식이 철저하게 되었다는 것이 그 가장 큰 원인인데 또 한 가지는 저축운동의 지도를 맡아 하는 제 방면이 협력하여 선제저금을 독려하고 저축조합을 강화하며 애국반에서 철저히 채권을 소화하고 또 유흥저축과 물건 살 때의 저축 등을 강력하게 실천시킨 덕택이다. 1942년은 11월에는 국민저축 20억 원 돌파를 기념하여 그 공로자를 표창하여 가지고 금후 한층 분기하여 저축전에 봉공할 것을 깨우쳐 준 것인데 시국은 이제야말로 "사느냐 이기느냐" 하는 결전의 1943년을 맞이하는 것이다. 새해의 전쟁은 1942년과 같이 압도적으로 이기게 하자면 전선은 제일선으로부터 직접 총후에까지 연결되어야만 할 것이다. 총후도 전장이라는 비상한 결의로 생산력을 확충시키는 것과 또 소비절약 즉 저축에 힘써야만 우리는 대동아전쟁에서 최후의 승리를 얻을 수 있다는 것을 명심해야 할 것이다. 전쟁에 이기고 지는 것은 증산과 저축의 성적 여하에 달렸다는 것을 마음 깊이 새겨야 할 것이다.

이러한 의미에서 새해에는 당국으로서도 다시금 새로운 저축장려 방법을 고안하여 연맹운동과 긴밀한 연락을 하면서 한층 전시생활을 철저히 하여 저축 성적을 올리는 등 전력을 경주할 각오이다.

그러나 저축 성적은 각 개인 개인의 영세한 자금이 모여지는 결과에 따라 좌우되는 것이므로 국민 한 사람 한 사람이 제일선 장병과 꼭 같은 결의로 힘써 나가야만 할 것이다. 최근 영세한 일반 민중의 저금이 증가되는 경향이 있어 반가운 일이다. 이 같은 경향을 한층 향상 발전시켜서 결전 제2년을 우리는 훌륭히 싸워 이겨 나가야만 할 것이다. 새해를 맞이하면서 우리들은 과거를 반성하고 금후의 분기를 맹서해야 할 것이다.

〈자료 92〉 필승의 9억저축전(貯蓄戰) 목표 7할 9푼 돌파, 도별론 전북이 수위, 함남북 불량

《매일신보》, 1943.2.2.)

지난 4월 9억저축의 총진군을 시작한 지 이에 9개월 작년 12월 말까지의 성적은 목표액 9억 원 가운데서 유가증권 투자 2억 원을 제외한 순 저축 목표액 7억 원에 대하여 5억 5,634만 7,000원에 달하여 7할 9푼의 좋은 성적이다. 작년 동기의 6할 3푼보다는 1할 3푼의 좋은 성적이고 더욱 9개 도에 걸친 심각한 가뭄으로 인해 재해를 극복하고 금액으로 2억 4,000만 원이나 많이 저축하였다는 것은 관민 총력의 결정으로서 결전하에 극히 믿음직한 일이다.

각 도별로 보면 전북이 2,007만 원의 목표액에 대하여 2,899만 2,000원으로 10할 7푼으로 첫째를 차지하고 다음은 황해도의 10할 5푼, 충북의 10할 1푼 등이 모두 운동을 시작한 지 단 9개월 만에 목표액을 초과하여 실력을 발휘하였다. 그러나 그 반면에는 4,800만 원의 목표액에 대하여 겨우 2,300여만 원 즉 4할 8푼밖에 달성하지 못한 함남, 함북의 5할 9푼, 평남의 6할 6푼 모두 참담한 성적이다. 결전하 저축의 중요성은 다시 말할 필요조차 없다. 목표를 달성하지 못한 도나 목표를 초과한 도나 꾸준한 긴장으로 저축전에 필승을 기하지 않아서는 안 된다. 각 도별 저축 실적은 다음과 같다.

(단위: 천 원)

지역	저축 목표액	저축 실적	비율(%)
경기	281,000	215,566	82
충북	9,000	9,157	101
충남	20,000	17,891	89
전북	27,000	28,992	107
전남	40,000	29,851	74
경북	42,000	34,129	81
경남	76,000	69,855	91
황해	24,000	25,372	105
평남	51,000	33,692	66
평북	36,000	25,150	70
강원	22,000	16,223	73
함북	48,000	23,258	48
함북	44,000	26,277	59
기타	-	2,954	-
합계	700,000	556,347	79
전년	500,000	317,426	63

〈자료 93〉 명년도 저축 목표액은 11억 원으로 결정, 15일 위원회 간사회를 개최

《매일신보》, 1943.2.14.

우리들의 집안이 흥하고 망하는 것도 이 전쟁에 달려 있고 우리들이 죽고 사는 것도 이 전쟁에 달려 있다. 이 전쟁에 이기고 지는 것은 국가가 이기고 진다는 말만이 아니라 우리 개인의 운명을 결정적으로 좌우하는 것이 된다. 우리는 살을 깎고 뼈를 갈아서라도 이 전쟁에 이겨야 한다. 이기자 미영을, 갈기갈기 찢어서 이 세상으로부터 없애 버리자. 그리하여 남태평양에서 사라진 1만 6,000의 영령 앞에 또 대동아 전역에 사라진 수많은 영령 앞에 "원수를 갚았다, 우리는 이겼다"라고 소리쳐 고할 그날을 또 한번 약속하자! 그 약속을 먼저 저축에 나타내자! 저축이 전쟁의 힘이라는 것은 새삼스럽게 말할 필요도 없지만 금년이야말로 우리들의 모든 괴로움의 보람을 이 저축전에 드러내야 할 때이다.

　내지[일본]에서는 1943년(昭和 18)도의 국민저축 목표액을 270억 원으로 결정하였다. 1942년(昭和 17)도의 230억 원에 비하여 40억 원 즉 1할 7부 4리가량이나 증액을 보였다. 이에 호응하여 조선에서도 새로운 목표액을 결정하려고 오는 15일 오후 한 시부터 총독부 제1회의실에서 저축장려위원회 간사회를 열기로 되었다. 1942년도의 목표액은 9억 원이었는데 내지의 새 목표액이 1할 7부 4리가량 증가된 것을 본다면 조선에서도 9억 원의 1할 7부 4리 즉 10억 5,000만 원 남짓이 증액될 것이라고 볼 수 있다. 그러나 예년의 증액율과 또 지금까지의 빛나는 성적에 비추어 본다면 적어도 11억 원 이상으로 증액되리라고 보는 것이 옳을 것이다. 이 회의에서 목표액이 결정되면 재무국 오카무라(岡村) 관리과장이 간사회 안을 가지고 18일 도쿄(東京)로 출장하여 대장성에 제출하고 협의하기로 되었다. 11억이 되건 그 이상이 되건 일선 장병의 노고를 생각한다면 저축쯤은 문제도 안 될 것이다. 더욱이 지나사변 이래 해마다 우리들이 돌파해 온 국민저축의 성적을 본다면 우리들에게 끝없는 힘이 있음을 믿을 수 있는 것이다. 즉 사변이 일어난 그다음 해 1938년(昭和 13)의 저축 목표액은 2억 원이었는데 134%나 돌파하여 2억 6,999만 원을 쌓아 올렸고, 1939년(昭和 14)의 목표액은 3억 원이었는데 120%, 즉 3억 9,002만 1,000원을 돌파하였고, 1940년(昭和 15)의 목표액은 5억 원이었는데 115%, 5억 7,633만 9,000원을 돌파하였고, 1941년(昭和 16)에는 목표액 6억 원에 대하여 125%, 7억 5,485만 4,000원을 돌파하였던 것이다. 이와 같이 연전연승 저축 반도의 역사는 위대한 것을 생각하더라도 신년도의 목표액을 필사코 돌파하여 저축 반도의 위력을 더욱더 천하에 떨쳐야 할 것이다.

〈자료 94〉 한 사람이 50원씩, 금년도 12억저축운동 힘찬 출발, 저축장려위원회 개최

《매일신보》, 1943.4.6.)

12억저축 달성에 2500만의 총력을 바치자는 힘찬 호령은 내리었다. 5일 오전 10시부터 총독부에서 개최된 저축장려위원회에서 정식으로 1943년(昭和 18)의 저축 목표액이 결정되었다. 저축으로 저축으로 애국의 지성을 폭발시켜 온 총후 반도의 민중은 금년에는 더욱 결전 생활을 확립하여 한 푼이라도 아껴서 국채를 사고 저축을 하여 비행기를, 대포를, 군함을 제일선에 보내어 흉적 미영을 철저히 격멸하고야 만다는 결의가 벌써부터 전선 방방곡곡에서 물 밀듯이 고조되고 있다. 12억의 저축, 이것은 금년에는 어떠한 곤란이 있더라도 기어이 달성하여야 할 총후 국민에게 맡겨진 커다란 책임이다.

12억의 저축은 지난 1942년(昭和 17)도의 반도 민중이 맡은 9억 원과 비교하면 3할 3푼의 증가이다. 따라서 작년에는 2500만의 한 사람 한 사람이 38원씩을 저축해야 되었던 것이 금년에는 50원의 저축을 해야 된다. 그러므로 어린아이나 노인이나 남자이나 부인이나를 불문하고 사람마다 한 달에는 약 4원 20전 가까운 저축을 해야 한다. 이것을 다시 우리나라 전체의 소비 생활에서 살펴보면 작년에는 전 국민의 총소득액 450억 중에서 국민들이 생활에 소비할 돈이 150억 원이었으나 금년에는 국민의 총소득액 예상 500억 중에서 나라에 바치는 세금의 100억 원과 저축액 270억 원을 뗀 다음의 130억 원이 생활에 소비할 돈이다. 이것은 작년보다 20억 즉 1할 3푼의 감소이므로 작년에 1,000원을 가지고 생활하던 사람은 금년에는 870원을 가지고 생활해야 한다. 그러므로 금년이야말로 사치스러운 물건을 사지 말아야 할 것은 물론이고 일체의 생활을 철저히 전시체제로 편성하여 생활비를 절약하는 동시에 생산에 힘써서 수입을 적극적으로 증가시켜야 한다. 또 반도 2500만이 맡은 저축액 12억 원은 전국의 저축 총목표액 270억의 1/22도 되지 않는다. 각 도별로 살펴보면 전북, 황해도는 작년보다 6할 3푼의 증가이고 제일 적게 증가된 함북도 2할의 증가이니 모두 상당히 많아진 듯하지만 앞의 내지[일본] 전체의 목표액에 비교하면 오히려 우리들의 애국지성이 부족한 느낌이 있다고 하여 총독부 당국에서는 전선 10만 저축조합 590여만 조합원을 총동원시켜 (가) 결전 생활의 확립, (나) 개별 목표액의 적정화, (다) 국채, 채권의 주변 이웃 소화의 촉진, (라) 저축운동 추진력의 양성, (마) 금융기관의 활동 강화에 중점을 두고 이달부터 가장 활발한 총후저축운동을 전개하기로 되었다.

〈자료 95〉 저축으로 미영(米英) 격멸, 총력연맹에서 필승의 "삐라"를 배포
(《매일신보》, 1943.6.2.)

금년이야말로 결전의 해이요 결승의 해이다. 반드시 귀축(鬼畜) 미영을 격멸하여 이겨내고야 말 강철 같은 결의와 직접 전쟁을 이기는 원동력이 되는 저축운동에 1억 국민이 불덩어리가 되어 강렬하고 활발하게 손과 손을 부여잡고 오로지 전쟁 완수에만 매진할 단계에 처하였다. 16일부터 30일까지 15일 동안 12억의 저축 목표를 달성하기 위한 국민운동이 전 조선에서 일제히 전개된다. 이 기간을 계기로 하여 2500만 전 조선 애국반원은 국민저축이 거액의 국채소화 자금과 생산력확충자금의 공급을 확보하는 절대 필승의 무기라는 인식을 다시 한 번 새롭게 하고자 이 12억저축 강조의 국민운동과 발을 맞추어 국민총력조선연맹에서는 "귀축 미영 저축으로 격멸하자", "먼저 저축 남는 것을 생활". 이러한 사진과 같은 '삐라'를 1일 전 조선 각 도에 배부하였다. 도회에 마을에 거리마다 이 삐라가 나타나서 전 조선 애국반원의 마음을 한층 저축운동에로 불을 지를 것이다.

〈자료 96〉 먼저 저금시키고 지불, 송금한 돈을 우편국에서 찾을 때
(《매일신보》, 1943.6.17.)

전 조선 각 우편국에서는 현재 돈을 부쳐 오면 그것을 내어 줄 때 그 전액의 1할 내지 2할씩을 떼어 우편저금을 시키고 내어 주고 있다. 보내어 온 돈 중에는 남방의 제일선에서 활약하는 황군 용사나 반도 출신의 군속으로서 푼푼히 모은 돈을 고향의 부모에게 보내어 온 귀중한 돈도 있고 혹은 내지[일본]나 만주, 중국 대륙에 가서 활약하는 산업전사들로부터 보내어 온 돈도 있고 장사하는 사람들의 거래하는 돈도 있다. 우편국에서는 그 귀중한 돈을 고향의 부모에게 내어 줄 때 1할 내지 2할가량씩 떼어서 우편저금을 시키고 우편저금통장과 함께 그 돈을 내어 주는 것이다. 이해가 없고 저축 인식이 부족한 사람 가운데는 불만을 말하는 사람도 없지 않으나 이번 전쟁이 얼마나 크고 얼마나 우리들 국민 개개의 운명을 내걸고 싸우는 것인가를 깊이 깨닫고 적극적으로 협력하지 않아서는 안 될 것이다. 정말 그 돈을 당장에 써야 할 경우에는 우편국에서도 하는 수 없지만 될 수만 있다면 이에 협력하여 12억저축 달성에 한 몫을 맡아야 할 것이다. 체신국 후카가와(深川) 감리과장은 다음과 같이 말한다.

> 체신국으로서는 보내어 온 돈에서 얼마씩 공제하여 우편저금을 시키고 내어 주도록 정식 통첩을 보낸 것은 아니다. 그러나 그것은 응당 그렇게 해야 할 일이므로 일반은 불평을 하지 말고 적극적으로 협력해야 될 것이다. 저축은 남의 일이 아니라 바로 내가 할 일이요, 나를 위해서 하는 일이다. 앞으로는 정식으로 통첩을 띄우게 되겠지만 각 우편국의 저축에 대한 열성을 깊이 이해하고 또 이 전쟁을 이겨내기 위해서 저축을 하지 않으면 아니 된다는 인식을 철저히 하여 12억저축증강에 총력을 다하기 바란다.

〈자료 97〉 연말연시 행사 간소로 결전저축을 더 높이자, 총후봉공은 먼저 여기 있다
(《매일신보》, 1943.12.14.)

전국(戰局)이 날로 중대해져 가는 때, 1억 국민은 필승의 결의로써 전력 증강에 총궐기를 전개할 것은 물론 무엇보다 저축증강에 결전적 투혼을 굳게 하여야 할 것은 우리의 당면의 문제이다. 즉 근로와 소비절약과 저축으로서 생산 증강에 맹진하는 결전 생활을 스스로 강화하여 저축은 곧 병기가 되고 전력이 되게 하고자 지난 8일 대동아전쟁 제2주년 기념일을 계기로 전 조선적으로 '결전저축총궐기운동'을 전개하고 있다. 금년도 전 조선 목표액 12억 돌파를 목표로 개인과 단체, 가정을 통해 직장을 통해 결전 저축에 맹진격을 전개한 것인데, 먼저 (가) 결전 생활의 철저, (나) 퇴장 현금의 예금화, (다) 개별 목표액의 필성(必成), (라) 상여의 고율 저축에 중점을 두고 오로지 국민저축력은 전력 증강에 이바지할 싸우는 국민의 온 기백을 저축에 집중시키기로 된 것이다.

결전저축강조운동기간을 8일부터 11일까지 '저축 태세 강화일'로 지켰거니와, 12일부터 16일까지를 '생활 반성일', 17일부터 21일까지를 '저축 실행 강화일', 22일부터 26일까지를 '저축 실적 검토일'로 하여 도, 군, 읍, 나아가 개인이 맡은바 책임액을 완전히 돌파함에 관민이 협조하여 목적 달성에 매진하는 중이다.

이와 같은 취지 아래 전 조선 각 정(町)연맹, 직역연맹, 애국반에서는 때로 상회와 회합을 열고 (1) 결전저축 필요의 재인식, (2) 저축 궐기 운동 실시 요강의 철저화, (3) 저축조합의 저축, 그외 저축 일반에 관한 질의응답에 응하여 보다 더 참신한 방법과 수단으로 저축률 인상에 노력을 기울이도록 하며, 특히 생활 반성에 주력하여 부인들의 궐기를 재촉하기로 되었다.

즉 '식사의 간소화', '의복, 기타 연말연시의 자숙', '망년회며 신년회 폐지', '연말연시 선물 주고받기 폐지', '정월 요리의 간소화', '연말연시의 여행은 중지' 하자는 등 결전생활 새 국면 타개에 주력함으로써 저축 성적 앙양에 이바지하도록 하자는 것이다.

더구나 저축실행강화 기간에는 저축률 인상, 매달 배액(倍額) 저축 독려, 기간 중 절주, 절연 또는 도보여행 등 소비절약에 각기 힘써 한 사람이 50전 이상의 저축 필행(必行)을 목표로 나간다.

특히 국민저축조합을 저축의 중심체로 하여 각 조합 대표는 각 가정을 방문하고 저축률 인상을 권하며 저축 대장과 실적을 검토한다.

이 같은 방법으로 18일간에 걸친 전 운동 기간을 이용하여 저축 체험담을 피력하는 회합이라든가 저축에 새로운 방법이 있다면 채택하여 현금 저축, 국채 채권 소화, 상여금 국채 지급 운동에 효과를 올리는 데 힘쓴다.

특히 연말을 기하여 관청, 회사, 공장, 은행에 일제히 지급될 상여에 끼어 나오는 국채 소화에 절대적인 협력을 하는 편이나 받는 편이 오직 감사한 생각으로 한 장의 채권이 적을 격멸하는 병기에 해당한다는 것을 잘 인식하고 나가도록 결전 저축에 맹진격을 전개한 것이다.

〈자료 98〉 매물저축(買物貯蓄) 독려 통첩, 국민총력황해도연맹에서

(《매일신보》, 1944.2.1.)

이번의 세제 개정에 따라 물품세의 인상을 단행하기로 되었다. 그런데 국민총력황해도연맹에서는 1월 27일 관하 각 부군연맹에 매물저축 강화에 대하여 통첩을 발하여 전 연맹원에 대하여 물품세의 인상을 단행하게 됨을 주지시킴과 동시에 이 기회를 타서 매집, 매물(買物) 경쟁 등 비국민적 행위를 하지 않도록 극력 부동구매력을 억제하여서 퇴장 현금을 저축하게 하도록 배려하게 한 바 있었다. 그런데 이에 섬유제품 또는 기타 물품세의 인상된 비율을 보면 아래와 같다.

1. 섬유제품
   ▲ 5원 이상 50원 미만-3할
   ▲ 50원 이상 100원 미만-4할
   ▲ 100원 이상-5할

2. 기타 물품
   ▲ 5원 이상 50원 미만-2할
   ▲ 50원 이상 100원 미만-3할
   ▲ 100원 이상-4할

〈자료 99〉 18억 결전저축 완수에 총궐기, 6월 10일부터 대실천운동 전개

(《매일신보》, 1944.5.24.)

18억 원. 이것은 금년도에 3,500만 반도 민중이 반드시 달성해야 할 저축 목표액이다. 우리들은 한 사람도 빠짐없이 애국의 지성을 폭발시켜 모든 불편을 참고 총후의 생활을 철저히 결전 태세로 갖추어 한 푼이라도 남는 돈은 저축하여 귀축 미영을 쳐부수는 전비로 삼아야 한다. 적국은 이미 오가사와라(小笠原) 제도까지 반격해 오지 않았는가. 싸움의 앞길은 한층 더 가열해진다. 이때를 맞이하여 총독부에서는 오는 6월 10일부터 30일까지 3주간에 걸쳐 각 관계 관공서, 총력연맹, 금융기관 혹은 그 외 관계 기관과 협력하여 전선 방방곡곡마다 일제히 '18억저축총궐기운동'을 활발히 전개하여 빛나는 저축 공략의 대전과를 거두기로 되었다.

18억저축총궐기운동은 (가) 지금 저축이 얼마나 중요한 것인가를 널리 알리고, 선제 저축에 대한 오해를 없애며 저축에 방해가 되는 언동을 단속하여 결전저축의 참뜻을 철저히 알릴 것, (나) 관혼상제와 그 외 여러 가지 옛 습관에 젖은 낭비를 없애 결전 생활의 실천에 힘쓰며 품팔이 일꾼과 혹은 그 외 소위 신흥 소득계급의 저축을 장려하고 공장, 광산, 중소회사 등의 직역과 또는 도시 상공업조합 등의 업역(業域)에 걸쳐 저축 성적을 시찰하여 성적이 나쁜 것에 대한 지도를 철저히 베풀어서 저축총궐기의 태세를 갖출 것, (다) 저축은 절대로 안전할 뿐 아니라 이익이 많다는 것을 알려서 현금을 가지고 있지 말도록 하며, 상여금 중의 일부분은 반드시 국채로 주어 저금하게 하고 그 나머지도 될 수 있는 대로 전액을 저축하도록 장려할 것 등에 중점을 둔 다음 각 지방의 실정에 따라서 가장 적절하고 효과 있는 방법을 실시할 터이다. 또 이 운동 실시에 있어서는 6월 10일에서 16일까지를 '결전저축의 참뜻을 철저히 알리는 주간'으로, 6월 17일부터 23일까지를 '생활을 반성하고 저축을 실행하는 주간'으로, 6월 24일부터 30일까지를 '가지고 있는 현금은 모조리 저축하는 주간'으로 정하여 활발한 실천에 옮길 터이다. 총독부에서는 특히 이 운동 중에는 각 도마다 이동영화반, 이동연극대를 파견하고 저축 선전 소책자의 배포, '라디오' 방송, 국민학교 아동과 중등학교 생도들에게 작문 모집, 금융기관 수뇌부의 지방 파견을 실시하는 한편 채권의 가두 매출과 제3회 할증금부 정기예금을 실시하여 결전 저축 운동의 만전을 꾀하기로 되었다.

상여금 때 주는 국채는 금년부터 전액 저금케, 1,000만 원 예상

6월의 상여금 시기를 앞두고 상여금에 끼워서 주는 국채의 표준이 결정되었다. 상여금에 국채를 끼워서 주기 시작한 것은 지난 1938년(昭和 13)부터이며, 이것은 저축 반도에 커다란 도움이 되고 있으나 싸움이 한층 격렬하여짐에 비추어 더욱 그것을 강화하는 동시에 종래에 있어 자칫하면 그 국채를 도로 팔아서 그것을 실시하는 근본 취지에 어그러지는 폐단도 없지 않으므로 이번에는 특히 그 국채를 전부 저축하게 할 터이다. 상여에 끼워 주는 국채의 표준은 작년 12월 상여기의 그것과 같아서 100원 이하의 1할 5푼 정도 이상으로부터 5,000원 이상의 6할 정도 이상이고, 특히 은진산업 방면에는 이 표준 이상으로 주기로 되었다. 이 국채는 각 직역에서 책임자가 상여금 속에서 선제하여 각 도, 읍, 면 당국에서 지시한 기간 안에 각 금융기관에 각 본인의 명의로 국채저금을 하기로 되었다. 이것으로서 전 조선에서 약 1,000만 원의 국채저금이 되어 저축결전에 힘차게 이바지할 터이다. 또 이상의 국채저금과 함께 될 수 있는 대로 상여로 받는 현금도 모조리 저축하도록 당국과 각 관계 기관에서는 철저히 지도 독려하기로 되었다.

〈자료 100〉 염려 말고 저축하라, 지불 제한 절대 없다, 금일부터 현금 일소(一掃) 주간에 총진군, 본부 관리과 전(全) 사무관 담

《매일신보》, 1944.6.24.)

적을 격멸할 전비가 되고 또 생산확충의 자금이 되는 저축에 총력을 집결하자는 취지로 지난 10일부터 전 조선 일제히 전개된 18억저축총궐기운동은 24일부터는 현금일소주간으로 들어간다. 쓸데없는 생각으로 현금을 가지고 있는 것은 잘못이다. 한 푼이라도 미영을 격멸하기 위하여 저축하자는 것이다. 지금 민간에서 현금을 손에 움켜쥐려고 하는 원인은 만일 공습 등 재해가 있으면 하는 염려와 또 저금하면 급하게 쓸 때 찾지 못한다는 등의 오해에서 나오는 것인데, 이 기회에 어째서 현금을 가지고 있을 필요가 없나 하는 것을 총독부 관리과의 전(全) 사무관으로부터 듣기로 했다.

현금을 가지고 있으면 쓸데없는, 또 그리 급하지 않은 데 낭비할 염려가 있다는 것은 말할 것도 없다. 또 평시는 물론이요, 비상한 재해가 발생할 때 도둑을 맞든지 불에 태워 버릴 염려도 없지 않다. 이 같은 위험을 무릅쓰고 현금을 애써 가지고 있으려는 것은 어리석은 일이다. 그러나 이것은 개인의 이익을 위한 이야기요, 돈을 저축하면 이것은 곧 적을 격멸하는 큰 무기가 된다는 것을 생각해 볼 때 저축은 결전 국민의 최고 의무인 것도 말할 것 없다. 이러한 취지에서 현금을 가지고 있지 말고 저축하자고 외치는 것이다. 그런데 일부에서는 공습 등 비상재해가 발생하면 현금 없이는 살 수 없다는 오해를 하는 모양인데, 당국으로서는 금융비상조치 방책을 결정하여 어떠한 비상사태가 발생하더라도 현금 없이도 충분히 생활을 유지할 수 있도록 만전한 대책을 확립하게 된 것이다. 이 금융 비상조치는 대동아전쟁이 시작되자 곧 결정된 것을 최근 그 내용을 한층 확충 강화한 것으로, 그 몇 가지 요점을 들어 보면,

(1) 어떠한 비상사태가 발생하더라도 예금을 지불하는 것을 제한하지 않는다. 즉 제한하지 않고 예금을 지불한다.
(2) 자기가 예금한 금융기관이 폭격을 당했을 때도 다른 금융기관에서 대신 지불해 준다.
(3) 공습 등 비상재해로 저금통장을 분실한 때라도 확실한 보증인만 세우면 일정한 금액까지는 지불해 준다.
(4) 정기, 거치 저금 혹은 기한을 정한 국채저금도 기한 이전이라도 처음 계약한 이자를 계산하여 지불해 준다.

대개 이런 것인데, 저금통장만 가지고 있으면 문제없고 또 분실했을 경우에도 국가에서는 특례를 만들어 국민 생활을 보장하기로 되는 것이다. 현금을 가지고 있다가 태워 버리든지 도난당하는 것에 비하여 어떠한가. 이 내용을 충분히 이해하여 저축총력전에 미영 격멸의 투지를 바쳐야 할 것이다.

대불(代拂)과 지불 보증, 공습엔 예금통장 번호 적어 두라

공습이나 기타 전시 재해가 발생하였을 때의 비상금융대책이 20일 대장성으로부터 발표되었다. 이것은 예금과 저금 지불을 보증하고 어느 은행에서나 다른 은행 혹은 우편국에 넣은 예금과 저금을 지불하게 하고 예금을 간이화하며 예금통장, 저금통장과 국채 채권 등을 간편하게 교부하게 하는 등 여러 가지를 강구한 대책이다. 혹 우편국, 은행, 신탁회사, 신용조합, 기타 금융조합의 점포가 공습 등으로 피해를 입어도 곧 업무를 다시 볼 수 있도록 은행, 기타 금융기관의 점포가 점포와 은행원 장부는 물론 용지 같은 것도 서로 융통하도록 한 것이다. 일본은행, 조선은행, 대만은행에서는 언제나 제한 없이 예금 등을 지불할 수 있게 하

기 위하여 그 본점과 지점은 물론 전국 중요 지역에 모든 종류의 통화를 많이 준비 보관하고 또 수송용 트럭 등도 수배하여 전시 재해에 즉응해서 예금과 저금 등을 절대적으로 지불할 수 있게 한다. 그리고 만약 통장, 도장, 국채, 채권을 잃어버려도 간단히 다시 교부를 받을 수 있으나 현물을 가지고 있는 경우와 가지고 있지 않은 경우에 구제를 받는 정도가 다르며, 또 전쟁보험에 가입하고 가입하지 않은 것에 따라서도 다르다. 일반 대중은 평시에 위험성이 많은 현금을 가지고 있지 말고, 될 수 있는 대로 전시 재해가 발생한 경우에 언제나 차출할 수 있는 안전한 저금을 하고 다음과 같은 점에 각별히 주의할 필요가 있다.

1. 예금통장, 저금통장, 증서의 취급 점포, 기호, 번호, 금액을 수첩에 써 둘 것.

〈자료 101〉 저축총궐기운동, 각 도 전과(戰果) 좌담회(상), 장려 전에 생활물자, 필수품 확보로 효과 백배

(《매일신보》, 1944.7.8.)

18억저축 돌파를 목표로 저축총궐기운동이 지난 6월 10일부터 전선에 활발하게 전개되어 동 30일로써 빛나는 성과를 거두고 원만히 끝마쳤는데, 같은 기간 중 총독부 기자단에서는 기자 6명을 각 도에 특파하여 보도진의 일각으로부터 이 운동에 협력하였다. 이하는 이들 특파 기자가 각지에서 친히 견문한 반도 저축 결전의 현지 보고이다.

신흥 소득계급 문제

오카무라(岡村) 과장: 최근 가장 어려운 문제는 자유 노무자, 기타 신흥 소득자계급에 대한 저축 성적을 어떻게 하면 올릴 수 있을까 하는 점인데, 이 점에 관해서 말씀을 하여 주십시오.

쇼타(勝田) 기자: 함경남도의 서호진, 함흥, 원산 등지에서 본 일인데, 구두 수선하던 사람의 소득이 퍽 늘어 보통 한 사람이 최하로 평균 40~50원 정도라고 하는데 이들에게 하루 평균 1원씩을 저금시키고 있습니다. 그중에는 1원은 너무 적으니 더 좀 많이 하게 해 달라고 부청이나 읍사무소에 신청하는 사람도 있으나 그 반면에 수입이 있어도 전혀 하지 않는 사람도 있어 그런 자의 취급이 곤란하다고 합니다.

요시카지(吉尾) 기자: 경북 경주 등에서는 우마차조합을 결성하여 50~60명의 우마차부를 매일 조합사무소로 출두시키고 있습니다. 그리하여 이유 없이 출두 안 하는 자는 결근으로 인정하고 일용품이나 소, 말의 사료 배급을 하루치 정지시킵니다. 그리고 하루 출두하면 반드시 그날 번 돈의 1할 5푼 내지 3할을 저금시키는데, 2원에 대해서는 1할 5푼, 2원 이상 3원에는 2할, 3원부터 5원까지 3할 정도의 선제저금을 시켜서 퍽 좋은 성적을 올리고 있습니다.

후쿠시마(福島) 기자: 평안남북도에서는 자유노동자에게 미곡통장에 저금통장을 껴 주어 쌀을 팔 때 저금을 시키고 있습니다. 이 방법은 상당히 철저히 독려되고 있는데, 어느 정도 저축을 싫어하는 자들을 이끌고 나가는 데 좋은 방법이라고 생각하였습니다. 그리고 일반 노무자는 회사, 공장에서 시키니까 염려 없습니다. 대개 그 비율은 하루 수입 1원 이상 5부, 2원 이상 1할, 3원 이상 1할 5부, 5원 이상 2할로 정해 있습니다. 자유노동자는 애국반을 통해서 읍면마다 쌀을 팔 때 저금을 시키므로 돈을 꾸어서라도 저금을 하게 됩니다.

먼저 생필품 확보게

오카무라 과장: 경성에서도 우마차통제조합, 구두수선조합, 인력거조합 등에서 저축조합을 결성하여 저금하고 있습니다.

후쿠시마 기자: 평남에서는 경금속 때문에 경기가 좋은데, 조선전공(朝鮮電工), 기타 두서너 곳의 공장의 실정을 들었더니 3,500~3,600명 이상의 사람을 쓰고 있는 시미즈구미(淸水組) 같은 데는 전연 저축의 체제가 되어 있지 않아서 돈을 흡수할 대책이 서 있지 않습니다. 그래서 결국 공장, 사업장에는 '야미'[32]꾼이 몰려들어서 굉장합니다.

오카무라 과장: 그런 곳은 '야미'가 굉장하여서 급료는 많이 받고 있으나 생활 내용을 보면 '야미'에 쫓겨 대단히 빈약한 생활을 하고 있어 표면의 임금은 많으나 실질 생활은

---

32 암시장 거래자.

아무 것도 아닌 사람이 많다고 생각합니다. 결국 자업자득으로 지역적인 악성 '인플레'를 이루고 있습니다.

후쿠시마 기자: 그렇습니다. 자살행위입니다.

쓰치코(土香) 기자: 이것은 충남에서도 충북에서도 당국이 말하고 있었는데 저축을 달성하려면 결국 최저 생활 필수 물자를 확보하지 않으면 할 수 없다고 합니다.

쇼타 기자: 예를 들면 노무자는 배가 고프면 '야미'로 먹을 것을 삽니다. 그러므로 50전을 내어도 배불리 먹을 수 있게 하고 그 위에 저축권을 껴도 좋아합니다. 이러한 싸고도 배불리 먹을 수 있는 식당을 만들고 그곳에는 노무자의 표를 갖지 않은 사람은 들어가지 못하는 큰 식당을 만들면 되겠습니다. 함북에서는 이렇게 말하고 있었습니다.

효과 좋은 감사저축

후쿠시마 기자: 평남에서도 그러한 것을 생각하고 있었습니다. 쌀이 없으면 '빵'이라도 좋으니 부의 직영으로 실비주의의 큰 식당을 만들어 노무자의 통장을 참조하여 표를 주고 저축권을 껴서 팝니다. 50전으로 배불리만 먹을 수 있다면 저축권을 1원 붙이거나 2원 붙이거나 좋다고 합니다. '야미'로 점심을 먹으면 7~8원이나 걸린다니까요.

스야마(須山) 기자: 황해도에서는 금년에는 새로운 방법으로 인구 할당과 세금 부담액 할당을 기준으로 하고, 인구 할당을 주로 하여 6,000만 원에 자연 증가액 1,000만 원을 꾀하여 목표액을 7,000만 원으로 하고 그중의 4할을 인구 할당에 의하여 실천하였습니다. 그렇게 하면 한 사람의 할당이 결국 1년에 12원으로 한 가정에 최저 5인으로 치면 결국 1년에 60원이 되는데, 이것만은 사정 여하를 불구하고 저축하기로 정하고 저축권 소위 추첨이 붙는 채권은 상하의 구별이 없이 사게 하고 있습니다. 이곳에서는 현재까지 법인단체에는 채권과 국채의 할당을 전혀 안 하고 있다고 합니다. 그런데 감사저축 등은 매우 철저하다고 합니다. 저금통장에 먼저 감사저축을 하지 않으면 사탕이나 술 같은 소위 제2차적인 물품을 배급받을 수 없습니다. 또 통장저축에 대해서 말하면, 농산물이 많이 산출되므로 그것을 소포로 부치는데 이것을 부칠 때에 1원 50전을 저금하지 않으면 받지 않기로 하였다고 합니다. 또 자동차를 이용하는 여행자로 증명서를 안 가진 사람은 한 번에 1원씩 감사저축을 하게 한다는 등 철저히 실천되고 있어 매우 좋은 성적을 나타내고 있습니다.

상공업과 선제저금

오카무라 과장: 관리나 회사원 등은 그곳 회계에서 선제저금으로 저축을 실시하고 있습니다. 상여금을 국채로 지급하는 것도 비교적 잘 실천되고 있는 데 대하여 도시에 있는 중소상공업자에 대한 저축은 약간 철저하지 못한 감이 있는데 지방의 실정은 어떠합니까.

후쿠시마 기자: 평안북도에서는 이번에 새로이 만든 상업봉사대에 협력을 구하여 좋은 성적을 보이고 있다고 합니다. 매일 매상고의 1할을 상업봉사대에서 자발적으로 저축하고 있다고 합니다. 이것은 의외로 잘되어 간다고 합니다. 그러한 조직을 이용하면 좋지 않을까 생각합니다.

요시카지 기자: 부산과 대구에서는 도매상에서 소매상으로 상품을 넘길 때에 그 매입량과 배급량을 기준으로 하여 업역(業域)조합에서 선제저금을 한다고 합니다.

오카무라 과장: 그것은 참 좋은 방법이군요.

스야마 기자: 황해도에서도 그렇습니다. 업역조합을 철저히 하고 있습니다. 그곳에서는 1943년(昭和 18) 11월부터 조직하였는데 매입량의 2부를 저축합니다. 이것은 통제품에 대해서 하는 것입니다. 통제품이 아닌 것은 상공회의소에서 조사하여 순이익금의 1할을 저축하게 하고 있습니다. 그러므로 업역조합에서는 약방에 저축을 하지 않으면 물품배급을 받지 못합니다. 그리하여 업역조합은 매우 원만히 많은 저축액을 올리고 있습니다.

곽(郭) 기자: 그 점에 대하여는 목포와 여수도 원만히 운행되고 있어서 어획고의 2할을 선제저금하고 있습니다.

오카무라 과장: 농산물에 대한 선제저금의 관계는 어떠합니까. 이것은 미곡을 비롯하여 상당히 거액에 달하는 선제저금인데 참고될 좋은 이야기가 없습니까.

쇼타 기자: 이에 대하여 상당히 불평이 있습니다. 예를 들면 전표 문제입니다. 그것을 최근에는 농회에서 하기로 되었는데 역시 금융조합에서 하는 것이 어떠냐고들 말합니다. 하여튼 농회에서 하면 현금이 손에 늦게 들어오고 또 계산이 잘못되는 적이 종종

있다고 합니다.

기분을 좋게 하려면

스야마 기자: 황해도에서는 밀을 사들이는 데 지정 매수인을 정하였는데 이에 대하여 농촌에서 상당히 불평이 일어나고 있습니다. 우리들은 황해도에 4월에 가서 농촌을 샅샅이 돌아다닌 일이 있는데 그때부터 들었습니다만 선제저금에 대하여 매우 기분을 상하고 있는 모양입니다. 매수인을 시키면 짧은 시일에 모을 수 있을는지 모르지만 폐해도 많지 않은가 생각합니다.

오카무라 과장: 지정 매수인에게 선제저금을 시키게 하는 방법은 어려우나 역시 저축권 같은 것을 이용하여 사들인 양곡의 수량에 대응하여 저축권을 반드시 시키도록 하여 지정 매수인이 공출자에 반드시 끼여 주도록 하지 않으면 안 될 것입니다. (계속)

◇ 출석자(무순(無順))

▲ 오카무라(岡村) 본부 관리과장 ▲ 쇼타 지로(勝田次郎, 동맹(同盟)) ▲ 스야마 칸지(須山寬司, 경성일보) ▲ 요시카지 츄지로(吉梶忠次郎, 마이니치신문) ▲ 후쿠시마 다케시(福島武司, 아사히 신문) ▲ 쓰치코 마사돈(土香正燉, 조선상공신문) ▲ 곽복산(郭福山, 매일신보)

〈자료 102〉 저축총궐기운동, 각 도 전과(戰果) 좌담회(하), 재미 보고 돈 모은 미담, 티끌 모아 태산의 새로운 방법도 가지가지

《매일신보》, 1944.7.10.

징벌 대금을 저축

오카무라(岡村) 과장: 다음으로 미담이나 아름다운 이야기가 있으면.

쓰치코(土香) 기자: 이것은 내가 강경에서 본 사실인데 저축을 할 수 없다는 것은 저축에 대한 인식이 부족한 까닭으로 "저축하자", "저축해라" 하고 외쳐도 소용이 없습니다. 저축을 하라고 해도 일반 대중은 국어를 모르므로 저축과 국어와는 깊은 관계가 있다고 해서 연맹 이사장은 중(승려)인데 손수 국어강습회를 열고 국어 연성숙(鍊成塾)을 개설하여 훌륭한 성적을 거두고 있습니다.

곽(郭) 기자: 내가 퍽 흥미 있게 느낀 것은 전라북도 김제군 월촌면 냉정부락은 농촌 부락으로 약 27호 되는데, 공동저축으로 한 집에서 20전씩 저축하고 있습니다. 이외에 특별저축 몫으로 나쁜 일을 하면 벌금을 받아서 저축합니다. 또 술을 과하게 먹는다든가 하는 자에게는 5개월분의 저금을 시키는 등 저축열이 대단하였습니다.

옥쇄(玉碎) 기념으로 저축

요시카지(吉尾) 기자: 경상남도에서는 '타라와', '마킨' 두 섬의 옥쇄를 기념하여 저축을 하고 있는데, 그것이 성적이 좋아서 980만 원이나 저축액을 내고 있습니다. 이것은 전 조선에 대단히 좋은 자극을 주었다고 합니다. 도지사가 기부금을 내서 솔선하여 진두지휘를 하였다고 합니다. 결국은 지도자의 열과 신념과 실천 여하에 달렸습니다. 재미있는 이야기가 또 하나 있습니다. 부산의 대교통정회 이야기인데, 이 정회 총대는 매우 열의 있는 분으로 그 정회의 2조 2반에서는 전쟁이 끝나면 이세(伊勢) 신궁에 참배하자고 매월 여비로 3원씩 저금하고 있습니다. 이것이 지금에 와서는 벌써 1,034원이나 된다고 합니다. 이 반은 모두 13세대로 두 집이 반도인 가정으로, 이 반에서 3년간에 저축한 실적은 1만 2,200원이라는 방대한 것으로 이 외에도 조합적립금, 정기적립금 등도 하고 있어 100억 저축을 목표로 열이 굉장합니다. 이것을 미루어 보아도 결국은 지도자에 달렸습니다. 이 정회 관내는 가옥도 모두 변변치 못하고 반원의 직업은 조선 직공, 뱃사공, 소매상인 등으로 반장은 당구장을 경영하는 분인데 성심성의 지도하고 있습니다.

학동 시켜 저축 장려

쇼타(勝田) 기자: 함경남도 풍산군 이인면 신풍리의 국민학교에서는 부형저금을 학동을 통하여서 실시하고 있었습니다. 대체로 촌에서는 가난한 사람은 한 달에 2원이나 3원밖에 저금을 못 하나 조금 부유한 집에서는 30원, 50원씩 저금한다고 합니다.

후쿠시마(福島) 기자: 아이에게 들려 보내는지…

쇼타 기자: 아이는 돈이 없으므로 부형이 하는 저축을 학교에서 합치는 셈이지.

오카무라 과장: 부모는 아이의 말이라면 무엇이든지 들으니까….

부업으로 저축 달성

쇼타 기자: 부모가 아이에게 교육을 받는 셈이지요. 부모가 저축을 꺼려 하면 "어머니, 아버지 그러시면 안 돼요. 나라를 위하여 1원이라도 2원이라도 많이 저금을 해야 돼요." 이렇게 말합니다. 이것은 그리 재미있는 미담은 아닙니다만, 나남의 일본부인회 지부 중의 하쓰세정 4분회의 분회장은 스에나가(末永マサ)라는 사람인데 이 근처는 가난한 가정뿐이어서 대개는 일용노동이므로 저축을 할 여유는 없습니다. 그래서 나남의 사단 등에게서 일을 해서 얻은 수당 등을 저금하는데, 그것이 1년간에 4,500원, 1호당 매달 16원이라는 숫자를 보이고 있습니다. 이것은 스에나가라는 사람이 열심으로 지도하여 그러한 성적을 내었습니다. 그래서 2월 11일에 도지사로부터 표창을 받았다고 합니다.

오카무라 과장: 그러한 것이 참으로 미담입니다.

넝마 판매금을 저축

요시카지 기자: 마산의 유미정(弓町) 분회장인 아나세(梁瀨トシ子)라는 사람은 작년 겨울 회원 50명과 협력하여 "놀고만 있는 것은 국가에 대하여 면목이 없다. 무엇이든지 우리들의 노력으로 국가에 바치자"고 넝마 회수를 시작하였던바 6관이 되었답니다. 그것으로 짚신, 운동화 등 19종류의 물건을 만들었던바 590원에 팔려서 그중 180원은 비행기 헌납금으로 헌금하고 나머지는 저축을 하였는데 이러한 예는 많을 줄로 압니다.

한 달에 이틀 분(分)저금

스야마(須山) 기자: 해주 '시멘트' 공장의 저축 상황은 노무자 사택의 저축률이 모두 내가 아는 범위 내에서는 가장 우수하다고 생각하였습니다. 그것을 노무과에 기타무라(北村) 씨 하고 저축 전문의 열렬한 기원이 있어 현재 931명의 노무자와 340호의 사택을 맡아 저축을 시키고 있는데 노무자에게는 매월 일급 ■■■를 선제하여 정기예금과 보통저금을 시키므로 이와 같이 좋은 성적을 올리고 있다고 합니다. 그리고 통장은 노무과에서 모두 맡아 가지고 있어 저축 총액은 벌써 정기예금이 1만 6,200원, 보통저금이 7만 3,116원에 달하였다고 합니다. 저금을 찾을 때도 규약을 만들어 본인이 결혼하는 경우, 본인이 15일 이상 병으로 앓은 경우, 가족이 15일 이상 입원한 경우, 가족에 상사가 있는 경우, 이 네 가지 종목에 한정하여 저금의 6할을 찾을 수 있습니다. 그러나 찾은 돈을 다시 일급에서 선제하여 보충하므로 모두들 다시 한 번 생각을 하고 갖게 되어 저축 성적에는 별로 영향이 없다고 합니다. 그밖에 노무자 전부와 사택에 있는 가족들은 모두 간이보험에 들어 있고 청년훈련소생도, 재향군인은 그 외에 매월 1원씩 저금을 하고 있습니다. 작년 6월 기타무라 씨는 회사의 명령으로 내지[일본]의 저축 상황을 시찰하고 돌아와서 내지에서 하는 보국저금을 사택인들에게 실시하여 그 저금이 작년 6월부터 금년 5월 말까지 1만 원 이상이나 된다고 합니다.

〈자료 103〉 저축총궐기운동, 각 도 전과(戰果) 좌담회(완), 배급 원활이 큰 도움, 직역, 지역 저축이 겹침은 과중한 부담

《매일신보》, 1944.7.11.

쉽게 찾아 쓸 수 있도록

오카무라(岡村) 과장: 끝으로 저축의 애로 타개, 즉 이러한 점은 이렇게 고쳤으면 좋겠다든가 하는 점을 시찰 중에 느끼셨으면 말씀해 주십시오.

요시카지(吉尾) 기자: 저금을 하면 다시는 제 손에 돌아오지 않는다는 관념이 상당히 농후하여 그것이 저축의 애로가 되는 경우가 많았습니다. 특히 경상북도에서는 벼의 선제저금을 한 때 지불하였는데 성과가 썩 좋았다고 합니다. 어쨌든 생활에 곤란한 경우에는 이만큼 융통할 수 있다는 점을 분명히 해 두지 않으면 퍽들 꺼리는 편이 있어요.

쇼타(勝田) 기자: 저축 애로의 근본은 물자 배급에 있다고 생각합니다. 물자 배급이 결국 애로 타개의 근본 문제입니다.

후쿠시마(福島) 기자: 동감입니다.

쇼타 기자: 저축 애로의 비근한 예로서 원산에서 금융기관 시찰원과 좌담회를 열었을 때 우편국에서 몇 분이 참석하였기에 잠깐 이야기한 일인데, 최근 우편국 저금사무 취급원이 불친절해진 것입니다. 2원이나 3원을 가지고 은행에 갈 수 없으므로 우편국에 가면 저금할 때는 비교적 말이 없는데 이것을 한번 찾으러 가면 여간 불친절하지가 않아서 우편국에 저금하기를 싫어한다고 합니다.

요시카지 기자: 농촌에는 의료품 배급을 좀 더 원활하게 하고 술도 일본주나 맥주보다 막걸리를 오히려 그들은 좋아합니다. 각 곳에서 증산과 저축의 양면으로부터 막걸리 배급을 요망하고 있었습니다.

저축 이중 배정의 폐해

오카무라 과장: 배급을 좀 더 합리적으로 하면 저축을 더 할 수 있다는 것이 여러분의 일치된 의견입니다.

쓰치코(上香) 기자: 애국채권의 당첨은 5만 원, 3만 원이라는 것을 그만두고, 1,000원, 100원 정도로 하여 당첨율을 많이 하면 좋을 줄로 생각합니다.

쇼타 기자: 일하는 사람에게 5만 원, 3만 원 같은 대금을 갖게 하면 결코 좋지 않을 줄로 압니다. 열심히 일하던 사람이 이러한 대금을 가지게 되면 타락하게 된다든지 또는 그 사람뿐이 아니라 그 주위에도 나쁜 영향을 미치게 할 줄로 압니다. 금융조합에 있는 사람과 이야기를 해 보았는데 당첨이 끝난 것은 양로보험 등에 집어넣으면 좋겠습니다. 그렇지 않으면 당첨된 사람은 좋으나 당첨되지 않은 사람들은 거저 버린 듯한 기분을 갖게 됩니다.

오카무라 과장: 저금통장에 절수를 붙이지 않으면 안 되므로 채산이 맞지 않습니다.

요시카지 기자: 업역조합, 지역조합이 2중으로 되어 있습니다. 일하는 곳에서 저금해야 되고 집에 오면 애국반에서도 저금을 하지 않으면 안 된다고 일부에 불만이 있었습니다.

후쿠시마 기자: 그것은 어디서나 듣는 소리입니다.

스야먀(須山) 기자: 황해도에서는 그런 소리를 못 들었습니다. 즉 국채라든가 채권을 관청이나 회사에서 배정을 받으면 애국반에서는 배정을 하지 않습니다. 이렇게 이중 배정 방지에 노력하고 있었습니다.

쇼타 기자: 성진에서는 지역조합만으로 하고 있습니다. 직역조합에서 할 때에는 지역조합의 통장에 도장을 눌러 직역조합에 저축을 얼마 하였다는 증명을 받고 있습니다.

요시카지 기자: 그렇게 하여도 실적이 오르고 있습니다.

쇼타 기자: 오르고말고요.

저축을 생활화하도록

스야마 기자: 저축 목표액을 정한 후 1년에 서너 번씩 시찰을 하는 기관이 필요할 줄로 압니다. 그리고 애국반에서 잘 운영되고 있는지를 조사할 필요가 있다고 생각합니다.

오카무라 과장: 저축의 시찰이라는 것도 고려하지 않으면 안 되겠지요.

쓰치코 기자: 배정액의 산정 방법이 확립된 부문은 좋으나 어느 부문을 가지각색으로 기준이 명확하지 않습니다. 정말 수입과 일치하지 않는 것이 있습니다.

오카무라 과장: 그 점은 매우 어려운 문제입니다.

쓰치코 기자: 흉작으로 수확이 없는데 4,000원, 5,000원이라는 배정이 나옵니다. 그런 것은 안 될 일입니다.

오카무라 과장: 그것은 배정하는 사람이 사정을 충분히 고려하여 잘 처리하지 않으면 안 되는 것으로, 애국반장이나 부락연맹 이사장의 의견을 어느 정도까지 참고할 필요가 있다고 생각합니다. 사무가 기계적으로 되면 풍년이나 흉년이나 매한가지로 되기 쉬우며 또 가족이 적으나 많으나 같은 금액의 배정을 하게 되므로 그 점을 충분히 주의할 필요가 있습니다.

곽(郭) 기자: 결국은 사람 문제입니다. 저축은 제일선의 애국반장, 부락연맹 이사장이 힘쓰지 않으면 안 됩니다. 유능한 반장이나 이사장이 있는 데는 참으로 좋은 성적을 올리고 있습니다.

오카무라 과장: 요점은 그곳에 있다고 생각합니다.

후쿠시마 기자: 결론을 말하면 저축이 생활화하지 않으면 안 됩니다.

스야마 기자: 그리고 일괄적으로 같은 내용의 통첩을 내는데 각 지방에 따라서 사정이 다

르므로 지방의 특수성을 일단 본부에서 고려하여 통첩을 보냈으면 좋겠습니다.

후쿠시마 기자: 그것은 참 좋은 말씀입니다.

오카무라 과장: 여러 가지로 유익한 말씀을 많이 해 주셔서 고맙습니다. 시간도 오래되었으므로 이만 폐회하겠습니다.

〈자료 104〉 이기자 저축돌격전, 10만 저축조합에 사찰제(査察制) 신설, 지역별로 협의회 두고 필승의 포진

《매일신보》, 1944.10.13.

조선에서 금년도에 기어이 달성해야 할 저축 목표액은 종래의 18억 원에다가 그 2할 2푼 7리인 즉 5억 원을 증가한 23억 원으로 저번에 결정되었는데 그중에는 국채 채권 등의 유가증권 3억 5,000만 원이 끼어 있어 실제로 현금으로 저축할 것은 19억 5,000만 원이다. 따라서 종래에 한 달에 10원씩을 목표로 하고 저축하던 사람은 금후로는 12원 27전씩 저축하지 않아서는 안 될 계산이 된다. 지난 8월 말까지 조선 내에서 달성한 저축 총액은 성적이 상당히 좋아서 7억 6,188만 9,000원이었다. 이것은 유가증권을 제외한 금년도의 현금 저축 목표(19억 5,000만 원)에 대하여 3할 9푼에 해당하나 나머지 6할 1푼 즉 11억 8,811만 1,000원은 내년 4월까지의 그 후 8개월간에 어떠한 일이 있더라도 달성하지 않아서는 안 되게 된 것이다. 이에 총독부에서는 일반 국민의 저축 목표를 어느 정도로 높이는 동시에 그중에도 군수산업과 혹은 그 외 시국 관계로 소득이 갑자기 많아지는 소위 신흥 소득층에게 특히 중점을 두어 저축책임액을 훨씬 높이고자 방금 준비를 갖추는 중이며, 한편 전 조선 10만 저축조합을 동원하여 각 공장, 광산, 은행, 회사, 농장, 단체 등에는 저축추진원을 일제히 배치하며 혹은 새로이 저축사찰 제도를 실시하여 한 푼이라도 아껴 쓰고 남는 돈은 전부 저축을 시키기에 온갖 힘을 기울이고 있는 터이다. 그러나 이 같은 방법만으로서는 결코 안심할 수 없으므로 다시 조선을 서선(황해, 평안남북도), 북선(함경남북도), 중선(경기, 강원, 충청남북도), 남선(경상남북도, 전라남북도)의 네 지구로 나누어서 각각 지방별 저축연락협의회를 두어 지방 민중으로 하여금 금번에 저축 목표액이 갑자기 많아진 원인을 자세히 알리는 동시에 그 지방 실정을 충분히 조사 검토하여 가장 적절한 저축 강화 대책을 세우도록 서로 연락 협의하기로 하려는 것이다. 그리하여 먼저 지난 7일의 평양을 위시하여 9일의 경성, 11일의 함흥, 부산의 각 지구마다 협의회를 개최하고 총독부 재무국 관리과 오카무라(岡村) 과장과 전(全) 사무관 이하 각 도 재무부장, 이재과장과 저축 담당 관계관 혹은 그 외 금융기관과 연맹대표자들이 30명 내지 50명이 참석한 다음 (가) 목표액 개정에 따르는 저축 달성의 방법 (나) 국채저금의 보급 (다) 벼의 공동판매 대금의 통장지불제도 실시 (라) 신흥 소득자층에 대한 저축 강화 (마) 저축추진원제도의 운영 등에 관한 구체적 방침을 기탄없이 토의하여 많은 성과를 거두고 그 결과에 의하여 금후 가장 활발한 저축 결전을 일으키기로 되었다.

IV

전시금융정책

해제

1. 일제의 전시금융정책의 전개

일본은행 조사국은 1970년에서 1973년 사이에 『전시금융관계자료(戰時金融關係資料)』(1~8)을 출판했다. 이 책은 당대 및 이후에 작성된 자료를 선별하여 편찬한 것으로 일본의 전시(戰時) 금융정책을 파악하는 데 있어 기본적인 참고자료로 활용된다. 여기서는 일제의 전시금융정책의 기본 내용을 확인하기 위해 일본은행 조사국에서 편찬한 『전시금융 통제의 전개(戰時金融統制の展開)』(1943. 4) 중 일부를 번역 수록하였다. 이 자료는 일본은행 내부 자료로 작성된 것으로 1970년 『일본금융사자료(日本金融史資料)』 27권에 수록됨으로써 처음으로 발표된 것이다.[1]

이 자료는 1931년 12월의 금해금(金解禁)부터 1943년 3월까지의 일본 금융 정책의 전개 과정을 통제의 관점에서 설명하고 있다. 이 자료에 따르면 금융에 대한 국가의 적극적인 통제는 만주 사변 이후의 비상시에 그 맹아가 싹트고, 다음으로 2·26 사건 이후의 준전시의 단계에서 한층 진전되었고, 중일전쟁이 시작되면서 온전히 체계화되었다고 설명하고 있다. 자료에서는 만주사변 이후를 비상시기, 2·26사건 이후를 준전시기로 구분하고 본격적인 전시 금융통제의 전 단계로 규정하고 있다. 전시 금융통제의 핵심 목표는 국가의 최대 요구인 전비 조달과 생산력 확충에 있었고, 이는 금융 자체의 필요성보다 국민 경제적 관점에서 종합적으로 결정되었다. 이에 따라 금융통제는 양적 통제와 질적 통제의 두 가지 측면으로 진행되었다.

양적 통제는 전시 경제의 안정을 목표로 했으며, 질적 통제는 전쟁 수행에 직접 기여하는 생산 부문에 신용을 집중시키는 정책이었다. 또한, 금융통제는 물자통제와도 밀접하게 연

1　日本銀行調査局 編, 『日本金融史資料』 27, 1970, 9쪽.

결되었으며, 단순한 수급 조절 차원을 넘어 특정 필수 물자의 공급을 계획적으로 조정하는 방식으로 발전했다. 이는 거액의 재정 지출과 화폐 소득의 급증, 일반 자본재 및 소비재 공급 감소가 맞물려 인플레이션을 유발하는 상황에서 경제 안정을 위해 필수적인 조치로 여겨졌다.

이 자료는 10장으로 구성되어 있으며, 여기서는 전시기 조선과 관련된 부분을 선별하여 수록하였다.[2] 〈제1장 전시금융 통제의 생성 과정〉에서는 금융통제의 다양한 유형을 소개하며 비상시·준전시·전시기로 나누어 일제의 금융통제 정책의 기본 내용을 설명한다. 〈제2장 전시금융에서의 통제 이념의 전개〉에서는 저축, 자금통제, 금융기관 운용자금, 국가 자금 동원의 계획을 소개하며 금융신체제와 금융통제 방식을 설명한다. 〈제3장 전시금융에서의 자금통제의 전개〉에서는 자금축적 통제와 공채소화 정책, 설비자금의 통제를 다룬다. 〈제5장 전시금융에서의 통화관리의 전개〉에서는 일본 및 식민지에서 시행된 관리통화제도의 내용을 담고 있는데, 이 항목은 다음의 「2. 1941년 조선은행권 발행제도 관련 자료」와 함께 읽으면 이해에 도움이 될 것이다. 마지막으로 〈제8장 대륙에서의 통화정책의 전개〉에서는 중국 점령지에서의 엔계(円係) 통화의 형성과 관련 정책을 소개하고 있다. 특히 전시기 식민지 조선의 인플레이션이 중국 대륙 인플레이션의 절대적인 영향을 받았다는 점에서 일제의 엔계 통화블록의 역사를 검토하는 것은 필수적이다. 이 내용은 본 자료집에 수록된 「3. 대륙 인플레이션의 조선 인플레이션 영향 관련 자료」와도 깊은 관련이 있다.

이 자료는 전쟁이 한창 진행 중이던 1943년에 작성된 것으로, 전시 금융통제와 관련된 핵

---

2   이 책에 번역 수록하지 않은 내용은 〈제3장 전시금융에서의 자금통제의 전개〉 중 일부, 〈제4장 전시금융에서의 금리통제의 전개〉, 〈제6장 전시금융에서의 기구통제의 전개〉, 〈제7장 전시금융에서의 외국환관리의 전개〉, 〈제9장 남방권에서의 통화정책의 전개〉이다.

심 사항을 다루고 있다. 또한 주요 통계를 포함하고 있어 전시금융 연구에 매우 중요한 자료로 평가된다.

2. 1941년 조선은행권 발행제도 관련 자료

여기서는 일본 도쿄대학 경제학부 도서관 소장 자료인『조선은행권·대만은행권 발행제도 개정의 건(朝鮮銀行券臺灣銀行券發行制度改正ノ件)』(『중앙저비조선대만은행관계자료(中央儲備朝鮮台湾銀行関係資料)』제5권) 중 일부를 번역하여 수록하였다. 해당 문건은 일본 대장성 은행국에서 작성한 것으로 1941년 조선은행권 발행제도 개정과 관련된 핵심 내용을 포함하고 있다. 특히 54개 항목에 달하는「상정질문응답」은 당시 발권제도 개정과 관련되어 제기될 수 있는 다양한 의문을 포괄적으로 다루고 있으며, 이에 대한 답변을 제공하고 있어 개정의 목적과 의도를 이해하는 데 필수적인 자료로 평가된다.

20세기 전반기 국제통화제도는 금본위제에서 관리통화제로 이행하고 있었다. 금본위제는 일정량의 금을 기준으로 화폐 가치를 설정하고, 태환을 보장하는 제도이다. 1870년대 이후 성립된 국제금본위제는 1914년 제1차 세계대전이 발발하면서 중단되었다. 이는 금에 고정된 통화제도 하에서는 전시경제 운영에 필수적인 탄력적인 화폐 공급이 불가능했기 때문이다. 전후 국제금본위제를 복구하기 위한 여러 방안이 모색되어 일부 국가는 복귀하기도 하였으나 전쟁 이전으로 회복되지는 못하였다. 결국 1929년 세계대공황이 발생하자 각 국가는 국내 경기회복을 최우선 과제로 삼게 되었고, 그 결과 대외균형을 우선시하는 금본위제 대신에 정부의 재량적 화폐·재정 정책을 중요시하는 관리통화제도가 실시되었다.

일본의 경우 청일전쟁 배상금을 토대로 1897년 금본위제를 채택하였고, 제1차 세계대전 중인 1917년 이를 정지하였다. 이후 1930년 1월 11일 금 수출 금지를 해제함으로써 금본위제에 복귀하였으나, 1931년 12월 13일로 금 수출을 다시 금지함으로써 국제금본위제도에서 이탈하였다. 일본에서 관리통화제가 본격적으로 도입된 시점은 1932년 일본은행권 보증준비 발행한도를 확장한 때였다. 1899년에 1억 2,000만 엔으로 제정되어 30년 이상 고정되어 있던 일본은행의 보증준비 발행한도를 8배 이상 확장시켜 10억 엔으로 개정한 이 조치를 계기로 본격적인 관리통화제도로 이행하였다.

1937년 중일전쟁 이후 통화량이 급격히 증가하자, 일본은행과 조선은행 두 차례에 걸쳐 보증준비 발행한도를 확장하여 대응했다. 그러나 일본 정부는 매번 의회의 법령 개정 절차를 거쳐야 하는 기존 방식으로는 급증하는 통화 수요에 탄력적으로 대응하기 어렵다고 판단하고 발권제도 개정을 준비하였다. 발권제도 개정 문제가 의회에서 거론되기 시작한 것은 개정 1년 전인 1940년 초부터였다. 그런데 이미 대장성 은행국에서는 최고발행액제한제도를 채택하는 개정안을 마련해 둔 상태였다. 주요 내용은 발행한도를 전년도 최고발행고로 설정하고, 대장대신이 발행고를 정하더라도 그 범위를 초과할 수 없도록 한 것이었는데, 이는 후술할 실제 법안과는 차이가 있다. 일본은행 측에서도 발권제도 개정에 대비하고 있었는데, 발행한도는 대장대신이 증감할 수 있도록 하되 자문기관의 심의를 거치도록 하여 대장대신의 무제한적인 권한을 제어하고자 하였다. 은행권 발행제도 개정건은 제76회 제국의회(1940.12~1941.3)에 상정되었다. 일본 정부는 기존 발권제도가 실질적인 관리통화제의 운영과 부합하지 않으므로, 현실적인 조정이 필요하다고 그 제안 이유를 설명하였다. 입법 과정에서 가장 큰 쟁점은 발행한도의 산정 기준과 대장대신에게 발행한도 결정의 전권을 부여한 것이었다. 그러나 전시 상황의 특수성을 감안하여 결국 개정안이 수용되었다.

관리통화제로 이행한 1930년대 이후 일본 정부는 보증준비 발행한도를 지속적으로 확장하면서 통화 공급을 증가시켰는데, 이를 위해 의회의 법률 개정 절차를 거쳐야 했다. 1941년의 발권제도 개정이 확전(擴戰)으로 인해 급증하는 통화 수요에 탄력 있게 대처하기 위한 것이었으며, 이로 인해 대장대신의 전권 행사는 불가피한 것으로 간주되었다. 1941년 조선은행권 발행제도(일본은행권 및 대만은행권 포함)가 최고발행액제한제도로 개정됨에 따라 기존의 정화준비 및 보증준비의 구분이 폐지되었으며, 매년 최고발행한도는 일본 대장대신이 결정하도록 규정되었다.

3. 대륙 인플레이션의 조선 인플레이션 영향 관련 자료

일제의 대외 금융정책의 핵심 원칙은 각 식민지와 점령지마다 독립적인 발권은행을 설립하여 일본은행권이 아닌 해당 지역의 자체 통화를 발행하도록 한 점이다. 이러한 통화들은 일본은행권과 등가(等價)로 연결되어 거대한 엔(円)계 통화권을 형성하고 있었다. 일본 본토를 중심으로 한 제국의 확장은 곧 엔계 통화권의 확장 과정과 밀접하게 연관되었다. 동시에, 일본은 이 과정에서 발생할 수 있는 경제적 위험이 본토로 확산되는 것을 막아야 했다. 중일전쟁 이후 중국 점령지에서 발생한 인플레이션이 엔계 통화권을 통해 연쇄적으로 퍼져 나갈 때, 조선과 만주 국경선은 일본을 보호하는 통화 방어선 역할을 했다. 전시기 조선의 인플레이션이 심화된 것은 일본 본토 보호를 위한 최후의 방어선으로 기능했기 때문이다.

엔계 통화권은 일본은행권과 등가(중앙저비은행권은 예외)로 설정되었으며, 각 지역의 엔계 통화와 연계된 구조를 가졌다. 예를 들어, 화북 지역에서는 화중과의 결제가 중국연합준비은행권과 중앙저비은행권 간의 직접 결제 방식으로 이루어졌고, 만주와 화북 간 결제는 만주국폐와 연합준비은행권을 이용하는 방식으로 운영되었다. 조선과 만주 또한 같은 결제 구조를 따랐다. 즉, 엔계 통화권은 중앙저비은행권 → 중국연합준비은행권 → 만주국폐 → 조선은행권으로 이어지는 거대한 연쇄적 통화 구조를 형성하고 있었다. 그러나 이러한 지역 간 직접 결제 방식은 결국 고물가 지역에서 발생한 인플레이션이 저물가 지역으로 전이 되는 경로가 되었다.

　전쟁이 장기화되면서 중국 점령지 간 통화 가치의 괴리는 심각한 수준에 이르렀다. 이를 해결할 방법은 환율 조정을 통한 시세 변동뿐이었지만, 군부 등의 반대로 실행되지 못했다. 일본이 환율 조정을 포기한 상황에서 선택할 수 있는 유일한 대안은 점령지와 식민지를 일본 본토와 단절하는 것이었다. 전쟁이 막바지에 다다랐을 때, 일본은행은 일본 본토를 지키기 위해서는 본토와 식민지·점령지 간의 엔계 통화 연결을 끊어야 한다고 인정하였다. 결국, 당초 일본은행권과 등가를 유지하는 것을 원칙으로 했던 엔계 통화권의 기본 구조는 유지될 수 없었다. 만약 일본 엔과 엔계 통화 간의 자유로운 등가 교환이 허용되었다면, 엔계 통화의 무분별한 증발이 연쇄적으로 발생하여 일본 본토의 인플레이션을 더욱 심화시킬 것이 분명했기 때문이다. 따라서 일본은행권을 중심으로 형성된 기존의 엔계 통화권은 더 이상 정상적으로 작동할 수 없는 상황에 이르렀다.

　이러한 실태를 가장 잘 보여주는 것이 만주국폐(滿洲國幣)[3]의 조선 유입 현상이다. 만주국폐는 조선과 만주 국경 지역의 활발한 교류로 인해 유입되기 시작했으며, 특히 압록강 철교로 연결된 안동과 신의주와 같은 국경 도시에서는 만주국폐가 조선은행권과 동일한 가치로 통용되었다. 또한 만주에서 조선을 거쳐 일본으로 가는 사람들도 만주국폐를 사용했으며, 이를 조선은행권으로 교환하지 않고 그대로 사용하는 경우가 많아 유통이 더욱 확대되었다. 이 사태에 대해 조선총독부는 만주국폐를 '외국 지폐'로 규정하고, 조선 내 유통을 심각한 문제로 인식하고 있었다. 반면 조선은행은 조선은행권과 만주국폐가 등가라는 전제하에

3　1932년 만주중앙은행이 발행한 만주중앙은행권은 태환 규정이 없는 불환지폐로 출발하였다. 만주국이 발행한 화폐라는 의미에서 당시에는 만주국폐라고 불리었다. 이하 본문에서도 당시 통용되고 있던 만주국폐로 사용하겠다.

문제가 없다고 본 점에서 조선총독부와는 그 견해가 달랐다. 다만 이 등가 관계가 깨질 경우 심각한 문제가 발생할 수 있다고 판단하였다.

　조선총독부는 1940년 1월부터 만주국폐의 조선 내 유통을 전면 금지하고, 만주국폐를 조선은행권으로 환전할 때 2%의 수수료를 부과하는 조치를 취했다. 국경 지역에 금융기관을 설립하여 환전에 편의를 제공하려 했으나, 이러한 조치는 효과를 거두지 못했다. 조선총독부의 조치를 무력화시킨 주요 요인은 양 지역 간의 물가 차이였다. 가령 만주의 안동이 조선의 신의주보다 물가가 높았기 때문에 물자는 안동으로 유출되고 만주국폐는 신의주로 유입되는 형편이었다. 그 결과 만주국폐와의 교환을 위해 조선은행권 발행이 증가했는데, 1942년의 경우, 신규 발행된 조선은행권 100원 중 약 80원이 만주국폐와 교환하기 위해 발행된 것일 정도였다. 당시 조선은행은 만주국폐 유입이 조선의 인플레이션을 심화시키는 주요 원인으로 작용한다고 파악했다.

　만주국폐로 인한 인플레이션이 매우 심각해지자, 조선은행은 1944년이 되어서야 만주국폐의 조선 유입 실태를 전면적으로 조사하였다. 1944년 7월 18일부터 8월 11일까지 25일간 본점의 감사와 조사부원, 그리고 청진지점 행원 총 3인의 실지 조사를 바탕으로 보고서가 작성되었다. 여기서는 보고서 『선만국경지대의 국폐문제와 만국 내에서의 선은권 퇴장 사정(鮮滿國境地帶の國幣問題と滿洲國內に於ける鮮銀券退藏事情)』(1944.9)을 번역, 수록하였다 (단, 부록 「봉천을 중심으로 한 만주물가의 현세」는 식민지 조선과 직접적인 관련이 없어 제외). 이 보고서에서 25일 간의 일정을 보고한 뒤, 2장에서는 방문한 각 지역의 경제 개황을 소개하였고, 총 13개의 도시를 조사 대상으로 삼았다. 3장에서는 조선·만주 국경에서의 국폐 문제를 다루었으며, 4장에서는 조선·만주 국경의 밀수출, 5장에서는 조선은행권의 만주국 내 퇴장 사정을 분석하였다.

　이 보고서에 따르면 1943년 8월 1일~1944년 7월 31일까지 1년간의 만주국폐 교환고는

2억 7,275여만 원으로 조선은행권 발행초과액 8억 5,855여만 원의 31.8%에 달했다. 지역별로 살펴보면, 1944년 함경북도 회령 및 상삼봉 지방에서는 약 70%, 남양 지방에서는 약 80%, 또 평안북도 국경지방에서도 대략 70% 정도를 만주국폐가 차지하고 있었다. 조선은행은 시간이 지날수록 만주국폐 유입이 증가하는 이유로 크게 세 가지 정도를 들고 있었다. 첫째는 아편을 중심으로 한 밀수, 둘째는 물자난과 양 화폐가치 차이에 기인한 물자의 유출, 셋째는 송금이다. 당시 밀수출에서 아편이 2/3를 차지하였는데 여전히 그 기세가 왕성했다. 또한, 부녀자를 중심으로 소량의 물자를 휴대해서 반출하는 경우도 상당히 많았다. 지역별로 보면, 남양에서는 면화 공출 장려책의 일환으로 책임량을 공출한 자에게는 잔여 면화를 자유롭게 처분할 수 있도록 허용했는데, 이 중 상당 부분이 결국 만주로 유입된 것으로 파악되었다. 양 지역 간의 물가 차이를 이용하여 조선 내에서는 가정용 소장품들이 상품화 되어 만주로 유출되었으며, 만주의 대일본 송금 제한을 우려하여 만주 내 재산을 조선으로 이전하는 자들이 많았던 것도 역시 영향을 미치고 있었다. 특히 밀수출 문제는 당국자들에게 가장 큰 골칫거리였다. 함북과 평북의 각지 경찰서 관계자에 따르면 양 화폐의 교환보고서에 기재된 성명의 절반 이상이 가공인물이었다고 한다. 그리고 밀수출을 하는 주요 대상은 조선인 여성이었으며 그 비율은 함북 국경지방에서 약 80%, 평북 지역에서는 약 50% 이상을 차지했다고 한다. 세관의 검거 실적에 따르면 밀무역의 주된 물품은 아편과 섬유제품이었으며, 금액 기준으로 보면 아편이 전체 밀수의 70%를 차지하였고, 나머지 대부분은 섬유제품이었으며, 건수 기준으로는 섬유제품이 약 80%를 차지했다.

1. 일제의 전시금융정책의 전개

1) 『전시금융통제의 전개(戰時金融統制の展開)』(1943. 4)

〈자료 105〉 『戰時金融統制の展開』(日本銀行調査局 편, 1943. 4)

목차

1. 전시금융통제의 생성 과정
2. 전시금융에서의 통제 이념의 전개
3. 전시금융에서의 자금통제의 전개
4. 전시금융에서의 금리통제의 전개
5. 전시금융에서의 통화 관리의 전개
6. 전시금융에서의 기구통제의 전개
7. 전시금융에서의 외국환 관리의 전개
8. 대륙에서의 통화정책의 전개
9. 남방권에서의 통화정책의 전개
10. 총괄적 고찰

1. 전시금융통제의 생성 과정

1) 금융통제의 유형

국민경제가 어느 정도 발전 단계에 도달함과 동시에 거의 모든 국가에서는 발권제도를 중앙은행에 통일하였는데, 이러한 금융에 대한 의식적인 통제가 행해진 역사는 오래되었을 뿐만 아니라 금융통제이론의 역사에서도 이미 19세기에 영란은행의 발권제도를 둘러싸고 전개되었다. 이 통화주의와 은행주의의 논쟁이 그 첫 항목을 연 것이다. 금융통제의 현실에 있어서의 발전의 흔적을 살펴보면, 처음에는 화폐제도의 문란으로 인한 폐해를 제거하는 것을 유일한 목적으로 하는 매우 소극적인 것이었는데, 금융통제에 따라 이미 발생한 공황을 진정시킬 목적으로 하기에 이르렀다. 조금 지나서 적극적인 견해는 이미 제1차 세계대전 이전에 나타났는데, 이 경우에서도 아직 경제발전에 대한 화폐의 적극적 작용을 확인한 것이 아니라 단순히 공황 시에 결핍된 화폐신용을 보급하고자 한 것에 그치고, 경제발전에 대한 국가의 적극적인 통제를 의도한 것은 아니었다. 그런데 제1차 세계대전은 금융통제의 발전 과정에 획기적인 시기를 열었고, 엄밀한 의미에서의 금융통제는 이 시대 이후의 소산이라고 말할 수 있다. 전쟁 후 얼마 되지 않아 어떤 학자는 "경기변동은 순연한 화폐 현상"이라고 단언하고, 경기변동에서의 화폐적 요인의 중요성을 인정함에 따라 순수 화폐적 경기 이론을 구성했는데, 이 견해는 화폐의 능동적 작용을 간과한 종래의 학설에 대해 엄격한 비판을 가한 것이었다. 당시 학계에서 계몽적 역할을 했던 것이다. 이 경제발전에 대한 화폐의 적극적 작용의 확인은 필연적으로 금융통제의 면목을 일신시키고 이로 인해 국가로 하여금 경제사회의 여러 현상에 지속적으로 적극적, 계획적으로 관여하도록 이어졌다. 이와 같이 금융통제는 신용의 통제에 따라 경기변동을 미연에 방지하거나 혹은 자금 수급의 균형을 도모하는 것에 의해 경기변동 없는 안정적인 경제사회를 실현하고, 더 나아가 완전고용의 항구적 유지도 의도하는 항상적 정책이 되었다. 이러한 금융통제는 전시기(戰時期) 들어 더욱더 진전되었는데, 전시금융통제도 역시 이러한 구상에서 나온 것일 따름이다. 우리나라에 있어서의 국가자금동원계획과 같은 것도 역시 국민소득 등의 신규 공급자금과 재정, 산업 및 소비에 수요되는 자금과의 균형을 도모함으로써 전시경제의 안정과 진보를 기하고자 한 것이다.

2) 비상시 금융통제의 전개

우리나라에서의 금융통제 발전의 역사도 대체로 이러한 과정을 보이고 있는데, 특히 금융에 대한 국가의 적극적인 통제는 만주사변 이후의 비상시에 그 맹아가 싹텄다. 다음으로 2·26사건 이후의 준(準)전시에 진전을 본 후, 다시 지나사변의 단계에 들어서 전시체제를 온전히 정비한 것이었다. 그렇다면 현재 전시금융통제는 비상시 및 준전시에 금융통제에 의해 발전된 것으로서 이들 전단계의 금융통제와는 하나의 연속적인 관계에서 이해되어야만 한다.

자유주의 경제시대에서는 금융에 대한 적극적인 통제는 거의 보이지 않는다. 금본위제도의 자동 조절 작용에 따라 금융기관의 직능이 거의 자연발생적으로 통제되는데 통화신용의 창조는 경험상 확립된 일본은행의 금준비율을 지침으로 하여 조절되었다. 일본은행의 통화정책은 금의 자동적 조절작용에 기초를 두고, 금리정책 및 공개시장조작을 통해 통화조절을 하였다. 그것은 결국 시장경제의 자율적 경제원칙에 순응하면서 금융의 방향을 유도한 것으로 통화 신용에 대한 의식적인 통제는 있어도 아직 적극적으로 시장경제의 자율성에 변용을 가하는 영역에 도달한 것은 아니었다. 그런데 1931년(昭和 6) 이후에 정치경제상의 각종 문제는 이러한 소극적 금융정책에서 더욱더 강력한 적극적인 금융통제로의 추진을 필연적으로 재촉하기에 이르렀다. 즉,

① 1931년 12월 금본위 이탈에 의해 관리통화시대로 들어감과 동시에 종래 금융을 전체적으로 통제해 온 금본위의 자동적 작용은 상실하고, 여기에 금융에 대한 적극적인 통제를 가할 수 있는 경제적 기반이 형성됨과 함께
② 금해금 실시 후 불황 타개를 목적으로 한 경기진흥책으로서, 또 만주사변 이후의 국제

정세의 긴박에 따른 군비 확충을 위해, 금본위제도의 제약을 던져 버리고 통제적 재정 인플레이션의 전개는 필연적으로 되고, 여기에 그 보완적 통제수단으로서 금융통제가 요청되었다.

1930년(昭和 5) 금해금에 따른 소위 긴축정책으로 인해 국민소비는 퇴장하여 재계의 불황을 초래하였고, 제1차 세계대전 중과 대전 후 확충된 생산력에 잉여가 발생하였다. 1931년 들어서자마자 금본위제 이탈로 인해 어느새 금본위 유지를 위한 긴축정책을 계속하라는 요구는 사라졌다. 통화의 증발에 의해 금융경색을 해소하고, 일반구매력의 증가와 산업의 운전자금 유통을 도모할 필요성이 제기되었다. 그런데 경제계 침체하에서는 자금 수요는 일어나지 않는데, 마침 이 정세와 때를 같이하여 발발한 만주사변은 공채 발행에 의한 재정자금의 조달을 필요로 했기 때문에 정부는 공채를 일본은행에 인수시켰다. 따라서 병비(兵備)개선비, 만주사변비, 시국광구(匡救)비 등 재정수요를 충족시킬 뿐 아니라, 이렇게 새롭게 만들어진 정부자금이 산포됨에 따라 일반구매력을 증가시키고, 필요한 산업자금의 소통에 의해서 재계 회복을 도모한 것이다. 이렇게 팽창재정에 따른 세입 부족을 보전하기 위해 1932년(昭和 7) 11월부터 1935년(昭和 10) 말까지 33억 7,900만 엔의 공채가 발행되었는데, 그 대부분인 27억 6,700만 엔은 일본은행이 인수하였다. 그런데 이 공채의 일본은행 인수발행은 정부자금의 산포가 공채의 소화보다 앞섰다. 이 점에 그 묘미가 있고, 일본은행이 인수하는 만큼 공채가 매각되는 것에 특징이 있다. 한편으로 이 공채의 매각 즉 공채소화의 성패 여하가 재정경제 운영의 열쇠를 쥐게 되고, 이처럼 만주사변 이후의 금융통제는 주로 이 공채소화의 문제를 둘러싸고 전개되었다. 만주사변 이후 1936년(昭和 11) 2·26사건 발발에 이르는 기간 동안의 금융통제는 다음과 같은 전개를 보이고 있다.

① 일본은행의 공개시장정책

일본은행은 공채 인수에 의해 창조되어 시중에 산포된 정부자금의 흡수를 위해, 1932년 12월 보유하고 있던 공채의 매각을 개시하였다. 그런데 일본은행은 할인정책으로서 정부자금의 산포와 더불어 통화 공급을 용이하게 하기 위해 ②와 같이 이자를 인하하는 데 대해 이 공개시장조작은 자연스럽게 저금리를 한층 더 진전시키게 되는 것으로서 이 상반된 두 정책의 적당한 운용에 의해 경제계의 실제 통화수요량을 조절하였다.

② 저금리정책의 수행

산업계의 이자 부담을 경감하고, 아울러 공채 격증에 따른 재정 부담을 완화함과 동시에 공채소화를 촉진하기 위해 저금리정책이 수행되었다. 1932년 3월 일본은행의 공정률 인하를 선구로 하여 각종 금리는 다음과 같은 하락을 보이고 있다.

* 일본은행 공정이율

1932년(昭和 7)	3월 1전 6리, 6월 1전 4리, 8월 1전 2리
1933년(昭和 8)	7월 1전

* 우편저금

1932년(昭和 7)	10월 4분 2리~3푼

* 예금협정은행 정기예금 갑종

1932년(昭和 7)	8월 4푼 2리
1933년(昭和 8)	7월 3푼 7리

* 국채 이자

1932년(昭和 7)	11월 5푼~4푼 5리
1933년(昭和 8)	9월 4푼

* 지방채 이자

1932년(昭和 7)	하기 평균이율 6푼 1모
1933년(昭和 8)	하기 4푼 7리 7모
1935년(昭和 10)	하기 4푼 2리 9모. 1류물 4푼

* 사채 이자

1932년(昭和 7)	하기 평균이율 6푼 4리 2모
1933년(昭和 8)	하기 5푼 1리 1모
1935년(昭和 10)	4푼 4리 1모
1935년(昭和 10)	하기 이후 1류물 4푼 3리

* 콜[4] 협정율

1932년(昭和 7)	8월 9리
1933년(昭和 8)	4월 8리
1933년(昭和 8)	7월 7리

③ 외국환 관리에 의한 자본의 해외 도피 방지

정부자금의 산포에 따른 국내금융의 완화와 저금리정책에 수반되는 국내 자금의 해외 도피를 방지할 필요가 있었다. 처음에는 단순히 자본의 도피만을 단속하기 위해 1932년 7월 「자본도피방지법」을 실시하였다. 다시 정세가 진전됨에 대응하여 모든 외국환 자금을 통제하는 것으로 되어, 1933년 5월 「외국환관리법」이 시행되었다.

3) 준(準)전시금융통제의 전개

팽창재정을 중심으로 한 비상시 정책은 대체로 기대한 바의 효과를 거두어 경기 회복도 진척되고 또 공채소화도 순조로웠다. 그런데 1935년(昭和 10) 말에 종래 동원되어 온 유휴자본은 일단 이용을 다하여 소위 완전고용의 단계에 들어서게 되었다. 그 결과 종래 유휴자본을 발생시킨 원천이 고갈되었고, 거액의 생산력확충자금이 필요하게 되었다. 이리하여 은행예금의 증가세는 둔화하는 한편 대출의 증가세가 두드러짐에 따라 금리의 반등과 함께 공채소화는 둔화되었다. 여기에 저금리정책을 기조로 한 금융통제는 점점 막다른 곳에 다다르게 되었다. 그런데 1936년(昭和 11) 2·26사건 이후 우리나라는 국제정세의 긴박함에 따라 준전시체제로 이행하였고, 국방충실을 중심으로 한 혁신정책은 재정 팽창을 강하게 요구하고 나섰다. 이에 재정 재팽창에 따른 공채 증발에 직면하였고, 재정상 공채 이자의 부담을 경감하고 또 원활한 공채소화를 위해 저금리정책을 기조로 하는 금융통제는 강화되어야만 했다. 이 준전시금융통제가 팽창재정의 수행을 가능하게 하는 생산력 확충을 의도한 것도

---

4 금융기관 간 일시적인 자금 과부족을 조절하기 위해 초단기로 이루어지는 거래.

부정하기 어렵다. 또 그 주된 목적은 공채소화에 있고 따라서 그 성질은 정치적인 것으로서 이 점은 만주사변 이후에서의 금융통제의 경기정책으로서 행해져 그 성질이 경제적인 것과 현저한 대조를 보이고 있다. 준전시에서의 금융통제는 다음과 같이 전개되었다.

① 저금리정책의 강화

제2차 저금리정책은 1936년(昭和 11) 4월 일본은행 공정이율의 인하를 계기로 다음과 같이 전개되었는데, 일본은행 공정이율 9리, 공채이자 3푼 5리라는 우리나라 공전의 획기적 저금리 수준의 출현을 보았다. 이 사이 1936년 5월부터 9월에 이르는 기간에서 5푼 리 공채 21억 5,200만 엔은 3푼 5리 부로 차환되고, 다음 1936년 9월 1936년도 최초의 신규 공채는 3푼 반(半) 리 부로서 발행되었다.

* 일본은행 공정이율
1936년(昭和 11) 4월 9리
1937년(昭和 12) 7월 국채 담보 9리
* 우편저금
1937년(昭和 12) 4월 2푼 7리 6모
* 예금협정은행 정기예금 갑종
1936년(昭和 11) 4월 3푼 3리
* 국채 이자
1936년(昭和 11) 3월 4푼 발행가격 인상
1933년(昭和 8) 5월 3푼 5리
* 사채 이자
1937년(昭和 12) 기채가 거의 없음
1938년(昭和 13) 1월 4푼 3리 ~ 10년
* 콜 협정율
7리 거치.

② 일본은행 공개시장정책의 적극화

일본은행 공개시장조작은 수동적인 것에서 한층 더 적극적으로 되었다.

③ 국가자금의 출동

콜시장의 경색은 일본은행에서도 대출을 관대히 하고, 또는 공채 매각 일시 중지, 공채의 환매조건부 매입을 행해, 이를 완화시키는 데 노력하였다. 다른 한편 정부는 1936년 말 예금부 자금을 동원하여 이를 일본흥업은행을 경유하여 콜시장에 방출하고, 다시 1937년 5월 예금부 자금 운용위원회에서는 6개월 이내의 단기운용 대부 방법을 인정하여 콜 방출을 용이하게 하였다.

④ 외국환 관리정책의 강화

팽창재정 실시에 따른 물자 수요를 예측하여 수입이 격증함으로서 1937년 1월 수입환 통제를 실시하였다. 사실상 무역관리에 들어가 불급불요(不急不要)로 인정되는 수입은 억제하였다.

요컨대 만주사변 이후의 비상시 단계에서 관리통화와 통제인플레이션에 의해 금융통제를 가능하게 할 바탕이 형성된 것이라고 말할 수 있다. 이에 기존의 시장에 즉시 대응할 목적으로 한 유도적 금융정책에서 한발 나아가 금융통제로 점점 현실화되고 특히 정부가 공채 조건을 통해서 금리 지도에 적극적으로 진출한 하나의 사건은 금융통제 역사상 특필해야 할 통제의 전진을 이루는 것이다. 아직 준전시 단계에서의 일반 정세는 대체로 고도의 금융통제를 필요로 하기에 이르지는 않았다.

4) 전시금융통제의 생성

만주사변 이후 이상과 같이 발전해 온 금융통제는 1937년(昭和 12) 7월 지나사변의 발발에 따라 전시금융통제의 단계로 이행하게 되었다. 사변 발발 당초 경제정책은 단기전적 성격이었지 아직 엄밀한 의미에서 전시경제라는 자각도 없었다. 그 후 전쟁 국면이 확대되어 1938년(昭和 13) 5·6월부터 점차 전시경제체제가 정비되었지만 아직은 부분적이었다. 그런데 1939년(昭和 14) 이후 무한(武漢) 공략과 함께 장기건설전(長期建設戰)의 단계에 들어서자 경제통제도 소극적인 양적 소비 제한보다 국방 경제력의 최고도의 발휘를 목표로 하는 본격적인 전시경제체제로 이행하여 통제경제는 최고도로 강화되었다. 이러한 고도의 전시통제경제에서는 금융통제의 지위도 현저한 변화가 인정되었다. 종래 자유주의경제하에서 국민경제는 금융정책을 통해 조정되는 것에 반해 현재의 전시경제는 물(物)의 경제라고 말하는 것처럼 직접 물자통제에 따라 운영된다. 따라서 일국의 재정경제는 물자 및 노무동원계획을 중심으로 추진되기 때문에 전시통제경제하 금융통제는 자유주의경제하에서와 같이 적극적이고 지도적인 지위를 잃은 것이라고 할 수 있다.

전시경제 운영의 구축은 이러한 물자 및 노무 동원 계획에 있다 해도, 여기에 조응하여 국가적 견지에서 긴요한 부문에 물자 및 노무의 공급이 확보되는 것과 같이 자금 이동을 확보하는 것이 필요하다. 즉 화폐경제 시대에는 모든 물자의 움직임은 모두 자금의 이전을 수반하기에 자금의 이동을 통제하는 것에 의해서 물자의 움직임을 통제할 수 있다. 따라서 이러한 자금통제를 물자동원계획에 맞추는 것에 따라 물자의 수급 균형을 유지할 수 있다는 의미에서 전시경제에서 금융통제의 지위를 파악해야 한다. 여기에 더해 물자동원계획은 점차 정비되고 있지만, 아직도 모든 물자에 대해 행하는 것은 곤란하기 때문에 현재 계획에 포함되지 않은 물자에 대해서는 일반적 성질을 가진 자금통제로서만 규정할 수 있다. 그렇다면 전시금융통제는 이러한 사명을 달성하기 위해 훨씬 포괄적이고 적극적으로 되어 국가 경제력의 최고도의 발휘를 위해 국가자금의 계획적 동원을 필요로 하게 된 것이다.

전시금융통제는 이러한 새로운 입장에서 종전의 금융통제보다는 현저히 포괄적으로 아래와 같은 과제 해결을 담당해야만 한다.

① 전시경제체제가 통제경제에서 계획경제로 발전함과 함께 계획금융의 필요에서 국민경제의 총생산액, 기타를 종합적으로 감안하여, 이 국가자금을 국가 목적에 따라 재정, 산업 및 국민 소비의 삼자에게 합리적으로 배분할 필요가 있다. 종래의 금융통제는 국민소득 중 자금의 형태로 금융기관에 저축하게 하는 자금통제에 한정되었다. 따라서 사업회사의 자기 자금, 국민 스스로의 축적 및 소득의 사용 등 통제가 미치지 않는 것에 대해서는 훨씬 더 포괄적, 적극적인 통제를 해야만 한다.

② 자유주의 경제하의 금융정책은 오직 자금의 양적 통제에 중점을 두고 있는데, 전시금융통제에서는 단순히 자금의 총량을 문제로 삼는 것에 그치지 않고, 그 자금이 어떠한 방면에서 어떻게 작용하는지, 전시경제에서 자금이 영위해야 할 기능, 즉 그 국가 목적상의 효율도 문제 삼아 자금의 양적 통제뿐만 아니라 질적 통제도 포함해야 한다.

③ 전시금융통제에서는 종전의 금융통제에서와 같이 자금 수요의 통제에 그치지 않고, 소요자금의 공급량을 확보하기 위한 자금의 축적도 통제할 필요가 있다. 특히 전시경제에서 인플레이션 문제는 물가통제기구가 점차 완비함과 함께 차차 금융 방면에 집중하여 인플레이션 방지 대책으로서 국민소득의 계획적 축적에 따라 이를 흡수하는 것의 중요성은 더욱 가중되었다.

④ 이상과 같은 계획금융의 단계에 도달함에 있어서는, 이전과 같은 기존 금융기구로서는 이러한 국가적 기능을 완수할 수 없다. 여기에서 금융기구는 계획금융의 필요에 대응할 수 있는 체제를 정비하여 국가 계획에 즉응하여 가장 활발한 국가적 기능을 완수해야만 한다.

지나사변 이후의 전시금융통제는 이상과 같은 현실적 기초 위에서 전개된 것으로서 이하에서는 전시금융통제의 발전 형태를 국내 금융통제 문제로서 통제 이념의 전개, 자금통제의 전개, 금리통제의 전개, 통화 관리의 전개, 기구통제의 전개, 또한 국제 금융통제 문제로서 외환 관리의 전개, 대륙 및 남방권에서의 통화정책의 전개를 개설한다.

2. 전시금융에서의 통제 이념의 전개

전시금융에 있어서 종합적인 통제 이념은 중일전쟁 초기 단계에서 아직 구성된 것이 아니다. 사변 초기인 1937년(昭和 12) 9월에 일찍부터 시행된 「임시자금조정법」은 이후 전시기 동안 투자 통제의 기본 법률이 될 수 있지만, 이 법에서는 아직 국가자금계획에 대한 종합적인 구상은 발견되지 않는다. 그런데 전쟁 국면의 진전에 따라 전시경제의 종합적·전면적인 계획화는 촉진되었다. 이미 1938년(昭和 13)에 설정된 저축 목표에서 전시금융에 대한 종합적 계획화의 조잡한 형태가 인정되었다. 그러나 종합적인 금융통제 이념이 처음으로 정비된 형식으로 명확해진 것은 1939년(昭和 14) 7월의 자금통제계획이라고 볼 수 있다. 다음으로 1940년(昭和 15) 10월 「은행등자금운용령」에 따라 금융기관의 자금 운용 계획이 정해지고, 또한 1941년(昭和 16) 7월에 발표된 「재정금융기본방책요강」에서 자금통제는 국가자금동원계획으로서 고도화되었다. 동시에 이러한 자금 측면에서의 통제의 고도화에 대응하여 기구 측면에서도 금융신체제(金融新體制)가 구상되어 그 하나의 방식으로서 자율적인 금융통제의 전진을 보게 되었다.

1) 저축 목표

정부는 중일전쟁이 단기적인 성격에서 벗어나 점차 장기전의 단계에 들어서게 되자 1938년(昭和 13) 4월 각의에서 국민저축장려방책을 결정하였다. "금후 발행될 거액의 국채 소화를 도모하고 또 필요한 생산력확충자금의 공급을 원활히 하기 위해서는 이 기회에 자본의 축직을 도모할 필요가 있다. 또한 장래에 지출할 거액의 정부자금이 국내에 산포됨에 따라 발생하는 임시적 국민소득이 소비 증가로 돌려지게 되면 물자 부족, 물가 등귀"를 초래하기 때문에 저축장려가 필요하다고 인정하고, 그 구체적 방침으로서 다음의 사항을 결정했다.

1. 국민이 일반적으로 종래에 해 오고 있는 정도의 저축 이외에, 전쟁 이전에 비해 소득이 증가한 사람에 대해서는 이전보다 그 생계를 팽창시킬 수 없고, 원칙적으로는 그 증가된 소득 전부를 가능한 한 저축으로 돌릴 것, 그 외에 국민 전반적으로 가능한 한 저축을 증가시킬 것.
2. 저축의 방법은 확실한 것이라면 어떠한 방법에 의해서라도 가능하다.
3. 각종 금융기관에 집적되는 저축액 및 국채, 공사채 등에 대한 직접 투자액으로서 대체

로 향후 1년간 증가가 필요한 국민저축액은 약 80억 엔 정도를 목표로 할 것, 단 정부자금 산포 기타 경제 상태 등에 따라 적당히 헤아릴 것.

이상 본 바와 같이 저축 목표 설정에 있어서는 이미 자금을 축적하여 이를 재정자금 및 생산력확충자금에 충당하고자 하는 자금통제의 이념이 조잡한 형태로 표현된 것이다. 1938년도 이후의 저축 목표는 1940년도(昭和 15)에 있어서 부동구매력 흡수 자금의 하나의 항목이 추가된 것 외에는 대체로 이와 동일한 구상하에 설정되어 왔다. 1938년도 이후 각 연도 저축 목표를 나타내면 다음과 같다.

연도별 저축 목표액 (단위: 억 엔)

연도	국채소화 자금	생산력확충자금	부동구매력 흡수 자금	합계
1938	50	30		80
1939	60	40		100
1940	60	40	20	120
1941(당초)	75	60		135
1941(개정)	110	60		170
1942	170	60		230
1943	210	60		270

출전: 日本銀行調査局 편, 『戰時金融統制の展開』(1943. 4)(日本銀行調査局 편, 『日本金融史資料』 27, 1970, 403쪽).

2) 자금통제 계획

전시경제의 종합적인 계획화는 1939년(昭和 14) 국가총동원계획에서부터 구체화되었고, 같은 해 5월 1939년도 물자동원계획, 무역계획 및 교통전력계획, 다음 7월 노무동원계획 및 자금통제계획이 각각 결정되어 1939년 1월의 생산력확충4년계획과 함께 전시경제계획의 중심을 형성하게 되었다. 즉 자금통제계획은 1939년 7월 국가총동원계획의 일부로 편성되기 시작하여 전시경제의 근간인 물자동원계획 및 노무동원계획에 조응하여 자금의 흐름을 통제함으로써 시국상 긴요한 부문에 대해 소요물자 및 노무의 공급을 확보하려 것이었다. 그런데 자금통제 계획은 자금의 총공급량으로서 매년도의 축적 자금, 즉 국민저축 증가액을 올리는 데 그쳤다. 이를 재정 및 산업(대외투자를 포함) 자금 소요액에 대비하여 각각 적정하게 배분하고자 하면 그 통제의 대상은 저축 목표에서와 같이 축적 자금에만 한정된다. 국민 소득의 다른 부분 즉 조세 자금, 국민 소비 자금 등과 같은 것은 그 계획에 포함되지 않기 때문에 완전한 국가 자금의 동원 계획이라고 칭할 수는 없었다.

자금통제계획은 각 연도 소요자금을 축적자금으로서 조달하는 것을 원칙으로 하였다. 1939년도의 계획에서는 자금 축적 목표를 100억 엔으로 정하고, 이를 공채 소요자금, 산업 소요자금, 대(對)만주·중국 공급 자금에 배분하였다. 1940년도(昭和 15)에는 자금 수요 총액을 대략 약 124억 엔으로 정하고, 이것을 세 자금 항목에 대해서 배분했는데, 이 해에는 "구매력 흡수에 한층 더 노력을 기울일 것"을 목표로 넣었다. 다시 1941년도(昭和 16)에 이르러서는 국제정세의 긴박함을 감안하여 여러 가지 정세 변화에 즉응할 수 있는 자금 수급의 적합을 도모하기 위한 조정준비금을 마련하여 계획에 탄력성을 갖게 하였다. 특히 1941년도 자금통제계획은 대동아전쟁 발발 직전에 핍박된 국제정세로부터 대처하여 일본·만주·중국을 통한 전시 자금동원 태세의 급속한 확립을 계획하기 위해, 국가자금의 계획적 축적 및 배분을 책정하는 것으로 하였다. 본 계획에서는 자금의 중점주의적 배분, 공동융자제의 활용, 산업과 금융의 연결 강화 등 고도의 통제 이념을 전개하게 한 것이 주목된다. 1941년도 자금통제계획에 대한 각의 결정 이후 발표된 요강을 요약하면 다음과 같다.

(전략)

본 계획은 지나사변의 완수 및 긴박한 국제정세에 대처하여 일본·만주·중국을 통한 전시 태세의 급속한 정비 강화를 목표로 한 국가자금의 계획적 축적 및 배분을 책정하고 자금의 최고 효율의 발휘를 도모함으로써 국가의 종합적 제 계획 달성을 기하고자 하는 것이다. 이를 책정함에 있어서는,

1. 공급 자금은 모두 축적 자금으로 조달할 것.
2. 자금의 배분에 관해서는 예산, 물자동원계획, 생산확충계획 등의 각종 계획에 조응하

여 각 공급자금에 대한 종합적 조화를 유지하게 할 것.
3. 제반 정세 변화에 즉응하여 자금 수급의 적합을 도모하기 위해 조정준비금을 마련하여 계획에 탄력성을 가지게 할 것.

을 기본 방침으로 삼았다.

공급자금은 공채 소요자금, 사업 소요자금 및 대(對)만주·중국 공급 자금을 포함하는데 그중에서 가장 중점을 둔 것은 공채 소요자금이다. 이에 관해서는 전시 태세의 급속한 정비 강화를 도모하기 위해서 긴급하고 부족함이 없는 정부의 시책 실행에 유감이 없도록 함과 동시에, 다른 한편으로 국채소화력도 고려하여 계획액을 획정한 것이다. 이의 달성 여부는 국가경제의 운행에 지대한 영향을 미치는 것이기 때문에 각 금융기관, 국민저축조합 및 국민 각자의 강력하고도 적극적인 노력에 따라 그 완수를 기해야만 한다. 사업 소요자금은 현재의 여러 정세를 감안하여 사업자금에 대한 통제를 한층 강화하고 이것을 계획적으로 실시함과 동시에 자금의 효율적 운용을 확보하기 위해 고능률(高能率)의 공장 또는 사업장에 생산을 집중하는 것과 같은 자금통제의 강화를 기도한다. 한편 사업자금의 조달에 대해서는 최대한 자기자금으로 하게 하고, 외부자금으로 하는 경우는 공동융자제 혹은 공동투자제를 적극적으로 활용하게 할 방침이다. 산업통제회와 금융조직 간의 연락 방법을 확립하여 사업 금융의 원활한 수행을 기하도록 한다. 대(對)만주·중국 공급 자금은 일본·만주, 일본·중국 및 만주·중국의 국제수지계획과의 연계하에 이를 계획한 것으로 현지자금의 축적을 증강하여 이를 통제, 활용을 촉진시킴으로써 현지의 재정금융정책을 본국과 유기적으로 운영하게 할 것을 기도한다.

3) 금융기관 자금운용계획

자금통제계획은 처음에는 개별 금융기관의 자금운용계획과는 무관하게 입안되었지만 금융통제의 완벽을 기하기 위해서는 양자의 자금계획을 상호 관련시키지 않으면 안 되었다. 양 자금계획의 관련은 「은행등자금운용령」에 의거한 자금계획의 변경, 지정에 있어서 완전한 실현을 보았지만, 이보다 앞선 「임시자금조정법」은 '자금의 수급 및 이동에 관한 사항', '사업의 자금계획에 관한 사항'의 조사를 규정하고(제16조), 1938년 이후 「국내자금조정규칙」에 따라 자본금 50만 엔 이상의 회사 또는 설비자금 10만 엔 이상을 필요로 하는 것은 모두 매 사업연도 자금계획을 제출하게 하여 국내의 전반적인 자금수급계획을 알 수 있는 재료로 삼았다. 다음으로 정부는 1940년(昭和 15) 8월 3일자 은행국장 통첩을 내려 예금 5,000만 엔 이상의 보통은행에 반기(半期)마다 자금계획의 보고를 요구했다.

그러나 이 목적에 대하여 법적 근거를 부여한 것은 1940년 1월 시행된 「은행등자금운용령」으로서 이 명령은 "주무대신은 자금의 운용을 적정하게 하기 위해 필요하다고 인정될 때에는 금융기관에 대해 자금의 운용에 관한 계획의 변경을 명하거나 또는 명령이 정한 바에 따라 자금의 운용 방법을 지정할 수 있다"(제2조)는 취지를 규정하였다. 이로써 각 금융기관의 예금, 대출 및 소유 유가증권의 증감 예상을 제출케 하고, 이를 자세히 연구하여 자금통제계획을 입안했다. 뿐만 아니라 자금 증감 예상표의 내용을 자금통제계획과 대조하여 타당하지 않다고 인정한 경우에는 대장대신이 해당 금융기관의 자금계획을 정정하라는 명령을 내리고 동시에 그 자금계획을 변경할 필요가 없을 때에는 그 계획의 범위 내에서 일정한 자금 운용 방법을 지정할 수 있도록 하였다. 즉 「은행등자금운용령」에 따른 자금계획은 1940년 8월의 앞의 은행국장 통첩이 그 범위를 은행에 한정하고, 또 자금계획의 변경, 운용지정이 따르지 않는 점을 비교하면 더욱 포괄적이고 또한 강력한 것이다. 한편 1940년 10월 「국가총동원법」 제11조에 기초해 성립된 「회사경리통제령」에서는 일반 사업회사에 대해 "주무대신은 회사의 경리를 적정하게 하기 위해 필요하다고 인정될 때에는 회사에 대해 여유자금의 운용에 관해 필요한 제한을 할 수 있다"(제34조)고 한 것과 함께 개개 회사 은행에 대한 자금계획은 완벽해지기에 이르렀다.

그런데 「은행등자금운용령」에 근거한 자금계획은 1942년(昭和 17) 5월 전국금융통제회가 성립되자 동회로 이관되고, 동(同)「운용령」제2조의 규정은 또한 그대로 있지만 사실상 이에 근거한 자금계획은 금융통제회에서 행하게 되었다. 전국금융통제회 통제 규정은 "회원인 금융 사업을 경영하는 자는 회장이 정한 바에 따라 일정 기간마다 그 실행 자금 흡수 및 운영에 관한 계획을 본회에 제출해야 한다"(제2호 제1조 제1항), 또 "업태별 통제회는 회장이 정한 바에 따라 일정 기간마다 그 회원 또는 그 회원인 통제조합 조합원의 실행 자금의 흡수 및 운용에 관한 종합계획을 본회에 제출해야 한다"(동 제2항)고 규정하고 있다. 이후의 경우에는 업태별 통제회 또는 업태별 통제회를 구성하는 통제조합을 대상으로 하게 되는 것이라면, 여기서 구하고자 하는 것은 개개 금융기관의 자금계획에 있는 것이 아니라 업태별 통제회 또는 그 회원인 통제조합을 구성하는 금융기관 전체의 종합적 자금계획이다. 이렇게 하여 전국금융통제회에 제출된 자금계획은 동(同) 통제회에서 심사 후 필요하다고 인정할 때는 계획의 변경을 명령하고, 또는 자금계획에 대해 금융통제상 필요한 사항을 지시할 수 있다(동 제3항). 이 규정은 「은행등자금운용령」 제2조에 규정된 자금계획의 변경 혹은 지정 명령과 중복되게 보이는 것이 있어도 전국금융통제회는 「금융통제단체령」에 근거해 "금융에 관한 정부의 계획에 대한 참여"(제4조 제1호)를 인정하는 이상은 여기에 관련하여 회원의 자금계획에 대해 변경을 명령하거나 혹은 지시를 행하는 것은 당연할 것이다.

여기에 더해 「금융단체통제령」은 또 "금융사업을 경영하는 자의 실행 자금의 흡수 및 운용에 관한 지도통제"를 인정함으로써 이에 기초하여 전국금융통제회는 통제 규정에서 그 자금계획에 대한 변경 명령 및 필요 사항의 지시에 부쳐 이 실행에 대한 책임을 회원에게 명확히 요구하고 회원인 금융사업을 영위하는 자에 대해서는 제출할 계획 변경 명령 및 필요 사항의 제시에 의해 자금의 운용을 명하고(제2호 제2조 제1항), 또 회원인 업태별 통제회에 대해서는 그 회원 및 회원인 통제조합의 조합원이 행하는 자금 운용에 관하여 제출할 계획, 변경 명령 및 필요 사항의 제출에 근거하여 필요한 지도 통제를 행할 것을 명하였다(동 제2항). 이리하여 전국금융통제회는 회원에게 제출한 자금계획의 실행에 대한 책임을 명확하게 요구할 수 있게 되었다.

전국금융통제회는 1942년 8월 회원에게 〈자금 흡수 및 운용 계획표〉, 〈자금 흡수 및 운용 실적표〉를 요구했는데, 이 계획표 기재 항목은 대체로 「은행등자금운용령」에 근거한 자금 증감 예상표를 답습하고 있다. 동 통제회의 활동에 대해 중요한 자료임과 동시에 국가 자금 계획 수립에 있어서도 가장 유력한 재료인데, 자금 흡수 및 운용 계획표의 내용은 아래의 [표]와 같다.

과목			전기 말(前期末) 잔고 예상		당기 말(當期末) 잔고 예상		차감 당기 중(當期中) 증감 예상		전년 동기 중 증감 실적	
			금액	예저금에 대한 비율	금액	예저금에 대한 비율	금액	예저금에 대한 비율	금액	예저금에 대한 비율
(A) 예저금			( )	1000	( )	1000	( )	1000	( )	1000
(B) 대출금	(1) 설비자금									
	(2) 운전자금									
	(3) 기타 자금									
(C) 소유 유가 증권	(1) 국채		액면( )	( )	( )	( )	( )	( )	( )	( )
		① 장기	액면( )	( )	( )	( )	( )	( )	( )	( )
		② 단기	액면( )	( )	( )	( )	( )	( )	( )	( )
	(2) 지방채		액면( )							
	(3) 사채		액면( )	( )	( )	( )	( )	( )	( )	( )
		① 금융채	액면( )	( )	( )	( )	( )	( )	( )	( )
		② 사업채	액면( )	( )	( )	( )	( )	( )	( )	( )
	(4) 주식									
(D) 현금 예금 기타	(1) 현금, 수표, 어음		( )	( )	( )	( )	( )	( )	( )	( )
	(2) 예금									
	(3) 콜론									

출전: 日本銀行調査局 편, 『戰時金融統制の展開』(1943. 4) (日本銀行調査局 편, 『日本金融史資料』 27, 1970, 405쪽).

4) 국가자금 동원 계획

자금통제계획은 국가자금 중 축적 자금을 대상으로 하여도 전시경제의 진전에 따라 예산의 편성 내지 생산력 확충계획의 입안에 있어서는, 이것이 국가 총력(總力)의 견지에서 어떠한 영향과 결과를 초래할 것인지를 인식하여 국가 자력(資力)의 전체를 대상으로 하는 것은 필연적이었다. 이렇게 하여 자금통제계획은 1941년(昭和 16) 7월에 발표된 「재정금융기본

방책요강」에 소위 국가자금동원계획에서 한층 더 종합화되고 또한 더욱 높은 견지에서 자금의 계획성을 고찰할 수 있게 되었다. 이 국가자금동원계획은 국가 경제력의 자금으로 표현할 수 있는 가능성을 개략적으로 정하고 이 국가자금을 재정, 산업 및 국민 소비의 삼자를 대상으로 국가 목적에 따라 동원할 수 있는 체제를 확립한 위에 이에 근거한 국민저축계획을 수립하고자 한 것이다. 따라서 여기서는 자유주의 경제 시대와 같이 자금의 배분이 생산요소의 배분을 결정하는 것이 아니라 생산요소의 배분에 대응하여 자금의 배분을 규정하려 한 것이다. 그런데 이러한 자금동원계획은 국가경제력을 최고도로 발휘하고자 하는 적극성을 가지고 있는 것으로서 당국도 "이 국가자금의 총액을 결정하여 재정자금과 구분한다고 말하는 것은 일부에서는 무엇인가 예산 증액이라는 것을 억제하는 예전의 소위 건전재정주의라고 말하는 것과 같은 견지에서 이런 의도를 가지고 있기 때문은 아닌가라고 말하는 것처럼 추측을 하는 사람도 있는 듯합니다만, 그렇게 말하는 의미는 절대로 아닙니다"(히로세(廣瀬) 대장차관 설명)라는 설명과 같이 소극적 의미에서 생각해 온 것은 아니다.

국가자금동원계획의 요령은 요강에 다음과 같이 표명되어 있다.

1. 국민경제의 총생산액, 기타를 종합적으로 감안하여 국가 자력(資力)을 개정(概定)[5]하고, 이것을 국가 목적에 따라 재정, 산업 및 국민 소비의 삼자에 합리적으로 배분해야 하는 국가자금동원계획을 설정한다.
2. 국민저축계획은 위 국가자금동원계획에 근거하여 수립하는 것으로 한다.
3. 국가자금동원계획은 매년도 이를 정하며, 앞으로 몇 년도에 걸쳐 이를 개정(概定)하는 것으로 한다.

요강에 "국가의 총생산액, 기타를 종합적으로 감안"한다고 한 것처럼, 국가 자력의 기본은 '국가의 총생산액' 혹은 국민소득이고, '기타'라는 것은 기존 자본의 동원, 해외 자금 동원 등을 지칭한다. 재정, 산업 및 소비 세 부면에 대한 국가자금 배분의 비율, 각종 산업에 대한 산업자금 배분의 비율 등은 국가 목적의 전체적 견지에서 전시경제의 현 단계에서의 전비

---

5 대략적으로 정하는 것.

의 필요, 생산의 증강 및 국민생활의 안정 확보의 세 가지 점을 종합적으로 관찰하여 결정된다. 이렇게 하여 국가자금동원계획의 구조의 대강을 보면 다음 표와 같다.

자금 공급의 부(部)	자금 활용의 부(部)
1. 국민소득	1. 재정자금
(1) 물적 소득	(1) 국고 재정
① 농림업	① 군사비
② 수산업	② 행정비
③ 광업	③ 국채비
④ 공업	④ ……
⑤ …	(2) 지방재정
⑥ …	2. 산업자금
2. 국민소득 이외의 동원할 수 있는 자금	(1) 정부사업
(1) 기존 자본 동원	(2) 광업
(2) 해외 자금 동원	① 석탄
(3) 진체(振替) 소득	② …
	(3) 중공업
	① 제철
	② …
	(4) 경공업
	(5) …
	3. 대외투자
	(1) 대(對)만주
	(2) 대(對)중국
	(3) 대(對)태국
	(4) …
	4. 국민소비자금

출전: 日本銀行調査局 편, 『戰時金融統制の展開』(1943. 4)(日本銀行調査局 편, 『日本金融史資料』 27, 1970, 407쪽).

자금통제계획이 매년도의 축적 자금, 즉 국민저축 증가액을 대상으로 하는 것에 대해 국가자금의 총량을 대상으로 하게 된다면, 당연히 자금통제계획을 통합해야 하지만 그 구조에는 약간의 차이가 있다.

국가자금동원계획의 수립에 있어서 문제가 되는 것은 국가 자력의 총액을 어떻게 개정(槪定)하느냐에 있다. 그 산정 방법은 기존에는 인적 방법에 따라 국민소득 분배의 귀속자를 중심으로 하여 주로 조세 통계에서 역산했는데, 1942년(昭和 17)부터는 이 방법 외에 물적 방법도 채용하여 인적 방법과 물적 방법의 양자를 서로 맞추어 개정하는 것으로 되었다. 제81의회에서 정부 당국은 국민소득의 산정 방법을 다음과 같이 설명했다.

대체적인 방법은 물동(物動)계획, 생산력확충계획 등을 기초로 하여 총생산물의 가격을 견적하고 그다음에 원료, 재료비, 동력비 등의 예상액을 차감하여 집계한 생산물에 다시 가공, 수송 등으로 증가한 분을 더합니다. 여기에 오락 흥업 등으로 지불된 대가인 서비스료를 합계하고 대외수지의 차액을 가감하여 산정하는 방법입니다. 인적 방법과 물적 방법은 오늘날 아직 일치하지는 않지만 쌍방을 대조하여 대체적인 본보기를 만든 것입니다.

이렇게 해서 수립된 1942년, 1943년(昭和 18) 양 연도의 국가자금동원계획은 아래 표와 같은데, 1943년도의 국민소득 500억 엔의 배분을 보면, 조세 및 그와 동일한 성격인 국민부담 100억 엔, 공채 자금 210억 엔, 생산력확충자금, 기타 직접 중앙정부 자금이 아닌 국가소요자금 60억 엔으로, 이상 삼자의 합계인 국가자금은 370억 엔(국민소득 총액의 74%)이 되고, 국민소비자금은 130억 엔(동 26%)에 그친다. 370억 엔의 국가자금 중 공채 자금 및 생산력확충자금의 합계 270억 엔은 신규의 국민저축으로 지불되어야만 한다.

① 1942년도 국가자금동원계획 (단위: 억 엔)

국민소득 450			
국민소비 자금 150	국가적 자금 300		
	생산력확충자금 60	재정 자금 240	
		공채 170	조세, 기타 70
	국민 저축 목표 230		

주) 국민 저축 목표는 생산력확충자금+공채

② 1943년도 국가자금동원계획 (단위: 억 엔)

국민소득 500			
국민소비 자금 130	국가적 자금 370		
	생산력확충자금 60	재정 자금 310	
		공채 210	조세, 기타 100
	국민 저축 목표 270		

이러한 자금동원계획의 확립에 따라 전시경제의 현 단계에서의 국가자금의 근원인 생산증강과 국민소비의 철저한 질약의 의의가 전체적으로 명확하게 파악된다. 만약 국가자금의 배분으로서 물자 및 노무 동원 계획에 따른 생산요소의 배분이 적절하지 않게 된다면 생산력확충계획은 실현되지 못하게 되고 인플레이션이 발생하는 것을 이해할 수 있을 것이다. 1943년도 국가자금동원계획 및 저축 목표액에 관해 의회에서의 대장대신의 설명도 이 점과 관련하여 다음과 같이 말하고 있다.

(전략)

국가자금이 370억이고 사생활(私生活) 자금을 130억으로 하면 전 국민소득 중 7할 5푼에 가까운 것이 국가적 목적, 즉 전쟁 목적에 흡수되어야만 하는 것입니다. 국민의 소비를 130억이라고 하면 1942년도의 150억에 비해 20억의 감소, 즉 1할 5푼에 가까운 감소입니다. 혹자는 그것이 큰 것이 아니라고 느낄지도 모릅니다. 그러나 지금까지 국민 생활은 상당히 긴축되어 있는데, 이를 다시 1할 이상 감축하는 것은 매우 곤란하다고 생각합니다. (중략) 국가자금이 발생하는 근원은 말할 필요도 없이 생산에 있습니다. 결전재정(決戰財政)이 유감없이 운행되기 위해서는 생산증강이 제일의 뿌리입니다. 이렇게 하여 생긴 자금을 국가 목적에 집중하기 위해서는 국민의 소비는 최대한 줄이지 않으면 안 됩니다. 특히 국민의 결전생활을 실현하는 것이 절대적으로 필요합니다. (후략)

5) 금융신체제

이상과 같이 자금통제 이념이 생성되어 자금통제가 발전함에 따라 금융기구상에서도 당연히 변혁을 볼 수 있을 뿐만 아니라 이러한 금융기구의 개혁은 그 성질이 미묘하기 때문에 비교적 진척을 보기 어렵다. 오직 기존 기구에 의한 자금 배급을 통제하는 것에 의해서 그 목적이 달성되고 있다. 그런데 자금통제 이념으로서 국가자금동원계획에 보이는 것과 같은 고도의 단계로 앙양하게 하려면 기존의 자유주의적 금융 이념의 기초 위에서 생성되어 수익성 원칙으로 발전해 온 금융기구에게 이러한 고도의 통제 금융을 부담 지우는 것은 어렵다. 가령 개개의 금융기관에 있어서 각자의 입장에서 전시금융에 노력하는 것도, 이들 다수 금융기관이 조직한 기구가 기준을 정하고 거기에서 벗어나지 않도록 하는 것이 기구상 전시경제의 요청에 적응해야만 하는 것이라고 말할 수 있다. 금융제도에 있어서 신체제가 요청되는 필연적 근거가 여기에 있다.

「재정금융기본방책요강」에 나타난 금융제도 개혁을 일관하는 관념은 국가자금동원계획에 표명된 국가 목적을 위한 금융자금의 합리적 배분에 금융기구를 합치시키는 것이다. 요강은 금융제도개혁의 근본 방침으로서 "금융은 국가자금에 관한 계획경제의 운영을 확보하기 위해 자금이 공채소화 및 물자, 동력(動力), 노동력 확보를 가능하게 할 것을 주안으로 하여 유통하는 것과 같이 공익적으로 계획적으로 또한 통일적으로 행해져야 한다"고 말한다. 그 주안은 산업자금 공급에 수반되는 위험에 대해서는 투자융자 및 회수에 대한 통제 강화, 공동 투자융자의 활용, 투자융자의 위험에 대한 정부의 보증을 실시하고, 예금 인출 요구 준비에 대해서는 각 금융기관과 일본은행의 자금 관계를 긴밀하게 하여 필요하다면 예금 인출에 대하여 정부가 보증을 서기로 한다. 이러한 개혁에 의해서 종래의 금융자금이 전시경제의 요청에 따라 공채소화 자금 및 산업자금으로서 합리적으로 원활히 배분되는 것을 저해할 수 있는 원인, 즉 금융기관에서의 산업투자 또는 융자에 따르는 자금 회수상의 위험에 대한 우려와 예금의 인출 요구에 대비하기 위해 자금의 장기적인 운용의 회피를 제거하고자 하는 것이다.

① 일본은행의 기능 정비

정부의 금융통제 실시 기관으로서의 기능을 더욱 충실히 정비하여 각 금융기관과의 자금상의 관계를 긴밀하게 하고 금융의 정세에 부응하여 금융자금을 능동적으로 인상 또는 방출하여 구체적으로 금융을 조정하는 기능을 확충한다.

② 금융기관에 대한 통제 강화

금융기관의 투자, 융자 및 회수를 정부의 금융통제의 방침에 즉응할 수 있도록 기구를 정비하고 일본은행과의 자금적 관계를 긴밀하게 함과 동시에 동업연대의 정신을 한층 더 앙양시켜 공동의 투자융자의 방법을 활용하게 한다. 금융기관에 대한 감독에 관해서는 금융기관이 계획경제의 운영상 담당하는 책임을 다하는지 아닌지를 감사하는 것에 힘쓰도록 한다.

③ 금융기관의 조식화

금융기관으로 하여금 일본은행을 중핵으로 하는 조직체를 결성케 하고, 정부 지도하에 동업연대가 일체적으로 그 기능을 발휘하여 금융통제의 실시에 협력하며 또 금융과 산업과의 긴밀한 연락을 도모한다. 위 조직체는 원칙적으로 일본은행 및 각종 업태별 단체로서 구성하여 전국적 통할 단체로 삼는다. 또 필요하다면 각종 금융기관을 포함하는 지역단체를 설치한다.

④ 금융기관의 정리 통합

금융기관의 조직화와 더불어 쓸데없는 경쟁을 근절하고, 경영을 합리화하고 금융자금 원가의 저하를 도모한다. 또 이에 수반되어 필요하다면 새로운 기관의 설치를 고려함과 동시에 특수은행 및 금융 업무를 운영하는 특수회사에 대해서도 필요한 정비를 실시한다.

⑤ 금융자금의 수집 및 운용에 관한 조치

각 금융기관의 경영은 정부의 금융통제 방향에 따라 스스로의 책임하에서 행해져야 한다. 이와 더불어 금융통제의 원활한 수행에 기여하기 위해 필요할 경우에는 금융자금의 수집 및 그 인출의 책임에 대해 국가의 신용을 참여시키고 또 투자융자에 대한 국가의 신용 보증, 또는 채권 인수가 가능한 길을 열어 그 회수성을 보강하는 등의 방책을 강구한다.

⑥ 금융 각종 계통 간의 조화

일반 금융기관 계통, 조합 계통, 기타 각종 계통의 금융기관 상호 간의 연계를 긴밀하게 하여 각 계통의 금융이 동일한 지도 방침에 따라 조화롭게 행해지게 되어 금융시장을 일체로 한 금융통제의 열매를 거둘 수 있도록 조치한다.

⑦ 정부자금 및 정부관계 자금 운용의 통일

예금부, 간이보험, 특정한 회사보험, 정부관계 공제조합 등에 집적할 수 있는 자금은 전금융통제와 일체적 관계에 있어서 통일적으로 운용하는 것으로 한다.

6) 자율적 금융통제 방식

「재정금융기본방책요강」에 소위 '금융제도 개혁' 중에 있는 '금융기관의 조직화'의 취지는 위와 같이 일본은행을 중핵으로 하는 금융기관의 조직체를 결성하는 데 있다. 이보다 앞선 1940년(昭和 15) 9월 전국금융협의회가 조직되었어도 국내외 시국이 한층 더 긴박하게 되어 동(同) 협의회와 같이 단순한 도의적 구속력만으로는 시국의 요청에 대처할 수 없기 때문에 요강의 취지에 따라 1942년(昭和 17) 4월 「국가총동원법」 제18조에 기초해 「금융통제단체령」이 공포되었다. 이후 바로 각종 업태별 통제회가 차례대로 설립되었다. 이들 업태별 통제회를 주요 조성분자로 하여 같은 해 5월에는 전국금융통제회가 설립되고, 이에 우리 전시금융통제의 체계는 일단의 정비를 보게 되었다. 전국금융통제회는 "국민경제의 총력을 가장 유효하게 발휘하도록 하기 위한 금융사업 기능의 종합적 발휘를 도모함에 필요한 지도 통제를 실시하고 또 금융에 관한 국책의 입안 및 수행에 협력할 것을 목적으로 한다"(「금융통제단체령」 제3조). 이러한 지도 통제를 실시하기 위해 자율적으로 회원의 사업에 관한 통제 규정을 설정(동 제22조), 이에 따른 자금의 흡수 및 운용 계획, 유가증권의 응모, 인수 또는 매입 등 자금의 융통, 금리 등의 조정에 관한 사항을 규정하고, 이로써 회원이 준수해야 할 의무를 부과하게 되었다(제22조).

금융통제회의 구상은 전시금융통제 실시에 대해서는 정부 또는 일본은행에서 독단으로 하는 것이 아니라 정부 스스로는 대강의 지도 통제를 행하고, 세목에 걸쳐서는 민간업자의 단체로 하여금 자율적으로 지도 통제를 행하게 하는 통제 방식이다. 이렇게 하여 일본은행의 금융 조작에 따라 금융통제회는 자율적인 지도 통제를 행하고, 양자가 표리일체로 되어 정부의 금융통제 실시에 협력하게 하는 데 있다. 이러한 통제 방식은 「중요산업단체령」에 의한 산업통제회와 함께 사변 6년의 체험을 통해 도달한 통제경제의 새로운 방식에 다름 아니다. 그 운영에 따라 금융업은 종합적으로 그 기능을 발휘하고, 그 경험과 지식을 활용하여 자율적으로 국가의 요청을 충분히 실현할 수 있게 된다. 이 금융통제회에 있어서 구현되어지는 자율적인 금융통제 방식, 이것은 전시금융에 있어서 통제 이념 발전의 극치를 나타내는 것으로 보인다.

3. 전시금융에 있어서의 자금통제의 전개

근대전의 특색으로 중일전쟁, 다시 대동아전쟁은 국가 자력의 총동원을 요청하게 되고, 따라서 전비 조달을 위한 국채 납입 및 생산력 확충을 위한 은행 대출 증가, 사채 및 주식 납입금 등 자금수요액은 현재까지 이미 아래 표와 같이 거액에 달하였다. 전시에서 물자 및 노무가 제약된 상황에서 이렇게 거액에 이르는 자금의 수급 균형을 확보하고자 할 때에는 국가적 견지에서 물자 및 노무에서 가장 긴급하게 필요한 부문에 물자 및 노무를 확보할 수 있도록 자금의 흐름을 통제할 필요가 있다. 이하 설명하는 바와 같이 우선 확보해야만 될 자금통제에서의 통제를 촉진하고, 다음으로 축적 자금의 재정자금, 산업자금에 대한 통제를 전개하게 한다.

전시기 자금 수요액 비고: (단위: 백만 엔)

연도	①재정자금-국채납입액	②산업자금							①+②
		소계	은행대출증가	중복감정공제액(20%)	사채납입금	주식불입금및출자	중복감정공제액(26%)	만주·중국관계투자	
1937	1,791	2,845	1,506	(-)241	176	1,896	(-)492		4,636
1938	4,250	3,004	1,211	(-)242	620	1,911	(-)496		7,254
1939	5,158	5,941	2,815	(-)563	1,222	2,299	(-)597	765	11,099
1940	6,476	6,889	3,333	(-)666	1,236	3,022	(-)785	749	13,365
1941	8,570	6,742	2,614	(-)522	1,903	2,508	(-)652	891	15,312
1942	12,924	8,568	3,871	(-)774	2,132	3,199	(-)831	971	21,510
누계	39,187	33,989	15,350	(-)3,008	7,289	14,835	(-)3,853	3,376	73,176

정부 발표에 따른 사변 이후 1942년 말까지의 자금 수요액은 다음과 같다.

① 생산확충자금: 286억 엔(내지 243억 엔, 외지 43억 엔)
② 대만주·중국 투자: 75억 엔
③ 국채 발행액(1942년도 말까지): 436억 엔(소화액 385억 엔)
   이상 합계: 745억 엔

출전: 日本銀行調査局 편, 『戰時金融統制の展開』(1943. 4)(日本銀行調査局 편, 『日本金融史資料』 27, 1970, 410쪽).

자금 축적, 공채소화, 사업설비자금 및 운전자금 그 외의 자금통제는 이상과 같이 거액에 달하는데 재정 및 산업 소요자금의 수급 균형을 확보하기 위해 사변 이래 추진되어 왔다. 이러한 자금통제의 진전을 통괄적으로 보면 1937년(昭和 12) 이후 1942년(昭和 17, 산업조합, 생명보험, 손해보험은 1942년 6월까지)에 이르는 6년간 전국 금융기관의 자력 증가는 다음과 같이 546억 9,100만 엔의 거액에 이르고 그중 47.3%는 국채로, 31%는 대출에, 26.7%는 기타 증권으로 운용하였다.

금융기관 자금력 증가 현황

	자력(資力) 증가 (백만 엔)	증가 자금의 운용(백만 엔, %)		
		대출	국채	기타 증권
보통은행예금	24,855	10,997(44.2)	8,768(35.3)	2,415(13.7)
저축은행예금	5,635	162(2.9)	3,697(65.6)	1,676(29.7)
특은(일본은행제외) 예금	2,156	4,192(194.4)	1,820(84.4)	115(5.3)
은행예금 소계	32,646	15,351(47.1)	14,285(43.8)	5,206(16.0)
은행 채권	3,536			
금전 신탁	1,676	832(49.6)	78(4.77)	475(28.3)
산업조합 저금	4,511	189(4.2)		1,282(28.4)
생명보험책임준비금 및 지불준비금	1,973	472(23.9)	1,377(69.8)	1,632(82.7)
손해보험책임준비금 및 지불준비금			94	146
간이생명보험 적립금	1,157	136(11.8)	619(53.5)	613(53.0)
우편연금 적립금	346	6(1.7)	90(26.0)	241(69.7)
우편 및 진체저금	8,846	415(4.7)	9,341(105.6)	5,066(57.3)
합계	54,691	17,401(31.8)	25,884(47.3)	14,661(26.7)

(괄호 내 비율은 증가 자력에 대한 비율을 나타냄)
출전: 日本銀行調査局 編, 『戰時金融統制の展開』(1943. 4)(日本銀行調査局 編, 『日本金融史資料』 27, 1970, 410쪽).

게다가 이들 대출 및 국채 이외의 증권도 아래에서 서술하는 것과 같이 「자금조정법」, 기타 통제에 의해 그 내용은 시국상 긴요한 것으로 되었는데, 기타 개인의 직접 유가증권 투자와 같은 것도 역시 이러한 통제하에 두게 되었다. 이렇게 하여 전시경제가 요청하는 방대한 자금 수요를 충족할 수 있게 된 것이다.

이상과 같이 금융기관 중에 보통은행이 차지하는 지위는 매우 크지만 보통은행, 특히 보통은행통제회 회원 은행은 동계(同系) 시국 산업의 자금 수요가 거액으로 올랐기 때문에 증가 예금 170억 7,700만 엔의 51%를 대출 증가로 돌렸고, 또한 국채 투자도 그 계획 소화에 따라 증가 예금의 33%에 이른다. 한편 사채(社債)도 기채(起債) 계획에 따른 친인(親引)[6] 증가, 전시금융금고채(戰時金融金庫債)의 분할 인수제 등의 실시에 따라 11억 1,800만 엔이 증가하였다.

다음으로 지방은행(거래처)은 증가 예금 70억 9,700만 엔 중 대출 증가로 향한 것은 25%에 그치는 반면, 증가 예금의 68%는 증권 투자로 운용되었다. 이는 지방 산업 자금의 수요 감소가 있었던 것과 함께 금융통제의 강화를 반영한 것으로서 특히 사채 투자는 증가 예금의 22%에 해당하는 흥업채권, 사채의 특별인수 등에 의한 것으로서 주목된다.

보통은행통제회 회원 은행 (단위: 백만 엔/%)

		1943년 12월 말		1937년 12월 말		증감(△)	
예금		25,508	100.0	8,431	100.0	17,077	100.0
대출		13,805	54.1	4,953	58.7	8,852	51.8
소유 증권	소계	10,666	41.8	3,323	39.4	7,343	42.9
	이부(利付) 국채	7,608	29.8	1,834	21.7	5,774	33.8
	정부 단기증권	156	0.6	29	0.3	127	0.7
	지방채	182	0.7	270	3.2	△88	0.5
	사채	2,006	7.8	888	10.5	1,118	6.5
	주식	312	1.2	213	2.5	99	0.5
	외국 증권	399	1.5	87	1.0	312	1.8

출전: 日本銀行調査局 編, 『戰時金融統制の展開』(1943. 4)(日本銀行調査局 편, 『日本金融史資料』 27, 1970, 411쪽).

거래선 지방은행 (단위: 백만 엔/%)

	1943년 12월 말		1937년 12월 말		증감(△)	
예금	10,182	100.0	3,085	100.0	7,097	100.0
대출	3,915	38.4	2,093	67.8	1,822	25.6

---

6 신주 발행 시 특정인에게 신주 일부를 매각하기로 약속하는 것.

소유 증권	소계	6,155	60.4	1,329	43.0	4,826	68.0
	이부(利付) 국채	3,450	33.8	620	20.0	2,830	39.8
	정부 단기증권	3	-	0	0	3	-
	지방채	89	0.8	71	2.3	18	0.2
	사채	1,927	18.9	343	11.1	1,584	22.3
	주식	450	4.4	275	8.9	175	2.4
	외국 증권	233	2.2	17	0.5	216	3.0

출전: 日本銀行調査局 編, 『戰時金融統制の展開』(1943. 4)(日本銀行調査局 編, 『日本金融史資料』 27, 1970, 411쪽).

1) 자금 축적의 통제

자금 축적의 통제는 즉 국민저축의 통제로 돌아가야 하더라도 소위 국민저축은 현재 전시경제하에서 그 내용이 현저히 확대되어 본래의 의미에서의 순수저축(국부(國富)의 증진을 의미하는 저축)뿐만 아니라, 그 이외의 과거의 축적, 혹은 종래 다른 용도에 투자될 수 있는 자금으로서 일정한 전쟁 목적 달성을 위해 동원할 수 있는 넓은 의미의 국가 자력을 포함한다. 「재정금융기본방책요강」에 "국민경제의 총생산액, 기타를 종합적으로 감안하여 국가 자력을 개정(槪定)"한다고 되어 있다. '기타'란 이러한 기존의 국가 자력 내지 축적에 대한 전시 동원이 현상적으로는 국민저축의 증대로 되어 나타나는 경우, 예를 들면 보유 화물의 매각 대금을 대체품의 매입에 사용하는 것이 아니라 예금하는 것과 같이, 혹은 불급불요(不急不要) 사업의 규정 내지는 설비 갱신의 제한으로 인해 종래 이러한 용도에 투하되어 온 자금이 예금이 되는 경우를 의미한다. 정부가 1938년도(昭和 13) 저축 목표를 80억 엔으로 산정한 기준은 사변 전 1개년의 순수 저축 30억 엔 이상(금전저축 22억 엔, 개인 유가증권 응모 약 12억 엔, 합계 34억 엔) 이외에 1938년도의 공채 발행 50억 엔에 따른 저축의 증가를 합한 것이다. 즉 이 경우 공채 발행에 의한 정부 자금 산포의 매개에 따라 과거의 축적 등을 전쟁 목적으로 동원하고자 한 것이다. 전시경제가 요청하는 이러한 국민저축액을 확보하기 위한 자금 축적에 대한 통제는 점차 강화되었는데, 그 대책의 주된 것은 다음과 같은 것으로서 이러한 자금 면에서의 저축 증강 방책은 한편 7·7금령(禁令)에 의거한 사치품의 제조 판매 금지, 필수품의 절부(切符)제도,[7] 기타 할당 제도의 확충, 소비 규정을 목적으로 하는 세율 인상 등 물자 통제로 보완할 수 있기에 가격 공정 제도에 따른 직접 물가 면에 대한 통제와 더불어 인플레이션 방지 대책의 핵심을 이룬다.

① 저축장려운동

정부는 1938년 4월 전비 및 생산력확충자금을 조달함과 함께 인플레이션 방지를 위해, 종래 정도의 저축 이외에 전시에서의 정부 자금 산포로 인해 증가된 소득의 전부를 저축시킬 방침을 결정하였다. 이에 기반해 1938년도 이후 저축 목표를 설정했는데, 그 목표 달성을 위해 1938년 5월 국민저축장려국 설치, 6월 국민저축장려위원회를 설치하는 한편 국민정신총동원운동의 일 부문으로서 저축운동을 보급하거나 저축강조주간을 마련했다.

②「국민저축조합법」의 제정

이상의 저축증강의 정신적 운동만으로는 저축 목표를 달성하기 어려운 점을 보완하고, 또한 축적된 자금을 장기 고정화할 필요가 있음을 인식함에 따라 준강제적인 저축 제도가 마련되었다. 정부는 1938년 저축장려운동의 개시와 함께 관공서, 회사, 은행, 정회(町會) 등의 단체로 하여금 저축조합을 조직하게 했다. 이 국민저축조합은 1941년(昭和 16) 3월「국민저축조합법」에 의해 법적 근거를 부여받아, "전시(전쟁에 준할 수 있는 사변의 경우를 포함)에서의 국민저축 증강에 이바지하기 위해 조합원의 저축의 알선을 한다"(제1조)는 것이다. 1942년(昭和 17) 9월 말 조합 수는 지역조합 30만, 직역조합 10만, 업역(業域)조합 2만, 고액소득자조합 1,000, 예금자조합 5,000, 기타 8만, 합계 52만 조합, 조합원 3,900만 명, 저축액 40억 엔에 이른다. 그 저축 방법은 우편저금, 간이생명보험의 괘금(掛金), 은행 및 신탁 예금, 산업조합 저금, 무진 괘금(掛金), 생명보험의 보험료 납입, 국채, 저축채권 또는 보국채권의 매입 등의 일체의 저축 루트를 포함하고(제2조), 또 그 알선에 관련된 은행예금 또는 합동운용신탁(원금 3,000엔까지), 국

---

[7] 전시 물자배급 통제의 한 방법으로 물품, 특히 생활필수품의 배급을 미리 발급받은 표와 교환하는 제도.

채(액면 3,000엔까지), 은행저축예금, 산업조합저금(원금 5,000엔까지)은 분류소득세 면제의 특전을 주었다(제4조).

③ 소액 채권의 발행

1937년(昭和 12) 11월 이후 액면 50엔, 25엔의 공채의 우편국 매출을 실행하고 있는데, 또한 1938년 8월 이후 액면 10엔의 소액 공채도 매출하였다. 또 「임시자금조정법」에서는 일본권업은행의 할증금부저축채권(한도 20억 엔), 고율의 할증금부보국채권(한도 15억 엔)의 발행을 인정했다.

④ 전시 납세 저축 제도

정부는 제81의회에서 「납세시설법(納稅施設法)」을 제정하고, "명령으로 정한 조세의 납세자는 명령에 따라 해당 조세액의 300/100 이내의 금액을 저축할 때에는 해당 조세를 납부한 것으로 한다"(제17조)고 정해, 특정의 소득세, 임시이득세의 납세자가 그 세액의 3배에 상당하는 전시 납세 저축을 할 경우에는 해당 조세를 납부한 것과 동일한 효과를 낳도록 하였다. 이러한 국민저축증강방책에 따라 1938년도 이후 국민저축 목표는 다음과 같이 달성했다.

국민저축 목표액과 실적 (단위: 백만 엔)

연도	목표액	실적액	실적 내역									
			우편저금	간보	우편연금	은행예금	신조저금	금전신탁	생보	무진	소계	직접증권투자
1938	8,000	7,333	815	195	20	3,062	414	224	391	61	5,182	2,151
1939	10,000	10,202	1,328	247	39	4,908	963	297	472	104	8,414	1,788
1940	12,000	12,817	1,715	322	80	4,981	1,259	323	767	196	9,653	3,164
1941	12,500(당초) / 17,000(개정)	16,020	2,052	405	170	6,126	1,507	444	1,057	226	11,987	4,033
1942	23,000	21,003	3,073	502	280	7,475	2,123	465	1,196	202	15,316	5,687

출전: 日本銀行調査局 편, 『戰時金融統制の展開』(1943. 4)(日本銀行調査局 편, 『日本金融史資料』 27, 1970, 412쪽).

2) 공채소화정책

지나사변 이후의 공채 발행액과 그 발행 방법을 보면 다음과 같은데, 일본은행 인수를 원칙으로 하는 것 외에 신디케이트(syndicate)단 인수, 예금부 인수에 의해서도 행해졌다.

중일전쟁 이후 공채 발행액과 발행 방법 (단위: 백만 엔)

발행 연월	발행 총액	내역					발행 방법		
		지나사변/ 대동아 전쟁	신규				일본은행 인수	예금부 인수	국채 인수 신디케이트단 인수
			세입 보전	만주 사건	기타	계			
1937(상)	185,000		73,074	33,275	78,650	185,000	135,000	50,000	0
1937(하)	1,300,000	900,000	200,000	200,000	0	1,300,000	1,000,000	200,000	100,000
1938(상)	1,830,000	1,500,000	155,466	51,009	123,523	1,830,000	1,530,000	300,000	0
1938(하)	2,500,500	2,100,500	300,000	100,000	0	2,500,500	2,150,500	350,000	0
1939(상)	2,230,000	1,800,000	279,282	7,071	143,645	2,230,000	1,550,000	680,000	
1939(하)	3,051,500	2,101,500	750,000	200,000	0	3,051,500	2,351,500	700,000	
1940(상)	2,765,000	2,200,000	190,126	169,630	205,243	2,765,000	1,865,000	900,000	
1940(하)	3,902,500	3,002,500	832,000	0	68,000	3,902,500	2,952,500	950,000	
1941(상)	3,582,000	2,800,000	432,541	25,696	323,762	3,582,000	2,792,000	790,000	
1941(하)	5,200,000	3,500,000	1,567,000	0	133,000	5,200,000	4,300,000	900,000	
1942(상)	6,521,000	4,980,000	1,016,248		524,751	6,521,000	4,971,000	1,550,000	
1942(하)	6,800,000	6,300,000	315,000		185,000	6,800,000	5,350,000	1,450,000	
1943.3	3,354,000	3,100,000			254,000	3,354,000	2,504,000	850,000	

출전: 日本銀行調査局 편, 『戰時金融統制の展開』(1943. 4)(日本銀行調査局 편, 『日本金融史資料』 27, 1970, 413쪽).

사변 직후 제71특별의회의 벽두부터 제1차 군사비 예산으로 9,600만 엔이 계상되자, 정부는 그 재원의 대부분을 공채에서 구하고 또 이를 직접금융시장에서 모집할 방침을 채택, 8월 12일 제1회 사변공채 1억 엔을 신디케이트단 인수에 따라 발행하기로 결정하였다. 그러나 그 후 8월 15일에 이르러 사태불확대주의(事態不擴大主義)를 버릴 것을 발표함에 따라

위 방침 역시 파기되고, 9월의 임시의회에서 가야(賀屋)[8] 대장대신은 "공채 발행은 당분간 모두 일본은행 인수로 하고, 우선 시장에 자금을 산포한 후에 적합한 때에 흡수를 도모하기로 한다"라고 말했다. 이에 공채소화에 대해서는 일본은행 인수에 따른 대기(待機)적 소화주의를 취하게 됨에 따라 시중 신디게이트 인수에 따른 발행은 당초 1억 엔에 그쳤다.

예금부에 의한 국채의 인수 매입도 국채소화의 유력한 일익을 담당했는데, 사변 이후 예금부 자금은 공채소화를 주축으로 운용되어 1943년(昭和 18) 2월 말 현재 국채보유고는 127억 100만 엔에 이르고, 전체 운용 자산의 69%에 해당한다. 이러한 예금부 자금을 공채소화에 동원할 수 있는 것은 우편저금의 현저한 증가와 함께 「임시자금조정법」에 의한 저축채권, 보국채권의 발행을 인정하는 한편 동(同) 자금의 공채 매입 인수 한도는 운용위원회에서 거듭 확장되었다. 그런데 그 운용은 지방채 인수를 억제함과 동시에 공채소화제일주의를 채택한 것에 기반한 것으로서 위 예금부 자금은 금자금특별회계, 간이생명보험적립금, 기타의 특별회계자금, 정부관계 공제조합자금 등 정부관계 자금의 동원과 아울러 공채소화 촉진에 적지 않은 효과를 거두었다.

대장성 예금부 자금 운용 실태 (단위: 백만 엔)

		1943년 2월 말	1937년 6월 말	비교
	운용자금	18,253	4,795	(+)13,458
운용자금 중 주요한 것	우편 및 진체저금	13,113	3,610	(+)9,503
	저축채권, 보국채권, 부흥저축채권 수입금	1,694	74	(+)1,620
	운용자산	18,253	4,795	(+)13,458
운용자산 중 주요한 것	국채	12,701	2,026	(+)10,675
	지방채	1,315	1,069	(+)246
	특수은행 등 채권	1,185	319	(+)866
	기타 채권	1,590	443	(+)1,147
	대부금	1,057	690	(+)367

출전: 日本銀行調査局 편, 『戰時金融統制の展開』(1943. 4)(日本銀行調査局 편, 『日本金融史資料』 27, 1970, 413쪽).

---

8 가야 오키노리(賀屋興宣).

그런데 공채 발행의 대부분은 일본은행에서 인수한 것으로서 이 방법은 1932년(昭和 7) 11월 다카하시[9] 대장대신의 발의에 의해서 채용된 것으로 이미 상식화된 것이었기 때문에 지나사변의 전비 조달의 시점에서는 조금도 국내외의 눈과 귀를 놀라게 하지 않고 매우 자연스럽게 채용되었다. 거액의 공채를 발행할 때에 이것이 잘 소화될 수 있는 것은 온전히 이 방법의 묘미에 의해서만 가능한 것이다. 이 발행 방법의 묘미는 공채 발행이 시장 자금의 여유를 만들어 이것이 공채소화와 경제 활동의 증진으로 향하게 한 점에 있다. 반면에 공채로 수입한 정부 자금이 산포될 경우 바로 통화팽창을 수반하기에 일본은행 인수 공채소화 여하는 전시경제 운행의 사활을 규정하게 되었다. 이에 일본은행 인수 공채의 시중 소화를 촉진하기 위해 다음과 같은 시설이 강구되었다.

① 일본은행의 국채 우대

일본은행은 1937년(昭和 12) 7월 15일 이후 국채 담보 할인 대출의 최저이율을 1리 인하하여 상업어음 할인율과 동률의 일보(日步)[10] 9리(厘)로 하여 국채 우대의 취지를 선명하게 하였다. 동시에 일본은행과 각 금융기관과의 연계의 긴밀화를 위해 1937년 8월 본 지점에 통첩을 내려 어음 할인 거래처를 확장하고(일본은행 어음 할인 대부거래선은 1937년(6월 말 149, 1943년(昭和 18) 4월 8일 208), 또한 거래처 이외의 금융기관에 대해서도 국채 담보 융통의 길을 열었다.

② 세법상의 국채 우대

국채에 대한 세법상의 우대는 매우 두터워 1937년 9월 북지사건특별세, 1939년(昭和 14) 봄의 지나사변특별세를 실시할 때 국채 이자를 비과세로 하였다. 그 후 국채 과세를 실시할 때에도 아래 표와 같이 과세율을 다른 것에 비해 경감하고, 또 공사채, 은행예금의 이자에 대해서는 당분간 다른 소득과 구분하여 원천과세를 받을 수 있는 길을 인정하거나 또는 법인세의 부과 시 국채 이자의 70%를 소득에서 공제하였다.

---

9 다카하시 고레키요(高橋是清).
10 일보(日步)는 100원에 대한 이율로서 1일을 기준으로 하고, 단위는 전리(錢厘)로 표기된다. 일보를 연리로 환산하려면 일보를 365배 하여 원금에 대한 비율을 산출한다. 예를 들면 일보 2전 7리를 연리로 환산하려면 0.027원×365=9.855원, 즉 연리 9.855%가 된다.

1939년 기준 국공채 과세율

		세율(%)				세전 이율		
		분류소득세	종합소득 선택세	배당이자 소득세	계	조건	분류 소득세의 경우	종합소득 선택세의 경우(%)
국채	4푼 이하	9	25	0	34	3.5%/98엔	17년 3개월 3.335%	2.442
	4푼 초과	9	25	4푼 초과액의 15				
지방채	4푼 5리 이하	14	25	0	39	4.2%/98엔	15년 3.612%	2.562
	4푼 5리 초과	14	25	4푼 5리 초과액의 15				
사채	4푼 5리 이하	15	25	0	40	4.2%/98엔	10년 3.655%	2.580
	4푼 5리 초과	15	25	4푼 5리 초과액의 15				
은행예금 (갑종 3푼 3리)		15	25	0	40		2.805%	1.980
신탁예금 (5년 이상 3푼 3리)		15	25	0	40		3.230%	2.280

출전: 日本銀行調查局 편, 『戰時金融統制の展開』(1943. 4)(日本銀行調查局 편, 『日本金融史資料』 27, 1970, 414쪽).

③ 금리 평준화

민간의 공채 소유를 유도하기 위해 후술하는 바와 같이 저금리 평준화를 도모하였다.

④ 국채소화의 계획화

은행, 신탁, 보험, 산업조합 등 각종 금융기관에 대해 자주적으로 공채소화 목표를 설정하고 그 목표 달성에 노력하게 했다. 그러나 그 후 국채의 계획적 소화는 점차 강화되어 현재는 금융통제회가 각 금융기관에 대하여 자금 목표와 함께 공채소화 목표를 보이고 자금흡수 및 운용계획표의 요구를 통해 이를 지도하고 있는데, 통제회에 의한 1942년도(昭和 17)의 국채소화계획안은 아래 표와 같다.

1942년도 국채소화계획안

(단위: 백만 엔)

			1942년도 계획(17,000 완전 소화)		
			자금 축적	소화액	소화율(%)
1. 민간	① 국내 금융기관	소계	15,576	9,301	59.7
		특은	600	550	91.7
		권은	100	50	50.0
		보은	5,360	3,220	60.0
		지은(地銀)	2,640	1,590	60.0
		저은	2,000	1,500	75.0
		신탁	700	140	20.0
		생보	1,400	840	60.0
		손보	200	100	50.0
		(기타 보험)	50	50	100.0
		무진	300	40	13.3
		시가지	300	180	60.0
		조합	1,900	1,030	54.2
		기타 금고	26	11	42.3
	② 외지 금융기관		720	374	51.9
	소계		16,296	9,675	59.6
2. 관청	예금부		5,185	4,256	62.7
	기타 관청		114	113	99.1
	소계		5,299	4,369	82.4
3. 직접투자(국채저금 포함)			5,130	2,356	45.9
4. 위체자금			600	600	100.0
합계			27,325	17,000	62.2

출전: 日本銀行調査局 편, 『戰時金融統制의 展開』(1943. 4)(日本銀行調査局 편, 『日本金融史資料』 27, 1970, 414쪽).

⑤ 국채의 매각 방법

직접 일반대중에 의한 공채소화를 촉진하기 위해서 1937년(昭和 12) 12월 이래 공채의 우편국 매출이 실시되고 또 공채소화의 새로운 방면을 개척하기 위해 증권업자의 활동과 판매망을 이용하는 것으로 되었다. 일본은행은 1938년(昭和 13) 11월 증권 인수업자에 대해 그 소유 공채의 매매 취급을 위촉했다. 일본은행 소유 공채의 소화 실적을 보면 아래 표와 같다.

일본은행 공채소화 실적 (단위: 천 엔)

연도	일본은행 국채 인수액	일본은행 순 매각고	소화고	소화율(%)
1937(상)	135,000	98,865	148,865	80.5
1937(하)	1,000,000	429,689	729,689	56.1
1938(상)	1,530,000	1,408,716	1,708,716	93.4
1938(하)	2,150,500	1,730,694	2,080,694	83.2
1939(상)	1,550,000	1,654,197	2,334,197	104.7
1939(하)	2,351,500	1,675,187	2,375,187	77.8
1940(상)	1,865,000	1,777,225	2,677,225	96.8
1940(하)	2,952,500	1,613,572	2,563,572	65.7
1941(상)	2,792,000	2,693,021	2,483,021	97.2
1941(하)	4,300,000	2,983,257	3,883,257	74.7
1942(상)	4,971,000	4,931,029	6,481,029	99.3
1942(하)	5,350,000	4,887,816	6,337,816	93.1

출전: 日本銀行調査局 편, 『戰時金融統制の展開』(1943. 4)(日本銀行調査局 편, 『日本金融史資料』 27, 1970, 415쪽).

또 위 매각처의 내역을 보면 다음과 같이 1942년 하기 순 매각고 48억 8,700만 엔 중 은행 관계는 27억 6,500만 엔으로 총액의 56%에 이르는데, 그 절반은 보통은행단이 차지하고, 증권업자는 10억 3,400만 엔으로 21%를 차지한다.

일본은행 소유 공채 기관별 매각 내역 (단위: 백만 엔)

연도	금융기관									증권업자	기타	우편국 매출분	이상 민간 합계	관청	총계
	은행					신탁회사	보험회사	기타금융기관	금융기관합계						
	보통은행단	기타보통은행	특수은행	저축은행	은행계										
1937 (상)	22	25 (30)	40 (5)	19	107 (35)	2	0	3	113 (35)	10	10	0	125 (35)	8	134 (35)
1937 (하)	16 (89)	30 (5)	11	38	96 (94)	3 (10)	103 (19)	20	224 (124)	6	4	68	303 (124)	250	553 (124)
1938 (상)	489	98 (11)	234	83	905 (11)	14	58	17	996 (11)	24	26	143	1,190 (11)	438 (210)	1,629 (221)
1938 (하)	263	122	375	120	881	8	69	42	1,001	99	22	314	1,439	576 (285)	2,015 (285)
1939 (상)	318	113 (10)	496 (40)	163	1,091 (50)	19	19	7	1,138 (50)	208	5	210	1,563 (50)	781 (640)	2,344 (690)
1939 (하)	346	123	144 (45)	186	799 (45)	19	18	48	886 (45)	279	16	261	1,443 (45)	662 (385)	2,105 (430)
1940 (상)	383	158	98	278	919	30	1	51	1,002	420	11	216	1,650	706 (580)	2,357 (580)
1940 (하)	335	120 (2)	54	308	818 (2)	14		35	869 (2)	441	15	353	1,679 (2)	1,239 (1,303)	2,918 (1,305)
1941 (상)	417	232	470 (79)	321	1,737 (79)	22 (7)		118	1,879 (86)	564	31	225	2,702 (86)	1,801 (1,723)	4,503 (1,810)
1941 (하)	426	161 (12)	702	282	1,573 (12)	15 (5)		185	1,774 (17)	660	15 (17)	364	2,814 (34)	1,572 (1,369)	4,387 (1,404)
1942 (상)	970 (38)	219	1,093 (54)	532	2,817 (92)	18	4	309	3,149 (92)	961	121 (1)	410	4,643 (93)	1,420 (1,039)	6,064 (1,133)
1942 (하)	1,409 (30)	163	628 (15)	609	2,811 (45)	22	0	282	3,115 (45)	1,038 (4)	53	670	4,877 (49)	1,383 (1,324)	6,261 (1,373)

(괄호 안은 매입고를 표시한 것임)

출전: 日本銀行調査局 編, 『戰時金融統制の展開』(1943. 4) (日本銀行調査局 編, 『日本金融史資料』27, 1970, 415~416쪽).

이상과 같이 공채소화의 계획화에 따라 공채소화율은 점차 좋아지게 되어 1942년(昭和 17) 상기 99.3%, 하기 93.1%에 이르게 되었다. 이와 같이 1942년 정부관계 자금 관계만으로 보면 다음과 같이 정부자금의 산포 초과 97억 6,600만 엔에 대해 일본은행 보유 공채 및 단기 정부증권의 매각 초과는 91억 300만 엔(93%)에 달한다. 그러나 한편 이 사이 일본은행 민간 대출 증가는 현저해져 민간예금 및 대출을 합해 9억 1,900만 엔의 자금 공급이 있었다. 앞에서 서술한 것과 같이 공채소화가 양호해진 것은 이에 따른 시장소요자금 공급으로 인한 것이 많다고 보여진다. 이와 같이 공채소화정책은 진전을 보였다고 하더라도 그 결과 일본은행권 증가세는 해가 갈수록 현저해지고 도매물가지수도 1937년 7월 기준으로 1942년은 148.6%에 이르는 것을 면할 수 없었다.

정부자금 산포, 시중자금 회수와 은행권 증감 (단위: 백만 엔/%)

연도	정부자금 산포 초과액			일본은행 인수(△) 방출				차감 민간 자산 증감(△)	은행권 증감(△)	도매물가지수 (연평균)
	양잠권(糧蠶券) 시중 상환	기타	합계	국채 매각 초과	양잠권 매각 초과	민간 예금 대출	기타 합계			
1937	675	1,083	1,758	△264	△619	△179		405	439	100.0
1938	1,816	2,935	4,751	△2,272	△1,846	△127		506	449	105.2
1939	2,417	2,915	5,332	△2,482	△2,212	542	△4,152	1,180	923	116.2
1940	1,333	3,351	4,685	△2,781	△433	△328	△3,543	1,141	1,098	130.3
1941	3,214	4,597	7,811	△4,744	△1,848	128	△6,464	1,346	1,201	138.2
1942	3,345	6,420	9,766	△8,176	△927	919	△8,184	1,581	1,169	148.6

출전: 日本銀行調査局 편, 『戰時金融統制の展開』(1943. 4)(日本銀行調査局 편, 『日本金融史資料』 27, 1970, 416쪽).
비고: △는 감소분

3) 설비자금의 통제

　사변 발발과 동시에 군수산업의 급속한 확충이 요청되었는데, 이미 전쟁 이전 우리 경제계는 완전고용의 단계에 들어섰기 때문에 자재(資材)와 노무의 제약하에 급속한 생산력 확충을 강행하게 되면 이는 산업 요소를 국가 긴급사업에 집중하는 것과 다름이 없다. 특히 우리나라의 산업구조는 1931년(昭和 6) 이후 중화학공업의 비중이 증대하고 있다 하더라도, 전쟁 이전에는 또한 경공업 중심의 영역을 벗어난 것은 아니었다. 따라서 이런 경우에는 기존 생산설비의 군수공업 전환에 따라 군수생산력을 증대시킬 수 있는 여지가 적었고, 그 대부분은 설비의 신설과 확충에 의존해야만 했다. 이를 자금 면에서 보면 군수 생산력 확충에 대한 장기사업자금을 중점적으로 배분하기 위해 자금의 배분에 질적 고려를 더해 필요 없는 산업에 대해서는 자금의 배분을 억제할 뿐만 아니라 더 나아가 긴요한 산업에 자금을 적극적으로 배분시킴으로써 자금의 효율적인 배분을 확보해야만 했다. 전시금융에서의 생산력확충자금의 통제는 이러한 견지에서 전개된 것이다.

우리나라 금융사에 한 시대를 연 새로운 질적 금융통제의 견지에서 사업자금을 강도 높게 통제하고 전시를 통해 자금의 효율적 배분을 확보한 것은 1937년 9월 지나사변 발발 직후에 시행된 「임시자금조정법」이다. 이 법의 목적은 그 제1조에 규정된 것과 같이 "지나사변에 관련하여 물자 및 자금 수급을 적합하게 하기 위해 국내 자금의 사용을 조정함"에 있다. 즉 이들 자금이 시국적으로 긴요하지 않은 부문에 흘러 자재와 노동력을 소모시키는 것을 억제함으로써 자금을 간접적으로 유도하여 전쟁 목적에 긴요한 사업에 집중시키고자 하는 것이다. 동시에 자금 자체 면에서도 그 수급 조정에 따라 물가 등귀의 방지, 공채 소화 촉진, 생산력확충자금 공급을 확보하고자 하는 것이다.

「임시자금조정법」 제4조, 제4조 2에 근거한 신청 사항별 취급 총건수 및 금액 (단위: 천 엔)

신청 사항별	건수					금액				
	1938	1939	1940	1941	시행 이후	1938	1939	1940	1941	시행 이후
자기자금에 의한 사업설비	889	1,694	2,282	2,796	8,463	626,146	863,042	871,925	1,215,617	4,617,400
주금납입	993	1,042	960	599	3,930	886,683	1,431,700	1,490,266	956,416	5,142,738

자본 증가	482	614	687	647	2,605	1,635,397	1,485,873	1,992,899	1,803,805	7,663,112
회사 설립	269	360	325	577	1,632	924,340	1,053,006	703,165	1,066,103	4,197,279
회사 합병	94	113	167	199	604	644,654	1,344,178	2,263,343	3,296,095	7,911,467
사채 모집	7	8	10	7	32	6,950	6,550	16,100	9,450	39,050
목적 변경	381	605	653	527	2,225	-	-	-	-	-
합계	3,115	4,436	5,084	5,352	19,491	4,724,170	6,184,349	7,337,689	8,347,486	29,571,046

출전: 日本銀行調査局 編, 『戰時金融統制の展開』(1943. 4)(日本銀行調査局 編, 『日本金融史資料』 27, 1970, 417쪽).

　이 목적을 위해 「임시자금조정법」은 금융기관과 사업 주체라는 두 방면에서 사업자금의 흐름을 규제하였다. 우선 금융기관 등의 자금 조정에 대해서는 일정액(현재 5만 엔 또는 3만 엔) 이상의 사업설비자금의 대출 또는 유가증권의 응모, 인수 또는 모집의 취급을 원칙으로 하여 허가제로 하였다(제2조). 이 점에 대해서는 별도의 자치적 자금조정의 제도를 인정하였다(제3조). 다음으로 회사의 사업자금 조정은 자본금 20만 엔 이상의 회사의 설립, 증자, 합병, 목적 변경, 미납입 주금(株金) 징수, 사채의 직접 모집 및 사업 주체의 자기자금 등에 따른 일정액(현재 5만 엔 또는 3만 엔) 이상의 사업설비의 신설, 확장 또는 개량을 허가제로 했다(제4조). 그리고 이 자금 조정의 실제에서는 「사업자금조정표준」에 따라 다수 사업설비의 중요성이 판정되었고, 이 표준에 의거하여 자금의 통제가 이루어졌다. 원래 이 표준은 생산력확충계획과의 관계, 군수와의 관계, 국제수지와의 관계, 현재의 생산 능력, 원재료의 관계 등을 고려하여 각종 사업을 갑, 을, 병의 세 단계로 구분하였다. 다시 갑을 ①, ②, 을을 ①, ②, ③으로 나누어 사업설비의 신설 확장의 필요도를 업종별로 측정하는 것이었다. 그런데 정세가 진전함에 따라 내용을 개폐하고, 또 실제 운용에서는 실정에 맞는 것을 주안으로 하여 반드시 이 표준을 기계적으로 적용하지 않고 그 운용의 타당성을 기했다.

　「임시자금조정법」 시행 이후의 상황을 보면 회사 설립, 증자, 주금 납입 등에 관한 인가 신청 및 사업 설비의 신설, 확장, 개량에 관한 허가 신청(제4조, 제4조 2)은 위의 표와 같이,

1941년도(昭和 16)까지 처리된 건수는 1만 9,491건, 그 금액 295억 엔에 달했다. 신청 건수와 금액 모두 해마다 증가 일로인 것은 법령 개정에 따른 적용 범위의 확장에도 기인하지만 또한 우리 경제력의 발전을 나타내는 것으로도 인정된다.

또한, 각종 사업법에 의해 규제되는 안건은 해당 사업의 주무대신보다 「임시자금조정법」의 주무대신과의 협의로 처리되는 것이지만, 다른 관청으로부터의 협의에 동의한 건수 및 금액도 아래의 표와 같이 다액에 달한다.

타 관청으로부터의 협의에 동의한 건수 및 금액 (단위: 천 엔)

	1940년도		1941년도	
	건수	금액	건수	금액
사업설비	1,138	1,038,389	441	852,875
자본 증가	4	2,551	12	231,697
회사 설립	89	96,246	78	2,472,400
회사 합병	45	1,151,620	104	3,180,963
합계	1,276	2,288,806	635	6,737,935

(비고) 1. 사업설비의 금액은 금융기관의 대출, 유가증권의 모집 납입금 및 자기자금에 의한 일체의 것을 포함.
2. 자본 증가는 증자액. 회사 설립은 공칭자본금, 회사 합병은 합병 후의 공칭자본금을 나타낸다.
출전: 日本銀行調査局 편, 『戰時金融統制の展開』(1943. 4)(日本銀行調査局 편, 『日本金融史資料』 27, 1970, 418쪽).

인가 또는 허가된 건수 및 금액 (단위: 천 엔)

신청 사항별	건수					금액				
	1938	1939	1940	1941	시행 이후	1938	1939	1940	1941	시행 이후
자기 자금에 의한 사업 설비	872	1,534	2,282	2,796	8,463	626,146	863,042	871,925	1,215,617	4,617,400
주금 납입	982	949	960	599	3,930	886,683	1,431,700	1,490,266	956,416	5,124,738
자본 증가	450	479	687	647	2,605	1,635,397	1,485,873	1,992,899	1,803,805	7,663,112

회사 설립	259	316	325	577	1,632	924,340	1,053,006	703,165	1,066,103	4,197,279
회사 합병	90	86	167	199	604	644,654	1,344,178	2,263,434	3,296,095	7,911,467
사채 모집	7	7	10	7	32	6,950	6,550	16,100	9,450	39,050
목적 변경	377	555	653	527	2,225	-	-	-	-	-
합계	3,037	3,926	5,084	5,352	19,491	4,724,170	6,184,349	7,337,698	8,347,486	29,571,046

(비고) 자본 증가, 회사 설립의 숫자는 공칭자본금으로서 회사 합병의 금액은 합병 후의 공칭자본금을 표시.
출전: 日本銀行調査局 편, 『戰時金融統制の展開』(1943. 4)(日本銀行調査局 편, 『日本金融史資料』 27, 1970, 418쪽).

「임시자금조정법」에 근거한 신청 처리에 있어서는 "사업의 중요한 것"은 임시자금심사위원회에 부의하여 그 내용의 당부(當否)를 심사하는 것인데, 최근 물동계획의 정비, 경제통제의 강화에 따라 상당히 섬세한 점에 이르기까지 검토할 필요가 생겨났다. 자연히 심사위원회에 부의되는 안건도 증가하고, 1941년도 총 처리 건수 5,352건 중 위원회 부의 건수는 3,687건(69%)에 달했다.

또한 이들 신청 조건의 인가 상황을 보면 다음과 같이 「임시자금조정법」 시행 이후 1941년도까지 총 처리 건수 1만 9,491건 중 인허가 건수는 1만 6,828건(86%)으로 비교적 많은 것으로 보이는 것은 본법의 취지가 점차 이해되어져 불요불급(不要不急)한 사업의 경우, 자발적으로 그 신청을 삼가해 조심하거나 또 당국에서도 이러한 안건의 자발적 신청 취하를 기대한 것에 기인한 것이다. 특히 최근의 신청은 모두 시국하 긴요한 것이라고 인정된 것이면서 또 직접, 간접 관계 관청 방면의 지도 또는 알선에 의한 것이 많다고 전해진다.

인가되지 않거나 또는 허가되지 않은 건수 및 금액 (단위: 천 엔)

신청 사항별	건수					금액				
	1938	1939	1940	1941	시행 이후	1938	1939	1940	1941	시행 이후
자기 자금에 의한 사업 설비	17	160	325	488	1,011	10,228	29,273	104,571	119,567	286,385
주금 납입	11	93	208	101	415	6,310	47,711	88,041	22,013	164,125
자본 증가	32	135	238	184	594	35,509	189,419	330,639	227,285	785,174
회사 설립	10	44	85	90	231	117,100	58,200	139,855	77,840	308,995
회사 합병	4	27	45	65	143	7,349	77,202	76,465	67,862	233,279
사채 모집	0	1	1	0	2	0	100	400	0	500
목적 변경	4	50	102	112	267	-	-	-	-	-
합계	78	510	1,004	1,040	2,663	176,496	401,905	739,971	514,567	1,778,458

(비고) 자본 증가, 회사 설립의 숫자는 공칭자본금으로서 회사 합병의 금액은 합병 후의 공칭자본금을 표시.

출전: 日本銀行調査局 편, 『戰時金融統制の展開』(1943. 4)(日本銀行調査局 편, 『日本金融史資料』 27, 1970, 419쪽).

사업 자금 조정의 효과는 현저해져 「임시자금조정법」에 의한 사업 설비 자금 투자액(1937년 9월~1940년 6월)은 아래 표와 같이 공업 방면 64.5%라는 집중적인 배분으로 수위를 차지하였다. 그리고 그 대부분은 대체로 갑류에 속하는 것으로 보이며, 광업의 12.8%와 함께 국방산업 편성 촉진에서 두드러진 실적을 거두었다. 이와 같이 산업 구조는 종래의 경공업 중심에서 중공업 중심으로 이행을 촉진시켰는데, 전쟁 국면의 진전에 따라 자금 조정 운용이 중점주의로 되는 것은 필연적이다. 그 결과 최근의 현상으로서는 시국 산업을 운영하는 대기업은 더욱더 커지게 됨과 함께 다른 한편으로는 중소기업의 집중 합동을 촉진하는 경향을 피할 수 없게 되었다.

「임시자금조정법」에 따른 사업 설비 자금 투자액   (단위: 천 엔)

업종별	1937.9.27~12.31	1938	1939	1940 상반기	계
광업	96,826 (7.4)	404,571 (14.4)	587,012 (13.9)	234,925 (11.7)	1,322,935 (12.8)
공업	872,300 (67.0)	1,904,860 (67.7)	2,734,894 (64.8)	1,154,676 (57.7)	6,666,730 (64.5)
농림업	119 (-)	1,568 (-)	20,288 (0.2)	31,889 (1.7)	43,864 (0.4)
수산업	10,858 (0.8)	29,081 (1.0)	13,703 (0.3)	8,778 (0.4)	62,418 (0.6)
교통업	240,443 (18.5)	289,116 (10.3)	499,668 (11.8)	250,401 (12.5)	1,279,629 (12.4)
상업	54,368 (4.2)	87,800 (3.1)	42,341 (1.0)	47,350 (2.4)	231,860 (2.2)
잡업	15,668 (1.3)	34,096 (1.2)	102,960 (8.9)	178,201 (8.9)	330,926 (3.2)
기타 사업 및 설비	10,920 (0.8)	63,587 (2.3)	234,115 (5.5)	94,728 (4.9)	403,351 (3.9)
합계	1,301,105	2,814,679	4,224,981	2,000,948	10,341,713

(괄호 안은 합계에 대한 비율)

출전: 日本銀行調査局 편, 『戰時金融統制の展開』(1943. 4)(日本銀行調査局 편, 『日本金融史資料』 27, 1970, 419쪽).

5. 전시금융에서의 통화 관리의 전개

1) 보증발행한도의 확장 과정

앞에서 서술한 전시금융에서의 자금통제는 주로 자금의 질적 통제로서 전시경제와 같은 특수 부문의 확대와 다른 특수 부문의 축소가 필요한 경우에서는 국민경제의 전 부문에 무차별적으로 영향을 미칠 수 있는 자금의 양적 통제로는 목적을 달성하기 어렵다. 따라서 필연적으로 자금의 질적 통제에 의해 자금을 재정, 산업 및 소비 자금으로 나누고, 각각의 내부에서도 자금의 합리적 배분을 도모해야만 한다. 또 이러한 경우에도 재정팽창, 산업활동, 물가 또는 현금거래 등의 사정에 적응하는 자금 총량을 확보할 필요가 있다. 앞에 서술한 바와 같이, 1931년(昭和 6) 금본위제 이탈 이전에 이러한 기능은 금본위제도의 자동적 조절작용에 의해서 행해졌는데, 1932년(昭和 7) 6월(공포) 「태환은행권조례」가 개정되어, 보증준비 발행한도가 종래 1억 2,000만 엔(1899. 3 공포 법률 제55호)인 경우, "우리 경제계의 발전과 정화 보유고의 현상에 비추어 너무 적기 때문에 우리나라 산업의 정당한 거래에 필요한 수량의 통화를 원활히 공급하는 것에 불편이 적지 않다. 따라서 이 기회에 이를 적당히 확장할 필요가 있다"고 하여 보증발행한도가 10억 엔으로 확장되었다. 동시에 종래 제한외발행세율이 최저 5%인 것은 "장래에 일본은행 할인율을 저하할 필요가 생길 수 있고, 이 경우 제한외발행이 이에 대해 과도한 억제로 되지 않도록 하기 위해 제한외발행세율에 관한 규정을 개정함이 적당하다"고 하여 이를 최저 3%로 하고, 15일을 넘어 제한외발행을 계속하는 경우, 16일째부터는 10억 엔을 초과하는 보증발행액에 대해 이를 부과하는 것으로 하였다(또 위 「태환은행권조례」의 개정과 동시에 「일본은행납부금법」이 제정되어, 1899년(明治 32) 법률 제56호 「일본은행 납세에 관한 건」에 근거한 제한내발행세제도는 폐지되고 납부금제도가 채용되었다).

그런데 지나사변 발발과 함께 군수 및 생산력 확충 관련 자재 수입이 격증했기 때문에 금 현송(現送)을 일본은행이 매입하는 신규 산금의 범위에 한정하는 것은, 환(換) 수준의 유지, 기타로 인해 부적당한 것으로 되었다. 현송용 금을 충실히 도모할 필요가 있었기 때문에 이에 정화준비의 일부로서 "오로지 엔환(円換) 안정을 위한 금의 매입 및 현송을 목적으로 하는" 금자금특별회계를 설치하는 것으로 되었다. 이 결과 정화준비의 감소로 인해 제한외발행이 항상화(恒常化)되는 것을 피함과 동시에 정화준비를 가급적 일정액으로 안정시키고자 하는 목적에서 1937년 8월 「금준비평가법」이 제정되었다. 즉 이 법의 입법 이유의 근거는 다음과 같다.

현재 태환은행권, 조선은행권 및 대만은행권의 금 준비에 충당하게 하는 금은 시가(市價)의 현저한 앙등에도 불구하고 여전히 「화폐법」 제2조에서 정한 것에 따라 순금 양목(量目) 750밀리그램을 1엔으로 하는 비율로 평가하고 있다. 그런데 이 기회에 이들의 준비에 충당하는 금을 국제적 시가에 가까울 정도로 평가환하여 금 준비의 실제 형세를 그대로 표시하는 것이 진실로 적절한 조치가 되어야 한다. 「화폐법」을 개정하여 소위 평가절하를 단행하여 우리나라 통화의 가치를 확정하는 것은 아직은 그 시기가 아니다. 이 기회에 금을 발권 준비에 충당하는 경우 그 가격에 대해서만 우선 개정을 가하는 것이 적당하다고 인정하기에 현재의 금 시가에 약 1할의 여유를 두어 순금 양목 290밀리그램을 1엔의 비율로서 평가환을 행하고자 한다.

이리하여 "일본은행은 태환은행권의 교환준비에 충당하는 금화 및 금지금을 당분간 「화폐법」 제2조의 규정에 구속되지 않고 순금 양목 290밀리그램당 1엔의 비율로서 평가한다"(제1조)로 되고, 이에 일본은행 정화준비는 8억 100만 엔에 고정되는 것으로 되었다.

또 조선은행 또는 대만은행이 조선은행권 또는 대만은행권의 지불 준비에 충당하는 금화 및 금지금에 대해서도 역시 동법 제1조에 의한 평가환을 시행하였다. 다시 정부는 동법으로서 "정부는 조선은행 및 대만은행에 대해 대장대신이 정한 바에 따라 본법 시행 때에 그 보유한 금화 및 금지금의 전부 또는 일부를 제1조의 규정에 따라 평가한 가격으로서 일본은행에 인도해야 할 것을 명령할 수 있다"(제3조 제2항)고 정하여 정화준비의 일본은행 집중을 도모하여 그 발행준비를 충실히 하였다. 이에 대응하여 「조선은행법」을 개정하여 조선은행권의 보증발행한도 5,000만 엔을 조선 경제 및 동 은행권 발행의 현황 등에 비추어 1억 엔으로 확장하였다. 또 「대만은행법」 중 준비 규정에 관해서는 "현재 대만은행권의 지불준비는 금은화 및 지금은인데, 금일에서는 지불준비를 이들에 한정할 필요는 없고, 이 기회에 조선은행권에 예를 모방해 태환은행권을 지불준비 중에 추가함과 함께 이에 따라 태환은행권을 대만은행권의 교환 물건 중에 추가함이 적당하다"고 하여 대만은행 발행 준비를 "금화, 지금은 및 태환은행권"으로 하였다. 또한 대만은행권의 보증발행한도 1,000만 엔을 대만의 경제 및 동 은행권 발행의 현황 등에 비추어 5,000만 엔으로 확장하였다.

다음에 1938년(昭和 13) 4월 「태환은행권의 보증발행한도의 임시확장에 관한 법률」이 공포되고, 1932년(昭和 7) 7월(시행) 1억 2,000만 엔에서 10억 엔으로 확장된 일본은행 보증준비발행한도는 "당분간 이를 17억 엔"이라고 개정하였는데, 그 이유를 다음과 같이 설명하고 있다.

(전략)

우리나라 경제계는 각 방면에서 모두 점차 발전을 계속하였고, 이에 대응하여 태환은행권의 발행고는 해가 지남에 따라 증가세에 있었는데, 특히 작년도 지나사변의 발발 이후 군수 급증에 따라 일반 경제활동은 급격히 팽창하였다. 그 결과 태환은행권 발행고도 현저한 증가를 계속하여 제한외발행이 출현하기에 이르렀다. 그리고 이후의 태환은행권 발행고의 추세를 추측해 보면 사변과 관련하여 각종의 경제활동은 의연히 팽창하고 여기에 수반되어 태환은행권의 발행고도 더욱더 증가할 것으로 생각되기 때문에 이 기회에 임시로 보증발행한도를 상당히 확장하는 것이 적당하다고 인정되어 본법을 제정하였다.

그런데 1938년(昭和 13) 7월 8억 100만 엔으로 고정된 일본은행 정화준비 중에서 3억 엔을 외국환기금으로 이관함에 따라 제한내발행한도는 25억 100만 엔에서 22억 엔으로 감소하였다. 다른 한편 경제계의 통화수요의 증대와 저금리 유지를 위해서는, 보증발행한도 확장이 필요한 사정이 생겼기에 정부는 1939년(昭和 14) 3월 앞의 1938년 4월의 「태환은행권의 보증발행한도의 임시확장에 관한 법률」에 인정된 보증발행한도 17억 엔을 22억 엔으로 확장하였다. 제74의회에서 정부위원은 다음과 같이 설명하였다.

사변의 진전과 더불어 일반 경제 거래의 팽창에 따라 태환은행권의 발행고도 증가하고 있습니다. 이에 작년 7월 일본은행 정화준비에서 3억 엔을 떼어 새로이 외국환기금을 설정한 결과, 위 임시 확장의 효과는 같은 금액만큼 감쇄된 관계가 있습니다. 작년 11월 이후부터 계속해서 제한외발행을 보기에 이르렀는데, 이후에 있어서도 사변과 관련된 제반 경제활동은 의연히 신장을 계속함에 따라 태환은행권의 발행고도 다시 증가할 것으로 생각됩니다. 따라서 이 기회에 보증발행한도를 임시로 상당히 확장하는 것이 적당하다고 인정되어 본안을 제출하는 바입니다.

정부는 일본은행권의 보증발행한도를 위와 같이 22억 엔으로 확장함과 동시에 지나사변에 따른 조선 및 대만에서의 통화수요 증대에 비추어 1939년(昭和 14) 3월 「조선은행권 및 대만은행권의 보증발행한도의 임시확장에 관한 법률」을 공포하고, 조선은행권의 보증발행한도를 1억 엔에서 당분간 이를 1억 6,000만 엔으로 하고, 대만은행권은 5,000만 엔에서 당분간 이를 8,000만 엔으로 하였다. 이 확장은 한편으로 일본은행권의 경우, 대만은행권 및 조선은행권의 발권준비에 충당되어져, 통화팽창의 하나의 요인으로 작용된 것에서 일부 벗어나는 것으로 되었다.

　이상과 같이 우리나라 통화제도는 1931년(昭和 6) 12월 금본위 이탈에 의해 실질적인 관리통화제도로 이행하였다. 이후 통제적 재정 인플레이션의 진행에 따른 통화 증발에 대해서는 보증준비의 발행한도를 1899년(明治 32) 이래 1억 2,000만 엔에서 1932년(昭和 7) 7월 10억 엔, 1938년(昭和 13) 4월 17억 엔, 다시 1939년 4월에는 22억 엔으로 점차 확장시켜 왔다. 이와 같이 태환권 발행에 대한 정화준비율은 다음과 같이 만주사변 이전에는 대체 70% 전후가 일반적이었는데, 1931년 하기 이후는 20%대 내지 30%대로 되고, 다시 1938년 하기 이후는 10%대로 떨어져 1940년(昭和 15) 말에는 10.4%에 지나지 않게 되는 한편 제한외발행은 20억 7,600만 엔 이르렀다. 그런데 태환권 발행에서 정화준비발행과 보증준비발행을 인정하는 제도에서는 이상과 같은 통화수요 증대에 대해서는 보증준비발행한도를 확장하는 임시적인 조치 외에는 다른 수단이 없다. 전쟁 국면의 진전에 따른 통화수요의 증대는 앞으로 반드시 일어날 현상이기 때문에 태환권 발행제도는 보다 근본적인 개혁을 필요로 하기에 이르게 되었다.

일본은행권 발행준비 내역

(단위: 천 엔)

연도	발행고	내(內) 준비	(%)	보증	(%)	보증준비발행한도의 확장
1929.6	1,462,119	1,064,234	72.7	397,885	27.2	1억 2,000만 엔
1929.12	1,641,851	1,072,273	65.3	569,578	34.6	
1930.6	1,291,261	871,366	67.4	419,895	32.5	
1930.12	1,436,295	825,998	57.5	610,297	42.4	
1931.6	1,161,434	851,723	73.3	309,710	26.6	
1931.12	1,330,575	469,549	35.2	861,025	64.7	
1932.6	1,120,013	429,065	38.3	690,948	61.6	10억 엔
1932.12	1,426,158	425,068	29.8	1,001,090	70.1	
1933.6	1,269,878	425,069	33.4	844,809	66.5	
1933.12	1,544,797	425,069	27.5	1,119,728	72.4	
1934.6	1,294,504	455,504	35.1	839,000	64.8	
1934.12	1,627,349	466,338	28.6	1,161,010	71.3	
1935.6	1,376,245	482,016	35.0	894,228	64.9	
1935.12	1,766,555	504,065	28.5	1,262,490	71.4	
1936.6	1,490,781	524,103	35.1	966,678	64.8	
1936.12	1,865,703	548,342	29.3	1,317,360	70.6	
1937.6	1,640,832	524,508	31.9	1,116,323	68.0	
1937.12	2,305,070	801,002	34.7	1,504,068	65.2	
1938.6	2,074,125	801,286	38.6	1,272,838	61.4	17억 엔
1938.12	2,754,923	501,287	18.2	2,253,636	81.8	
1939.6	2,522,616	501,287	19.9	2,021,329	80.1	22억 엔
1939.12	3,679,030	501,287	13.6	3,177,743	86.4	
1940.6	3,597,152	501,287	13.9	3,095,865	86.1	
1940.12	4,777,429	501,287	10.4	4,276,142	89.5	

출전: 日本銀行調査局 편, 『戰時金融統制の展開』(1943. 4)(日本銀行調査局 편, 『日本金融史資料』27, 1970, 436쪽).

2) 관리통화제도의 확립

이상과 같이 만주사변 이후 재정 인플레이션하에서 누증된 통화수요에 대해서 정부는 여러 차례에 걸친 보증발행한도의 확장으로서 대응해 왔다. 그런데 그 근본적 해결을 위해 1941년(昭和 16)에 이르러 "현행의 태환은행권 제도는 정화준비에 의한 발행과 보증준비에 의한 발행을 구분하는 것을 원칙으로 하는데, 이러한 발행제도는 현재에서는 이미 그 의의를 잃어 이미 태환은행권 발행 실정에 부합하지 않을 뿐만 아니라 오히려 금후의 통화정책 수행에 장해로 된다고 인식하고 있다. 따라서 이 기회에 이 구분을 정지함과 동시에 태환은행권의 발행한도는 이것을 정부 제반의 경제금융정책과 맞추어 대장대신이 결정하는 것으로서 하여 사태의 추이에 응할 수 있는 탄력성 있는 제도로 하는 것이 적당하다고 인정", 1941년 3월 법률 제14호 「태환은행권조례 임시특례에 관한 법률」로서 일본은행은 대장대신이 정한 금액을 한도로 태환은행권을 발행할 수 있다"(제1조)고 함과 동시에 "일본은행은 태환은행권 발행고에 대한 보증으로서 동액의 금은화, 지금은, 정부 발행의 공채증서, 대장성증권, 기타 확실한 증권 또는 상업어음을 보증으로 할 것을 요한다"(제2조)라는 뜻을 규정하였다. 이로써 1884년(明治 17)(1888년 개정) 「태환은행권조례」 제2조에 규정된 정화준비 및 보증준비의 구별을 철폐하였다. 그 결과 1931년(昭和 6) 12월 금수출 금지 및 태환 정지 이후에 실질적으로 소위 금본위를 이탈한 우리 발권제도는 이에 형식상에서도 관리통화제도로 이행하였다. 그리고 정부가 이 개정을 임시 입법에 근거한 것은 당시에는 아직 여러 해 동안 금본위에 익숙한 타성의 관계도 있고 "위 각 점에 관한 개정을 항구적 입법으로 시행하는 것은 아직 그 시기에 부합하지 않는다고 인정"한 것에 기인한 것으로서 전면적인 법률 개정은 후일에 미루고 일단 「태환은행권조례」는 그대로 남겨 두게 된 것이다.

그런데 이후 정부는 일반의 관리통화제도에 대한 이해가 깊어진 것을 인정하는 한편 "이미 금일의 경제 단계에 있어서는, 산업도 노무도 자본도 소위 경제 현상은 거의 모든 것이 국가의 정책에 의해서 종합적으로 운영되고 있는 때입니다. 따라서 통화의 수축, 또 그 방출 또 통화의 가치만을 홀로 국가의 정책에서 단절시켜 금의 양에 좌우된다고 하는 것으로는, 지금 말씀드린 제반의 경제정책을 원활하게 운행하는 것이 불가능하다고 생각됩니다. 통화의 관계에서도 모든 경제정책에서와 마찬가지로 같이 국가의 통제 관리라는 그 기초 위에 서게 해야 한다고 말하는 것이 즉 이번 제도의 안목에 맞는 것입니다"라고 하였다. 이에 1942년(昭和 17) 5월 「일본은행법」의 시행과 함께 이상의 임시입법을 고쳐 항구적 제도로 하여 관리통화제도를 채용하였다. 즉 「일본은행법」 제29조에서 "일본은행은 은행권을 발행한다. 전항의 은행권은 공사일체의 모든 거래에 무제한으로 통용한다"고 규정하고, 또 제78조는 「태환은행권조례」를 폐지한 것에 따라 태환 의무는 법문상에서도 말살되어져 '태환은행권'은 '일본은행권'으로 되고, 제29조 1항에 근거, 일본은행이 발행하는 은행권의 최고 발행액에 대해서는 "주무대신은 전조(제29조) 제1항의 은행권의 발행한도를 정할 수 있다"(제30조 제1항)로 규정되어 대장대신이 결정하는 것으로 되었다. 다시 제32조에 근거하면 "일본은행은 은행권 발행고에 대해 동액의 보증을 보유할 것을 필요로 한다. 전항의 보증은 다음 각호의 1에 해당할 것을 필요로 한다"로 정해져,

1. 상업어음, 은행인수 어음, 기타 어음
2. 제20조 제2호 또는 제22조 제1항의 규정에 의한 대부금
3. 국채
4. 제20조 제5호의 주무대신의 인가를 받은 채권
5. 외국환
6. 지금은(금은화를 포함)

발행준비로서의 금의 지위는 법문상에서도 기타 물건과 동격인 준비 내용에 지나지 않게 되었다.

또 「화폐법」 제14조에는 "금지금을 수납하고 금화폐의 제조를 청구하는 자가 있을 때에는 정부는 그 청구에 응해야 한다"고 규정하고 있는데, 「일본은행법」 제76조에 의해 동 규정은 "당분간 이를 적용하지 않는다"라고 되었다. 동 제2조 "순금의 양목 750밀리그램을 가격의 단위로 하고 이를 엔으로 칭한다"는 규정은 현재 존재하고 있는데, 만약 극히 형식적이고 또 극단적으로 결벽한 논의를 할 경우에는 관리통화제도로서의 형식을 완비하기 위해서는 동 규정을 폐지함이 필요하다고 생각한다. 그런데 태환 정지 이래, 화폐와 금의 전환은 사

실상 정부의 산금 매입 및 환은행에 대한 금 불하만에 의해서 행해져 왔다. 따라서 위「화폐법」제2조의 규정은 사실상 실제 효력이 없는 조문임에도 불구하고 현재 이를 존치시키는 것은 일본은행 법안심의에서의 정부위원의 설명에 의하면 "「화폐법」제2조의 규정을 말살하게 되면 가격의 단위가 엔이지만, 그 엔이 무엇인가라고 말하는 것이 비상히 곤란한 문제로 됩니다", "금이라는 문자를 가격의 단위와 완전히 끊어 버리고 생각하는 표현을 바로 변하게 하는 것이 마땅합니다. 혹은 무언가 대신할 척도를 가지고 와서 그것과 가격의 단위인 엔과 결부함이 마땅하나", "당국으로서 연구를 진행해 오고 있음에도 금일 그 점을 말씀드리는 데 있어서는 연구가 실질적인 결론을 내리지 못하고 있는 관계상, 이번의 개정안에 있어서는 그 점을 남겨 둘 따름입니다"(일본은행 법안심의위원회에서 야마자와[11] 은행국장 답변)고 말한 바와 같이, 완전히 잠정적인 처치였다.

그런데 이 경우에서 보증준비에 충당해야 할 일본은행 보유금의 평가에 대해서는, 「일본은행법」은 "…「금준비평가법」은 이를 폐지한다"(제78조), "일본은행은 제32조 제2항의 규정에 의해 보유한 금지금 및 금화의 가격을 정하는 것에 대해서는 당분간「화폐법」제2조의 규정에 따르지 않을 수 있다"(제75조 제1항)고 규정하는 한편, 동 제32조는 제2항에서 '지금은(금은화를 포함)'을 보증준비 물건으로서 올린 후 그 마지막 항에서 "일본은행은 제2항 각호 및 전항의 보증 가격을 정해 주무대신의 인가를 받아야 한다"고 규정하고, 일본은행 보유금의 평가를 그때의 시기에 따라 대장대신의 인가로서 정하였다. 현재 일본은행 보유금은「금준비평가법」에 규정된 순금 양목 290밀리그램의 비율로 평가되었다.

이렇게 법률로서 금 준비 평가를 하나로 정하지 않는 이유에 대해서는 "저희들은 엔은 각종의 물자와의 교환 비율을 엔의 가치라고 생각하고 있고, 금과의 교환 비율이라는 것은 엔의 지극히 작은 부분입니다. 금만의 환산율을 가지고 행한다는 것은 오히려 잘못된 것입니다. 일반적으로 종합물가라고 하는 것을 엔의 가치라고 말하고, '그렇다'라고 생각하여 왔습니다. 따라서 금과 일정한 환산 비율을 가진다고 생각하고 있지 않습니다"고 설명하였다.

이와 같이 정부가 금본위제하에서와 같이 금과 은행권과의 연결을 끊고 관리통화제도를 채용한 의도는 이를 항구적인 발권제도로 하는 것에 있다. 즉 일본은행법안 심의회에서의

---

11 야마자와 마사미치(山際正道).

대장대신 답변에 의하면 "금이 별로 없기 때문에 어쩔 수 없이 일시적인 수단을 집행한다고 생각하는 것은 아닙니다. 금이 있어도 이와 같이 행해도 차질이 없기 때문", "현행의 「태환은행권조례」에 기초한 발권제도는 금본위제를 기초로 한 것인데, 현재 위 제도는 완전히 그 의의를 상실하기에 이르렀기 때문에 작년 법률 제14호로써 이에 대신할 제도를 마련한 것입니다. 동법은 임시적인 특례에 그쳤기 때문에 이에 대신하여 관리통화제도를 기초로 한 항구적인 새 발권제도를 마련한 것이라고 할 수 있습니다"고 이 제도의 항구성을 밝혔다.

이상 요컨대 「일본은행법」에 규정된 관리통화제도의 주된 내용은,

① 정화준비발행과 보증준비발행과의 구별을 철폐하고 이에 따라 금의 은행권에 대한 특수 지위를 인정하지 않는 것, 이것은 은행권의 준비로서의 금의 가치를 부정한 것은 아니고, 준비물의 내용으로서는 금의 존재는 인정한 것으로 금과 은행권 간의 필연적 관계를 단절한 것.
② 금태환 제도를 폐지하고, 은행권의 대외가치의 안정은 국제대차의 환 끝[12]을 일본은행이 국제 결제수단의 최종 보관자인 지위에서 혹은 지금은의 매각(제20조 제6호) 또는 외국환의 매각(제23조)에 의해서 확보하는 것.
③ 은행권 최고발행한도는 정부가 결정하게 하고, 이미 1941년 47억 엔, 1942년 60억 엔으로 결정을 보았는데, 이러한 최고발행액의 결정을 정부에서 하는 것은 현재의 경제는 정부가 입안한 계획과 그 통제에 따라서 운영되기 때문으로 그 경제 운영에 필요한 통화량도 역시 정부에서 이를 결정함이 타당하다고 감안한 것에 기인한 것이다. 제79의회에서 이 점에 관한 정부 설명은 다음과 같다.

우리나라 경제계는 소위 통제되는 경제인데, 이 정책의 대체는 말할 것도 없이 정부가 이를 결정하고 이 정책에 기초하여 각종 경제 현상이 운행되고 있을 따름입니다. 발권제도의 원칙이라는 것은 이 발행고가 어느 정도로 유지되는가라는 것은 앞에서 말한 바와 같이 실로 경제계의 중심적인 현상을 이루고 있다고 생각하고 있습니다. 이 의미에서 전체를 통해

---

12 은행에서 환 거래에서 의해 발생한 채권·채무의 잔고.

발행고를 얼마로 할 것인가라고 하는 근본은 대장대신의 수중에 두어집니다. 그 근본 중에서 일본은행 총재가 가장 경제계의 실정에 적응해야 할 통화의 방출 수축을 도모한다는 것입니다. 현재의 경우 가장 바람직한 모습이라고 할 수 있는 의미에 부합되는 본 법안을 입안한 것입니다. 다만 실제 발행고의 결정에 있어서는 물론 금융계에 가장 통달한 일본은행으로 하여금 충분히 그 의견을 보고하게 하는 것이 내부의 계획으로서는 당연하다고 생각하고 있습니다. 다시 한 번 대장대신이 결정한 최고발행고에 대해서도 경제계의 사정이 어려울 경우에는 일본은행 총재는 의견을 말할 수 있는데, 대장대신의 인가를 받아 또한 제한외발행을 할 수 있는 길을 남겨둘 필요가 있다고 인정되기에 본 안에 있어서도 그 배려를 다하고 있을 따름입니다.

이와 같이 은행권의 최고발행한도를 정부에서 결정하는 한편에서 또한 통화로서는 은행권을 주체로 하고 정부지폐를 발행하는 방법을 하지 않은 이유에 대해서 정부는 다음과 같이 설명하였다.

일국 경제계에서 필요로 하는 통화량은 각종 경제 현상과 긴밀히 관련되어야만 한다는 관점으로부터 그 의미에 맞게 말한다면 이전과 같이 정부가 별개의 은행에 의해 은행권을 발행케 하는 방법, 실세상 경제계에 진정으로 필요한 수요 공급의 상황에 합치할 수 있는, 이와 같은 것을 원칙으로 고려합니다. 정부지폐는 마치 재정상 매우 형편이 좋은 통화제도라고 할 수 있어도 금융경제에 중요성을 두게 되면 여기에 적합할 수 있는 통화라고 하는 것은 역시 중앙은행을 설치, 그 은행이 발행하는 은행권에 의해서 그 수요를 충족하는 방법이 실정에 즉응할 수 있다고 생각합니다. 현재 우리나라의 정세에서도 결국 이 원칙은 당연하다고 생각합니다. 주로 금융계의 사정에 즉응하여 통화의 신축을 도모한다는 원칙이 이번 법안에서도 정부지폐의 방법을 채택하지 않고 은행권의 방법에 따르고 있는 주된 이유입니다.

우리나라에서의 관리통화제도는 이상과 같은 경과를 거쳐서 확립되었는데, 또한 본 제도의 운용에 있어 정부 당국은 다음과 같이 일본은행의 기능만으로 행할 수 있는 것이 아니고, 전시 국민경제에서의 여러 가지 문제의 종합적인 힘에 의하지 않을 수 없다는 견해를 표명하였다.

통화의 조절이라고 하는 것이 지금 말한 것과 같이 실로 현재의 금융경제의 중심적 문제라고 했습니다. 반면에 이는 일본은행만의 기능에 의해서 적당한 조절이 가능한 것이라고 생각하고 있지는 않습니다. 말씀드릴 것도 없이 금일 저축의 장려, 기타 더 나아가 저축의 장려, 자금의 축적을 촉진하기 위해 국민 생활방식에 대한 각종의 문제가 이들의 종합적인 힘에 의하지 않는다면 통화의 조절이라는 것은 현실에서는 실행될 수 없는 정세라고 이해하고 있습니다. 따라서 작년 새로운 입법에 따라 대체로 1941년도 중의 목표로 한 47억 엔이란 최고발행한도를 결정했는데, 이 47억 엔을 우선 하나의 목표로 삼아 통화를 조절하는 것은 지금 말씀드린 바와 같이 실로 각종 시책을 이 점에 집중하여 오로지 적당한 통화를 공급함에 노력하고 있습니다.

8. 대륙에서의 통화정책의 전개

1) 대륙에서의 엔계통화정책의 목표

사변 발발 이후 전쟁 국면의 진전과 함께 중국 대륙에서는 아래 표와 같이 새로이 몽강은행권(몽은권), 중국연합준비은행권(연은권), 화흥상업은행권(화흥권), 중앙저비은행권(저비권), 군표 등이 유통되었고, 이에 만주중앙은행권(만은권)과 함께 소위 엔블록을 형성하였다.

지나사변하 대륙에서의 이들 엔계통화는 한편으로는 군용물자를 징용하였고 다른 한편에서는 광대한 중국 북부와 중부의 산업 건설의 통화로서 매우 중대한 사명을 짊어졌다. 대륙에서의 엔계통화정책은 우선 이들 지역에서 종래의 법폐(法幣)[13]에 대해서 새로운 엔계통

---

13 중국 국민당 정부가 기존의 은본위제를 폐지하고 1935년 11월부터 발행한 은행권.

화제도를 건설하는 것이었다. 즉 지나사변은 무력전인 반면에 구(舊)법폐에 대한 엔계통화의 항쟁으로서 싸워 종국에는 구법폐를 완전히 몰아내고자 한 것이었다. 그런데 이 엔계통화공작은 많은 곤란에 부딪쳤는데, 이는 본래 중국 경제가 영미(英美) 의존경제이면서 그 가치 기준이 구법폐가 아닌 영미화(英美貨)에 있었기 때문으로 대동아전쟁 이후에 중국 경제는 이러한 가치 기준을 상실하였다. 한편 우리의 대중국 통화정책상의 장애를 제거함과 동시에 다른 한편 영미화에 대신하여 엔화가 중국 경제에서 가치 기준으로서의 지위를 확립해야 할 책임을 져야만 했다. 그런데 중책을 부담할 엔계통화는 대륙의 생산력 확충, 혹은 군사 활동의 진전에 따라 현저히 팽창하여 소위 대륙 인플레이션을 야기할 수밖에 없었다.

엔계통화 및 점령지역 통화 일람

	발행권 소재	설립 연월일	발행액(백만 엔)	대가(對價)	유통 지역
몽은권	몽고연합자치정부	1937.12.1	142 (1942년 말)	엔(円)과 등가	수원(綏遠)[14], 산서(山西) 북부 및 치치하얼 남부
연은권	화북정무위원회	1938.3.10	1,821 (1943년 4월 말)	엔과 등가	하북(河北), 산동(山東), 하북(山西), 하남(河南) 북부, 강소(江蘇) 북부
화흥권	(현재 발행하지 않음)	1939.5.16		대영국 6파운드 대 저비권 1.775	중국 중부
저비권	국민정부	1941.1.6	5,865 (1943년 4월 말)	100원에 대해 일본 엔 18엔	중국 중부
군표	재(在)점령지역 일본육군	1937.11 이후	(秘)234 (1943년 3월 말)	엔과 등가 대저비권 8엔	중국 중부 및 남부, 상해(上海), 남경(南京), 한구(漢口), 광동(廣東), 산두(汕頭)
만은권	만주국 정부	1932.7.1	1,669 (1942년 말)	엔과 등가	만주국

출전: 日本銀行調査局 편, 『戰時金融統制の展開』(1943. 4)(日本銀行調査局 편, 『日本金融史資料』 27, 1970, 459쪽).

---

14 중국 길림성(吉林省)의 북동쪽에 위치한 현.

중국 지역 엔계 통화권 발행고

(단위: 천 엔)

	몽은권	연은권	군표	저비권	만은권
1937.6					178,728
1937.12	12,996				307,489
1938.6	17,733	59,463			274,634
1938.12	35,503	162,493	60,501		425,738
1939.6	31,730	264,159	47,410		387,887
1939.12	60,079	458,042	73,205		623,621
1940.6	57,230	599,124	93,517		632,214
1940.12	93,016	715,033	118,962		947,050
1941.6	66,435	690,775	126,062	60,171	811,195
1941.12	113,733	963,962	162,664	221,924	1,261,531
1942.6	82,707	937,309	227,914	1,172,365	1,106,084
1942.12	142,674	1,581,008	254,916	3,477,345	1,669,631

출전: 日本銀行調査局 편, 『戰時金融統制の展開』(1943. 4) (日本銀行調査局 편, 『日本金融史資料』 27, 1970, 459쪽).

    이상과 같이 새 통화의 증발로 인한 물가 등귀는 아래 표와 같이 현저해지고, 현지 통화는 많은 것이 엔과 평가(平價)로 링크된 관계상 이의 가치 유지는 정치적, 경제적으로 중요 문제가 되었다.

중국 지역 물가지수 추이

월평균	장가구(張家口)	천진(天津)	상해(上海)	신경(新京)
1937.6		100.0	100.0	124.0
1937.12		110.2		124.8
1938.6	(8월) 100.0	132.8	118.98	161.7
1938.12	100.7	135.1		156.3
1939.6	118.8	176.8	190.08	182.6
1939.12	148.3	246.3		198.2
1940.6	187.5	368.4	399.9	232.6
1940.12	219.8	346.9		239.6

1941.6	246.2	365.1	805.2	245.7
1941.12	328.9	439.8		259.1
1942.6	394.4	501.3	2,164.1	264.6
1942.12	(9월) 444.7	568.6	(12월) 2,708.9	288.7

출전: 日本銀行調査局 편, 『戰時金融統制の展開』(1943. 4)(日本銀行調査局 편, 『日本金融史資料』27, 1970, 459쪽).

이러한 대륙 인플레이션의 결과, 대륙의 물가고에 기인한 일본과 중국의 물가 수준의 차이는 무역 관계의 경우 수출 면에서의 초과 이득 발생 및 물자 유출 과다, 수입 면에서의 불일치로 인해 수입 과소 현상이 발생하였다. 그 결과 일본의 각종 물자를 대륙에서 흡인하고자 함에 따라 대륙의 인플레이션은 대일본 무역을 통해서 일본은행권 증발로 환원되었다. 이와 같은 경향을 저지하기 위해서 무역 면에서는 수량 통제 내지는 가격 조정 조치가 행해져야 한다. 그런데 이를 지나치게 강하게 억제하게 되면 대륙통화의 물자 보증이 원활하지 않게 되어, 그 가치를 유지하기 어렵게 되고, 반면에 이를 완화하게 되면 역시 일본 본국 경제에 미치는 영향은 큰 것이었다. 즉 대륙에서의 엔계통화의 증발은 소요 물자의 현지 조달에 의해 일본 본국의 국제수지 또는 물자수급 관계의 긴박을 완화하는 것으로 되고, 따라서 대륙에서의 인플레이션은 일본 본국의 인플레이션 억제, 저물가정책과 내면적으로 불가분의 관계에 있게 된다. 따라서 그 조정이 매우 미묘하게 되어, 사변 이래 엔계통화에 대한 통제는 한편으로 이러한 문제를 둘러싸고 전개되었다.

2) 북지에서의 연은권 공작

대륙의 통화 공작의 경우, 중국 북부와 중국 중부가 처한 조건이 다르기 때문에 동일하지 않다. 중국 중부는 후술하는 것과 같이 화흥권 및 저비권 공작의 경우, 일단 법폐의 유통을 용인하여 우리 통화의 기초를 대(對)법폐 등가에 두고, 점차 유통 면에서 침윤시켜 그 지위를 대신하고자 하였다. 반면에 중국 북부는 이전보다 장개석 정권의 행정력이 전면적으로 미치지 않은 관계로 통화의 경우 법폐 이외에 잡다한 은행권의 유통이 많았다. 사변 이전부터 우리나라 세력이 상당히 부식되어 있어 조선은행권이 유통되고 있는 점 등으로 인해 통화 공작이 비교적 용이하기 때문에 애초부터 법폐 타도책을 정면으로 채용하였다. 중국 북부에서는 처음에는 조선은행권을 군비 지불에 사용했는데, 그 결과 조선은행권의 인플레이션이 일어나 일본 본토 경제에 미치는 영향도 간과하기 어려워졌다. 따라서 1937년(昭和 12) 12월 성립된 중화민국임시정부는 1938년(昭和 13) 3월 중국연합준비은행(이하 '연은')을 설립하여 일본엔에 링크하는 관리통화인 연은권을 발행함으로써 이를 군비 지불에 사용했다. 이후 동행은 화폐제도의 통일, 금융의 정비를 기도함과 동시에 당시 중국 북부에 유통되는 구법폐 및 북방의 잡다한 은행권 정리에 노력하여 1938년 6월 「구통화정리변법(舊通貨整理變法)」을 실시하여 남방권(南方券) 등의 잡다한 은행권 15종의 유통을 금지하였다. 또한 같은 해 8월 북방권(北方券) 및 하북, 기동 등 지역은행권의 대(對)연은권 가치를 10% 절하하고 다음 해인 1939년(昭和 14) 3월부터 일체의 구통화의 유통을 금지했다. 그런데 중국 북부는 특수성이 있다 해도 구법폐는 아직 뿌리 깊은 지반을 가지고 있었고, 그 외화 태환성은 영국과 프랑스의 지지를 받아 연은권의 유통을 방해하였다. 특히 연은권의 가치 기준은 엔(円)-원(元) 등가로 대영국 1지(志) 2편(片)[15]으로 하였지만 이는 명목적인 것에 지나지 않았다. 연은이 자체적으로 외화를 팔 수 없게 되면 무역통화로서는 여전히 법폐를 사용해야 했기 때문에 이에 대한 대책으로서 연은권에 외화 태환성을 부여하여 법폐를 몰아내고자 했다. 이에 중국 북부 당국은 1938년 10월 5일 외국환기금을 설치하고 이어서 1939년 3월 11일, 12개 품목의 수이출환 집중을 실시하였다. 같은 해 7월 16일에는 이를 전체 품목의 환(換) 집중으로 확대하고, 다시 12월에는 육로 이출 화물에도 적용하였다. 또 1940년(昭和 15) 1월 22일에는 100엔 이하의 수이출에 대해서도 집중제를 적용 확대하여 차례차례 환 집중의 충실을 기도하였다. 이 사이 이들 집중환의 배분에 대해서는 이것을 지정하여, 희망 수입 품목에 한정하고, 점차 통제를 강화하여 마침내 1940년 5월 26일에는 사실상 수입 관리의 내용을 갖는 법령도 실시하기에 이르렀다. 그때 이들 집중환은 당초 쌀, 영화(英貨)의 두 종류였는데, 1939년 9월 제2차 유럽대전의 발발과 함께 미화(美貨)만으로 개정되었고 이후 1941년(昭和 16) 7월의 자금 동결 실시 때까지 중국 북부의 대(對)제삼국 환거래(중국 중부

---

15 1실링(shilling) 2펜스(pence).

를 포함)의 기준은 미화를 원칙으로 했다.

그런데 1941년 미국과 영국의 자금 동결이 실시되어, 미 달러는 결제통화로서 기능을 완전히 잃어버렸기 때문에 중국 북부로서는 이를 대체할 결제통화를 선택해야 했다. 이에 환집배제(換集配制)의 미화 기준을 버리고 엔(금엔(金円), 즉 외화의 보증이 있는 일본엔을 지칭하는 것으로 군표, 기타 엔은 아님)을 기준통화로 삼았다. 즉, 연은 당국은 그 소유 외화를 모두 요코하마정금은행에 매각하고, 이 대가(代價)인 엔자금으로 요코하마정금은행 도쿄지점에 특별계정을 개설하였다. 위 엔자금은 "언제라도 필요에 따라 외화로 바꿀 수 있는 엔=23불 7/16"으로서 그 외화환(外貨換)에 관해서는 일일이 「외국환관리법」상의 허가 수속이 필요 없다는 일본 정부의 보증을 받았다.

또한, 미국·영국의 일본·중국 자산동결 발령에 대응하여, 중국 북부에서도 재중국 미영 자산의 동결을 발령했다. 이로 인해 미영의 자금이 회신(滙申)[16]을 통해 상해 쪽으로 도피하는 경향이 있었기 때문에 이를 억제하는 한편 종래의 대(對)연은권 외화태환성 부여와 관련된 각종 공작에 법적 근거를 마련하고, 이의 강화 확대를 기하여 1941년 8월 「환관리규칙」을 공포하였다. 다시 대동아전쟁 발발에 따라 황군(皇軍)의 천진(天津) 조계 진주와 함께 적성(敵性) 은행의 접수, 관리, 법폐 및 현은(現銀)의 차압 등을 실시해 종래의 연은권 공작에 대한 일대 암을 제거하는 데 성공하였다. 이와 동시에 북경(北京), 천진, 청도(靑島) 등 각지 시상(地場)은행[17]에 대해서는 이번 기회에 연은의 통제에 복종하는 취지 및 거래 일체를 연은권 중심 거래로 개조한다는 서약서를 제출하게 하고, 은호(銀号), 전장(錢莊) 등에 대해서는 새롭게 1941년 12월 「금융기관 단속규칙」을 공포, 엄중히 단속하는 것으로 하여 연은의 통제력 강화에 노력했다. 그 후 중국의 참전에 따라 우리의 대중국 정책이 전환되고 중국 중부에서의 통화 통일이 진전됨에 따라, 중국연합준비은행 및 동행 은행권의 독립성, 가치 기준 등에 관해, 혹은 국민정부에 의한 남북 통화 통일, 혹은 엔(円)-원(元) 등가 분리 등 뜬소문이 돌았다. 이로 인해 통화 불안이 야기되자 우리나라는 동행의 신용을 증강하는 한편 동행과의 유대를 한층 더 견고하게 할 목적으로 1943년(昭和 18) 3월 일본은행은 동행에 대해

---

16 이체나 환전.
17 지방 도시에 본점을 둔 은행.

2억 엔의 신용을 제공하였다. 이에 따라 일본엔과 연은권과의 등가 관계는 연은의 기초 강화를 통해 안정성이 크게 증대했다.

이와 같이 연은권의 지위는 점차 확립되어지고 연은권 발행고는 1938년 3월 개업 이래 때때로 각 방면에서의 연은권 강화책에 의해 축소 경향을 보인 적이 있어도 1943년 4월 말에는 18억 엔을 돌파, 대(對)법폐 통화전(通貨戰)에서 빛나는 성과를 거두어 연은은 중국 북부에서 중앙은행으로서의 자격을 구비하기에 이르렀다.

중국연합준비은행권 발행고 (단위: 천연은엔(千聯銀円))

	1938년	1939년	1940년	1941년	1942년	1943년
1월		170,425	493,290	742,196	941,779	1,687,705
2월		197,564	497,406	698,346	942,746	1,700,331
3월	20,696	203,581	524,257	699,134	917,383	1,766,953
4월	35,209	223,315	549,914	689,305	916,799	1,821,185
5월	48,177	230,885	552,118	684,423	914,213	
6월	59,463	264,159	599,124	690,775	937,309	
7월	61,928	276,944	580,981	684,880	954,053	
8월	67,329	288,556	568,734	684,658	970,289	
9월	88,239	320,458	585,327	754,487	1,006,841	
10월	111,455	351,831	623,086	842,023	1,234,265	
11월	133,913	384,624	651,513	926,077	1,415,092	
12월	162,493	458,042	715,033	963,962	1,581,008	

출전: 日本銀行調査局 편, 『戰時金融統制の展開』(1943. 4)(日本銀行調査局 편, 『日本金融史資料』 27, 1970, 461쪽).

그런데 이 사이 연은권의 증발에 따른 중국 북부 물가의 앙등은 불가피했는데 엔-원 등가 관계 유지로 인해 중국 북부의 대(對)일본·만주 무역은 중국 북부의 수입 초과를 초래하였다. 동시에 중국 북부 물자의 대(對)일본·만주 수출이 곤란해짐에 따라 일본 본국 물가 상승에 영향을 미칠 것이 우려되자, 1940년(昭和 15) 9월 2일 일본의 중국 쪽 수출에 대해 상공성령 제66호 「무역의 조정에 관한 건」을 통해 우리와 상대방의 물가 차이의 조정을 목적으로 한 가격 조정료 청구가 실시되었다. 즉 조정료 청구를 실시하여 중국 물가고로 인해 수입 물자 매입 곤란을 완화하고, 일본 본국 물자의 과도한 판매로 인해 본국 물가고에 미치는 영향을 억제하는 한편 또 수출상의 과도한 이윤 획득에 따른 악영향을 금지하여 끊어 버리고자 한 것이었다.

또한 몽강에서는 사변 당초 아군은 만주중앙은행권 및 일본은행권을 사용했지만, 1937년 10월 찰남은행(察南銀行)을 설립, 통화를 통일시키고, 같은 해 12월 동행을 몽강은행(蒙疆銀行)으로 개조, 이 지방의 유일한 발권은행으로서 개업시켰다. 엔 표시로 하여 일엔(日円) 및 중국 북부 연은권에 등가로 연계시킨 몽은권(蒙銀券)을 발행하게 했다. 그리고 동행의 대일본 및 대화북(對華北) 환 결제자금에 충당하기 위해 1940년 6월 일본 신디케이트단은 동행에 1,500만 엔의 신용을 공여하였고, 1942년 5월 이를 2,500만 엔으로 증액했는데, 다시 1943년 5월 새로이 일본은행은 5,000만 엔의 신용을 공여함과 함께 별도의 어음대부 거래에 의해 5,000만 엔을 융자할 수 있는 길을 열어줌으로써 동행의 기초 강화를 도모했다.

3) 중남지(中南支)에서의 군표의 사명과 저비권에 의한 폐제 통일

1937년(昭和 12) 8월 중국 중부에 사변이 확대된 이래 그 군비 지불은 처음에는 일본은행권으로 조달하였다. 중국 중부에서는 1937년 11월 아군의 항주만 상륙 시, 중국 남부에서는 1938년(昭和 13) 7월 바이야스만 상륙 직후 군표를 처음 사용하기에 이르렀다. 군 및 일반 방인(邦人)에 의한 일본은행권의 반입 증대로 인해 범람을 초래하였고, 다른 한편 등가로서 유통되는 법폐의 대외가치 하락에 추수된 관계도 있어서 엔화의 대외가치는 급격하게 하락하였다. 나아가서는 일본 본국의 엔 시세에 악영향을 미칠 우려도 있었다. 따라서 이러한 현지 일본은행권의 인플레이션에 수반되어 엔이 헐값이 되는 데에 대해 대책을 마련하여 군비지불통화를 군표 일색으로 통일하기로 했다. 즉 1938년 11월 상해를 제외한 중국 중부에서는 군표를 통화로 대용(代用)하고, 1939년(昭和 14) 6월부터는 점차 현지에서의 일본 본국 송금 장려, 일본계 은행의 일본은행권에 의한 예금의 인출 제한 강화 등 일본은행권의 회수 공작을 행함과 함께 일본 본국으로부터의 일본은행권 반입을 제한하였다. 다른 한편 군표에 대해서는 1939년 4월 이후 그 어음의 교환을 개시하고, 예금 기타 일본은행권과 동일한 취급을 하기 위해서, 그 가치도 일본은행권과 대략 일치되기에 이르렀다. 또한 1939년 12월 1일부터는 중국 중부 일대의 점령지를 군표 지역으로 지정, 일본은행권의 유통을 금지하였다. 이렇게 하여 군표는 중국 중부에서의 유일한 엔계통화로서의 지위를 확보하였다. 한편 1938년 9월 22일 결정된 「군용수표발행요령」에서는 "군용수표는 필요에 따라 이를 일본통화와 교환하는 것으로 한다"고 정하고, 군표는 완전히 일본 엔화에 대신하는 지위에 오르게 되었다. 이러한 의미에서 군표는 당초의 징발권(徵發券)적 성질에서 통화적 기능을 부여받은 특수통화로 발전하고, 동시에 엔지폐 예금은 군표 예금으로 바뀌게 되었다.

그런데 중국 중부의 군표일색화 이후 군비 이외의 토산품 매입 분야에서의 군표 방출이 증가했는데, 이를 뒷받침해 줄 중국 중부 물자의 생산은 적었다. 다른 한편 일본 본국에서도 물자 수급 상태가 궁색해져 더 많은 물자 수출을 기대하는 것은 불가능한 것처럼 되었다. 또한 1939년 6월 이후 몇 차례에 걸친 홍콩상하이은행(香港上海銀行)의 외화 매출 금지에 따라 구법폐가 폭락하였고, 법폐를 통한 군표의 대영(對英) 시세도 1940년(昭和 15) 6월에는 4펜스 대로 저락하여 그 가치 유지는 매우 곤란하게 되었다. 이에 대해 당국은 군표 유통 확장을 위한 군표 취급기관의 증설 및 통제, 군표어음 교환의 개시, 방인(邦人)에 대한 강제 사용을 시행하였다. 다음으로 군표의 가치 유지를 위해 군표 교환용 물자배급조합 설립, 오지향(奧地向)물자판매협의회 설립, 군표 방출 면에 대한 통제(기업의 억제, 일본 본국으로부터의 송금, 중국 쪽 도항자의 제한, 만주·중국 북부 및 중국 남부 쪽 엔화를 거래 통화로 하는 수이출의 허가제, 오지에서의 수출 관련 원료의 매입 억제), 방출 군표의 회수(저축, 공채 매입, 일본 본국 송금 등의 장려 등), 군표 조작자금의 설치 등이 시행되었다.

이러한 각종 군표 공작에 공을 들인 보람이 나타나 군표의 대법폐 시세는 1940년 8월 이후 점차 오르게 되었고, 10월 말 60엔 정도, 다음 1941년(昭和 16) 3월에 50엔 대로 떨어지고, 3월 27일에는 일시적으로나마 40엔의 시세가 나타나는 급등을 시현하였다. 이러한 시세의 앙등은 반면 엔계 물자의 상해로의 수입 가운데 그 판매를 현저하게 저해, 우리나라 상인의 입장을 불리하게 하였다. 또한 점령지 중국 민중의 생활을 위협해, 현지 경제 공작을 저해하는 등의 악영향도 있었기 때문에, 3월 27일 중지군(中支軍) 당국의 경고 성명이 나오고, 같은 달 말에는 약 10엔 오른 시세가 반대로 떨어지는 낙착을 보여 그 후 잠시 40엔대를 계속 유지하였다. 그런데 그 후 10월 말에 이르러 법폐가 폭락하여, 군표도 마침내 22엔 시세를 출현하기에 이르렀는데, 중지군 당국은 이번의 앙등은 "구법폐 폭락이 계속되고 있을 때 군 표시세의 일정 수준 체크는 불합리하다"는 견해를 표명하고, 이 앙등을 용인하는 태도를 취했다.

이상과 같이 군표가 구법폐를 상대로 통화전쟁을 전개하는 한편에서는 일반 통화공작도 진전되었다. 원래 중국 중부에서 법폐의 지배력은 거의 절대적이고(사변 발발 당초 유통량 150억 원 중 상해를 중심으로 한 삼각지대 유통량 40~50억 원), 게다가 중국 중부의 경제적 중심은 상해, 특히 그 조계(租界)로 우리의 정치력이 미치지 않는 곳이다. 이 조계를 중심으로 한 중경(重慶) 측의 법폐 지배력은 견고하여 법폐의 대외가치는 사변 전의 대영 1실링 2펜스 1/2에서 1940년 말 3.685펜스로 저락했는데, 대군표 시세는 100원(元)당 65엔 55와 같은 시세를 보였다. 법폐가 이상과 같이 그 가치를 유지할 수 있는 것은 외화 태환성을 가졌기 때문으로 중국 중부의 거의 유일한 민생통화로서 이를 대신할 수 있는 통화가 출현하지 않은 것에 기인한 것이다. 법폐의 한 기둥인 외화 태환성은 나중에 대동아전쟁의 발발에 의해 완전히 상실되었다. 또 하나의 기둥인 민생통화의 지위에 대해서는 법폐를 정면에서 공격하는 것이 아니라 법폐 의존책에서 출발하였다. 법폐 사이에 엔계통화를 투입하여 대(對)법폐 등가로서 추수하면서 공격하려 한 계획에서 나온 것이다. 1939년 초 이래 중국 중부의 화폐제도론은 당시의 정세에 즉응하여, 주로 무역통화로서 논의되었다. 신통화의 가치는 8펜스대로 하고, 견실한 경영을 통해 신통화의 유통을 도모하는 것으로 했는데, 처음에는 화흥상업은행(華興商業銀行)이 1939년 5월에 설립되어 법폐와 등가로서 지폐를 발행하고 무제한 외화 매도를 표명하면서 발족했지만, 그 후의 실정은 군표와 구법폐의 압박을 받아 유통량이 신장되지 않는 문제에 빠졌다. 다음으로 1941년 1월 중앙저비은행(中央儲備銀行)의 발족과 함께 발행권은 정지되고, 1942년 1월 이후는 저축, 신탁의 두 개의 부를 설치, 순전한 상업은행으로서 활약하게 되었다.

이와 같이 화흥상업은행에 의한 통화공작은 성과를 거두지 못했고 그 후 국민정부는 남경(南京) 환도 성립 이래, 그 정강 실시로 제일 먼저 착수한 것이 화폐제도의 통일, 금융의 안정을 도모하기 위해 각종 연구를 열심히 진행하였다. 국민정부는 1941년 1월 6일을 기해 중앙저비은행을 설립하여 납세, 환, 융자, 기타 일체의 거래에 사용할 수 있는 지폐 발행을 하도록 하였다.

구통화에 대한 조치는 재정부장의 성명에 다음과 같이 명시하였다.

① 대(對)구법폐: 금융시장의 동요를 방지하고 인민자산의 보장을 도모하기 위해 잠시 등가 유통을 인정하고 서서히 조정 통일을 도모한다. 또 충칭 측이 발행한 법폐의 인플레이션이 격화하고, 시장이 교란되기에 이르면 수시로 이와의 연결을 끊는다.
② 대(對)군표: 사변이 계속 중인 특수사태를 인정하고, 상호 협력하여 그 사명을 분담하는 것으로 한다(군표 유통구역인 무한(武漢), 안경(安慶), 중국 남부, 해남도(海南島)는 피함).
③ 대(對)연은권: 중국 북부 금융의 중심으로서 이 유통구역(중국 북부, 서해도(徐海道))은 현상을 유지할 것.
④ 대(對)화흥권: 그 발행권을 취소하고, 동행은 주로 국제무역, 금융 및 보통상업은행의 업무를 행하는 것으로 함.

요컨대 중앙저비은행은 앞에서 서술한 화흥권의 조기 법폐 연결 이탈의 실패를 보완하면서 새로운 사태에 즉응할 수 있는 기구로 대(對)법폐 공작을 다시 할 수 있게 된 것이다. 동시에 대법폐 등가로서 법폐 유통 면에 침윤, 점차 이를 대신하여 중국 통화의 지배권을 장악하고자 한 것에 있다.

그 발행고는 개업 이래 순조롭게 증가하여 1943년(昭和 18) 4월 말에는 58억 엔에 달했다.

저비권 발행고

연월	태환권(천 엔)	보폐권(補幣券)(천 엔)	대(對) 군표 시세(월, 평균)(엔)
1941.1	12,200	1,450	58.90
1941.2	17,790	2,039	55.72
1941.3	26,117	2,061	50.20
1941.4	31,384	2,424	45.56
1941.5	42,157	2,944	42.42
1941.6	60,171	4,460	44.32

1941.7	70,924	5,316	43.86
1941.8	93,935	6,266	39.45
1941.9	93,413	9,879	40.06
1941.10	113,730	11,979	32.57
1941.11	146,875	13,952	25.52
1941.12	221,924	15,392	26.69
1942.1	285,694	18,972	25.00
1942.2	390,655	22,566	25.00
1942.3	572,349	28,140	20.00
1942.4	633,369	27,229	20.00
1942.5	796,125	24,202	19.46
1942.6	1,145,136	27,229	18.00
1942.7	1,325,361	37,161	18.00
1942.8	1,548,722	39,939	18.00
1942.9	1,718,075	40,510	18.00
1942.10	2,092,219	41,349	18.00
1942.11	3,927,047	41,747	18.00
1942.12	3,549,952	45,064	18.00
1943.1	3,950,301	49,012	18.00
1943.2	4,069,867	51,885	18.00
1943.3	4,660,275	51,746	18.00
1943.4	5,865,407	53,855	18.00

출전: 日本銀行調査局 편, 『戰時金融統制の展開』(1943. 4)(日本銀行調査局 편, 『日本金融史資料』27, 1970, 463쪽).

1941년 1월 저비권은 구법폐와 등가로 출발했는데, 대동아전쟁의 발발을 계기로 상해 조계의 접수, 홍콩 함락 등 법폐를 지지하는 적성(敵性) 기지가 괴멸되었다. 특히 종래 법폐의 지위를 뒷받침해 온 무역통화의 기능 상실 등 여러 원인에 의해 구법폐는 쇠퇴 일로에 있었다. 이 사이 저비권은 황군의 공동조계 진주 후에는 중국 중부 현지 당국의 상하이 지구 상거래 기준을 저비권으로 채용할 것을 권장하는 등 그 유통 분야를 확대하였다. 환경이 점차 호전됨에 따라 우리의 대법폐 공작도 진전하여 군표의 대법폐 시중 시세는 요코하마정금은행 기준 가격 발표를 따르지 않고 1942년 2월 하순 이래 군표 수요의 쇄도 등의 여러 이유로 인해 급등이 계속되자 마침내 3월 5일 공정가격에 따른 교환을 정지하였다. 매일의 거래 시세는 재무 당국의 지시에 따라 시중 시세를 고려해 요코하마정금은행에서 발표하는 것으로 하고 또한 3월 7일에 이르러 요코하마정금은행 상해지점은 9일부터 군표 시세의 기준 가격인 매도 20엔, 매입 20엔1/8은 저비권만을 대상으로 하고, 구법폐에 대해서는 시중 시세를 기초로서 교환을 인정한다고 발표하였다. 또한 위에 따라 일본계 은행은 9일 이후 예금을 법폐, 저비권으로 구분했는데, 저비은행에 있어서도 신설 일반 예금계좌는 저비권 기준으로 하고, 구법폐를 사용하는 경우는 법폐 계좌를 열어 해당 예금 인출은 구법폐로 지불하는 것으로 하고, 9일 이전의 예금은 저비권 예금으로 한다는 취지를 공표하였다. 동시에 평화지구에 대한 국내 송금은 일률적으로 저비권을 사용하고 구법폐의 송금은 취급하지 않는 것으로 하였다.

이상의 조치로 한편으로 저비권의 군표 링크도 풀리게 되어 현실적으로 저비권 100엔은 군표 20엔으로 규정될 수 있음에 대해 구법폐는 같은 날 오후 이미 17엔의 시세를 시현(26일 13엔)하였다. 이는 군표를 통한 저비권 대법폐 등가 관계의 이탈을 의미했다. 게다가 국민정부는 3월 30일 남경 환도 2주년 기념일을 기해 마침내「수정화폐정리잠행변법(修正貨幣整理暫行變法)」을 공포하고, 폭락이 현저한 구법폐(시장에서는 이미 3할 정도의 하락을 나타내고 있음)에 대하여 저비권의 등가관계 폐지를 결정하고, 재정부 포고 및 재정부장의 성명을 공표함으로써 명실공히 대구법폐 등가에서 이탈하였다. 그런데 구법폐의 불안은 농후해져 저비은행은 구법폐의 기준 가격을 잇따라 인하하여 5월 26일에는 50원으로 개정하여 구법폐의 가치는 저비권의 1/2로 되었다. 한편 저비권의 가치 안정과 유통 촉구를 위해, 일본과 중국 당국은 5월 22일부터 군표 대 저비권 시세를 매도 18엔, 매입 18엔1/8로 개정, 이를 견지하는 것으로 하였다. 여기에 저비권과 군표의 교환 비율의 항구화에 따라 신법폐 경제와 군표 경제와의 일체화를 초래하고, 신법폐 가치 기준도 안정화하는 것으로 되었다. 국민정부는 이러한 정세에 비추어 5월 27일 구법폐의 전면적 회수 정리 의도를 표명, 6월 1일자로 위 정책 실시에 관한 재정부 포고 및 관계 4개 법령을 공포하고, "현재 중앙저비은행권만을 법폐로 인정하고, 구폐(舊幣)는 특별히 본부장이 정한 경우 이외에는 정식 사용을 인정하지 않는다", "구폐는 정부에서 이를 회수하기 위해 구폐 2에 대해 1의 비율로써 중앙저비은행권과 교환"하는 것으로 하여 전면 교환은 6월 8일부터 6월 21일 사이에 완료하는 것으로 되었다.

이와 같이 저비권에 의한 중국 북부의 폐제 통일은 완료되었지만, 그 가치 안정을 위한 대(對)군표 시세 18엔 유지에 대해서는 일본 정부의 양해가 있는 것 외에 저비은행의 발권제도 강화를 위해 일본 정부가 국민정부에 대해 1억 엔의 차관을 공여하기로 되어 1942년 7월 28일 일본은행과 중앙저비은행 사이에 차관 성립을 보았다. 이미 1941년 6월 정부는 국민정부에 3억 엔의 차관을 공여하였고, 요코하마정금은행 등으로 하여금 이 실행을 담당하게 했다. 또한 "이번의 차관 공여는 이전의 일본은행이 태국 대장성에 공여한 차관과 함께 대동아공영권 내 각지 통화가 엔화를 신용의 기초로 하는 신(新) 기구 확립에 대해 한 걸음 더 나아간" 것이었다. 다음으로 우리 정부는 중국 남부에 통화제도 확립을 위해 1943년 "4월 1일 이후 중남지(中南支, 홍콩, 해남도 제외)에 군표의 신규 발행을 폐지하고 국고금 지출 및 은행 예금, 대출, 환 등의 지급은 원칙적으로 군표를 사용하지 않고 모두 저비권에 의할 것"으로 하고, 그 일본엔과의 환산율은 100원(元)당 18엔으로 정했다. 이에 군표는 그 임무를 저비권에 인계하여 곤란한 통화전에서 그의 사명을 완수했다.

이상의 과정을 통해 중국 중부에서의 저비권의 지위는 확립되었는데, 이 사이 중국에서의 엔계통화의 대외가치가 본국 엔의 그것에 비해 실제로는 저락했기 때문에 1938년 9월 이후 요코하마정금은행은 엔의 법폐환 시세 발표를 정지하였다. 정부도 역시 상해에서 값싼 엔을 이용하여 차액을 취하는 것을 방지하기 위해 1939년 6월 본국 은행에 대해 본국엔의 대(對)법폐 직접거래를 금지할 의향을 분명히 하였다. 따라서 이후 일본과 중국 북부와의 외환 거래는 엔 대(對)군표의 환, 즉 '군표환'으로서 행해져, 군표가 현지 시중에서 다시 법폐와 접촉하는 곳에 군표 대법폐의 시중 시세가 정해졌다. 그런데 1941년 미국의 자금 동결 우려가 농후해짐에 따라 우리나라는 상당액의 외화 자금을 상해 시장에서 처분하여 법폐를 취득했다. 그런데 당시 일본 정세에서는 가급적 물자가 필요했기 때문에 위 자금은 바로 중국 중부 물자의 매입과 일본으로부터 수입을 위해 유효하게 이용하고자 한 것이었다. 중국의 특정 물자의 대일 수출에 대해 엔 대법폐의 직접환 거래를 재개하고 군표의 대(對)

법폐 시중 시세에 관계없이 외화 재정(裁定)[18]에 의한 엔 대법폐 비율을 적용함으로써 대일 수출 촉진을 기했다. 즉 1941년 7월 22일자 「대중국 외환거래에 관한 건」이라는 통첩으로서 정부는 법폐환(法幣換)보상제도 또는 특별엔(特別円)제도라고 할 만한 제도를 창설하고, 이에 따라 법폐는 요코하마정금은행 두취석에서 정부보상계정에 통합되고, 이 법폐에 의한 매입물자를 일본 쪽 수송에 담당케 하여 일본, 중국 중부 사이의 물가 차이를 완화하여 일본 쪽 수출을 용이하게 하기 위해 법폐 대외 시세와 일본엔(금엔, 金円)의 대미(對美) 시세의 이론적 재정(裁定) 시세를 채용하는 것에 따라 일본의 대중국 무역에 대해서도 특별엔 기준의 채용을 보기에 이르렀다. 그런데 그 후 앞에서 서술한 군표의 신규 발행 정지와 함께 "저비권과 일본엔의 환산율은 동은행권 100원당 일본엔 18엔의 비율로 하여 종래 가격차 조정을 위해 중국 중부와 남부에서의 수입환에 대해 실시해 온 상품별 특별 환산율도 이를 정지하고 환교역조정특별회계(爲替交易調整特別會計)를 운용하여 수입의 원활을 기"하는 것으로 되었다. 이처럼 특별엔제도에서의 각기 다른 환산율은 여기에 18엔으로 통일되고 이후 무역상 차손(差損)[19]은 「환교역조정특별회계법」의 운용에 따라 조절되는 것으로 되었다.

4) 만주국에서의 전시금융통제

만주국에서는 건국 이후 이미 1935년(昭和 10) 5월에 화폐제도가 통일되고, 금엔(金円)과의 등가 실현에 이어 일만(日滿)통화 등가정책의 확립, 조선은행권의 회수에 따라 명실공히 국폐는 법정통화로서의 지위가 확립되었다. 그런데 1938년(昭和 13) 우리나라가 "일만지(日滿支) 간 상호 긴밀한 연락 협조하에 일만지를 통한 종합적 계획을 수립할 방침에 기초해 우리나라 중요산업에 있어 생산력확충계획을 확립"한 이래 일본의 산업개발은 긴요해지고,

---

18 환재정거래(exchange arbitrage)는 재정(arbitrage)거래의 일종이다. 재정거래란 어떤 상품의 가격이 시장 간에 차이가 날 경우 가격이 싼 시장에서 매입하여 비싼 시장에 매도함으로써 매매차익을 얻는 거래 행위를 말한다. 환재정거래는 일정 시점에 각국 간 환시세의 불균형을 이용하여 그 차익을 얻기 위해 행해지는 외환거래를 말한다.
19 매매 결과 또는 가격·환시세 등의 변동·개정 등으로 생긴 손실.

그 개발 자금은 점차 본국에 대한 의존성을 높였다. 제81의회에서의 정부 발표에 따르면 우리나라는 "만주국 및 중화민국에 대해서는 작년 중 21억 엔, 지나사변 이래 합계 72억 엔을 투자"하였다. 만주국에서도 1937년(昭和 12) 제1차 산업5개년계획 개시 이래 본국에서 자금과 자재가 대량으로 이입되는 한편, 만주흥업은행을 통해 중공업 자금 소통을 도모하였다. 또한 국내 축적 자금의 현상을 감안해 특수회사에 대한 투자자금을 만주중앙은행 인수에 의한 공채 발행에서 구하게 됨에 따라 통화 신용의 팽창은 현저해졌다. 여기에 더해 중국 북부의 물가고 영향도 받아 물가 상승세는 매우 가팔랐다. 이 사이 계절적 조절의 안전판으로서, 만주국의 일엔(日円) 자금 융통의 만전을 기하기 위해, 1940년(昭和 15) 8월 일본은행과 만주중앙은행 사이에 1억 엔의 크레딧(credit)이 성립되었다.

만주중앙은행권 발행고 및 물가 추이

연도	만은권 발행고(천 엔)	신경 물가지수(%)
1937.6	178,728	124.0
1937.12	307,489	124.8
1938.6	274,634	161.7
1938.12	425,738	156.3
1939.6	387,887	182.6
1939.12	623,621	198.2
1940.6	632,214	232.6
1940.12	947,050	239.6
1941.6	811,195	245.7
1941.12	1,261,531	259.1
1942.6	1,106,084	264.6
1942.12	1,669,631	288.7

출전: 日本銀行調査局 편, 『戰時金融統制の展開』(1943. 4)(日本銀行調査局 편, 『日本金融史資料』 27, 1970, 465쪽).

이러한 만주의 물가고는 당연히 일본 본국에 파급되기 때문에, 그 물가조정은 매우 중요해졌다. 특히 대동아전쟁 발발 이후 만주는 일본 본국에 대한 의존도를 탈각하여 이전보다 대륙 인접 지역과의 물자 교류가 필요했는데, 이 경우의 수입 가격이 국내 가격을 상회하는 경우 그 가격 차이를 보상하기 위해, 1942년(昭和 17) 5월 경제평형자금제도(經濟平衡資金制度)를 창설하여 물가조정을 도모하였다.

 그런데 이렇게 통화는 팽창한 반면 제2차 대전의 발발 이후에는 대외무역에 큰 제한을 받아 산업개발, 생산력 확충에 필요한 기자재 및 외화의 획득은 다대한 장애를 받게 되었다. 이 때문에 1940년 4월 「자금계획조정요강」, 「사업자금조정실시방침」, 「공채정책요강」 등을 결정하고, 여기에 근거하여 재정을 긴축함과 동시에 특수, 준특수회사, 기타 일반 사업회사에 대한 자금계획의 합리적 조정 또는 압축을 가하였다. 다른 한편 환 관리, 자금통제 등을 더욱더 강화하고, 또 금융기관에 대해서도 1940년 6월 및 8월의 두 번에 걸쳐 대출 억제에 관한 통첩을 발했다. 또한 이러한 금융통제 강화에 대처하여 1942년 11월 1일 "만주중앙은행이 그 본래의 사명 수행에 유감이 없도록 함과 동시에 그 직능으로서 정부와 일체가 되어 금융통제 실행을 담당할 체제를 정비하기 위해" 「만주중앙은행법」을 전면적으로 개조하였다. 이후 동행은 종래 보통은행 업무를 겸영하는 변태적 상태를 벗어나 은행의 은행인 사명에 전심(專心)할 방침이 확립되었다.

10. 총괄적 고찰

 이상과 같은 전시금융통제는 요컨대 전시경제에 있어서 국가 최고의 요청인 전비 조달 및 생산력 확충을 중심으로 전개된 것이다. 하지만 이러한 금융통제의 목표는 금융 자체의 요청에 의하여 결정되는 것이 아니라 전 국민 경제적 입장에서 종합적으로 결정되고, 특히 방대한 재정지출이 금융에 미치는 영향은 결정적이기에 전시경제에서의 금융자금의 동태는 국민 경제 구조에서의 국가의 지위를 인식한 것에서 파악되어야만 한다. 이러한 종합적 견지에서 확립된 방향으로 전개된 금융통제는 오로지 전시경제의 안정을 기하는 양적 통제와 직접 전쟁 목적에 기여하는 자재 생산에 관여하는가 아닌가에 따라 신용 공여를 통제하고자 하는 질적 통제라는 두 가지 측면을 가지고 있다. 우선 그 지도 목표는 물자통제의 수단이 비교적 강하고, 따라서 단순히 추상화된 물자 수급의 균형에 그치지 않고, 계획된 특정 물자의 수급 균형까지 진전했다.「재정금융기본방책요강」에 "국민경제의 총생산액 기타를 종합적으로 감안하여 국가 자력(資力)을 개정(槪定)하여 이를 국가 목적에 따라 재정, 산업 및 국민소비의 3자에 합리적으로 배분해야 할 국가자금동원계획을 설정"한다고 명시된 근본 취지는 자금의 양적 균형을 확보하고자 한 것일 뿐만 아니라 자금 배분의 세 부면을 구별하는 의미에서 질적 고려를 한 것에 다름없다. 그런데 이런 물자통제에 필연적으로 수반되는 질적 금융통제가 현저히 강조되고 있는데, 한편에서는 실물통제가 모든 경제활동에까지 확충되지 않고 있다. 이런 현상을 고려하면 질적 금융통제만으로 전시경제의 안정을 확보할 수 있는 것이 아니라 실물통제가 전면적이 되지 않는 한 그 범위 밖에 있는 방면에 대해서는 양적 금융통제도 필수적이었다. 특히 거액의 재정지출이 행해지면 화폐소득은 현저하게 증가하는 반면 군수품은 재생산성을 결여하고 또 일반 자본재 및 소비재의 공급 감소로 물자 수급의 균형이 파괴되어 인플레이션을 야기할 가능성이 높은 현상에서는 경제안정을 위해 양적 통제의 중요성 역시 매우 큰 것이었다. 이와 같이 전시금융통제는 두 요소, 즉 질적 통제와 양적 통제의 양 측면에서 행해져 온 것으로서 물론 자금통제에서 보이는 것과 같이 양측은 구분하기 어려운 경우도 많다. 전시금융통제의 최고 과제는 통제 실행에서의 양질(量質) 양자의 모순 없는 실현에 있는 것이라고 여겨진다.

2. 1941년 조선은행권 발행제도 관련 자료

1) 대장성 은행국, 『조선은행권·대만은행권 발행제도 개정의 건(朝鮮銀行券臺灣銀行券發行制度改正ノ件)』, 1941

〈자료 106〉 大藏省 銀行局, 『朝鮮銀行券臺灣銀行券發行制度改正ノ件』, 1941

1) 조선은행법 및 대만은행법의 임시특례에 관한 법률안(朝鮮銀行法及臺灣銀行法ノ臨時特例ニ關スル法律案)

제1조 조선은행 및 대만은행은 대장대신이 정한 금액의 한도에서 은행권을 발행할 수 있다.
  조선은행 및 대만은행은 필요하다고 인정될 때에는 대장대신의 인가를 받아 전항의 금액을 초과하는 은행권을 발행할 수 있다. 이 경우 조선은행 및 대만은행은 전항의 금액을 초과하는 발행고에 대해 대장대신이 정한 비율로써 발행세를 납부해야 한다. 단, 그 비율은 연 3% 이상으로 한다.
  대장대신이 제1항의 금액을 정한 때에는 이를 공시해야 한다.
제2조 조선은행 및 대만은행은 은행권 발행고에 대한 보증으로서 동액의 금화, 지금은(地金銀), 태환은행권, 일본은행에 대한 예금, 국채증권, 기타 확실한 증권 또는 상업어음을 보유해야 할 것을 요한다.
  대장대신이 필요하다고 인정될 때에는 조선은행 및 대만은행에 대해 전항의 규정에 의해 보유하는 금화, 지금은, 태환은행권 및 일본은행에 대한 당좌예금 총액의 은행권 발행고에 대한 비율과 관련하여 필요한 명령을 내릴 수 있다.
제3조 조선은행 및 대만은행은 대장대신이 정한 바에 의해 은행권 발행고를 관보에 공고해야 한다.

부칙

본법 시행의 기일은 칙령으로 정한다.

1939년 법률 제59호는 이를 폐지한다.

본법은 지나사변 종료 후 1년 이내에 이를 폐지하는 것으로 한다.

「조선은행법」 제22조 및 제24조, 「대만은행법」 제9조 및 제25조 제2항의 규정은 당분간 이를 적용하지 않는다.

(1) 「조선은행법」 및 「대만은행법」의 임시특례에 관한 법률안 이유서

지나사변의 진전에 따른 조선은행권 및 대만은행권의 발행 상황의 추이에 비추어 임시로 조선은행권 및 대만은행권의 지불준비발행과 보증발행과의 구분을 정지하고 이 발행의 보증물건 중에 일본은행에 대한 예금을 추가함과 동시에 조선은행권 및 대만은행권의 발행한도는 대장대신이 이를 정하는 것으로 하는 등을 위해 「조선은행법」 및 「대만은행법」의 임시특례에 관한 법률을 제정할 필요가 있어 이 본안을 제출하는 바이다.

(2) 극비(極秘)

지나사변의 진전으로 인한 아국 경제 정세의 급격한 변천에 따라 원래 금에 의한 정화준비를 기초로 한 현행의 조선은행권 및 대만은행권의 발행제도는 금일 이미 그 의의를 상실하여 이를 그대로 방치하는 것은 양 은행권 발행의 실정에 부합하지 않을 뿐만 아니라 오히려 조선 및 대만의 통화정책 수행에 장애로 되는 것이라고 생각됩니다. 따라서 지금 임시로 양 은행권의 정화준비발행과 보증발행과의 구분을 정지하고 이에 따라 양 은행권의 보증물건 중에 일본은행에 대한 예금을 추가하고 또 양 은행권의 태환은행권에 대한 태환성을 확보하기 위해 대장대신은 필요에 따라 양 은행이 양 은행권 발행고에 대해 일정 비율의 태환은행권 또는 이것과 경제상 동일시할 물건을 보유해야 할 것을 명령할 수 있도록 하게 합니다. 동시에 양 은행권의 발행한도는 이를 정부 제반의 경제금융정책에 맞추어 대장대신이 이를 결정하게 함으로써 사태의 추이에 따라 탄력성 있는 제도로 하게 하는 등 양 은행권 발행제도의 특례에 관한 법률을 제정하는 것이 필요하여 위에 관한 법률안을 제76회 제국의회에 제출하고자 합니다.

별지에 법률안 및 동(同) 이유서를 갖추어 각의를 청합니다.

1941년(昭和 16) 1월 27일 대장대신 가와다 이사오(河田 烈)
내각총리대신 공작 고노에 후미마로(近衛文麿) 전(殿)

2) 대장성 은행국, 「조선은행권 및 대만은행권의 발행제도의 임시개정에 관한 법률안 설명(朝鮮銀行券及臺灣銀行券ノ發行制度ノ臨時改正ニ關スル法律案 說明)」, 1941. 1. 21

현재의 조선은행권 및 대만은행권 발행제도는 은행권의 발행을 정화준비에 의한 발행과 보증에 의한 발행으로 구분하는데, 원래 금에 의한 정화준비를 기초로 하는 위의 발행제도는 오늘날 이미 그 의의를 상실하여 양 은행권은 순연한 관리통화의 실체를 갖추기에 이르게 되었다. 이러한 때 태환은행권 발행제도에 대해 별도의 개정을 함에 따라 양 은행권 발행제도도 개정하여 종래 의미에서의 정화준비발행 및 보증발행의 구분은 이를 폐지하는 것이 적당하다고 인정된다.

단 위의 경우에서 태환은행권 발행제도 개정의 경우와 달리 특히 고려해야 할 것은 현재 양 은행권의 정화준비의 하나로서 취급되고 있는 태환은행권과 관련하여 제도상 적당한 조치를 강구할 필요가 있는 것이다. 즉 현재 일본 본국 및 조선, 대만 간의 자금 이동은 자유이기에 환(換)관리 등의 제한을 받고 있지는 않다. 결국 위 각 지역 간의 환결제는 태환은행권을 가지고 양 은행권의 자유로운 태환에 그 기초를 두고 있는 상태라고 말할 수 있다. 따라서 양 은행권은 태환은행권에 의해 태환이라는 점에서 지금도 여전히 태환권인 실질을 가지고 있는 것이라고 말할 수 있다. 이 의미에서는 양 은행권의 가치 유지 및 그 발행고의 조절은 태환은행권에 대한 태환성에 달린 것이 적지 않기 때문에 위에서 서술한 것과 같이 종래의 의미에서의 정화준비의 관념을 폐기하게 되면 양 은행권에 위와 같은 태환성을 확보해야 한다. 이를 위해 대장대신은 필요에 따라 조선은행 및 대만은행의 은행권 발행고에 대해 각각 일정한 비율의 태환은행권 또는 이와 경제상 동일시할 수 있는 물건을 보유할 것을 명령할 수 있는 제도를 설치할 필요가 있다고 인정된다.

그리고 일본은행에 대한 예금은 이를 경제상에서 보면, 태환은행권과 실질적으로 아무런 다를 게 없으므로 이를 조선은행권 및 대만은행권의 보증물건 중에 추가하는 것으로 하고 이에 따라 조선은행 및 대만은행이 현재 발행준비로서 보유한 다액의 태환은행권을 불필요한 퇴장으로부터 해방시키고 아울러 태환은행권 발행고로서 그 실제의 유통량에 상응케 하는 것이 적당하다고 인정된다.

다음으로 위에서 서술한 관리통화를 전제로 한 조선은행권 및 대만은행권 발행제도를 채용하는 것도 또한 현상에서는 어떠한 방법에 의해서 기준으로 되어야 할 은행권 발행의 한도를 설정할 필요가 있다고 사료되는 바이다. 최근과 같이 조선 및 대만의 경제가 급격한 발전을 달성하고 있는 때에는 통화의 소요량도 단기간에 현저한 변화를 보이고 이에 따라서 발행한도액도 수시로 빈번하게 이를 변경할 필요성이 생긴다. 실제로 1937년(昭和 12) 이래, 이미 두 번에 걸쳐 양 은행권의 보증발행한도의 확장이 필요했던 사실에 비추어도 명백하기에 발행한도액을 법률상에 명정(明定)하지 않고, 여러 경제금융정책에 맞춰 대장대신으로 하여금 이를 결정하게 하여 사태의 추이에 따른 탄력성 있는 제도로 하는 것이 가장 시의에 적절하다고 인정된다.

따라서 위와 같이 양 은행권의 발행한도는 대장대신이 이를 정하는 것으로 하여도 또한 일시적으로 양 은행권의 발행 증가가 필요한 임시긴급의 경우도 발생할 수 있고, 이러한 사태에 대처하기 위해서는 제한외발행의 제도는 현행처럼 이를 존치함이 적당하다고 인정된다.

다음으로 조선은행권 및 대만은행권의 발행고에 관한 공고는 금후 사태의 추이에 따라 세밀함의 정도를 안배하는 등 그 방법을 변경할 필요가 있으므로 양 은행권 발행고의 공고는 대장대신의 정한 바에 따라 이를 행하게 함이 적당하다고 인정된다.

따라서 위의 여러 점에 관한 조치 방법을 살펴 이를 「조선은행법」 및 「대만은행법」의 개정에 의해 항구적 발행제도로 하는 것은 현행 제반의 정세에 비추어 아직 시기가 아닌 것으로 인정됨으로써 지금으로서는 임시적 조치로서 이를 하는 것이 적당하다라고 인정된다.

따라서 본안과 같이 임시로 조선은행권 및 대만은행권의 발행제도를 개정하는 것으로 한다.

3) 「태환은행권 등 발행한도 결정에 관한 건(兌換銀行券等發行限度決定ニ關スル件)」(대장성 발표, 1941. 3. 31)

「태환은행권조례의 임시특례에 관한 법률」(1941년 법률 제14호)은 4월 1일부터 시행하는데, 동법 제1조의 규정에 의거한 태환은행권의 발행한도는 대체로 1941년도(昭和 16) 중을 목표로 하여 47억 엔으로 결정하는 것으로 하였다.

위의 발행한도의 결정에 있어서는 1941년도 중의 일반 경제 활동의 추세나 과거의 태환은행권 발행의 상황, 또는 국채의 발행고와 태환은행권 발행고와의 관계나 기타 경제계의 실제 정세를 기초로 한 다양한 견해를 기준으로 삼아 1941년 중의 태환은행권 발행고의 추세를 추측하고 다시 정부 제반의 재정금융정책의 경향을 수용하고, 또 일본은행, 기타 각 방면의 의견도 참작하여 감안한 결과, 위의 금액을 결정한 것이다.

태환은행권의 발행한도를 위와 같이 47억 엔으로 결정한 경우, 올해 말, 내년 초 등에서는 일시적으로는 제한외발행의 출현을 보게 될 것도 알고 있지만, 이번의 개정법에 따라 제한외발행에 대해서는 종전에 비해 엄격한 취급을 한 까닭도 있고, 위의 한도금액을 넘는 제한외발행이 출현하는 것은 가능한 한 억제하도록 노력하고자 하는 바이다.

또 「조선은행법 및 대만은행법의 임시특례에 관한 법률」(1941년 법률 제15호)도 4월 1일부터 시행하는 것으로 하는데, 동법에 기초한 조선은행권 및 대만은행권의 발행한도에 대해서는 대체로 위와 동일한 취지에 따라 전자를 6억 3,000만 원, 후자를 2억 4,000만 원으로 결정하였다.

4) 조선은행권의 1941년 중 발행고 추산

(1) 1936년 이후 5년간 연중 평균 발행고의 대전년(對前年) 증가율의 평균: 23.5%

(2) 1940년 중 평균발행고: 442,681,000원

(3) 위 (1)과 (2)에 의한 1941년 중 평균발행고를 추산: 546,906,000원

(4) 1936년 이후 5년간 각 연도 중 최고발행고의 동년 중 평균발행고에 대한 비율의 평균: 139.6%

(5) 위 (3)과 (4)에 의한 1941년 중 최고발행고를 추산: 763,350,000원.

(6) 1936년 이후 5년간 각년 11월 이후까지의 최고발행고의 동년(同年) 중 평균발행고에 대한 비율의 평균: 125.5%

(7) 위 (3)과 (6)에 의한 1941년 11월말까지의 최고발행고를 추산: 686,465,000원

5) 대장성 은행국, 「조선은행권 및 대만은행권 발행제도의 임시개정에 관한 법률안 관계 상정 질문응답(朝鮮銀行券及臺灣銀行券ノ發行制度ノ臨時改正ニ關スル法律案 關係 想定質問應答)」, 1941. 1.

(1) 본 법안의 요지는 무엇인가?

본 법은 현행의 양 은행권 발행제도를 임시로 개정하고자 하는 것으로서 그 개정의 요점은 다음의 5가지이다.

① 양 은행권의 정화준비발행 및 보증준비발행의 구분을 폐지하고 전액 보증발행으로 하는 점.
② 양 은행권의 발행한도는 대장대신이 이를 정할 것(단, 제한외발행의 제도는 존치함)
③ 양 은행권 발행고에 대한 태환물건의 보유 비율에 관해 대장대신은 필요한 명령을 할 수 있는 점.
④ 양 은행권의 보증물건 중에 '일본은행에 대한 예금'을 추가한 것.
⑤ 양 은행권의 발행고에 관한 공고는 대장대신이 정한 바에 따라 이를 행할 것.

(2) 본 법안 제출의 이유는 무엇인가?

현재의 양 은행권 발행제도는 은행권의 발행을 정화준비에 의한 발행과 보증준비에 의한 발행으로 구분하는데, 원래 금에 의한 정화준비를 기초로 한 위의 발행제도는 오늘날 그 의의를 상실하여 양 은행권은 순연한 관리통화의 실체를 갖추기에 이르렀다. 이 기회에 태환은행권 발행제도에 대해 별도 개정을 행하려는 것과 함께 양 은행권 발행제도도 개정하여 종래 의미에서의 정화준비발행 및 보증발행의 구분은 이를 폐지함이 적당하다고 인정됨.

단, 위의 경우에 태환은행권 발행제도 개정의 경우와 달리 특히 고려해야 할 것은 현재 양 은행권 정화준비의 하나로서 취급되어 온 태환은행권에 관해 제도상 적당한 조치를 강구할 필요가 있다는 것이다. 즉 현재 일본 본국 및 조선, 대만 간의 자금 이동은 자유이기에 환(換)관리 등의 제한을 받고 있지 않다. 결국 위 각 지역 간의 환결제는 태환은행권을 기반으로 양 은행권의 자유로운 태환에 그 기초를 두고 있는 상태라고 말할 수 있다. 따라서 양 은행권은 태환은행권에 의해 태환이 지금도 여전히 태환권인 실질을 가지고 있는 것이라고 말할 수 있다. 이 의미에서는 양 은행권의 가치의 유지 및 그 발행고의 조절은 그 태환은행권에 대한 태환성에 달린 것이 적지 않기 때문에 위에서 서술한 것과 같이 종래의 의미에서의 정화준비의 관념을 폐기하게 되면 양 은행권에 위와 같은 태환성을 확보해야만 한다. 이를 위해 대장대신은 필요에 따라 조선은행 및 대만은행이 은행권 발행고에 대해 각각 일정한 비율의 태환은행권 또는 이와 경제상 동일시할 수 있는 물건을 보유할 것을 명령할 수 있는 제도를 설치할 필요가 있다고 인정된다.

그리고 일본은행에 대한 예금은 이를 경제상에서 보면, 태환은행권과 실질적으로 아무런 차이가 없으므로 이를 조선은행권 및 대만은행권의 보증물건 중에 추가하는 것으로 한다. 이에 따라 조선은행 및 대만은행이 현재 발행준비로서 보유한 다액의 태환은행권을 불필요한 퇴장으로부터 해방시키고 아울러 태환은행권 발행고로서 그 실제의 유통량에 상응케 하는 것이 적당하다고 인정된다.

그리고 위와 같은 양 은행권의 발행한도는 대장대신이 이를 정하는 것으로 하여도 또한 일시적으로 양 은행권의 발행 증가가 필요한 임시긴급의 경우도 발생할 수 있고, 이러한 사태에 대처하기 위해서는 제한외발행의 제도는 현행처럼 이를 존치함이 적당하다고 인정된다.

다음으로 양 은행권 발행고에 관한 공고는 금후 사태의 추이에 따라 세밀함의 정도를 안배하는 등 그 방법을 변경할 필요가 있으므로 양 은행권 발행고의 공고는 대장대신이 정한 바에 따라 이를 행하게 함이 적당하다고 인정된다.

그러므로 위의 각 점에 관한 조치 방법을 살펴서 이를 양 은행법의 개정에 의해 항구적 발행제도로 하는 것은 현행 제반의 정세에 비추어 아직 시기가 익지 않는 것으로 인정됨으로써 지금으로서는 임시적 조치로서 이를 하는 것이 적당하다고 인정된다.

따라서 본안과 같이 임시로 조선은행권 및 대만은행권의 발행제도를 개정하는 것으로 한다.

(2)-2 본법의 제도와 일본은행권 발행제도의 개정법과의 주된 차이는 무엇인가?

양 제도의 주된 차이는 다음과 같다.

본 제도는 다음의 두 점에서 일본은행권의 제도에는 없는 제도를 마련했는데,

① 은행권 발행고에 대한 태환물건의 보유 비율에 관해 대장대신이 필요한 명령을 할 수 있는 점.

② 은행권의 보증물건 중에 '일본은행에 대한 예금'을 첨가하는 점.

본 제도는 일본은행권의 제도 중에 설정된 은행권의 종류에 관한 규정을 결여(이 점에 있어서는 일본은행권의 개정 제도에서 기도한 목적은 양 은행권의 현행 제도로서 달성되어지는 것으로 됨)

(3) 현행 제도로도 과거에 지장 없이 운행하고 있다고 인정되기 때문에 본법 제정이 필요하지 않다고 생각되는데 어떠한가?

현행의 양 은행권 발행제도는 오래전에 제정된 이래 여러 번에 걸쳐 일부의 개정을 보게 되었음에도 제도의 기본에 있어서는 어떠한 변경을 가하지 않았다. 최근 우리 경제 정세의 급격한 변천에 비추어 금일의 실정에 부합하지 않을 뿐만 아니라 우리나라 당면의 통화정책 수행상 적지 않은 지장이 있다고 인정됨으로써 국내외 제반의 추세에 비추어 우리나라 전시경제에서 요구하는 새로운 통화조절의 기준이라 할 수 있는 양 은행권 발행제도를 임시로 설치하는 것이 필요하다고 인정되고 특히,

① 양 은행권의 발행고는 최근 현저히 증대되었을 뿐만 아니라, 1939년 10월 이후에는 제한외발행이 빈번하게 출현하고 있는 상황이다. 이와 같은 상황은 단지 현재의 보증발행한도에 따라 역시 이에 대응할 제한외발행의 제도는 그 본래의 의의를 잃어버렸을 뿐만 아니라, 이미 그 의의를 상실한 위와 같은 제도를 그대로 방치할 때에는 혹은 세상 사람으로 하여금 통화가 불건전한 상태에 있다고 오해하게 하여 건전한 경제 운행

의 근거 기준을 잃어버리게 된다. 어느 쪽이든 통화정책 수행에 장해로 될 뿐 아니라 오늘날과 같이 악성 인플레이션의 불안이 존재하는 때에는 위와 같은 제한외발행의 빈번한 출현은 오히려 국민의 심리에 쓸데없는 불안을 줄 위험이 있을 수 있다.

② 현재 양 은행권 발행의 정화준비제도는 그 의의를 상실했음에도 불구하고 이를 존치시키는 것은 세상 사람들에게 현재의 관리통화의 체제로서 임시적 불건전한 조치라는 오해를 불러일으켜 양 은행권의 건전성을 정화준비의 증감 또는 발행고와 정화준비와의 비율에 의해서 판단하는 등의 착각에 빠질 위험에 빠트리기 때문에 역시 당면의 통화정책 수행상 장해가 된다고 인정되고 또한,

③ 현재의 보증발행한도를 법률로 고정한 제도는 최근과 같이 우리나라 경제에서 필요로 하는 통화의 양이 단기간에 현저한 변화를 보임에 따라 이를 빈번하게 개정할 필요가 있다. 이런 경우에는 사태에 따라서 임기적이고 탄력성 있는 조치를 채택할 수 없는 결함이 있게 되는 것은 말할 것도 없다.

(4) 본법을 지나사변 중의 임시 입법으로 한 이유는 무엇인가?

우리나라 제반 사정에 비추어 양 은행권 발행제도를 근본적, 전반적으로 개변하여 완전히 새로운 항구적 발권제도를 창설할 시기에 도달했다라고 말하는 것은 아직 어려울 뿐 아니라 이를 위해서는 금태환제도의 근본에 대해서도 검토가 필요하다. 그 외에 「화폐법」의 근본에 대해서도 신중한 고려를 요하는 점이 있는 등의 근본적 조치는 이를 후일에 미루고 이번 개정은 현하의 사태에 비추어 긴요, 빠져서는 안 될 사항에 관한 임시적 조치에 한정할 따름이다.

(5) 발권제도의 개정을 종래와 같이 보증발행한도 확장의 방법으로 하지 않는 이유는 무엇인가?

양 은행권의 보증발행한도 확장의 방법에 의한 발권제도의 개정은 지나사변 발발 이래 이미 1937년(昭和 12) 및 1939년(昭和 14) 두 번에 걸쳐 실행된 적이 있는데, 이번에 세 번째 보증발행한도 확장의 방법을 채택하는 것은 미봉적 내지 추종적 호도책이라는 비난을 면치 못할 것이다. 이번에는 보증발행한도의 개정 이외에 여러 점에서 개정을 요하는 것 등이 있

어 상당히 광범위하게 임시적 개정을 추가함으로써 조선, 대만 양 지역의 경제 제반의 정세 추이에 적응할 발권제도를 임시로 설치함이 적당하다고 인정된다.

또 최근과 같이 양 지역 경제계가 비약적으로 발전을 이루고 있는 때에는 그 필요로 하는 통화의 양도 단기간에 현저하게 변화하기 때문에 이에 대한 대책으로서 보증발행한도를 확장하는 방법을 채택할 경우에는 이후에도 빈번하게 이를 위한 법률 개정의 수속을 반복할 필요가 생길 뿐 아니라, 사태에 따라서 임기적인 탄력성 있는 조치를 채용할 수 없는 감이 있으므로 이 점에서도 이번의 개정에서는 보증발행한도 확장의 방법을 채택하지 않는 것이다.

(5)-2 본법은 대체로 어느 시기부터 시행할 수 있을 것으로 예상하는가?

본법의 실시에 수반되어 양 은행 정관 중에서 개정을 필요로 하는 점(조선은행은 제53조 내지 제56조, 대만은행은 제45조 내지 제48조 등)이 있기 때문에 본법의 시행은 그 공포 후 위 정관 개정 수속의 기간을 두어야 하고, 지금으로서는 대체로 본년 4월 1일경부터 이를 시행하는 것으로 생각된다.

(6) 외국의 입법례 중 본 제도와 같은 발권제도를 채용하는 것이 있는가?

본 제도와 완전히 같은 제도를 채용하는 입법례는 현재는 없는 것 같고, 이와 유사한 것으로서는 목일의 신체노(1939년(昭和 14))를 들 수 있다. 그런데 이 제도는 금 태환의 제도를 결여하고 또 발행한도에 관해 법률상 어떠한 규정이 없다는 점에서 본 제도와 다르다. 이탈리아와 프랑스 등도 제도로서는 비례준비제도를 채택하는데, 현재 정화의 비례준비율에 관한 규정을 정지하고 있으므로 실제로는 정화준비의 관념을 폐기하고 발행한도에 관해 규정하는 것이 없는 것과 마찬가지의 상태에 있다.

또 1928년(昭和 3) 이전의 프랑스의 구 제도는 최고발행한도법정제도를 채용했는데, 이 제도는 발행한도액을 법률상에 구체적으로 분명하게 정하는 것 및 제한외발행의 제도를 인정하지 않는다는 두 가지 점에서 본 제도와 그 원칙에서 매우 다르다고 할 수 있다.

(7) 정부의 통화정책은 어떠한가?

정부는 최근 우리나라 국내외 제반 경제정세의 급격한 변천, 특히 금융정세의 추이에 즉응하여 통화의 조절에 대해 만전을 기하고 있다. 현재 우리나라 통화정책의 요체는 한편에서는 통화의 양을 조절하여 통화의 가치를 안정시킴로써 신용을 유지함과 동시에 다른 한편에서는 국가 경제상 긴요한 방면에 통화 공급을 원활 적정하게 함에 있다고 생각된다.

정부는 제반 경제정책과도 고려해 현재 추세에 처해 관리통화의 운영에서 유감없는 통화정책의 수립 및 실시에 노력하고 있고, 이번의 발권제도의 임시 개정도 이와 같은 통화정책의 구현이라고 말할 수 있을 것이다.

(8) 정부는 당면한 통화정책으로 발권제도 개정만으로 충분하다고 생각하는가?

정부는 통화정책의 하나로서 이번 발권제도 개정을 하고자 하는 것만으로 충분하다고는 결코 생각하지 않는다. 특히 통화 신용을 유지하고 소위 악성 인플레이션의 발생을 막기 위해서는 이후 제반 정책을 한층 더 충실, 강화할 필요가 있다고 인식하고 있다. 그 가운데 금융정책에 대해서는 금융기구, 금융행정기구, 금융통제 등 전반에 걸쳐 계속해서 개신(改新)을 도모하고 있다.

(8)-2 정부는 가까운 장래에 발권제도를 근본적이고 전반적으로 개정하여 새로운 항구적 발권제도를 창설할 의향이 있는가?

이 점에 대해서는 현재 신중한 연구 중으로 이후에 우리나라 국내외 제반 정세의 추이를 끝까지 지켜보고서 대책을 결정하려고 생각한다. 현재 앞을 내다보면 발권제도를 근본적이고 항구적으로 개정할 적당한 시기는 조만간 도래하지 않을까라고 생각된다.

(9) 본법은 은행의 이익 보호의 취지에 기초한 것인가?

본 법안은 현재 통화 상황에 적응하는 발권제도를 마련하려 한 것으로서 발권은행인 양 은행의 이익증진을 목적으로 한 것이 아님은 물론이다. 단, 본법 제정의 결과로서 실제로 발권은행의 이익이 증대될 수 있기에 본 발행제도의 개정에 따라 대만은행에 납부금제도를 신설하고 조선은행의 현행 납부금제도를 정비하기 위해 별도의「조선은행법」및「대만은행법」중 개정 법률안을 이번 의회에 제출할 바이다.

(10) 본 제도는 관리통화를 전제로 한 것과 같아도 이것은 통화에 대한 대내적 및 대외적 신용을 약화시키는 결과로 되지 않는가?

오늘날 통화의 대외가치는 발권은행이 보유한 금 준비와는 직접 관련을 갖지 않은 채 오로지 정부의 환정책에 따라 결정되고 있을 뿐만 아니라 통화량의 조절로 인한 통화의 국내가치 유지도 오로지 정부의 금융정책에 위임되기에 이르렀다. 금 준비의 증감에 의한 통화량의 자동적 조절을 도모하고자 하는 현재의 발권제도는 그 의의를 상실하여 금일 양 은행권은 순연한 관리통화의 실체를 갖추게 되었고, 세상 사람들 역시 이를 이상하게 여기지 않는 상황에 있다. 따라서 금을 기초로 하는 종래의 발권제도를 고쳐 본 제도를 채용하고자 하는 것은 관리통화로서 위와 같은 통화의 현실 상황에 적응하고자 하는 것이기에 이것이 통화 신용을 약화시키게 된다고 생각하지 않는다.

(11) 본법이 통화팽창을 조장하는 결과로 되지 않을까?

본 제도가 정화준비의 관념을 폐기하는 것은 현실의 사태를 제도상 확인하는 것에 지나지 않고 따라서 이로 인해 통화팽창을 초래한다고 당연히 생각하지는 않는다.

다음으로 본 제도에서 발행한도를 대장대신이 정하는 것으로 한 것은 최근에 조선, 대만 경제계의 추이에 비추어 통화와 관련된 사태에 응하여 임기로 탄력성 있는 조치를 채택하고자 하는 의도에서 나온 것이다. 대장대신이 위의 발행한도를 정함에 있어서는 통화의 건전성 유지를 제1의 목표로 해야 하는 것은 물론이고 이에 의해서도 당연히 통화팽창을 야기하는 것이라고 생각되지 않는다.

(12) 이 경우 일본은행권으로서 조선·대만 양 은행권을 통일하는 것은 어떠한가?

조선·대만 양 은행권을 일본은행권에 통일하는 것은 외지에서의 특수한 경제사정도 있고 또 양행에 부여된 특수사명에 비추어서도 신중한 고려를 요하는 바이기에 현재 예의 연구 중이다.

그러므로 만약 종국의 방향으로서는 위의 세 은행권을 통일하는 것이 가능하여도 이를 실현하는 것에 대해서는 시기 및 방법에 관해 신중한 배려가 필요하다고 생각된다. 당장의 문제로서는 조급한 통일을 실현해야 한다고 생각하지 않는다.

(13) 은행권 발행한도를 대장대신이 정하도록 한 이유는 무엇인가?

　최근과 같이 우리 외지 경제계가 비약적인 발전을 이루고 있는 때에는 그 소유 통화의 양도 단기간에 현저한 변화를 보이기 때문에 빈번하게 이를 개정할 필요가 발생하게 된다. 실제로 1937년 이래 이미 두 번에 걸쳐서 양 은행권의 보증발행한도 확장을 위한 법률 개정이 필요했다는 사실에서 명백하게 드러났다. 따라서 이를 법률상에 명정(明定)해 두게 되면 복잡한 수속을 되풀이할 필요가 발생할 뿐만 아니라 사태에 대해서 임기적인 탄력성 있는 조치를 채택할 수 없는 결함이 있다. 이 때문에 본 제도에서는 이를 결정하는 것 없이 정부 제반의 경제금융정책에 맞추어 대장대신이 결정하는 것으로 한 바이다.

(14) 대장대신은 무엇을 기준으로 하여 은행권의 발행한도를 정하는가?

　통화의 건전성을 유지하는 것과 함께 경제계에서 필요로 하는 통화의 원활한 공급을 확보하는 것을 목표로 하고, 조선 및 대만의 제반 경제금융정세에 대응하고 또 정부 각종 경제금융정책에 대조하여 양 은행권의 발행한도를 결정하게 한다.

　그리고 이 경우 생산, 배급, 물가, 나라의 재정, 금융 등의 일반경제 거래 활동 상황을 충분히 고려하는 것은 물론이고 특히 통화의 상황 중에서 은행권 발행의 추세에 충분히 주의를 기울인다. 이 결정에 있어서는 사항의 중요성에 비추어 특히 신중한 취급을 해야 할 것으로 생각한다.

(15) 관리통화의 체제를 철저히 하면, 발행한도의 개념은 불필요한 것이 아닌가?

　통화유통량의 조절은 첫째 정부의 금융정책에 달려 있는 현상이라고 하면, 통화의 발행한도 관념은 법률상 불필요한 것처럼 생각될 수도 있다. 일정 기간 동안 조선·대만 양 지역 경제의 건전한 운행을 위한 기준이 될 수 있는 통화유통량의 한도를 한번 결정하여 이를 명시하는 것은 통화의 신용을 유지하고 또 제반 경제정책 수행의 지표가 되기 때문에 본 제도와 같이 관리통화를 전제로 한 발권제도를 채택함에도 어떠한 방법으로서 기준이 될 만한 통화유통량의 일정 한도를 정하는 것이 적당하다고 인정된다.

(16) 대장대신이 발행한도를 정하도록 하는 것은 통화의 안정상 불가(不可)하지 않은가?

　대장대신은 양 은행권의 발행한도 결정에 있어서는 경제계의 여러 정세를 충분히 감안함은 물론 통화의 신용 유지를 제1의 목표로서 이를 정하는 것으로 이로 인해 통화 불안과 같은 사태가 발생할 우려가 있다고 생각하지는 않는다.

(17) 대장대신이 발행한도를 결정하는 기준을 법정(法定)할 필요는 없는가?

　현재 경제계의 추세에 비추어 볼 때 적당한 발행한도 결정의 기준을 법문상에 명확하게 규정하는 것은 사실상 곤란하고, 이것을 법문에 규정하여도 그것은 어떤 기준이라는 실제 의미를 상실하고 단지 공문(空文)으로 되거나 혹은 융통성이 없는 것에 지나지 않게 되어 임기로 탄력성 있는 조치를 채택할 수 없는 결과를 낳을 수밖에 없다고 생각된다.

　그러므로 만약 이를 굳이 법문에 규정해야 한다면, 양 은행권 발행의 과거의 실제 정세, 예컨대 작년 중의 최고발행고를 채택해야 한다고 생각되는데, 그것도 단지 과거에서의 그 정도의 발행이 있었다는 것 외에는 어떠한 합리적 근거를 보이지 못하기 때문에 적당하지 않다라고 생각된다.

(18) 대장대신이 발행한도를 결정하는 것에 대해서는 특별한 위원회의 논의를 거치는 것이 필요로 하는지 어떠한가?

　대장대신은 발행한도 결정에 있어 경제계의 각종 정세를 충분히 참작함은 물론 경제계 각 방면의 의견에도 충분히 주의를 기울여 유감없음을 기해야 하기 때문에 이를 위해 특별히 위원회와 같은 것을 설치할 필요는 없다고 생각한다.

(19) 특별위원회를 설치하여 양 은행권의 발행한도를 정하게 하는 것은 어떠한가?

　양 은행권의 발행한도의 결정은 통화금융정책의 담당자이면서 동시에 그 책임자인 대장대신이 이를 해야 하는 것이라고 생각한다.

(20) 발행한도는 반드시 대장대신이 이를 정하게 하는 것이 필요한 것인가?

　본 제도는 자동적으로 발행한도가 결정되는 경우를 예상하지 않은 것이기에 대장대신은 반드시 발행한도를 정하지 않으면 안 된다.

(21) 오히려 일정한 자동적 발행한도를 만들어 위 한도가 부적당한 경우에 대장대신이 발행한도를 정하게 하는 것이 옳지 않는가?

현재 경제계의 정세에 적응할 수 있는 자동적 발행한도 결정 방법을 찾아내는 것이 곤란하기 때문에 이와 같은 방법은 설정하지 않는 것이 적당하다고 인정된다.

(22) 발행한도는 정기적으로 예를 들어 연 1회라고 하는 것처럼 이를 정하는가 또는 수시 필요에 따라서 이를 정하는가?

법률상의 원칙으로서는 수시 필요에 따라 발행한도를 결정할 수 있지만 반드시 이를 정기적으로 할 필요가 있는 것은 아니다. 본 제도에서의 발행한도는 경제계에 일정 기준을 제시하는 것으로도 되는 것이기에 이 점에서도 대체로 매년 1회 정도는 한도를 결정할 필요가 발생할 수 있다고 생각된다.

(23) 당장 대장대신은 어느 정도의 금액을 발행한도로서 정할 의향인가?

현재 연구 중으로 정확히 서술하기 어렵다. 우선 대체로 조선은행권에 대해서는 6억 원 전후, 대만은행권에 대해서는 2억 4,000만 원 전후로 할 생각이다.

(24) 발행한도를 대장대신이 정하는 이상 제한외발행의 제도는 불필요하지 않은가?

양 은행권의 발행한도는 대장대신이 이를 정하는 제도를 채택한 것으로서 대체로 기준이 될 수 있는 통회의 발행한도를 정하고자 하는 것이다. 일시적으로 은행권의 발행 증가가 필요한 것과 같은 임시 긴급한 사태에 대처하기 위해서는 제한외발행제도는 존치하는 것이 적당하다고 인정된다.

즉 제한외발행제도를 폐지할 때에는 연말 등의 일시적 발행 증가에 대처하기 위해 발행한도를 매우 빈번하게 변경하거나 또는 매우 관대한 한도를 설정해야 하는데 어느 방법을 채택하지 않을 수 없게 되나 그 어느 것도 적당하지 않다고 생각된다.

(25) 제한외발행세율을 인상할 필요는 없는가?

현재의 일반 금리의 상황에 비추어 최저발행세율은 이를 인상할 필요가 없다고 생각한다. 만약 적용 세율을 인상할 필요가 있는 경우에는 현행 제도에서도 대장대신은 연 3%를 넘는 고율을 적용하는 것이 가능하기 때문에 실제로는 어떠한 지장도 없다고 인정된다.

(26) 제한외발행세의 최저율을 법정(法定)할 필요가 없는 것이 아닌가?

제한외발행세의 최저율을 법으로 규정하는 현행제도로서 실제상 별다른 지장이 없을 뿐만 아니라 이번의 개정은 긴급한 개정이 필요한 사항만을 대상으로 한 임시적 조치이기에 본 제도는 그대로 존치하는 것으로 한다.

(27) 정화준비와 보증준비의 구분을 폐지하고자 하는 이유는 무엇인가?

현재의 양 은행권 발행제도에 의하면 은행권의 발행은 이를 정화준비에 의한 발행과 보증에 의한 발행으로 구분하는 것이 원칙이다.

그러므로 정화준비에 의한 발행은 본래 금을 기초로 삼아 은행권의 금 태환의 자유와 금의 자유 수출을 전제로 하고 금의 자연 증감에 따라 자연적으로 통화가치의 유지를 도모함으로써 자동적으로 통화유통량을 조절하는 작용을 운영하고자 하는 것이다.

그런데 최근 우리나라에서는 1932년(昭和 7) 금의 자유 태환 및 자유 수출을 정지한 이래 외국환 관리를 계속 강화하였다. 특히 1937년(昭和 12) 「금준비평가법」을 제정, 이에 근거하여 양 은행권이 보유한 금은 거의 전부를 일본은행에 인도한 결과 오늘날에는 실제로 금은 양 은행권의 기초라는 본래의 의의를 잃고 금 준비의 증감에 의해 은행권 발행고를 자동적으로 조절하고자 한 현행의 발권제도는 현재 그 본래의 의의를 상실하여 양 은행권은 순연한 관리통화의 실체를 갖추기에 이르렀다. 이 경우 태환은행권 발행제도를 별도로 개정하려 함에 따라 양 은행권 발행제도도 개정하여 임시로 종래의 의미에서의 정화준비발행 및 보증발행의 구분은 이를 폐지하는 것이 적당하다고 인정된다.

단, 양 은행권은 태환은행권과 달리 최근 그 정화준비는 거의 전부가 태환은행권으로 구성되어 있을 뿐만 아니라 양 은행권은 현재 태환은행권에 대해 특수한 의존관계에 있기 때문에 양 은행권에 관한 한 정화준비는 본래의 금 준비의 관념에서 이탈하여 새로운 별개의 의의를 가지게 되었다고 말할 수 있다. 이 점에 관해서는 이번의 개정에 있어서 제도상 적당한 조치를 강구한 것이다.

(28) 본 법은 은행권의 태환제도에 대해 어떠한 영향을 미칠 것인가?

이번의 개정은 은행권의 태환제도에는 하등 저촉되는 것이 없고, 따라서 양 은행권은 제도상 금후에도 또한 태환권인 것은 현재와 하등 다를 바가 없는 것이다. 덧붙여 양 은행권이 현재 금태환권이라는 실질을 가지지 않는 것은 태환은행권과 다를 바가 없다 하더라도 태환은행권에 의한 태환에 관한 한은 지금 또한 태환권이라는 실질을 가지고 있는 것이기에 이 점에서도 본 제도는 현재의 상태에 어떤 변경을 가하는 것은 아니다.

(29) 본 제도는 은행권의 '금'과의 결부를 절단하는 것인가?

본 제도는 은행권과 금과의 관계를 완전히 절단하려고 하는 것은 아니다. 금은 이후에도 은행권 발행 보증의 하나로서 존속하는 것으로 된다.

그렇다고 해도 금의 증감에 의한 통화량의 자동적 조절을 도모하고자 하는 현재의 발행제도는 그 의의를 상실하고 양 은행권은 오늘날 순연한 관리통화의 실체를 갖추고 있다. 따라서 이번의 개정은 은행권의 건전성을 금 준비의 다과에 의해 판단하는 등 금과 통화와의 관계를 과대평가하는 위험을 포장하는 현행제도를 고쳐 현재의 은행권 발행의 실정에 부합하고자 하는 것이다.

(30) 발권제도를 개정하게 되면, 다시 한 발 더 나아가 태환에 관한 법조문(「조선은행법」 21조, 「대만은행법」 8조)도 개정해야 하는 것이 아닌가?

현재 양 은행권은 금태환에 관한 한 실제로 이미 태환권으로서의 성질을 상실하고 있기 때문에 이 점에서 「조선은행법」 21조 및 「대만은행법」 8조의 규정은 이에 적당히 개정을 가해야 함이 맞다고 생각된다. 이번의 개정은 현행제도에서는 실제상 지장 있는 것만을 대상으로 한 임시적 조치에 그치고, 체제의 정비 등 항구적 변경은 이를 후일에 미루고자 한다.

그러므로 위의 금태환에 관한 규정은 실제로 「금준비평가법」에 따라 그 적용을 정지하고 있는 것이면서 형식상 이를 존치한 것으로 실제로는 하등 장애가 없는 것이라고 인정될 뿐만 아니라 양 은행권은 태환은행권과 달리 태환은행권에 의한 태환에 관한 한 지금 또한 태환권이라는 실질을 가지고 있다고 말할 수 있다. 이 점에서 양 은행권의 태환에 관한 규정도 또한 실제로 의의를 가지는 것으로 인정되기에 이번의 개정에서는 이 점에서는 저촉되지 않은 것이다.

(31) 양 은행권은 현재 은행권의 준비로서 어느 정도의 금을 보유하고 있는가?

양 은행권은 1937년(昭和 12)「금준비평가법」의 제정에 따라 보유한 금의 거의 대부분을 일본은행에 인도하였다. 이 점에서 현재 금준비는 거의 이를 가지고 있지 않은 상태이면서 오직 양 은행은 조선, 대만에서의 산금 매상(買上)을 수행하고 있다. 또 최근에는 양 지역에서 금제품을 매상하고 있기 때문에 이를 정부에 매각하기까지 일시적으로 양 은행이 보유하고 있는 것도 그 금액은 다음처럼 큰 것은 아니다.

(참고) 양 은행권 금준비고(1940년 말 현재)
    조선은행권   8,916,000원
    대만은행권   39,000원

(32) 일본은행권의 발행제도와 달리 대장대신은 양 은행권이 양 은행권의 발행고에 대해 일정 비율의 일본은행권 등을 보유해야 할 것을 명령할 수 있도록 한 이유는 무엇인가?

현재 일본 본국 및 조선, 대만 간의 자금 이동은 자유이면서 환관리 등의 제한을 받는 것이 아니라, 각 지역 간의 환 결제는 결국에는 태환은행권으로서 하기에 양 은행권의 자유로운 태환에 그 기초를 두는 것이라고 말할 수 있는 상태이다. 따라서 양 은행권은 태환은행권에 의한 태환에 관해서는 지금 또한 태환권인 실질을 가지고 있는 것이라고 말할 수 있다. 이러한 의미에서 양 은행권의 가치 유지 및 그 발행고의 조절은 태환은행권에 대한 태환성에 달려 있는 것이 적지 않다. 그러므로 이번의 개정에 의해 종래의 의미에서의 정화준비의 관념을 폐기함에 따라 양 은행권에 위와 같은 태환성을 확보하기 위해서 대장대신은 필요에 따라 양 은행이 양 은행권 발행고에 대해 일정 비율의 태환은행권 또는 이와 경제상 동일시할 수 있는 물건을 보유해야 할 것을 명령할 수 있는 제도를 만들 필요가 있다고 인정된다.

또한 이 점에 대해서는 이미 종래 은행 감독의 입장에서는 양행에 대해 일정 비율의 태환 물건을 보유해야 할 것을 명령해 온 것이면서 이번 개정은 이와 같이 종래 실제상의 조치를 법률상으로 명문화하고자 한 것에 지나지 않는다.

(33) 양 은행권의 태환물건 보유 비율은 법률상으로 확정하는 것이 옳지 않는가?

양 은행권이 태환은행권에 대한 태환성을 확보하기 위해 필요로 하는 태환은행권 등의 태환물건의 보유 비율은 그 때의 정세 추이에 따라 이를 변경할 필요가 있을 수 있기 때문에 법률상으로 고정하지 않고 탄력성을 가지게 하는 것이 적당하다고 인정된다.

(34) 위의 태환물건 보유비율은 대장대신이 정하는데, 대체 어느 정도의 비율로 할 방침인가?

현재 제반 정세를 감안하여 연구 중인데, 당분간 종래 양 은행에 대한 은행 감독상 보유를 명령하고 있는 것과 대체로 같은 정도 즉 1/3 정도로서 하고 싶다.

(35) 양 은행권의 보증 가운데 '일본은행에 대한 예금'을 추가한 이유는 무엇인가?

일본은행에 대한 예금은 이를 경제상에서 보면, 태환은행권과 실질적으로 거의 다를 바가 없기 때문에 이것을 양 은행권의 보증물건 가운데에 추가한 것이다. 이에 따라 양 은행이 현재 발행준비로서 보유하고 있는 다액의 태환은행권을 불필요한 퇴장에서 해방시키고 아울러 태환은행권 발행고로서 그 실제 유통량에 상응시키고자 하는 것이 적당하다고 인정된다.

(35-2) 양 은행권 발행의 보증 가운데 '일본은행에 대한 예금'을 추가한 것으로 인해 일본은 행권 발행고는 대체로 어느 정도 감축할 것으로 예상되는가?

현재 양 은행권이 발행준비로 다액의 일본은행권을 보유하고 있는 것은 본 제도를 채용할 때에는 위의 보유 일본은행권 가운데 대부분은 이것을 '일본은행에 대한 예금'으로 이체할 수 있기 때문에 상당한 다액의 일본은행권 발행고 절감으로 된다고 인정된다.

그러므로 그 금액 여하에 대해서는 양행의 1940년도(昭和 15) 중 준비에 충당된 일본은행권의 평균고는 약 3억 500만 엔(1940년 12월 중 평균은 3억 7,000만 엔)으로서 그중에서 양행이 일상 영업상 보유할 필요가 있는 일본은행권을 차감함과 함께 양 은행권 발행고 증가의 추세에 따른 일본은행권 보유고의 이후 증가도 예상하면 대체 3억 엔 가까운 것으로 되리라고 생각된다.

(참고) 조선·대만 양 은행권의 발행준비 충당 일본은행권의 고조(高調) (단위: 천 엔)

	조선은행권	대만은행권	계
1939년 평균	162,569	71,819	234,388
1940년 평균	227,391	77,409	304,800

(36) 양 은행권의 보증 중에서 '일본은행에 대한 예금'을 추가하는 정도라면 다시 일보를 더 나아가 일본은행 이외의 은행에 대한 예금도 추가하는 것이 어떠한가?

발권 보증의 확실성이라는 점에서 하면, 이론상 일본은행 이외의 확실한 은행에 대한 예금도 보증물건 가운데에 추가하는 것이 하등 지장이 없다고 생각되어지지만, 실제 문제로서는 '확실한 은행'을 구체적으로 결정하는 것이 곤란하기 때문에 자연히 불건실한 취급으로 떨어질 우려가 있다. 뿐만 아니라 이를 일본은행에 대한 예금에 한정하여도 실제로는 어떠한 불편이 없기에 일본은행 이외의 은행에 대한 예금은 이를 제외하는 것으로 한다.

(37) 발권 보증의 확실성을 유지하게 하는 견지에서 발권의 보증이어야 하는 일본은행 예금은 이를 당좌예금만으로 한정해야 하는 것이 아닌가?

발권 보증의 확실성을 유지할 필요가 있는 것은 물론인데, 확실성의 점에서만 보면, 제도상 일본은행에 대한 당좌예금과 기타 종류의 예금과의 사이에는 차이가 없는 것으로 생각되기 때문에 특별히 법문상 이를 당좌예금만으로 한정할 필요는 없다고 인정된다.

또한 이를 태환물건으로서 본 경우에서는 태환성의 확보라는 점에서 이를 당좌예금에 한정하는 것이 적당하다고 인정하고 본조의 제1항과 제2항은 이 점에 관한 규정을 다르게 하였다.

(38) 발권의 보증에 관한 법령 조항 중 제1항에는 '일본은행에 대한 예금'으로 규정하고

제2항에는 '일본은행에 대한 당좌예금'으로 규정하는데 양자 간의 차이를 설정한 이유는 무엇인가?

위 조문 가운데 제1항은 보증의 확실성이라는 것에 중점을 두었기 때문에 당좌예금에 한정하는 것이 필요하지 않다고 인정한 것이다. 이에 반해 제2항은 보증의 확실성 외에 또한 태환성의 확보라는 점에 무게를 둘 필요가 있었기 때문에 이를 현금화에 용이한 당좌예금으로 한정해야 할 것이라고 인정한 것이다.

(39) 일본은행권과 일본은행에 대한 예금은 반드시 동일시할 수 있는 것이 아니다. 특히 일본은행권에는 이를 보증함을 법정(法定)함에 대해 일본은행 예금에는 보증물건의 법정이 없기 때문에 후자를 양 은행권 발행의 보증에 추가하는 것은 불가능하지 않은가?

일본은행권과 일본은행에 대한 예금 간에는 법제상 즉 이들에 대한 보증물건을 법정하는가 아닌가의 점에 관해서는 차이가 있다 하더라도 양자는 경제상 또 일본은행 경영의 실제상에서 보면 실질적으로는 다를 바가 없는 것이라고 할 수 있기에 이를 양 은행권 발행의 보증물건에 추가하는 것은 하등 지장이 없다고 인정된다.

또 외국의 입법례에서 보아도 그 발권준비 가운데 다른 은행에 대한 예금을 추가하지만 위 예금에 대한 은행권과 같은 지불준비를 법정하지 않는 예(예를 들면 영란은행과 영국 식민지 발권은행)가 적지 않다.

(40) 은행권의 준비 중에 다른 은행에 대한 예금을 추가하는 입법례는 어떠한가?

호주, 캐나다, 뉴질랜드, 인도 등의 발권은행이 이 예에 속한다. 또 만주중앙은행, 몽강은행, 중국연합준비은행 및 올해 초에 개업을 보게 된 중국 남부의 중앙저비은행 등도 대체로 마찬가지의 발권준비제도를 채용하고 있다.

(41) 은행권의 보증물건은 다시 이를 확장하는 것이 가(可)하지 않는가?(예를 들면 확실한 물건을 담보로 한 단기대부, 외국환 등)

은행권의 보증물건의 종류를 다시 확장하는 것은 현재 필요하다고 인정되지 않기에 장래 발권제도의 항구적 변경을 해야 할 경우에 이를 고려하는 것으로 한다. 이번 개정은 임시적 조치의 것이고, 이 점에서는 관계가 없다.

(42) 은행권의 공고에 관한 규정을 개정한 이유는 무엇인가?

양 은행권 발행고에 관한 공고의 방법은 현재 법률에 분명히 규정되어 있는데, 이후 사태 추이에 따라 세밀함의 정도를 안배하는 등 그 방법을 변경할 수 있는 것으로 할 필요가 있다고 인정됨에 따라 이를 고쳐서 대장대신이 정한 바에 의하게 하는 것으로 할 따름이다.

(43) 위의 경우에 의해 은행권에 관한 공고를 정지할 것을 예상할 수 있는가?

은행권에 관한 공고를 전연 폐지하는 것은 현재 고려되고 있지 않다.

(44) 은행권 발행고의 공고에 관해 외국의 취급 방법은 어떠한가?

은행권 발행고의 공고에 관한 제 외국의 취급 방법에 대해서는 법률의 원칙이 다양하여 하나의 형태가 아니다. 예를 들면 공고의 방법을 법률에 규정하는 것(독일, 미국, 인도 등), 정부가 정하거나 또는 승인을 받는 것에 의한 것(영국, 네덜란드 등) 등이 있다.

그러므로 최근 국제정세의 급변에 따라 공고 방법에는 상당한 변경이 있을 것으로 상상되고, 현재 주요국에서 공고를 폐지하지는 않고 모두 하등의 방법에 의해 이를 공고하고 있다.

(45) 위에 따르면 이후 은행권의 준비 내역은 공고하지 않는 것으로 되는가? 위에 따라 발권 준비 내역을 발표하지 않는 것으로 한 경우에는 은행이 공표한 대차대조표의 형식도 변경하는가?

이 점에 대해서는 현재 연구 중이다.

(46) 부칙으로서 폐지되는 법률은 무엇인가?

조선은행권 및 대만은행권의 보증발행한도를 임시로 각 1억 6,000만 원 및 8,000만 원으로 확장한 법률로서 이번 발권제도의 개정에 따라 당연히 폐지된다.

(47) 본 법은 양 은행제도의 일부 개정을 행하고자 하는 것인데, 이 기회에 은행제도를 근본적으로 개정할 필요는 없는가?

이 점에 대해서는 현재 연구 중이다.

(48) 양 은행권 발행의 상황은 어떠한가?

지나사변 발생 이래 양 은행권 발행고는 현저히 증가하고 있는데, 이는 주로 조선, 대만 등 경제의 현저한 호황 및 발전에 따른 거래의 증대에 원인이 있다. 그런데 물가의 고등(高騰)은 거래 결제 방법의 변화 등 일본에서의 태환은행권 발행고 증가의 원인으로서 들고 있는 것과 같은 사유로 인한 것이다.

그리고 이러한 은행권 발행고의 증가에 대해서는 그것이 과도한 팽창에 빠질 악성 '인플레이션'을 야기하는 것이 없도록 항상 충분한 주의를 기울일 필요가 있다고 인정되는데, 현재 이런 불안은 앞길이 먼 것으로 생각하고 있다.

(참고) 조선·대만 양 은행권 발행고조

(1) 조선은행

(단위: 천 엔)

연별	최고	평균	연말
1935	229,835	160,939	220,777
1936	220,777	167,328	210,653
1937	291,304	183,905	279,501
1938	334,279	264,489	321,977
1939	455,398	309,852	443,986
1940	593,981	442,681	580,533

(2) 대만은행 (단위: 천 엔)

연별	최고	평균	연말
1935	73,466	58,423	70,190
1936	82,919	64,217	79,137
1937	114,942	83,569	112,032
1938	142,588	110,852	140,018
1939	173,986	143,068	171,169
1940	250,444	175,015	199,685

(49) 양 은행권 제한외발행의 상황은 어떠한가?

양 은행권의 발행고는 최근 현저한 증가를 보이고 있는데, 이에 따라 제한외발행도 역시 현저한 증가를 보이고 특히 최근에서는 작년 10월 이래 매월 제한외발행이 빈번하게 출현하고 있는 상황이다.

(참고) (1) 양 은행권 제한외발행조

연도	조선은행권		대만은행권	
	출현 일수	최고한외발행고(천 엔)	출현 일수	최고한외발행고(천 엔)
1936	114	39,941	366	44,605
1937	192	39,903	268	59,053
1938	72	29,511	95	12,010
1939	60	59,445	53	37,932
1940	351	149,947	235	79,701

(2) 보증발행한도액 (단위: 천 엔)

연월	조선은행	대만은행
1918년 4월	50,000	20,000
1937년 9월	100,000	50,000
1939년 5월	160,000	80,000

(50) 양 은행권의 준비 내역은 현재 무엇으로 되어 있는가?

1940년 말은 다음과 같다.

	발행고(천 엔)	정화준비(천 엔)	(내) 일본은행권(천 엔)	보증(천 엔)
조선은행권	580,533	290,399	278,710	290,134
대만은행권	199,685	45,872	45,833	153,813

또 보증 내역에 대해서는 공표하지 않고 있다.

(51) 정부는 조선 및 대만의 현재 통화정세를 어떻게 보는가?

최근 조선 및 대만에서의 통화량은 현저한 팽창을 하고, 일반 물가도 상당한 앙등을 보이는 등 양 지역의 통화정세는 반드시 평온한 추이라고 할 수 없는데, 대처를 잘해 큰 잘못 없이 오늘날에 이를 수 있었음은 기뻐해야 할 일이다.

그러나 현재 통화의 정황은 결코 눈앞의 짧은 안락을 탐하는 것을 허락하지 않는 것으로서 양 지역에서의 통화의 조절 특히 통화가치의 유지에 대해서는 금후 제반 경제정책과도 긴밀히 연계하여 유감없음을 기하고자 한다.

(52) 금후의 조선, 대만의 통화정세에 대한 정부의 예견은 어떠한가?

금후 양 지역의 통화정세는 헛된 낙관을 허락하지 않는다고 생각된다. 통화정책은 적절해야 하고 또 이에 대한 국민 일반, 특히 경제계와 긴밀한 협력을 해야지만 향후 지장 없는 경과로 될 수 있다고 예상하고 있다.

정부로서는 그 책무의 중대함에 비추어 금후 통화정책에 대해 유감없기를 기함과 함께 국민 일반, 특히 경제계의 협력을 간절히 바랄 따름이다.

(53) 양 은행권 발행고의 이후 예상은 어떠한가?

현재의 조선, 대만 등 경제계의 제 정세에 비추어 볼 때, 이후에도 어느 정도 양 은행권의 발행고 증가는 당연히 예상될 수 있는 것이기에 걱정 없다고 인정하여도 그것이 과도한 팽창에 빠져 악성 인플레이션을 야기하는 것이 없도록 항상 충분한 주의를 기울여 이것을 억제하는 데 만전의 대책을 요청할 필요가 있음은 물론이다. 정부로서는 종래에도 이를 위한 제반의 방책을 실행해 왔는데 이후에는 다시 일단 이들 방책을 확충 강화함으로서 유감없음을 기할 것을 고려하고 있다.

(54) 양행의 최근의 업무 상황은 어떠한가?

양행의 업무 상황은 최근에 호전되어 업무량은 현저히 증대함과 동시에 내용의 정리도 대체로 완료되었다. 수익 상황 역시 현저한 개선을 보이고, 다이쇼 말기 이래 오랜 기간 동안 '정리은행'의 영역을 이미 완전히 벗어나 양행의 사명을 향해 매진하고 있다.

그러므로 위와 같은 양행 업무 상황의 최근의 호전에 대해서는 다양한 원인을 들 수 있지만 그중에서 최근 조선, 대만 경제의 현저한 발전, 특히 지나사변 발발 이래 양행의 중국에서의 왕성한 활동 등에 기인한바 적지 않다.

2) 조선은행권 증발 및 발행제도 개정 관련 신문 기사

〈자료 107〉 선은(鮮銀) 준비 확장은 조선 재계의 복음, 유하(有賀) 식은(殖銀) 두취 귀성(歸城) 담

(《매일신보》, 1937.8.13.)

도쿄(東京)를 방문 중이던 아루가(有賀) 식은 두취는 11일 경성(京城)에 돌아와 다음과 같이 말하였다.

금융계의 앞날에 대해서는 아직 명료한 예측은 할 수 없으나 소위 생산확충에 필요한 자금 수요는 여전히 왕성하다. 따라서 장기채권인 국채, 지방채, 사채 등의 소화에 대해서는 가장 유의할 바인데 정부도 이에 대한 대책을 강구하고 있으며 일본은행의 대출제도 개정과 예금부의 출동도 의논되는 바이다. 요컨대 자금의 회전이 순서대로 되는 것이 긴요한 것이

나 식산채권도 물론 생산확충을 목표로 하는 것인데 다행히도 조선으로서는 다년간 요망해 오던 조선은행의 보증준비 확장이 실현된 것이므로 식산채권의 조선은행 인수 문제 같은 것도 이러한 상태로는 크게 고려할 바이다. 여하튼 조선은행의 보증준비가 확장된 것은 조선에 대하여 비상한 복음이어서 이의 이용에 의하여 상당한 금융력이 일어나게 될 것이다.

또 조선은행 자체도 이로 인해 확충 강화되고 조선 재계의 지도적 입장에 서게 될 것이다. 식은으로서 말하고자 하는 것은 이와 같은 금융 경화(硬化)의 시기이지만 각종의 방법에 의하여 당면 필요한 자금 수요에 대해서는 결함이 없도록 노력할 것이어서 이번 기회에 결론적으로 명확하게 말하여 둔다.

◇

현재 재계의 상태는 악성 인플레이션에 추종되지 않고 견실하게 유지하려는 이상과 상당한 통화(즉 자금)는 항상 없어서는 안 된다는 이상과의 모순으로 모든 것이 이 모순을 가지고 고려하지 않으면 안 되는 비상히 곤란한 시기라고 할 것이다. 이와 같은 결론으로 자기가 일찍 제창한 산금증산 정책도 드디어 정부에서 실행하기로 되었는데 산금 증가에 필요한 것은 보조보다도 오히려 자금이다 운운.

〈자료 108〉 통화팽창과 인플레①, 일은(日銀) 준비 확장 따라
(《매일신보》, 1938.4.5.)

보증준비 확장

일본은행 보증준비의 재확장 문제는 사변[20] 발발 이전부터 소위 전시 인플레이션의 진행에 따라 누누이 논의되어 왔는데 그때마다 대장성과 일본은행 당국은 그 필요가 없다고 부정적 견해를 가지고 있었다. 그런데 지난 의회에 드디어 보증준비 확장에 관한 법률안의 제출을 본 것은 전시경제의 전면적 돌입에 있는 금일 필연적 처치이었다. 더욱이 대장성과 일본은행 당국은 최근까지 보증준비 재확장의 의사를 부정하고 「일본은행조례」의 개정안과

---

20 1937년 7월에 일어난 중일전쟁.

보증준비의 개정안은 지난 의회에서 제출치 않기로 하였었다.

작년 11월 이후 월말마다 한외발행이 전연 일상화되어 온 것은 명확하였던 것으로서 당국의 소극적 의사 표시는 문제가 통화 발행 제도의 근본에 관한 중대한 것이니만큼 가능한 한 경제계를 자극함을 피하고 누구나 보증준비의 확장이 타당 내지 불가피하다고 인정할 시기를 기다렸다고 할 것이다.

통화팽창의 대세

작년 말의 일본은행 태환권의 최고발행고는 23억 9,900만 원으로 근근 24억 원 대에 이르는 대팽창을 보였다. 태환권 팽창의 실세는 금수출 재금지 이후 즉 이노우에(井上) 대장대신의 디플레이션 정책의 파탄으로 세계공황의 영향하에 인플레이션 정책에 전향한 이래의 일로서 이것을 연말발행고로 연내 1일 평균발행고에 의하여 표시하면 다음과 같다.

(단위: 천 원)

연도	연말잔고	연내 1월 평균발행고
1931	1,230,575	1,044,100
1932	1,426,158	1,041,111
1933	1,544,797	1,114,437
1934	1,627,349	1,178,518
1935	1,766,555	1,247,555
1936	1,865,703	1,339,945
1937	2,305,070	1,534,570

㈜ 1937년 1월 평균발행고는 개산(槪算)한 숫자임.

즉 연말 발행잔고는 1931년(昭和 6)·1932년(昭和 7)에 있어서는 약 1억 원이 되지 않는 팽창이나 평균발행고는 도리어 300만 원의 감소를 보이고 있었다. 그런데 1933년(昭和 8) 이후는 양자 모두 팽창으로 바뀌어 1일 평균발행고로 1935년(昭和 10)까지는 약 7,000만 원 가량의 팽창을 보이고 있었다. 연말잔고의 증대는 다소 구구하나 이것보다 상당히 많더니

1936년(昭和 11)까지 약 1억 원 전후의 팽창이다. 그런데 1936년에 이르러 드디어 준전시체제에 들어감에 따라 1일 평균발행고의 팽창은 9,000만 원에 달하여 연말고도 18억 원 대를 훨씬 초과하게 되었다.

그러나 1936년까지의 태환권 발행고의 증가세는 한편으로는 극히 점진적이라 할 수도 있다. 매년 계속된 적자공채 발행에도 불구하고 일본은행의 공개시장 조작이 원활히 행해진 결과 매년의 통화 증대는 일본은행에 의한 신산금(新産金)의 매상고와 거의 일치하는 정도였다. 그런데 거액의 적자공채가 매년마다 발행되고 그것이 경기 국면 확대의 원동력이 되고 있는 이상 이 정도의 통화팽창과 이에 따른 원만한 물가의 오름세는 정책적으로도 의도되고 있는 것으로 소위 인플레이션의 성공적 반면임에 틀림없다. 그러나 1936년 가을부터 1937년(昭和 12) 봄에 걸쳐서 세계 '붐(boom)' 정세가 전개된 때 우리 물가가 영미의 등귀율을 벗어나서 두각이 출현한 이래 통화팽창 문제는 인플레 악성화가 점차 염려되고 있는 동시에 심각한 논의의 대상이 되지 않을 수 없게 되었다. 그러나 이것은 아직 사변 전의 화제에 불과한 것이다. 노구교 사건의 분쟁이 전 중국에 확대됨에 따라 1937년 하반기부터의 통화팽창은 종래와는 그 속도라든지 규모라든지 획기적 양상을 전개한 것은 당연한 일이다.

사변 후의 급증

이것을 위의 숫자로 보면 1937년의 연말잔고는 전년에 비하여 실로 3억 4,000만 원, 1일 평균발행고는 1억 9,500만 원의 급증으로서 특히 사변이 전 중국에 확대된 9월 이후의 증가세는 본격적이었다. 이것을 월중 평균발행고로 보면 6월의 14억 5,200만 원이 10월에는 16억 2,300만 원이 되고 12월은 19억 3,600만 원, 올해 1월은 19억 2,600만 원으로 급증하였다. 12월과 1월과는 물론 계절적 관계가 많았다 하나 월중 평균 1억 원 이상의 한외 발행을 보이고 있다. 그러면 통화팽창의 요인은 무엇인가? 그 최대 요인이 재정의 급팽창─가령 물가, 기타 관계를 무시하고~사건비 25억 원(그중 2월 15일까지의 공채 발행액은 16억 원)─에 대한 것이라고 하면 이제 48억 5,000만 원의 추가 사업비를 계상한 장래에 있어 통화의 증가세가 얼마나 격화했는가를 쉽게 예상할 수 있다.

여기에 주의할 것은 작년 8월의 일본은행 금 준비의 평가 변경, 가령 「화폐법」의 개정에 의한 것이 아니고 따라서 잠정적 평가 변경이라고 하더라도 이것을 통화발행제도상에서 보면 평가 변경 이전의 금준비 4억 4,600만 원으로 평가 후의 금준비 8억 100만 원의 차액 3억 5,500만 원은 사실상 보증준비의 확장과 마찬가지의 역할을 할 것으로서 연말 이래의 한외발행은 그만큼 발행 여유가 증가한 위에 나타난 것이다.

〈자료 109〉 통화팽창과 인플레②, 일은(日銀) 준비 확장 따라

(《매일신보》, 1938.4.6.)

일본은행권 이외에 정부지폐를 발행하면 문제가 다르지만 통화의 증발은 준비의 강화 이외에 방법이 없다. 적극적으로 금준비를 증강할 것인가 혹은 보증준비를 확대할 것인가이다. 그러나 금준비는 각 목적으로 증가할 수가 있는바 본위의 절하 또는 평가 변경의 방법이 그것이다. 그런데 절하라고 하는 것은 문자 그것과 같이 통화의 소맥(小脈) 증가로서 다른 사정이 변화가 없다고 하면 그만큼 물가의 등귀, 통화의 팽창을 환기하게 된다. 그리고 그 영향이 전체에 걸친다고 하면 통화는 팽창할 뿐이요 발행 여력의 증대는 없게 될 것이다. 이에 비하면 보증준비의 확장은 본래 통화가치의 변화를 예상케 하는 바이요 통화 수량의 신축에 있어 훨씬 강력성이 있는 방법이다. 우리나라의 경우를 보면 1932년(昭和 7)의 보증준비 확장은 바로 그것이었다. 그리고 지난여름의 금준비 평가 변경이 평온하게 된 것은 이미 환이 1실링 2펜스의 수준으로 저락하여 금 매상 가격이 114원 13전 7리 5모로 인상되고 따라서 명목상 그것은 금 한 돈당 5원의 구평가뿐이었기 때문이다. 더구나 평가 변경의 목적이 다른 것에 있었다고 하나 그것은 위에 적은 발행 여유를 만들어 내고 보증준비의 확장을 본년까지 가지고 올 수가 있었던 것이다. 동시에 현재의 물가, 환의 수준에 있어 현재의 평가는 최종적인 것에 가깝다. 이같이 보증준비의 재확장은 현 발행제도의 유일한 확장 수단이다.

전시의 통화팽창

1936년(昭和 11) 1월의 월 평균발행고 14억 5,200만 원에서 1937년(昭和 12) 1월의 15억 2,300만 원에 다시 본년 1월의 19억 2,600만 원으로 가속도적으로 태환권을 팽창케 한 원인은 무엇일까? 일반적으로 정상적인 금본위제하에 있어서 통화 유통 수량은 물(物)의 입장에서 보면 물가는 상품 거래량, 통화 측으로는 통화의 회전 속도 및 신용에 의한 통화 절약 등에 의하여 결정되는 것이므로 함부로 통화를 증발하여 보았든지 혹은 반대로 감소시켜 보았더라도 자동적으로 조절하는 기능을 가지고 있다. 따라서 경기 국면의 활기, 침체에 따라서 경제활동의 정도가 비교적 자연적으로 반영된다고 하나 금본위가 중지되고 태환은행권이라 하더라도 실질적으로는 불환지폐에 다를 것이 없게 되면 그렇게는 되지 않는다. 부정확한 표현이나 통화가 유통 필요량을 초과할 것인가 그 여부는 과연 통화 수량이 적당한가의 여부 등에 관하여 통화가 양적으로나 질적으로나 건전한 것과 같이 관리하는 것이 필요케 된다. 대체 전시경제하의 통화는 이 같은 관리통화로는 구주대전[21]의 예에 비추어 보더라도 전쟁의 발발과 동시에 금본위는 즉시 정지되고 동시에 불환지폐 발행제도가 수립되는 것이 보통인데 우리나라에 있어서는 1932년(昭和 7) 이래 이미 금본위를 이탈하여 6개년간 소위 재정 인플레이션의 발전을 경험하여 왔다. 통화의 증가세가 사변 후 드디어 강대하게 된 것은 사변에 의하여 정부 구매력이 급격하게 증가하고 따라서 군수공업의 확장을 중심으로 민간 경제 활동이 드디어 파행적으로 팽창하는 한편에 있어 군수업의 수급이 핍박하게 되고 동시에 다른 한편 수입 제한 대용품 강제 사용 등에 의하여 군수 물자의 가격도 등귀를 면치 못하게 되었다. 또한 정부자금의 산포는 징발 대금, 기타 지방적으로도 행하고 있는 등 한마디로 하면 군수 인플레이션이 전면화하고 본격화했기 때문인데 또한 이것을 통화가 유통 속에 들어간 그 과정을 보면 다음의 여러 원인을 들 수가 있다.

우선 직접 통화 증발의 원동력이 되고 있는 것은 제1로 공채의 증발이다. 더욱이 공채 증발이라고 하더라도 민간으로부터 공모되는 한에 있어서는 하등 전체적으로 본 통화의 수량에는 변화가 없으므로 일본은행 인수라고 하는 공채 발행 방침이 통화 증발의 안목인 것은 말할 것도 없다. 따라서 일본은행 보유 공채의 매출이 왕성한 것은 일본은행 인수 발행에 있으니 불가결의 요건인 것을 주의할 것이다. 그리고 마찬가지로 금준비야 평가 변경에 의한 차익의 실현 즉 준비의 증가, 평가 이익에 의한 자금, 특별회계의 흥업채권 인수액과 신산금(新産金) 매상액도 또한 적극적 통화의 팽창이 된다. 제3은 일본은행의 대출인데 일본흥업은

---

21 제1차 세계대전(1914~1918).

행을 통하여 시국 산업자금의 이출, 요코하마정금은행에로의 외국환 대금의 증대 등은 설명할 것도 없다. 그러나 통화의 팽창은 이와 마찬가지로 통화가 증발됨으로서만 되는 것이 아니다. 왜냐하면 증발된 통화가 민간에 체류되어 일본은행에 환류한 사정이 없다고 하면 반드시 통화의 팽창이 되지 않는 것으로도 알 수 있다.

　이러한 관점을 보면 제1로 군수 관계의 통화수요가 점차 확대되고 있는 것은 특히 증발된 통화가 생산자금으로 전화되어 민간에 고정되고 있는 것이 우선 근본적이다. 제2로 1936년(昭和 11) 6월부터 작년 말까지에 26%를 앙등하여 최근에는 대(對)미영에 비해 모두 3~4%의 비싸진 국내 물가를 들지 않으면 안 될 것이다. 또한 이 양자에 걸쳐서 불환지폐에 내재한 인플레이션의 기능을 지적하지 않으면 안 될 것이다. 즉 방대한 전비에 의하여 정부가 민간에게 구매하는 물자는 결국 화약의 연기로 변해 다시 경제계에 복귀되지 않은 것에 대해 산포된 불환지폐는 유통 내에 잔존하는 것을 고려하면 상품[物]과 통화의 균형을 깨트려 일상 상품의 과소, 통화의 과대를 초래하는 작용을 하는 것이다. 그리하면 그 결과는 어떻게 될 것인가. 말할 것도 없이 인플레이션의 앙진이요, 그 악성화가 원래 대전 시에 독일, 프랑스, 러시아가 경험한 악성 인플레이션이 우리나라에도 불가피하다고 말할 수는 없고 또 멀지 않은 장래에 현실화할 위험이 강하다고 할 수는 없지만 그 위험을 무시하여 이를 사전에 방지할 대책을 등한시하는 것은 허락되지 않는다. 일체 전시경제 통제의 최후적 목표는 이 같은 비참함을 방지하고 소위 인플레이션의 대책을 강화함에 있을 것이다.

〈자료 110〉　통화팽창과 인플레③, 일은(日銀) 준비 확장 따라

　　　　　　(《매일신보》, 1938.4.7.)

　우리나라의 발행준비제도는 1884년(明治 17) 태정관포고 제18호「태환은행권조례」에 따르면 일본은행은 발행고와 동액의 금은화 및 지금은을 교환 준비에 충당하기 위해 더욱이 은은 2할 5푼 이하로 규정되고 특히 1억 2,000만 원을 한도로 하여 정부가 발행한 공채증서, 대장성증권, 기타 확실한 증권 또는 상업어음을 보증으로 하여 태환은행권을 발행할 수 있음에 불과하다. 즉 당시에 있어서는 발행준비는 100%를 원칙으로 하고 보증준비를 부차적으로 인정한 것이었는데 그 후 금융 기술 및 이론이 발전됨에 따라서 금본위제 내지 발행준비도 또한 현저하게 기술적으로 됨에 따라 발행고와 금준비와의 비율은 반드시 통화의 건전성과 항상 일정 불변의 관계를 가지고 있는 것이 아니고 건전통화의 목적은 오히려 유효한 통화통제에 의하여 달성된다고 주장케 되었다. 결국 우리들은 습관적으로 화폐 즉 금을 관념하고 있는데 이제 그 심리를 반대로 이용하여 의연히 금은 화폐이나 화폐는 금이 아니라고 한다. 소위 급성 인플레이션은 이 사정에 불안은 느끼지 않을 수 없는 정도로 통화와 금과의 괴리가 심하게 된 경우에 돌발하는 것이다. 그러나 보증준비 자체가 하등 불건전한 것이 아닌 것은 물론 제1차 보증준비 확장을 행한 1932년(昭和 7) 이후의 우리 경제계의 추이는 무엇보다도 이것을 유력하게 실증할 것이다. 즉 공황의 기간을 통하여 제한외발행이 계속된 것은 무엇보다도 1억 2,000만 원의 보증준비는 우리 경제력의 통화 수용에 있어 과소한 것을 말하는 것이다. 그러나 1931년(昭和 6) 6월의 한외발행 1억 8,900만 원이 1932년 6월에 이르러 7억 4,100만 원에 달한 직접적인 원인은 정화준비가 같은 기간에 8억 5,100만 원에서 4억 2,900만 원으로 격감되었기 때문이었다. 그리고 1932년 7월로서 보증준비를 일거 10억 원으로 확대한 가장 중요한 원인은 재정의 팽창-공채정책의 진행에 기인한 것이다. 즉 만주사건비와 시국 구제자금에 의하여 1932년 예산이 20억 원을 돌파하게 되어 재정의 불황은 증세를 곤란케 하였으므로 재원은 공채 이외에 없었다. 그러므로 공채의 발행을 어떻게 원활하게 할 것인가 함에 있어 저금리의 촉진정책과 일본은행 발권제도의 신축성의 증대와는 불가결의 방책이 되었다. 그러나 금준비의 현저한 감소를 본 이상 보증발행 1억 2,000만 원, 한외발행세 5푼 이상의 제한은 경제계가 필요로 하는 통화의 공급을 실현할 뿐만 아니라 당면의 저금리정책과 공채정책에 중대한 장애가 되었기 때문이다. 이같이 제62의회를 통과한 제1차 보증준비 확충의 요점은 다음과 같다.

1. 보증준비 발행한도를 일거 10억 원으로 확대함
1. 한외발행은 15일을 초과하는 경우 대장대신의 허가를 필요로 함
1. 별도로 「일본은행납부금법」에 의하여 납부금제도를 채용함

금번의 준비 확장의 특질

1899년(明治 32) 보증준비가 1억 2,000만 원으로 확장된 이래 1932년(昭和 7)까지 34년간, 이에 대하여 1932년부터 만 7년 만에 보증준비 재확장이 단행된 것은 이제 새삼스럽게 정세의 급속한 진전에 놀라지 않을 수 없다. 금번의 확장 법률안은 일거 배가하여 보증발행한도를 20억 원으로 할는지 혹은 7억 원 증가로 할는지가 문제가 되고 있었으나 필요가 있으면 재확장할 것이라고 하여 후자로 결정하였다. 그리고 재차 보증준비 확장이 전시 재정의 팽창에 기인한 것은 위에서 본 바와 같으므로 1932년의 확장과 금번의 임시 확장을 반드시 동일하게 생각할 수 없다. 숫자를 들 것도 없이 다시 제3차의 확장을 예상할 수 있는 것을 주목할 것이다.

그리고 전회에 있어서는 공채 인플레이션은 그 출발점에 있었고 저금리정책은 또한 제1차의 단계에 있었다. 그런데 금번의 경우는 공채 자연소화의 경색과 금리의 통제, 공채의 비상소화를 강행할 시기에 임박하였다. 또 전회에는 금준비는 이후 감소하였으나 금번에 있어서는 평가 변경의 결과 명목적으로는 도리어 증가하였다. 그러나 실질적으로 금준비는 다시 감소하고 특히 1932년 이후의 금 축적 정책은 지난봄 이래 현금정책으로 달라지게 되었다. 또한 물가의 동향을 보면 전회는 가격의 인상을 유리하게 하고 필요하다고도 보았으나 금일에 있어서는 가격통제가 가장 요망되는 문제가 되고 있다. 무역 부문은 어떠한가? 1932년 이후는 일본 제품의 세계 시상 성복기이었으나 현재의 누역 사성은 오히려 반대를 보이고 있다. 그리고 무엇보다도 재정경제의 속도가 다르게 되었다. 이 같은 우리 전시경제의 전 내용은 다시 금번의 보증준비 확장의 특이성을 형성한 것이라 할 수 있다.

〈자료 111〉 선은(鮮銀)의 보증준비 재확충 요망 대두, 일은권(日銀券)의 팽창 대책으로 하여 중앙 방면에서 제창

《매일신보》, 1938.11.1.)

조선은행의 보증준비는 작년에 2배로 확장하여 1억 원으로 확충하였는데 확충 당시부터 조선은행의 사업 지역 내의 활발한 경제 실력으로 보아 재확장이 각 방면으로부터 요망되

었고 특히 조선 관계에서는 강고히 제창되는 터이다. 그런데 최근 이는 일본은행 방면에서 일본은행권 발행 관계로 보아 조선은행, 대만은행의 보증준비의 확충이 지적되어 극히 중시할 만한 동향을 보이고 있다.

이는 일본은행권의 최신 계수 팽창의 유력한 요인 중 하나가 조선은행·대만은행 양 은행이 정화준비로서 일본은행권을 충당하고 있는 점을 간과할 수 없는 터이어서 최근의 동향은 발행고의 1할이 넘고 있다. 일본은행권의 증발이 인플레이션을 불러오는 것으로 보는 입장에서는 정화준비의 충당에 사용하고 있는 것도 좋지 못하다고 하여, 이 대안으로서는 조선은행·대만은행 양 은행의 보증준비를 확충해야만 된다고 말하고 있다.

금일 이 문제는 중앙에서 제창된 만큼 실현할 가능성이 있다고 하여 주목되어 있다.

〈자료 112〉 선은(鮮銀)의 보증준비 재확장은 실현난(實現難), 다음 의회에 제안 무망(無望)

(《매일신보》, 1938.11.10.)

조선은행의 보증준비 재확장론이 최근 관계 방면에서 대두되고 있는데 조선은행 내부 및 중앙은행의 관계 방면에서는 아직 어떠한 것도 구체적으로 되지 아니하여 현재 이 문제의 발전성은 전연 없다고 볼 수 있다. 조선은행과 같이 대만은행의 업무가 사변 후 이상한 발전을 하여 은행권의 발행고는 종래에 비하여 배로 증가하고 있는 현상에 비추어 보증준비 확장의 필요론이 늘 일부에서 제창되고 있는 것은 사실인데 사태는 그다지 절박한 문제가 아니고 오는 의회에 확장책이 제출될는지의 관측은 전연 없는 모양이다.

신미(新米) 출회로 선은권(鮮銀券) 속(續)팽창

미곡 자금의 전 조선적 출회, 기타 계절적 자금 수요에 의하여 조선은행권은 31일에 들어 보도한 바와 같이 팽창하여 월 초의 2억 6,000만 원대는 8일에는 2억 7,200만 원대를 보였다. 계속하여 미곡 출회 최성기를 맞이함과 함께 계속 팽창될 것이고 올해에서 내년으로 넘어가면 조선은행권 발행고는 3억을 넉넉히 능가하여 신기록을 작성할 것으로 예상된다. 그

리고 최근 2~3년간 조선은행권 연말 최고발행고는,

1937년 291,304,000원
1936년 219,834,000원
1935년 198,674,000원으로서

올해는 북중국의 유통권 수축으로 인하여 예단치 못하니 3억 1,000만 원 전후는 확실할 것이다.

〈자료 113〉 선은권(鮮銀券)의 팽창은 대체로 계절 자금, 공채소화는 이상(理想)대로 진행

(《매일신보》, 1938.11.29.)

마쓰하라(松原) 조선은행 총재는 도쿄(東京) 출장 중이던바 27일 오후 '아카츠키(曉)호'[22]로 귀성하였는데 아래와 같이 말하였다.

조선은행권의 증발은 신기록인데 이는 조선 내의 생산확충자금 및 미곡 자금의 수요 증가에 기인한 것이다. 그러나 연말이 가까워짐에 따라 예상 이상으로는 팽창되지는 아니하나 조선으로서는 이와 같이 급격히 팽창한 통화를 어떻게 하여 또 금융기관에서 흡수할 것인가의 문제도 있다. 그런데 실제로 생산력 확충에 충용한 것이라면 별도로 적극적 환원 방법을 강구하지 않더라도 좋을 것이다. 대체적으로 계절 자금의 팽창이므로 문제는 없다. 일본 금융계는 12월 중의 지불 초과가 8억 2,000만 원에 달하므로 연말 금융은 하등의 염려는 없다. 작년 말의 지불 초과가 4억에 불과하였던 사실로 보면 상당히 낙관적이다. 한편 공채의 소화도 순조로워서 11월 말까지 35억의 발행에 대하여 32억을 소화하고 있으므로 자금의 이동

---

22 부산에서 경성까지 가는 특급열차로 1936년부터 운행을 시작하였다.

은 대체 이상대로 행하는 셈이다.

「총동원법」 11조의 발동에 대해서 재계로서는 대체로 대장대신을 신뢰한다는 기운으로 의외 침착한 상황이다. 재계의 급격한 변화를 주는 것은 좋지 못하나 제11조의 발동은 부득이한 것이다. 조선에도 동법 제11조를 일본과 마찬가지로 발동할지 여부는 나로서는 이 점에 대하여 아무것도 듣지 못하였다.

〈자료 114〉 선은권(鮮銀券) 다시 3억 원, 월말 관계로 인(因)할 뿐, 인플레 걱정은 없다

(《매일신보》, 1939.1.25.)

조선은행권 발행고는 새해 들어 이후 계속 강세로 해를 넘겨 3억 1,100만 원 대는 상순에 2억 9,000만 원 대로 수축, 중순에 보합하여 계속했던바 하순에 들어 월말 관계로 다시 3억 원 대 출현(23일 이월 302,651,000원)을 보이고 있어 조선은행권의 인플레이션 경향은 이상의 숫자적 추이로 보아 부정키 어려운 동향이라고 보게 된다. 그러나 조선은행 당국에서는 내면적 사정으로서 다음과 같은 사정이 있으므로 이상의 동향으로써 조선은행권 인플레이션이라고 하기는 부당하다는 견해이다. 즉,

1. 조선은행권의 연말 최고발행은 예상과 달리 3억 3,000만 원 정도로 마쳐 11월보다 1할 증발에 불과하였다.
1. 이를 일본, 만주, 대만은행 등과 비교하면 일본은행, 대만은행은 2할여를, 만주는 약 3할이 안 되게 증가하여 조선의 1할은 지극히 근소한 팽창이다.
1. 그러므로 그 후 수축이 금액적으로 적은 것은 당연한데 그 수축률을 목표로 하는 통화증발의 견해는 부당하다.
1. 그러나 북중국의 유통권은 거의 회수를 보고 있으므로 이 유통량은 조선 내 중심이고 인플레이션설은 부당한데 원활한 유통을 보이고 있는 것은 명확하다.

〈자료 115〉 암거래의 유행이 통화팽창의 일 요인? 통제를 회피하려고 현금 거래, 주목할 잠행적 현상

(《매일신보》, 1939.1.28.)

　신춘에 들어 수축을 예로 하는 조선은행권은 본년 특수한 현상으로서 의연 3억 원 대를 중심으로 비교적 수축을 보이지 않고 조선 내의 인플레이션이 지적되는데 이 통화팽창의 원인은 반도 경제의 충실 발전에 의한 각종 자금의 산포와 북중국의 왕성한 자금 수요가 주된 요인이나 그 이면에는 흥미 있는 현상이 잠재하고 있다. 즉 최근 조선 내에서는 고도의 물자통제, 최고가격의 설정 등에 의하여 상거래가 극히 제한된 범위 내에서만 가능하게 된 결과 이 통제를 피하는 수단으로서 암거래를 행하는 사실이 있고 또 이들 비합법적 거래는 일반 현금거래로 행해져 어음에 의한 거래가 기피되고 있으므로 현금 수요가 극히 왕성하여졌다. 그리하여 통화팽창은 이들의 점에서도 배태되는 것이어서 이 경제통제선을 잠행하는 특수현상은 극히 주목된다.

〈자료 116〉 선은(鮮銀)의 보증준비 대폭 확장이 필요, 1억 원 정도로, 국채 등에 투자, 인플레는 자제 가능

(《매일신보》, 1939.1.29.)

　일본은행의 보증준비 확장에 관련하여 조선은행의 보증준비 재확장도 대장성에서 연구 중인데 안(案)이 완성되는 대로 이번 의회에 개정 법률안을 제출키로 될 모양인바 조선은행의 확장 한도는 목하 대장성의 의향은 5,000만 원을 목표하고 있는 모양이다. 그리고 조선은행으로서는 현재의 발행고 3억 원 중 2억 원은 정화준비로 일본은행에 예금하고 있는 현상이므로 차제 보증준비를 5,000만으로 하지 않고 1억 원가량을 일거에 확장하면,

　1. 정화준비의 여력을 국채 투자, 기타의 투자에 충당할 것
　2. 그만큼 일본은행권의 발행고가 감소되는 것

등 1석 2조의 효과를 거둘 가능성이 있으므로 보증준비의 확장은 이 기회에 대폭 확장이 필요하다. 다만 보증준비의 확장에 의하여 조선 내의 인플레이션에 박차를 가하게 되지 않을까 하는 걱정도 있으나 통화팽창에 따라 마땅히 물자의 증가를 항상 맞추어 조선은행 자체가 적당히 자제하면 결코 악성 인플레이션을 초래하지는 않으리라고 보인다.

〈자료 117〉 선은권(鮮銀券) 의연 팽대, 3억 원대에 교착
(《매일신보》, 1939.2.3.)

조선은행권 발행고는 1월 하순 이후 3억 300만 원 대로 계속 고정되고 있어서 조선 내의 화폐 유통량의 팽창은 불가피한 상태인데 이 유통량의 증가 원인은 다음과 같은 각종 원인이 있는 것이다.

1. 현금거래 증대. 물자 부족에 따른 암거래의 해석은 곡해(曲解)에 불과하나 현품 준비의 시급으로 어음 결제를 피하고 현금화의 경향이 있는 것.
1. 토목, 광산사업 영향. 토목공사, 광산 등은 기타의 일반공업과 달리 수지 현금을 많이 필요로 하는 것.
1. 산금(産金) 자금의 유통. 저리의 산금 자금으로서 이미 약 3,000만 원이 조선 내에 유입하고 있는데 이는 지방에 과반이 산포되고 있다.
1. 기타 지방농촌의 호조.

〈자료 118〉 선은(鮮銀)의 준비 확장, 금융계에는 무영향, 선은(鮮銀) 업적에 기여는 지대
(《매일신보》, 1939.2.5.)

조선은행 보증준비 확장은 대장 당국도 이번 의회 제안을 결의하고 1억 원의 보증준비는 1억 5,000만 원으로 확충키로 내정하고 있는데 이 실현에 의한 조선 내로의 영향은 직접적으로는 거의 없고 조선은행의 업적에 기여되는바 막대하다.

즉 위 확충에 의하여 정면으로 조선 내에 인플레이션을 초래할 우려를 가지고 있으나 보증준비와 발행고는 현재 거의 관련을 가지지 아니하였다. 현 제도의 정화준비에 충족하는 일본은행권 도입은 저금리가 계속되고 있는 때이니만큼 거의 불편이 없고 자금 도입난으로 인한 발행 억제 등도 전연 없다. 또 이에 의한 통화 증발 걱정은 전연 없으나 오직 또 장래에 금융경색은 고려할 때 이 보증 확장이 미치는바 영향은 막대할 것이다. 직접적으로 보면 위에 의한 좋은 영향을 받는 것은 조선은행 자체여서 근년 전연 내용을 일신한 동행은 이에 의하여 또한 충실을 보게 될 것이다.

〈자료 119〉 보증준비 확장안 의회 제출을 결정, 일은(日銀)·선은(鮮銀)·대은(臺銀) 모두 확장키로, 선은은 6천만 원을

(《매일신보》, 1939.2.17.)

일본은행, 조선은행, 대만은행의 태환권 보증준비 한도 확장에 대해서는 대장 사무당국에서 근간 의회에 제출되는 임시군사비 예산 및 공채소화 실적 등에 비추어 연구 중이었던 바 15일 대장성 고문회의의 논의를 거쳐 위 3행의 보증준비 한도 확장은 일본은행 5억 원, 조선은행 6,000만 원, 대만은행 3,000만 원을 각기 확장하기로 결정하였다. 그리하여 위 결정에 따라 대장성에서는 근간 의회에 일본은행, 조선은행, 대만은행 보증준비 확장에 대한 각 법률안을 제출할 터이다. 그리고 금회의 보증준비 확장에 대하여 대장성 당국으로서는 장기에 걸친 통화팽창 대책을 목표로 하지 않고 응급적 처지를 주안으로 하는 것이다. 이 결과 일본은행의 태환권 발행 한도는 27억 원, 조선은행, 대만은행은 각기 1억 6,000만 원, 8,000만 원으로 될 터이다.

선은(鮮銀) 준비 확장은 일은권(日銀券) 팽창 방지와 국채 투자 여력 발생

조선은행은 보증준비 한도 확장은 15일의 대장성 고문회의에서 6,000만 원의 확장 원안을 결정하여 근간 의회에 제출하기로 되었는데, 조선은행은 이에 의하여 보증준비 한도는

1억 6,000만 원으로 되어 은행권 발행상 자못 여력을 갖게 되었다. 즉 조선은행은 정화준비 중 적어도 6,000만 원은 보증발행에 의하여 국채, 기타 유리한 투자에 돌릴 수 있는 것이므로 이 무이자 자금의 활용에 의하여 조선은행은 큰 이익을 얻음과 동시에 일본은행으로서는 이만큼 통화팽창을 피할 수 있으므로 이 점 1석 2조의 효과를 거둘 수 있게 되었다.

〈자료 120〉 진전되는 중인 통화팽창 대책(1), 일은권(日銀券) 수축은 명목적
(《매일신보》, 1939.6.10.)

사변이 장기 건설기에 들어가고 국제정세가 날마다 긴박함을 고하고 있는 금일 국내에 있어서는 예산의 방대화는 불가피한 사실이다. 금년만 하더라도 100억이라는 실로 우리나라 처음의 방대한 예산이니만큼 그 소화가 상당히 주목을 끌고 있는데, 무엇보다 기뻐할 일은 이에 보충되는 적자공채의 소화가 잘되고, 다른 한편 국민저축이 갈수록 더욱 증대되어 가는 현상이라 할 것이다. 그러나 우리는 대전 후의 독일의 통화팽창을 잘 알고 있기 때문에 언제나 관심되는 것은 이 같은 파국적 인플레이션의 방지에 있다 하지 않을 수 없다. 그러므로 일본은행권의 신축은 날마다 우리의 주목에서 떠날 수 없는 것이다. 요즘 일본은행권은 21억 대에서 왕래하여 일시 19억 대에까지 저하하여 일반적으로 낙관적 견해가 많았었는데, 금후 과연 어떠할 것인지 이 일본은행권의 수축 태도를 검토하여 그 대책은 어떠한 것인가를 함께 써 보려고 한다.

◆

지난 5월 11일에 일본은행에서 개최된 은행신탁간담회 석상에서 한 쓰시마(津島) 부총재의 항례 금융보고 중에는 다음과 같은 '마켓 오퍼레션'[23]의 성공을 구가하였다.

정부 지불의 진척을 배경으로 하여 금융 기조는 완만을 지속하고 있다. 따라서 월초 이후 공채 미권(米券)에 대한 시중 금융기관의 매입세는 극히 왕성하게 되고 다른 한편 발행 태환권의 회수는 자못 현저한 바가 있어 10일(5월) 현재에 있어 4월 말 최고발행고에 비하여 3억 7,300만 원의 회수를 보였다.

---

23 중앙은행의 공개시장조작(open market operation) 정책을 뜻한다.

사실에 있어 그 뒤 태환권의 수축은 갈수록 더욱 순조롭게 진행되어 5월 중에는 드디어 20억 원의 대관문을 내려가 19억 원대에 있게 되어 연초 이후의 최저 기록을 갱신하고 5월 28일에는 19억 6,300만 원이라고 하는 신기록을 보게 되었다. 그러나 최근에 이르러서는 다시 21억 원대에 오르게 되었는데 이것은 지난 18일 이래로 점진적으로 증가되어 이같이 된 것이다. 그러나 현저한 증가가 없고 비교적 온건한 보조를 취하고 있고 더구나 전월 중에 있어 그같이 일본은행권이 수축하게 된 것은 그렇게 될 만한 원인이 있었다. 그러나 요즘에 이르러 21억 원대에서 버티고 있으므로 정부 지불의 초과가 계속되고 있는 반면에 아직 자금의 흐름이 나타나지 않기 때문이라 할 것으로서 이것으로 인하여 금후 통화팽창 대책의 필요를 더욱 느끼게 된다. 전월 중의 통화의 현저한 위축을 보게 된 것은 그때 특수한 사정도 있었고, 다른 한편 우리 경제계의 건실을 웅변하는 조건도 있었기 때문이다. 이제 그 원인을 들어 보면 이러하다.

1. 경제 외적(법률적) 원인: 지난 74의회에서 일본은행, 조선은행, 대만은행권의 보증발행 한도가 각각 임시적으로 확장되었던 것은 이미 알고 있는 사실이다. 즉 일본은행권은 종래의 17억 원에서 22억 원으로 5억 원의 확장을 보게 되고 조선은행권은 6,000만 원 확장의 1억 6,000만 원, 대만은행권은 3,000만 원 확장의 8,000만 원으로 되었다. 이 실시는 일본은행권은 4월 1일부터 되었으나 조선은행, 대만은행은 5월 1일부터 되어 보증발행한도의 확장을 보게 되었다. 그런데 사변 발발 직후인 1938년(昭和 13) 8월에 실시된 금준비의 일본은행으로의 집중책에 의하여 조선은행, 대만은행의 발행권 준비는 전연 일본은행권에서 구하게 되었으므로 따라서 양 은행권의 팽창이 일본은행권의 증발을 의미하게 되어 일본은행 태환권의 팽창을 보게 되었다. 그러므로 조선은행·대만은행 양행의 보증발행한도가 확장됨에 따라서 그 발행액만큼 일본은행권의 감소를 초래하게 된 것이다. 즉 종래 조선은행·대만은행 양행이 준비 적립해 두었던 일본은행권은 아무런 소용이 없게 되었으므로 그것은 해제되고 말았다. 이것이 두 달에 있어 전부 7,500만 원이나 되었다. 이것이 하나의 요인이고 또 하나는 경제 외적 요인으로서 4월 1일 실시한 구(舊) 태환권 정리를 들 수 있는데 이것이 약 4,200만 원가량 되었다. 이런 것이 경제 외적으로 일본은행권의 수축을 촉진시켰던 것이다.

2. 경제적 원인: 경제적 원인으로서는 공채 미권(米券)이 자못 순조롭게 진행되고 있기 때문이다. 즉 일본은행의 전통 정책인 '마켓 오퍼레슌'의 성공을 의미하는 것이다. 2월에 거액의 세금 이납(移納)이 있은 후에 정부 지불은 다소 정돈 상태에 있었고 3월에 들어서도 대체 마찬가지의 상태를 지속한 때에 기채에 관련된 납입이 집중되었으므로 두 달에 걸쳐 단자시장은 일시적 강세를 지속하여 공채 매각은 부진하였다. 그런데 3월 말부터 신년도에 걸쳐 정부 지불은 다시 현저한 진척을 보여 연초 이래 5월 상순까지에는 이미 14억 5,000만 원의 산포 초과를 보이고 전년 같은 기간의 9억 4,600만 원에 비하여 5억 원여의 격증을 보게 되었다. 따라서 공채소화도 4월 이래 현저한 회복을 보이고 연초부터 5월 10일에 이르는 총소화고는 16억 4,800만 원으로 기간 중의 발행고 14억 3,000만 원을 상회하였다. 다른 한편 일본은행 이자부 매각고도 11억 6,800만 원으로 기간 중의 인수고 9억 5,000만 원에 달하고 미권(米券)을 매각한 것을 계산에 넣으면 당연 정부자금 산포 초과액을 능가하는 현상이었다. 이것이 일본은행권의 수축에 또한 직접 하나의 요인이 되었던 것이다.

〈자료 121〉 진전되는 중인 통화팽창 대책(2), 일은권(日銀券) 수축은 명목적

(《매일신보》, 1939.6.11.)

이상과 같이 일시적으로 일본은행권의 수축을 보게 되었는데 위에서도 간략히 말하여 두었지만 5월 20일 이후부터 현저하게 신장되어 드디어 20억 원대를 돌파한 채로 6월에 들어서게 되었던 것이다. 그러므로 한동안 그같이 수축을 보게 된 것은 위에서 서술한 바와 같이 두 가지 원인이 있었으나 그것이 항구적인 수축의 기조가 될 수 없는 것은 대략 알 수 있는 일이다. 작년 4월을 사변 전인 재작년 4월에 비교하여 보면 1년간에 실로 3억 8,600만 원의 유통 증가를 보였는데, 최근 1년간에 다시 그 증가액이 5억 1,900만 원이라고 하는 거액의 증가를 보게 되어 그 증가가 갈수록 더욱 현저한 것을 알 수 있다. 지난 4월 1일부터 실시한 구(舊) 태환권 정리에 따른 태환권 해제 4,200여만 원을 고려한다고 하면 이 경향이 다시 격화되고 있다는 것을 인식할 수 있다.

다음으로 보조화폐의 동향을 보면 최근 약 1개년간에 걸쳐 은화의 자연적 회수가 있었으므로 다음 표와 같이 1938년(昭和 13) 발행고는 도리어 1937년(昭和 12) 말에 비해 감소하고 있다. 이것은 결단코 보조화폐의 감소를 의미하는 것이 아니고 그 반면에는 이를 대신한 보조화가 있기 때문이다. 즉 작년 6월 1일 이후 발행한 소액 지폐는 현저한 증가를 보여 이에 대신하고 있으며 현재도 격증을 보이고 있다. 1937년 중에 있어서 보조화 발행 증가액이 약 4,000여만 원으로서 종전의 배의 증가를 보인 것을 고려에 넣으면 대체 본년 4월 말 발행고를 4억 4,000만 원가량으로 예상할 수 있다.

보조화 발행고(백만 원)
1936년 말: 427
1937년 말: 471
1938년 말: 452

이상과 같이 현금통화의 추세는 증가되고 있는 것이 사실이다. 이제 지난 4월 말까지의 일본은행권 발행고를 보면 24억 1,300만 원인데 그중 발행준비가 2억 6,400만 원이므로 이것을 제외하면 일본은행권 실제 유통은 21억 4,900만 원이 된다. 이제 여기다가 조선은행권 2억 8,800만 원, 대만은행권 1억 2,800만 원을 합하고 이상의 보조화까지 합하여 지난 4월 말 현재 현금통화의 유통 총액은 약 31억 원가량이 되어 전년 동기에 비하면 약 5억 원, 사변 전에 비하면 약 9억여 원의 급격한 팽창을 보이고 있는 현상이다.

◆

이상과 같이 사변 전에 비하여 9억여 원이나 되는 현금통화 유통고 증가의 주요한 원인은 어디 있을 것인가?

낙관론자는 사변 이래 우리나라 경제력의 비약적 발전을 원용하여 유통 통화의 팽창을 그대로 긍정하고 있는 터이요, 또 하나는 경제 각종 통제의 진전에 있어 이면에서 역행하고 있는 암거래의 횡행에 책임을 전가하고 그 증거로서 최근 100원 지폐의 발행액이 증가되어 상당 다량의 결제가 현금으로 행해지고 있다는 논자도 있다. 이것은 일본은행 당국이 최근 현금 사용의 절약, 수표에 의한 상거래 결제의 권장을 행하고 있는 것을 보더라도 이것을 어느 정도로 긍정할 수도 있을 것이다. 이상 두 가지의 비판은 뒤에 하기로 한다.

그러면 이와 같이 통화가 팽창되고 있음에 따라 예금통화에는 어떠한 반응을 주고 있는가를 알아보기로 한다. 다음에 있는 표는 도쿄수형교환소 조사에 의한 예금통화의 동태로서 예금통화 수량은 당좌예금의 평균잔고를 보인 것이요 회전 수량은 월 중앙의 수표 발행 총액을 의미하는 것이다.

(단위: 백만 원)

연도	예금통화 수량	예금통화 회전 총량	예금통화 회전 속도
1937.2	864	7,899	9.14
1938.2	1,063	7,911	7.44
1939.2	1,419	9,137	6.40

이상에 의하여 본년 2월 예금통화 수량은 14억 1,900만 원에 달하여 전년 동기에 비하면 3억 5,600만 원의 격증을 보여 이것은 전년 4월의 재작년 4월에 대한 증가액 1억 9,900만 원의 거의 두 배의 증가를 보이고 있다. 이것을 보고 인플레이션의 잠재성을 포장한 것이 아니라고 누가 말할 수 있으랴? 예금통화를 현실화한 회전 총량도 또한 증가되고 있는 것은 이상의 표에 의하여 알 수 있는 일이다. 예금통화의 증가율에 비하여는 문제가 안 되어 그 1개월간의 회전 속도는 도리어 점감(漸減) 경향을 보이고 있다. 이것은 경제 각종 통제의 발전 강화에 반응한 것이 많은 것으로 간취된다.

이상에서 말한 바와 같이 금융 관계자는 통화팽창에 대하여 낙관적 견해를 가지고 우리나라 경제력의 비약적 발전을 원용하여 통화 측면에서는 인플레이션의 조짐은 조금도 없다고 하며, 따라서 최근의 물가 상승 경향도 단순한 물자 수급 관계에 기인하고 있다 한다. 아무리 그렇다 하더라도 상공성 조사의 생산지수는 1938년 4월에 176.0이었는데 지난 4월에는 173.4를 보여 정돈 상태에 있는 것을 알 수 있다. 그럼에도 불구하고 이상에서 본 바와 같이 통화유통고는 작년 4월 26억 원대가 지난 4월에는 31억 원을 돌파하였으니 여기에 현재의 물가고 추세에 대하여 방심을 불허함은 사실이요, 따라서 통화팽창에 대하여 낙관만으로 나아갈 수 없는 일이다.

금후 거액의 정부 자금 방출과 한 가지 정부의 물자 수요 증가에 수반하여 일반 민간의 억제, 소비의 철저적 억제, 민간 구매력의 흡수 작용을 강행하는 등 그 타개책에 적극적으로 나가지 않으면 안 될 것으로 보인다.

〈자료 122〉 진전되는 중인 통화팽창 대책(3), 일은권(日銀券) 수축은 명목적
(《매일신보》, 1939.6.13.)

이상에서 본 바와 같이 통화팽창 경향은 현금통화, 예금통화의 무엇을 불문하고 더욱더 격화되고 있는 것을 알 수 있다. 예금통화만은 이상의 통계에서도 본 바와 같이 각종 경제 통제의 진전과 무역 부진을 반영하여 현실적으로 회전 총량에 있어서는 비교적 미약한 팽창을 보였다.

물론 예금통화의 팽창도가 격화된다고 하면 잠재적 인플레이션의 진전을 의미하는 것이요, 나아가서 이것이 다시 폭발된다고 하면 전체 신용체제가 흔들리는 염려가 있는 만큼 이 점 경계를 요함은 말할 것도 없다. 그러나 아무리 이런 경향이 있더라도 전후의 독일에서 본 바와 같은 인플레이션은 우선 없으리라고 하는 것을 일반적으로 확실하게 신뢰, 예상하고 있는 것은 사실이다. 이미 과거의 체험이 있는 위에 앞으로 인플레이션 억압의 수단은 많이 잔존한 것으로 보이므로 금후 각종 경제의 철저한 통제에 기대를 갖고 있는 터이다. 그런데 이것은 이상에서도 여러 경향에 암시를 얻은 바와 같이 예금통화에 있어 더욱 그러하겠고 또는 그 팽창 대책이 가능하다는 것을 말함에 불과하다. 그런 까닭으로 현금통화가 결국 최근의 통화팽창 억제론의 주요한 대상인 것을 알 수 있다. 그러면 이 현금통화의 팽창 대책을 어떻게 하고 있는가. 이것이 다음의 문제가 될 것이다. 일본은행 당국은 이 대책에 부심하여 어느 정도의 실효를 들고 있는데 이제 그 대책을 보면 이러하다.

즉 현금통화의 사용을 절약하는 것 이외에 별도가 없다는 것이다. 그러므로 되도록 현금통화에 의하지 않은 교환을 실현하려는 것이다. 이것은 일본은행 당국이 지난 3월의 은행신탁간담회 석상에서 유력한 금융기관에 대하여 수표 사용을 권장하는 동시에 관계 각 성과의 연락을 취하여 정부 지불 방법에 기술적 개선을 하게 되었다. 종래의 정부 지출은 일본은행이 발행한 수표로 하게 되었으나 이것을 받은 사업회사 등은 이것을 은행 경유의 교환에 돌리지 않고 직접 일본은행에 제시하여 현금화한 것이 많은 부분을 차지하였다. 이것이 현금통화 팽창의 하나의 원인인 것은 사실이었다. 이런 점에 착안하여 금후는 일본은행 수표의 지불을 받은 주요 사업회사는 각 거래선 은행에 보고하도록 하여 은행별 목록을 작성하고, 정부 지불이 있을 경우에는 이것을 각 은행의 일본은행 예금 계좌에 입금하기로 하여 이상과 가까운 팽창 현상을 억제하려는 것이다.

즉 환언하면 현금통화 시장의 현금통화의 유통을 조절하는 것으로서 종래의 '마켓 오퍼레슌'의 질량 변화를 일으킨 것이라 할 수 있다. 종래의 '마켓 오퍼레슌'은 공채를 발행하여 정부자금의 산포가 대규모로 진척되어 민간에 자금의 적체가 많게 되면 물자 소비 규정, 「임시자금조정법」 등에 의하여 민간 금융기관의 예금이 증가되고 이것으로서 공채 매입을 시켜 통화를 회수하는 결과가 되는 이와 같은 방법으로 '마켓 오퍼레슌'을 실시해 왔다. 이것이 현금통화 조절의 유일한 방법으로 알고 이 방법에 의한 통화 유통 과정에 있어서의 즉시 작용에 관하여서도 거의 무관심하였다. 그러나 이것은 물론 지금까지의 예에서 또는 체험에 의하여 공채소화만을 보고 인플레이션의 경향이 해소되었다고는 할 수 없었다. 그만큼 이것은 유일무이의 최고의 방법이라고는 할 수 없었다. 정부 자금의 산포에 있어 이 통화가 시간적으로 양적으로 그 유통하는 간극이 많으면 많을수록 민간에는 자금의 적체를 초래하여 물가고를 유발케 한 것은 사실이었다. 그렇다고 하면 이 종래의 방법을 벗어난, 즉 질적으로 변화된 현금통화의 절약 방법은 조금도 결점이 없는 철벽 같은 정책이냐 하면 이것도 역시 그런 것이라고는 말할 수 없다. 이미 이 실현에 따라서 금융기관 관계에서는 이것은 곧 예금통화의 팽창(현금통화의 절약에 따른 수표 수취와 지불의 증대에 의함)을 의미하는 것으로서 일본은행 당국의 자기만족에 불과한 정책이라 말하는 측도 없음은 아니되 좌우간 이 정책은 종래의 방법보다 또한 일보 전진한 것임에는 틀림없다.

문제는 이상의 현금통화의 절약에 따라서 예금통화와의 조화를 어떻게 하느냐 하는 것도 금후의 문제가 될 것이다. 이것은 제반의 통제로 잘 진행되리라고 예상된다. 결국 주요한 문제는 이상에서 말한 바와 같이 정부의 지불을 은행예금으로 전화하였더라도 이것을 곧 인출한다고 하면 하등 의미가 없으므로 여기에 대해서는 학자 간에 소위 독일에서 체험한 바와 같은 봉쇄 '마르크' 정책을 답습할 것을 주장하는 측도 있으나 이것은 현재의 신용기구에 일대 파문으로 던지는 것이니만큼 모험은 차라리 피하는 것이 좋지 않을까 하며, 최근에는 이 문제에 대하여 전반적으로 말살적 견해가 있는 형편이다. 그러므로 예금 인출의 방지에는 오직 두 가지 길밖에 없을 줄 안다. 첫째 사업회사가 정부 지불을 받을 때는 곧 은행 예금으로 하고 많은 수수(受授)를 수표로 하게 하고, 둘째 임금에 대해서는 반강제적으로 저축을 확장하고 나아가서 일반 생활필수품의 매매에 있어도 우편국 또는 은행을 통하여 통장 거래를 함이 가장 안전한 정책이 아닐까?

〈자료 123〉 선은권(鮮銀券) 기록 갱신, 결국 한외발행 고려
(《매일신보》, 1939.11.3.)

최근 점증하고 있는 조선은행권은 10월 31일 장부 이월에 있어 월말 관계도 있어 3억 4,000만 원대에 육박하여 다시 과거의 최고 기록을 갱신하였는데, 조선은행권의 팽창은 일본은행권의 팽창과 마찬가지로 벌써 인플레이션을 기조로 하고 근본적인 증가세로 되었으므로 금후 연말의 금융 번망에 접근함에 따라 다시 팽창하게 될 것이다. 최근 팽창 원인은 물론 일반적으로 인플레이션을 조성하고 있는 것을 말하고 있는데, 그 외,

1. 미곡 면화의 매입 자금 등에 현금의 수요가 급격하게 증가하고 있는 것.
2. 일반 상거래에도 현금거래에 의한 암거래가 왕성한 것.

등이 지적되어 있다. 그리고 조선은행은 위 은행권의 팽창에 대비하여 한외발행을 예상하고 있는바, 혹은 단자(短資)를 흡수하여 정화준비로 할는지는 기술적으로 연구 중이다.
그리하여 일본 금융시장의 정세로 보아 콜을 다액으로 흡수하는 것은 곤란한 입장에 있어 결국 한외발행을 하게 될 모양이다.

〈자료 124〉 일은(日銀) 예금 준비로 선은권(鮮銀券) 발행론 대두, 일은권(日銀券) 팽창 방지로 개정 제안?

《매일신보》, 1939.11.18.)

　일본은행 태환은행권의 팽창 경향은 더욱더 강해져 전월 말 최고발행고는 28억 600만 원으로 벌써 28억 원 관문을 돌파하여 지난 4월 보증준비 확장 이후 최초의 한외발행을 기록하여 연말 최고발행고는 36억 5,000만 원가량까지 도달할 것으로 예상하게 되었다. 그런데 위 팽창의 일 요인으로서는 조선, 대만 양 은행권의 발행 증가에 수반된 양행 준비에 충당될 일본은행권의 증가를 거론, 최근 금융계의 일부에서는 조선은행·대만은행 양행의 발권 제도에 개정을 가하자는 의견이 대두되어 대장, 일본은행 양 당국에서는 그 득실에 대하여 검토를 진행하고 있다. 즉 조선은행·대만은행의 일본은행권 준비 충당액은 본년 5월의 양행 보증준비 확장(조선은행 6,000만 원, 대만은행 3,000만 원)에 의하여 5월 말에는 1억 8,000만 원으로 4월에 비하여 약 7,500만 원이 감소하였는데 그 후 양행 발권고의 격증으로 재차 증가세로 되어 8월 말 2억 800만 원, 9월 말 2억 2,800만 원, 10월 말 2억 4,800만 원으로 매달 2,000만 원가량의 팽창을 보이고 있다. 그리하여 양행의 은행 발권제도(「조선은행법」 제22조, 「대만은행법」 9조)에 개정을 가하고 현재의 일본은행권을 준비로 쌓아 두는 방법을 대신하여 양행의 일본은행으로의 예금을 준비로 하여 발권하려는 안(案)이 대두하게 된 것이다. 그리하여 예탁준비(타 은행으로의 예금을 준비로 하여 발권하는 방법)는 연혁적으로는 의문의 여지를 남기고 있는데 작년 7월 「임시통화법」에 기초한 소액 지폐 발행에 즈음하여 일본은행으로서의 정부 별도예금(소액 지폐 교환 자금)을 개정할 방법을 새로 채용하기로 되었는데, 현재와 같이 관리통화제도하에 있어서는 중앙은행으로의 예금을 담보로 하는 은행권의 발행은 아무런 지장이 없다는 의견이 유력하다. 조선은행·대만은행 양행 발권제도의 위와 같은 개정이 실현되면 현재 양행 준비에 충당될 일본은행 태환권은 준비에서 빠져 태환권 발행은 명목적이라 할지라도 상당한 거액의 감소를 보게 되는 터이므로 일본은행 보증준비 재확장과 관련하여 이 문제 실현의 기운은 조성되어 오는 의회에서 위에 관한 조선은행·대만은행 양행의 개정안의 상정을 보게 될 것으로 예상된다.

공채 준비가 여하(如何), 선은(鮮銀) 당국의 견해

일본은행권의 경이적 팽창의 일 요인으로서 조선은행·대만은행 양행의 태환권 팽창이 지적되자, 대책으로서 양행의 발권제도를 개정하라는 논의가 행해져 대장, 일본은행 양 당국 간에 이 득실에 대하여 검토를 진행한다고 전하고 있는바 위 개정론은 현행의 일본은행권을 정화준비로 하는 발권제도를 폐지하고 일본은행의 예금을 준비로 하려는 새로운 발권제도로 개정하려는 것인데 위에 대하여 조선은행 당국은 다음과 같은 견해를 가지고 있다.

예금준비제도는 중앙에 이와 같은 의견이 행할는지도 모르겠으나 당행으로서는 정화준비에 일본은행권을 준비하는 것이나, 일본은행에 무이자의 예금을 하는 것이나, 결국 계산상으로 동일한 결론이 나오므로 적극적으로 발권제도를 개정하려는 의논은 내부적으로는 없다. 일보를 나아가 공채를 준비하려는 발권제도에까지 발전케 한다면 크게 환영하는 바이다.

〈자료 125〉 선은권(鮮臺銀) 발권제도, 호도책은 불가(不可)

《매일신보》, 1939.11.23.

일본은행권 팽창 대책으로서 조선은행·대만은행의 발권제도에 대하여 대장, 일본은행 양 당국 모두 신중히 연구를 진행하고 있는데, 조선 금융계의 이향으로서는 근본적 제도 개혁이 행해지면 좋으나 그렇지 않으면 이 기회에 응급적 호도 수단은 취하지 아니할 방침이다.

일본 방면으로부터 전하는 바에 의하면 현재 조선은행·대만은행이 일본은행권을 수득(收得)하여 정화준비에 충당하기 위한 용도로 양행에서 약 3억 내지 3억 5,000만 원의 일본은행권 증발을 유발하고 있다. 이 대책으로서 조선은행·대만은행으로 하여금 일본은행에 예금을 하게 하고 이를 발권준비에 충당하게 할 안을 갖고 있는 터이다. 그러나 이는 정화준비가 되어 있는 이상 일본은행 예금으로 하지 않더라도 유통시장으로부터 영향이 약해지고 있으므로 이는 단지 형식적인 대책에 불과하고 오히려 전술한 목적을 위해서는 조선은행·대만은행 양행의 보증준비의 대확장이 목적에 적합할 것으로 보인다. 이 기회에 희망하는 것은 현행 발권제도에 대하여 근본적 재검토를 가하는 것으로 예를 들면 국채 보유제도 등도 실로 하나의 안(案)이 되는 것이어서 대승적 견지에서의 대책을 희망한다.

〈자료 126〉 통화수축 기대난(期待難) 대출 회수 둔화 경향, 통제 전도 예상코 자금을 퇴장

(《매일신보》, 1940.1.20.)

작년말 4억 3,000만 원으로 팽창한 조선은행권은 올해 들어 각종 대출의 회수로 작금 4억 원대로 약 3,000만 원의 수축을 보이고 있는데 예년처럼 그 수축의 정도는 현저하지 않고 일본은행권도 마찬가지로 소위 수축 둔화의 경향에 있다. 즉 올해 들어 각 은행의 장부는 신규 대출이 자못 감소되고 있음에도 불구하고 기존 대출의 회수가 비상히 악화한 것에서 연유한 것이다. 이것은 일반 수요자의 심리로서 「자금조정법」의 강화를 예상하여 자금의 변제를 하지 않고 은행예금 또는 현금으로 자금을 퇴장하는 경향이 현저하기 때문인데 은행으로서는 소위 자금회전율은 악화되고 있다. 이 같은 경향은 금후 얼마나 계속될 것인지 자못 주목할 일인데 일반적으로 금융기관은 시재금(時在金)도 풍부하지 않고 대출에 대해서는 억제의 방침을 다시 강화하여 갈 것으로 보인다. 그러므로 당분간 통화의 수축은 큰 기대할 수 없는 상태이다.

〈자료 127〉 일은권(日銀券) 발행에 최고제한제 채용, 대장성 내 의견 대두

(《매일신보》, 1940.2.2.)

최근 통화팽창 경향에 의하여 작년 11월 이래 한외발행은 일상적이 되었으므로 대장성, 일본은행 양 금융당국은 보증발행한도를 재확장할 것인지, 발권제도의 근본적 개정을 행할 것인지를 두고 그 이해득실이 국민 대중에게 미치는 심리적 영향 등에 대해 예의 검토 중이던바, 대장성 일부에서는 일본은행 태환권 발행제한제도를 채용하자는 논의가 있다. 그리하여 그 최고발행제한제도는 종래의 제도에 의한 정화준비 및 보증준비의 관념과는 달리 최고발행한도 내에서 지금은 국채 확실한 증권 또는 상업어음을 총괄적으로 준비하여 발권할 수 있다는 것으로서 이 점에 있어 전연 별개의 발권제도로 전환하는 것이다.

이 경우 최고발행제한의 기준을 전년의 태환권 발행액 중 최고발행액에서 구하든지 혹은 평균발행액을 취할는지는 미정이나 대체로 전년의 최고발행액을 기준으로 하여 이에 일정한 비율을 가산하여 매년의 최고발행한도를 자동적으로 결정하기로 하고 이를 초과하는 때에는 한외발행이 출현되게 하는 것이다. 그리고 최고발행제한제도는 19세기 이래 프랑스에서 채용하여 1928년까지 계속한 선례도 있는바 프랑스의 제도는 한외발행을 인정하지 않고 또 최고발행한도는 일정액에 고정되어 있는 점이 다른 것이어서 금회의 제도는 전연 독창적인 발권제도라 할 것이다.

〈자료 128〉 일차 팽창된 통화 여전 불수축 계속, 계절 앞두고 대책 신중

《매일신보》, 1940.2.7.)

작년 말 이상한 팽창 숫자를 보인 원계(圓系)통화에 대해서는 신년도에 들어감에 따라 그 수축 내지 그 뒤의 발행 상태가 자못 주목되었었는데 1월 현재 상황을 보면 일본은행권을 비롯하여 그 수축률은 일반이 기대하는 정도로 진행되지 않고 의연 전반적으로 팽창의 보조를 취하여 오히려 증대되고 있는 형편이다. 이제 아래에 각지의 상황에 대하여 보면 다음과 같다.

일본은행권

1월 중의 국채의 소화액은 시중 매각 2억 2,800만 원, 관청 매입 2,900만 원, 예금부 인수 1억 원으로 합계 3억 6,700만 원, 월중의 발행고 4억 원인 데 대한 총소화율은 91%에 달하였다. 이것을 전월인 작년 12월의 소화율 75%에 비하면 15%의 증가를 보였다. 전년 같은 기간 총소화액 4억 1,400만 원, 발행고 4억 원에 달하는 소화율 100%에 비하면 아직도 약 1할 2푼의 감소가 되어 의연 국채소화율은 둔화의 경향을 보이고 있다. 그러나 한편 월중의 미권(米券) 매각액은 전년 같은 달의 절반에도 미달하는 1억 5,200만 원에 불과하다. 이 같은 계속적인 국채소화의 둔화 경향은 필연적으로 태환권의 수축 상황에 반응되어 작년 말의 최고발행고 38억 1,700만 원보다 19일의 최저발행고 28억 8,300만 원이 되는 1월 중의 수축고는 9억 3,400만 원으로서 수축률은 9할 8리로 작년 동기에 비하여 8푼 1리의 수축 둔화를 보였다.

그러나 월말 팽창기의 그 보조를 보면 31일 일거에 7,800만 원을 격증하여 32억 7,500만 원으로 33억 원에 육박하였었는데 31일도 전국을 통하여서는 마찬가지로 약간의 발행이 예상되는 만큼 월말의 최고발행고는 이것보다 증가되었을 것으로 예상된다.

따라서 한외발행도 월중 드디어 소멸을 보지 못하게 된 터이나 2월은 8일의 구정을 앞두고 조세의 이납 등이 있어 역시 큰 수축은 기대할 수 없는 바로 결국 증가의 경향에 있을 것으로 예상된다. 일본은행 및 대장 당국에서도 이 같은 정세에 대처하여 보증준비액의 확장 혹은 태환권 발행 방법의 근본 변혁 등 그 대책을 신중 고려 중이다.

조선은행권

1월 말 현재의 조선은행권 발행고는 4억 2,963만 원으로 이것을 전년 같은 기간에 비하면 1억 2,630만 5,000원의 팽창을 보이고 있다. 연말부터의 수축률은 대체로 비슷하다.

그리고 1940년도 8억의 조선 예산은 조선은행권 발행에 결정적 동기를 주는 것으로서 금후의 팽창율은 작년보다 다소 고율을 보일 것으로 예상된다.

그러나 8억 원 예산에 의한 생산력확충계획의 반면에는 물자 부족과 「자금조정법」에 의한 대출 억제, 기타 정부의 디플레이션 정책도 있어 그렇게 급격한 팽창은 없으리라 생각한다.

대만은행권

작년 말 1억 7,300만 원을 시현한 발행고는 1월 상순부터 중순에는 수축되어 18일에는 1억 6,000만 원으로 1,300만 원 회수되었는데, 19일부터 다시 증가의 추세를 보여 22일에는 1억 6,600만 원을 보여, 결국 1월 말일 발행고는 1억 6,300만 원 정도로 전진되어 전년 같은 기간의 1억 3,300만 원에 비하면 2,900만 원의 발행 증가로 되었다. 다시 2월 상순에 들어서는 구정 관계로 다시 증대되어 혹은 1억 7,000만 원에 육박하게 되지 않을까 한다.

〈자료 129〉 통화팽창 방지차 선대은(鮮臺銀) 발행제 변경, 일은예탁(日銀預託) 준비제도가 등장, 대장성 목하 구체안 작성 중

《매일신보》, 1940.2.14.

　사쿠라우치(櫻內) 대장대신은 12일 중의원 간담회에서 오가사(小笠) 씨의 질문에 답하여 조선은행권·대만은행권 발행제도를 일본은행 예탁준비제도로 변경함에 관하여 목하 대장성 사무 당국에서 십분 연구 중임을 밝혀 주목을 야기하였다. 대장성으로서 일본은행 태환권 및 조선은행·대만은행 양 은행권 제도의 획기적 개정과 관련하여 동일한 주지로 임시입법의 형식에 의하여 종래의 일본은행 태환권준비제와 병용하여 실질적으로는 양 특수은행의 발권제도를 일본은행 태환권준비제도에서 일본은행 예금준비제도로 전환케 하는 방침을 결정, 목하 구체안 작성을 급히 하고 있다. 즉 현행의 「조선은행법」 제22조 및 「대만은행법」 제9조에 의하면 양행은 은행권 발행고에 대해 동액의 금화 지금은 또는 일본은행 태환권을 발행준비로 할 것을 규정하고 있는데 금회 다시 발행준비로서 양행에 일본은행에의 예금을 추가하려는 것이다. 이는 양 은행권 증발이 일본은행 태환권 팽창에 미치는 영향을 단절할 의향에서 나온 것이다. 그리하여 현재 조선은행·대만은행의 준비에 충당될 일본은행 태환권은 3억 3,000만 원(2월 3일 현재)의 거액에 달하는데 예탁준비제도가 실시되면 일본은행권 준비 충당액 중 양행의 영업상 계속 보관을 필요로 하는 소액의 태환권(약 2,000만 원가량)을 제외하고 준비에서 해제되어 일본은행 예금에 이체될 3억 원에 가까운 일본은행 태환권이 발행고에서 제외되어 현재 통화팽창이 주는 심리적 영향을 감쇄하는 효과를 기대할 수 있는 것이다. 그리고 현재 각 외국 중 이와 같은 예탁준비제도를 채용하는 것은 오스트레일리아, 인도 등 영국의 식민지은행을 그 예로 들 수 있다.

〈자료 130〉 통화 대책은 결국 보증준비 재확장? 단, 선은권(鮮銀券)만은 현행 방침대로

(《매일신보》, 1940.2.25.)

일본은행 태환권 발행고는 최근 통화팽창 경향에 의해 작년 동행이 보증준비 발행제도를 5억 원으로 재확장하였음에 불구하고 작년 11월 말부터 한외발행이 나타나 금년에 들어서 연초 이래 오늘에 이르기까지 소멸을 보지 못하는 상태이다. 대장성에서는 이와 같은 한외발행의 항상화가 일반에 미치는 심리적 영향을 고려하여 지난번 대책 수립에 착수하여 사무 당국에서는 최고발행제한제도 채용 방침을 1차 내정하였다. 그런데 최근 대장, 일본은행 양 당국 수뇌부 간에 전시하 시국에 비추어 일본은행의 태환권 발행제도의 근본에 해당하는 개정은 이번에는 연기하고 사변 종료 후에 관리통화제도의 전면적 개정의 시기에 계속한다는 설이 유력화하게 되어 다시 한 번 보증한도 확장에 의한 임시 조치의 실시로 환원하려는 형세가 심하였다. 즉 한외발행은 금융 정세의 적신호로서 방치하자는 일부의 주장은 별개로 하고 대장 당국으로서는 작년과 동일한 5억 원가량의 보증한도의 확충을 임시입법으로서 채택하고 동시에 이미 정한 방침인 조선은행·대만은행 은행권 발행에 일본은행 예탁준비제도를 채용하여 이에 의하여 생기는 일본은행 태환권 발행 여력 약 3억 원과 합하여 8억 원가량의 일본은행의 실질적 보증한도 발행 여력을 추가하려는 것이다. 그리하여 이 경우 일본은행 보증한도 확장과 동시에 문제가 되는 조선은행권·대만은행권의 보증한도의 확장을 생각하면 양행은 일본은행과 사정을 달리하여 납부금제도가 없고 특히 조선은행에서는 특융 잔고를 가지는 것으로 보아 일본은행과 마찬가지로 한외발행세 경감의 조치를 강구하는 것은 타당치 않다는 견지에서 양행 모두 확장을 행하지 않고 현재대로 거치할 모양이다.

〈자료 131〉 변칙적인 통화팽창, 금융 장기화와 현금 거래 소치? 관심 있는 업계의 종합 의견

(《매일신보》, 1940.3.30.)

최근 조선은행권의 팽창이 현저한 바 있어 몇일 동안은 월말 관계도 더해져 연일 4억 4,000만 원대로 오르고 있는데 이와 같은 현상은 확실히 인플레이션의 조짐이 농후한 바를 보인 것으로서 금융계로서도 그 참원인을 구명함과 함께 자못 신중한 태도로 주목을 하게 되었다. 그리하여 이와 같은 최근의 통화팽창은 과연 어디에 참원인이 있는지 각종의 관측이 있게 되었는데 금융계의 의견을 종합하면 대체 다음과 같은 것으로 해석된다.

1. 예년 감소기에 들어간 미곡 자금이 본년은 특수한 통제 방침으로 미곡이 정체되고, 따라서 금융의 장기화에 회수가 되지 못하는 것과 같은 현상은 유독 미곡뿐만 아니라 중요물자에도 볼 수 있는 현상인 것.
2. 왕성한 암거래가 거의 현금으로 행하고 있는 것.
3. 종래 단기의 운전자금은 상거래의 완료를 기다려 곧 회수되는 것이 보통이나 「자금조정법」의 강화 방침과 은행 독자의 대출 억제 방침에 위협되어 자금을 은행에 반입하지 않고 현금 혹은 다른 금융기관에 예금으로 퇴장하는 것.

〈자료 132〉 상거래의 둔화로 통화팽창 일단 침식, 하기(下期)엔 구매력 적극적 봉쇄?

(《매일신보》, 1940.7.10.)

일본은행에서는 기말에 있어서 공채소화의 양호를 반드시 낙관적으로 보고 있지 않다. 문제는 오히려 금후의 상거래 방지, 저축장려 등 일련의 인플레이션 방지책의 실효 여하에 있다고 하는 것은 주목된다. 즉 6월 중 공채의 시중은행 매각이 4억 4,000만 원인 한편 특수은행 방면에의 대출이 4억 원 이상에 달하여 통화, 신용의 수축이 조금도 되지는 못하였다.

물론 은행의 부동자금이 공채로 향했다는 점은 있으나 이것은 별로 적극적 의미를 갖지 않는다. 따라서 통화팽창을 둔화시킨 것은 상거래량의 증가가 둔화된 것에 기인하고 있어 이것은 정부의 인플레이션 방지책이 주효한 까닭이다. 따라서 하기의 통화팽창 정도는 정부의 인플레이션 방지책 여하에 있는데 특히 하기는 미곡, 기타 물자의 출회로 통화의 수요량이 번성하는 계절이니까 정부가 광범한 절부제(切符制)[24] 등을 채용하여 일단 통제를 강화하고 구매력을 봉쇄하도록 하지 않으면 공채소화도 반드시 낙관치 못하겠다.

〈자료 133〉 선은권(鮮銀券) 대팽창 4억 5천만 원대, 작년 말 이후의 기록

《매일신보》, 1940.9.26.

9월에 들어 팽창 일로에 있는 조선은행권의 발행고는 21일 이월에 있어 4억 5,161만 8,000원으로 전일보다 일거 600만 7,000원 증가하여 5,000만 원대로 비약하고 작년 12월 30일 이래 신기록을 냈다. 작년의 최고기록 4억 5,539만 8,000원(12월 26일)에 비하면 아직 약 400만 원의 수축이나 작년 같은 기간에 비하면 실로 1억 3,825만 7,000원의 증발이다. 이 최근의 대팽창은 봉급 관계의 국고 지불에 기인하나 여름철 불경기를 벗어나 곡류(穀類), 기타 계절 자금의 산포가 점차 행하기 시작한 것에 기인한 것으로 금후 팽창하여도 그리 수축은 되지 않을 것으로 관측된다.

〈자료 134〉 농산물 자금으로 선은권(鮮銀券) 급격 팽창, 연말 중 6억 원 예상

《매일신보》, 1940.10.3.

조선은행권의 발행고는 9월 중순부터 급격히 팽창하여 월말의 이월은 4억 5,000만 원으로 작년 동기보다 약 1억 2,000만 원이 격증하여 대체로 작년 말의 평균발행고와 같은 금액

---

24 전시 물자배급 통제의 한 방법으로 물품, 특히 생활필수품의 배급을 미리 발급받은 표와 교환하는 제도.

으로 팽창하였는데 금후 조선은행권은 다시 비약적 증발을 보일 것으로 예상되고 있다. 즉 최근의 팽창은 미(米) 이외의 농산물 자금 방출에 의한 것이나 금후 신미(新米)의 출회기에 들어가면 적어도 5,000만 원 이상의 자금 방출은 당연히 예상되므로 본년 말까지에는 5억 원을 훨씬 돌파할 것으로 최고발행고를 예상하면 6억 가까이 팽창할 것이라고 관측되고 있다.

〈자료 135〉 선은(鮮銀) 납부금제 개정, 하반기부터 실시

《매일신보》, 1941. 2. 22.)

조선은행에서는 20일의 총회에서 이익금 처리에 정부 납부금 22만 327원을 계상하였는데, 이것은 발행권에 의한 이익을 일부 국가에 환원하는 제도로 우리나라 법제로서는 1910년(明治 43) 「조선은행법」에 규정된 것이 효시이고 1932년(昭和 7) 일본은행의 보증발행제도가 1억 2,000만 원에서 일약 10억 원으로 확장된 때에 동시에 일본은행 납부금법이 제정되어 일본은행도 납부금제도가 창설되었다. 같은 발권은행인 대만은행에는 납부금제도가 없어서 금일 일본은행, 조선은행, 대만은행의 각 발권제도 개정과 동시에 조선은행의 납부금제도도 개정되었고, 또 대만은행도 납부금제도가 창설케 되어서 목하 의회에서 심의 중이다. 조선은행은 1918년(大正 7) 하반기부터 1921년(大正 10) 하반기까지 합계 33만 3,786원의 정부납부금을 납부하였으나 그 후 오랫동안 단절되었기 때문으로 금회 정부납부금을 계상한 것은 동행 내용의 우량함을 실증하는 것이다. 그리고 의회서 심의 중인 개정 납부금법안에 의하면 동행 전기의 이익에 대하여 납부금은 약 65만 원, 대략 3배 증가할 것으로 추산되며 신법의 실시는 본년 하반기부터 예상되고 있다.

〈자료 136〉 선은권(鮮銀券) 한외(限外) 출현, 시기로 보아 자연, 재계 견실성을 입증
《매일신보》, 1941.12.12.

11일에 이월된 조선은행권 발행고는 전일보다 534만 3,701원을 증가하여 6억 3,446만 5,164원이 되었고, 금년 4월 개정의 조선은행권 발행 최고한도를 돌파하여 조선은행 창설 이래의 최고 기록을 수립하였다. 위는 연말 접근에 따라 미곡 자금, 면화 자금 등 농산물 방면에 대출이 점증되고 있기 때문인데 일반으로는 11월 중순이 지나서 한외발행을 출현할 것이라고 예상하였던바 그보다도 약 1개월이나 늦어서 10일에야 한외에 달하게 된 것은 조선 내 재계의 견실성을 말하는 것이다. 그리고 조선은행 당국에서는 11일 조선은행권 발행고 증가에 관하여 금회의 한외발행은 극히 자연적이요 일본은행권, 만주국폐의 증발 비율로 보아 하등 우려할 것이 없는 것을 강조하였다.

▲ 조선은행 당국담
당행권 발행고는 근래 점증되고 있는데,

1. 본년 4월의 예상으로는 현재 아직 3,000~4,000만 원 축소하고 있다. 당시의 예상으로는 한도 6억 3,000만 원 이상의 한외발행은 11월 절반 지나 출현할 것으로 보였는데, 실제는 11월 중에는 한외에 달하지 못하였다.
2. 근년 1년 전 같은 기간에는 대체 1억 1,000만 원가량의 증발을 보통으로 하고 연말 접근에 따라 차이가 확대되어 1억 3,000~4,000만 원이 되고 매년 그 차이를 확대하는 경향에 있다. 금년은 이 차이가 최고 1억 5,000만 원가량 되지 않을까 하는데 그렇게 되면 작년의 최고가 5억 9,400만 원이므로 본년 최고는 7억 4,000만 원가량 될 것이다.
3. 매년 차이가 있게 되는 이유로서는 조선 경제의 발달은 말할 것도 없지만 예산의 팽창, 물가 및 임은의 등귀와 생산력확충자금의 증가 산포 등에 의한 것으로서 연말에 접근함에 따라 차이가 확대한 것이오. 미곡 자금, 면화 자금 등 농산물의 출회기에 들어간 때문이다. 이상과 같이 당행권 증가는 진실로 순조로운 것이어서 숫자적으로는 증대하여도 극히 자연적이요 일본은행권, 만주국폐의 증발 비율로 보아도 조금도 걱정할

것이 없고 도리어 조선 내 경제계가 얼마나 견실한가를 입증하는 것임을 알 수 있을 것이다.

〈자료 137〉 선은권(鮮銀券) 발행한도 대폭 인상을 고려

(《매일신보》, 1942. 3. 3.)

조선은행권 발행고는 작년 4월 노은 및 물가 지수의 등귀와 민간의 현금보유고 증가 등에 따라서 제한발행한도를 6억 3,000만 원으로 결정하였는데 이같이 노은, 물가의 등귀 등 자연적 현상으로 발행고도 자연 팽창되어 작년 12월 29일에 7억 5,404만 6,188원으로 창업 이래의 최고 기록을 수립해 1억 2,404만 6,188원의 제한초과발행을 행하였다. 그 뒤 연말 금융 번망기가 한 번 돈 후의 조선은행 발행고는 미곡 자금의 회수 등을 반영하여 비교적 순조로운 수축을 보여 7억 원 대 밑으로 떨어져 이전 주말인 2월 27일에는 6억 9,557만 2,718원이 되어 최고발행고에 비해서 5,847만 3,470원이 수축되었다. 그러나 방대한 전시 예산이 계상되고 있는 관계상 은행권의 발행이 증가되는 것은 자연적인 현상으로서 당연하므로 금년도 조선은행권 발행고도 연말 금융 번망기에는 작년도의 최고를 초과하는 것은 반드시 그렇게 될 것으로 보여 조선은행에서는 1942년도(昭和 17) 조선은행권 발행고의 제한발행한도의 개정을 행하고자 목하 심의 중에 있다. 그래서 근근 대장 당국에 해당 안을 제출하기로 되었으며 조선은행 당국도 금년도의 발행고는 9억 원이 넘으리라고 예상하고 있으므로 제한발행한도는 8억 5,000만 원 내지 9억 원대가량으로 인상될 것같이 보인다.

〈자료 138〉 선은권(鮮銀券) 발행한도, 8억 내지 8억 5천만 원

(《매일신보》, 1942. 3. 26.)

조선은행권 발행한도는 1941년도(昭和 16) 6억 3,000만 원이었는데 1941년 말의 팽창으로 한외발행의 출현을 보게 되었으므로 대장 당국에서는 1942년도(昭和 17) 발행한도 설정에 있어서는 위 사정을 고려하여 4월 중에 결정을 행하기로 되었다. 그리고 조선은행으로서는 신년도는 8억 5,000만 원을 주장하고 있는데, 대장 당국에서는 8억을 최고한도로 할 의향이 유력할 듯하다. 위 최고한도발행은 결국 반도 경제의 총력 발휘에도 어느 정도의 통화를 유통케 할 것인가를 보이고 경제지표가 되므로 극히 주목할 바이다. 최고발행한도를 8억 내지 8억 5,000만 원으로 결정하더라도 연말 금융 번망기에 있어서는 당연히 제한초과발행이 예상되는 만큼 최고발행한도라는 명칭을 적정발행한도로 개칭할 것이라는 의견이 일부에서 대두하고 있다.

〈자료 139〉 선은권(鮮銀券)의 발행한도 7억 5천만 원으로 결정, 반도 경제력 발휘, 1억 2천만 원 인상

(《매일신보》, 1942.3.31.)

1942년도(昭和 17) 조선은행권 발행한도 개정에 대해서는 대장 당국과 조선은행과의 사이에 지난번에 종종 절충 중이었는데 1941년도(昭和 16)의 6억 3,000만 원을 1억 2,000만 원 인상하여 7억 5,000만 원으로 하기로 결정, 4월 1일부터 실시할 뜻을 30일 조선은행 도쿄(東京) 지점으로부터 조선은행 본점에 입전(入電)이 있었다. 위 한도 인상 이유는 조선은행권 발행한도는 1941년에는 6억 3,000만 원이던 것이 그해 말의 팽창으로 12월 29일에는 드디어 7억 5,404만 6,188원으로 조선은행 창업 이래의 신기록을 시현(示現), 1억 2,404만 6,188원의 한외발행을 보게 되었다. 1942년도 조선은행권 발행한도 설정에 있어서는 위 사정을 고려하여 한도 인상을 행하기로 되어 조선은행에서는 대처 당국에 대하여 8억 5,000만 원 정도를 요망한 것이다. 그리고 대장 당국에서는 위 한도가 원활한 반도 경제 총력의 발휘를 초래하는 하나의 지표도 되므로 신중 협의한 뒤 결국 7억 5,000만 원으로 결정하기로 된 것으로 작년도의 6억 3,000만 원에 비하면 1억 2,000만 원의 인상에 해당하나 작년 말의 최고발행고에 비하면 약 400만 원가량 낮은 것을 보이고 있다.

〈자료 140〉 선은권(鮮銀券) 마침내 최고기록, 미곡(米穀) 자금 방출을 반영, 7억 2천만 원을 돌파

《매일신보》, 1942.11.3.

　　2일에서 이월된 10월 31일 현재의 조선은행권 발행고는 전일에 비하여 752만 3,665원을 증발하여 드디어 7억 2,935만 712원으로 연초의 최고 기록을 시현하여 이월케 되었다. 이것은 전년 동기에 비하면 실로 1억 6,046만 4,443원의 증발로 10월 중의 최저 8일의 6억 8,834만 4,334원에 비하면 4,100만 6,378원의 대폭의 변동을 보였다. 위는 가을 수확기에 직면하여 미곡 매입 자금의 방출이 점차 현저해졌기 때문으로 금후 얼마간의 수축이 있다 하더라도 점차 연말자금의 수요기에 들어왔으므로 조선은행권의 증발은 당연히 예상되는 바이다. 그리고 금년도의 조선은행권 최고발행한도는 7억 5,000만 원인데 10월 말의 발행고는 최고발행한도에 거의 도달하게 되어 그 차가 겨우 2,064만 9,288원이므로 11월 중에 최고발행한도 7억 5,000만 원을 훨씬 돌파하여 한외발행을 시현케 될 것은 확실하여 연내의 발행고는 적어도 9억 돌파가 예상된다. 그리고 10월 중의 추이 상황을 보면 다음과 같다.

(단위: 원)

2일	696,348,905	24일	726,077,558
5일	693,234,698	27일	725,125,953
8일(최저)	688,344,334	29일	721,545,971
10일	692,334,235	30일	722,827,047
15일	698,119,648	31일(최고)	729,350,712
20일	711,834,285		

〈자료 141〉 선은권(鮮銀券)의 최고한도, 신년도(新年度)에는 9억 원으로 내정, 최초 예상보다 5천만 원 인하

(《매일신보》, 1943.1.13.)

전년 12월 28일 9억 2,281만 3,283원으로 조선은행 창설 이래의 최고 기록을 시현한 조선은행권 발행고는 해를 넘긴 1월 4일에 재빠르게도 9억 원대 아래로 내려가 8억 8,895만 826원을 시현하였다. 이후 연말 자본 번망 일순(一巡)과 동시에 미곡 자금의 회수 등이 날이 갈수록 현저하게 됨에 따라 12일에 이월된 발행고는 전일보다 442만 2,475원을 수축하여 8억 6,471만 6,731원이 되었다. 이것을 전년의 최고에 비하면 5,809만 6,552원의 대폭 축소이다. 특히 조선은행 당국에서는 연말의 최고는 9억 4,000~5,000만 원을 돌파할 것을 예상한 것이나 이것도 예상액보다도 훨씬 저위에 있는 것은 반도 금융의 건전성을 확증하는 것이다. 그리고 조선은행 당국으로서는 1943년도(昭和 18) 조선은행권 최고발행한도에 대하여는 당초 9억 5,000만 원을 예상하였으나 작년의 최고가 9억 2,000만 원대였던 관계상 신년도의 최고한도는 최초의 예상보다 5,000만 원가량 인하하여 9억 원에 결정할 것으로 보인다.

〈자료 142〉 선은권(鮮銀券) 한도, 2억 원가량 인상?

(《매일신보》, 1943.3.23.)

1943년도(昭和 18) 조선은행권 발행한도 개정에 대해서는 목하 대장 당국과 조선은행 간에 종종 절충을 진행 중인데 대체로 전년보다 2억가량 인상하여 9억 5,000만 원 정도로 될 듯하며 4월 1일부터 실시될 모양이다. 즉 조선은행권 발행한도는 1942년(昭和 17)에 있어서는 7억 5,000만 원이었는데 그해 말 조선의 비약적 경제력을 반영하여 드디어 최고발행고는 9억 2,281만 3,283원으로 조선은행 창설 이래의 최고 기록을 시현했었고, 1억 7,281만 3,283원의 한외발행을 보았으므로 1943년도 조선은행권 최고발행한도 개정에 있어서는 당연 위 사정을 참작하여 9억 5,000만 원가량이 될 것으로 예상되고 있다.

〈자료 143〉 (사설) 통화팽창과 그 회수책

(《매일신보》, 1945.5.31.)

1.

　조선은행권 발행고는 지난 27일로서 40억을 돌파하였다. 이는 전년 같은 기간 발행고 16억에 비하면 2배 반, 작년 말의 최고발행고 31억 원에 비하면 약 3할의 격증을 보인 것으로 과거 1년간의 통화팽창율에 있어서 일본은행권과 만주국폐를 훨씬 능가하고 있다. 현재 긴급히 요청되는 반도의 자급자전 경제태세의 확립이라는 절대적인 과제 아래 통화의 급격한 팽창은 당연히 면할 수 없는 추세라 할 것으로 한편 조선은행권의 팽창은 그만큼 반도의 잠재 전력이 급각도로 직접 전력화되는 지표라고도 볼 수 있을 것이다. 그러나 우리가 경계할 점은 물자가 따르지 않는 부동자금의 범람과 회수가 원활하지 않음으로 인한 비정상적 팽창이다. 오키나와(沖繩)의 사투를 눈앞에 두고 이미 적의 ■■이 날마다 반도의 근역을 엄습하는 오늘날 우리는 조선은행권 팽창에 경계할 면은 없는가, 솔직하게 검토하여서 반도의 자급자전 체제를 1일이라도 속히 실현하는 데 기여하지 않으면 안 된다.

2.

　원칙론으로 보면 통화팽창에 따르는 우려될 점은 물가 등귀와 아울러 악성 인플레이션의 유도이다. 암거래의 격화, 물자의 은닉과 퇴장, 환물 사상의 보편화 등 경제사회의 악폐가 접종하여 마침내 국민 생활에 위협을 주고 따라서 국민의 노동 의욕을 감퇴시켜 전력 증강에 치명적 지장을 야기하게 된다. 조선은행권의 격증은 그 이유와 근거가 분명한 바로 이상의 일반적 원칙이 그대로 진전되어 곧 우려할 현상이 나타나리라고 봄은 물론 잘못이나 그러나 우리의 주위에 이런 현상의 맹아를 제거하기에 더욱 노력하여야 할 것이다. 공정가격을 무시한 암가격은 생활필수품뿐만 아니라 생산재의 일부에도 침범하며 국가적 봉사에 정신하여야 할 노무자가 개인의 이익을 찾아 암노무에 전향하는 경향도 없지 않다. 이러한 현상은 그대로 방치할 수 없음은 말할 것도 없다. 그러면 우리는 어떠한 대책을 실시하여야 할 것이다.

3.

조선은행권 격증의 원인은 대체로 신흥기업에 대한 자금 방출과 일본 또는 만주 및 북중국 방면으로부터의 자금 유입이 주요한 요소라 볼 수 있다. 그러므로 종래부터 조선 내 인플레의 방지 대책은 자금 방출의 억제, 만주 및 북중국으로부터의 자금 유입 제한의 두 점에 집중되어 있는 감이 있었다. 작년 말 총독부에 설치된 경제안정대책위원회에서도 여러 가지 대책을 토의하여 인플레이션 대책에 부심하고 있으나 주로 이상의 대외관계에 중점을 두고 있는 듯 보인다. 그러나 현재 조선 내의 사태는 이러한 노력에도 불구하고 좀처럼 호전되지 않는다. 그 주요 원인은 현금의 퇴장과 사장에 있다고 볼 것으로 일반의 저축사상 앙양과 보유자금 일소에 일층 강력한 대책이 필요함을 통감한다. 현재와 같이 통화의 퇴장과 사장이 일반적 현상을 보이고 있는 때인 만큼 그 원인인 암거래를 절감시키며 국민의 애국열에 호소하여 결전저축에 의한 흡수 방책을 강조하였으면 한다. 때마침 오는 6월부터 1개월간은 예년과 같이 저축공세기간을 당하여 전 조선 35억저축의 총돌격운동이 전개될 터이므로 이 기간을 계기로 부동자금과 일반의 보유 현금 회수에 만전책을 강구하기를 절망하는 이때에 일반의 철저 협력을 바라마지 않는다.

3. 대륙 인플레이션의 조선 인플레이션 영향 관련 자료

1) 조선은행 조사부, 『선만 국경지대의 국폐 문제와 만주국 내에서의 선은권 퇴장 사정(鮮滿國境地帶の國幣問題と滿洲國內に於ける鮮銀券退藏事情)』 (1944.9)

〈자료 144〉 朝鮮銀行 調査部, 『鮮滿國境地帶の國幣問題と滿洲國內に於ける鮮銀券退藏事情』(1944.9)

1. 본서는 지난 7월 18일부터 8월 11일까지 25일간 '선만 국경지방에서의 국폐 문제와 이것에 관련된 밀수의 실정 및 만주국 내에서의 당행권 퇴장의 실황'이라는 주목적을 가지고 실지 답사한 것으로 조선 북부 및 만주의 주요 도시를 다녔을 때의 보고서이다.
1. 문제의 성질상 한편으로는 가능한 한 광범위한 지역에 걸쳐 조사할 필요가 있었고, 다른 한편에서는 직접직인 실태 파악이 곤란한 하나의 지방이라고 하더라도 이상현상에 대해서는 매우 분명한 조사가 필요한 것도 있었다. 그러나 이 두 가지의 조건에 부합하기에 이번의 일정은 약간 적다는 느낌이 없지는 않다.
1. 따라서 본 보고서에는 계수(計數)적인 자료라 할 만한 것을 많이 취급할 수는 없었다. 그 점이 충분치 않은 점이 있는데 기재된 사항은 모두 각 지방에서의 각 방면의 관찰 내지 의견을 종합한 것에 기초한 것이기 때문이다.
1. 부록의 「봉천을 중심으로 한 만주물가의 현세(現勢)」는 만주중앙은행의 조사자료에 근거한 것으로서 만주 물가의 동향을 아는 하나의 자료로서 병기한 것이다.

1944년(昭和 19) 9월

감사 하가 문조(芳賀文三)

조사부 하라 마사야스(原正保)

청진지점 장기영(張基榮)

1) 여행 일정

7월 18일(화) _ 오전 8시 30분 경성 출발

7월 19일(수) _ 오전 6시 5분 청진 도착

    (1) 청진신사 참배

    (2) 함경북도 도청 및 부두국(埠頭局) 방문

    (3) 경찰 관계, 금융권, 기타 지역 유력자 20여 명과 좌담회(정오부터 오후 4시까지)

    (4) 오후 5시부터 시내 시찰

    (5) 오후 6시부터 단골 거래처와 간담

7월 20일(수)

    (1) 북선과학박물관 견학 및 공장시찰(일질(日窒), 일방(日紡))

    (2) 목요회원과 회담

    (3) 함경북도 수뇌부와 회식

7월 21일(금) _ 오전 9시 30분 회령 도착

    (1) 관공서, 기타 시찰

    (2) 북선합동목재공장 시찰

    (3) 부두국 및 경찰 관계자 및 관민 유력자 15명과 좌담회(오후 3시부터 오후 6시까지)

7월 22일(토) _ 오전 10시 43분 상삼봉(上三峰) 도착

    (1) 경찰서, 금융조합 관계자와 좌담회(정오부터 오후 3시)

    (2) 대안(對岸)인 만주 측 개산둔(開山屯) 시찰

    (3) 오후 7시 30분 도문(圖們) 도착

7월 23일(일)

    (1) 남양(南陽) 시찰

    (2) 지역 관민유력자와 좌담회

7월 24일(월)

    (1) 도문 역전(驛前) 내 국폐 교환상황 시찰

    (2) 관청 및 금융관계자 십수명과 좌담회

    (3) 도문 시내 시찰

7월 25일(화) _ 오후 2시 9분 간도 도착

    (1) 간도성청 및 만주중앙은행 및 만주흥업은행으로 이동

    (2) 오후 6시부터 성(省) 차장, 만주중앙은행 및 만주흥업은행 간부와 간담

7월 26일(수)

    (1) 간도 시내 시찰

    (2) 공업지대 견학(북■양조, 간도공업, 간도대두흥업, 대평산업 등)

    (3) 다시 만주중앙은행 및 만주흥업은행 간부와 간담

    (4) 오후 6시부터 약 30분간 우박이 내림(직경 1.5~1.8센티미터의 큰 우박임)

7월 27일(목) _ 오전 11시 40분 용정가 도착

    (1) 만주흥업은행 지점 방문

    (2) 시가 관찰

    (3) 용정무역 사장으로부터 약 2시간 용정 사정 청취

7월 28일(금) _ 오전 9시 45분 용정 출발, 오후 7시 30분 목단강 도착

7월 29일(토)

    (1) 만주펄프공장(화림(樺林)) 견학

    (2) 만주흥업은행 지배인으로부터 목단강 사정 청취

7월 30일(일)

    (1) 조선총독부 목단강 파견원으로부터 반도인 사정을 들음

    (2) 오후 1시 목단강 출발, 오후 11시 40분 하얼빈 도착

7월 31일(월)

  (1) 총영사관으로 ■■

  (2) 조선총독부 파견원사무소를 방문, 재하얼빈 반도인 사정을 들음

  (3) 만인가(滿人街) 시찰

  (4) 일만제분 견학

  (5) 만주흥업은행 이시가(石賀) 지배인으로부터 하얼빈의 사정을 들음

8월 1일(화) _ 오후 2시 40분 신경 도착

  (1) 관동군, 관동국, 기타 방문

  (2) 만주흥업은행 간부와 간담

8월 2일(수)

  (1) 만주국 정부 방문

  (2) 관동국 간부와 간담

  (3) 만주중앙은행 방문. 오후 1시부터 약 2시간 만주중앙은행 간부와 좌담회

  (4) 오후 6시 만주중앙은행 간부와 간담회

8월 3일(목)

  (1) 시내 시찰

  (2) 흥농금고(興農金庫) 간부와 간담

8월 4일(금) _ 오후 1시 봉천 도착

  (1) 오후 3시 공습경보 발령(4시 30분 해제)

8월 5일(토)

  (1) 봉천성공서(奉天省公署) 방문

  (2) 만주흥업은행 지점 방문

  (3) 봉천상공은행 간부와 간담

  (4) 오후 3시 공습경보 발령(곧 해제)

  (5) 소도자(小盜子)시장 시찰

8월 6일(일) _ 오후 3시 30분 대련 도착

  (1) 당행 대련지점 지배인석 여러 명과 회식. 대련 금융경제 개황에 대해 간담

8월 7일(월)

　　　　　(1) 관동국, 대련시공서(市公署), 부두국 세관 등 방문

　　　　　(2) 만주흥업은행 지점 간부와 간담

　　　　　(3) 오쿠사(大草) 지배인으로부터 관동주 금융 사정의 설명을 들음

8월 8일(화) _ 여순 시찰, 관계선 방문

8월 9일(수) _ 오전 9시 대련 출발, 오후 3시 30분 봉천 도착

　　　　　(1) 만주흥업은행 지배인, 미쓰이(三井)물산 지점장 등과 간담

　　　　　(2) 오후 8시 40분 봉천 출발

8월 10일(목) _ 오전 6시 20분 신의주 도착

　　　　　(1) 평안북도 도청 및 세관 방문

　　　　　(2) 신의주지점으로부터 국폐 유입 교환 상황 청취

　　　　　(3) 안동에 이르러 안동 및 신의주 양 세관장 및 만주흥업은행 지배인 등으로부터 밀수 상황 청취

　　　　　(4) 안동역 구내 국폐 교환 상황 시찰

　　　　　(5) 세관 파출소에서 밀수 사정 청취

8월 11일(금) _ 오전 8시 40분 신의주 출발, 오후 7시 40분 경성 도착

2) 각지 경제 개황

(1) 청진(淸津)

(중간 자료 소실)

1구(口) 50원까지를 한도로 하여 교환하는 것으로 하였다.

최근의 교환 상황은 1일 평균 50건으로 대체로 5,000~6,000원에 지나지 않는다. 교환고는 계속 감소할 것으로 예상된다.

또한 7월의 교환허가 한도는 24만 3,000원이다.

△ 교환고는 남녀 반반씩이다. 원거리 여행자의 승차권을 빌려(교환자에게는 승차권을 제시

하게 하고 표면에 교(㚜)[25]를 날인함) 교환하러 온 자가 있다.

(B) 밀수의 상황

△ 함경북도의 밀수 검거 건수는 1941년도(昭和 16) 153건, 1942년도(昭和 17) 585건, 1943년도(昭和 18) 677건으로 증가하고 또한 본년도에는 5월 1일의 관세 면제를 계기로 하여 일단 단속을 강화한바 청진만으로 겨우 5일간에 열차 내에서 검거 수 192명, 188건에 달하고 있다.

△ 관세 면제를 세관 폐지로 오해한 자가 많다.

△ 검거된 자는 목단강행 승차권을 가지고 있는 자가 많다. 목단강 방면 사람이 많다. 급격히 억제하는 것은 불가능하다.

△ 특히 월경 경작자에게는 미(米) 약 1만 석을 공출해야 하기 때문에 그 대가로서도 저들에게 일상품의 반출은 가능한 한 크게 인정해야만 하는 사정이 있다.

△ 그러나 방임하게 되면 소액(소량)의 반출이 사라지지 않고 되풀이되어 마침내 방대하게 된다. 단속에는 심하다 할 정도로 완전히 손을 대야 한다.

〈참고표〉

함경북도 관내 환전액 비교표 1 (단위: 원)

	도문 (역전 내)	남양	삼봉	회령	훈융(訓戎)	청진	계
1942	20,613,328	5,148,297	1,161,863	3,306,679	1,680,000	9,047,360	40,959,527
1943	39,415,410	9,597,948	2,805,027	4,948,447	1,680,000	13,322,771	71,769,603
1944	32,329,885	9,528,292	2,979,071	4,190,241	630,000	9,114,446	58,271,933
계	92,360,623	24,274,537	6,943,961	12,443,367	3,990,000	31,584,577	171,501,069

(비고) 1944년은 6월 20일 현재(단, 도문은 6월 말 현재).
　　　청진 조선은행 지점에서의 환전상의 환전은 포함하지 않음.

25　원 안에 㚜를 배치.

함경북도 관내 환전액 비교표 2 (1944년조/단위: 원)

	도문 (역전 내)	남양	삼봉	회령	훈융(訓戎)	청진	계
4월	4,551,710 (2,272,550)	1,842,702 (4,459,340)	501,279 (147,597)	943,660 (291,135)	140,000 (140,000)	2,022,663 (592,845)	10,004,014 (3,903,367)
5월	3,343,500 (2,494,031)	1,064,778 (740,147)	584,370 (169,300)	736,442 (464,865)	70,000 (140,000)	1,704,394 (821,259)	9,503,484 (4,829,602)
6월	4,986,100 (2,560,832)	610,500 (626,046)	200,483 (173,842)	318,087 (299,885)	70,000 (140,000)	1,068,862 (424,697)	7,254,032 (4,225,302)
계	14,883,310 (7,327,413)	3,517,980 (1,823,433)	1,286,132 (490,739)	2,000,189 (1,053,885)	280,000 (420,000)	4,795,919 (1,838,801)	26,763,530 (12,958,271)

(비고) ( )는 1943년도를 표시한 것임.
　　　청진 조선은행 지점에서의 환전상의 환전은 포함하지 않음.
　　　6월은 20일 현재(도문은 6월 말 현재).

(2) 회령(會寧)

회령은 오래전부터 개척된 북부 조선의 큰 도시인데 만주국의 성립 이래 만주국의 ■■ ■■ 가해짐이 이르고 있어 ■■ 및 물자교류의 요충이 되었다. 인구수는 3만 명이다.

A. 국폐의 유통

　△ 최근에 이르기까지 회령읍 및 그 가까운 주변의 유통 통화는 약 70%까지가 국폐가 차지하였다. 유통액(추정) 약 100만 원에 달하는데, 현재 유통되지 않고 있다.

B. 국폐의 유입(부두국 분국 조사)

　△ ① 대안(對岸)에서의 유입 _ 약 15만 원

　　② 회령 상권 내에서 집중한 것 _ 약 30만 원

　　③ 여객이 휴대한 것 _ 약 40만 원

　　④ 기타 원인에 의한 것 _ 약 30만 원

　　계 115만 원

C. 국폐 교환 상황

　△ 환전고 누년 비교(단위: 천 원)

1940년 1,360

1941년 1,990

1942년 3,310

1943년 4,950

1944년 6월까지 4,230

△ 회령경비후원연맹

함경북도 경찰협의회 명의로서 교환 업무의 허가를 받아 경방단, 재향군인회, 기타 공공단체로써 조직된 경비후원연맹으로 하여금 교환 사무를 대행하게 함.

1942년 8월 1일~1943년 7월 31일 환전고 2,639,487원 66

위 교환 수수료 47,271원 67

이익금의 분배 _ 경찰협회로 10,000원, 각종 단체로 28,081원 47

△ 교환 제한에 의해 현재 회령 방면에 부동(浮動)하는 국폐는 약 100만 원으로 추정(부두 분국의 말)

(3) 상삼봉(上三峰)

회령의 북방 약 10리 두만강변에 위치한 도읍으로 인구는 약 7,000인.

대안(對岸) 개산둔(開山屯)은 경도선(京圖線)[26]의 남회선(南廻線)인 조개선(朝開線, 용정과 조양천(朝陽川)을 거쳐 간도 또는 길림 방면으로 통함)의 한쪽 끝에 있다.

○ 국폐 교환의 상황

△ 종성(鍾城)금융조합 상삼봉 지소에서는 다음과 같이 교환고가 계속 감소하는 경향을 보이고 있고, 최근의 1일 평균 건수는 180건 내지 200건이다.

1944년 3월 _ 650,000원

5월 _ 554,000원

---

26 만주국 수도인 신경과 도문을 잇는 528km의 철로로 1933년 3월에 개통하였다.

6월 _ 175,000원

7월 20일까지 _ 150,000원

△ 교환 의뢰자는 고무산(古茂山)[27] 이남의 자가 비교적 많고, 그중 남선 방면으로 가는 자가 눈에 띈다.

△ 금융조합에서는 여행자 이외에 지역에 거주하는 자에 대해서도 교환의 편의를 주고 있다.

○ 상삼봉역 구내 교환소

도문 만주중앙은행의 위탁에 의해 이 지역 통■업자 나카가미(中上) 씨가 담당. 교환소는 구내 플랫폼 대합실에 한쪽 귀퉁이 약 1평을 빌려서 1일 1회 오후 2시의 도문발 열차를 받아서 교환을 하는데, 1인 1회의 교환고 10원 이내로 하고, 월 3만 원을 한도로 하여 무수수료로 행하고 있다. 교환 의뢰자는 통상 50~60여 명을 헤아리고 있다.

○ 밀수

밀수는 의연 감소하지 않고, 본년 6월까지 작년도의 검거 건수를 이미 돌파하고 7월 20일 현재 306건에 달하고 있다.

(4) 남양(南陽)

동만주의 문호, 도문과 서로 마주하는 교통의 요충지. 종래 국경 무역지로서 번영했는데, 본년 6월 이후 만주 측으로의 상품 유출 방지 조치로서 포백(布帛)류의 제한판매를 하는 것에 의해(함경북도의 고시에 의해 매월 ■■고를 5월 현재 재고의 12분 2 이내로 하여, 미곡통장을 지참한 자에 한정해 판매함) 대(對)만주 거래가 갑자기 쇠퇴하였기 때문에 상점가는 빈 가게가 속출하고, 문자 그대로 불이 꺼진 듯한 느낌이 있고, 작년 이래 호수(戶數)의 감소가 약 500호에 미친다.

△ 일상품도 매우 적어 최근에는 된장, 간장류는 오히려 만주 측에 사는 경향이 나타나

---

27 함경북도 부령군 소재. 함경선의 중요한 철도역으로 무산선의 분기점이다.

고 있다.

○ 국폐의 유입 상황

△ 「외국위체관리법시행규칙」 개정 이전까지는 국폐의 유입이 심해 자연 당 지역 통화의 80%가 국폐, 조선은행권 20%의 비율로 유통되었는데, 개정 이후에는 유입이 격감하였다. 부두국의 조사에 의하면 여행자의 국폐 휴대 상황은 다음과 같다.

여행자의 1인 평균 지입(持込)[28] 상황

A. 다리를 건너온 자

만주인 1원, 조선인 3원, 일본인 14원

B. 열차 승객

만주인 51원, 조선인 41원, 일본인 66원

열차 승객은 도문에서 정차 시간 중에는 교환이 불가능하기 때문에 어쩔 수 없이 휴대하여 가지고 들어오는 자도 적지 않다.

△ 이 이외에 위체(爲替)를 휴대한 것도 있다.

○ 교환

△ 금융조합에서는 국폐의 교환이 까다롭다는 말이 있자 예금을 인출하려는 기미가 있어 최근에도 사정이 허락하는 한 가능한 교환에 응하고 있는데, 본년 5월 환전 한도의 설정 이래(남양금융조합에서는 7월의 한도 27만 5,000원) 격감하고 있다.

△ 환전상도 한도를 낮추어 대체로 1일의 교환을 1인 20원으로 하여 약 200~300인의 교환에 응하고 있다.

△ 교환 제한에 의한 부동 국폐의 추정은 약 100만 원이고, 이것이 교환을 위해 시중에서는 일부에 할증이 발생할 경향이 보여지고 있다.

---

28 가지고 들어옴.

입경(入境) (단위: 인)

	일본인	조선인	만주인	계
4월	4,255 (53,421)	50,150 (192,629)	11,595 (52,998)	66,000 (299,048)
5월	5,414 (32,884)	49,644 (166,717)	8,060 (41,484)	62,674 (261,477)
6월	3,600 (6,578)	36,454 (142,464)	6,774 (7,261)	68,424 (143,943)

출경(出境) (단위: 인)

	일본인	조선인	만주인	계
4월	3,650 (5,835)	44,600 (193,398)	11,544 (5,427)	59,794 (204,660)
5월	4,780 (5,265)	48,110 (170,225)	6,020 (4,608)	58,910 (180,098)
6월	8,490 (7,853)	85,220 (125,461)	10,184 (7,329)	103,894 (140,643)

(비고) ( )는 1943년도에 해당. 6월은 20일까지.

(5) 도문(圖們)

경도선 개통에 따라 급격히 발달한 도시로 1933년(大同 2) 시가지계획이 완성되고, 도가선(圖佳線)[29]의 개통에 따라 3개의 철도선[30]이 분기하는 교통의 요지가 되어 국경 무역지로서 중요한 기둥을 이루고 있다. 인구 약 4만, 그중 73%는 반도인이 점하고 있다.

△ 교통의 상황

도문, 남양 간의 국제교(國際橋)는 한때는 1일 평균 통행인이 약 1만 2,000인 정도에 이르렀는데, 최근 현저히 감소하여 1일 왕복 약 4,000인에 지나지 않는 편이다. 또

---

29 현재 중국 길림성의 도문(圖們)과 흑룡강성 가목사(佳木斯)를 연결하는 580.2km의 철로로 1936년 12월 개통되었다.
30 도가선(圖佳線: 圖們~佳木斯)·경도선(京圖線: 圖們~長春)·조개선(朝開線: 朝陽川~上三峰)을 일컫는다.

도문역은 오후 11시까지 운행하도록 되어 있는데, 오후 5시 이후는 물품을 휴대하고 가는 것은 허용되지 않는다.

△ 교환의 상황

만주중앙은행 도문지점에서는 1구 50원을 한도로 하여 교환에 응하고 있는데, 고객은 매우 적다.

△ 역전[驛頭] 교환

동흥은행(東興銀行, 자본금 100만 원, ■■)으로 하여금 행하게 하는데, 1일 평균 2■원을 한도로 하고 승차권을 제시하면 다음과 같이 행선지의 원근(遠近)에 따라 1인당 교환고를 제한하고 있다.

남양까지 20원
상삼봉까지 50원
고무산(古茂山)까지 100원
고무산보다 먼 지역 200원

교환 시설은 다음과 같다.

교환 창구 _ 대합소 내 1개소, 플랫폼 내 2개소. 플랫폼 교환소 중 1개소는 조역[31]실(助役室)을 빌림.
교환원 _ 출납원 남 2, 여 2.

△ 대합소 내 교환소에서 승차권을 제시하여 교환을 하여도 승차하지 않고 승차권을 파쇄하는 자가 상당히 많다. 이것은 명백히 국폐 교환의 수단으로서 승차권(도문-남양 간)을 악용한 것으로 보여진다.

---

31 역장을 보좌하고, 역장 부재시 그 직무를 대행하는 사람.

도문역 내 동흥은행 파견소 환전액

	4월		5월		6월	
	인원	금액(원)	인원	금액	인원	금액
1942년	6,032	722,201	8,718	848,478	8,795	901,987
1943년	23,404	2,272,330	26,486	2,494,021	23,967	2,560,852
1944년	23,827	4,551,714	42,274	5,445,500	44,141	4,986,100

	인원	금액
1942년	202,375	20,615,328
1943년	370,538	39,415,410
1944년	189,556	32,329,885

(비고) 1944년은 6월 말까지.

△ 송금 방법에 의하면 조선 내에서는 3할의 천인저축(天引貯蓄)을 강제하기 때문에 송금을 하지 않고 오지에서 국폐를 국경까지 지참하여 앞에서 서술한 방법에 따라 교환하는 자도 점차 증가하는 경향에 있다.

△ 위와 같이 조선은행권의 수요가 증대함에 따라 일부의 부정거래자 간에 1할 내지 2할 정도의 프리미엄이 발생하는 모양이다.

○ 조선은행권의 유통

최근 조선은행권은 유통 면에서 위축되고 만주중앙은행의 창구에서도 회수되는 것은 거의 없다. 이것은 ■■ 조선 내 물자 매입을 위한 준비라고 할 수 있는데, 이 기회에 퇴장되는 것으로 추측된다.

■■ 조선은행권을 보게 된 것은 이를 인출하여 와서 교환하여 물건을 사고자 하는 자도 있다.

○ 상점가 및 ■■ 측에서도 멀리 상품이 많은 된장, 간장 등의 일상품은 최근 조선 내에서부터 (이하 3줄 판독 불능).

(6) 간도(연길) - 속칭 국자가(局子街)

간도성의 성공서(省公署) 소재지이면서 1890년(光緒 16) 조선인이 간도에 들어온 이후 개척되고, 1909년(宣統 1) 일본과 중국 간의 간도조약에 의해서 개방됨에 따라 발달했다. 만철 북선선(北鮮線)이 개통됨에 의해 북조선 방면으로의 교통이 매우 편리해졌는데, 최근 동만주 지방에서의 상공업의 중심지로서 급속한 발전을 보이고 있다.

인구 8만 4,000. 그중 조선계 6만 3,000, 일본계 4,000인
- 대(對)조선 환 수불(受拂)[32]
    - △ 조선으로부터 송금을 받는 것은 매우 적은데, 송금을 보내는 것은 1개월 평균 80만 원 정도에 달한다.
    - △ 송금선은 목포 방면 쪽이 많고, 밀수 대금이 농후하다고 의심되는 것이 적지 않다.
- 조선은행권의 퇴장
    - △ 반도인으로서 조선은행권을 퇴장하는 자가 많다고 예상되어 시중에 유통하는 것이 거의 없다.

(7) 용정(龍井)

간도에서 일본인 세력의 중심지로서 발달한 시가지로서 조선계가 총인구(5만여 명)의 약 8할을 차지하고 있다. 1909년(宣統 1)에 한국통감부 파출소가 설치되었다. 원래 상업의 중심지로서 번영해 왔는데, 최근 상권이 점차 간도로 옮겨가 시세(市勢)가 예전과 같이 활발하지 않은 것으로 보인다. 그러나 성(省) 내에서의 곡물의 집산지로서(간도성 내의 약 60%는 용정을 중심으로 집산함) 의연히 중요한 지반을 가지고 있다.

- 조선과의 교역
    - △ 원래 용정은 조선의 물자에 의존하였고, 특히 청진 방면과의 거래가 많았는데, 최근 (3년쯤 전부터) 일상품은 대체로 자급자족이 가능하게 되어 점차 대조선 거래도 감퇴

---

32 수납과 지불.

하고 있는 중이다.

△ 사람의 왕래도 마찬가지로 예전과 같지 않다.

△ 종이, 나막신[下駄], 엿[飴], 야채 등은 최근에는 반대로 조선에서 사오고 있다.

△ 물건은 도문, 사람은 앞에 서술한 개산둔(開山屯, 상삼봉의 대안)을 주로 경유한다.

○ 금융 개황

△ 일본흥업은행, 동흥은행, 동양척식주식회사, 간도무진흥장합작사(間島無盡興長合作社) 등의 각 지점 이외에 사설 금융기관으로서 자본금 10만 원 정도의 업자(대체로 일보(日步) 약 5전 정도로 금융하는) 5개 사가 있다. 금융기관의 예금 대출금은 총액 약 1,100만 원에 달한다.

○ 조선은행권

△ 조선은행권은 거의 자취를 볼 수 없다. 약 10살 정도 되는 아동도 조선은행권을 직접 식별하는 것으로 보아 일반 가정 내에서는 확실히 손에 많이 쥐고 있을 것으로 상상된다.

△ 또한 조선은행권은 '금표(金票)'라고 칭해져 만주국인 사이에서도 애호되는 모양이다.

(8) 목단강(牡丹江)

빈수선(濱綏線)[33]의 하나의 역으로서 목단강의 수운을 이용하는 목재 및 곡물의 집산지이다. 도가선(圖佳線)이 빈수선과 교차하게 되어 급격한 발달을 이루어 동부 만주의 일대 중심이 되었다. 현재 목단강성의 성공서(省公署) 소재지이다. 소련-만주 국경 방위의 기지로서 매우 중요한 지위를 차지하고 있는 것은 주지하는 바이다.

인구 약 23만 명(군대 관계를 제외). 이 중 일본계와 조선계가 각각 약 5만 명.

○ 시가의 개황

△ 시가는 제1신시가, 제2신시가, 선인가(鮮人街), 만인가(滿人街)로 크게 나누어진다. 제1신시가는 관공서 거리, 제2신시가는 상점 거리로 양 시가가 역을 사이에 두고 목

---

33 흑룡강성의 하얼빈(哈爾濱)과 수분하시(綏芬河市)를 연결하는 철도.

단강시의 중심을 이룬다.

1937년(康德 4) 12월 시가가 넓게 퍼지고 소위 목단강 경기를 타고 겨우 몇 년 만에 건설된 시가이다. 그만큼 조잡한 감이 없지는 않다. 이미 큰 도시로서의 시설이 일단 정비되어 금융기관도 만주중앙은행, 일본흥업은행을 비롯해 11기관이 보인다.

○ 목단강에서의 반도인

△ 반도인 거주자는 약 5만 명으로 직업은 각종 잡다한데, 비교적 포목상이 많다. 소위 시국■■이 많다. 주요 유산자로서는 스즈키 시게조(鈴木重藏) 씨(포목업)의 100만 원을 필두로 10만 원 이상의 자가 72명에 이른다.

○ 밀수 상황

△ 북조선 방면에서 오는 밀수출의 본거지로 보여지고 있는데, 한때는 목단강 거주 반도인의 거의 5할까지가 밀수업자로 목격된다.

△ 밀수품의 필두는 섬유제품으로 주로 반도인의 손에 의해서 여기까지 소량으로 반출되고 이곳에서는 큰 거래처가 사들인다. 대체로 가격은 조선 내 가격의 약 3배로 거래되는 모양이다.

○ 조선은행권의 퇴장

반도인, 만인(滿人) 모두 밀수 대금의 결제자금으로서 상당한 다액을 손에 쥐고 있는 것으로 예상되는데 특히 소액권보다도 100원 지폐의 수요가 많다(100원 지폐에는 30% 정도의 프리미엄이 붙음). 이것은 퇴장하기에 편리한 점에 기인한 것이라고 판단된다.

(9) 하얼빈(哈爾濱)

하얼빈은 주지하는 바와 같이 러시아가 만주 경영의 중심으로서 건설한 도시로 백계(白係) 러시아인의 거주자가 현재 약 3만 명을 헤아리는 국제색이 농후한 도시이다. 교통상에서도 송화강 수운의 요충지임과 동시에 경빈(京濱), 빈주(濱洲), 빈수(濱綏), 장빈(長濱)의 5개 철도가 모이는 지점으로 북만주 경제의 대중심을 이루고 있다.

총인구 73만 7,000명 중 63만 명은 만인(滿人)이고, 기타 일본계 6만 명, 백계(白係) 3만 명, 조선계 1만 7,000명인데, 최근 인구의 분산정책이 취해져 신규로 하얼빈에 들어오는 자는 극력 억압하고 있다.

시황(市況)은 떨쳐 일어나지 않아 왕년의 번영했던 거리에도 상품이라고 할 만한 것이 거의 보이지 않고 작년 11월의 물가대책 전환 이래 물건이 들어오는 것이 감소하여 갑자기 쇠퇴로 기울어졌다.

푸자텐과 같이 폐쇄한 상점 쪽이 오히려 많다.

○ 하얼빈의 반도인

△ 하얼빈의 반도인은 대체로 사상이 온건하다고 말해지는데, 이러한 중에서는 황민(皇民)교육을 받은 자 이외에 소련에서 유입해 온 자도 적지 않다. 소련에서의 이주자 중에는 또 유대 교육을 받은 자, 공산당 교육을 받은 자 등이 있어 일반적으로 사상계통은 여러 가지 잡다하고 단결심이 결핍된 점이 있다고 한다.

○ 암시장(소도자시장)

만인가의 러시아령에 개설된 것으로서 소위 "어떤 것이든 있다"는 시장으로 알려져 있다. 밀수품이 모습을 드러낼 것으로 보여 크게 기대를 걸었는데, 전시(戰時) 형법이 시행되어 관계자 약 800명이 검거된 직후라 시장은 개설되지 않고 겨우 만인 부녀자가 서서 물건을 파는 것을 보는 것에 지나지 않았다. 사려는 것은 대체로 유리제품 컵, 유리구슬, 하급 화장품, 기응환(奇應丸) 등이 있고, 그 이외에 식료품으로서는 수박(1개 10원)이 있고, 연초는 약앵(若櫻, 공정가격 24전)이 1원 40전에 사고 있었다.

○ 조선은행권의 퇴장

조선총독부 파견원의 말에 따르면 금표는 발견되지 않는데 상당한 다량이 퇴장되어 있는 모양인 것으로서 은행권을 매수하여 국폐를 조선은행권으로 교환하는 쪽도 있다고 전한다.

(10) 신경(新京)

신경에서는 만주중앙은행 간부와 좌담회를 개최했는데, 만주중앙은행 측으로부터 들은 주요한 것을 들면 다음과 같다.

○ 만주의 금융 개황

△ 국폐의 발행고는 본년 6월 말 현재 35억 1,200만 이외에 주화가 7,200만 엔이다. 발행고는 격증 일로에 있는데, 이러한 발행 증가의 원인은 주로 대출금의 증가에 기인한 것으로 대출은 만업(滿業)[34], 흥농금고(興農金庫) 등에 대한 대출이 증가하고 있다.

△ 통화의 흡수와 자금의 현지 조달이라는 견지에서 예금을 조성함에 각별한 노력을 기울이는 한편 대출을 억제한 결과 본년도에 들어 약 10억 원의 예금 증가를 보았다. 여기에 반해 대출 증가는 5억 원 미만으로 억제하는 것이 가능해졌다. 그 방법으로서는 예금에 대해서는 국민저축운동의 강화 확충에 노력하고 있고, 대출은 특정 자금 운용률이라는 것을 정해 그 방대화를 억제하고 있다.

△ 국내 예금의 구성

최근 개인 예금의 증가세가 현저해지고 있다. 총예금의 구성 상태에 대해서 보면 개인 예금은 1942년(康德 9) 말 겨우 10%에 지나지 않았는데, 1943년(康德 10) 말에는 38%로 상승하였다.

국내 예금의 구성(%)

	1942년 말	1943년 말
개인 예금	10.0	38.0
법인 예금	89.0	61.0
기타	1.0	1.0
계	100.0	100.0

다시 개인 예금을 민족별로 보면 다음과 같이 만인(滿人)계의 예금 비율이 확대되고 있다.

---

34 만주중공업개발(滿洲重工業開發).

	1942년(%)	1943년(%)
일본계 예금	69.0	66.0
만계 예금	28.0	32.0
기타	3.0	2.0
계	100.0	100.0

그러나 한편 대출에 대해서 민족별로 보면 총액의 절반 이상은 만계에서 차지하고 있는데, 이 점 만인계 방면에 대해서 일단 예금의 흡수를 강화할 필요를 통감하게 된다.

	1942년(%)	1943년(%)
일본계 대출금	32.0	39.0
만계 대출금	61.0	59.0
기타	7.0	2.0
계	100.0	100.0

○ 물자
△ 도매 공정가격의 등귀율은 도쿄와 큰 차이가 없는데, 민가(民價)인 암가격의 오름세는 문자 그대로 크게 올라 대체로 공정가격의 10배 정도에 달하고 있다.
△ 종래의 등귀율은 일본에 가까운 곳이 비교적 낮고, 오지로 갈수록 높았는데, 최근의 등귀율은 거리에 비례하지 않고 있다.
△ 암가격을 지배하는 것은 주로 식량이다.
△ 대체로 물가는 봉천이 높은데, 신경도 6개월 정도의 오름세가 눈에 띄게 올랐다. 소채류의 입하가 순조롭지 않은 것이 큰 원인이라고 보여진다.

○ 만주에서의 조선인
△ 암매매를 하는 자가 많아 일반적으로 형편이 좋은 것으로 예상된다. 따라서 구매력

은 왕성하여 예컨대 백화점 등에서 100원 지폐로 물건을 사는 고객의 50% 이상은 조선인이 차지하고 있다(일본인은 5% 정도에 지나지 않음).

△ 은행에 예금하는 자는 매우 적다.

△ 만주에서 쌀을 경작하는 자는 거의 조선인인데, 쌀의 공출은 매우 순조롭지 않다.

(11) 봉천(奉天)

봉천이 남만주에서 일대 중심지인 것은 말할 것도 없지만, 상점가 등은 오후 5시부터 폐점하고 ■■는 거의 사람이 없다. 치안 상태도 최근에는 반드시 양호하다고 할 수 없는 모양이다.

○ 봉천의 암거래

△ 암시세의 횡행은 만주 전체에서 제1이라고 말해지는데, 한 가지 예를 들면 다음과 같다.

	단위	암가격(원)	통제가격(원)
백미(白米)	110키로	30.10	4.30
대두	1키로	3.80	0.24
소고기	1키로	12.00	2.90
계란	1키로	14.00	8.00
두부	1모	0.43	0.06
양파	1키로	2.80	0.9
배추	1키로	1.10	0.7
감자	1키로	1.30	0.72
설탕	1키로	9.60	0.88
맥주	1본(本)	3.30	0.88
연유(煉乳)	1■	12.00	0.85
금건(金巾)	1미터	30.00	1.25

모슬린 (모직물)		24.00	1.25
양말	1족	8.00	0.75
화장비누	1개	6.00	0.17

△ 본년 4월의 조사에 의하면 만계(滿系) 봉급생활자는 그 일상생활비의 80%를 암시장에 의존하고 있다(일본계는 약 30%를 암시장에 의존).

△ 마차와 같은 것은 특히 암시장이 현저해 공정임은 등으로는 물론 절대적으로 탈 수가 없다. 또 임은은 돈보다도 물자를 좋아해 1원의 현금보다도 24전의 약앵(若櫻, 연초) 쪽을 수취한다. 약앵의 암가격은 대체로 1원 40전 정도로 매매되고 있다.

○ 조선은행권의 퇴장

봉천은 서선(西鮮) 방면으로부터 행해지는 밀수출의 본거지인데 밀수출품은 일단 봉천에 집중된 후 만주 각 지역에 팔려간다. 따라서 밀수출 대금결제를 위한 조선은행권의 퇴장은 비상할 것으로 미루어 짐작된다.

또 관동주에서 유출하는 조선은행권도 봉천 방면에 모이는 경향이 있다고 보여지는데, 이러한 것도 모두 밀수 결제자금으로서 대기하는 자세를 취하고 있다.

(12) 대련(大連)

대륙 수송의 육상운송 전환 이래 대련은 지난날의 번성은 없고, 항만 시설의 이주 개시, 대석교(大石橋) 이남의 철도 연선의 단선화 결정 등 대련의 장래는 명랑성을 잃어버렸다. 명물인 항만하역도 엔(円)-원(元) 등가정책이 산동 고력(苦力)[35]의 획득을 곤란하게 한 결과로 되어 상시 1만 명의 쿨리를 필요로 함에도 불구하고 현재는 그 절반에도 미치지 않아 부두와 같은 것은 진실로 ■■한 것이 있다.

---

35 쿨리라고 불리는 하층 노동자.

○ 관동주 금융 개황

　△ 어음교환소 가입 은행을 대상으로 하면 총예금 6억 8,600만 원, 총대출 11억 7,500만 원으로 4억 9,000만 원 대출초과이다. 종래 관동주에서는 농산물의 출회기에는 대출초과로 되었는데, 여름에는 대체로 균형을 이루는 것을 보통의 상태로 하였다. 그러나 작년부터 이런 경향이 거의 없고, 대출초과가 변하지 않은 것은 주의를 요한다. 그러나 대출의 내용을 보면 만주 관계 사업에 대한 대출이 약 4억 5,000만 원으로 앞의 대출초과액에 합치되고 있다. 따라서 관동주에 관련된 것에는 예금과 대출은 일단 균형을 이루고 있다고 볼 수 있을 것이다.

　△ 대출초과분은 대체로 일본 본국 자금으로써 조달하고 있는 것이 보여지는데, 요코하마정금은행(橫濱正金銀行)을 필두로 일본 본국 각 은행은 모두 대출초과를 보이고 있다.

　여기에 반해 만주흥업은행만은 예금초과인데, 이 점에서 관동주는 자금의 상당량이 일본 본국으로부터 수입되어 그것이 만주흥업은행에 의해서 만주로 흘러가고 있는 것으로 된다.

　△ 위와 같이 엔 자금의 만주 유출은 관동주와 만주 간의 금리 차이를 발생시키는 한편 만주의 현상은 엔 자금이 과잉되는 기미가 되어(일본의 대만주 수출 감소에 의한 대일 지불의 감소) 엔 자금의 대만주 유출은 만주의 자금계획에 지장을 주게 됨에 비추어 여기에 대응조치로서 관동주에서는 본년 6월 이후,

　① 만주관계사업(만주국에 본사를 가진 회사의 사업)에는 기존의 실적을 감안하여 대출 할당제를 마련
　② 설비자금은 가급적 그 지역 은행에서 조달하게 할 것

등의 방침을 세워 관동주 내 자금의 만주 유출을 막았다. 아울러 그 지역 자금과 그 지역 산업과의 연결의 긴밀화를 꾀하였다.

○ 국폐 사정

△ 관동주의 만주중앙은행 지점에서 회수한 국폐 상황을 보면 연간 회수고는 1941년 2억 8,400만 원, 1942년 3억 308만 5,000원, 1943년도 2억 759만 6,000원으로 최근 감소 경향으로 돌아서 국폐 유통고의 감퇴가 보여지고 있다. 이는 ① 만주국의 송금 제한 완화, ② 대련항의 출항 선박 감소, ③ 관동주에서의 물자의 궁핍화와 관련 물가의 접근 및 관련 물자 이동의 침체 등에 기인한 국폐 유입의 감소에 의한 것이다. 본년 5월 조선 내에서의 국폐 교환의 제한 이래 관동주 내에서 조선은행권으로 교환하는 현상이 일어나 다시 회수 증가로 되어 국폐의 유입은 증가하는 경향으로 전환되었다.

△ 대련지점이 최근 시내 관공서 및 주요 상점 등에 대해 그 수입된 제세금, 공과금 혹은 상품매상금 중 국폐 혼입 상황을 조사한 것에 의하면 평균 혼입율은 약 30%였다.

△ 관동주에서 조선은행권은 최근 급격한 발행초과를 보임에 따라 이 행방 여하는 주시되고 있다. 일부는 관동주 내에 퇴장되고 나머지 대부분은 유입 국폐의 대체 작용에 의해서 만주국으로 유출하고 있는 것 같다. 이러한 것은 또 돌고 돌아 결국 봉천 방면에 집중되고 있다고 추측하는 쪽이 많다.

(13) 안동(安東), 신의주(新義州)

○ 국폐 교환 상항

△ 안동에서의 역전(驛前) 교환 실시는 도문의 그것에 비해 훨씬 긴 창구인 8개를 설치하여 ■■도 ■■. 이로 인해 국폐의 조선 내 지입은 크게 완화되고 조선 측 신의주에서의 교환은 거의 볼만한 것이 없다. 그러나 한편 열차 연착이 빈번하여 정차 시간이 단축되자 이로 인해 교환을 할 수 없게 된 승객이 이를 그대로 휴대한 채 조선 남부 방면으로 지입하는 것과 같은 것이 최근 많아지고 있다고 한다.

△ 역전 교환은 승차권의 제시를 요구하고, 평안북도 선천 이북은 1구 50원, 그 이남은 200원을 한도로 하여 교환하고 있다.

△ 또 정보에 의하면 압록강 상류 지방에서는 요즈음 세관의 감시가 특히 매우 엄중해지고 있어 국폐의 유입이 거의 없고 따라서 국폐의 유통도 그 영향을 볼 수 없는 상

태라고 한다.

○ 밀수출

△ 밀수는 조선 북부 국경에서와 마찬가지로 감퇴는커녕 오히려 증가하고 있는 경향을 보이는데, 밀수출품도 마찬가지로 섬유제품(최근은 헌옷도 증가)이 80%, 기타 아편, 약품, 수은 등이 많다.

△ 방법은 모든 수단이 사용되고 있는데, 열차의 탁송 수하물을 이용하는 것이 적지 않다.

△ 작년 신의주에서의 밀수 검거 건수는 약 1만 1,000건으로 검거율은 대체 10% 정도로 예상되고 있다.

3) 선만(鮮滿) 국경의 국폐 문제

(1) 국폐 문제의 중요도

1935년(昭和 10) 만주국폐가 발행된 이후, 국폐의 조선 내 유입은 육지로 국경을 접한 이상 불가피한 경제 현상으로서 어느 정도 용인되지 않을 수 없었다. 그런데, 이후 국폐의 유입은 해마다 가속도를 더하는 한편, 지금 이것을 당행권과의 교환고를 보니,

1939년 _ 36,454,000원
1940년 _ 73,104,000원
1941년 _ 69,347,000원
1942년 _ 121,768,000원
1943년 _ 193,229,000원

이라는 격증 일로에 있다. 작년의 경우, 실로 연간 2억 엔에 달하고, 올해 들어서는 증가세가 더욱 현저해져 6월까지의 상반기에 이미 1억 3,400만 엔이라는 놀라울 숫자를 계상하고 있다.

다시 이것을 최근 1개년간의 숫자에 대해서 보게 되면(1943.8.1.~1944.7.31.),

만주국폐 교환고 _ 272,749,000엔

내역: 조선 내 교환 _ 114,749,000엔

만주국 내 교환(만주중앙은행으로의 보급금) - 158,000,000엔

여기에 같은 기간의 대(對)만주 환 지불초과고 2억 538만 7,000엔을 더하면, 만주국에서 조선으로 유입된 민간자금은 실로 연간 4억 7,813만 6,000엔이라는 거액에 달한다. 이것을 같은 기간, 조선 내에서의 당행권 발행초과 8억 5,854만 5,000엔(연간 발행초과 10억 2,179만 2,000엔에서 대련지점 발행초과 1억 6,324만 7,000엔을 차감)에 대비해 보면, 당행권의 발행 증가가 만주국과의 관련에서 얼마나 중대한 영향을 받고 있는지를 살필 수 있다.

이 국폐의 유입 증가라는 것이 소위 만주 인플레이션이 조선 내로 침윤하는 형편을 암시한다고 말할 수 있는 것으로, 만주 국폐의 유입 억제 그것은 즉 조선 인플레이션 대책의 중요한 일익을 이루는 것이라 하지 않을 수 없다.

(2) 종래의 대책과 효과

정부는 국폐의 유입을 방지하고 국경지방에서의 국폐를 흡수할 의도로 1940년(昭和 15) 2월 이후 국경지대의 금융조합(현재 함경북도 11개소, 함경남도 3개소, 평안북도 16개소)으로 하여금 거의 무제한으로 교환을 하게 하였다. 그런데 이 교환의 자유를 인정한 것이 오히려 역효과를 초래하여 국경지방 일대에 국폐가 유통되게 하는 것으로 되었다. 이에 더해 그 수수료로서 2%의 교환수수료를 징수케 한 것이(교환에 필요한 비용은 수수료의 10% 이하에 지나지 않음) 금융조합으로 하여금 국폐의 교환을 야기하여 유입에 심한 환영적 태도를 취하게 되었다. 그 결과 국폐의 유입은 더욱 현저해졌기 때문에, 국경지방에서의 유통 통화는 이번의 「외국환관리법시행규칙」 개정 직전에 함경북도 회령, 삼상봉 지방에 있어서는 약 70%, 남양 지방은 약 80%, 또 평안북도 국경지방에서도 대체로 70% 정도가 실로 국폐가 차지하고 있었다.

이 국폐의 유입, 교환을 무제한으로 인정한 것은 때마침 또 밀수업자가 편승할 틈을 주는 결과로 되어 밀수를 유발하였다. 그것은 또 국폐를 유입케 하여, 국폐의 유입과 밀수출은 양자가 더욱 국경을 국폐색(色)으로 칠하는 것으로 되었다.

또 여객의 편의를 도모할 목적으로써 국경 각지에 개인 환전상(함경북도 11)을 인정하였는

데, 이 역시 결과는 거의 모두 밀수업자가 이용하는 것으로 되거나 혹은 그중에는 이와 결탁하여 밀수를 감행하는 환전상도 나오는 상태가 되었다. 결과적으로 환전 기관을 설치한 것은 당초의 의도인 국폐 흡수와는 전혀 상반하는 방면밖에는 도움이 되지 않았다.

이렇게 국폐의 유입은 더욱더 격증하고 그 증가세는 본년에 들어서 다시 일단의 비약을 보이기 시작하였다.

따라서 본년 5월, 우선 금융조합의 교환고에 제한을 가하는 것(매월의 교환고에 한도를 설정)과 함께 환전상의 교환 허가한도를 종래보다 대략 절반으로 줄이고 7월 1일에는 다시 「외국환관리법시행규칙」을 개정하여,

① 조선 내에서의 국폐의 사용을 금지(특정지역에는 잠정적으로 사용을 인정)
② 여행자의 조선 내 지입을 200원 이내로 제한하였다. 그 결과 다음과 같이 조선 내 교환고는 차차 감소하고 반대로 만주 내 교환고가 증가하였다.

	조선 내 교환고(천 원)	만주국 내 교환고(천 엔) (만주중앙은행으로의 보급금)	계
1944년 1월	10,005	15,400	25,405
2월	9,574	13,000	22,574
3월	15,783	12,000	27,783
4월	14,934	12,000	26,934
5월	11,082	12,000	23,082
6월	8,244	10,000	18,244
7월	7,818	15,000	22,818

즉 종래의 교환은 조선 내 교환과 만주국 내 교환 금액이 대략 서로 비슷했는데, 7월에 들어서는 조선 내 교환 1에 대해서 만주국 내 교환 2의 비율을 보이기에 이르렀다.

그러나 교환의 총액에서는 거의 눈에 띄는 격증은 없고, 오직 조선 내 교환이 만주국으로 이행한 것이라고 말하는 것에 불과하기에 국폐 교환이 당행권의 발행고에 미치는 영향도 여전히 변하지 않았다고 볼 수 있다.

(3) 국폐 유입의 현상

다음으로 국폐 유입의 현상을 보자. 국경의 마을을 보면, 마을에 도달한 국폐에 의해서 침식되어져 상삼봉 방면에는 거의 상품이라고 할 만한 것을 볼 수 없고, 또 남양과 같은 곳은 집 옆에 빈집이 나란히 서서 진실로 삼한(森閑)[36]한 것이 있다. 이에 반해 만주국 도문, 안동의 부두교환소를 들여다보면 상당히 혼잡이 심하다. 이것을 한 번 보고서 문제에 잠재된 것을 생각해 봄에 따라 국폐 유입이 감소하지 않는 주된 이유라고 인정되는 것은,

① 전체 밀수출고의 2/3를 점하는 아편의 밀수가 여전히 쇠퇴하지 않은 점.
② 여행자를 가장한 소량의 물자 휴대 반출을 반복, 계속하는 자가 많은 것. 국경지방 여행자의 8할은 부녀자가 점하고 있음.
③ 남양 방면에서의 수직(手織) 면포의 대만주 유출이 증가한 것.
  본년 6월 이후 국경의 도(道)에서는 섬유제품의 대만주 유출을 방지할 목적으로 섬유제품의 제한판매(잠정적으로 재고품의 1/12 이내를 1개월의 판매고로 하고, 양곡통장을 제시한 자만을 대상으로 판매)를 실시하였다. 이로 인해, 국경지대 섬유제품의 대만주 유출은 감소하였는데, 다른 한편 남양 방면에서 면화공출장려책으로서 책임공출양의 공출을 끝낸 자에게는 나머지 면화에 대한 자유 처분을 인정하였기 때문에, 이것이 수직면포로서 만주에 흘러가는 것이 많게 된 것.
④ 만주국 내의 고물가에 이끌려져 조선 내 가정의 사장품(死藏品), 헌옷 등의 종류가 상품화되어 만주에 흘러 들어간 것.
⑤ 만주국 내의 섬유품의 수급이 극도로 핍박되었기 때문에 만주국 측에서 판매할 옷을 착용해 가지고 나온 자가 많은 것.
⑥ 중국 방면으로부터 송금을 받는 것에 대한 지불제한이, 만주로부터의 송금에까지 확대될 것을 두려워하여, 지금 만주 내에 소재한 재산을 조선 내로 이전하고자 하는 자가 적지 않은 것(실제로는 7월 1일 만주국은 일본 쪽 송금 제한을 철폐하였다).
⑦ 만주국 내 소재 반도인이 물자 배급 면의 차별 대우에 불만을 품고, 혹은 어느 정도의

---

36 괴괴하고 고요한 모양.

자산을 쌓거나 또는 기업 정비 등에 의해 실업하여 귀향을 희망하는 자가 계속 증가하고 있는 것 등을 들 수 있다.

(4) 금후의 국폐 대책
이상과 같은 실정에 비추어, 국폐 대책을 고려해야 할 것은 자명하다.

A. 발본색원의 대책
① 여행 제한 _ 조선-만주 간의 여행자를 제한하고, 여행이 필요한 자에게는 여행자증명서를 발행하는 것으로 한다. 국폐 교환도 여행자증명이 없는 자에게는 응하지 않을 것. 우선 부녀자만이라도 실시할 것.
② 송금의 지불제한 _ 만주국에서 받는 송금에 지불제한을 단행할 것(동시에 만주국에서의 일본 본국 쪽, 관동주 쪽으로 보내는 송금에도 지불제한의 방법을 강구할 것).
③ 받은 송금의 천인저금은 지방에 따라(앞의 방침에 의해) 각기 달라도 이것을 독려하기 위해 천인저금을 법제화할 것.

위 시책을 따르게 되면 국폐의 유입을 막고, 만주 인플레이션의 조선 내 침공을 저지하고 또한 밀수출을 막을 수 있다고 생각되는데, 그러나 이것을 실시함에는, ① 선만일체(鮮滿一體)의 문제, ② 조선은행권과 국폐의 등가 문제, ③ 만주의 개척(조선에서 공급하는 대만주 자본력 및 인력이 감퇴함) 등의 여러 문제와 대립 마찰이 발생할 것이다. 또 국폐와의 전면적 절연(絶緣)이 조선은행권과 국폐와의 사이에 시세를 발생시킬 수 있는 점은 관동주에서의 발권에 관한 새로운 문제가 파생될 우려가 없지 않다. 따라서 위의 대책을 조급히 실시하기에는 곤란함이 있고, 우선의 대책으로서 다음과 같은 것을 생각해 볼 수 있다.

B. 차선의 대책
① 개인 환전상을 폐지할 것.
개인 환전상은 종래의 실적을 유일한 방패로 하여 존재한다. 현재에서는 단순히 밀수업자를 방조하는 기능을 하는 것에 지나지 않고, 유해무익이라 말해도 과언이 아니다.

그런데 저들의 교환 업무는 매월 초순에서 해당 월의 허가 한도까지의 교환을 마치고 (허가한도를 소진), 수수료를 품에 안은 후 나머지 20일은 이 업무를 하지 않는 자가 적지 않다.

② 금융조합의 교환 한도의 압축 또는 환전점(店)을 줄일 것.

금융조합의 교환은 본년 5월부터 일단 한도 설정을 보아도 다시 이것을 압축하거나 또는 ■별로 교환고를 포괄 신청케 하여, 이 허가권을 조선은행에게 위임하게 할 것. 또 국경지대 이외의 청진, 나진, 기타 오지에서 금융조합의 환전의 의의는 이미 소멸하고 있으므로 이를 중지케 할 것.

③ 경찰협회, 기타의 공공단체가 경비 염출을 위해 환전을 행하고 있는 것과 같은 것은 본말전도가 심한 것으로서 즉시 중지할 것(검찰 당국이 밀수대금으로 인정되는 국폐를 교환하여 수수료를 버는 것 등도 마찬가지임).

실례

회령경비후원연맹(함경북도 경찰협회장 명의로서 교환업무의 허가를 받고, 경방단, 재향군인회 등으로 조직한 경비후원연맹으로 하여금 사무를 대행케 함. 각지에 있는 모양)

1942년 8월 1일~1943년 7월 31일 환전고 _ 2,639,487원 66

위 교환 수수료 _ 47,271원 67

이 수수료의 처분 _ 경찰협회로 10,000.00

경방단, 재향군인회, 기타로 28,081.47

④ 월경(越境)경작자에 대한 월경배급제도의 실시

월경경작자(1920년(大正 9) 법률 제55호 동년 부령(府令) 제121호에 의해 국경에서 2리 이내는 월경경작이 가능해짐)는 원래 일상생활을 조선 내 물자에 의존하고 있기 때문에, 자가용(自家用)으로 인정되는 정도의 일상품의 반출은 이것을 묵인해 왔다. 그런데 최근 이 간극을 틈타 자가용이라고 칭하고 동일인이 몇 번이고 국경을 왕복하여 밀무역의 목적을 달성하고 있는 자가 적지 않은 사정에 비추어, 이때 일상품의 휴대 반출을 엄중히 감시함과 함께 월경경작자에게는 월경 배급의 방법을 강구할 것.

⑤ 만주 오지 주요 역에서도 국폐 교환을 실시할 것

안동, 도문 등의 역전(驛前) 교환은 많은 국경지방을 방황하는 밀수 도배에 의해서 헛되이 혼잡이 극심해지고, 정당한 여행자가 입는 불편함이 다대한 것에 대해, 만주중앙은행의 협력을 구해, 오지 주요 역에서도 교환을 실시하고, 여행자의 편익을 꾀함과 함께 현재와 같은 국경역 정차 시간 중에는 교환이 가능하지 않아 어쩔 수 없이 국폐를 조선 내로 가지고 들어오는 것과 같은 것을 없게 할 것.

이상은 요컨대 중국 북부의 인플레이션을 만주에서, 또 만주의 인플레이션을 조선에서 저지하는 것을 근본 방책으로 하게 되려면, 선만 국경은 중대한 대동아의 통화 방어의 요새이다. 그렇다면 국폐 대책은 매우 강력히 시책되지 않으면 안 된다.

그런데 국폐 문제에 대한 만주중앙은행 간부의 의향은 "같은 원계(圓系)통화이면서, 다소 국폐가 조선 내에 유통하는 정도는 대동아적으로 보아 차질이 없는 것이 아닌가. 조선은 정말로 결벽이 지나치다"라고 할 정도로, 본 문제에 대해서 성의가 심하게 결여하고 있다.

만주중앙은행이 이러한 태도를 보이는 한, 백 가지 대책도 효과는 극히 희박하다고 말하지 않을 수 없다. 국폐 문제의 해결을 위해서는 우선 무엇보다도 당행과 만주중앙은행과의 정책의 일관이 바람직하다. 이 의미에서 양자의 의사소통기관으로서 선만통화연락회의(鮮滿通貨連絡會議) 설치를 주창하고 싶다.

4) 선만 국경의 밀수출

(1) 국폐 유입과 밀수출

전술하였듯이, 최근 국폐 유입의 격증 원인은 조선–만주 간의 물가 차이를 이용한 밀수출의 결제 대금의 증가가 그 주된 형태를 이루고 있는 것으로 판단된다.

즉 교환의 실제를 현지에서 보아도,

① 국폐교환보고서(「외국환관리법」에 의한 외국통화 매각보고서)에 기재된 성명의 절반 이상이 가공인물인 점(함경북도, 평안북도 각지 경찰서의 말)

② 만주국폐 교환자 중, 함경북도 국경 방면에서는 약 8할이, 또 평안북도 국경 방면에서는 약 5할이 중류 이하의 반도 부인인 점
③ 조선-만주 간 거래의 대금결제에 송금 지불보다도 현금 지불을 좋아하는 것(송금의 방법에 의하면 범행에 포착되기 쉬운 것을 두려워하는 것으로 판단됨)

등은 조선-만주 간의 밀수출이 현재 상당히 빈번히 행해지고 있는 것을 추정하기에 충분하다. 이러한 대금 결제가 국폐의 유입 내지는 교환고를 증대시키는 주요한 원인을 이루는 것으로 관찰된다.

국폐의 유입, 교환이 이처럼 그 대부분이 밀수출의 대금 결제에 기인한 것으로 간주한 이상, 국폐 문제는 즉 밀수 단속의 문제이고, 다르게 말하면 밀수의 방지에 완벽을 기하면 국폐 문제는 저절로 해결될 문제라고 극단적으로 말해도 차질이 없는 현상이다(밀수 대책은 후술).

지금 조선 만주 국경에서의 밀수의 개황을 보면 다음과 같다.

(2) 밀수출품의 종류
① 밀무역의 주류는 아편과 섬유제품으로 금액은 아편이 전 밀수의 7할을, 나머지 대부분을 섬유제품이 점하고 있다. 건수에서는 섬유제품이 약 8할에 달한다(세관 등의 검거 실적에서 추찰).
② 기타의 밀수출 ― 약품, 기계류, 자동차 부속품, 금 및 금 제품, 수은.

(3) 밀수의 방법
밀수의 방법은 다종다양에 걸쳐서 모든 수단이 강구되는데, 검거 결과에 의하면 다음과 같은 것이 있다.

① 밀림(密林)에 대상(隊商)을 조직하여 대량으로 아편을 반출하는 것
② 관청 혹은 군의 명의를 도용하는 것
③ 가공 하주(荷主)의 수화물이나 소화물로 가지고 나가는 것
④ 이삿짐으로 포장한 것

⑤ 신체에 붙이는 것

⑥ 신체 내에 은폐하는 것

⑦ 1매의 포면(布綿)을 의류에 가봉하는 형태로 착용하는 것

⑧ 과일이나 서적에 은닉하는 것

⑨ 인력거의 타이어 내에 넣은 것

⑩ 세관원, 열차 승무원을 이용하는 것

(4) 밀수자

대체로 조선 내에서 가지고 나가는 자는 조선인으로(소액) 이것이 봉천(서선(西鮮) 지방으로부터), 목단강, 하얼빈(북선(北鮮) 지방에서) 등에서 만인(滿人)의 대규모 밀수자에 합쳐진다. 따라서 밀수에 의해 폭리를 먹고 있는 자는 오히려 만계(滿系) 상인이다.

만계의 손에 모아진 것은 일부는 다시 중국 방면으로 재밀수되는데, 모략에 의해(충칭의 물가고를 선전), 충칭(重慶) 방면으로 유인되어져 적의 전력화(戰力化)로 되고 있는 것도 적지 않다. 팔로군의 유기 사체를 검사한바 그 착용한 군복은 조선산으로 제작한 옷이라는 말도 들리는데, 밀수 단속의 준엄함을 절실히 통감할 따름이다.

또 국경에서 검거된 조선인 밀수자의 8할은 부녀자가 점하고 있다.

(5) 밀수출 대금의 결제 방법

송금의 방법에 의하지 않고, 대부분 현금 결제의 방법을 취하고, 그 현금을 국경에서 지참하여 가공의 가명 등을 사용하여 조선은행권으로 교환하는 것이 많다. 송금에 의한 경우도 수취인이 가공인물로 한 것이 많다.

(6) 밀수 방지책

요컨대 밀수 방지의 대책은 조선 내에서의 배급제도를 확립하여 물자가 옆으로 새는 것을 막고, 아편과 같은 것은 비밀 재배를 엄중히 단속하는 등, 밀수를 그 근원에서 억지하는 방책을 강구함과 함께, 또한 한편으로 세관원, 경찰관을 증원시켜 감시를 강화하고, 여행을 제한하고, 국폐 또는 송금의 교환 지불을 제한하여 밀수 대금의 결제 방법을 막는 것이 필요

하다.

그러나 듣는 바에 의하면, 작년 중 함경북도에서는 경관 7인이 아편 밀수사건에 관계되어 독직죄를 묻게 되고, 대안(對岸) 길림성에서는 작년 퇴직 경관 9인 중 7인이 아편 밀수에 관련되어 부수(賦首)되었다. 경관뿐만 아니라 세관리, 열차 승무원, 역원 등에 있어서도 기강의 해이는 밀수 대책에 앞서 특히 엄격히 실행되지 않으면 안 되는 문제이다.

5) 선은권의 만주국 내 퇴장 문제

(1) 조선은행권의 유출

만주국 내에서의 조선은행권의 퇴장이 상당한 다액에 이르는 것은 일반적으로 일치된 견해인데, 우선 퇴장된 조선은행권이 어떻게 만주국 내(관동주를 포함)에 방출되었는가라는 것을 1940년(昭和 15) 이후 본년 7월까지 보면,

① 1940년 이후의 대련지점 발행 초과 5억 엔
② 1940년 이후 만주중앙은행으로의 교환자금 보급고 _ 청진으로부터 1억 4,000만 엔
　　　　　　　　　　　　　　　　　　　　　　　　신의주로부터 1억 9,000만 엔
　　　　　　　　　　　　　　　　　　　　　　　　소계 _ 3억 3,000만 엔
　　　　　　　　　　　　　　　　　　　　　　　　합계 _ 8억 3,000만 엔
③ 1940년 이후 만주국 내에서의 조선은행권의 회수고(만주중앙은행의 회수) - 1억 3,000만 엔
　①, ②와 ③의 차감액 - 7억 엔

즉 1940년 이후, 만주국, 관동주를 통해서 7억 엔의 조선은행권의 유출 증가가 보여지는데, 이 중 몇 %는 만주국 내에 퇴장되어 있는 것으로 볼 수 있다.

(이 이외, 여행자가 휴대한 것을 고려할 수 있는데, 대체 플러스, 마이너스로 됨으로써 고려 밖에 둔다).

(2) 퇴장의 이유

퇴장의 이유를 각 방면에서 조사한바 대체로 다음 이유에 기인한다.

A. 조선인(조선 재주 일본인을 포함)의 경우

① 조선 귀성 시의 준비

② 조선에서의 물자 구입(대부분은 밀무역) 자금 준비를 위해

③ 비상사태 시에는 국폐보다도 조선은행권이 위력이 있을 것이라는 신뢰감에 의한 조선은행권의 보유

④ 조선은행권에 대한 막연한 애착

B. 만주인의 경우

① 국폐 시세의 하락(만인(滿人)의 예상)에 의한 차액 수취를 위해

　(현재 특수부정 거래업자 간에 있어서 대체 1할 내지 2할의 프리미엄이 붙어 있기에, 프리미엄은 권종에 따라서도 다르고, 100원권은 10원권에 비해서 값이 비쌈)

② 조선에서의 밀무역품, 특히 아편 등 고액의 밀수품의 즉시 결제자금으로서 준비

③ 금표(金票)에 대한 막연한 숭배감에 의한 것

　위와 같은 이유에 기초해, 조선은행권은 입수되는 때에 바로 퇴장되는 것과 같고, 유통면에서는 거의 그 자취를 볼 수 없는 현상이다.

(3) 퇴장자

조선인 및 조선 관계 일본인은 비교적 소액인 자가 많아도, 만인(滿人) 중에는 부정거래로 인한 다액의 퇴장자가 있을 것으로 예상.

(4) 퇴장 지역

봉천 및 안동 지역이 가장 많고, 목단강 및 간도 지역이 그다음이고, 기타 하얼빈 방면에도 상당한 것으로 예상. 관동주에서 만주국으로 유출된 조선은행권은 봉천 방면에 집적되는 것으로 관측하는 쪽이 많다.

(5) 퇴장의 사실을 엿보기에 충분한 실례(실지 견문)

① 만계(滿系)의 인력거꾼인 사내가 100원 지폐 3매 소지(봉천)

② 시공서(市公署) 관리(조선계)가 100원 지폐 1매 소지(봉천)

③ 조선계 기생이 저금을 인출하여 오면서 교환하고 싶다고 말함(도문)

④ 소학생(조선계)도 한번 보고 조선은행권을 식별함(간도)

⑤ 조선계 마초부(馬草夫)에게 조선은행권을 제시하면 교환을 간원하고, 자택에도 조선은행권을 보유하고 있다고 말함(간도)

⑥ 조선계 신문기자로부터 교환을 구함(목단강)

⑦ 프리미엄이 붙으면 500~600원 정도는 바로 교환에 응하는 곳이 있음(봉천)

⑧ 경찰관이 국폐 10원 지폐를 1원으로 쌓아서 은행에 환전을 신청하여, 은행원이 지레짐작으로 조선은행권으로 바꾸는 오류(도문에서의 말)

⑨ 은행원을 매수하여 조선은행권을 모음(하얼빈)

⑩ 역 대합실의 교환소에서 승차권을 제시하여 교환을 마치고(승차권에는 표면에 교(交)를 압찰) 승차하지 않고 표를 파기하는 것이 적지 않음(도문)

이러한 교환은 만주국 내 거주자의 조선은행권 퇴장을 위해서 하는 것임

(6) 퇴장 추정액

이상을 요컨대 만주국 내에서의 조선은행권의 퇴장은, 앞에서 기술한 금액 7억 엔 중 관동주를 제외한 대체 2억 엔 이상일 것으로 추정.

2) 조선은행권 증발 및 발행제도 관련 신문 기사

〈자료 145〉 가짜 만주국폐(國幣) 백동화
(《매일신보》, 1936.7.7.)

만주국 위조지폐가 국경 일대에 많이 나돌고 있어 경찰 당국이 그 단속에 크게 머리를 앓고 있는 이때 또다시 위조 백동화 1각(角)[37]짜리가 발견되었다.

의주군 광편면 청성동 연초 소매인 최영서가 지난 2일 밤 수금한 것을 계산할 때에 만주국 10전짜리 하나가 다른 것보다 중량이 가벼운 것에 의심을 품고 자세히 검사한 결과 그것은 납과 주석을 섞어서 교묘하게 만든 위조물인 것이 판명되었다. 그리하여 곧 소관 주재소에게 제출하였는데 이 위조화는 중량이 조금 가벼울 뿐으로 육안으로 보고 진짜와 가짜를 분별할 수 없으리만큼 교묘한 것으로 이것이 평북도 내에 상당히 흩어져 유용되는 것 같다고 하여 경찰 당국은 단속을 개시하는 한편 일반의 주의를 환기하고 있다.

〈자료 146〉 화폐 일만일여(日滿一如) 받드는 선은(鮮銀)의 후퇴, 과연 만주국폐의 진출을 국경 경제계는 어떻게 보는가?
(《경성일보》, 1936.11.25.)

내년 1월 1일을 기해서 전 만주에 걸쳐서 결행된 조선은행 각 지점의 폐쇄와 만주국 내에서의 조선은행권의 발행 금지를 목전에 둔 국경지대는 지금 만주국폐, 조선은행권과 그 보조화의 왕성한 유통 혼합을 둘러싸고 국경 경제계에 큰 문제를 던지고 있다. 특히 압록강 철교를 결합한 선만일여(鮮滿一如)를 문자 그대로 실현하고 있는 2대 국경도시 안동, 신의주는 은(銀)과 금(金)의 차이, 저 만주국폐 1원은 똑같이 조선은행권 1원과 교환되는 동일한 퍼센

---

[37] 1자오(角, 1위안[元]의 1/10).

티지이기 때문에 굉장한 정도의 기세로서 침입하는 한편 이를 받는 쪽에서도 은행, 금융조합, 우편국, 역 등을 제외한 다른 부문에서는 상점, 시장, 노점 상인도 받게 되어 왕성한 거래가 있기 때문에 부민의 돈지갑 중에는 오히려 만주국폐가 많은 날이 있는 상황을 보인다. 이 긴밀한 관계를 고려하면 만주국폐의 유통금지는 도저히 불가능한 것으로 보여진다.

또한 이를 국경선에 보게 되면 압록강을 낀 양 국민의 교통은 매우 활발하게 되어 광산 사업을 중심으로 하여 만주국폐의 유통은 날로 증가하여 왕성함을 더해 만주국에서는 강안(江岸) 일대의 우편국이나 금융조합에 대해 만주국폐의 거래를 묵인할 것을 요청하고 있는 상태인데 선천 방면에까지 만주국폐가 진출하고 있다. 그런데 돈의 유통은 일상 생활상 국경인의 이익이기에 암묵적으로 침윤한 것으로 과연 이것을 조선은행권의 발행 금지와 더불어 국내에서의 외국 화폐의 유통을 금지하는 것으로 되면 국경인의 불리불편은 물론이거니와 국경 경제계에 혼란을 초래하는 것으로서 일만 양국의 통화협정에 대한 확립이 빠른 시간 내에 기대되기에 이른다.

만주국의 화폐제도 확립에 따른 통화의 통제를 주장하고 국경에 환전소를 신설하는데, 양국 지폐의 합류는 실제상 지장 없이 하고 선만(鮮滿) 경제블록을 물자 그대로 일체로 하여 유통을 인정하는 것이다. 국경인은 가까이 닥쳐 온 큰 현실 문제를 앞에 두고서 최대로 주목하고 있다. 이하 은행과 환전소 당국자의 의견을 들어 본다.

방치되면 대혼란, 협정안을 발표하여 선처하도록, 임(林) 식은(殖銀) 지점장 담

만주의 조선은행 지점 철수에 따른 조선은행권의 만주 내 유통을 금지하는 것이 과연 어떠한가. 확실한 것은 우리 쪽에서도 목하 알 수 없기 때문에 곤란함이 있고, 아마도 일만 양국에서 머지않아 협정안을 발표할 것으로 생각된다. 만약 유통금지로 되면 당장은 안동과 신의주에서는 철교의 양축에서도 환전소를 설치하는 것으로 될 것이고, 부내(府內)의 만주국폐의 유통은 참으로 걱정스럽게 될 정도이다. 이것도 편의상 사용하고 있기 때문에 법률적으로는 유통력을 가지고 있지 않고, 경성(鏡城) 부근에서 만주국의 돈을 내놓아도 그 차이를 생각하는 사람은 거의 없고, 등가로 동일하기 때문에 날마다의 거래에는 적어도 변함이 없을 것이다. 만주국폐의 거래는 단절되어 만약 실제 문제로서 유통이 금지되면 국경지대는 비상한 불편을 입을 것이다. 선천 지방에까지도 퍼져 있다고 말하기에 도의 재무과에서도 고려하여 만주국폐가 어느 정도 국경지대에 유통하고 있는가를 조사하고자 하는 생각을 가지고 있고, 빨리 이 문제가 해결되지 않으면 더욱 혼란을 초래할 우려가 있다. 국폐를 많이 가지고 와서 거래도 가능하고 돌아가도 전혀 미안할 것은 없다.

곤란한 일이다, 유일한 환전소, 나량정(奈良井) 씨의 담

7월부터 환전소를 시작했는데, 현재는 매월 평균 3,000원 정도로 앞의 2일에 1,000원여의 교환을 했는데, 이것이 최고였다. 손님은 신의주 지역 사람은 1인도 없고, 모두 기차나 비행으로서 만주에서 돌아오는 사람이 200원, 300원 정도 환전해 갈 뿐으로, 신의주에서는 특별히 수수료를 지불하여 환전하여 담을 것도 없다. 여기에 상업은행 지점 등에서는 거래처의 사람에 대해서는 국폐로도 편의상 교환하여 거래한다는 서비스를 하기에 지역 사람의 고액의 환은 아직 1건도 없다. 만주국폐의 유통을 금지하고, 또 만주국 내에서의 일본 지폐의 유통을 금지하면 소란스러울 것으로 생각하는데, 빨리 결정해야만 하는 문제는 아니다.

불리불편(不利不便)을 통감, 환전에도 큰 변화이다. 두생전(豆生田) 상업은행 지배인 담

일만 양국 지폐의 유통을 금지하는 것으로 되면 직접적으로 환전소를 국경선의 요지마다 설치하게 될 것이다. 예컨대 환전소가 없는 신의주 사람이 10원의 만주국폐로 5원의 물품을 사고, 나머지 5원의 만주국폐를 가지고 돌아오면 이 5원은 다시 안동으로 갈 때 이외에는 사용하지 않게 된다. 따라서 이 유통 금지가 엄격하게 되면 안동과 신의주의 사람들은 이것은 만주국폐, 이것은 일본지폐이기에 2개의 돈지갑이 필요하게 되고, 안동에 갈 때에는 이 돈지갑, 신의주에서는 이것이라는 모양으로 비상히 불리불편하게 될 것이다. 환전소를 만들어도 돈을 교환한다라는 불편이 있어 나머지를 가지고 돌아올 때에는 환전소에 들러야 한다는 뜻으로 번잡하다.

나아가 국경의 경제 거래상에서도 원활을 결여하게 되는 것이 아닌가라고 생각하는데, 이러한 대문제의 결정에는 만주국의 화폐제도 확립이나 통화통제, 또 조선 내로의 만주국폐 유입을 허락하지 않으면 조선은행권의 압박으로 된다든가라는 국책적, 정치적 중대 문제가 잠재하고 있을 것이기에 우리로서는 당국의 지시를 기다릴 뿐이다.

⟨자료 147⟩ 조선, 만주 양행권 국경 지대에 혼용(混用), 조선은행은 방치 방침

(《동아일보》, 1938.3.20.)

조선, 만주의 국경 지대에 있어서의 조선은행권과 만주은행권의 혼류 문제는 여전히 미해결 상태로 금일에 미치고 있는바 양 지폐의 혼류는 점차 농후해져 가는 경향에 있음은 주목된다. 이유로서는,

1. 강제 태환이 행해지지 않는 것
2. 실제상 거래에 하등의 지장이 없는 것
3. 일반의 각 지폐에 대한 애착이 의연 해소되지 않은 것

등에 있고 조선은행으로서도 다음과 같은 사정으로 이 혼류에 대해서는 시정할 의향도 없고 이대로 방치해도 하등 상관없다는 견해를 가지고 있다.

예전 조선은행이 만주에서 영업을 하고 있던 시대에 조선은행권의 유통 범위는 관동주 및 만철 부속지에 한정되었음에 불구하고 실정은 만주 일원에 걸쳐 상당히 광범위하게 유통되고 있었다. 이에 대한 구(舊) 중국 정권이 어떠한 대책도 내지 않았던 사실이 있으므로 지금 만주중앙은행권이 조선에 유입돼도 이를 저지할 이유가 적고 또 양 지폐가 등가인 것은 하등 문제가 일어나지 않는다.

⟨자료 148⟩ 만주국폐 수입(受入), 결국 인정?

(《매일신보》, 1939.1.22.)

조선은행의 만주 철수에 의하여 1937년 2월 이래 조선 내 금융기관으로의 수입(受入)을 금지하고 있는 만주국폐는 거래의 왕성함과 더불어 의연 국경지대에 유입하였다. 심한 지방은 국폐가 대부분을 점하는 상태여서 이 유통 금지에 의한 영향이 심대한바 있으므로 국경 방면으로부터 지난번에 이 마찰 완화책에 대하여 재무국의 선처를 요망하였다. 재무국

에서도 드디어 해결을 도모하기로 되어 근근 일정 지역의 금융기관에서는 국폐 수입을 인정하기로 될 모양으로 목하 구체안을 연구 중이다. 이를 허가하게 되면 국폐의 유입 범위가 확대되는 결과를 초래하게 되는 위험이 있는데, 국폐 유입은 거래에 따른 것이므로 걱정할 정도의 유입은 없을 것이고 이 이외 좋은 해결책도 없으므로 결국 수입을 인정하기로 낙착된 모양이다.

〈자료 149〉 조선, 만주 양행권 교류 문제 재차 대두

(《동아일보》, 1939.2.14.)

조선은행과 만주중앙은행권의 혼류 문제는 2~3년 내의 접경지대에서 하나의 문제가 되어 최근 조선, 만주, 중국 세 지역 간 거래 긴밀화로 인해 근본적 해결을 필요로 하게 되어 새로운 시각에서 제출할 것이라는 주장이 나오고 있다.

종래 통화 문제를 다스리는 기준은 일본은행의 건전론에 이끌려 일본 내에서 조선, 대만 양 은행권을 인정하지 않는 것과 마찬가지로 조선도 만주중앙은행권의 교류를 거부하는 입장에 있었다. 그러나 이것은 대국적으로 볼 때 각 화폐가 모두 원(圓)에 링크되는 지폐인 이상 이를 문제 삼는 것은 타당성이 없다고 할 수 있어 어떤 타당한 대책이 요망되고 있다.

통화 교류 문제는 원(圓) 블록 전반 문제, 횡뢰(橫瀨) 조선은행 이사 담

만주에 출장 중인 요코제(橫瀨) 조선은행 이사는 12일 귀임하였는데 만주흥업은행의 발전, 기타를 다음과 같이 말하고 있다.

만주흥업은행은 10일 제4기의 총회를 개최하고 6분 배당을 부의하였는바 창립 만 2개년 동행의 발전은 실로 볼만한 것이었다. 예금 대출의 계수로 예금은 4억 1,000만 원, 대출 3억 8,000만 원으로 신장하였고 차입금 1억 1,000만 원, 유가증권 1억여 원, 이익금은 360만 원, 그중 상각 250만 원이란 여유 있는 결산 모양을 보였다.

대련은 매축 회사의 손으로 200만 평의 매축을 행하고 공장지대화의 계획이 진행되고 있다. 봉천(奉天), 철서(鐵西)의 공장지대도 있어서 이 종류의 기획은 조선도 있었으면 한다. 만주중앙은행을 방문하여 선만 양 지역의 화폐 교류에 대한 의견을 나누었다. 만주 측의 말로는 여행자의 편의상으로는 조선 내에서는 만주중앙은행권의 편의적 사용을 인정하자는 것이었는데 나는 이 문제가 원(圓)블록 전반의 문제로 보인다. 편의적으로 처리함보다 일본-조선-만주[內鮮滿]의 전체 관계에서 파악하지 않으면 안 된다고 생각된다.

그리고 대련에 가서 느낀 것은 관동주와 만주국의 경제 행정이 판연히 구별되어 있는 것인데 이 마찰이 장래 문제화하려고 하고 있다. 즉 만주국은 극력 관동주를 만주국의 블록으로 보나 관동주 측은 당연 일본이란 관념을 버리지 않고 있다. 이것은 장래 통일하지 않으면 안 될 문제이다.

〈자료 150〉 만주국폐 100원권, 북중국서 태환 거절
(《매일신보》, 1939.8.1.)

만주국의 환관리 실시에 따라 국폐 100원권의 국외 반출은 금지하기로 되었는데 이 취지를 철저히 하기 위하여 북중국 몽강에서 종래 국폐와 중국연합준비은행권과의 태환을 하던 만주중앙은행 각지 지점에서는 오는 8월 31일을 기해 국폐 100원권의 태환을 거절할 것을 31일자로 요코하마정금은행, 조선은행, 대만은행, 몽강은행에게 통고하였다. 즉 종래 환관리의 눈의 피하여 북중국으로 침입하는 만주국폐는 매월 약 500만 원으로 추정되는데, 이것이 나아가서는 중국연합준비은행권의 인플레이션을 초래하여 북중국 물가 앙등을 가속시키는 원인이 되었던 것이다. 금회의 조치에 의하여 침입의 태반을 점하고 있던 100원 지폐는 북중국, 몽강에서는 중국연합준비은행권, 몽강은행권과 태환할 수 없게 되어 그 효과에 다대한 기대를 가지게 되었다.

〈자료 151〉 만주 화폐가 조선에 범람, 국경에는 유통이 일반화, 경성(京城)에까지 침입할 형세, 악폐의 조수(潮水)로 경제계 영향 지대

《동아일보》, 1939.8.4.

　조선과 만주가 접경되어 교통의 빈번함과 통화 교역의 격증은 여러 가지 문제 현상을 내고 있다. 이에 따라 예상외로 만주 화폐가 조선 내에 범람하게 되어 이로 인한 여러 가지 파생적 문제를 일으키게 되어 관계 당국자는 이에 대한 대책을 급히 해야 되게 되었다.

　만주국은 건국 이래 화폐제도를 개혁하여 국내의 재정정책을 확립하고자 노력해 온 중인데 원래 위 화폐는 조선 내에 강제통용력을 가지지 않았고 또 이에 대한 아무런 법제나 조약도 없었다. 두 지역 사이에 교통이 빈번해짐에 따라 만주국에서 조선 안으로 들어오는 손은 자연 만주국 지폐를 가진 채 들어오는 일이 많고 특히 북조선인 나진, 청진, 나남 등지에는 신의주, 중강진 등 국경 일대와 같이 만주국 화폐가 여관, 기타 일용품 시장에 유통되기 시작하여 최근에는 상당한 지역에 이르러 해당 지역 사람들은 사실상 여기에 통용력을 인정하기에 이르렀다. 북조선을 경유해서 일본으로 가는 승객이 적어도 1년에 200만 명에 가까우므로 그들이 한 사람 평균 2원씩만 떨어트리고 간다손 치더라도 400만 원의 만주국 화폐가 넘치게 되어 이것이 점차로 흘러들어서 현재에는 경성에까지 만주국 지폐가 흘러다니고 있는 중이다.

　이 유통은 사실상의 통용으로 이것을 적극적으로 금지하지 않는 한에는 금후 악화는 양화를 구축하는 이론으로 조선 경제 시장에 이 화폐가 범람되어 경제계에 일대 파동을 일으킬 것으로 보인다.

양 당국 간에 중대 협의, 화폐 가치론 절반밖에 못 되면서 동등 행세

　조선은행권과 만주국폐와는 그 사이에 가격이 동일한 것을 인정하여 만주국 돈 10원은 그대로 조선은행권 10원과 같이 취급되어 오는 중이나 실제로 보면 조선 내에서 금 한 몸메[38]에 16원 50전가량 가는 것이 만주국 내에는 이미 30원을 넘겨 매매되는 현상이므로 이 위에

38　1관의 1/1000로 돈이라고도 한다. 3.75g

서게 된 화폐 역시 가치로 보아서는 거의 배나 되는 차이를 가지게 되었다.

따라서 가치가 떨어진 화폐가 가격이 높은 화폐와 동일한 가격으로 유통되므로 비교하면 5원이 10원과 마찬가지 가격으로 통용되는 셈이 된다. 그러므로 그대로 방임하는 날에는 조선 내 경제계에 큰 파문을 줄 것으로 말하자면 헐한 화폐가 조선 내에 덤핑하는 셈이 되었고 이로 인하여 일어나는 그 반동은 결국 조선 내 경제 재정상 중요 파동을 일으키게 되었다.

당국에서는 이 사실에 비추어 여러 번 당사자 간에 의논도 해 보았지만 아직도 이렇다 할 결론을 보지 못했으나 앞으로 양국 당사자 간에 중요 협의를 하기로 방침이 결정되었다.

조선은행권과 환전, 신의주, 나진 등 지점

현재 조선은행에서는 이 사실에 비추어 신의주, 나진, 청진 등지와 부산에 있는 동 지점에서 만주국 화폐와 조선은행권의 환전을 실시하고 있는 중이나 이것은 아무런 법령이나 조약에 근거한 것도 아니고 다만 만주국에 대한 호의와 여객의 불편을 덜어 주려는 데서 이와 같은 환전을 해 오는 중이다. 조선은행에서는 이것을 모아 가지고 신의주에서 만주국에 인도하고 이것을 그 금액대로 장부에 기입하고 있는 중인데 현재도 이 환전의 수수료로 금액의 1/100은 받는 중이다.

일부에서는 조선은행권이 만주국과 북중국 등지에 유통하여 그 경제적 편의를 보아오는 중이므로 이것을 미루어서 만주국 화폐가 조선 내에 유통하는 것을 방임하는 것이 좋지 않은가 하는 주장을 하는 측도 있다. 하지만 이것이 조선의 화폐가 그 실질상의 가치가 만주국이나 북중국의 통용화폐보다 더 높으므로 문제는 없지마는 이와 반대의 경우에 그 주는 바 결과가 반대되게 되는 것은 부인할 수 없는 사실이므로 조선 내에 가치가 떨어진 만주국 화폐를 유통하는데 그대로 방임할 수는 없는 일이다.

현재도 절충 중, 이재과 강촌(岡村) 사무관 담

이에 대하여 오카무라(岡村) 총독부 이재과 사무관은 말하되,

이는 중대한 문제로 어떻게든지 대책을 세워야 될 것이다. 현재의 화폐가치를 표준으로 양국 간에 교환 비율을 두는 것으로 국경에 교환소를 두고 국내에 유통을 금지하면 문제는

없겠지만 그렇게 하면 만주국의 건전한 발달에도 영향되는 바가 크다. 만주국 당국과 현재도 부분적으로 절충을 하고 있는 중이나 근본적 대책을 세우기 위하여 머지않아 관계 당국자 회의를 하려고 생각한다.

〈자료 152〉 국폐 교류의 금지 선후 조치

(《매일신보》, 1939.10.19.)

만주국 국폐의 혼류(混流) 대책은 이전 기사와 같이 조선과 만주국 양 당국 합의상 일도양단식으로 유통 금지를 실행할 예정인데 이 선후 조치에는 목하 다음의 두 가지 안이 연구되어 있다. 이는 물론 조선은행, 만주중앙은행권 등가의 목표를 기하는 것이다.

1. 제1안은 조선은행이 만주중앙은행권을 수수료 없이 자유교환을 하는데 이 리스크를 만주국 측이 부담하는 방법으로서 조선은행에 크레딧을 설정하거나 상당량의 무이자 예금을 둘 것.
1. 제2안은 현재 일본-조선 관계에서 행하고 있는 것과 같이 만주중앙은행을 조선에 진출케 하여 그 부담으로 자유교환을 하게 할 것.

〈자료 153〉 국폐 유입 뚜렷한 증가, 만주국과 대책 협의

(《매일신보》, 1939.10.20.)

최근 만주국폐의 조선 내 유입은 착착 현격히 달라져 국경 방면의 국폐의 체류는 수백만 원에 달하는 모양이다. 이로 인하여 총독부의 화폐 정책에 미치는 영향과 아울러 조선 내 물가로의 자극은 상당히 심각한바 있다. 그러므로 총독부에서도 과연 이 문제를 중시하고 그 대책 수립을 위하여 21일 야마지(山地) 이재과장은 오카무라(岡村) 이사관을 대동하고 신경에 가서 만주국 측과 중요 타합을 하기로 되었다.

〈자료 154〉 조선 내의 국폐 회수 단행

(《매일신보》, 1939.10.31.)

국폐의 조선 유입이 증가하여 조선 내의 통화 조정을 위협하는 경향이 발생하여 특히 국경 방면에서는 국폐의 유통량이 격증하는 기미가 있으므로 야마지(山地) 이재과장은 만주국 측과 대책을 타합하고자 신경에 출장하여 29일 귀성하였다. 그 결과로서는 만주국 측에서는 만주중앙은행의 지점을 만주국 측의 강안(江岸)에 가급적 많이 설치하여 무제한으로 국폐와 조선은행권과 교환하기로 결정하였다. 동시에 극히 최근에 조선 내에 유통하고 있는 국폐의 철회를 철저하게 결행하기로 결정하였다. 또 한두 가지 교섭의 점이 있는데 이는 근근 결행할 조선 내 유통의 국폐 회수의 실적에 비추어 교섭을 거듭할 모양이다. 이 만주중앙은행의 강안 지점에서의 교환과 조선 내의 국폐 회수가 좋은 결과를 낳지 아니하면 다시 강력 방법을 사용하게 되었다.

〈자료 155〉 조선 침입의 만주 화폐, 적극 저지책 마침내 성립, 조선은행과 금융조합 등에서 교환을 실행, 양 당국자 의견 합치

(《동아일보》, 1939.11.2.)

계속 보도한 바와 같이 물가가 높은 것은 실질적 돈 값이 오른 것으로 조선 내 물자의 만주 유출이 격심해 가는 반면에 국경 일대에 만주국 화폐가 흘러들어오기 시작하여 지금은 1,000만 원대를 넘겨다보게 되었다. 이것이 점차 국경 일대에서 남하하는 형세에 있어 조선 국내 물가 대책과 통화 정책에 중대한 파문을 일으켜 인플레이션을 가져올 염려가 있으므로 총독부에서는 야마지(山地) 이재과장이 오카무라(岡村) 사무관을 대동하고 만주국으로 가서 만주국 경제부 아오키(靑木) 금융사장을 비롯하여 중앙은행 당국자들과 협의 절충을 거듭한 결과 원칙적 방침에 의견의 일치를 보았으므로 지난 29일에 들어왔는데 세목적 절충은 금후에도 계속하기로 되었고 양 당국 간에 협정된 바는 다음과 같다.

1. 만주국 측으로서는 만주중앙은행의 지점을 강을 경계로 하여 만주국 측에 다수 설치하여 교환을 하게 하고
2. 조선 측으로서도 역시 조선은행을 비롯하여 각 은행 지점, 금융조합 등에서 이 교환을 실시하게 하고
3. 따라서 무제한 교환제를 실시하는 동시에 조선 내 융통을 철저히 금지하기로 하여 단속을 엄하게 하였다.

이러한 방침하에 금후 조선 내에 유통되고 있는 만주국 화폐를 일소하여 갈 터로 이로 하여 남은 문제는 유통되는 만주국 화폐의 교환에 소요되는 자금과 여기에서 교환된 화폐를 현송하는 것에 대한 문제 등이었고 조선은행과 만주중앙은행 사이에 세목적 절충을 해 가기로 되었다.

〈자료 156〉 국폐 유입 문제, 근본 해결 요망

(《매일신보》, 1939.11.7.)

선만(鮮滿) 통화의 혼류(混流) 조정은 목하 총독부에서 만주국과의 절충 결과에 기초하여 신중 입안 중인데 이 문제에 대한 관계 방면의 견해는 다음과 같으므로 졸속한 타협 해결보다도 근본 대책 확립이 희망된다. 즉,

1. 혼류 문제는 이 기회에 근본적 대책을 확립해야 하는데, 그렇지 않으면 금후의 선만 경제의 진전에 따라서 문제는 다시 복잡성을 띠어서 분규하게 되었다.
2. 구체적 방법으로서는 일본-조선 간의 통화 상황은 모범을 보이는 것이므로 조선은행이 일본에서의 교환과 마찬가지의 일을 만주중앙은행에게 행하게 함이 타당할 것이다.
3. 그러나 만주중앙은행이 조선 내에 점포를 설치하는 것은 상당한 문제이고 또 조선은행권을 자유 취득하여 만주중앙은행권과 교환하는 것은 만주 측의 통화팽창을 받을 우려가 있다.

따라서 조선 내에의 통화 영향을 고려하면 조선은행이 교환을 담당할 필요가 있어 이 사이 상당한 문제를 발생하게 될 것이다.

〈자료 157〉 내몰리는 국폐, 국경에서 사용을 금지

(《매일신보》, 1939.11.25.)

언제부터 시작되었는지는 모르나 최근 함경도 지방의 만주국과의 국경지대에는 만주국 돈[滿洲國幣]을 굉장히 많이 사용하여 이 돈을 가지고 저축채권을 사는 것은 물론 우편저금도 하고 또는 일용품도 이것을 가지고 팔고 사고 하는 형편이다. 이래서는 만주 돈과 조선 돈의 가치로 보아 그냥 둘 수 없다 하여 금년 12월 한 달을 기한으로 하고 내년 1월 1일부터는 조선 내 사용을 일체로 금지하게 되었다. 이에 대하여 그동안 총독부로부터 야마지(山地) 이재과장이 만주국에 출장, 타협한 결과 그같이 된 것이며 12월 한 달 동안 국경 근방 금융기관 30개소에서는 만주국 돈을 조선 돈으로 환전해 주는 동시에 환전 수수료로 2/100를 제하리라고 한다.

그러므로 내년 1월 1일부터는 국경지방 관공서에서 만주국 돈을 받지 않는 것을 물론 일반상가에서도 일체로 받지 않게 되었다고 한다.

〈자료 158〉 만주국폐 조선 내 유통, 1월 1일부터 금지, 당분 무수수료 환전

(《매일신보》, 1939.11.25.)

국경지방의 만주국폐의 조선 내 유통에 관한 조치에 대하여 23일 총독부에서 다음과 같은 재무국장 담을 발표하였다.

만주국폐는 1937년 만주국의 화폐제도 확립, 금원(金圓) 대 국폐 등가 시현 이래 조선의 육지로 접한 국경지대에 다소 유통되었다. 조선으로서는 당시 관공서 및 금융기관 등의 국폐 수수를 금지하였는데, 그 이후 조선과 만주와의 교역이 점차 왕성함에 따라서 교역상 수취 감정의 지위에 있는 조선으로의 국폐 유입도 점차 증가하고 특히 최근에는 만주국의 물가가 비싸지는 관계도 있어 그 유입은 한층 증가되었다. 조선 측 국경지대에서는 그 통화 총 유통량의 대부분 8, 9할, 적어도 3, 4할이 국폐가 점하게 되는 상황이어서 장소에 따라서는 조선은행권의 그림자도 보지 못하는 것도 상당히 있었다. 대체로 국내에서 강제통용력을 갖지 아니한 외국통화의 유통을 인정하는 것은 화폐정책상 좋지 못할 뿐만 아니라 통화의 위조 제조의 단속, 기타 종종 곤란한 문제가 발생한다. 그러므로 금회 1개월간(1939년 12월 중)의 유예기간을 설정하여 1940년 1월 1일부터 국폐의 조선 내 유통을 전면적으로 인정하지 아니함과 함께 조선 측 국경 강안 지대의 약 30여 개의 금융조합으로 하여금 실비(환전 금액의 2/100)를 징수하여 국폐와 조선은행권과의 환전을 행하게 되었다. 즉 내년 1월 이후는 관공서, 금융기관 등뿐 아니라 일반 시중에서 국폐의 수수는 일체 인정하지 아니한다. 따라서 일례를 들면 만주 측에서 국폐를 가지고 조선 측에 물건을 사러 오더라도 조선 측의 상인은 국폐를 받아서 물품 등을 판매할 수 없으므로 만주 측 사람은 만주 측의 금융기관 또는 조선 측의 금융조합 등에서 국폐를 조선은행권으로 환전하여 물자를 사는 것으로 된 것이다.

그런데 1개월간의 유예기간 중은 평북, 함남 및 함북 각 도 소재의 약 50여 개 금융조합으로 하여금 등가 무수수료로 국폐와 조선은행권과의 환전을 행하게 하였다. 환전에 필요로 하는 조선은행권도 충분히 준비하고 있으므로 국폐를 소지한 측은 위 유예기간 중에 전부 조선은행권과의 환전을 완료하기 바란다. 만일 유예기간 중에 환전을 하지 아니한 때는 그 후에 환전금액의 2/100의 수수료를 지불하고 환전한 후가 아니면 사용할 수 없으므로 주의하기 바란다.

금회는 국폐 유통금지의 열매를 거둠에 대하여 일반 특히 국폐 지대의 거주민은 총독부의 뜻을 양해하고 내년 1월 이후는 국폐의 수수를 절대로 폐지하여 당국의 방침에 협력하기를 간절히 바라는 바이다.

〈자료 159〉 만주국폐 금지 문제로 평북 금조 이사회, 28일 신의주, 강계서

(《매일신보》, 1939.11.29.)

　국경지대에 있어서의 만주국폐 유통에 관하여는 오는 12월 말까지 기간을 두고 조선 내의 유통을 전면적으로 금지하기로 되었는데 평북도 58개소의 금융조합에서도 총독부로부터 200만 원의 융자를 받았으므로 취급상 세부에 이르러 협의를 하기 위하여 28일 도청에 33조합, 강계 금조에 15조합의 이사를 초집, 타합을 하였다.

〈자료 160〉 1개월 유예 기간 두고 만주국폐를 금지, 함북서 회수에 만전

(《매일신보》, 1939.12.5.)

　만주국폐의 조선 내 유통 문제는 다년간 해결을 못 보고 있던 중 오는 1940년 1월 1일부터 유통을 금지하게 되었다고 한다. 유통금지라고 하나 당분간은 법규에 근거를 두지 않았으므로 각 부군, 읍면, 경찰, 금융조합, 정신연맹 등을 연계하고 애국반 좌담회, 경찰 부락 좌담회 등을 이용하여 지방민에게 만주국폐를 받지 말라는 뜻을 선전하는 동시에 적당한 조치를 취하게 되었다. 유통금지끼지에는 12월 중을 유예기간으로 정하고 국경 조선 측 지대에 있는 금융조합 즉 종성(상삼봉지소), 경원, 웅기(서수나지소), 무산, 온성, 경산행영, 신아산, 아오지, 남양, 회령, 나진 등 14개소에서 수수료를 받지 않고 환전하리라는바 이 유예기간 중에 환전을 완료하지 않으면 무산, 회령, 종성(상삼봉지소), 남양, 온성, 경원, 신아산, 아오지 등 9개소에서 환전 금액의 2/100 즉 100원에 2원이라는 수수료를 받고서 환전하게 되므로 유예기간 중에 누구나 환전을 완료하지 않으면 손해를 볼 것이다. 그리고 어떤 이유로 나진과 웅기의 양 금융조합에서는 유예기간 후에 환전 취급을 그만두는가 하면 상기 양 도시의 조선은행에서 수수료 없이 환전하기 때문이라는데 이것은 웅기, 나진은 만주서, 훈춘을 가까이 하여 만주국폐가 많이 떨어지는 탓이라고 하나 금융조합연합회 함북지부에서는 재차 본부와 교섭하여 선처하리라고 한다. 그러면 환전 유예기간에 얼마나 국폐의 회수를 보겠는가 하면 약 132만 원에 달하리라고 추측하고 있다.

〈자료 161〉 국폐, 국경에 범람

(《매일신보》, 1939.12.29.)

조선 국경 방면에 있어 만주국 화폐의 유통은 지난 1월 1일부터 금지하기로 되었는데 지난 12월 1일부터 국경의 각 금융조합과 조선은행 신의주지점의 잠정 유예기간 중에 국폐를 바꾼 취급을 보면 20일 현재 금융조합에서 395만 원, 조선은행에서 145만 원으로 도합 540만 원에 달하였다. 당국에서는 국경에서의 국폐 유통액은 대체로 약 1,000만 원으로 추정하고 있었는데 20일 현재에 바꾼 값이 추정한 액수의 절반밖에 되지 않으니 국경 방면에서는 아직까지 그전부터의 습관에 의하여 상당한 국폐가 유통되고 있는 것으로 보이고 있다 하여 관계 각 기관을 독려, 이의 회수를 위하여 노력하고 있다 한다.

〈자료 162〉 창성군 일대에 만주국폐 2할 낮춰 통용, 환전소 급설(急設) 희망

(《만선일보》, 1940.1.21.)

작년 12월 말을 기해 만주국폐 유통을 금지하는 바람에 1푼 할인으로 교환토록 지정되었음에도 불구하고 창성군 내에서는 만주국 화폐라면 덮어 놓고 2할을 감하여 사용된다 한다. 이제 그 내용을 조사한 즉 일정한 화폐교환소가 없고 대안인 만주국 측과 경제 관계를 뗄 수 없음을 기회로 하여 폭리에 눈이 먼 인근 일반상인들은 만주국폐를 교환하지 못하고 그대로 사용코자 하는 것을 미끼로 꼭꼭 2할을 떼고서 매매한다고 한다. 일반은 수시로 교환할 수 있는 교환소가 없음을 크게 우려한다고 한다.

〈자료 163〉 국경의 지폐 교환, 금후도 다소 혼류(混流)?

(《매일신보》, 1940.2.3.)

선만(鮮滿) 국경의 만주중앙은행권과 조선은행권의 교환은 선만 양 당국의 응급조치에 의하여 작년 12월 말까지는 무수수료로 조선은행 신의주지점 및 금융조합에서 교환을 개시한 결과 조선은행 조사에 의하면 12월 말 현재에 있어,

　　금융조합 관계 _ 6,542,000
　　신의주지점 관계 _ 2,427,000
　　합계 _ 8,969,000

으로 예상의 약 2배에 달하였다. 조선은행에서는 본년 1월부터의 교환분을 예상하면 상당히 만주국폐의 조선 내 유입이 있을 것으로 보이는데 만주국의 물가고는 지폐 교환 수수료 100원에 대하여 2원을 예상하더라도 조선보다는 고위(高位)에 있고 금후 이 선만 물가의 조정이 행해지지 않는 한 국경의 양국 화폐의 혼류는 어느 정도 면하지 못할 것으로 보인다.

〈자료 164〉 국경의 만주국폐 의연히 유통 상태
　　　　　　　(《매일신보》, 1940.8.28.)

조선 내 국경 방면에서 만주국폐의 유통에 대한 조선의 화폐정책 또는 물가통제상 악영향을 고려하여 작년 12월 총독부령으로서 법적으로 국폐의 조선 내 유통을 금지함과 함께 종래 유통되는 만주국 화폐를 국경 금융기관에서 교환시켰다. 그 액수는 수백만 원에 달하였는데 그것도 일시적 현상에 불과하고 그 후 국경에 있어 국폐의 유통은 의연 빈번하게 되어 신의주로부터 정주에 이르는 일원 및 남양으로부터 북선 3항에 이르는 일원에서는 왕성히 유통되고 있는 상태이다. 이 단속에 대하여는 결국 선만 양자 간에 화폐정책의 근본적 재건 이외에는 없다 한다.

〈자료 165〉 만은권(滿銀券) 선내(鮮內) 유입, 선은에선 정관(靜觀) 방침

(《매일신보》, 1940.9.5.)

국경지대에 있어 만주국폐의 조선 내 유입에 대하여는 전에 선만 양 당국의 협정 조치에 의하여 금융조합으로서 극력 이를 회수시켜 상당한 성적을 거두었다. 그러나 최근에 이르러 다시 만은권의 조선 내 유통이 성행하고 있는 경향이 있어 관계 방면에서 주시하고 있는데, 이 대책 조치의 소리가 높아지고 있으나 조선은행 당국에서는 대체 아래와 같이 정관(靜觀) 방침을 가지고 있다. 실제 문제로서 조선으로의 만주중앙은행권의 유입은 좋지 못하나 이를 명료하게 절대적으로 유통을 금지할 때는 선만(鮮滿) 양국 간에 상당히 델리케이트한 마찰이 일어나기 쉬우므로 당분간 동향을 정관하는 외는 없고 금융조합의 회수를 촉진하는 데 주력할 것이다.

〈자료 166〉 국폐, 조선 내로 공세, 11월 중만 300만 원

(《매일신보》, 1940.11.26.)

만주국폐의 조선 내 유입을 막기 위하여 지금까지 무료 교환을 하여 오던 조선은행 신의주지점에서도 지난 1일부터 교환을 중지하였음에 불구하고 만주국폐의 유입은 여전히 계속되어 모기관에서 조사한 바에 의하면 11월에 들어서 유입액만도 300만 원에 달하고 있다. 이 유입의 원인은 안동과 신의주 간의 물건 값 차이로 말미암아 안동으로부터 신의주 방면에 만주지폐가 흘러들어오는 것이 사실인데 그렇다고 하여 불과 20일간에 300만 원의 물품이 수출되지 못하였을 뿐만 아니라 수출된 물품은 1/30에 달하지 못하므로 관계 당국에서는 이 원인을 해결하려고 목하 각 방면에 조사를 진행하고 있다.

〈자료 167〉 국폐 교환 200원으로 제한

(《매일신보》, 1941.4.3.)

　최근 만주국 국폐의 조선 내 유입이 현저하고 이를 반영하여 조선은행에서의 국폐 교환고도 현저히 증가하는 경향에 있으므로 조선은행에서는 이의 억압 대책에 대하여 총독부 기타 관계 방면과 협의한 결과 신의주, 나진, 청진, 웅기 4지점에서 현행의 무(無)수수료 무제한 교환을 고쳐 1구 200원 이내로 제한하기로 결정, 그의 실시기 및 구체적 방법 등은 목하 연구 중이다. 그리고 이같이 교환고를 200원 이하로 제한한 것은 조선 내의 물가가 싼 기타의 이유로 국경지대에서 국폐로 각종 물품을 매입하는 것이 증대하고 계속해서 조선은행권과의 교환 증가로 되어 그 결과 국경지방의 인플레이션을 자극하고 있는 만큼 이를 억압하고자 금회의 조치가 나온 것으로 보인다. 그리고 금융조합의 유(有)수수료 교환을 종래대로 취급하기로 되었다.

〈자료 168〉 국경의 두통거리, 흘러 오는 만주국폐, 시급한 대책이 필요

(《매일신보》, 1941.7.16.)

　전시하에 통제경제와 물가 문제에 따르는 배급의 공정과 불평 문제 등― 여러 가지로 우리 생활에 관계되는 일이 많으므로 총독부에서는 이러한 문제에 정확한 대답을 해 주고자 전시경제 상설 간화회를 오래전부터 경성서 열어 왔다. 그러나 경성보다는 지방 사람들의 딱한 사정도 듣자고 하여 우선 제일차로 평안북도 신의주로 이동하여 간담회를 열었는데 이것을 마치고 돌아온 총독부 가도나가(角永) 물가조정과장은 다음과 같이 감상을 말하였다.
　지난 13일 오후 신의주 공회당에서 이 간화회를 열었었는데 각 방면 관계자 600여 명이 모여 열심 있는 질문의 거탄을 던지는 데에 먼저 놀라지 않을 수 없었다.
　신의주로서 제일 문제 되는 것은 만주돈[滿洲幣]이 신의주의 상가로 범람하고 있는데 압록강을 격하여 만주국 안동은 물건 값이 비싼 까닭에 전부 안동으로 물건이 흘러 나가서 신의주는 물자가 부족한 형편에 있었고 또 한편으로 신의주는 물건 값이 싸니까 안동서는 신의주로만 물건을 사러 오는 까닭에 신의주뿐만 아니라 삭주, 강계 같은 은진산업 지대에는 물건이 부족하여 머리를 앓고 있는 처지였다. 이 점은 물자 배급상 특히 주의해야 할 것으로 그 대책이 시급하였다.

그리고 만주 돈이 넘어 들어오는 것은 신의주의 번영책을 생각해서 부득이한 일이라고 하나 이것을 물가통제와 통제경제를 문란케 하는 점으로 크게 고려할 문제라고 생각되었다.

이 특수한 사정에 대하여 만주 돈이 들어오는 것을 전혀 막을 수 없다는 것과 만주돈을 가지고 금융기관에서 조선 돈으로 바꾸면 2부의 수수료를 내게 되므로 자연 불편이 생기는 까닭에 그대로 유통이 되는 모양인데 이것을 그대로 내버려 두니까 하루에도 10만 원어치의 거래가 있는 것은 금융정책상 절대로 수정을 하지 않아서는 안 될 것이라고 생각되었다.

〈자료 169〉 국폐 유포 억압으로 교환액 4배를 돌파

(《매일신보》, 1941.7.23.)

평북도 내 금융조합의 만주국 통화 교환의 6월 중 업적을 보면 32만 6,447원 94전에 달하여 전달의 8만 121원 11전에 비하면 실로 24만 6,326원 83전의 일약 4배의 격증을 보이고 있는데 이는 6월에 들어 국폐 유포에 극력 억제를 한 당국의 단속이 반영되기 때문이라고 한다.

〈자료 170〉 국폐 유입 저지, 선은(鮮銀) 조사과장 담

(《매일신보》, 1941.9.19.)

조선은행 신의주지점 지배인에서 본점 조사과장으로 영전한 시부야 고지로(澁谷恒治郎) 씨는 17일 경성에 들어와 즉시 조선호텔에 여장을 풀고 "조사에 관해서는 전연 문외한이다. 최근에는 방첩 관계로 단속이 엄중하게 되었으므로 과연 자기가 담당해 나갈 수 있을는지 우려된다"고 먼저 말하고 신의주의 유벌(流伐) 문제 및 국폐 유입 저지의 문제에 대해서 다음과 같이 말하였다.

제가 도쿄에서 신의주로 부임한 것이 금년 1월 말이며 신의주 생활은 단시일이었으나 그사이 유벌 문제와 국폐 유입 저지 문제 등이 있어 자기로서는 힘닿는 데까지 활동하였다.

▲ 국폐 유입 문제

안동의 물가는 신의주에 비교하여 3할 5푼가량의 앙등을 보이는 한편 신의주에서는 안동의 구매력에 의존하고 있는 경향이 다분히 있으므로 상거래 또는 밀수입, 만주중앙은행의 송금 제한의 불철저로 국폐의 유입이 상당히 많아졌다. 수요자로서도 신의주의 물품이 안동으로 유입되어 물품 부족으로 상당히 곤란을 받고 있다. 그러나 현지 상인으로서는 지방적으로 보아 국폐의 유입에는 무관심하다. 그러나 그 후 총독부 및 조선은행이 진출하여 그 억제를 행하여 지난 8월에 신의주의 교환고는 종래의 1/4로 감소되고 조선은행 1일의 취급고는 10만 원이 1/100로 감소한 1,000원 내외로 되어 부당한 국폐의 유입은 전혀 저지되게 되었다.

〈자료 171〉 만주국폐 유입 100만 원을 돌파

(《매일신보》, 1941.12.22.)

만주국폐의 환관리 법령의 강화에 따라 관계 당국에서는 적극적으로 국폐의 조선 내 유입을 금지하고 있음에도 불구하고 평북도 내에는 이번 증가의 일로를 보여 당국자의 두통거리가 되어 있다. 이에 11월 중의 교환고를 보면 실로 103만 70원으로 전월에 비하여 약 20만 원의 초과를 보이고 있는데 다시 이를 전년 같은 기간에 비하면 약 7배이다. 그리고 금년 1월 이후의 누계 금액은 431만 1,800원으로 관하 금융기관별로 나누어 보면 다음과 같다.

11월 중 각 금융조합 교환 금액

▲ 초산 17,280원 70전 ▲ 창성 1,261원 06전 ▲ 자성 28,417원 30전 ▲ 만포 134,688원 57전 ▲ 중강 95,471원 50전 ▲ 중강 사성 111,141원 12전 ▲ 벽동 824원 54전 ▲ 애운시 809원 51전 ▲ 위원 6,541원 ▲ 용천 27,378원 ▲ 후창 12,902원 71전 ▲ 후창 동오 1,707원 ▲ 청성 4,128원 07전 ▲ 고산진 1,590원 ▲ 의주 41,653원 18전 ▲ 화의 33,997원 59전 ▲ 신의주 201,278원 50전 ▲ 합계 1,031, 070원 26전.

〈자료 172〉 이중과세의 조정과 국폐 유입 문제 해결, 선만(鮮滿) 연락협의회에서

(《매일신보》, 1942.5.2.)

30일에 종료된 선만연락협의회에서는 분과회 이외의 문제로서 재무국 관계의 일만(日滿) 이중과세 조정 문제, 만주국폐 조선 내 유입의 선후 조치 문제도 협의되었는데 각각 다음과 같이 결정되었다.

▲ 만주국폐의 조선 내 유입에 관한 선후 조치의 건

만주국폐의 조선 내 유입 조치에 관하여서는 1941년 4월 조선은행, 만주중앙은행 간 은행권 교환협정 갱신 체결 시의 양해에 기초하여 만선(滿鮮) 양 당국에서 실행에 힘써 온 결과 점차 개선되어 가고 있으나 일층 개선을 기하기 위하여 쌍방의 제출 의견을 검토하였다. 조선 측 제출 의견인 국경 만주 측 지대의 교환시설 확충의 건은 만주국 측에서 노력하고 있는 터이나 다시 조사 연구하기로 하고 만주국 측 제출 의견인,

(1) 금융조합의 교환 수수료 2푼을 철폐하고 별도로 만주중앙은행으로부터 금융조합에 대하여 적당한 교환 수수료를 교부하는 건
(2) 신의주에 국폐 교환을 위하여 만주중앙은행의 점포를 설치하는 건
(3) 평북 지방 금융조합에서 하고 있는 교환 때의 1할 천인저축 폐지의 건
(4) 국폐 유입과 유통에 관하여 법령상의 금지 또는 제한을 하는 건

에 관하여 협의한 결과,

(1)에 대하여는 국폐 유입 저지 방침의 근본에 저촉되는 문제로서 실행이 힘드나 다시 신중히 연구할 것
(2)에 대하여는 현상으로서 충분하므로 필요 없고
(3)은 그대로 실시하고
(4)는 국경지대 실정을 충분히 조사 연구

하기로 의견이 일치되었다.

〈자료 173〉 국폐 유입을 방지, 열차 승객 교환액 제한
(《매일신보》, 1944.5.13.)

만주국에서 조선으로 들어오는 화폐는 작년 1년 동안의 통계만 보더라도 1억 9,000만 원이나 되어 인플레이션 조장, 조선 내 물자의 유출 등에 따르는 피해가 적지 않으므로 지난번 재무국에서는 긴급한 대책을 세워 이를 극력 방지하기로 되었거니와 교통국에선 5월 10일부터 만주국에서 조선으로 들어오는 여객에 대하여 화폐 교환액을 다음과 같이 제한하였다.

(가) 선천, 강계, 백암, 고무산 또는 아오지 이남의 여행자는 200원까지
(나) 그 밖의 여행자는 50원까지.

그리고 주화는 종전과 다름없이 교환을 하지 않으나 선만(鮮滿) 직통열차 안에 한해서는 사용할 수 있게 되었다.

〈자료 174〉 국폐의 선내(鮮內) 유입, 고려되는 제(諸) 방지 대책

《매일신보》, 1944.5.13.)

만주국폐(만주중앙은행권)가 조선은행권과의 교환, 혹은 국폐 그대로 조선에 유입되어 인플레이션을 조장시킬 염려가 많으므로 총독부 당국에서는 그의 관계 법령인 「외국환관리법 시행규칙」을 개정하여 국폐 유입을 방지하려고 방금 입안 중에 있다 함은 미쓰다(水田) 재무국장의 담화에 의하여도 명백한 바이다. 그런데 이에 앞서 정부에서는 지난번 「외국환관리사무의 간소화」를 발표하여 외국화폐 재수출의 해금, 외국화폐 휴대량 제한 등 국폐 유입 방지를 시사하는 일부의 사항이 공표되었다. 그러나 국폐 유입 방지의 근본 문제인 환 송금의 제한, 환전의 제한 등에 대해서는 아직 어떤 언급도 없었다. 당국의 환 송금 제한, 교환 제한의 강화 등 국폐 유입 방지의 구체적 대책은 크게 주목되는 동시에 아울러 국폐 유입을 야기하는 밀무역 등 파생적 문제도 역시 중대한 문제이다.

격증하는 국폐 유입

당국 발표에 의하면 1943년(昭和 18)에 조선 내로 유입한 국폐는 1억 9,000만 원이라는 다액인데 이 거액의 교환에 응하는 조선은행(권)의 부담은 또한 너무나 크다는 것이다. 1943년도의 조선은행권의 발행 총액을 14억 6,000만 원이라고 볼 때에 그중 1할 3푼 7리에 해당하는 1억 9,000만 원은 순전히 국폐에 충당하기 위하여 발행된 것이라고 보기 때문이다. 더구나 1943년도의 유입 국폐는 이를 이전 1942년도(昭和 17)의 1억 원과 대조하면 실로 근 2배나 되는 다액이므로 증가 일로를 달리는 국폐 유입을 이대로 방치할 수는 없을 것이다. 그러나 여기에 관련하여 생기는 보다 더 큰 문제는 이 국폐 유입의 배후에는 조선 물자의 유출이 있다는 것이다. 더구나 조선의 물자를 몰래 만주 방면으로 가져다가 팔아서 폭리를 취하려는 소위 밀무역이 근절되지 못하고 있다. 이것은 결국 양 지역 간에 물가의 차이 등이 있기 때문이라 하겠지만 이에 따라서 국폐 유입 격증의 일 요인은 실로 밀무역에 있음을 알 수 있다. 이제 그 내용의 일단을 엿보기 위하여 최근 수년간의 신의주 부두국의 밀수출의 압수 통계를 보면 다음과 같다.

연도	밀수출품 압수 건수	금액(천 원)
1940년(昭和 15)	5,996	603
1941년(昭和 16)	6,351	743
1942년(昭和 17)	8,424	1,648
1943년(昭和 18)	10,709	1,082

물론 유입 국폐(환전분을 포함함) 중에는 이주 농민의 농산물 매각 대금, 이주노동자의 노무 임금, 여행자의 여비와 같은 정당한 성질의 금액이 포함되어 있으므로 일률적으로 전부를 밀수품의 환원 대금이라고 단정하는 것은 너무나 조급한 견해이나 그중의 어떤 큰 부분이 밀무역, 기타 정당하다고 하기 어려운 출처를 가진 것만은 부정하기 어려운 것이라고 보고 있다.

유입 방지의 대책

거액의 국폐 유입의 큰 원인 중의 하나가 만주의 고(高)물가에 따른 밀무역의 성행에 있다고 하면 그를 철저하게 방지하는 발본적 대책은 여러 가지 점으로 논의될 것이나 우선 표면 문제로 보면 만주의 생활필수품 생산을 증가시켜 조선과의 물가 차이 등을 없애려는 근본적 대책과 밀무역을 경감하는 소극적 대책의 두 가지가 지적될 것이다. 우선 전자는 조급히는 실현을 보지 못할 문제이고 다음의 밀무역의 경감도 당장에는 유효한 방도가 있기는 어렵다 할 것이다. 금번 개정된 「통관수속의 완화에 의한 일반여객의 휴대품의 검사 간소화」를 볼 때에 그 감을 더욱 깊게 하는 바가 있다는 것이 당무자들의 말이다. 그런즉 결국 남은 문제는 조선 측으로서는 유입 화폐 그 자체를 방지하는 기술적 조작이 있을 따름이니 국폐의 유입을 방지는 구체적 대책에는, (가) 통용의 금지, (나) 교환의 제한, (다) 휴대의 제한 (라) 환 송금과 지불의 제한 등이 거론될 것으로 생각된다. 이 네 가지 조건은 서로 긴밀한 관련성을 가졌기 때문에 그중의 하나가 결여하더라도 완전한 성과는 거둘 수 없다고 본다.

(가) 통용의 금지: 국폐의 유입을 방지하는 제1의 방법은 통용의 금지다. 만주국폐가 조선에 대하여 통용력이 없음은 일반이 잘 아는 바이지만 이번 외국환 관리의 간소화로

말미암아 통용 범위에 대한 해석이 다소 완화되어 조선 내에서라도 대륙직통열차 내에서는 통용이 인정되었다. 그러므로 직통열차를 탄 여객들은 차내 식당 혹은 침실 등에서는 국폐를 사용할 수 있게 되었다는 것을 부기한다. 그러나 그뿐 아니고 선만(鮮滿) 간은 역시 접경지로 간주되는 만큼 밀무역 관계를 떠나서라도 일부 국경지대에 유입, 통용됨은 또한 부인하지 못할 사실이다.

(나) 교환의 제한: 국폐의 교환은 만주 측과 조선 측에서 실시하고 있다. 만주 측에서는 여행자의 여비를 고려하여 또 조선 측에서는 국경통관 시의 미교환분(교환■)에 대하여 편의를 주려는 뜻에서 만주중앙은행 안동지점 및 안동현 출장소와 도문역 출장소와 조선은행 신의주지점 및 청진지점, 평북 함남북의 국경지방의 환전 지정 금융조합에서 각각 교환한다. 그런데 교환 액수는 만주국 측이 단연 많다. 지난 1943년도에 조선은행 신의주지점이 취급한 국폐 교환 액수는 계 1억 1,000만 원인데 그중 안동에서 교환한 것이 9,400만 원이고, 조선 내에서는 교환한 것이 1,600만 원으로서 그 비율은 6대 1로 되어 있다. 조선은행 청진지점에서 취급한 국폐의 교환 총액 8,000만 원에 대하여도 도문과 조선 내에서의 교환 비율은 정확한 숫자는 알 수 없으나 여기서도 역시 만주 측의 교환액이 더 많으리라는 것은 신의주의 예에 비추어 알 수 있다. 이같이 대부분이 만주 측에서 교환한다면 그 교환의 제한도 역시 만주국에서 더 힘써야만 될 것이다.

(다) 휴대의 제한: 일반 여행자가 만주에서 조선으로 들어올 때 몸에 갖고 올 수 있는 현금에는 방화(邦貨)와 외화 즉 국폐의 두 가지가 있다. 방화는 이전에는 200원까지는 허가 없이 갖고 왔는데 이번 「외국환관리의 간소화」의 결과 500원까지는 갖고 올 수 있게 되어 도로 300원이 증가되고 국폐는 기왕의 무제한에서 500원으로 휴대가 제한되었다. 유입 국폐의 대부분이 만주국 내에서 교환되고 또 방화 휴대액이 이전보다 증가한 이상 비록 국폐 휴대액이 크게 제한되었다 하더라도 유입 방지에는 역시 일반의 협력이 없으면 안 될 것이다. 국폐 유입의 제한과 아울러 생긴 문제에 재수출의 해금이 있다. 이전에는 1일 국내에 들어온 국폐는 재수출을 전면적으로 금지하였다. 금지한 이유의 하나는 재수출을 인정하면 국경지방에서는 실질적으로 민간에서 통용하게 되기 때문이다. 이번에는 1,500원까지는 재수출을 인정하였다. 그것은 국

내에 들어와 있는 국폐에게 퇴로를 설치하여 이를 만주로 환원시키려는 것이다.
(라) 송금과 지불의 제한: 국폐는 환 송금 형식으로 유입될 염려가 있다. 송금에는 은행송금과 우편송금의 두 가지가 있는데 환 송금에는 허가가 없다. 만주국에도 외국환관리법은 있으나 이것은 북중국, 중부 중국 등에 대해서만 권한을 발동하고 일본에는 적용하지 않는다. 또 송금액도 은행은 1회에 5만 원, 우편국은 1구에 1,000원(우편국환은 1회에 몇 구라도 무방하다) 식으로 되어 있기 때문에 거액의 송금에는 지극히 편리한 방법이다.

그런데 여기 한 가지 궁금하게 생각되는 것은 조선 내로 유입하려는 거액의 국폐가 과거에는 왜 이와 같이 편리한 환 송금을 이용하지 않고 구태여 수속이 번잡하고 휴대량에 제한이 있는 현금을 가지고 오라고 했느냐는 것이다. 거기에는 다음과 같은 이유가 있는 것 같다.

(1) 위험성이 많은 까닭＝출처가 명확하지 못한 돈을 다량으로 또는 회수를 거듭하여 송금할 때는 송금 측과 추심(지불) 시에 드디어 정체가 폭로됨을 두려워하기 때문이다.
(2) 선제저금이 많은 까닭＝조선은행 신의주지점의 예를 보면 환 송금 지불 시에는 3할의 선제저금을 시킨다. 이것이 또 은행이나 우편국의 환 송금 이용을 기피한 한 가지 이유다.
(3) 추심(지불)에 시일이 걸리는 까닭＝조선은행 신의주지점에서는 매일 평균 10명을 한정하여 선착순으로 지불해 주기 때문에 수일을 체재하면서 대기하는 사람이 많다.

그러나 앞으로 정말 유입이 곤란스럽게 된다면 국폐는 환 송금의 방법을 쓸 것이 예상된다. 그러므로 금후 국폐 유입의 단속과 방지는 전혀 이 환 송금에 중심이 있을 것이며 또 당국의 대책도 이곳에 치중케 될 것이라고 보인다.

〈자료 175〉 만주국폐 수입 제한 강화, 「위체관리규칙(爲替管理規則)」 개정, 7월 1일 시행

(《매일신보》, 1944.6.18.)

총독부에서는 통화정책과 금융정책의 건전한 발전을 기하고자 종래에 무제한 자유로 방임하였던 만주국폐의 조선 내 유입을 7월 1일 이후부터 허가를 받게 하고 「외국환관리법시행규칙」의 일부를 17일자 부령으로서 개정하여 7월 1일부터 실시하기로 되었는데 이에 관하여 미쓰다(水田) 재무국장은 다음과 같은 담화를 발표하여 일반의 철저한 주지와 협력을 요망하였다.

재무국장 담

6월 17일 조선총독부령 제251호로서 「외국환관리법시행규칙」의 일부가 개정되어 7월 1일부터 시행하게 되었다.

만주국폐의 조선 내 유통 문제는 다년간 논의되어 온 대책으로 1937년(昭和 12) 2월에 관공서 및 금융기관 등에 있어서의 국폐 수입(受入)을 금지하였었고, 또 1939년(昭和 14) 말에는 1개월의 유예기간을 설정하여 조선은행, 금융조합을 동원해서 무(無)수수료로 조선은행권과 교환시켜 온 이래 금융조합, 환전상에서 2푼(分)의 수수료를 받고 교환시키는 등 이의 흡수 공작을 행하였고, 동시에 행정상 조치에 의하여 국폐의 유통을 단속하여 왔었다.

그런데 근래 국폐와 조선은행권과의 교환고는 현저히 증가되는 경향에 있는데 이 원인에는 육상으로 접한 국경지대 특유의 가정용[自家用] 일용통화의 유무상통(有無相通)[39] 현상에 만주의 물가고에 의하여 불순한 분자가 다분히 포함되어 있는 것이다. 대저 국내에서 강제 통용력을 가지지 않은 외국통화의 유통을 인정하는 것은 통화정책 또는 금융정책상 지장이 있을 뿐 아니라 위조, 변조의 단속, 기타 물가정책상의 견지로도 종종 곤란한 문제가 일어나므로 종래 무제한으로 자유이던 국폐의 조선 내 반입은 오는 7월 1일 이후는 원칙적으로 허가를 받는 것으로 개정되었다.

---

39 있는 것과 없는 것을 서로 융통함.

다만 여행자가 여비로 휴대 반입하는 때에는 200원까지는 허가를 받지 않는다. 이 한도를 초과하면 부두국 관리에게 구두로 허가를 신청해야 하는데, 원칙적으로 허가하지 않을 방침이다.

동시에 국폐의 조선 내 유통은 동일 이후는 관공서, 금융기관뿐만 아니라 일반 시중에서도 국폐를 가지고 물품을 매매하는 것은 법령으로 금지하였다. 따라서 만주 측 사람은 만주국 금융기관 또는 조선 측 조선은행, 금융조합 또는 환전상에서 국폐를 조선은행권과 바꾸어 가지고 물건을 사야만 된다.

더욱 육지로 접한 국경에서 2리 이내의 지역에 거주하는 자가 해당 지역 내에서 더구나 동일 부읍면 내에서 전기 환전 기관이 소재하지 않은 지역에서 일용품 등 매매를 위하여 1회 20원 이하로 1개월을 통하여 300원 이하의 국폐를 사용할 경우(상인이 영업을 위하여 국폐를 수취하는 경우도 같다)는 별도 고시로서 당분간 허가가 면제되어 있는데 이것은 육지로 접한 국경지대 거주자가 자가용품을 조달하는 경우의 불편을 고려하여 잠정적으로 제한을 완화한 것으로서 쓸데없이 이를 남용하지 않도록 특히 유의할 바이다.

금회는 국폐 유통 금지의 실을 거두기 위하여 법제적으로 금지된 것이므로 일반, 특히 국경지대의 거주민은 총독부의 뜻을 양해하여 7월 1일 이후는 국폐를 주고받는 일을 절대로 폐지하고 당국 방침에 협력하기를 간절히 바란다.

자료목록

자료번호	자료명	자료(책, 신문 등)	발행처	발행일	본문쪽수
1	『재정·금융정책에서 본 조선통치와 그 종국』(1962)	朝鮮近代史料 朝鮮總督府關係重要文書選集(3)		1962	31
2	조선금융단 발회식 기사		京城銀行集會所	1942.10.14	265
3	『조선경제통제문답』(1941) 중 물가 관련 부분	朝鮮經濟統制問答	東洋經濟新報社京城支局	1941.10.8	340
4	저축장려에 관한 건(1938.5.21)	國民貯蓄造成運動に關する資料(1집)	조선금융조합연합회 조사과	1940	378
5	저축장려에 관한 건(1939.6.7)	國民貯蓄造成運動に關する資料(1집)	조선금융조합연합회 조사과	1940	383
6	저축장려에 관한 건(1940.5.15)	國民貯蓄造成運動に關する資料(1집)	조선금융조합연합회 조사과	1940	388
7	저축장려에 관한 건(1941.4.18)	國民貯蓄造成運動に關する資料(2집)	조선금융조합연합회 조사과	1941	396
8	저축장려에 관한 건(1941.5.8)	國民貯蓄造成運動に關する資料(2집)	조선금융조합연합회 조사과	1941	400
9	1941년도(昭和 16) 금융조합의 저축장려에 관한 건(1941.5.14)	國民貯蓄造成運動に關する資料(2집)	조선금융조합연합회 조사과	1941	403
10	1941년도(昭和 16) 금융조합이 국민저축달성에 대해 협력해야 할 방책(1941.5.21)	國民貯蓄造成運動に關する資料(2집)	조선금융조합연합회 조사과	1941	405

자료 번호	자료명	자료(책, 신문 등)	발행처	발행일	본문 쪽수
11	저축장려에 관한 건(1942.4.18)	國民貯蓄造成運動に關する資料(3집)	조선금융조합연합회 조사과	1942	406
12	1943년도(昭和 18) 국민저축증강방책요강(1943.4.5)	國民貯蓄造成運動に關する資料(4집)	조선금융조합연합회 조사과	1943	411
13	1943년도(昭和 18) 국민저축증강방책요강(1943.5.22)	國民貯蓄造成運動に關する資料(4집)	조선금융조합연합회 조사과	1943	415
14	총후(銃後) 국민의 적성(赤誠) 긴장	《매일신보》	每日申報社	1937.12.16	425
15	물자 소비 극도 절약, 저축 장려의 대운동	《매일신보》	每日申報社	1938.3.30	426
16	총독부의 주창으로 저축보국운동 전개	《매일신보》	每日申報社	1938.4.3	426
17	저축장려 문제(상)	《동아일보》	東亞日報社	1938.4.16	427
18	금일의 제(諸) 정세는 국민 자력(資力)에 의존	《매일신보》	每日申報社	1938.4.22	430
19	총후(銃後) 보국저금(報國貯金) 여행(勵行)을 청년단에서 결의	《매일신보》	每日申報社	1938.4.22	431
20	(사설) 저축보국의 장려, 출정 장병의 신고(辛苦)를 생각하라	《매일신보》	每日申報社	1938.5.5	432
21	매월 봉급 중 일부 떼여 애국공채를 구입	《매일신보》	每日申報社	1938.5.20	433
22	진흥회에 저금부 설치, 저금보국에 매진	《매일신보》	每日申報社	1938.5.21	434
23	충북의 총후보국주간, 근로 절약 5만여 원	《매일신보》	每日申報社	1938.5.28	434
24	보국 주간 중에 나타난 반도의 총후 단성(丹誠)	《매일신보》	每日申報社	1938.6.1	436
25	137개소 공조(共助)에 저축보국 관념 고취	《매일신보》	每日申報社	1938.6.3	436
26	1인당 3원을 목표로 비상저축 적극 장려, 100만 충북 도민에게	《매일신보》	每日申報社	1938.6.10	437
27	강화(江華)의 저축보국운동	《매일신보》	每日申報社	1938.6.11	438
28	총후(銃後)의 근로보국, 영세 저축 1만 7천 원	《매일신보》	每日申報社	1938.6.17	439
29	5천 원 저축을 목표로 저축보국반 조직, 개풍군(開豊郡)서 21일부터 1주간	《매일신보》	每日申報社	1938.6.18	440
30	진주군(晋州郡)에서 저축장려	《동아일보》	東亞日報社	1938.6.19	441
31	총후보국저축주간, 실천하라 이 표어!	《매일신보》	每日申報社	1938.6.21	441
32	부도(富都) 개성의 저축	《조선일보》	朝鮮日報社	1938.6.26	442
33	직원 생도가 일치협력, 저축보국운동 전개	《매일신보》	每日申報社	1938.6.26	443

자료번호	자료명	자료(책, 신문 등)	발행처	발행일	본문쪽수
34	영변군(寧邊郡) 관내 각 면에 저축장려운동	《매일신보》	每日申報社	1938.7.13	444
35	진흥조합(振興組合) 단위로 저축운동 실시	《동아일보》	東亞日報社	1938.7.28	444
36	저축운동 성적 양호	《동아일보》	東亞日報社	1938.8.5	445
37	강원도 내 부인단체 공동저축액 1만 원	《매일신보》	每日申報社	1938.10.4	446
38	소사면민(素砂面民)을 총동원, 애국저금을 장려	《매일신보》	每日申報社	1938.10.5	447
39	아동들의 부국(富國) 저금 2,700원 거액	《매일신보》	每日申報社	1938.10.22	448
40	아산군(牙山郡)에서도 애국저금 장려	《매일신보》	每日申報社	1938.10.25	448
41	연말 총후보국주간, 소비절약, 허례(虛禮) 폐지, 상여는 필(必)히 저축	《매일신보》	每日申報社	1938.12.5	449
42	충북도민의 보국저축, 100만 원대를 돌파	《매일신보》	每日申報社	1938.12.11	450
43	양구군(楊口郡) 각 부인단, 절미저축 호적(好績)	《매일신보》	每日申報社	1939.1.17	451
44	개풍군민(開豊郡民) 저축액, 무려 10만 원 거액	《매일신보》	每日申報社	1939.1.25	451
45	2억 원 돌파 재이(在邇), 전(全) 반도의 저축 행진보	《매일신보》	每日申報社	1939.2.19	452
46	금융조합에 저축장려금 교부	《매일신보》	每日申報社	1939.3.23	453
47	절주(節酒)와 절연(節煙)은 물론, 식사도 간소하게	《매일신보》	每日申報社	1939.6.15	453
48	공판대금 1할 저금, 함주군(咸州郡)서 양잠업자에 권장	《매일신보》	每日申報社	1939.6.23	454
49	경북의 저축장려, 농촌보다 도시 중심으로 매진	《매일신보》	每日申報社	1939.7.22	454
50	호별세(戶別稅) 등급에 따라 장기저금을 실시	《매일신보》	每日申報社	1939.7.26	455
51	목표액 3만 5천 원, 겨우 5할을 저축할 뿐, 김포면에서 농촌에 순회 권유	《조선일보》	朝鮮日報社	1939.11.21	455
52	애국저금 10만 원, 강화 입직(叺織) 생산저축조합의 활동	《매일신보》	每日申報社	1939.11.21	455
53	연초(煙草) 소매인 적성(赤誠)	《매일신보》	每日申報社	1940.2.27	456
54	900만 원 목표 돌파, 순증액 1,200만 원	《매일신보》	每日申報社	1940.4.10	457
55	여급(女給), 기생, 하녀들이, 실천저축조합 결성, 매일 10전 저금을 여행	《매일신보》	每日申報社	1940.4.10	457
56	금조(金組)의 저축운동, 도(道) 배정 결정	《동아일보》	東亞日報社	1940.5.29	458
57	정동연맹원(精動聯盟員)은 1인 1매 채권을 사라	《매일신보》	每日申報社	1940.6.8.	459
58	일반 가정에서 협력하여 저축에 힘을 쓰자	《동아일보》	東亞日報社	1940.6.10	459
59	총후봉공은 저축에! 저금도 하고 채권도 사자	《매일신보》	每日申報社	1940.6.15	461
60	당분간 계속할 터, 물건 살 때 채권 껴 주는 저축운동	《매일신보》	每日申報社	1940.6.15	462
61	농산물 판매대금 일부를 강제로 저축	《매일신보》	每日申報社	1940.6.18	463

자료번호	자료명	자료(책, 신문 등)	발행처	발행일	본문쪽수
62	목표액 돌파책으로 천인저축(天引貯蓄) 시행	《동아일보》	東亞日報社	1940.6.21	463
63	농산물 공판(共販) 시에는 1할씩 저금키로	《매일신보》	每日申報社	1940.6.22	464
64	개풍군 저축운동 30만 원 목표로	《조선일보》	朝鮮日報社	1940.7.8	464
65	흥정저축 아직 불량, 7월 중 국채 꺼 판 것 500건에 불과	《매일신보》	每日申報社	1940.8.1	465
66	유흥저축은 만점! 7월 상반기에만 4천여 원을	《매일신보》	每日申報社	1940.8.4	466
67	상여금은 어떤 데 쓰나?	《매일신보》	每日申報社	1940.12.9	467
68	연하장 대신 국채	《매일신보》	每日申報社	1940.12.24	468
69	2,600원 목표로 일가(一家)가 총동원하여 협력	《매일신보》	每日申報社	1940.12.3	469
70	총후의 의기 헌앙(軒昻) 저축 목표 7할 달성	《매일신보》	每日申報社	1941.1.11	470
71	공출 미가(米價)의 선제 저금 강제적 장려는 회피	《매일신보》	每日申報社	1941.2.9	471
72	저축보국에! 티끌 모이면 태산	《매일신보》	每日申報社	1941.1.6	472
73	저축보국에! 티끌 모이면 태산	《매일신보》	每日申報社	1941.1.7	475
74	불량한 저축 성적, 평양 유산계급의 분기를 촉진	《매일신보》	每日申報社	1941.3.27	477
75	예금은 헌금이 아니다! 총후의 보국은 저축	《매일신보》	每日申報社	1941.4.12	478
76	안심하고 저축하라, 만기되면 원리금을 지불	《매일신보》	每日申報社	1941.4.13	480
77	한 섬에 3원 40전, 경기도, 벼 팔 때 선제 저축액 결정	《매일신보》	每日申報社	1941.10.9	480
78	부진하는 저축보국전 이천만은 궐기하라	《매일신보》	每日申報社	1941.11.14	481
79	윤택해질 농촌경제, 시골로 풀릴 돈 1,700만 원	《매일신보》	每日申報社	1941.11.18	482
80	저축 목표에 겨우 6할, 3월 말까지 완성에 전력	《매일신보》	每日申報社	1942.1.23	483
81	경성부는 2억 원, 금월 내로 저축조합 전부 정비	《매일신보》	每日申報社	1942.6.16	485
82	9억 저축에 돌격전, 보이자 열의(熱意), 국채로 저금으로	《매일신보》	每日申報社	1942.6.16	485
83	품팔이 노동자에게도 선제저금 실시 결정	《매일신보》	每日申報社	1942.7.29	486
84	대우 개선될 관리들, 저축에 모범을 실천	《매일신보》	每日申報社	1942.10.6	487
85	빛나는 저축 수훈갑, 총독과 재무국장이 공로자 표창	《매일신보》	每日申報社	1942.10.21	489
86	저축전의 수훈 전사 표창, 국민저축 20억 돌파 기념	《매일신보》	每日申報社	1942.10.30	490
87	영예의 저축전사, 국민저축 20억 돌파 기념의 표창	《매일신보》	每日申報社	1942.11.7	494
88	영예의 저축전사, 국민저축 20억 돌파 기념의 표창	《매일신보》	每日申報社	1942.11.8	497
89	각 도의 우렁찬 9억저축 진군보, 평북편, 술을 살 때에도 저금	《매일신보》	每日申報社	1942.12.15	499

자료 번호	자료명	자료(책, 신문 등)	발행처	발행일	본문 쪽수
90	저축전의 일 년, 오늘 하루 전비(戰費)만 5,000만 원, 저축은 전승의 동력	《매일신보》	每日申報社	1942.12.29	501
91	실로 8억 4천만 원, 작년 중에 민간저축의 증가액	《매일신보》	每日申報社	1943.1.1	504
92	필승의 9억저축전(貯蓄戰) 목표 7할 9푼 돌파	《매일신보》	每日申報社	1943.2.2	506
93	명년도 저축 목표액은 11억 원으로 결정	《매일신보》	每日申報社	1943.2.14	507
94	한 사람이 50원씩, 금년도 12억저축운동 힘찬 출발	《매일신보》	每日申報社	1943.4.6	509
95	저축으로 미영(米英) 격멸, 총력연맹에서 필승의 "삐라"를 배포	《매일신보》	每日申報社	1943.6.2	510
96	먼저 저금시키고 지불, 송금한 돈을 우편국에서 찾을 때	《매일신보》	每日申報社	1943.6.17	510
97	연말연시 행사 간소로 결전저축을 더 높이자	《매일신보》	每日申報社	1943.12.14	511
98	매물저축(買物貯蓄) 독려 통첩	《매일신보》	每日申報社	1944.2.1	513
99	18억 결전저축 완수에 총궐기	《매일신보》	每日申報社	1944.5.24	513
100	염려 말고 저축하라, 지불제한 절대 없다	《매일신보》	每日申報社	1944.6.24	515
101	저축총궐기운동, 각 도 전과(戰果) 좌담회(상)	《매일신보》	每日申報社	1944.7.8	517
102	저축총궐기운동, 각 도 전과(戰果) 좌담회(하)	《매일신보》	每日申報社	1944.7.10	521
103	저축총궐기운동, 각 도 전과(戰果) 좌담회(완)	《매일신보》	每日申報社	1944.7.11	524
104	이기자 저축돌격전, 10만 저축조합에 사찰제(査察制) 신설	《매일신보》	每日申報社	1944.10.13	527
105	『전시금융통제의 전개(戰時金融統制の展開)』(1943. 4)	日本金融史資料 27	日本銀行調査局	1970	538
106	『조선은행권·대만은행권 발행제도 개정의 건(朝鮮銀行券·臺灣銀行券發行制度改正ノ件)』	中央儲備朝鮮台湾銀行関係資料 5	大藏省 銀行局	1941	611
107	선은(鮮銀) 준비 확장은 조선 재계의 복음	《매일신보》	每日申報社	1937.8.13	636
108	통화팽창과 인플레①, 일은(日銀) 준비 확장 따라	《매일신보》	每日申報社	1938.4.5	637
109	통화팽창과 인플레②, 일은(日銀) 준비 확장 따라	《매일신보》	每日申報社	1938.4.6	640
110	통화팽창과 인플레③, 일은(日銀) 준비 확장 따라	《매일신보》	每日申報社	1938.4.7	642
111	선은(鮮銀)의 보증준비 재확충 요망 대두	《매일신보》	每日申報社	1938.11.1	644
112	선은(鮮銀)의 보증준비 재확장은 실현난(實現難)	《매일신보》	每日申報社	1938.11.10	645
113	선은권(鮮銀券)의 팽창은 대체로 계절 자금	《매일신보》	每日申報社	1938.11.29	646
114	선은권(鮮銀券) 다시 3억 원, 월말 관계로 인(因)할 뿐	《매일신보》	每日申報社	1939.1.25	647
115	암거래의 유행이 통화팽창의 일 요인?	《매일신보》	每日申報社	1939.1.28	648

자료번호	자료명	자료(책, 신문 등)	발행처	발행일	본문 쪽수
116	선은(鮮銀)의 보증준비 대폭 확장이 필요, 1억 원 정도로	《매일신보》	每日申報社	1939.1.29	648
117	선은권(鮮銀券) 의연 팽대, 3억 원대에 교착	《매일신보》	每日申報社	1939.2.3	649
118	선은(鮮銀)의 준비 확장, 금융계에는 무영향	《매일신보》	每日申報社	1939.2.5	649
119	보증준비 확장안 의회 제출을 결정, 일은(日銀)·선은(鮮銀)·대은(臺銀) 모두 확장키로, 선은은 6천만 원을	《매일신보》	每日申報社	1939.2.17	650
120	진전되는 중인 통화팽창 대책(1), 일은권(日銀券) 수축은 명목적	《매일신보》	每日申報社	1939.6.10	651
121	진전되는 중인 통화팽창 대책(2), 일은권(日銀券) 수축은 명목적	《매일신보》	每日申報社	1939.6.11	653
122	진전되는 중인 통화팽창 대책(3), 일은권(日銀券) 수축은 명목적	《매일신보》	每日申報社	1939.6.13	656
123	선은권(鮮銀券) 기록 갱신, 결국 한외발행 고려	《매일신보》	每日申報社	1939.11.3	658
124	일은(日銀) 예금 준비로 선은권(鮮銀券) 발행론 대두	《매일신보》	每日申報社	1939.11.18	659
125	선은권(鮮臺銀) 발권제도, 호도책은 불가(不可)	《매일신보》	每日申報社	1939.11.23	660
126	통화수축 기대난(期待難) 대출 회수 둔화 경향	《매일신보》	每日申報社	1940.1.20	661
127	일은권(日銀券) 발행에 최고제한제 채용, 대장성 내 의견 대두	《매일신보》	每日申報社	1940.2.2	661
128	일차 팽창된 통화 여전 불수축 계속, 계절 앞두고 대책 신중	《매일신보》	每日申報社	1940.2.7	662
129	통화팽창 방지자 선대은(鮮臺銀) 발행제 변경	《매일신보》	每日申報社	1940.2.14	664
130	통화 대책은 결국 보증준비 재확장?	《매일신보》	每日申報社	1940.2.25	665
131	변칙적인 통화팽창, 금융 장기화와 현금 거래 소치?	《매일신보》	每日申報社	1940.3.30	666
132	상거래의 둔화로 통화팽창 일단 침식	《매일신보》	每日申報社	1940.7.10	666
133	선은권(鮮銀券) 대팽창 4억 5천만 원대	《매일신보》	每日申報社	1940.9.26	667
134	농산물 자금으로 선은권(鮮銀券) 급격 팽창	《매일신보》	每日申報社	1940.10.3	667
135	선은(鮮銀) 납부금제 개정, 하반기부터 실시	《매일신보》	每日申報社	1941.2.22	668
136	선은권(鮮銀券) 한외(限外) 출현, 시기로 보아 자연	《매일신보》	每日申報社	1941.12.12	669
137	선은권(鮮銀券) 발행한도 대폭 인상을 고려	《매일신보》	每日申報社	1942.3.3.	670
138	선은권(鮮銀券) 발행한도, 8억 내지 8억 5천만 원	《매일신보》	每日申報社	1942.3.26	670
139	선은권(鮮銀券)의 발행한도 7억 5천만 원으로 결정	《매일신보》	每日申報社	1942.3.31	671
140	선은권(鮮銀券) 마침내 최고기록, 미곡(米穀) 자금 방출을 반영	《매일신보》	每日申報社	1942.11.3	672

자료번호	자료명	자료(책, 신문 등)	발행처	발행일	본문 쪽수
141	선은권(鮮銀券)의 최고한도, 신년도(新年度)에는 9억 원으로 내정	《매일신보》	每日申報社	1943.1.13	673
142	선은권(鮮銀券) 한도, 2억 원가량 인상?	《매일신보》	每日申報社	1943.3.23	673
143	(사설) 통화팽창과 그 회수책	《매일신보》	每日申報社	1945.5.31	674
144	선만 국경지대의 국폐 문제와 만주국 내에서의 선은권 퇴장 사정(鮮滿國境地帶の國幣問題と滿洲國內に於ける鮮銀券退藏事情)		朝鮮銀行調査部	1944.9	676
145	가짜 만주국폐(國幣) 백동화	《매일신보》	每日申報社	1936.7.7	711
146	화폐 일만일여(日滿一如) 받드는 선은(鮮銀)의 후퇴	《경성일보》	京城日報社	1936.11.25	711
147	조선, 만주 양행권 국경 지대에 혼용(混用)	《동아일보》	東亞日報社	1938.3.20	714
148	만주국폐 수입(受入), 결국 인정?	《매일신보》	每日申報社	1939.1.22	714
149	조선, 만주 양행권 교류 문제 재차 대두	《동아일보》	東亞日報社	1939.2.14	715
150	만주국폐 100원권, 북중국서 태환 거절	《매일신보》	每日申報社	1939.8.1	716
151	만주 화폐가 조선에 범람, 국경에는 유통이 일반화	《동아일보》	東亞日報社	1939.8.4	717
152	국폐 교류의 금지 선후 조치	《매일신보》	每日申報社	1939.10.19	719
153	국폐 유입 뚜렷한 증가, 만주국과 대책 협의	《매일신보》	每日申報社	1939.10.20	719
154	조선 내의 국폐 회수 단행	《매일신보》	每日申報社	1939.10.31	720
155	조선 침입의 만주 화폐, 적극 저지책 마침내 성립	《동아일보》	東亞日報社	1939.11.2	720
156	국폐 유입 문제, 근본 해결 요망	《매일신보》	每日申報社	1939.11.7	721
157	내몰리는 국폐, 국경에서 사용을 금지	《매일신보》	每日申報社	1939.11.25	722
158	만주국폐 조선 내 유통, 1월 1일부터 금지	《매일신보》	每日申報社	1939.11.25	722
159	만주국폐 금지 문제로 평북 금조 이사회	《매일신보》	每日申報社	1939.11.29	724
160	1개월 유예 기간 두고 만주국폐를 금지, 함북서 회수에 만전	《매일신보》	每日申報社	1939.12.5	724
161	국폐, 국경에 범람	《매일신보》	每日申報社	1939.12.29	725
162	창성군 일대에 만주국폐 2할 낮춰 통용, 환전소 급설(急設) 희망	《만선일보》	滿鮮日報社	1940.1.21	725
163	국경의 지폐 교환, 금후도 다소 혼류(混流)?	《매일신보》	每日申報社	1940.2.3	725
164	국경의 만주국폐 의연히 유통 상태	《매일신보》	每日申報社	1940.8.28	726
165	만은권(滿銀券) 선내(鮮內) 유입, 선은(鮮銀)에선 정관(靜觀) 방침	《매일신보》	每日申報社	1940.9.5	727

자료번호	자료명	자료(책, 신문 등)	발행처	발행일	본문쪽수
166	국폐, 조선 내로 공세, 11월 중만 300만 원	《매일신보》	每日申報社	1940.11.26	727
167	국폐 교환 200원으로 제한	《매일신보》	每日申報社	1941.4.3	728
168	국경의 두통거리, 흘러 오는 만주국폐, 시급한 대책이 필요	《매일신보》	每日申報社	1941.7.16	728
169	국폐 유포 억압으로 교환액 4배를 돌파	《매일신보》	每日申報社	1941.7.23	729
170	국폐 유입 저지, 선은(鮮銀) 조사과장 담	《매일신보》	每日申報社	1941.9.19	729
171	만주국폐 유입 100만 원을 돌파	《매일신보》	每日申報社	1941.12.22	730
172	이중과세의 조정과 국폐 유입 문제 해결, 선만(鮮滿) 연락협의회에서	《매일신보》	每日申報社	1942.5.2	731
173	국폐 유입을 방지, 열차 승객 교환액 제한	《매일신보》	每日申報社	1944.5.13	732
174	국폐의 선내(鮮內) 유입, 고려되는 제 방지 대책	《매일신보》	每日申報社	1944.5.13	733
175	만주국폐 수입 제한 강화, 「위체관리규칙(爲替管理規則)」 개정	《매일신보》	每日申報社	1944.6.18	737

참고문헌

강진아, 「한말 채표업과 화상 동순태호 - 20세기 초 동아시아 무역 네트워크와 한국-」, 『중국근현대사연구』 40, 중국근현대사학회, 2008.

宮嶋博史, 『朝鮮土地調査事業史の研究』, 東京大學 東洋文化研究所, 1991.

권대웅, 「일제말기 조선저축운동의 실체」, 『민족문화논총』 7, 1986.

近藤釰一 編, 『太平洋戰下の朝鮮 (5)』, 友邦協會 朝鮮史料編纂會, 1961.

나고야대학 대학원 법학연구과, 『人事興信錄』 데이터베이스, https://jahis.law.nagoya-u.ac.jp/who/search/who4

大藏省 銀行局, 『朝鮮銀行券,台湾銀行券発行制度改正ノ件』(『中央儲備朝鮮台湾銀行関係資料』 제5권), 1941.

대한민국 신문 아카이브 www.nl.go.kr/newspaper/ (『매일신보』).

문영주, 「1938~45년 '국민저축조성운동'의 전개와 금융조합 예금의 성격」, 『한국사학보』 14, 2003.

常設戰時經濟懇話會編, 『朝鮮經濟統制問答』, 東洋經濟新報社京城支局, 1941.

水田直昌, 『李朝時代の財政-朝鮮近代化の過程』, 友邦協會, 1968.

柴田善雅, 『占領地通貨金融政策の展開』, 日本經濟評論社, 1999.

安富 步, 「滿洲中央銀行と朝鮮銀行-日中戰爭・アジア太平洋戰爭期を中心に-」, 『人文學報』 79, 京都大學人文科學研究所, 1997.

羽鳥敬彦, 「戰時下(一九三七-四五年)朝鮮における通貨とインフレ-ション」, 姜在彦・飯沼二浪 編, 『植民地期朝鮮の社會と抵抗』, 未來社, 1982.

일본 국립국회도서관 홈페이지, '近代日本人の肖像', https://www.ndl.go.jp/portrait/

일본 국세청 홈페이지, 租税史料〉3.所得税と戰時税制, https://www.nta.go.jp/about/organization/ntc/sozei/tokubetsu/h19shiryoukan/03.htm

일본은행 홈페이지, '역대총재' https://www.boj.or.jp/about/outline/history/pre_gov/index.htm

日本銀行調査局 編, 『日本金融史資料』 27, 1970.

조명근, 「일제 말(1937~45) 조선 내 민간인을 대상으로 한 전시공채(戰時公債)의 발행 실태」, 『대동문화연구』 65, 2009.

조명근, 「일제 말(1937~45) 조선에서의 전시공채 소화 실태와 성격」, 『한국사학보』 47, 2012.

조명근, 『일제하 조선은행 연구-중앙은행 제도의 식민지적 변용-』, 아연출판부, 2019.

朝鮮金融組合聯合會調査課, 『國民貯蓄造成運動に關する資料 1~4』, 1940・1941・1942・1943.

朝鮮銀行 調査部, 『鮮滿國境地帶の國幣問題と滿洲國內における鮮銀券退藏事情』, 1944.

朝鮮銀行史硏究會 編,『朝鮮銀行史』, 東洋經濟新報社, 1987.

朝鮮總督府,『朝鮮總督府施政年報』, 1926.

平井廣一,「舊植民地のインフレ-ション」, 長岡新吉·西川博史 編著,『日本經濟と東アジア -戰時と戰後の經濟史-』, ミネルヴァ書房, 1995.

河元鎬,「日帝末 物價統制政策에 관한 연구」,『史學硏究』55·56, 韓國史學會, 1998.

한국사데이터베이스 db.history.go.kr (『동아일보』,『부산일보』 등).

찾아보기

ㄱ

가격등통제령 342, 344, 366~367, 369~370
가격평형자금(價格平衡資金) 319
가나야 마사하루(金谷昌治) 284
가네보(鍾紡) 166
가네코 류조(金子隆三) 281
가네하라 미치노리(金原敎哲) 285
가노 도미오(加納富夫) 198
가다 나오지(賀田直治) 283
가메다 슈이치(龜田周一) 280
가메오카 야스오(龜岡康夫) 278
가메이 우메타로(龜井梅太郎) 283
가미오 다케오(神尾武雄) 280
가미우치 히코사쿠(上內彦策) 287
가사이 아쓰시(笠井淳) 287
가스전기소비세 314
가쓰 요시로(勝津吉朗) 281
가야마 겐이치(華山元一) 284
가야바 쇼(萱場昌) 281
가야 오키노리(賀屋興宣) 74, 272
가와구치 마코토(河口眞) 285
가와구치 야시치(河口彌七) 289
가와이 아키타케(川合彰武) 20, 262
가족수당 337, 488
가지니시 미쓰하야(楫西光速) 27
가지하라 규주로(梶原九十郎) 286
가쿠나가 기요시(角永淸) 261
가타야마 사이치(片山佐一) 284
가토 도시히코(加藤俊彦) 27

각외지특별회계폐지법률안 215, 227, 228
간와테 겐지(川手謙二) 286
간이생명보험 53, 179, 379
간접세 314
감사계(監査係) 71
감사저축 519
갑종은행(甲種銀行) 150, 189
강제공제저축(天引貯蓄) 22, 374
강제저축 16, 21, 22, 122, 374~377, 425
개인대금업자[個人金貸] 104
객주 18, 47, 105
거치예금 497
거치저금 480
건설공채(建設公債) 45, 77~81, 97
건축세 316
게이샤제도(藝者制度) 206
『경국대전(經國大典)』 69
경기변동 539
경남철도 333
경동철도(京東鐵道) 333
경무국(警務局) 70
경비보충금 74
경상합동 51, 155
경성고등공업학교 322
경성상공회의소 20
경성은행집회소 264
경성전기주식회사 218
경성제국대학 204
경제경찰 264
경제보안제도(경제경찰관제도) 264

경춘철도 333
계(契) 36
계획경제 546
계획금융 305, 546, 547
계획조선(計劃造船) 334
고가 기쿠지로(古賀菊次郞) 285
고구치 히로시(小口弘) 288
고노 마스카즈(河野益一) 283
고노에(近衛) 140
고다마 겐지(兒玉謙次) 26
고도국방국가체제(高度國防國家體制) 303
고등수산학교 322
고려사(高麗史) 68
고리채 140
고무라 가오루(小村薰) 282
고바야시 고지(小林光次) 287
고바야시 우네오(小林采男) 322
고쇼 이쓰오(古庄逸夫) 289, 290
고야마 료(小山亮) 282
고원요양소(高原療養所) 331
고이소 구니아키(小磯國昭) 93, 148, 271, 278
고지마 다카노부(兒島高信) 244
고지마 데쓰아키(小島哲明) 278
고타키 모토이(上瀧基) 278, 290
고토 마사테루(後藤正輝) 288
곡(穀)저금 495
곤도 겐이치(近藤釼一) 17
곤도 다카야스(近藤隆康) 287
곤도 도쿠조(近藤得三) 282
골패세(骨牌稅) 316
공개시장조작 540
공동융자기본요강 268
공동융자단 306
공동융자제도 270
공려조합 437
공사채 548
공산당 202

공정가격(公定價格) 340
공정이율 542
공채소화 12, 19, 259, 294, 541~544, 559, 560, 563, 570~576, 646, 650, 657, 666, 667
공채지변사업(公債支辨事業) 308
공출(供出) 91, 482
공출미 326
과자공업조합 357
관공서 380
관동주 697
관리통화제도 586
관민전시경제간담회 264
관방(官房) 70
광고세 314
광공품(鑛工品) 218
광무국 70
광산전문학교 322
괘금 437
교육칙어 201
교통국 70
구누기다 마사카쓰(椚田政勝) 279
구로베 도라이치(黑部寅一) 35
구로키 고이치(黑木剛一) 279
구리하라 우사부로(栗原卯三郞) 285
구매력 389, 409
구매저축 462
구보 사이치(久保左一) 283
구보 슈이치(久保秀一) 158, 284
구시다 미쓰오(櫛田光男) 278, 291
구시다(櫛田) 20
구입저축 500
국가자금 546
9·18 가격정지령 195, 342
국가자금동원계획 540
국가총동원계획 549
국가총동원법 270, 369, 552, 561
국고대신(國庫大臣) 95

국민갱생금고 305
국민소득 301, 314, 396, 407, 408, 412, 427~429, 540, 547, 548, 555, 557, 558
국민저축조성운동 21, 378
국민저축조합 408, 486
국민저축조합법 567
국민정신총동원운동 379
국민총력체제 263
국방산업자금 270
국방헌금 472
『국조보감(國朝寶鑑)』 68
국채저금 515, 516
국채정리기금특별회계 81
군기보호법(軍機保護法) 307
군표[軍切手] 115
굴신제한법(屈伸制限法) 51, 164
굴신제한제도(屈伸制限制度, elastic limit system) 164
권업은행(권은) 166, 177
권업채권 186
귀환자[引揚者] 36
『균역사목(均役事目)』 69
근로저축 495
금강산철도 333
금련채권(金連債券) 53, 182
금리정책 540
금리조정단(金利調整團) 19, 258
금리조정법(金利調整法) 52, 150
금리통제 538
금본위제도 540, 583
금융 근대화 18
금융독립론 192
금융상담사업 296
금융신체제(金融新體制) 19, 259, 548
금융정비령 338
금융제도조사회 51
금융조합 18, 19, 379
금융조합연합회 248, 724

금융조합채권 49
금융채(金融債) 129
금융통제 538
금융통제단체령(金融統制團體令) 19, 258
금자금특별회계(金資金特別會計) 311, 583
금전신탁 53, 176
금준비평가법 583
금태환 591, 619, 627
금표(金票) 690
금해금(金解禁) 22, 530, 540, 541
기린맥주 129
기무라 로쿠로(木村六郎) 288
기무라 쇼요(木村勝與) 281
기미지마 이치로(君島一郎) 158, 260, 280, 289
기밀비 246
기부금 479
기시다 기요토시(岸田淸淑) 282
기시모토 다다시(岸本正) 279
기업공채(起業公債) 81
기업허가제도 332
기요미즈 세이치(清水精一) 288
기채(起債) 304~306, 565
기치세 슌스케(吉瀬俊助) 285
기쿠타 겐키치(菊田堅吉) 281
기획원(企劃院) 309
긴축정책 541
김계조(金桂祚) 206
끼워팔기 342, 367

ㄴ

나가누마 고키(長沼弘毅) 229
나가마쓰 도치(永松統治) 282
나가사키저축은행(長崎貯蓄銀行) 100
나가야마 마사토시(長山正利) 289
나가타(永田) 125
나가토미 게이타(中富計太) 282

나가히라 후미히코(永平文彦) 284
나리사와 요조(成澤養三) 281
나카노 마사나가(中野正永) 280
나카마 고슈(中間高州) 260, 285, 290
나카무라 나오지(中村直次) 281
나카무라 사다오(中村貞夫) 289
나카무라 세이치(中村靜一) 283
나카야마 히토시(中山均) 27
나카이 히데오(中居秀雄) 280
남면북양계획(南綿北羊計劃) 327
남방개발금고(南方開發金庫) 299
납부금제도 621
네야 긴이치(禰屋謹一) 282
노구치 시타가우(野口遵) 182
노구치 신지(野口信二) 171
노다 신고(野田新吾) 157, 251, 290
노모리 히로시(野守廣) 176
노무라 다쓰미(野村辰巳) 284
노미 세조(能見精藏) 288
노은 386
노토 리세이(能登利正) 286
농공병진(農工竝進) 129, 255
농공은행 18, 29, 48, 111, 119~124, 169, 173
농공은행령 120, 126
농공은행조례 48, 120
농공채권 120
농림국 70
농림중앙금고(農林中央金庫) 128
농사금고(農事金庫) 123
농지개량 130
농지개발영단(農地開發營團) 325
농촌갱생운동 138
농촌금융조합 174
농촌진흥부락 141
농촌진흥운동 18, 380
누가 초지로(奴賀長二郎) 286
능력저축 396

니시 기쿠마(西菊馬) 289
니시무라 슌이치(西村駿一) 35
니시 신이치(西新一) 287
니토베 유키요시(二藤部行義) 289
닌타니 마사오(仁谷正雄) 280

ㄷ

다나카 다케오(田中武雄) 278
다나카 요시미(田中吉見) 280
다나카 이와네(田中磐根) 280
다네코 시마반(種子島蕃) 282
다노모시(賴母子) 89
다다미상조합 346
다마야마 도모히코(玉山友彦) 284
다무라 기산지로(田村喜三治郎) 287
다사도철도(多獅島鐵道) 333
다이이치은행(第一銀行) 155, 161, 177, 260
다치바나(立花定民) 140, 282
다카다상회문제(高田商會問題) 163
다카다 신조(高田愼藏) 163
다카시마 류스케(高島隆助) 289
다카 야스히코(高安彦) 279, 290
다카하시 신(高橋申) 287
다카하시 히데오(高橋英夫) 279
다카하타 신노스케(高畑新之助) 285
다케다 이치사부로(武田市三郎) 288
다케베 리사쿠(竹部利佐久) 281
다케우치 다이스케(竹內大助) 286, 290
다쿠쇼쿠대학(拓殖大學) 125
다키 노부마사(瀧信正) 283
다테노 가즈오(舘野一夫) 282
단계가격 345
단노 마사토(檀野正人) 285
단속전매[取締專賣] 234
단풍철도(端豊鐵道) 333
담보부사채신탁법 53, 175

당좌예금 630
대구상공 155
대구상업 51
대구은행 151
대금상환제도[代金引換制度] 348
대금업자 47
대동아공영권 291
대동아성(大東亞省) 201
대동아전쟁 269, 502
대만권(臺灣券) 92
대만은행권 583
대만은행법 584
대서요금(代書料金) 371
대은(臺銀, 대만은행) 163, 516
대일본맥주 129
대장대신(大藏大臣) 95, 271, 584, 617
대장성(大藏省) 16, 71, 428, 508
대장성 증권 227
『대전속록(大典續錄)』 69
『대전통편(大典通編)』 69
『대전회통(大典會通)』 69
『대전후속록(大典後續錄)』 69
대한천일은행 102
댄스홀 사건 197, 206
데라오카 유(寺岡裕) 284
데라우치(寺內) 73
데이코쿠은행(帝國銀行) 177, 244
도미나가 마사오(富永政雄) 285
도사카 에이이치(登坂英一) 286
도시금융조합 149, 174
도시마 료(登島亮) 286
도시조합 48
도요시마 시게타케(豊島重剛) 288
도이 료이치(土井良一) 287
도조(東條) 93
도코 이와타로(都甲岩太郎) 286
도쿄제국대학 16

도쿠가와(德川) 140
도쿠야마 신(德山新) 283
독립당 202
『동국문헌비고(東國文獻備考)』 68
『동국사략(東國史略)』 68
『동국통감(東國通鑑)』 68
『동사강목(東史綱目)』 68
『동사보유(東史補遺)』 68
동양협회(東洋協會) 131
동일은행 154
동척(東拓) 19
동척채권 53, 182
디플레이션 638

ㄹ

라이파이젠 123
레세페르(laissez-faire, 자유방임주의) 147
로빈슨 80, 222
로컬은행[地場銀行] 153

ㅁ

마고시 교헤이(馬越恭平) 129
마권세(馬券稅) 314
마루나카 도쿠조(丸中德三) 286
마사이 요시키(正井芳樹) 281
마사회(馬事會) 328
마스다 도시오(益田俊夫) 282
마쓰모토 마코토(松本誠) 288
마쓰무라 다이신(松村大進) 282
마쓰바라 준이치(松原純一) 260, 275, 280, 289
마쓰오카 신이치(松岡信一) 285
마쓰우라 노부오(松浦信男) 286
마쓰이 모토히로(松井源弘) 284
마쓰이 히코지로(松井彦治郎) 282
마쓰자카 도키히코(松坂時彦) 279

마에바시 요시오(前橋義雄) 280
마오쩌둥(毛澤東) 142
마제은(馬蹄銀) 112
마키타 슈조(牧田收藏) 289
『만기요람(萬機要覽)』 69
만은권(滿銀券) 193, 593, 727
만주국 193, 676
만주국폐(滿洲國幣) 24, 194, 534~537, 669, 674, 699, 711~737
만주사변 540
만주중앙은행 193, 194, 676, 678
만주중앙은행권 593
만주흥업은행 193, 678
만척공사(滿拓公司) 335
매관제도 47
매물저축(買物貯蓄) 413, 513
매입저축 485
메가타 다네타로(目賀田種太郎) 18, 102
멕시코은 47, 112
모르핀 86
모리 가나메(森要) 287
모리노 시게루(森野茂) 287
모리와키 노부오(森脇信夫) 288
모리타 요시오(森田芳夫) 214
『목민심서(牧民心書)』 69
목재통제회사(木材統制會社) 328
목적공채(目的公債) 77
몽강은행권 593
무단정치 73
무진(無盡) 89, 104, 171, 379, 457
무진업 29, 171
무진업령 52, 171~173
무체재산(無體財産) 338
문기(文記) 103
문치정치(文治政治) 73
물가공정제도(物價公定制度) 359
물가조정과장 341

물가통제 194
물동계획 309
물자동원계획 264, 546, 549
물품화폐 47
미곡통장 518
미군 203
미기데라 겐(右寺元) 286
미나미(南) 50, 148
미스터 크레리(Mr. Crary) 244
미쓰미물산(三井物産) 163
미쓰이신탁(三井信託) 176
미쓰이은행(三井銀行) 177
미쓰코시백화점(三越百貨店) 207
미야모토 겐스케(宮本謙助) 288
미야자키 스스무(宮崎進) 284
미야케 규노스케(三宅久之助) 280
미즈타 나오마사(水田直昌) 16, 26~27, 260, 278, 290
미카미 요시타카(三上吉隆) 282
미키 세이치(三木清一) 289
민규식(閔奎植) 153, 157, 285, 290
민대식(閔大植) 153
밀무역 706, 734
밀수 676, 681, 706
밀수출 699
밀수품 692

ㅂ

바바 슈조(馬場秀藏) 281
『반계수록(磻溪隨錄)』 69
발행한도 589
배급 379, 524
배급조합원 357
배당 391
백동화 108
뱅크 오브 뱅크스 167
법무국 70

법폐(法幣) 594~607
베어상회 163
보국저금 524
보국채권 461, 487
보전경제회(保全經濟會) 147
보증발행한도 583~584
보증준비발행한도 583, 586
보증준비(保證準備) 161, 588
보통은행 18, 29, 149, 170, 564
부국저축연맹 497
부동구매력 398, 549
부동산신탁 176
부동자금 389
부립병원(府立病院) 371
부산상업은행 151
부원개발자금(富源開發資金) 305
북선척식철도 333
분류소득세(分類所得稅) 313
불환지폐 641
비례제(比例制) 312
비상금융자금 55
비타전(びたせん) 115

ㅅ

사가라 지스케(相良自助) 287
사고다 고로쿠(迫田五六) 286
사구라사와 슈지로(櫻澤秀次郎) 280, 290
사노 가이치(佐野賀一) 279
사누이 겐스케(讚井源輔) 287, 290
사립 대동광산전문학교(大同鑛山專門學校) 322
사법보호협회 240
사사키 고마노스케(佐々木駒之助) 287
사사키 교(佐佐木恭) 283
사상공작(思想工作) 247
사에키 요시키치(佐伯芳吉) 281
사이토 기치노스케(齋藤吉之助) 280

사이토 세이지(齋藤淸吉) 288
사이토(齋藤) 73
사정제(査定制) 367
사채 562
사카이 준(笠井淳) 290
사쿠라이 긴고(櫻井金五) 287
사토 다카시(佐藤高) 288
사토 사이바(佐藤塞馬) 284
사토 히사나리(佐藤久成) 282
산미증식계획(産米增殖計劃) 84, 325
산업설비영단(産業設備營團) 304
산업조합 124, 448
산조 히사요시(三城久宜) 284
『삼국사기(三國史記)』 68
『삼봉집(三峰集)』 68
상설전시경제간화회(常設戰時經濟懇話會) 16, 261
상업어음 661
상호금융(相互金融) 47, 106
상호은행(相互銀行) 149
생산력확충자금 268, 274, 294, 298, 299, 378, 407, 416, 430, 460, 503, 510, 548, 549, 557, 558, 567, 577, 669
생활필수품 392
샤우프세제 79
서민금융 47, 103
서민금융기관 88, 103
서선중앙(西鮮中央) 333
선만일여(鮮滿一如) 711
선만일체(鮮滿一體) 703
선만척식주식회사(鮮滿拓殖株式會社) 335
선은권(鮮銀券) 51, 164, 165, 183, 192, 193, 221, 645~647, 658, 665, 667, 670, 673, 708
선의(善意)의 악정(惡政) 17, 91, 132, 138, 255
선제저금 475, 483, 520
세무과(稅務課) 71
세입 502
세입개산서 67

세출개산서 67
세토 마코토(瀨戶誠) 281
소노베 히소무(園部潜) 279, 301
소련 203
소비절약 267, 379, 383, 386~389, 393, 394, 403, 412, 413, 417, 418, 426, 428, 429, 435, 449, 511, 512
소시자키 세지(曾志崎誠二) 279
『속대전(續大典)』 69
송금 703
『쇼와재정사(昭和財政史)』 40
수당 391
수역혈청조제소(獸疫血淸造製所) 328
수입전매(收入專賣) 85, 234
수확저금 495
순발권은행분화론 52
슐체 123
스미나가 슌지(住永惇二) 285
스미토모(住友) 166
스스무 다쓰마(進辰馬) 283
스즈카와 도시오(鈴川壽男) 278, 290
스즈키 다케오(鈴木武雄) 20, 262, 279
스즈키 요이치(鈴木陽一) 283
스즈키 이세지(鈴木伊勢治) 288
『승정원일기(承政院日記)』 68
시게마쓰 마사나오(重松鼎修) 288
시게무라 도모조(重村知三) 289
시국공동융자단(時局共同融資團) 303
시국금융어음 303
시라이시 진키치(白石甚吉) 286
시라카와 간후쿠(白川漢福) 284
시마다 사이치(島田左一) 280
시마즈 세이치로(島津淸一郞) 281
시마타니 고헤이(島谷孝平) 283
시멘트배급협의회 370
시모이이자카 하지메(下飯坂元) 261
시모조 사타로(下條佐太郞) 200

시미즈 고타로(淸水孝太郞) 279
시바오카 고(芝岡皋) 283
시변 18, 47
시부사와 게이조(澁澤敬三) 26, 211
시부야 고지로(澁谷恒治郞) 281
시업조합(施業組合) 123
시오쓰카 도헤이(鹽塚藤平) 286
시오타니 야사부로(鹽谷彌三郞) 283
시오타 세이코(鹽田正洪) 278, 290
시장대(市場貸) 104
시정촌민세(市町村民稅) 229
시치야(質屋) 89, 103
식량영단 218
식산계(殖産契) 104
식산국 70
식산은행 19, 169
식산채권 53, 182, 637
신가이 하지메(新貝肇) 278, 290
신디케이트(syndicate) 569
신로쿠로(穗積眞六郞) 207
신식화폐발행장정(新式貨幣發行章程) 47, 113
신용조합 516
신의주 711
신축제한제도(伸縮制限制度) 118
신탁업령 53, 176
신탁업법 176
신탁회사 19, 516
신흥철도(新興鐵道) 333
쓰쓰이 다케오(筒井竹雄) 199
쓰지 게이고(辻桂五) 279, 290
쓰지 겐조(辻健三) 279
쓰치다 쇼조(土田正藏) 285
쓰치야 다카오(土屋喬雄) 16, 26
쓰치야 덴사쿠(七屋傳作) 288
쓰키시로 쇼이치(月城鍾一) 283

ㅇ

아라키 에이키치(新木榮吉) 279, 298
아베 스스무(阿部晋) 279
아베(阿部) 148, 252
아사노 게이지(淺野敬二) 287
아사마 겐(淺間健) 279
아사야마 마사루(朝山勝) 285
아사쿠라(淺草) 노리 195
아오키 마코토(靑木實) 285
아오키 사다스케(靑木貞介) 289
아카기 나오에다(赤木直枝) 288
아카기 만주오(赤木萬壽夫) 283
아카시 데루오(明石照男) 26
아키미쓰 기요하루(秋滿淸治) 286
아키바 고헤이(秋場孝平) 287
아편 234, 699
아편 전매 86
악녀의 심정(深情) 93, 132
안도 마사아키(安東政昭) 282
안도 히로시(安藤博) 281
암가격 694
암거래 648
암매매 694
암스트롱상회 163
암시세 192, 695
암시장 192, 692
애국공채 433
애국반 402
애국채권 525
야마구치 시게마사(山口重政) 282, 290
야마기와 마사미치(山際正道) 211
야마기와(山際) 211
야마나리 오키마사(山成興政) 280
야마나 미키오(山名酒喜男) 213
야마노우치 요시오(山內義雄) 279
야마다 사토루(山田覺) 284
야마다 히로시(山田寬) 288
야마모토 다메요시(山本爲善) 287
야마모토 마코토(山本實) 278
야마모토 우메키치(山本梅吉) 287
야마모토 호(山本保) 283
야마시타 렌(山下蓮) 286
야마요시 나오이치로(山吉直一郞) 280
야마우치 다마키(山內環) 287
야마이치(山一) 129
야마자와 와사부로(山澤和三郞) 290
야마자키 나오카타(山崎直方) 104, 155
야마자키 노부키치(山崎延吉) 138
야마자키 쇼지(山崎庄司) 281
야마지 야스유키(山地靖之) 261
야쓰시로 노리히코(八代則彦) 26
어업조합 370
어음 649
어음교환소 697
어진영(御眞影) 201
업태별 금융통제회 259
엔계통화 593~596, 601, 602, 606
엔계 통화권 24, 534
엔도 류사쿠(遠藤柳作) 238
여각 18, 47, 105
여자의학전문학교 322
연은권(連銀券) 209, 593
엽전 47, 108
영림서(營林署) 97
영업세 85
예금인출소동 209
예기화대(藝妓花代) 371
예탁준비제도 664
오가와 미치타로(小川道太郞) 289
오구라 다케노스케(小倉武之助) 155
오구마 료이치(大熊良一) 288
오구사 시이치(大草志一) 280
오노 류타(大野龍太) 229

오노 스에오(大野季夫) 279
오노 한시로(小野半四郎) 289
오다와라 도시로(小田原登志郎) 278
오미치 야스타로(大道恭太郎) 289
오버론(overloan) 182
오시무라 데루토미(押村暉臣) 282
오야마 노부히사(大山乃久) 285
오야마 다카스케(大山隆資) 284
오야마 히로시(大山弘) 284
오야 운요(大谷雲用) 284
오야 유키마사(尾家幸正) 288
오야 한지로(大矢半次郎) 80
오자키 요시노리(尾崎義敎) 284
오카다 도요지로(岡田豊次郎) 288
오카다 마코토(岡田信) 279
오카모토 쇼조(岡本正造) 286
오카무라 다카시(岡村峻) 279
오카무라 슌(岡村峻) 261, 290
오쿠다 도시오(奧田壽雄) 287
오쿠라구미(大倉組) 163
오쿠무라(奧村) 225, 240
오쿠보 도시카타(大久保利賢) 26
오히라 사부로(大平三郎) 278
오히라 신이치로(大平信一郎) 280
온 디멘드예금(요구불예금) 152, 183
와다 구니야스(和田國安) 281
와다 마사키(和田正基) 285
와타나베 리쓰로(渡邊肆郎) 261
외국환 545, 734
외국환관리법 598
외사과(外事課) 70
외지특별회계(外地特別會計) 72
(외)환관리법 231
외획제도 18, 47, 94, 108, 115
요시나가 미쓰루(吉永光) 284
요시노 신지(吉野信次) 75, 80
요시다 요노스케(吉田羊之助) 280

요시타니 기치조(吉谷吉藏) 281
요정정치[待合政治] 207
요코하마정금은행 598
우가키(宇垣) 103, 132, 148
우노 기치타로(宇野吉太郎) 281
우메사키 이쿠조(梅崎郁三) 288
우메키타(梅北) 229
우방협회 17
우에노 다다시(上野忠) 286
우에노 신이치로(上野進一郎) 289
우에다 시로(上田四郎) 283
우에다 신(上田新) 279
우치다 시게요시(內田繁由) 289
우편국 381
우편저금 29, 178, 379, 425, 503
우편저금제도 53, 178
우편절수저금 402
운산금광 166
원도매 350
원천공제저금 385
원천저축 396, 409
월괘저금 427
월별수지실행예산(月別收支實行豫算) 81
유가증권 387
유키 도요타로(結城豊太郎) 26, 274
유흥음식세 316
유흥저축 413, 466, 485, 505
『육전조례(六典條例)』 69
융자 559
은급금고(恩給金庫) 178
은진(殷賑)산업 383
은행 대합동 18, 135, 154
은행등자금운용령 292, 548
은행령 51, 151~153
은행법 292
은행합동 135, 151, 155
을종은행(乙種銀行) 150, 189

이구치 다치헤이(井口立平) 281
이구치 도시히코(井口俊彦) 157
이나토미 와시로(稻富和四郎) 286
이노다 도쿠지로(井田德次郎) 283
이노모토 에쓰로(井本悅郞) 281
이노우에 기요시(井上清) 283
이노우에 준노스케(井上準之助) 155
이노 히로야(井野碩哉) 273
이도 신타로(伊藤辰太郎) 287
이모리 메이지(伊森明治) 175, 290
이모리 아키하루(伊森明治) 286
이무라 사다미(井村定省) 282
이민희(李民熙) 284
이사다 센타로(石田千太郎) 206
이사카 게이치로(井坂圭一良) 261
이승만 189
이시다 센타로(石田千太郎) 278
이시와타 소타로(石渡莊太郎) 74
이시이 미쓰오(石井光雄) 171
이시즈카 야스시(石塚保) 289
이시카와(石川淸深) 282
이식제한법(利息制限法) 150
이연용(李淵鎔) 285
이와모토 마사히데(岩本正信) 284
이와쓰보(岩坪) 158
이왕직 18, 59, 244
이요나가 요시노부(彌永義信) 288
이이지마 간이치로(飯島寬一郎) 282
이이쿠라 한조(飯倉汎三) 288
이입세 351
이재과(理財課) 71
『이조시대의 재정(李朝時代の財政)』 40
『이조실록(李朝實錄)』 68
이케다 사부로(池田三郎) 279
이케다 시게아키(池田成彬) 26
이쿠다 겐이치로(生田健一郎) 283
이타가키 다이스케(板垣退助) 119

이항종(李恒鍾) 285
인플레이션 21, 193, 379
일기조(一旗組) 90
일래스틱 리미트 메소드(elastic limit method, 굴신제한 제도) 164
일본광업 166
일본권업은행 568
일본금융사자료편찬소 26
일본은행 22, 162, 516, 540
일본은행법 292, 589
일본은행조례 638
일본인세화회(日本人世話會) 55, 197, 206, 215, 231
일본화폐법 47
일본흥업은행 120, 545
『일성록(日省錄)』 68
일은권 47
일질(日窒) 327
임군비(臨軍費, 臨時軍事費) 193
임군편입[臨軍繰入] 230
임금 391, 487
임시군사비특별회계 74, 220, 336
임시자금조정법 220, 292, 338, 547

ㅈ

자금독립론 18
자금통제 538, 551
자력갱생운동(自力更生運動) 136
자본이자세 85, 106
잠사통제주식회사(蠶絲統制株式會社) 328
장기예금 122
장기저축 396
장수길(張壽吉) 279
재무간화회(財務懇話會) 320
재선 일본인 227
재외공관차상금(借上金) 231
재외공관차입금조사회 232

재외재산조사회(在外財産調査會) 229
재외 조선인 70
재정교란죄 56
재정금융기본방책요강(財政金融基本方策要綱) 304, 548, 554
재정금융정책 551
재정독립계획 73
저금리 541
저물가정책 342
저비권(儲備券) 209
저축강조주간 442, 453, 459, 462, 470, 482, 486
저축돌격전 486, 527
저축보국운동 426, 442~444, 455, 493
저축사상 378, 397
저축심 426
저축은행 19, 174, 381
저축은행령 52, 174
저축장려기구 496
저축장려운동 315, 392, 396, 415, 422, 426, 428, 429, 445, 567
저축장려위원회 240, 380, 509
저축전 490
저축조합 21, 380
저축채권 185, 387, 449, 487
저축총력전 504
적산관리법(敵産管理法) 338
적자공채 77, 651
전국금융통제회(全國金融統制會) 19, 259, 273, 561
전국금융협의회 19, 259
전당대(典當貸) 103
전당포 47
전매국 70
전매협회 240
전선금융조합연합회(全鮮金融組合連合會) 48, 128
전시근면수당 488
전시금융 291
『전시금융관계자료(戰時金融關係資料)』 22

전시금융금고(戰時金融金庫) 53, 219, 299
전시금융통제 538
전시보국저축강조주간 440
전시보험 332
전시재정 414
전제상정소준수조획(田制詳定所遵守條劃) 69
전지용(全智鏞) 279
절미저금 495
정금은행(正金銀行) 166
정기예금 497
정운용(鄭雲用) 155
정조식(正條植) 133
정지가격(停止價格) 344
정화준비 51, 161, 583, 588
정회(町會) 380
제3종 소득세 229
제국대학 322
제일국립은행 88
제일은행권 115
제일은행(第一銀行) 18, 161
제한외발행 583, 615
제한외발행세율 583
『조선경제통제문답(朝鮮經濟統制問答)』 21, 261, 340
조선국민저축조합령 422
조선권(朝鮮券) 92
조선금융단 16, 258
『조선금융정책사담』 27
조선금융조합연합회령 49
조선무진회사 172
조선방직 129
조선부동산용어약해(朝鮮不動産用語略解) 69
조선사업공채법(朝鮮事業公債法) 81
조선산금75톤계획 166
조선상업은행 154
조선생명보험 53
조선식산은행 169, 461
조선식산채권 178

조선신탁주식회사 178
조선압록강수력발전주식회사 278
조선은행 18, 162, 516
조선은행권 16, 583
조선은행법 161, 584
조선저축은행 29, 52
조선제련(朝鮮製鍊) 166
조선질소회사(朝鮮窒素會社) 327
조선철도 333
조선총독부 철도국 278
조선토지조사령(朝鮮土地調査令) 84
조선호텔 205
조선화재해상 53
조세임시조치법(租稅臨時措置法) 320
조합은행 258
조흥은행 154
주조협회 240
주택영단 218, 331
중간도매 350, 363
중국연합준비은행(中國聯合準備銀行) 163, 597
중국연합준비은행권 593
중앙은행 592
중앙저비은행권 593
중일전쟁 21
『증보문헌비고(增補文獻備考)』 68
증세 314
지권(地券) 103
지나사변 145, 502, 540
지나사변저축채권 461
지대가임통제령(地代家賃統制令) 371
지방금융조합 48
지방금융조합규칙 48, 124
지방금융조합령 48, 126
지방금융협의회 19, 258, 259
지세중심주의(地稅中心主義) 85
지세(地稅) 84
지역조합 409

지장은행(地場銀行) 167
지출관(支出官) 95
직역저축조합 488
직접세 314
직파(直播) 133
징병제도 331, 486

ㅊ

착수금[手付金] 357
찰스 고든(Charles J. Gordon) 18, 205
창기옥대(娼妓玉代) 371
창씨개명 195
채권 393
척대(拓大, 척식대학) 131
척무대신 272
척무성 201
척식금융적(拓殖金融的) 305
천인(天引)저축 391
철도건설개량 309
철사용제한규칙 341
체신국 70
촌락조합 48
총력연맹 422
최고발행제한제도 661, 665
최고발행한도 591
최승희(崔承喜) 206
축산위생연구소 328

ㅋ

커머셜 뱅크(commercial bank) 152
콜시장 545

ㅌ

타동성(他動性) 인플레이션 181

탁지전부고(度支田賦考) 69
태평양전쟁 19
태환은행권 583, 614
태환은행권조례 583
태환은행권조례 임시특례에 관한 법률 588
토지개량 326
토지겸병 47
토지제도조세제도조사보고서(土地制度租稅制度調査報告書) 69
토지조사 337
통야[問屋] 104
통장저축 519
통제경제 394, 546
퇴직사금(退職賜金) 218
투기 389
투자 389, 559
특별보국채권 487
특수은행 170

ㅍ

평북철도 333
평안철도 333
폐제개혁 18
포합(抱合)저축 421
폭리행위취체령 342

ㅎ

하가 분조(芳賀文三) 280
하다 주이치(波田重一) 279, 290
하라다 다이로쿠(原田大六) 228
하라 준이치(原俊一) 287
하리사와 쓰네토요(張澤恒豊) 284
하야시 고고로(林小五郎) 286
하야시다 사하치로(林田佐八郎) 282
하야시 세이치로(林盛一郎) 283

하야시 시게조(林繁藏) 260, 281, 289
하환제도(荷爲替制度, 荷換制度) 348
학무국 70
한계가격 368
한국건국준비위원회 204
한국세제고(韓國稅制考) 69
한국은행 18, 161
한국은행조례 51, 161
한국재정시설강요(韓國財政施設綱要) 69
한국화폐정리보고서(韓國貨幣整理報告書) 69, 134
한러은행(韓露銀行) 100
한상룡(韓相龍) 153
한성은행 51, 102, 154
한일회담 189
한전(韓錢) 112
할증금부저축채권 568
할증금부(割增金付) 정기예금 186, 187
핫토리 다이조(服部岱三) 280
핫토리 이세마쓰(服部伊勢松) 261
해남도(海南島) 232
『해동역사(海東繹史)』 68
호리 마사카즈(堀正一) 157, 260, 283, 290
호사카 도키타로(保坂時太郎) 285, 290
호소다 세이주로(細田精十郎) 281
호시노 기요조(星野喜代三) 210
호시노 센사쿠(堀野仙策) 281
호적령(戶籍令) 332
호즈미 신로쿠로(穗積眞六郎) 31
혼다 히데오(本田秀夫) 282
홍삼 전매 86
홍콩상하이은행 100, 601
화산조합(和傘組合) 340
화폐법 583, 584, 589, 590, 619, 639
화폐정리사업 18
화폐조례 116
화흥상업은행 602
화흥상업은행권 593

환가처분(換價處分) 228
환전 703, 718
환전상[兩替屋] 108, 703
환전소 712
회계검사원(會計檢查院) 71, 96
회사경리통제령 552
회사령(會社令) 171
후나다 교지(船田享二) 204
후루이치 스스무(古市進) 279
후루카와 나오히코(古川尙彦) 280
후루카와 히로시(古川博) 283
후생성 236
후지모토 슈조(藤本修三) 282
후지모토합자회사(藤本合資會社) 53, 175
후지야마 라이타(藤山雷太) 129
후지야마 조켄(藤山常健) 284
후지에 시로(藤江四郎) 287
후지와라 소타로(藤原宗太郎) 247

후카가와 도시오(深川俊夫) 290
후쿠네 지로(福根次郎) 281
후쿠다 겐지로(福田謙次郎) 282
후쿠다 미쿠마(福田己熊) 286
후쿠다 야스카즈(福田保一) 286
후쿠지 기지로(福地義二郎) 283
흥농금고 693
흥업요금(興業料金) 371
흥업은행 122, 166
흥정저축 465
히라야마 사쿠지로(平山作次郎) 282
히라오카 요시다카(平岡義高) 284
히로나가 호쇼(廣永鳳鍾) 285
히로세 도요사쿠(廣瀨豊作) 74
히사쓰에 하지메(久末肇) 279
히야마 우메요시(檜山梅喜) 283
히즈 머제스티 엠페러(His Majesty Emperor) 227, 252

동북아역사재단 일제침탈사 자료총서 42
경제편

재정·금융정책(3)
― 일제강점기 재정·금융 동향과 전시기

초판 1쇄 발행 2024년 12월 30일

기획 | 동북아역사재단 일제침탈사 편찬위원회
편역 | 김명수 · 조명근
펴낸이 | 박지향
펴낸곳 | 동북아역사재단

등록 | 제312-2004-050호(2004년 10월 18일)
주소 | 서울시 서대문구 통일로 81 NH농협생명빌딩
전화 | 02-2012-6065
홈페이지 | www.nahf.or.kr
제작·인쇄 | (주)동국문화

ISBN 979-11-7161-160-7 94910
      978-89-6187-783-1 (세트)

• 이 책은 저작권법으로 보호를 받는 저작물이므로 어떤 형태나 어떤 방법으로도
  무단전재와 무단복제를 금합니다.
• 책값은 뒤표지에 있습니다. 잘못된 책은 바꾸어 드립니다.